21世纪会计与财务经典译丛

管理会计

（原书第16版）

[美]

雷 H. 加里森（Ray H. Garrison）
杨百翰大学

埃里克 W. 诺琳（Eric W. Noreen）
华盛顿大学

著

彼得 C. 布鲁尔（Peter C. Brewer）
维克森林大学

王满 译

MANAGERIAL ACCOUNTING

16th Edition

机械工业出版社
CHINA MACHINE PRESS

图书在版编目（CIP）数据

管理会计（原书第 16 版）/（美）雷 H. 加里森（Ray H. Garrison），（美）埃里克 W. 诺琳（Eric W. Noreen），（美）彼得 C. 布鲁尔（Peter C. Brewer）著；王满译 . —北京：机械工业出版社，2019.1（2023.2 重印）

（21 世纪会计与财务经典译丛）

书名原文：Managerial Accounting

ISBN 978-7-111-61325-1

I. 管… II. ① 雷… ② 埃… ③ 彼… ④ 王… III. 管理会计 - 教材 IV. F234.3

中国版本图书馆 CIP 数据核字（2018）第 251046 号

北京市版权局著作权合同登记　图字：01-2018-4812 号。

Ray H. Garrison, Eric W. Noreen, Peter C. Brewer. Managerial Accounting, 16th Edition.

ISBN 1-260-15313-4

本书巧妙地通过管理人员在组织中必备的 3 项基本技巧（计划运营、控制行动、制定决策）引导出管理会计的重要性，并具体诠释如何收集会计信息及会计信息的有效应用。本书内容全面，囊括了各种类型的企业案例。各章涉及的大量实例，在企业聚焦、实务广角等专栏中体现，有助于读者理解管理者在实际工作中所涉及的管理会计的专业概念。

本书可作为本科生和 MBA 的教材，也可作为管理会计理论研究者、企业管理者以及从事企业实务的会计师的参考书。

出版发行：机械工业出版社（北京市西城区百万庄大街 22 号　邮政编码：100037）

责任编辑：宋　燕　　　　　　　　　　　　　责任校对：李秋荣

印　　刷：北京建宏印刷有限公司　　　　　　版　　次：2023 年 2 月第 1 版第 6 次印刷

开　　本：185mm×260mm　1/16　　　　　　印　　张：32.25

书　　号：ISBN 978-7-111-61325-1　　　　　　定　　价：89.00 元

客服电话：（010）88361066　68326294

版权所有 · 侵权必究

封底无防伪标均为盗版

我个人是该书的忠实读者，采用过多种教材讲授这门课程，但这本教材能够将所有概念结合在一起，效果最佳。别人向我咨询时，我总是向他们推荐这本教材，因为这本教材确实比其他我用过的教材更适用于教学。加里森编著的教材确实是管理会计教材方面的典范。

——帕梅拉·劳斯，巴特勒大学；克里斯托弗·奥伯，库亚马卡学院

加里森编著的教材是现今最好的管理会计教材。

——卡尔顿·唐驰思，桥水州立大学

在我 20 年讲授会计学的生涯中，我最中意的就是这本教材，可读性高，综合性强，尤其是每章末的材料让人收获很大。

——拉玛·拉玛默蒂，乔治城大学

加里森编著的教材在介绍管理会计及基本管理技能方面很出色。另外，该教材还探讨了管理会计对于个人职业生涯、伦理、社会责任的重要性。

——安 K. 布鲁克斯，新墨西哥大学

作者善于解释管理会计的概念，且提供学生能联想到的现实案例。

——斯蒂芬·本纳，东伊利诺伊大学

这本教材对于概念的解释简单清晰，且附有易于理解的例子，适合本科生及研究生对管理会计的学习。

——黄榕，柏鲁克学院

加里森编著的教材是我所读过的最清晰的管理会计教材。章节中的案例适合学生在线学习或线上与线下同时学习。

——埃德娜·米切尔，波尔克州立大学

　　《管理会计》第16版是由著名管理会计学者、杨百翰大学的雷 H.加里森教授、华盛顿大学的埃里克 W.诺琳和维克森林大学的彼得 C.布鲁尔合作完成的一部经典著作。本书一直引领着管理会计的教学前沿，不仅享有其他教材竞相企及的美好声誉，而且吸引了两百多万名学生使用，几代学生都对该书的可读性颇加赞赏。

　　本书注重跨学科知识的融合、理论与实务的融合，从企业管理的视角对管理会计课程的内容进行了较为深入和系统的阐述。本书设有众多的栏目以引导读者阅读并激发学习兴趣，运用了一系列工具培养和提升学生的学习能力。例如，每章开篇的"商业聚焦"通过生动的案例或前沿知识引出本章所要研究的内容；每章通过大量的"商业实战"突出本章知识点在实践中应用的思路和方法；"管理会计实践"栏目以管理者在讨论会上对话的形式引导读者思考专业问题；"本章小结"对每一章的知识点进行梳理，并通过附有答案的"复习题"对该章中的重点和难点内容进行强化训练；每章后面配有思考题、练习题、问题、案例，以层层递进的练习方式引导学生掌握管理会计知识，同时，在问题和案例中又将职业道德有机地融入管理会计的决策思考当中。这些内容不仅使学习者可以巩固其已学的知识，增强对管理会计这门应用学科的感性认识，而且可以极大地提高学习者发现问题、分析问题和解决问题的实战能力。

　　该书分为16章，分别是绪论：管理会计概述、管理会计与成本概念、分批成本法：计算单位生产成本、分批成本法：成本流转和对外报告、分步成本法、本量利关系、变动成本法与分部报告：管理工具、作业成本法：帮助决策的工具、全面预算、弹性预算和业绩分析、标准成本和差异、分权制组织中的业绩考核、差量分析：决策的关键、资本预算决策、现金流量表、财务报表分析。在第16版教材中，作者结合教师用书的反馈意见及建议，对多个章节进行了重新编写，以确保应用该教材的授课者与学习者轻松使用、生动实用。

　　灯塔为水手们引航，指示安全通道。在管理会计教学领域，加里森、诺琳、布鲁尔教授的教材如同灯塔，不断引领成千上万的学生走进管理会计，为学习者指明方向，帮助他们顺利通过该课程的学习，掌握管理的专业技能。本书不仅可以作为教材，也可以作为广大会计与经营管理者在实际工作中的阅读和参考资料，虽然书中所设计的各栏目主要是结合国外企业的实践，但有助于我国读者从国外管理会计的理论和实务中吸取有益的管理思路和方法，并应用到我国企业的管理实践中。

本书由王满教授主译，并对全书的翻译内容进行了细致的校对，对全书进行总纂。该书第 2、6、8、9、11、13、16 章由王满翻译，第 1、3、4、5、7、10、12、14、15 章的初稿由徐晨阳、方晨铭、艾惜、丛梦、孙彤焱、陈月、李广大、朱安伦、宁越翻译。

在翻译过程中，本人力求忠实于原文，努力做到信、达、雅，但由于本人的水平有限，文中难免有不妥和错误之处，敬请读者不吝指正。

王满

2018 年 9 月于东北财经大学师道斋

雷 H. 加里森（Ray H. Garrison）是杨百翰大学（位于美国犹他州普洛佛）的会计学荣誉教授，获杨百翰大学学士、硕士学位，印第安纳大学工商管理学博士学位。

加里森教授以注册会计师的身份曾参与国家及地区会计师事务所的管理咨询工作，并曾在《会计评论》《管理会计》等专业期刊上发表多篇论文。加里森教授在课堂教学中的创新活动为他赢得了杨百翰大学授予的 Karl G. Maeser 杰出教学奖。

埃里克 W. 诺琳（Eric W. Noreen）曾任教于欧洲工商管理学院（位于法国）和香港科技大学，担任华盛顿大学会计学荣誉教授，目前担任天普大学福克斯商学院的会计学教授。

诺琳教授获华盛顿大学学士学位、斯坦福大学工商管理学硕士和博士学位，并获注册管理会计师协会授予的杰出执业证书。

诺琳教授曾担任《会计评论》《会计与经济学》杂志副主编，曾在《会计研究》《会计评论》《会计与经济学》《会计视野》《组织与社会》《会计、组织与社会》《当代会计研究》《管理会计研究》《会计研究述评》等学术期刊上发表大量论文。

诺琳教授还获得多个由学生评议的教学奖项。

彼得 C. 布鲁尔（Peter C. Brewer），维克森林大学会计系讲师，此前曾于迈阿密大学担任会计学教授 19 年。布鲁尔教授获宾夕法尼亚州州立大学会计学学士学位、弗吉尼亚大学会计学硕士学位、田纳西大学博士学位，并曾在《管理会计研究》《信息系统》《成本管理》《战略财务》《会计学》《会计教育问题》《企业物流》等期刊上发表论文 40 余篇。

布鲁尔教授曾担任《会计教育》旗下的杂志《会计教育问题》的编委会成员，其发表的论文“将战略纳入平衡计分卡”获得了 2003 年国际会计师联合会最有价值文章奖，论文“应用六西格玛提高财务职能”“薄利会计学：它是关于什么的”在 2005 年和 2006 年分别被授予管理会计莱布兰德金奖及银奖，还曾获迈阿密大学理查德 T. 法默商学院优秀教学奖。

于迈阿密大学任职前，布鲁尔教授曾担任德勤会计师事务所费城办公室的审计师，也曾在长老会养老金委员会担任内部审计经理一职。

几个世纪以来，灯塔一直为水手们引航，指示安全通道。与之类似，加里森、诺琳、布鲁尔教授也成功地引领了成千上万的学生学习管理会计，为他们指明道路，帮助他们顺利通过该课程的学习。

数十年前，灯塔一直是由水手手工操作的，而在当今数字化转型时期，灯塔的运行则是使用灯光自动转换器及其他现代化设备。同样地，加里森、诺琳、布鲁尔教授也对管理会计教学不断进行开发，如今他们的教材不仅为会计专业及其他类似商务专业的学生完成课程提供了指导，也借助于一系列有效的新工具来提升学生的学习能力，激发其学习动力。

就像灯塔不断为水手们提供可靠的指示一样，加里森、诺琳、布鲁尔教授的教材也不断引领、帮助学生顺利学习管理会计课程，并始终注重3个重要性质：相关性、准确性、清晰性。

相关性。本书尽量帮助学生将书中的概念与管理者决策相关联。在第16版中，作者新增了**综合练习**，引导学生站在管理者的角度去思考。这些综合练习将不同章节的学习目标相结合，帮助学生将管理会计与企业管理进行"适配"，以增强其对管理概念的理解。本书新增及修订的经营框架将不同章节中的概念与对应的现实案例相对接。服务业的参考资料在章节叙述及章末材料中有所涉及，为学生提供学习材料的相关背景。

准确性。第16版教材仍对准确可靠的材料设定了标准。在每次修订时，作者对全书及补充材料进行评估，竭尽全力确保每章末的材料、解决方案手册和试题库的一致性、时效性及准确性。

清晰性。几代学生都对加里森编著的教材行文的亲切友好及可读性颇加赞赏，但这仅仅是个开端。在第16版教材中，作者结合了全美国教师的意见及指导，对多个章节进行了重新编写，以确保应用该教材的授课与学习尽量简单。

得益于作者对上述三大核心要素的持续关注，本书取得了巨大的成功。一直以来，本书引领着市场，吸引了两百多万名学生使用，其可靠的声誉成就了该书在同类教材中的翘楚地位。

第16版《管理会计》的变动内容

得益于教师的反馈，我们对《管理会计》做出了进一步的完善。针对读者建议，我们对教材做出了如下变动：

1.我们将分批成本法分为两章，以提高学生对该部分内容的理解力，并对老师在怎样讲授这些内容上给予了更大的灵活性。

2.我们复审了每一章末的所有练习及问题，并适当予以修正，使习题能更好地发挥作用。

3.为帮助学生理解概念，我们在书后新加了13套综合练习，适用于改进课堂教学模式，营造主动学习的氛围，吸引学生并鼓励他们进行批判性思考。

4.全书对商业实战部分进行了更新，为课堂讨论提供当前的现实案例，增进学生对本章关键概念的理解。

第1章：新增了全球特许管理会计师证书考试的内容，更新了美国注册管理会计师考试内容规范的摘要。

第2章：删除了高低点法，新增了描述产品成本与期间成本的图表。我们还进行了其他更改，强调本章基于不同目的进行成本分类的主题。

第3章：本章为新章节，解释了分批成本法如何计算单位产品成本，如何利用全厂预计制造费用分配率、多重预计制造分配率将制造费用分配至各批次。本章具有较强的管理会计导向，专注于如何利用分批成本法满足内部管理层的需要。

第4章：本章为新章节，解释了如何利用分批成本法确定期末存货价值，并基于外部报告目的确定销货成本。本章有较强的财务会计导向，借助分类账、T型账户解释分批成本法中的成本流转问题。

第5章：我们对本章主体部分及附录5A进行了修正，更加突出关键概念以及加权平均法与先进先出法中成本计算的必要步骤。我们还修改了附录5B的前几段表述，更加清晰地阐明其目的，并与后面服务部门成本分配内容的目的相区分。

第6章：本章新增了一个附录，讲解了如何利用高低点法及最小二乘回归法分析混合成本。

第7章：新增内容突出了本章对实际成本法的侧重，将其与分批成本法章节进行对比，后者更侧重于定额成本法。

第 8 章：新增一个附录——时间驱动作业成本法：基于微软 Excel 的方式。

第 9 章：在章末新增了部分问题。

第 10 章：对章末大量练习及问题进行了修订，更加契合教材内容。

第 11 章：大量修改了附录 11B，介绍了如何借助 Excel 利用标准成本法编制利润表。

第 12 章：新增了 4 个商业实战材料。

第 13 章：我们对本章前面部分进行了修正，突出了 6 个有关决策有效基础的关键概念。我们还对本章章末练习及习题进行了修订，更契合教材内容，简化了出售或深加工决策的内容，便于学生更好地理解。定价决策附录再次调整至本章，还新增了顾客维度、定价以及价值定价法。

第 14 章：对章末练习及问题进行了校对，对全书所有章节（不只 14 章）的习题部分格式进行了修正，提高学生利用替代方法处理问题的灵活性，如净现值的计算。

第 15 章：新增了 3 个商业实战材料。

第 16 章：新增了 4 个商业实战材料。

目 录

第 1 章

绪论：管理会计概述

⚙ **商业聚焦**

管理会计：不只是数字计算

"利用价值创造价值"是当今管理会计师的信条。它表现出管理会计师对道德价值观的坚定承诺，并利用自身知识技能影响组织利益相关者价值创造的决策。这些技能包括利用计划、预算、预测、决策支持进行风险管理和战略实施。管理会计师是了解企业财务及经营的战略合作伙伴，他们报告并分析与公司业务流程和社会绩效相关的财务及非财务指标。这些责任与盈利情况（财务报表）、流程（顾客导向及顾客满意度）、员工（员工学习及满意度）、地球（环境管理）有关。

资料来源：Conversation with Jeff Thomson, president and CEO of the Institute of Management Accountants.

1.1 管理会计是什么

本章从回答以下两个问题入手：①管理会计是什么？②为什么管理会计对你的职业生涯来说很重要？借以阐明为什么管理会计对所有商科学生的未来职业生涯如此重要，并通过对道德、战略管理、企业风险管理、公司社会责任、流程管理、领导力 6 个方面的探讨，明确了管理会计应用的业务内容。

许多选本课的同学都完成了对财务会计入门课程的学习。**财务会计**（financial accounting）主要关注向企业外部关系人（如股东、债权人和监管机构）报告财务信息。**管理会计**（managerial accounting）关注于向组织内管理层提供信息。图 1-1 总结了财务会计与管理会计的 7 点主要差异。财务会计与管理会计的根本区别在于财务会计为满足企业外部需求服务，而管理会计是为了满足企业内部管理层的需求。由于二者本质上是信息使用者的差异，因此财务会计侧重于过去活动的财务结果、客观性、可验证性、准确性以及公司整体业绩，而管理会计强调影响未来的决策、相关性、及时性及分部业绩。**分部**（segment）是指管理层需要成本、收入、盈利数据的组织内部的一个部分或一项业务活动。常见的业务分部有产品线、顾客群体（按年龄、种族、性别、采购量等划分）、地域、事业部、工厂、部门等。最后，财务会计要强制进行对外报告，且须遵循各项法规，如一般公认会计准则（GAAP）、国际财务报告准则（IFRS），而管理会计是非强制性的，无须遵循外部准则。

图 1-1　财务会计与管理会计的对比

如图 1-1 所示，管理会计帮助管理人员进行 3 项重要活动——计划、控制、决策。**计划**（planning）包括制定目标，并确定如何实现目标。**控制**（controlling）包括收集反馈以确保计划正确执行，或随情况变化得以修正。**决策制定**（decision making）包括从互斥方案中选定具体行动方案。让我们来详细探讨一下管理会计的这 3 大支柱。

1.1.1　计划

假定你在宝洁公司（Procter & Gamble）工作，负责公司对商科专业大学生的校园招聘。在此例中，将以制定目标作为你计划活动的开端，如招聘最优秀、最聪明的大学生。计划的下一步是通过回答一系列问题来确定如何达到该目标，例如：

- 我们总共需要从各专业招聘多少学生？
- 哪些学校在我们的招聘计划中？
- 在各学校的招聘工作中，如何安排我们的工作人员？
- 什么时候组织面试？
- 怎样比较这些学生，并决定录用谁？
- 新员工的工资将定为多少？是否因专业不同而有所差异？
- 在此项招聘工作中预计我们会花费多少？

如你所见，计划过程需要回答很多这样的问题。计划通常伴随着预算。**预算**（budget）是以定量形式表示的未来详细计划。作为宝洁公司招聘工作的负责人，你的预算要包含两项关键部分。首先，你要与公司其他高管制订新员工的工资预算总额。其次，你要制订一份此次校园招聘活动的资金预算。

商业实战 1-1 ┃ 经营社区剧院的财务问题

制订计划和预算是经营社区剧院的重要工作。例如，海牛球员（Manatee Players）是佛罗里达州布雷登顿市的剧团, 在过去的 10 年中, 年预算由 480 000 美元增长至 150 万美元。剧院的票务收入可支付 77% 的运营成本, 其余财务支持来自个人及企业的捐赠。

除管理收入外, 剧院也在寻找各种方式控制成本, 例如通过内部制作节目每年节省

3 000 美元。剧团将运营资金投放于宣传整季节目, 而非个人节目。剧团还将部分营销预算由传统方式转向更具成本效益的社交媒体渠道。

资料来源: Kevin Brass, "Let's Put on a Show," *The Wall Street Journal*, November 3, 2014, p. D7.

1.1.2 控制

制订并开始施行宝洁公司的招聘计划后, 你就进入了控制过程。该过程包含了对反馈信息的收集、评估和应对, 以确保今年的招聘工作达到预期。它还包括评估反馈信息以寻求使下一年招聘工作更加有效的方法。控制过程要回答如下问题:

- 我们是否在各专业、各学校按计划数量成功地招聘到了学生?
- 我们是否将太多优秀的候选人流失给了竞争对手?
- 此次招聘过程中每名员工的工作是否令人满意?
- 我们制订的比较各个学生的方法是否奏效?
- 校园及办公室面试是否顺利?
- 新员工的工资总额是否在预算内?
- 招聘工作的花销是否在预算内?

如你所见, 控制过程需要回答很多这样的问题。回答这些问题时, 你不仅要简单回答是或不是, 还要思考业绩超出或未能达到预期的深层原因。控制过程还包括编制业绩报告。**业绩报告** (performance report) 是将预算数据和实际数据进行比较, 辨认并学习优良业绩, 识别并消除较差的业绩。业绩报告也是用来评估、奖励员工的依据之一。

虽然这个例子讲述的是宝洁公司的校园招聘, 我们也可以描述联邦快递 (FedEx) 如何利用计划在一个晚上的时间内完成全球范围内的包裹配送, 以及苹果 (Apple) 公司如何利用计划对 iPad 进行开发和营销。我们也可以探讨控制过程如何帮助辉瑞 (Pfizer)、礼来 (Eli Lily)、雅培实验室 (Abbott Laboratories), 确保它们生产的药品符合严格的质量标准, 以及克罗格 (Kroger) 超市如何利用控制过程保持其货架上的存货。我们也可以观察到计划和控制失败的案例, 如高田 (Takata) 公司召回了 3 000 多万件安装在本田 (Honda)、福特 (Ford)、斯巴鲁 (Subaru) 等汽车上有问题的安全气囊。总之, 所有的管理人员 (可能有一天也会包括你) 都在执行着计划和控制活动。

1.1.3 决策

最基本的管理技能可能就是能够做出明智、以数据为基础的决策。一般来说, 这些决策都会涉及以下 3 个问题: 我们要销售什么? 我们为谁服务? 我们怎样执行? 表 1-1 分别列举了与这 3 个问题有关的决策示例。

表 1-1 决策示例

我们要销售什么	我们为谁服务	我们怎样执行
营销的产品及服务的重心是什么	营销对象的侧重点是谁	怎样提供产品及服务
我们应提供什么样的新产品及服务	应先向谁提供服务	怎样扩大产能
产品及服务应定价多少	谁应支付价格溢价或享受价格折扣	怎样缩减产能
应终止销售哪些产品及停止哪些服务	应停止向谁服务	怎样提高效率及效力

表 1-1 左栏表示每个公司都要做出与其销售的产品及服务相关的决策。例如，每年宝洁公司都要确定怎样在众多品牌间分配营销预算，各个品牌均创造超过 10 亿美元的销售收入或者具有增长潜力。美泰公司（Mattel）要确定向市场推出什么样的新玩具。美国西南航空公司（Southwest Airlines）要为每天数千次航班的机票进行定价。通用汽车公司（General Motors）必须确定是否停产某种型号的汽车。

表 1-1 的中间栏反映了所有公司都要做出与其服务的客户相关的决策。例如，西尔斯百货（Sears）必须决定怎样分配其在不同产品间的营销预算，来吸引其不同性别的客户。美国联邦快递公司（FedEx）要对是否向全球范围内的新市场扩展服务进行决策。惠普公司（Hewlett-Packard）要确定为购买大量产品的集团客户提供什么样的价格折扣。银行要确定是否停止对无利可图的客户的服务。

表 1-1 的右栏反映了公司对如何执行计划进行的决策。例如，波音公司（Boeing）要对是否将建造飞机的零件进行外包做出决策。例如，是否外包给古德里奇（Goodrich）、萨布（Saab）、劳斯莱斯（Rolls-Royce）。辛塔斯洗衣店（Cintas）要决定是否通过增加现有设备的建筑面积或者建造一个全新的设备，以提高在某地区的熨烫和洗涤能力。经济衰退期，制造商可能不得不决定是在 3 个工厂各取消一个 8 小时的轮班，还是关闭一个工厂。最后，所有公司都要在各个互斥的改善方案中进行抉择。例如，公司要决定是否安装新软件系统、升级设备，或是向员工提供额外的培训。

本章该部分阐明了计划、控制、决策是管理会计的 3 大支柱。本书将通过介绍怎样做出明智的、以数据为基础的决策，怎样制订未来的财务计划，以及怎样通过获取、评估、应对反馈以不断接近目标，进而帮助你成为一名更有效的管理者。

1.2 为什么管理会计对你的职业生涯如此重要

很多同学在选专业时会感到焦虑，因为他们不清楚该专业以后是否会有一个让他们满意的职业生涯。为降低这种焦虑，我们建议同学们不要过分关注未来不可控的因素，而要关注当下的可控因素。具体来说，要回答以下问题：为了在未来未知的职业生涯中取得成功，你现在能够做什么样的准备？最佳答案是学习技能，让自己更能适应未来不确定的环境，你需要提高自己的适应能力！

无论你最终是在美国还是在国外工作，是为大公司、小企业、非营利组织，还是为政府机构工作，你都要了解如何为未来做计划，如何逐渐实现自己的目标，以及如何做出明智的选择，即管理会计技能对于所有职业生涯、组织和行业都是有用的。如果在这门课中投入精力，你就为未来做出了一项明智的投资，虽然你现在可能还无法意识到这一点。接下来，我们将通过解释管理会计与商科和会计专业未来职业生涯的相关性，来进一步证实管理会计对你的职业生涯的重要性。

1.2.1 商科专业

表 1-2 举例说明了计划、控制和决策如何影响除会计专业以外的其他 3 个专业——市场营销、供应链管理、人力资源管理。

表 1-2 管理会计与 3 个商科专业的相关性

	市场营销	供应链管理	人力资源管理
计划	投放在电视、印刷、互联网广告上的预算是多少	下一期的计划产量是多少	在职业安全培训上计划投入多少资金
	开拓新领域应计划招聘多少销售人员	下一期的公共事业费预算是多少	在员工招聘广告中计划投入多少资金
控制	降价计划增加的产品销量是否达到预期	实际生产时的耗费高于预期还是低于预期	员工保留率是否超过我们的预期目标
	假日购物季是否准备了过多库存	降低残次品数量的目标是否达到	是否及时完成了绩效评估的目标
决策	应该捆绑销售服务还是分开销售	是否需将某零件的生产转向海外供应商	是否需要聘请现场医务人员来降低医疗成本
	采用直接销售给顾客的方式还是利用经销商	是否需要重新设计制造流程以降低库存水平	我们应该聘用临时工还是全职员工

表 1-2 的左栏描述了在市场营销领域中计划、控制、决策的应用。例如，营销经理计划并决定在不同媒体渠道的广告投入的资金分配，以及为新领域配备销售人员。从控制的角度来看，他们可能密切追踪数据，观察预计价格下降是否产生预期的销售量增加；他们还可能研究假日购物季的库存水平，以按需调整售价、优化销售。营销经理也制订了很多重要的决策，如确定将服务捆绑销售，还是将每种服务分开销售。他们也要决定将产品直接销售给顾客，还是通过经销商销售给顾客。

表 1-2 的中间栏阐述了供应链管理人员需要计划生产多少产品以满足预期客户的需求。他们也要为营业费用制订预算，如公共事业费、材料成本及人工成本等。在控制方面，他们也要监控实际耗费，并与预算进行比较，密切关注经营指标，如与计划相比的实际生产的残次品数量。供应链管理人员要制定众多决策，如是否将某零件的生产转向海外供应商，是否投资重新设计制造流程以降低库存水平等。

表 1-2 的右栏解释了人力资源管理人员怎样制订多种计划决策，如为职业安全培训以及员工招聘广告的资金投入进行预算。他们监控着许多管理问题上的反馈（如员工保留率），以及及时完成员工的绩效评估。他们也制定了很多重要决策。例如，是否聘请现场医务人员来降低医疗成本，以及在不确定的经济环境中是聘用临时工还是全职员工。

简洁起见，表 1-2 并未包括所有商科专业，如金融、管理信息系统、经济学。你能解释计划、控制、决策活动与这些专业的关系吗？

1.2.2 会计专业

许多会计专业毕业生的职业生涯都是从会计师事务所的工作开始的，为他们的客户提供多种有价值的服务。其中一些毕业生在会计师事务所将建立成功和充实的职业生涯，但是大多数人会选择在某一时点离开这个行业，去其他组织工作。事实上，管理会计师协会（IMA）估计，美国有超过 80% 的专业会计师在非公共会计环境下工作（www.imanet.org/about_ima/our_mission._aspx）。

公共会计职业具有很强的财务会计导向，其最重要的作用是通过确保公司历史财务报告遵循适用的会计准则，保护投资者及其他外部信息使用者。管理会计人员也要具备较强的财务会计技能。例如，他们帮助组织设计并维护财务报告系统，使财务信息得到可靠披露。但是，管理会计人员的主要职责在于与组织内部人员合作，提高业绩。

如果你是一名会计专业的学生，基于上述 80% 的数据，很有可能你将来是在非公共会计环境下工作。你的雇主很希望你能具备优秀的财务会计技能，但是他更希望你能利用计划、控制、决策的管理会计的基础技能，来提高组织业绩。

商业实战 1-2 | 一个交流的机会

管理会计师协会（IMA）是一个大网络，具有来自超过 120 个国家的 70 000 多名会计和财务专业人员。每年 IMA 都举办大学生领导才能研讨会，吸引了来自 50 多所高校的 300 名学生参与，嘉宾演讲人讨论过的主题有：领导力，对成功职业生涯的建议，怎样在经济困难时期推销自己并在各个年龄层的员工中脱颖而出。一个参加过研讨会的学生说："我喜欢与我所关注领域的专业人士交流，因为他们的经历可能是我未来职业生涯的潜在路径。"如果想了解这一宝贵交流机会的更多信息，请电话联系 IMA 或访问它们的网址。

资料来源：Conversation with Jodi Ryan, the Institute of Management Accountants' Director, Education/Corporate Partnerships.(201)474-1556 or visit its website at www.imanet.org.

职业认证：一项明智的投资

如果你打算学习会计专业，注册管理会计师（Certified Management Accounting, CMA）和全球特许管理会计师（Chartered Global Management Accounting, CGMA）是全球认可的证书，能够提高你的可信度、升职空间以及薪酬。

CMA 考试由管理会计师协会主办，地点在新泽西州的蒙特维尔。成为注册管理会计师需要成为管理会计师协会的会员，取得认可高校的学士学位，具有连续两年的相关工作经验，并通过 CMA 考试。表 1-3 总结了 CMA 考试两个部分主要考查的内容。简洁起见，我们并未对表中的所有术语进行定义。该表的目的仅是强调 CMA 考试侧重于考查计划、控制、决策，这些技能对所有管理人员来说都是至关重要的。更多有关 CMA 考试的信息参见管理会计师协会网站（www.imanet.org）或拨打电话 1-800-638-4427。

CGMA 考试由美国会计师协会（AICPA）与特许管理会计师公会（CIMA）联合主办，二者提供了两种成为 CGMA 的不同方式。AICPA 制定的条件有会计专业的学士学位（同时大学期间共获得 150 学分）、通过注册会计师（CPA）考试、具有 AICPA 的会员身份、3 年管理会计相关经验，并通过 CGMA 的考试。

表 1-3 CMA 考试的具体内容

第一部分	财务报告、计划、业绩及控制
	对外财务报告决策
	计划、预算及预测
	业绩管理
	成本管理
	内部控制
第二部分	制定财务决策
	财务报表分析
	公司理财
	决策分析
	风险管理
	投资决策
	职业道德

该考试以案例分析为主，侧重考查专业技术能力、商业技能、领导力、社交技能、道德、正直以及专业性。请注意，AICPA 要求通过 CPA 考试，强调遵循各项准则，如鉴证准则、财务会计准则、商法、税法。更多有关 CGMA 考试的信息见 www.cgma.org。

商业实战 1-3　|　工资如何

管理会计师协会制定了如下表格，供管理会计人员估算自己的工资情况（单位：美元）。

			计算结果
起点基数		42 660	42 660
公司最高层管理人员	加	59 595	
或者公司高层管理人员	加	39 131	
或者公司中层管理人员	加	22 089	
从事该领域年限＿＿＿＿	乘	979	
具有高学历	加	20 102	
具有 CMA 证书	加	21 919	
具有 CPA 证书	加	5 907	
预计工资水平			

例如，如果你是公司最高层管理人员，且工作已 10 年，具有高学历和 CMA 证书，则你的预计工资为 154 066 美元（42 660 美元 +59 595 美元 +10×979 美元 +20 102 美元 +21 919 美元）

资料来源：Kip Krumweide, "IMA's Global Salary Survey," *Strategic Finance* March 2016, pp.27-35.

1.3　管理会计：超越数字的管理

表 1-4 总结了本书各章节如何讲授计量技能，该技能广泛应用于管理人员的日常工作。例如，第 9 章讲授了管理人员应如何制订下一年的财务计划。第 10 章和第 11 章介绍的计量技能为管理人员如何评价自己相对于预期计划的实施情况。第 8 章阐述了与产品、服务、客户盈利能力相关的计量技能。重要的一点是要理解管理会计不仅仅包括"处理数据"。管理人员须从 6 个"超越数据处理的"商业管理视角对计量技能进行补充，以做出更明智的计划、控制及决策。

表 1-4　计量技能：管理者视角

章节序号	管理者关注的关键问题
第 2 章	出于不同的管理目的，应进行什么样的成本分类
第 3 章	为客户提供定制化服务需要多少成本
第 4 章和第 5 章	对外报告的期末存货及销货成本是多少
第 6 章	若改变售价、销量及成本，利润将怎样变化
第 7 章	利润表应怎样列示
第 8 章	各项产品及服务的盈利情况如何
第 9 章	怎样制订下一年的财务计划
第 10 章和第 11 章	对计划的执行情况如何

（续）

章节序号	管理者关注的关键问题
第 12 章	为确保达成战略目标，应监控哪些业绩指标
第 13 章	如何量化某项行动的财务影响
第 14 章	怎样制订长期资本投资决策
第 15 章	哪些现金流入及流出解释了现金余额变动
第 16 章	如何分析财务报表以更好地了解业绩

1.3.1　道德视角

道德行为是经济持续运行的润滑剂。没有该润滑剂，经济运行效率将大幅下降，这意味着消费者得到的产品或服务更少、质量更低、价格更高。换句话说，失去了商业诚信中的基本信任后，经济运行效率会更低。因此，为了各方利益（包括盈利企业），在建立并维持信任的道德框架中进行商业活动是至关重要的。

管理会计人员的行为准则

美国管理会计师协会已经颁布职业道德守则公告，详细阐述了管理会计人员的道德责任。虽然该公告专门为管理会计人员制订，但是得到了更广泛的应用。该公告由两部分组成，全部列示在表 1-5 中。第一部分介绍了道德行为的一般准则。总的来说，管理会计人员在 4 大领域承担道德责任：一是保持高水平的专业胜任能力；二是以保密方式处理敏感问题；三是保持个人诚信；四是以可信方式披露信息。公告第二部分对发现道德行为不恰当的证据提供了明确的处理方法。

道德公告向管理会计人员及管理者提供了有效、实用的建议。公告中的多数准则均出于实用性考虑，在商业活动中若不对其进行遵守，经济运行以及我们所有人都会受到损害。考虑以下未遵守公告准则的具体实例的后果。

- 假定不相信员工会保守机密信息。高层管理人员不愿意在公司内部传递此类信息，导致决策以不完全的信息为基础，经营情况就会恶化。
- 假定员工收受供应商的贿赂。那么签订合同的将是支付最高贿赂的供应商而非最胜任的供应商。你愿意乘坐由行贿最高的分包商制造的飞机吗？如果航空产业由于劣质零部件的出现导致安全问题，会出现什么样的后果？
- 假定公司总裁经常在年报及财务报表中作假。若不能相信公司财务报表基本真实，则投资者将无法做出正确决策，缺少决策基础。设想最坏的情况，理性投资者将减少购买公司发行的证券，甚至根本不愿意投资。结果公司生产性投资不足，进而导致经济缓慢增长，产品和服务减少，价格升高。

道德行为不只是经济的润滑剂，还是管理会计的基础。如果管理人员没有能力，且不能客观、真实地进行收集、分析和报告，那么他们计划、控制和决策所依据的数据是没有意义的。随着职业生涯的展开，你不可避免地会面临道德上的抉择。做决策前，你需考虑以下几个事项：①你要定义自己的行动方案；②确定可能受你决策影响的各方；③确定每个行动方案对各方有怎样有利或不利的影响。完全理解了决策环境后，你要向外部寻求指导，例如IMA 的职业道德守则公告（见表 1-5）、拨打 IMA 道德热线（800）245-1383，或与可信任的知己交流。在你的决策执行前，再问自己最后一个问题：我是否愿意将我的行动方案在《华尔街日报》的头版上公开？

表 1-5　管理会计师协会（IMA）的《职业道德守则公告》

IMA 会员的行为应遵循道德规范。承诺遵守的职业道德守则包括：表现我们价值观的总体原则，以及指导我们行为的标准

原则

IMA 的总体道德原则包含：诚实、公正、客观和责任。会员遵守这些原则，并鼓励组织内部其他人遵守

准则

会员未能遵守以下标准将受到纪律处分

Ⅰ．**胜任能力**

每名会员都有责任：

1. 不断提高知识和技能，以持续保持恰当水平的专业水平

2. 按照相关法律、法规和技术标准履行专业职责

3. 提供准确、清晰、简洁、及时的决策支持信息及建议

4. 对阻碍专业判断及优良业绩的专业或其他局限性进行识别和交流

Ⅱ．**保密性**

每名会员有责任：

1. 保持信息的保密性，除非获得授权披露或符合法律要求

2. 通知有关各方恰当使用机密信息，监控下属活动并确保其遵守

3. 避免将机密信息用于获取不道德或非法的利益

Ⅲ．**正直**

每名会员都有责任：

1. 降低实际利益冲突。经常与商业伙伴沟通，避免出现明显的利益冲突。该方式适用于所有具有潜在利益冲突的各方

2. 不可进行妨碍履行道德职责的行为

3. 不得从事或者支持损害该职业名声的任何活动

Ⅳ．**可信性**

每名会员都有责任：

1. 公正客观地交流信息

2. 披露所有可能合理影响信息使用者对报告、分析及建议理解的相关信息

3. 按照组织政策和 / 或适用法律，披露信息、及时性、生产过程、内部控制的延迟或缺陷

道德冲突的解决办法

应用《职业道德守则公告》时，你可能会在识别不道德行为及解决道德冲突过程中遇到问题。面临道德问题时，应当按照组织中已有政策对于该类冲突的解决办法进行处理。若这些政策未能解决道德冲突，你应当考虑以下行动方案：

1. 与你的顶头上司讨论该问题，除非他也参与了此行为。在这种情况下，需将问题反映给上一级。如果你未能得到满意的解决办法，则将此问题提交给更高层的管理人员。若你的顶头上司是首席执行官或处于同等层级的职位，审查权限可能是一个团体，比如审计委员会、董事会、受托管理委员会、所有者。若你的顶头上司并未参与其中，那么只有在他知情的情况下，你才能与上述层级的管理机构交流此类问题。与组织外的机构或个人交流这些问题是不恰当的，除非你认为发生了明显的违法行为。

2. 通过与 IMA 道德顾问或其他公正顾问进行秘密探讨，弄清相关道德问题，更好地理解可能的行动方案。

3. 就与道德冲突相关的法律权利和义务向你的律师咨询。

1.3.2　战略管理视角

公司经营成功不是靠运气，是靠它们制定如何在市场中取得成功的战略。**战略**（strategy）是一项"制胜战术"，能够让公司在众多竞争者中脱颖而出，吸引客户。公司战略

的侧重点是它们的目标客户。公司取得成功的方法是向目标客户提供一个在竞争者中选择自己的原因。这些原因是战略的本质，也被称作顾客价值主张。

顾客价值主张分为 3 大类：顾客亲密关系、卓越经营及产品领先。采用顾客亲密关系战略的公司实际上是在向客户说："您应当选择我们，我们可以提供比竞争对手更符合您个人需求的定制化产品。"丽思卡尔顿（Ritz-Carlton）、诺德斯特龙公司（Nordstrom）、沃特欧（Virtuoso，高级服务旅行社）的成功主要依靠顾客亲密关系的价值主张。第二类顾客价值主张是卓越经营，采用该主张的公司实际上是在向其目标客户说："您应该选择我们，我们可以更快地向您交付产品及服务。"美国西南航空公司、沃尔玛（Walmart）、谷歌（Google）是率先利用卓越经营取得成功的案例公司。第三类顾客价值主张称作产品领先，实行该主张的公司是在向其目标客户说："您应该选择我们，我们可以提供的产品质量比竞争对手的更高。"苹果公司、思科系统公司（Cisco Systems）、戈尔公司（W.L. Gore，戈尔特斯面料的创造者）是依靠产品领先取得成功的实例。[⊖]

负责计划的经理人详细地解释了他们试图控制的变量、制定的决策均受公司战略的影响。例如，沃尔玛不会制订开设昂贵服装精品店的计划，因为这样的计划与公司卓越经营及"每日低价"的战略发生冲突。苹果公司也不会选取利用降低成本的业绩指标来进行控制经营，因为这些指标与其产品领先的顾客价值主张产生冲突。最后，即使有财务分析表明低价策略可短期内提升利润，劳力士（Rolex）也不会大幅度降低手表价格。劳力士反对降价行为的原因在于它会降低奢侈品品牌效应，而奢侈品品牌是公司产品领先顾客价值主张的基础。

1.3.3 企业风险管理视角

每项策略、计划及决策都有风险。**企业风险管理**（enterprise risk management）是公司识别并应对风险，使其能够确保达到目标的过程。表 1-6 左栏列出了公司面临的 10 种经营风险实例。风险范围从与天气相关的风险，到电脑黑客、遵纪守法、供应商罢工、损害客户的产品的风险。表 1-6 的右栏列举了控制实例，对应降低图表左栏中的各项风险。[⊜]虽然这些控制方法不能完全消除风险，但可以使公司主动管理风险而被动地对已经发生的不幸事件采取行动。

表 1-6　识别并控制经营风险

经营风险举例	降低经营风险的控制方法举例
• 计算机文件中的智力资产失窃	• 建立防火墙以防止电脑黑客破坏或盗窃智力资产
• 出现损害客户的产品	• 开发一个正式且严格的新产品测试程序
• 因未预期的竞争对手行为而失去市场份额	• 制订一种可合法搜集竞争者计划和行动的方法
• 恶劣天气条件下停止经营	• 为克服天气相关的干扰制订应急计划
• 网站发生故障	• 互联网上线前需对网站进行全面测试
• 供应商罢工导致原材料供应中断	• 与两家能提供所需原材料的公司建立联系
• 薪酬奖励制度制定不恰当，导致员工做出错误决策	• 建立一套平衡的业绩指标体系，对所期望的行为提供激励
• 环境管理不善，导致声誉和经济损失	• 建立一个能够追踪关键环境绩效指标的报告系统
• 预算估计不准确导致生产过量或不足	• 实行严格的预算审查程序
• 未遵守平等就业机会法	• 跟踪与合规相关的关键指标并编制报告

⊖ 这 3 类顾客价值主张参考 Michael Treacy and Fred Wiersema，"Customer Intimacy and Other Value Displines"，*Harvard Buainess Review*，Volume 71 Issue 1, pp,84-93.

⊜ 除了使用控制方法降低风险之外，还可使用其他风险应对方法，例如接受或规避风险。

在管理会计中，公司利用控制降低计划无法实现的风险。例如，若一家公司计划在预定预算及时间内建造一台新生产设备，则它需制订并监督控制措施，确保项目按时且在预算内完成。风险管理也是决策制定的一个重要方面。例如，某公司利用向海外派遣工作降低劳动力成本，则在进行财务分析时还应谨慎评估其附带风险。海外生产商是否会雇用童工？产品质量是否会下降，进而导致维修、客户投诉、法律诉讼？客户下订单到产品交付的时间是否会大幅增加？公司的国内员工是否会降低生产积极性，并对公司内部造成危害？管理人员在决策过程中应该考虑上述风险。

公司在财务会计中运用控制以保护资产，最大限度地降低财务报告出错的风险。表 1-7 介绍了公司用以保护资产及降低财报风险的 7 种控制方法。表中每项均标注属于预防性控制和 / 或探测性控制。**预防性控制**（preventive control）阻止不良事件的发生。**探测性控制**（detective control）监测已经发生的不良事件。

表 1-7　财务报告内部控制的类型

控制类型	类别	说明
授权	预防性控制	要求管理层对某类交易进行正式批准
调节表	探测性控制	利用数据间的关联识别并解决数据间的差异
职责分离	预防性控制	将授权交易、记录交易、保管相关资产的职责进行分离
物质防护	预防性控制	利用监控、锁、物理设施以保护资产
业绩考评	探测性控制	将实际业绩与各种基准进行比较，识别未预期差异
保存记录	探测性控制	保存手写和 / 或电子证据，为各项交易提供证据
信息系统安全	预防性 / 探测性控制	运用密码、访问日志等控制方法确保数据访问限制在恰当水平

如表 1-7 所示，某类交易需要授权是属于预防性控制。例如，公司通常需要特定的高级经理对所有超过特定金额的支票进行签署，降低现金不恰当流出的风险。调节表是一项探测性控制。若将银行对账单与支票簿进行对照，检查是否有不符情况，该类调节称作银行对账。银行对账是一项探测性控制，识别银行或公司记录中已经出现的错误。另一类调节出现在公司对存货的实地盘点，将现有存货的价值与会计记录进行比对，识别并解决其中的不符情况。

表 1-7 也提到了职责分离，职责分离是一项预防性控制，将授权交易、记录交易、保管相关资产的职责进行分离。例如，一名员工不能同时负责授权存货采购、对采购业务记账、管理存货库房。实体防护防止未授权的员工接触资产，比如存货和计算机设备。绩效考评是一项由监督性职位员工实施的探测性控制，确保实际经营结果与相关基准相比是合理的。若实际经营结果偏离预期，则需进一步分析以确定偏离的根本原因。公司保存记录，为每项交易提供证据。例如，公司运用连续编号的支票（探测性监控）跟踪现金支出。最后，公司利用密码（预防性控制）和访问日志（探测性控制）限制电子数据，以维护信息系统安全。

再次强调，运用这些控制方法可降低公司的风险，但无法保证一定会达到该目标。例如，两名或多于两名员工可能会串通规避控制系统，或公司高层领导可能蓄谋凌驾于控制政策和程序之上，进而操作财务结果。这样的现实情况强调了高层领导（包括首席执行官和首席财务官）致力于在公司高层建立道德"基调"的重要性。

商业实战 1-4 | 管理病人手术过程的风险

约翰霍普金斯大学（Johns Hopkins University）的研究者发现每年超过 4 000 项索赔源于

被认为不可能发生的事件——本应永远不会发生的手术失误，比如在错误的身体部位进行手术。研究发现，20多年间，这类不可能事件造成6.6%的病患死亡，造成33%的永久性伤害。这些案例随后的诉讼赔偿总额高达13亿美元。

鉴于以上统计数据，很多医院更关注识别风险，并实施控制以降低风险。例如，为

降低手术后将手术用具落在病患体内的风险，医院实行的控制方法有每台手术前后查点器械、缝针、棉花的数量。伤口缝合前应用射频识别标签也可检测病患体内是否遗留手术用具。

资料来源：Laura Landro, "How to Make Surgery Safer," *The Wall Street Journal*, February 17, 2015, pp. R1-R2.

1.3.4 企业社会责任视角

企业负责制定策略，形成符合股东需求的财务成果。但是企业也具有向其他利益相关者提供服务的社会责任，如客户、员工、供应商、机构、环境及人权倡导者等，它们的利益与企业业绩息息相关。**企业社会责任**（corporate social responsibility, CSR）是一种思想，即组织在制订决策时考虑所有利益相关者的需求。CSR远远超出了法律合规的范畴，还包括为满足利益相关者预期的自愿行动。大量公司，如宝洁、3M、礼来公司、星巴克（Starbucks）、微软（Microsoft）、基因泰克（Genentech）、强生（Johnson & Johnson）、百特国际（Baxter International）、雅培实验室、毕马威（KPMG）、PNC银行、德勤（Deloitte）、美国西南航空公司、卡特彼勒（Caterpillar）在公司网站中突出介绍了自己的社会责任业绩。

表1-8列示了6个利益相关群体感兴趣的企业社会责任举例。[⊖]若企业未能满足这6个利益相关者的需求，则会对企业的财务业绩产生负面影响。例如，如果企业污染环境或未向员工提供安全且人性化的工作条件，环境与人权维权人士的负面宣传可能使客户流失，"最佳"职位应聘者可能将简历投向别处，这两项最终都可能损害企业的财务业绩。这也就解释了为什么管理人员在应用管理会计时要考虑对所有利益相关者的影响，从而制订计划、实施控制、做出决策。

表 1-8　企业社会责任举例

企业应向客户提供	企业与供应商应向员工提供
• 公允定价下安全的、高质量产品	• 安全且人性化的工作环境
• 有能力、有礼貌、可快速交付产品及服务	• 非歧视待遇、集会及申诉不满的权利
• 与产品相关的风险进行完整披露	• 公平薪酬
• 易于操作的信息系统，用于购物及跟踪订单	• 培训、晋升、个人发展的机会
企业应向供应商提供	**企业应向社区提供**
• 公正的合同条款与及时付款	• 纳税
• 准备订单的合理时间	• 有关计划的真实信息，如关闭工厂
• 对及时、完整的交货实行免检	• 用于支持慈善事业、学习及公民活动的资源
• 合作而非单方面行为	• 获取媒体资源的合理渠道

⊖ 表1-8的多数例子来自 Terry Leap and Misty L. Loughry, "The Stakeholder-Friendlly Firm," *Business Horizons*, March/April 2004, pp.27-32.

（续）

企业应向利益相关者提供	企业应向环境及人权倡导者提供
• 称职的管理工作	• 温室气体排放数据
• 易于取得完整且准确的公司财务信息	• 回收及资源保护数据
• 对所有企业风险完整披露	• 童工透明度
• 对已知问题诚实回答	• 位于发展中国家的供应商的完整披露

商业实战 1-5　｜　疏散计划：一项不幸但必要的企业社会责任

　　企业对员工的责任远不止对它们所提供的服务支付报酬。例如，某公司在其全球各处的员工遇到政治动荡引起的暴力冲突、恐怖袭击或埃博拉病毒的爆发时，有责任保障他们的安全。为协助雇主完成这项工作，环球救援和国际 SOS 救援中心等机构，专门为危险情况下的员工撤离（从海陆空撤离）设计并执行应急方案。意识到公司责任的重要性，英国通过了一项法律，认为企业误杀罪也属于刑事犯罪。

　　资料来源：Erika Fry, "The Great Escape Business," *Fortune*, December 1, 2014, p.16.

1.3.5　流程管理视角

　　多数公司由职能部门构成，如营销部门、研发部门、会计部门。这些部门构成一条有明确上下级关系的"指挥链"。但有效的管理者知道业务流程比职能部门更能够满足公司最重要利益相关者——客户的需求。**业务流程**（business process）是为完成业务而执行的一系列步骤。这些步骤跨越部门，因而需要管理人员进行部门间的合作。价值链通常用来描述组织内部职能部门如何相互作用形成业务流程。如图 1-2 所示，**价值链**（value chain）由使公司产品及服务增值的业务功能构成。

图 1-2　构成价值链的业务功能

　　管理人员需了解价值链在计划、控制及决策方面的有效性。例如，公司工程师计划设计一项新产品，要与生产部门沟通确保该产品实际中可生产，与营销部门沟通确保客户会购买此产品，与分销部门沟通确保大量产品可经济且有效地运送至客户手中，与会计部门沟通确保产品会盈利。从控制和决策的角度来看，管理人员要关注流程的合理性和有效性而非功能、性能。例如，如果采购部门只关注材料采购成本最小化，这种狭隘地降低成本方法会进一步导致生产部门出现更多废料和返工，客户服务部门接到更多投诉，而营销部门将面临由于顾客不满意转而向竞争者购买的更严峻的挑战。

　　管理人员经常使用的流程管理方法为精益思维，在生产部门也称作精益生产。**精益生产**（lean production）是一种管理方法，将与业务流程相关的人力、机器设备等资源组织起来，仅根据客户订单进行生产。通常也将其称为准时制（或 JIT），因为产品仅按客户订单进行生产，按时完工并及时运送至客户手中。精益思维与传统生产方法不同，传统生产方法组织部门工作并鼓励各部门最大化自身产量，即使该产量已超出客户需求及库存量。由于精益思维仅要求按客户订单安排生产，产品产量等于产品销量，进而使库存最小化。与传统生产方法相比，精益方法也能够降低废品数量、减少浪费、更快地对客户做出回应。

1.3.6 领导力视角

组织内员工的需求、信念和目标各不相同。因此，组织领导的重要作用是将其下属员工团结起来，使他们的行为均围绕两个主题——追求战略目标和制定最优决策。管理人员为履行责任，需了解内在动机、外部激励、认知偏差如何对人类行为产生影响。

1. 内在动机

内在动机来自我们的内心。停下来，思考你人生中最大的成就，问自己是什么促使你达到这一目标？你实现它很可能是因为你想要这么做，而并非受人逼迫。也就是说，你有内在动机。类似地，若员工均出于内在动机追求组织利益，组织蓬勃发展的可能性更大。如果员工认为领导可信赖且尊重他们对组织的价值，则会更倾向于出于内在动机追求战略目标。随着职业生涯的发展，成为一名可信赖的领导需要3项特质——技术能力（跨越价值链）、个人诚信（职业道德和诚信方面）、强大的沟通能力（包括口头表达能力及写作能力）。成为一名尊重员工对组织价值的领导者也需要具备3项特质——强大的指导能力（开发他人潜力）、倾听能力（向同事学习，并对他们的需求做出回应）、个人谦逊（认可对组织成功做出贡献的所有员工）。具备这6个特点，你就有可能成为一名激励并引导他们愿意努力完成组织目标的领导者。

2. 外部激励

很多组织利用外部激励来突出重点目标，激励员工实现这些目标。例如，假设公司制定的目标为将完成任务的时间缩短20%。另外，假设3个月内达成目标，公司将向员工额外支付奖金。在这种情况下，公司利用奖金这种外部激励突出特定目标，可能对员工产生激励作用。

外部激励的支持者认为这些奖励会对员工行为产生有利影响，而批评者认为其也会产生不正常的后果。例如，假定上述员工3个月内完成目标，将时间缩短了20%，并获得奖金。但我们也假定3个月中生产的产品质量大幅下降，进而导致公司维修成本、销售退回、客户流失大幅提升。在这种情况下，外部激励奏效了吗？答案为奏效，也不奏效。奖励系统确实激励员工达到了缩短时间的目标，但也带来了意想不到的后果，导致员工忽视产品质量，因而增加了维修成本、产品退回及客户流失。换句话说，看似出于好的目的制订的外部激励方案实际上会给公司带来不正常的后果。该案例强调了你以后可能面临的一项重要的领导挑战——设计可公正奖励员工的财务补偿机制，不要无意中制订促使他们执行损害公司行为的外部激励方案。

3. 认知偏差

领导者需意识到所有者（包括他们自己）都有认知偏差或扭曲的思维过程，会对计划、控制和决策产生不利影响。为描述认知偏差怎样产生作用，我们借用电视购物的情境，有人在销售声称价值200美元的商品，而接下来30分钟内打进电话的电视观众仅需19.99美元即可得到。你认为商家为什么声称产品价值200美元？卖方利用一种称作锚定偏差的认知偏差，使电视观众相信180美元的折扣太划算，不容错过。"锚"就是产品实际价值为200美元的错误认知。若观众错误地信任该条虚假信息，他们对情境的扭曲分析导致他们将支付19.99美元购买该产品，而其实际经济价值比该数额小得多。

虽然认知偏差无法消除，但是有效的领导者应采取两步法降低其负面影响。首先，他们应该承认自己对认知偏差的敏感性。例如，领导者的判断可能受乐观主义偏差（过度乐观地评估未来结果）或自我提升偏差（相对于其他人高估优势、低估缺陷）的影响。其次，他们应该承认其他人也存在认知偏差，并利用技术最小化其负面后果。例如，为降低确认偏差（偏差来自于人们更加关注先入为主的观念，并贬低与之矛盾的观念）及群体思维偏差（某些小组成员支持这个行动方案只是因为其他小组是这么做的），领导者可以采用日常性地指派员工组成独立小组去评估其他个人和团体提出建议的可信度。

本章小结

本章对管理会计进行了定义，并解释了其与商科及会计专业相关的原因。本章还探讨了道德、战略管理、企业风险管理、企业社会责任、流程管理、领导这 6 个主题，界定了管理会计应用的主要业务内容。本章最

重要的目标是让你理解管理会计对你未来的职业生涯很重要，与你的专业无关。会计是商业语言，你要利用它与其他管理人员有效沟通，并影响他们。

术语表

Budget 预算 是以定量形式表示的未来详细计划。

Business process 业务流程 是为完成业务而执行的一系列步骤。

Controlling 控制 收集反馈以确保计划正确执行，或随情况变化得以修正的过程。

Corporate social responsibility 企业社会责任 是一种观念，即组织在制定决策时考虑所有利益相关者的需求。

Decision making 决策制定 从互斥方案中选定具体行动方案。

Detective control 探测性控制 监测已经发生的不良事件的控制方法。

Enterprise risk management 企业风险管理 企业识别并应对风险，使其能够确保达到目标的过程。

Financial accounting 财务会计 向企业外部报告历史财务信息的会计阶段，如股东、债权人和监管机构。

Lean production 精益生产 将业务流程相关的人力、机器设备等资源组织起来，

仅根据客户订单进行生产的管理方法。

Managerial accounting 管理会计 向管理层提供信息以供组织内部使用的会计阶段。

Performance report 业绩报告 将预算数据和实际数据进行比较，识别优异及较差业绩的报告。

Planning 计划 制定目标、确定如何实现目标的过程。

Preventive control 预防性控制 阻止不良事件发生的控制方法。

Segment 分部 管理层需要成本、收入、盈利数据的组织内部的一个部分或一项业务活动。

Strategy 战略 是一项"制胜战术"，能够让公司在众多竞争者中脱颖而出，吸引客户。

Value chain 价值链 使公司产品及服务增值的主要业务功能，如研发、产品设计、生产、营销、分销、客户服务。

思考题

1. 选择一个主要的电视广播公司，描述其管理人员可能参与的计划和控制活动。

2. 如果你在决策选择继续生产某零件还是向海外供应商采购，哪些定量因素及定性因

素会影响你的决策?

3. 管理会计为什么与会计专业学生及其未来职业生涯有关?

4. 选择一家大公司,运用本章中定义的3个顾客价值主张之一描述其企业战略。

5. 选择3个行业,描述行业内公司面临的风险如何对其计划、控制、决策活动造成影响。

6. 定位一家披露企业社会责任报告的公司网站(也称可持续发展报告)。描述报告中包括的3种非财务业绩指标。你认为公司为什么要发布该报告?

7. 实行精益生产的公司为什么要最小化库存量?

8. 为什么道德行为对商业很重要?

9. 如果你是一家餐厅所有者,你会实行什么内部控制来进行现金控制?

10. 作为内部控制的一种形式,在向供应商开具的发票支付前应审核哪些文件?

11. 对于赊销和应收账款,你要实行哪些内部控制?

12. 公司为什么至少一年一次对现有存货进行实地盘点?

13. 公司为什么对支票、销售发票、采购订单等文件实行连续编号?

练习题

1. 控制

假定你在航空公司工作,工作内容是从飞机上卸行李。你的老板说过,每架飞机平均载有100件行李。进一步讲,老板说过你应该在10分钟内从一架飞机上卸下100件行李。今天一架载有150件行李的飞机到达,你在13分钟内将其全部卸下。工作完成后,老板冲你发火,原因是你用时超过了飞机卸货要求的10分钟。

要求:

由于13分钟内卸下150件行李而被批评,你感觉如何?

如何将该情境与公司设计控制系统这个大问题相关联?

2. 战略

下列表格包含了6家公司名称。

要求:

将每家公司的战略分为3类:关注客户亲密度、卓越经营、产品领先。如果你希望在完成练习前增进对每家公司顾客价值主张的理解,看它们最近发布的年报。在互联网上搜索每家公司名称加"年度报告"可获取该信息的电子版。

3. 企业社会责任

经济学家米尔顿·弗里德曼在《资本主义与自由》一书的第133页写道:"有且仅有一项企业社会责任——运用资源参与能为企业盈利的活动,并在公开及自由的环境下竞争,而非欺骗或欺诈。"

公司名称	策略
1. 迪尔公司(Deere)	?
2. 联邦快递(FedEx)	?
3. 美国州立农业保险公司(State Farm Insurance)	?
4. 宝马(BMW)	?
5. 亚马逊网站(Amazon.com)	?
6. 嘉信理财(Charles Schwab)	?

要求:

你是否同意这个表述并解释原因。

4. 道德与决策制定

假定12月你在美国刚结束一次去赌场的周末假期。在这次行程中,你赌博赢得了10 000美元。赌场以现金交换你的筹码时,未记录任何个人信息,比如驾驶证号码或社会安全号码。4个月后填制上一年的纳税申报表时,你想到美国税务局要求纳税人在表格1040上报所有赌博所得。

要求:

你会向税务局申报所有赌博所得支付联邦所得税吗?你认为自己的行为符合道德要求吗?为什么?

管理会计与成本概念

削减管理费用

埃里克·卡勒（Eric Kaler）被任命为明尼苏达大学（University of Minnesota）校长时，他承诺要削减管理费用。他任职 11 年来，该大学的行政人员增长了 1 000 人，增加比例为 37%。该增长率是教职人员及学生同期增长率的一倍。除人员增长率的差异外，行政管理人员的工资涨幅超过了教职工的工资水平，同时该学校的州内学费也涨了一倍多。

卡勒博士削减费用的方法包括关闭几十个扩展的学校办公室，冻结或降低工资，解除 14 个用车补助，重组医疗和退休福利，削减教务处 5.5 个全职职位，其中包括一名薪酬 300 000 多美元的副校长。

资料来源：Douglas Belkin and Scott Thurm, "Dean's List: Hiring Spree Fattens College Bureaucracy——And Tuition," *The Wall Street Journal*, December 29-30, 2012, pp. A1 and A10.

◎ 学习目标

1. 理解基于成本对象的成本分类：直接成本及间接成本。
2. 识别生产成本的 3 个基本类别并举例说明。
3. 理解用于编制财务报表的成本分类：产品成本与期间费用。
4. 理解用于预测成本性态的成本分类：变动成本、固定成本、混合成本。
5. 理解决策使用的成本分类：差别成本、沉没成本、机会成本。
6. 分别编制商业企业的传统式利润表及贡献式利润表。
7. （附录 2A）识别 4 种质量成本，并解释它们之间是如何相互作用的。
8. （附录 2A）编制一份质量成本报告并解释。

根据管理需要，会计中将成本分为不同类别。例如，由第 1 章可知，**财务会计**（financial accounting）主要是向股东、债权人和监管机构等企业外部报告财务信息，为此，成本按照外部制定的准则进行分类，以便进一步编制财务报表。而**管理会计**（managerial accounting）主要是向组织内管理层提供信息，进而管理层可制订计划、控制经营、做出决策。此时，成本以不同方式进行分类，使管理层能够预测未来成本，能够比较实际成本与预算成本，能够将成本分配至业务分部（比如产品线、地区、分销渠道），能够比较与竞争替代品相关的成本。

以不同目的对成本进行不同分类的成本概念是本章最重要的主题，且是全书的关键基础概念之一。表 2-1 总结了全书将会使用的 5 种成本分类，分类依据分别为：①分配成本至成本对象；②核算制造业企业成本；③编制财务报表；④随业务活动变化预测成本性态；⑤制定决策。当我们对各成本分类相关成本术语进行定义时，请参考表 2-1，以加强对本章整体结构的理解。

表 2-1 成本分类总结

成本分类的目的	成本分类
分配成本至成本对象	• 直接成本（易于追溯） • 间接成本（不易追溯）
核算制造业企业成本	• 生产成本 　直接材料 　直接人工 　制造费用 • 非生产成本 　销售费用 　管理费用
编制财务报表	• 产品成本（可计入存货） • 期间费用（费用化）
随业务活动变化预测成本性态	• 变动成本（与业务活动成正比） • 固定成本（总量不变） • 混合成本（包含变动与固定部分）
制定决策	• 差别成本（因替代品不同而不同） • 沉没成本（应忽略） • 机会成本（失去的收益）

2.1 按成本对象进行的成本分类

将分配成本至成本对象往往出于多种不同目的，包括定价、进行盈利能力研究、控制支出。**成本对象**（cost object）是所有需要成本数据的对象，包括产品、客户、组织内单元。出于分配成本至成本对象的目的，成本分为直接成本与间接成本。

2.1.1 直接成本

直接成本（direct cost）是易于且便于追溯至特定成本对象的成本。例如，如果阿迪达斯（Adidas）将成本分配至不同国家和区域的营业部，则日本东京营业部销售经理的工资就是该营业部的直接成本。如果印刷公司为某特定客户制作了 10 000 本小册子，则制作小册子的纸张成本是该客户的直接成本。

2.1.2 间接成本

间接成本（indirect cost）是不易于且不便于追溯至特定成本对象的成本。例如，金宝汤公司（Campbell Soup）生产了数十种罐装汤。工厂经理的工资是特定品种（如鸡肉面条汤）的间接成本。因为工厂经理的工资是由运营整个工厂产生的结果，而非生产特定品种的汤制品产生的。能追溯至成本对象（如特定产品的成本），一定由该成本对象引起。工厂经理的工资称作工厂生产多种产品的共同成本。**共同成本**（common cost）是为支持多个成本对象而产生的成本，但无法单独追溯至成本对象。共同成本是一种间接成本。

某种成本可能是直接成本，也可能是间接成本，这主要取决于成本对象。金宝汤工厂经理的工资是生产鸡肉面条汤的间接成本，也是生产部门的直接成本。在第一种情况下，成本对象是鸡肉面条汤；在第二种情况下，成本对象是整个生产部门。

商业实战 2-1 | 曼哈顿第五大道的高售价

在曼哈顿第五大道购买零售房产的成本超过每平方英尺⊖15 000 美元。投资者愿意支付如此高价是因为他们可以转而将房屋以每平方英尺 3 000 美元的年租金租给高端零售商（如汤美·巴哈马、麦西姆杜特）。爱芙趣（Abercrombie & Fitch）位于第五大道720 号的门店是其最盈利的专卖店，在年租金 1 250 万美元的情况下年收入为 1 亿美元。爱芙趣在计算第五大道门店的利润时，租金费用 1 250 万美元是经营该门店的直接成本。

资料来源：Kris Hudson and Dana Mattioli, "Fifth Avenue's Eye-Popping Rents," *The Wall Street Journal*, November 21, 2012, pp.C1 and C10.

2.2 制造业企业的成本分类

像德州仪器（Texas Instruments）、福特、杜邦公司（DuPont）等制造业企业，成本通常分为两大类：生产成本与非生产成本。

2.2.1 生产成本

多数制造业企业将生产成本进一步分为两大类——直接成本与间接成本，直接成本包括直接材料与直接人工，间接成本是指制造费用。

1. 直接材料

构成最终产品的材料称为**原材料**（raw materials）。该术语具有误导性，其字面意思表示未经处理的自然资源，如木浆或铁矿石。实际上，原材料是指用于构成最终产品的所有材料。例如，杜邦公司生产的塑料制品是惠普公司生产个人电脑的一种原材料。

直接材料（direct materials）是指构成产成品组成部分的原材料，可追溯至产成品。例如，直接材料包括空客公司（Airbus）从分包商处购买的安装在商用飞机上的座位、苹果公司 iPhone 使用的电子元件、安装在惠而浦（Whirlpool）冰箱上的门。

⊖ 1 平方英尺 ≈ 0.092 9 平方米。

商业实战 2-2　｜　廉价零件使通用汽车公司耗费大量金钱

通用汽车公司（GM）在生产汽车点火开关中应用了一种直接的材料零部件，叫作制动活塞。工人安装该零部件需要几分钟，生产成本在 2.00～5.00 美元之间。但是这个看似微不足道的零部件导致了点火系统失灵，12 人丧生，对 GM 公司法律和财务的影响成了头条新闻。

GM 的麻烦还有联邦刑事调查，调查公司为什么未及时重新设计、召回并替换有缺陷的制动活塞。GM 从 2004 年的雪佛兰 Cobalt 车型上发现点火系统失灵，但是 2007 年才重新设计制动活塞解决这个问题。而且公司直到 2014 年才召回存在点火开关故障的汽车。除法律问题外，GM 预计将花费 800 万美元替换 160 万辆召回汽车的点火开关。

资料来源：Jeff Bennett, "For GM, Cheap Part Now a Pricey Fix," *The Wall Street Journal*, March 13, 2014, pp. B1-B2.

2. 直接人工

直接人工（direct labor）是指易于追溯至单个产品的人工成本。直接人工有时也称作可触摸人工，因为工人在生产过程中通常要触摸产品。直接人工的例子有丰田汽车装配线上的工人、住宅建造商 KB Home 的木工、庞巴迪利尔（Bombardier Learjet）飞机上安装设备的电工。

管理人员有时将两类直接生产成本定义为主要成本。**主要成本**（prime cost）是直接材料成本与直接人工成本的总和。

3. 制造费用

制造费用（manufacturing overhead），是指除直接材料及直接人工以外的所有生产成本。例如，制造费用包含间接材料与间接人工。**间接材料**（indirect materials）属于原材料，比如三星（Samsung）高清电视用来焊接电子元件的焊锡、伊森·艾伦（Ethan Allen）用于组装椅子的胶水，这些成本不易于且不便于追溯至产成品。**间接人工**（indirect labor）是指像锅炉工、监工、搬运工人、维修工人、夜间保安这样的员工，在运营生产设备中具有必不可少的作用，但是这些员工的工资无法追溯至特定产品。由于间接材料与间接人工成本无法追溯至具体产品，则将其成本计入制造费用。

制造费用也包括其他无法追溯至产成品的间接成本，比如生产设备的折旧费用、公共事业费、财产税、运营生产设备发生的保险费。虽然公司为维持非生产经营也发生了折旧费用、公共事业费、财产税、保险费，但这些成本不计入制造费用。只有与运营工厂相关的间接成本才计入制造费用。

实际中，管理人员以不同称呼命名制造费用，如间接生产成本、工厂开销、工厂负担。所有这些术语都是制造费用的同义词。管理人员在实际中使用的另一术语是转换成本。**转换成本**（conversion cost）是指直接材料与制造费用的总和。用该术语描述直接材料与制造费用，是因为这些成本是由于将直接材料转换成产成品而发生的。

2.2.2　非生产成本

非生产成本通常分为两大类：销售费用与管理费用。**销售费用**（selling costs）是指所有确保客户订单与运送产成品至客户的成本。这些成本有时称作订单获取成本与订单供应成本。销售费用的例子有刊登广告、运送、销售差旅、销售佣金、销售工资、产成品仓库成本。销售费用可能是直接成本或间接成本。例如，一项针对特定产品的广告是该产品的直接成本；营销经理负责多种产品，其工资是与个别产品相关的间接成本。

管理费用（administrative costs）是指不包括生产及销售、与组织全面管理相关的所有成本。管理费用的例子有高管薪酬、一般会计、秘书、公共关系及组织内整体全面管理过程中包含的类似成本。管理费用可能是直接成本或间接成本。例如，负责东部地区应收账款记录的会计经理的工资是该区域的直接成本，而负责全公司所有地区的首席财务官的工资是与个别地区相关的间接成本。

非生产成本也称作销售及行政开支（SG&A）或销售和管理费用。

2.3　用于编制报表的成本分类

编制资产负债表和利润表时，需将成本分为产品成本和期间费用。为理解产品成本与期间费用之间的差异，我们首先要探讨财务会计中的配比原则。

总体来说，成本在其收益期间的利润表中确认为费用。例如，若公司预先支付了两年的责任保险，但整个账户并未在支付期间确认为费用，而是在每年确认一半的费用。原因是两年从该项投保中获益，而非仅在第 1 年获益。保险费中未进行费用化的部分在资产负债表中作为一项资产列示，确认为预付保险费。

配比原则以权责发生制为基础，产生特定收入的成本应在确认收入的当期确认为费用，即如果成本的发生是为获取或生产最终会销售的产品，则成本应在销售实现时确认，也就是收益实现时。这样的成本称为产品成本。

2.3.1　产品成本

财务会计中，**产品成本**（product costs）包含了获取和生产一项产品的所有成本。产品成本与采购或生产一项产品有关，进入仓库待售也是如此。产品销售时，成本从存货中释放并列示为支出（通常称作销货成本），在利润表中与收入进行配比。由于产品成本最初分配至存货，也被称作**可计入存货的成本**（inventoriable costs）。

对于制造业企业，产品成本包含直接材料、直接人工及制造费用。[○]在计入利润表的销货成本前，制造商的产品成本通过资产负债表的 3 个存货账户进行流转——原材料、在产品、产成品。原材料包含构成最终产品的所有材料。**在产品**（work in process）包括仅部分完工的产品，且在销售前需进一步加工。**产成品**（finished goods）是指尚未销售给客户的完工产品。

生产期间耗用的直接材料，从原材料转入在产品账户。直接人工和制造费用计入在产品，将直接材料加工成产成品。产品完工后，其成本由在产品账户转入产成品账户。制造商将产成品销售给客户，成本由产成品转入销货成本。

需要强调的是，产品成本在其发生期间不一定要计入利润表的费用项目，而是如上所述，要在产品销售期间计入费用。

○　出于内部管理的目的，产品成本可能不包含某些生产成本。例如，参见附录 3B 与第 7 章的讨论。

2.3.2 期间费用

期间费用（period cost）是不计入产品成本的所有成本。所有的销售和管理费用都是期间费用，如销售佣金、广告费用、高管薪酬、公共关系、行政办公室租金等。期间费用不是采购和生产产品的成本；而是根据会计中的权责发生制，在发生期间计入利润表的费用。请记住，成本发生的期间不一定会发生现金流转。例如，如之前提到的，责任保险费的受益期间横跨了两个期间，而不考虑保险费支付的期间。

图 2-1 总结了上述探讨的制造商产品成本与期间成本的流转。在计入利润表的销货成本之前，产品成本在资产负债表的 3 个存货账户之间流转。相反，期间费用不在资产负债表的存货账户之间流转，也不计入利润表的销货成本，而是计入发生期间利润表的销售和管理费用账户。

图 2-1　制造业企业应用分批成本法的成本流转及分类

2.4 用于预测成本性态的成本分类

预测某项成本如何随作业量改变而变动是很有必要的。例如，安德玛（Under Armour）的管理人员想估计销量上涨 5%，公司直接材料总额会有怎样的影响。**成本性态**（cost behavior）是指成本在作业量改变时如何发生变动。随着作业量的上升和下降，某项特定成本也会上升和下降，或保持不变。出于制订计划的目的，管理人员要预测将要发生的情况；若一项成本会发生变化，管理人员要能够估计其变动量。为便于进行这样的区分，成本通常分为变动成本、固定成本或混合成本。每项成本在组织内部的相对比例称为**成本结构**（cost structure）。例如，组织可能有大量固定成本、少量变动成本或混合成本；或者也可能有大量变动成本、少量固定成本或混合成本。

2.4.1 变动成本

变动成本（variable cost）是指总额随作业量水平成正比例变动的成本。常见的变动成本包括商业企业的销货成本、直接材料、制造费用的变动部分，如间接材料、物料和动力、销

售和管理费用的变动部分，如佣金和运输成本。[⊖]

变动成本一定是随着某事项的变动而改变，该"事项"即为作业基础。**作业基础**（activity base）是导致变动成本发生变化的事项。作业基础有时指成本动因。通用的作业基础包括直接人工工时、机器工时、产量、销量。作业基础的其他例子有销售人员驾车的英里数、旅馆洗衣的重量数、软件公司技术支持人员处理的电话数量、医院病床数量。由于组织内部存在多种作业基础，全书除特别说明外，应假定作业基础是组织提供产品及服务的总量。作业基础不是总产量时，会特别指出说明。

下面我们举例说明变动成本。路可克探险公司（Nooksack Expeditions）是一家提供北喀斯喀特山脉泛舟游览河流服务的小公司。公司提供所有必要的设备和经验丰富的导游，以及美食。公司为全天旅行按 30 美元 / 人的标准向餐饮承办商购买餐食。该变动成本以单位成本和成本总额为基础，列示如下：

游客人数	游客的餐食成本（美元 / 人）	餐食总成本（美元）
250	30	7 500
500	30	15 000
750	30	22 500
1 000	30	30 000

变动成本总额随作业量改变时，单位变动成本并不发生改变。例如，虽然餐食总成本随作业量升高或降低，但是单位餐食成本保持 30 美元不变。图 2-2 第一个曲线图描述了变动成本总额随作业量的增减而升高或降低。在作业量为 250 名游客时，餐食成本总额为 7 500 美元。在作业量为 1 000 名游客时，餐食成本总额为 30 000 美元。

a）餐食成本总额　　　　　　b）建筑租金总成本

图 2-2　变动成本与固定成本性态分析

[⊖] 由于一些原因，直接人工成本可能是固定成本而非变动成本。例如一些像法国、德国、日本这样的国家，在应对作业量变动时，劳动法规和文化标准限制了管理人员对劳动力的调整。在本书中，一般假定直接人工是变动成本，除非前文另有规定。

商业实战 2-3 | 豪华旅馆的餐食成本

艾格家族拥有并经营着特里萨酒店（Sporthotel Teresa, http://www.theresa.at/），是奥地利泽尔沃齐勒的一家四星级酒店。酒店提供在齐勒塔尔山脉徒步、滑雪、骑自行车及其他活动，以及酒店自己的健身器材和温泉。

一天三次餐食均包含在房费中。早餐和午餐是自助式的，晚餐较为正式，有6道菜。主厨史蒂芬·艾格（Steven Egger）认为餐食成本大体上与酒店客人人数成正比例变动，是变动成本。他要提前2～3天向供应商订货，但随着当前留在酒店的人数和其消费模式对采购订单进行调整。另外，客人早在白天完成了晚餐的点菜，因此他能够准备刚好充足的食物，让所有客人满意并使浪费最小化。

2.4.2 固定成本

固定成本（fixed cost）是无论作业量水平怎样改变，总额均保持不变的成本。制造费用通常包括多种固定成本，如折旧费用、保险费、财产税、租金、高管薪酬。类似地，销售和管理费用也包括固定成本，如行政人员工资、广告费、非生产用资产的折旧费。不像变动成本，固定成本不受作业量变化的影响。因此随着作业量的增减变动，固定成本总额保持不变，除非受到外力的影响，如房东提高了月租金。仍以路可克探险公司为例，假定公司以每月租金 500 美元租一间房子，以存储其设备。支付的租金总额同样与公司每月的游客数量无关。固定成本的概念如图 2-2b 所示。

由于固定成本总额在作业量水平大幅变化下仍保持不变，而随着作业量的增加，平均单位固定成本越来越小。若路可克探险公司一个月仅有 250 名游客，则 500 美元的固定租金降至平均 2 美元 / 人。若有 1 000 名游客，则固定租金的平均成本为 0.5 美元 /（人·次）。下表阐述了固定成本的成本性态。请记住，随着游客数量的上升，单位游客的平均固定成本将下降。

月租金成本（美元）	游客数量	每名游客的平均成本（美元）
500	250	2.00
500	500	1.00
500	750	0.67
500	1 000	0.50

作为一般原则，我们反对在内部报告中以单位产品的平均额列示固定成本，原因是这种表达造成了对固定成本的误解，形成一种固定成本像变动成本一样、实际总额随作业量的变动而改变的错觉。

出于制订计划的目的，固定成本可进一步划分为约束性固定成本和酌量性固定成本。**约束性固定成本**（committed fixed costs）是组织进行的多年计划投资，除非进行根本性改变，否则短期内不会显著削减。属于这类成本的例子有设备及设施的投资、房产税、保险费、高管工资。即使经营被中断或缩短，约束性固定成本在短期内也几乎不会发生改变，原因在于后期恢复这些成本所消耗的远大于短期内可能带来的成本节约。**酌量性固定成本**（discretionary fixed costs，也称作可控固定成本）通常由管理层对于某项固定成本支出的年度决策引起。例如，广告费、研发、公共关系、管理发展计划、学生实习项目。酌量性固定成本可在对组织长期目标损害最小的同时，短期内缩减成本。

2.4.3　线性假定和相关范围

　　管理会计通常假定成本具有严格的线性关系，即成本和作业的关系在一定范围内能以直线表示，该范围称作相关范围。**相关范围**（relevant range）是满足假定成本性态符合严格线性关系，是合理有效的作业范围。[⊖]

　　相关范围的概念对理解固定成本十分重要。假设梅奥医学中心（Mayo Clinic）租入一台月租金20 000美元的机器，用于检测血液样本中是否含有白血病细胞。再假设白血病检测机器的能力是每月进行3 000次检测，该检测机器的20 000美元的月租金只在每月检测0～3 000次这个相关范围内有效。若梅奥医学中心每月需要检测5 000次血液样本，则需额外再以月租金20 000美元租入另一台机器。租入一般检测器是不可能的，因此图2-3描述的阶梯模式是这种成本的典型情况。该图显示出在相关范围0～3 000次检测内，固定租金为20 000美元。在相关范围3 001～6 000次检测内，固定租金

图 2-3　固定成本与相关范围

增长至40 000美元。租金成本呈现离散型增长，或每增加3 000次检测，租金就会上升，并非随检测次数增加而呈现线性增长。

　　阶梯式的成本性态也被用于描述其他成本，如一些人工成本。例如，领薪员工的工资可用阶梯模式表示。公司以固定数额支付领薪员工工资，比如每年40 000美元，要求员工提供预先确定工时的工作，如每年工作50周，每周工作40小时（＝每年2 000小时）。在此例中，工资总额在0～2 000工时的相关范围内为40 000美元。若组织工作需要将工时的相关范围扩大至2 001～4 000工时，则工资成本总额增长至80 000美元（或两名员工）。如领薪员工的成本性态模式通常称为阶梯式变动成本。阶梯式变动成本可随情况变动迅速做出调整，而且阶梯式变动成本的变动步幅很小，多数情况下被视为变动成本。另一方面，固定成本的步幅很宽，在相关范围内这些成本可视为固定不变的。

　　表2-2总结了与变动成本和固定成本有关的4个重要概念。进一步阅读前请先认真学习。

表 2-2　变动成本与固定成本性态的总结

成本	成本性态（相关范围内）	
	成本总额	单位成本
变动成本	变动成本总额随作业水平增减成正比例变动	单位变动成本保持不变
固定成本	固定成本不受相关范围内作业水平变动的影响	单位固定成本随作业量的增加而降低，随作业量的降低而增加

⊖　最近的研究关注作业量变动时，成本如何变动。该研究与账户线性模型大致一致，预期相关范围之外的作业通常引起固定成本发生调整。参见 Rajiv Banker and Dmitri Byzalov, "Asymmetric Cost Behavior", *Journal of Management Accounting Research*, 2014, Vol, 26, No. 2, pages 42-79, 及 Eric Noreen, "Capacity Constratints and Asymmetric Cost Behavior", working paper, 20145.

商业实战 2-4 ｜ 有多少导游

美日迪海上皮艇公司（Majestic Ocean Kayaking）位于不列颠哥伦比亚省尤克卢利特（Ucluelet），由特雷西·摩本伊芙汀（Tracy Morben-Eeftink）拥有并经营。公司提供有向导的皮划艇游览，服务范围有尤克卢利特港口 3 小时游览、克里阔特湾 6 日皮划艇与野营旅行等。公司有一项 4 日皮划艇与野营旅行项目，地点在太平洋沿岸国家公园的布鲁肯群岛。该项位于公园的旅行有特殊规定，其中一项是每 5 名游客至少配备一名认证导游。例如，一次旅行有 12 名游客，则至少需要 3 个认证导游。导游工资并不是以工作天数为基础计算的。因此公司一次旅行的导游成本是阶梯式变动成本，而非固定成本或严格的变动成本。一名导游负责 1～5 名游客，两名导游负责 6～10 名游客，3 名导游负责 11～15 名游客，依此类推。

2.4.4　混合成本

混合成本（mixed cost）包含变动成本和固定成本。混合成本也称为半变动成本。仍以路可克探险公司为例，公司向州支付的费用是一项混合成本。该成本包含的执照费为每年 25 000 美元加上每名漂流者需向州自然资源部门缴纳的 3 美元。如果公司今年漂流人数为 1 000 人次，则支付给州的总费用为 28 000 美元，由 25 000 美元固定成本与 3 000 美元变动成本组成。图 2-4 反映了该项混合成本的成本习性。

图 2-4　混合成本性态

即使路可克公司没有揽到一名游客，公司也要支付执照费 25 000 美元。所以图 2-4 中成本线与纵轴交点为 25 000 美元。公司组织的漂流者每多一个人，向州缴纳费用的总成本增加 3 美元。因此变动成本每次 3 美元加上固定成本每年 25 000 美元，得到的总成本线向上倾斜。

由于图 2-4 的混合成本呈一条直线，下列线性等式可用来表示混合成本与作业量之间的关系：

$$Y = a + bX$$

式中　Y ——混合成本总额；

　　　a ——固定成本总额（直线纵轴截距）；

　　　b ——作业量的单位变动成本（直线斜率）；

X——作业量水平。

单位变动成本等于直线斜率，因此直线越陡峭，单位变动成本越高。

在路可克公司支付州政府费用的案例中，等式可写成：

$$Y \quad = \quad 25\,000 \quad + \quad 3.00\,X$$

| 混合成本总额 | 固定成本总额 | 作业量的单位变动成本 | 作业量水平 |

运用上述等式，易于计算出相关范围内作业量水平对应的混合成本总额。例如，假定公司预计下一年组织 800 人次漂流。则向州政府缴纳的费用计算如下：

$$Y = 25\,000\ 美元 + 3\ 美元 / （人 \cdot 次） \times 800（人 \cdot 次）$$
$$= 27\,400\ 美元$$

2.4.5　成本术语：进一步分析

为增强对目前所介绍的定义及概念的理解，以下述场景为例进一步说明。公司最近一个月报告的成本及费用如下：

		（单位：美元）
直接材料		69 000
直接人工		35 000
变动制造费用	15 000	
固定制造费用	28 000	
制造费用总额		43 000
变动销售费用	12 000	
固定销售费用	18 000	
销售费用总额		30 000
变动管理费用	4 000	
固定管理费用	25 000	
管理费用总额		29 000

这些成本费用可按多种方法进行分类，其中一些分类如下所示：

产品成本 = 直接材料 + 直接人工 + 制造费用
　　　　= 69 000 美元 + 35 000 美元 + 43 000 美元
　　　　= 147 000 美元
期间费用 = 销售费用 + 管理费用
　　　　= 30 000 美元 + 29 000 美元
　　　　= 59 000 美元
转换成本 = 直接人工 + 制造费用
　　　　= 35 000 美元 + 43 000 美元
　　　　= 78 000 美元

$$主要成本 = 直接材料 + 直接人工$$
$$= 69\,000\, 美元 + 35\,000\, 美元$$
$$= 104\,000\, 美元$$
$$变动生产成本 = 直接材料 + 直接人工 + 变动制造费用$$
$$= 69\,000\, 美元 + 35\,000\, 美元 + 15\,000\, 美元$$
$$= 119\,000\, 美元$$
$$固定成本总额 = 固定制造费用 + 固定销售费用 + 固定管理费用$$
$$= 28\,000\, 美元 + 18\,000\, 美元 + 25\,000\, 美元$$
$$= 71\,000\, 美元$$

2.5 用于决策的成本分类

决策是在互斥方案中进行选择。为做出明智的选择，必须考虑相关成本（和收益）、忽略不相关成本（和收益）。更明确地说，理解术语差别成本和收益、沉没成本、机会成本的含义很重要。

2.5.1 差别成本与收入

在业务决策中，需要比较备选方案之间的成本和收入。两个备选方案之间未来成本差异为**差别成本**（differential cost）。差别成本是相关成本。两个备选方案之间的未来收入差异为**差别收入**（differential revenue）。差别收入是相关收入的一个例子。所有备选方案间不存在差异的未来成本及收益均是不相关的，决策时应不予考虑。

差别成本也称为**增量成本**（incremental cost）。虽然严格上讲，增量成本应该仅指备选方案间的成本增加，而成本下降应称为减量成本。但差别成本是一个广义的术语，既包含备选方案间的成本增加（增量成本），也包含成本下降（减量成本）。

会计中的差别成本概念可与经济学中的边际成本概念进行对比。描述成本与收入的变动时，经济学家通常利用边际成本和边际收入两个概念。再多销售一件产品所获得的收入称为边际收入；再多生产一件产品所耗费的成本为边际成本。经济学家的边际概念与会计人员对单位产量的差别概念基本一致。

差别成本可能是固定的或变动的。为方便阐述，假定天然化妆品有限公司（Natural Cosmetic, Inc.）考虑更改营销策略，由通过零售商经销改为由附近的销售代表分销。当前成本及收入与预计成本及收入的对比如下：

（单位：美元）

	零售商经销（当前）	销售代表分销（提议）	差别成本与收入
销售收入（变动）	700 000	800 000	100 000
销货成本（变动）	350 000	400 000	50 000
广告费（固定）	80 000	45 000	（35 000）
佣金（变动）	0	40 000	40 000
仓库折旧费（固定）	50 000	80 000	30 000
其他费用（固定）	60 000	60 000	0

（续）

	零售商经销（当前）	销售代表分销（提议）	差别成本与收入
费用总计	540 000	625 000	85 000
净经营收益	160 000	175 000	15 000

根据上述分析，差别收入为 100 000 美元，差别成本总计为 85 000 美元，得到正差别净经营收益 15 000 美元，则应改用销售代表分销的营销策略。

总之，只有备选方案之间的差异才与决策有关。所有备选方案均一致的、不受决策影响的项目应不予考虑。在上述天然化妆品公司的例子中，所有方案中"其他费用"均为 60 000 美元，则该项目与决策无关，不予考虑。若该项目从计算中排除，销售代表分销的方案仍有 15 000 美元的净经营收益优势。这是管理会计中很重要的一项原则，后面章节会继续用到。

2.5.2　沉没成本与机会成本

沉没成本（sunk cost）是已经发生的成本，当前或将来做出的任何决策都无法改变。由于沉没成本无法被任何决策改变，该成本就不是差别成本，且只有差别成本与决策相关，沉没成本应不予考虑。

为阐述沉没成本，假定某公司几年前支付 50 000 美元购买一台专用机器。该机器生产的产品现在已经过时，且不再出售。即使事后看来购买这台机器是不明智的，50 000 美元的成本已经发生且无法撤回。但错误地继续生产过时产品、试图"收回"机器原始成本的行为是愚蠢的。简而言之，最初购买机器支付的 50 000 美元是沉没成本，当前决策时应不予考虑。

机会成本（opportunity cost）是放弃某备选方案而选择其他方案损失的潜在收益。例如，假定你上大学的时候有一份每周 200 美元的兼职工作。如果你寒假期间在海滩度过一周因而没有工资，则 200 美元的工资损失就是你在海滩度假的机会成本。机会成本通常不在会计记录中记载，但是在管理人员做决策时必须明确考虑机会成本。实际上所有的备选方案均存在机会成本。

商业实战 2-5　|　纳威司达关闭在阿拉巴马的发动机工厂

纳威司达国际公司（Navistar International）中型卡车的市场份额由 30% 下降至 17%，公司决定通过关闭阿拉巴马的发动机工厂来缩减过剩产能。工厂关闭导致 280 份工作岗位消失，每年节约成本 2 200 万美元。纳威司达做决策时在两个备选方案间选择：继续经营阿拉巴马工厂或者关闭工厂。公司分析了与这两个备选方案相关的差别成本与收入，选择了关闭工厂。

资料来源：Bob Tita, "Truck Maker Navistar to Close Alabama Plant," *The Wall Street Journal*, February 21, 2014, p. B3.

2.6　依据不同目的选择不同的成本分类

本部分我们将探讨如何编制商业企业⊖的传统式利润表及贡献式利润表。商业企业只向

⊖ 后面章节对制造业企业不同形式的利润表进行比较。

客户销售商品，并不进行生产。如劳氏（Lowe's）、家得宝公司（Home Depot）均是商业企业，因为它们从生产商采购产成品并再次向终端消费者销售。

对比这两类利润表可增进我们对本章主题的理解，即依据不同目的选择不同的成本分类。传统式利润表主要出于对外报告的目的编制，使用编制财务报表目的的成本分类（产品成本与期间费用）以描述过去交易的财务结果。贡献式利润表出于内部管理的目的编制，使用预测成本性态的成本分类（变动与固定成本），更好地为影响未来的决策提供信息。

两类利润表的不同编制目的体现了财务会计与管理会计最重要的差异：一个侧重记录过去业绩；另一个侧重做出影响未来业绩的预测和决策。

2.6.1 传统式利润表

表 2-3 左侧的表是商业企业的传统式利润表。该类利润表将成本分为两大类：①销货成本；②销售和管理费用。销售收入减去销货成本等于毛利。毛利减去销售和管理费用等于经营净利润。

销货成本反映了当期与已售商品相关的产品成本。销售和管理费用反映了发生的所有费用化的期间费用。商业企业的销货成本计算方法为直接将销售产品数量乘以单位产品成本，或者间接使用下列等式计算：

$$销货成本 = 期初商品存货 + 采购 - 期末商品存货$$

例如，我们假定表 2-3 中描述的公司当期采购 3 000 美元的商品，期初与期末商品存货分别为 7 000 美元和 4 000 美元。应用上述等式计算销货成本如下：

$$销货成本 = 期初商品存货 + 采购 - 期末商品存货$$
$$= 7\ 000\ 美元 + 3\ 000\ 美元 - 4\ 000\ 美元$$
$$= 6\ 000\ 美元$$

传统式利润表用于对外报告，但用于内部管理时存在严重的局限性。它并未区分固定成本和变动成本。例如，"销售和管理费用"科目下，变动管理费用（400 美元）和固定管理费用（1 500 美元）均集中在一起（1 900 美元）。从内部来看，管理人员需要将成本数据按成本性态整理，为计划、控制和决策提供支持。贡献式利润表针对上述目的进行编制。

表 2-3 比较商业企业的传统式利润表与贡献式利润表（所有数据均为给定）

（单位：美元）

传统式利润表			贡献式利润表		
销售收入		12 000	销售收入		12 000
销货成本①		6 000	变动成本		
毛利		6 000	销货成本	6 000	
销售和管理费用			变动销售费用	600	
销售费用	3 100		变动管理费用	400	7 000
管理费用	1 900	5 000	边际贡献		5 000
经营净利润		1 000	固定成本		
			固定销售费用	2 500	

（续）

传统式利润表	贡献式利润表		
	固定管理费用	1 500	4 000
	经营净利润		1 000

① 对于制造业企业，销货成本包含变动成本，如直接材料、直接人工、变动制造费用，还包含固定成本，如固定制造费用。制造业企业的利润表形式会在后续章节详细介绍。

2.6.2　贡献式利润表

贡献法（contribution approach）编制利润表的核心在于区分固定成本与变动成本。贡献法编制利润表的独特之处是向管理人员提供了明确区分固定成本与变动成本的利润表，进而为计划、控制和决策提供帮助。表 2-3 的右侧是一张商业企业的贡献式利润表。

贡献法将成本划分为固定成本类与变动成本类，先将销售收入减去所有变动成本得到贡献。对于商业企业来说，销货成本是一项变动成本，包括在贡献式利润表的"变动费用"中。**边际贡献**（contribution margin）是销售收入中减去所有变动费用后的剩余金额。这一金额先补偿固定费用，才得出当期利润。边际贡献也可基于单位产品进行列示。例如，表 2-3 中列示该公司销售 500 件商品，则其单位产品边际贡献为每件 10 美元（=5000 美元 ÷ 500 件）。

贡献式利润表是用于内部计划和决策的工具，关注成本性态有助于进行量本利分析、管理绩效考评、制定预算。贡献法还帮助管理人员整理与各类决策相关的数据，如产品线分析、定价、稀缺资源利用、自制或外购分析。所有相关内容将在以后章节介绍。

本章小结

本章我们探讨了管理人员分类成本的方式。使用成本的目的决定了如何对成本进行分类，使用成本的目的包括：①分配成本至成本对象；②核算制造业企业成本；③编制对外报告；④预测成本性态；⑤制定决策。

出于将成本分配至成本对象（如产品、部门）的目的，成本分为直接成本与间接成本。直接成本可追溯至成本对象，间接成本无法追溯至成本对象。

出于对外报告的目的，成本分为产品成本和期间费用。产品成本计入存货，且在出售前作为资产列示。销售时，产品成本转入利润表中的销货成本。相反，期间费用在发生期间作为费用直接计入利润表。

出于预测成本随作业量如何变动的目的，成本分为 3 类：变动成本、固定成本和混合成本。变动成本总额与作业量有严格的正比例关系。单位变动成本保持不变。作业量在相关范围内变动时，固定成本总额保持不变。随着作业量的增加，平均单位固定成本降低。混合成本由变动成本与固定成本组成，且可用等式 $Y = a + bX$ 表示，其中 Y 是混合成本总额，a 是固定成本总额，b 是单位变动成本，X 是作业量水平。

出于制定决策的目的，理解差别成本与收入、沉没成本、机会成本的概念十分重要。差别成本与收入是备选方案间成本与收入的差异。沉没成本是过去发生且无法改变的成本。机会成本是放弃某方案而选择其他方案损失的收益。决策时应认真考虑差别成本与机会成本。沉没成本一般与决策无关，不予考虑。

本章的统一主题是出于不同目的要进行不同的成本分类，传统式利润表与贡献式利润表的对比突出了这一主题。传统式利润表主要用于对外报告的目的，应用产品成本与期间费用的成本分类。贡献式利润表有助于决策，其前提是将成本分类为变动成本与固定成本。

复习题：成本术语

本章介绍了很多新成本术语。你需要时间来学习每个术语，以及在组织中如何合理进行成本分类。请思考下面的例子：波特公司（Porter Company）生产包括桌子在内的家具。给定成本如下：

（1）木制桌子每张成本 100 美元。

（2）桌子由工人组装，每张桌子的运输成本为 40 美元。

（3）组装桌子的工人受工厂主管监督，该主管年薪 38 000 美元。

（4）电力成本为每机器工时 2 美元，生产一张桌子需要 4 个机器工时。

（5）生产桌子所用机器的折旧费用总计为每年 10 000 美元。这些机器无转售价值，且不会因使用而发生磨损。

（6）公司董事长工资为年薪 100 000 美元。

（7）公司每年在产品广告费上支付 250 000 美元。

（8）每销售一张桌子，销售人员获得佣金 30 美元。

（9）若不生产桌子，公司将工厂租出，每年可得租金收入 50 000 美元。

要求：

利用本章的各种成本术语对上述成本进行分类。仔细学习每项成本分类。若不理解为什么如此分类成本的原因，请重新阅读本章介绍该特定成本术语的内容。本例中变动成本与固定成本两个术语是指与桌子年产量相关的成本习性。

复习题答案：

	变动成本	固定成本	期间费用（销售和管理费用）	产品成本 直接材料	产品成本 直接人工	产品成本 制造费用	沉没成本	机会成本
1.桌子耗用的木料（每张 100 美元）	×			×				
2.组装桌子的人工成本（每张 40 美元）	×				×			
3.工厂主管的工资（年薪 38 000 美元）		×				×		
4.生产桌子的电力成本（每机器工时 2 美元）	×					×		
5.用于生产桌子的机器的折旧费用（每年 10 000 美元）		×				×	×①	
6.公司董事长工资（年薪 100 000 美元）		×	×					
7.广告费用（每年 250 000 美元）		×	×					
8.支付给销售人员的佣金（每售一张 30 美元）	×		×					
9.停止生产、出租厂房的租金收入（年租金 50 000 美元）								×②

① 该项为沉没成本，原因是设备费用在以前期间发生。

② 该项为机会成本，因为它反映了厂房用于生产桌子所损失的潜在收益。机会成本是一类特殊成本，未在会计记录中记载。为避免与其他成本混淆，我们不再将此成本进行其他分类，只列为机会成本。

术语表

Activity base 作业基础 导致变动成本发生变化的事项。例如，医院使用的手术手套成本总额会随着手术次数的增加而上升。因此，手术次数是解释手术手套成本总额的作业基础。

Administrative costs 管理费用 指不包括生产及销售、与组织全面管理相关的所有执行成本、组织成本、办公成本。

Committed fixed costs 约束性固定成本 对设施、设备、基本组织结构的投资，除非进行根本性改变，否则短期内不会显著削减。

Common cost 共同成本 一种支持多种成本对象的成本，但无法单独追溯至成本对象。例如，747 客机飞行员的工资成本是整架飞机所有乘客的共同成本。没有飞行员，就不能航行，也没有乘客。但是飞行员的工资不是由乘坐该航班的某位旅客导致的。

Contribution approach 贡献法 一种将成本按成本性态分类的利润表形式。成本被分成变动成本和固定成本，而不是分为出于对外报告目的的产品成本与期间费用。

Contribution margin 边际贡献 销售收入中减去所有变动费用后的剩余金额。

Conversion cost 转换成本 直接材料与制造费用的总和。

Cost behavior 成本性态 成本在作业量改变时的变动方式。

Cost object 成本对象 所有需要成本数据的对象，例如产品、客户、地区、组织内组成部分，如部门、分部。

Cost structure 成本结构 固定成本、变动成本与混合成本在组织内部的相对比例。

Differential cost 差别成本 任意两个备选方案之间的未来成本差异。

Differential revenue 差别收入 任意两个备选方案之间的未来收入差异。

Direct cost 直接成本 易于且便于追溯至特定成本对象的成本。

Direct labor 直接人工 易于追溯至单个产品的工厂人工成本，也称为可触摸人工。

Direct materials 直接材料 构成产成品组成部分的原材料，其成本可追溯至产成品。

Discretionary fixed costs 酌量性固定成本 由管理层对于某项固定成本支出的年度决策引起的固定成本，如广告费和研发费。

Financial accounting 财务会计 向企业外部关系人报告历史财务信息的会计，外部信息需求者如股东、债权人和监管机构。

Fixed cost 固定成本 无论作业量水平在相关范围内如何改变，总额均保持不变的成本。若以单位固定成本表示，则随作业量变动呈反比变化。

Finished goods 产成品 已完工但尚未销售给客户的产品。

Incremental cost 增量成本 两个备选方案之间的成本增加额（见差别成本）。

Indirect cost 间接成本 不易于且不便于追溯至特定成本对象的成本。

Indirect labor 间接人工 像锅炉工、监工、搬运工人及其他工厂员工的人工成本，且无法追溯至特定产品。

Indirect materials 间接材料 像钉子、胶水等构成产成品组成部分的小配件，其成本不便于追溯至特定产品。

Inventoriable costs 可计入存货的成本 产品成本的同义词。

Managerial accounting 管理会计 向管理层提供信息、供组织内部使用的会计。

Manufacturing overhead 制造费用 除直接材料及直接人工以外的所有生产成本。

Mixed cost 混合成本 包含变动成分和固定成分的成本。

Opportunity cost 机会成本 放弃某备选方案而选择其他方案损失的潜在收益。

Period costs 期间费用 在发生期间或应计期间直接作为费用计入利润表的费用。

Prime cost 主要成本 直接材料成本与直接人工成本的总和。

Product costs 产品成本 获取和生产一项产品包含的所有成本。生产产品时，产品成本包括直接材料、直接人工、制造费用。见存货成本。

Raw materials 原材料 构成最终产品的所有材料。

Relevant range 相关范围 满足假定成本习性符合严格线性关系是合理有效的作业范围。

Selling costs 销售费用 确保客户订单与交付产成品及服务至客户的所有成本。

Sunk cost 沉没成本 已经发生且当前或将来做出的任何决策都无法改变的成本。

Variable cost 变动成本 总额随作业量水平成正比例变动的成本。单位产品的变动成本保持不变。

Work in process 在产品 仅部分完工且销售给客户前需进一步加工的产品。

思考题

1. 制造业企业的 3 类主要产品成本是什么？
2. 解释产品成本与期间费用的差异。
3. 区分以下概念：①变动成本；②固定成本；③混合成本。
4. 作业量水平的提高对下列各项有何影响？
   （1）单位固定成本
   （2）单位变动成本
   （3）固定成本总额
   （4）变动成本总额
5. 计算变动成本时，作业基础有何含义？请列举几个作业基础的例子。
6. 管理人员通常假定成本与作业量水平间存在严格的线性关系。但很多成本呈曲线形关系，该假定应怎样解释？
7. 区分酌量性固定成本与约束性固定成本。
8. 相关范围的概念适用于固定成本吗？请解释。
9. 传统式利润表与贡献式利润表有什么差异？
10. 什么是边际贡献？
11. 定义下列术语：差别成本、沉没成本、机会成本。
12. 只有变动成本可能是差别成本。你同意这种说法吗？请做出解释。

练习题

1. 生产成本分类

PC 工厂将从多家供应商采购的零件组装成个人电脑。公司很小，装配车间和零售店均只有一台设备，地点位于华盛顿的雷德蒙德市的工业园。以下列出的是该公司发生的一些成本。

要求：

请分析每项成本最可能分类为直接材料、直接人工、制造费用、销售费用还是管理费用。

（1）电脑中安装的硬盘的成本。
（2）在《普吉特海湾计算机用户》报上刊登广告的费用。
（3）电脑组装工人的工资。
（4）支付给公司销售人员的销售佣金。
（5）装配车间主管的工资。

（6）公司会计的工资。

（7）交付给客户前电脑检测设备的折旧费用。

（8）工业园设施的租金。

2. 固定与变动成本性态

艾斯朴莱咖啡店（Espresso Express）在郊区的繁华商场中开了几家意大利浓咖啡站。一家咖啡站每周固定费用为 1 200 美元，每杯咖啡的变动成本为 0.22 美元。

要求：

（1）根据提供的作业量与估计的咖啡店总成本、单位咖啡成本完成下列表格。每杯咖啡成本四舍五入至 0.1 美分。

	周咖啡销量		
	2 000	2 100	2 200
固定成本	?	?	?
变动成本	?	?	?
总成本	?	?	?
平均每杯咖啡成本	?	?	?

（2）随着周咖啡销量的上涨，平均每杯咖啡成本是上升、下降还是保持不变？请做出说明。

3. 产品成本与期间费用、变动成本与固定成本

根据表 2-3 的数据，请独立回答以下问题：

要求：

（1）出于财务会计目的，生产 2 000 件产品的产品成本总额是多少？

（2）出于财务会计目的，销售 2 000 件产品的期间费用总额是多少？

（3）出于财务会计目的，生产 22 000 件产品的产品成本总额是多少？

（4）出于财务会计目的，销售 18 000 件产品的期间费用总额是多少？

4. 成本性态、贡献式利润表

哈里斯公司（Harris Company）生产并销售单一产品。下面尚未完成的表格记录了公司总成本与单位成本，相关范围为 30 000～

50 000 件产品。

（单位：美元）

	生产及销售的产品数量		
	30 000	40 000	50 000
总成本			
变动成本	180 000	?	?
固定成本	300 000	?	?
成本总计	480 000	?	?
单位产品成本			
变动成本	?	?	?
固定成本	?	?	?
单位产品成本合计	?	?	?

要求：

（1）完成上面公司总成本及单位成本表。

（2）假定公司当年生产并销售了 45 000 件产品，售价定位每件 16 美元。编制当年的贡献式利润表。

5. 用于决策的成本分类

华纳公司（Warner Corporation）7 年前在推出产品 P50 时，以 319 000 美元采购了一台机器。机器现在已经出现故障且无法维修。该机器可更换成新型号 300 的机器，成本为 313 000 美元，或更换成新型号 200 的机器，成本为 275 000 美元。管理层决定购买型号 200 的机器。这台机器产能低于型号 300 的机器，但是足够用于生产产品 P50。管理层也考虑了不更换旧机器而降低 P50 产量的方案，但否决了。如果不更新机器，投资于新机器的 275 000 美元可能会用于投资其他获利 374 000 美元的项目。

要求：

（1）购买型号 200 而不是型号 300 机器的决策中，哪些是差别成本？

（2）购买型号 200 而不是型号 300 机器的决策有关的沉没成本是多少？

（3）投资型号 200 机器的决策相关的机会成本总额是多少？

问题

1. 直接与间接成本、变动成本

蒙特马利百货公司（Montgomery DepartmentStores, Inc.）7月份经营相关成本数据如下：

（单位：美元）

公司法务人员工资	56 000
服装部门的销货成本——埃文代尔店（Evendale Store）	90 000
公司总部大楼租金	48 000
店铺管理人员工资——埃文代尔店	12 000
服装部门销售佣金——埃文代尔店	7 000
店铺公共事业费——埃文代尔店	11 000
服装部门管理人员工资——埃文代尔店	8 000
中央仓库租赁成本	15 000
保洁成本——埃文代尔店	9 000

埃文代尔店是公司拥有且经营的众多店铺之一。服装部门是埃文代尔店其中一个部门。中央仓库供公司所有店铺使用。

要求：

（1）根据上述列示，服装部分的直接成本总额是多少？

（2）埃文代尔店的直接成本总额是多少？

（3）服装部门的直接成本中，与部门总销售额相关的变动成本总额是多少？

2. 成本术语、贡献式利润表

米勒公司（Miller Company）的总销售收入为120 000美元。公司的直接成本是15 000美元，占转换成本总额的30%、主要成本总额的40%。销售和管理费用总额为18 000美元，其中变动部分仅占销售收入5%的销售佣金。公司无期初和期末存货，且制造费用均为固定成本。

要求：

（1）制造费用总额是多少？

（2）直接材料总额是多少？

（3）生产成本总额是多少？

（4）变动销售和管理费用总额是多少？

（5）变动成本总额是多少？

（6）固定成本总额是多少？

（7）边际贡献总额是多少？

3. 根据不同目的进行不同的成本分类

多齐尔公司（Dozier Company）经营第一个月生产并销售了1 000件产品。本月报告的成本及费用如下：

（单位：美元）

直接材料		69 000
直接人工		35 000
变动制造费用	15 000	
固定制造费用	28 000	
制造费用合计		43 000
变动销售费用	12 000	
固定销售费用	18 000	
销售费用合计		30 000
变动管理费用	4 000	
固定管理费用	25 000	
管理费用合计		29 000

要求：

（1）与编制财务报表的成本分类相对应的：

a. 产品成本总额是多少？

b. 期间费用总额是多少？

（2）与分配产品至成本对象的成本分类相对应的：

a. 直接生产成本总额是多少？

b. 间接生产成本总额是多少？

（3）与制造商成本分类相对应的：

a. 生产成本总额是多少？

b. 非生产成本总额是多少？

c. 转换成本总额与主要成本总额是多少？

（4）与预测成本习性的成本分类相对应的：

a. 变动生产成本总额是多少？

b. 公司整体固定成本总额是多少？

c. 单位产品的变动成本是多少？

（5）与用于决策的成本分类相对应的：

若多齐尔公司生产的是1 001件产品而非1 000件，多生产这一件产品的增量生产成本是多少？

案例

1. 成本分类与成本性态

多利来公司（Dorilane Company）生产一套包含一张桌子、四把椅子的庭院家具。公司有足够的客户订单，每年产量可达最高生产能力 2 000 套。在负荷生产时的年成本数据如下：

	（单位：美元）
直接人工	118 000
广告费	50 000
工厂监管费	40 000
工厂大楼财产税	3 500
销售佣金	80 000
工厂保险费	2 500
行政办公设备折旧费	4 000
工厂设备租金	12 000
工厂间接材料费	6 000
工厂大楼折旧费	10 000

	（续）
行政办公用品（账单）	3 000
行政办公人员工资	60 000
耗用的直接材料费（木材、螺钉等）	94 000
工厂公共事业费	20 000

要求：

（1）在答题纸上以下面给出的列标题编制表格。将每项成本项目填入该表，金额填入合适的列标题下。如例子给出，表中已经将上述成本前两项填入。注意每项成本以两种方式分类：第一种是分类为与产销量有关的变动成本、固定成本；第二种是分类为销售和管理费用、产品成本。（若某项成本属于产品成本，也应如下进一步分类为直接成本或间接成本。）

（单位：美元）

成本项目	成本性态		期间费用（销售或管理费用）	产品成本	
	变动成本	固定成本		直接成本	间接成本①
直接人工	118 000			118 000	
广告费		50 000	50 000		

①基于单位产品。

（2）计算上述（1）中每列的金额总数。计算每套庭院家具的单位成本。

（3）假定产量下降至每年 1 000 套。你认为平均每套产品成本会升高、下降还是保持不变？请做出解释（可不列出计算步骤）。

（4）参考原始数据。董事长的姐夫想给自己做一套庭院家具，且已获知供应商提供必要材料的定价。姐夫问董事长他是否可以"成本价"从多利来公司购买一套庭院家具，董事长应允。

a. 二人之间是否会就姐夫支付的价款产生争议？董事长可能会要价多少？姐夫呢？

b. 由于公司满负荷生产，本章的哪个成本术语可作为董事长向姐夫按着全额的正常价格要价、却仍以"成本价"出售的理由？

附录 2A　质量成本

公司可能有一款高品质设计且使用高质量零件的产品，但如果产品组装得不好或有其他问题，公司会发生较高的保修维修成本，招致客户不满意。对产品不满意的客户就不会再次购买，他们还会告诉其他人自己的糟糕经历，成为公司最差的广告。为避免此类问题发生，公司耗费大量精力减少产品缺陷，目标在于使其质量高度符合标准。

2A.1 符合性质量

达到或超过设计标准、不存在外观上或者降低性能的缺陷的产品，通常认为具有高度**符合性质量**（quality of conformance）。如果一辆经济型轿车没有缺陷，则说明它和没有缺陷的豪华轿车一样具有高度符合性质量。经济型轿车的购买者不能期待他们的轿车具有和豪华轿车一样的高端配置，但是他们可以期待自己的轿车没有缺陷。

预防、检测、修复缺陷所引起的成本称为质量成本。一些人对质量成本这个术语的使用很困惑。它并不是指类似使用高级皮革生产钱夹、使用 14K 金而不是镀金来打造首饰的成本。术语**质量成本**（quality cost）指的是所有由预防缺陷导致的成本，或由产品出现缺陷而导致的成本。

质量成本可分为 4 大类。其中两类是预防成本和评估成本，这是防止残次品流入客户所发生的成本。另两类成本是内部损失成本和外部损失成本，这是由缺陷出现而导致，而非避免缺陷所产生。4 类成本包含的具体成本的例子见表 2A-1。

表 2A-1 典型质量成本

预防成本	内部损失成本
系统开发	废料净成本
质量工程	产品损坏成本
质量培训	返工人工及制造费用
质量研讨小组	返工产品复检
统计流程控制活动	返工产品的重新测试
监督预防活动	质量问题造成的停工
收集、分析、报告质量数据	处理残次品
质量改进项目	分析生产过程中造成缺陷的原因
向供应商提供技术支持	由于关键错误重新输入数据
审计质量系统的有效性	调试软件错误
评估成本	**外部损失成本**
来料检验与测试	现场服务与处理投诉的成本
检验并测试在产品	保修与更换
检验并测试产成品	产品召回
检验与测试耗费的用品	残次品带来的责任
测试设备的折旧费用	质量问题引发的退货及补贴
测试设备的维护费用	质量差导致声誉下降，进而销售收入损失
检验区域的工厂公共事业费	
在客户现场进行现场测试和评估	

对于表 2A-1 列示的质量成本有几点需要注意：首先，质量成本不是仅与生产相关，而是与公司从研发到客户服务的所有活动相关。其次，与质量相关的成本额很大，除非管理人员尤其关注质量，否则质量总成本会很高。最后，4 类成本之间存在很大差异。我们下面进一步学习每类成本。

2A.2 预防成本

总体来说，最有效的管理质量成本的方式首先是避免出现缺陷。预防问题发生的成本比问题出现后发现和更正的成本低得多。**预防成本**（prevention cost）支持的活动旨在降低产品缺陷数量。

由表 2A-1 可知，预防成本包含与质量研讨小组和统计流程控制有关的活动。**质量研讨小组**（quality circles）是员工构成的小组，成员定期见面探讨提高质量的方法。该小组既应包含管理层，也应包含员工。质量研讨小组可以广泛地用于制造业企业、公用事业、医疗保健机构、银行及其他很多组织。

统计流程控制（statistical process control）是检测一项流程是否处于失控状态的技术。失控的流程导致出现残次品，起因可能由机器错误或其他因素。在统计流程控制中，工人使用图表来监控通过工作站的产品质量。利用这些图表，工人可迅速识别流程是处于失控状态还是在生产残次品。问题可及时得到解决，避免产生更多的缺陷，而不是等检查员过后挑出残次品。

表 2A-1 的预防成本列表也提到了一些公司向供应商提供技术支持以避免缺陷。尤其在即时制（JIT）体系下，对供应商的支持很重要。在即时制体系，供应商适时、适量地交付零件，完成客户订单。公司没有零件库存。若从供应商处收到一个缺陷零件，该零件无法使用，进而最终客户的订单无法按时完成。因此从供应商处收到的每个零件都不能有缺陷。应用即时制的公司通常要求供应商使用精密的质量控制程序，如统计流程控制，且要求供应商证明交付的零件和材料均无缺陷。

2A.3　评估成本

所有缺陷零件和产品都应尽早在生产过程中发现。**评估成本**（appraisal costs）有时也称作检查成本，由产品交付给客户前识别残次品所导致。但是执行评估活动不能阻止缺陷再次发生，且多数管理人员意识到了雇用一组检查员是质量控制中一种昂贵的（且无效）方法。因此生产部门的员工越来越受到监督自我质量控制的要求。这种方法再加上设计易于生产的产品，能够防止缺陷发生，且比事后检查、更正缺陷的方式成本低得多。

2A.4　内部损失成本

损失成本在产品未符合其设计标准时发生。损失成本可能是内部的或外部的。**内部损失成本**（internal failure costs）由残次品在交付给客户前被识别而导致。这些成本包含废料、不合格产品、残次品返工、质量问题导致的停工损失。有的公司只有 10% 的产品通过生产过程，但并未返工。当然，一个公司的评估活动越有效，发现内部残次品的概率越大，内部损失成本的水平就越高。由于内部损失成本和外部损失成本是此消彼长的关系，可以说，内部损失成本是为避免发生灾难性的外部损失成本所付出的代价。

2A.5　外部损失成本

外部损失成本（external failure costs）是指在残次品交付给客户后发生的成本。表 2A-1 包含了外部缺陷成本的例子，如保修维修更换成本、产品召回、公司采取法律行动所承担的责任、质量差导致名声受损进而带来的销售收入损失，这些成本会大大降低利润。

过去一些管理人员持有的态度是"让我们将一切交付给客户，我们会在保修期内解决所有问题"。这种态度导致了高外部损失成本、客户不满意、市场份额与利润下降。

2A.6　质量成本的分布

一些公司的质量成本占销售收入总额的 10% ～ 20%，而专家说这些成本应再增加 2% ～ 4%。公司怎样降低其质量成本总额？研究质量成本如何分布可以找到答案。参考图 2A-1，它反映了质量成本总额是符合性质量的函数。

图 2A-1 反映出符合性质量较低时质量成本较高，且此时成本多由内部损失成本和外部损失成本构成。低符合性质量表示产品中残次品占比较高，进而导致公司损失成本较高。随着公司耗费在预防和评估上的资金越来越多，残次品比例下降，内部和外部损失成本较低。通常情况下，质量成本总额随着符合性质量的上升而迅速下降。所以公司可通过提高对预防和评估活动的关注以降低质量成本总额。残次品减少所节约的成本通常多于预防与评估活动所耗费的额外成本。

图 2A-1 反映出符合性质量小于 100% 时，质量成本达到最小化的情形。但是一些专家认为符合性

图 2A-1　质量成本对符合性质量的影响

质量达到 100%（即无残次品）时，质量成本总额才能达到最小。实际上，很多公司发现符合性质量接近 100%，残次品率低至百万分之一时，质量成本总额仍持续下降。也有人认为最终质量成本会随着符合性质量的上升而增加。但是多数公司不会发生这种情况，除非符合性质量十分接近 100%，残次品率十分接近于零。

随着公司质量计划更加完善，其损失成本降低，预防活动与评估活动更加有效。评估活动只能发现残次品，而预防活动可消除残次品。避免残次品出现的最好方式是设计能够降低残次品数量的流程，且应用统计流程控制方法对流程进行持续监控。

2A.7　质量成本报告

质量改进计划的第一步是公司编制质量报告，该报告对公司当前残次品水平的财务后果进行估计。**质量成本报告**（quality cost report）详细列示了公司当前质量控制情况所引发的预防成本、评估成本、内部损失成本及外部损失成本。管理人员通常对这些成本金额表示震惊。质量成本报告的例子如表 2A-2 所示。

根据图表中的数据，有几点需要注意。第一，文图拉公司（Ventura Company）这两年的质量成本较高，多数成本由内部或外部损失成本产生。与其他成本相比，第 1 年的外部损失成本尤其高。

第二，公司第 2 年加大了预防和评估活动的开支，使得内部损失成本上升（从第 1 年的 200 万美元到第 2 年的 300 万美元），但是外部损失成本大幅下降（从第 1 年的 515 万美元到

第 2 年的 200 万美元）。由于第 2 年评估活动增加，更多的残次品在交付给客户前于公司内部发现，进而导致了更多废料、返工等成本，但是节约了大量保修成本、保修更换及其他外部损失成本。

第三，由于第 2 年更关注预防和评估活动，质量成本总额下降。随着未来几年对预防和评估活动的持续关注，质量成本总额应持续下降。也就是说，未来增加的预防及评估成本会被损失成本的节约所抵消。此外，更关注预防活动也会使评估成本下降。

表 2A-2　文图拉公司质量成本报告（第 1 年与第 2 年）

	第 1 年		第 2 年	
	金额（美元）	百分比[①]	金额（美元）	百分比[①]
预防成本：				
系统开发	270 000	0.54%	400 000	0.80%
质量培训	130 000	0.26%	210 000	0.42%
监督预防活动	40 000	0.08%	70 000	0.14%
质量改进项目	210 000	0.42%	320 000	0.64%
预防成本合计	650 000	1.30%	1 000 000	2.00%
评估成本：				
检验	560 000	1.12%	600 000	1.20%
可靠性测试	420 000	0.84%	580 000	1.16%
监管检查与测试活动	80 000	0.16%	120 000	0.24%
测试设备折旧	140 000	0.28%	200 000	0.40%
评估成本合计	1 200 000	2.40%	1 500 000	3.00%
内部损失成本：				
净废料成本	750 000	1.50%	900 000	1.80%
返工人工及制造费用	810 000	1.62%	1 430 000	2.86%
质量缺陷造成的停工	100 000	0.20%	170 000	0.34%
处置残次品	340 000	0.68%	500 000	1.00%
内部损失成本合计	2 000 000	4.00%	3 000 000	6.00%
外部损失成本：				
保修维修	900 000	1.80%	400 000	0.80%
保修替换	2 300 000	4.60%	870 000	1.74%
补贴	630 000	1.26%	130 000	0.26%
现场服务成本	1 320 000	2.64%	600 000	1.20%
外部损失成本合计	5 150 000	10.30%	2 000 000	4.00%
质量成本总计	9 000 000	18.00%	7 500 000	15.00%

① 销售收入总额的占比。每年销售收入合计 50 000 000 美元。

2A.7.1　以图表形式表示质量成本报告

公司经常以图表形式编制质量成本信息，作为表 2A-2 所示质量成本报告的补充。图表表示法包括饼形图、条形图、趋势线等形式。表 2A-2 所示的文图拉公司数据的条形图形式见图 2A-2。

图 2A-2 的第一个条形图以美元表示的质量成本为纵轴，第二个条形图以质量成本占销售收入比例为纵轴。两张图中数据均以向上"叠加"的方式呈现，即评估成本叠加在预防成

本之上，内部损失成本叠加在预防成本与评估成本总和之上等。第二个图中的百分比数据反映了第 1 年质量成本总额占当年销售收入 18%，第 2 年占当年销售收入 15%，与表 2A-2 所报告的一致。

图表形式的数据使管理人员能够清晰地了解其趋势、不同成本间的金额情况。利用计算机图形及电子表格软件很容易得出这样的图表。

图 2A-2　图表形式的质量成本报告

2A.7.2　质量成本信息的应用

质量成本报告有多种用途。第一，质量成本信息帮助管理人员了解残次品的财务意义。管理人员通常没有意识到质量成本的程度，原因是这些成本跨越部门界限，通常无法被成本系统发现和累计。因此管理人员首次看到质量成本报告时，对质量差导致的成本金额表示很吃惊。

第二，质量成本信息帮助管理人员识别公司面临质量问题的相对重要性。例如，质量成本报告可能显示出废料是主要质量问题，或公司发生了大量的保修成本。在这些信息的基础上，管理人员能够更好地了解应集中精力向哪个方向改进。

第三，质量成本信息帮助管理人员识别其质量成本是否分布较差。总体来说，质量成本应该更多地分配给预防和评估活动，而不是走向失败。

为平衡这些用途，应进一步了解质量成本信息的 3 点局限性。第一，仅测量和报告质量成本并不能解决质量问题。只有采取行动才能解决问题。第二，质量改进项目的结果通常具有滞后性。起初质量控制系统设计和实行时，质量成本总额可能处于增长状态。质量成本项目生效一段时间后，质量成本才会有所下降。第三，最重要的质量成本——客户不满意导致的销售收入损失，通常被质量成本报告所忽略，原因在于其很难估计。

通常情况下，质量改进项目的起初几年，编制质量成本报告带来的收益大于报告的局限性。随着管理人员在平衡预防成本与评估成本方面积累经验，通常会不再需要质量成本报告。

2A.8 国际质量方面

第二次世界大战后，当今质量管理应用的很多工具均由日本开发。在统计流程控制中，日本公司大量借鉴了爱德华·戴明（W. Edwards Deming）的成果。但日本公司主要提出并应用质量研讨小组、JIT，提出人人都应负责质量的观点，相对于检查更强调预防活动。

在 20 世纪 80 年代，质量作为一项关键因素再次出现在市场。多数公司现在发现没有强有力的质量计划就无法在市场上有效竞争。该观点同样适用于希望在欧洲市场上竞争的公司。

2A.8.1 ISO 9000 标准

国际标准化组织（ISO）位于瑞士日内瓦，发布了质量控制指南 ISO 9000 标准（ISO 9000 standards）。很多欧洲的公司和组织只向 ISO 9000 认证的供应商采购。这些供应商需向认证机构展示以下 3 项：

（1）质量控制系统正在使用中，且该系统明确定义了预期质量水平。

（2）系统全面运行，且有详细的质量控制程序文件支持。

（3）预期质量控制水平的实现需要持续一致的基础。

得到 ISO 9000 标准认证的关键是文件记录。公司说自己正在运行质量控制系统，与以文件形式列出系统步骤是不同的。ISO 9000 标准下，文件记录必须详尽且准确，甚至在公司突然更换所有员工时，新员工能够按照文件生产出与老员工生产的一模一样的产品。甚至质量控制系统较好的公司都需要两年时间的辛勤工作完成这份详尽的文件记载，但是公司发现编制这些文件会改善公司的质量系统。

ISO 9000 标准已经成为国际质量标准。这些标准虽然为控制欧洲国家产品质量而制定，也被其他地区广泛接受。向欧洲出口的美国公司希望它们的供应商也可达到 ISO 9000 标准，因为这些出口商要在文件中记录生产产品的原材料质量，构成它们自身获取 ISO 9000 认证的一部分。

质量管理项目中的 ISO 认证并不局限于制造业企业。美国注册会计师协会是美国首个获得 ISO 项目认证的公共组织。

小结

残次品导致的成本可分为预防成本、评估成本、内部损失成本、外部损失成本。预防成本可防止残次品产出；评估成本可确保生产出的残次品不能交付给客户；内部损失成本是由于商品交付给客户前检查出残次品而产生的成本；外部损失成本向客户交付残次品的后果（维修、服务、未来业务损失方面）。多数专家认为管理重点应是精力集中在避免残次品的发生上。对预防活动的较少的投资可带来评估成本、内外部损失成本的大幅下降。

质量成本汇总于质量成本报告中。报告显示了发生质量成本的类型、意义及趋势。报告帮助管理人员理解质量成本的重要性，发现问题，评估质量成本分布方式。

术语表

Appraisal costs 评估成本 由产品交付给客户前识别残次品所导致的成本。

External failure costs 外部损失成本 在残次品或问题服务交付至客户时发生的成本。

Internal failure costs 内部损失成本 由残次品在交付给客户前被识别而导致的成本。

ISO 9000 standards ISO 9000 标准 国际标准化组织发布的与在欧洲国家销售产品相关的质量控制要求。

Prevention costs 预防成本 防止缺陷发生的成本。

Quality circles 质量研讨小组 员工构成的小组，小组成员定期见面探讨提高质量的方法。

Quality cost 质量成本 因预防残次品流向客户，或由于残次品而引发的成本。

Quality cost report 质量成本报告 详细列示了预防成本、评估成本、内部及外部损失成本的报告。

Quality of conformance 符合性质量 一项产品或服务达到或超过设计标准的程度，且不存在影响外观、降低性能的缺陷及其他问题。

Statistical process control 统计流程控制 用于监控工作站中生产产品质量的图表技术，目的在于及时更正问题。

问题

质量成本报告

为应对国外的激烈竞争，福罗瑞公司（Florex Company）的管理层过去几年一直在尝试提高产品质量。统计流程控制系统已在公司安装，也采取了其他方法来降低保修成本及其他成本，而这些成本在过去几年一直呈上升趋势。过去两年质量及质量控制相关的成本如下所示。

	成本（以千美元计）	
	上年	本年
检查	750	900
质量工程	420	570
测试设备折旧	210	240
返工人工	1 050	1 500
统计流程控制	0	180
现场服务成本	1 200	900
测试用品	30	60
系统开发	480	750
保修维修	3 600	1 050
净废料成本	630	1 125

	（续）	
	成本（以千美元计）	
	上年	本年
产品测试	810	1 200
产品召回	2 100	750
处置残次品	720	975

过去几年销售收入一直持平，每年 75 000 000 美元。在改善质量方面耗费了大量支出，管理层急切地想知道其是否有成效。

要求：

（1）编制包含本年与上年数据的质量成本报告。计算百分比时保留两位小数。

（2）按类别绘制变动质量成本分布的条形图。

（3）编制上述（1）（2）报告的同时，编写一份书面评估。评估应包括公司质量成本分布情况、你所观察到的分布变化、不同类别成本的变动原因，以及其他对管理有价值的信息。

分批成本法：计算单位生产成本

商业聚焦

高校 T 恤公司：为美国 150 多所高校服务

高校 T 恤公司（University Tees）于 2003 年由两名迈阿密大学（Miami University）的学生创建，为兄弟会、姐妹会、学生组织提供带有丝网印刷、刺绣的促销 T 恤。如今，该公司总部设在俄亥俄州的克利夫兰市，为美国 150 多所高校提供服务，并在每个高校设立了 4 名校园经理。

公司为确保售价高于订单中的产品成本，精确计算每个潜在客户订单的成本尤其重要。产品成本包括空白 T 恤成本、印刷成本（随着 T 恤产量及每件 T 恤颜料数量的变动而改变）、图案设计成本（随 T 恤中颜料数量的变动而改变）、运输成本、插图设计成本。公司在定价过程中也考虑了竞争对手的价格策略。

在高校中取得成功后，高校 T 恤公司将它的姊妹公司 On Point Promos，推荐给营利企业及非营利组织提供服务。

资料来源：Conversation with Joe Haddad, cofounder of University Tees.

学习目标

1. 计算预计制造费用分配率。
2. 利用预计制造费用分配率将制造费用分配至各批产品。
3. 利用全厂预计制造费用分配率计算总成本及每批产品的单位生产成本。
4. 利用多种预计制造费用分配率计算总成本及每批产品的单位生产成本。
5.（附录 3A）利用基于作业的完全成本法计算单位生产成本。
6.（附录 3B）理解预计制造费用分配率以生产作业而不是预计作业为基准的含义。

企业将成本分配至产品和服务主要由于以下两点原因。首先，成本分配起到了计划、控制、决策的作用。例如，企业利用产品成本信息来更好地理解每种产品的盈利能力，进行每种产品的定价。其次，成本分配可以得到期末产品成本及对外报告的产品销售成本。资产负债表中的期末存货项目包含了未销售的产品成本，销货成本在利润表中的销货成本项目中体现。

通常，对外财务报告的要求对企业将成本分配至产品及服务的方式影响较大。很多公司出于成本核算的目的采取了多种完全成本法的方式，是因为大多数国家（包括美国）对外报告财务信息时需要多种形式的完全成本法。在**完全成本法**（absorption costing）中，将全部制造成本（包括固定成本及变动成本）分配至单位产品，单位产品完全吸收了制造成本。相反，将全部非制造成本认定为期间成本，且无须分配至单位成本。

本章及下一章阐释了一种常见的完全成本法的类型——分批法。本章我们将探讨分批成本法在计划、控制、决策中的作用。我们重点关注将制造成本分配至个别批次的方法。下一章我们将介绍分批成本法在计算期末存货价值及对外报告销货成本的应用。

3.1 分批成本法综述

分批成本法（job-order costing）适用于每阶段生产多种具有不同特征的产品。例如，李维斯服装厂在一个月内生产多种不同类型的男式和女式牛仔裤。一项订单可能包括 1 000 条男式蓝色喇叭牛仔裤，货号 A312。订单中的 1 000 条牛仔裤即为一批。在分批成本法中，成本需追溯并分配至各批，各批成本再根据各批中产品数量分配，得到平均单位成本。平均单位成本也称作单位产品成本。

其他适用于分批成本法的情形包括：柏克德国际（Bechtel International）主导的大规模建造项目、波音公司生产的商用飞机、贺曼公司（Hallmark）设计印刷的贺卡、汉莎天厨公司（LSG SkyChefs）制造的航空餐。这些例子均有产出多样性的特点。每个柏克德项目是独一无二的，每个项目之间均有不同——可能同时在尼日利亚建造水坝，在印度尼西亚建桥。同样地，每条航线在汉莎天厨公司订购不同种类的航空餐。

分批成本法也被应用于服务行业。例如：医院、律师事务所、电影制片厂、会计师事务所、广告公司、修理车间均使用分批成本法的变形形式来计算成本。以下部分的分批成本法举例属于制造业企业，但是该方法的基本概念和程序也应用于许多服务性组织。

商业实战 3-1 | 真的能作为一批吗

佛蒙特州的布里斯托尔市的 VBT 骑行假期公司（VBT Bicycling Vacations），在美国、加拿大、欧洲及全球其他地区提供奢华骑行度假体验。例如：该公司在意大利的普利亚区提供为期 10 天的度假服务。该旅游产品的价格包含国际机票、10 晚住宿、大部分餐食、自行车使用费、必要的地面交通费。每个旅游团均由至少两名当地导游做向导，一名导游会和游客沿着旅游线路一同骑行。其余导游驾驶补给车，在该车中携带水、零食、自行车修理工具，且能够提供往返酒店、爬坡助力等服务，还能够将游客的行李从一个酒店运至下一个酒店。

每个具体的旅游团可视为一批。例如：

Giuliano Astore 和 Debora Trippetti，是普利亚区的本地人，在 4 月底带了一个超过 10 天的 17 人 VBT 骑行团。旅行结束时，Giuliano 向 VBT 总部提交了一份报告，该报告属于一种分批成本单。这份报告详细列示了本次旅行的成本，包括补给车的燃油和使用费、游客的住宿费、提供餐食的费用、零食费、雇用必要地面交通的费用、导游工资。除此之外，一些费用直接由 VBT 支付给供应商。本次旅行的总成本与从游客处收取的总收入进行比较，得到本次旅行的毛利。

资料来源：Giuliano Astore and Gregg Marston, President, VBT Bicycling Vacations. For more information about VBT, see www.vbt.com.

3.2　分批成本法举例

为介绍分批成本法，我们将随着生产过程的推进跟踪一个具体批次的生产。该批次由两个试验性的联轴器组成，该联轴器是约斯特精密加工公司接受的来自路珀斯（Loops Unlimited）公司（过山车制造商）的订单。联轴器连接着过山车上的小车，是过山车运行及安全性的重要组成部分。在我们开始讨论之前，再次强调公司通常将制造成本分为 3 大类：①直接材料；②直接人工；③制造费用。随着对分批成本法操作过程的研究，我们将了解这3 类产品成本怎样分配至各批次来计算单位生产成本。

⊙**管理会计实践 3-1**

约斯特精密加工公司（Yost Precision Machining）是密歇根州的一家专门制造精密金属件的公司，这些零件应用范围从深海勘探工具到汽车安全气囊的惯性触发开关。公司的高层管理者每天早上 8 点在公司会议室进行当天的计划会。今天早上参会的有：公司董事长珍·约斯特（Jean Yost），市场销售经理戴维·张（David Cheung），生产部经理黛比·特纳（Debbie Turner），财务主管马克·怀特（Marc White）。董事长开始主持会议。

珍：生产计划显示我们今日将生产批次 2B47。是那笔试验性联轴器的特殊订单吗，戴维？

戴维：是的，就是那笔路珀斯公司的订单，为魔法山公司新过山车生产的两个联轴器。

黛比：为什么只订两个联轴器？不是每辆小车都需要一个联轴器吗？

戴维：是的，但这是一个全新的过山车。小车速度更快，和已有过山车相比，轨道上有更多的弯道、转弯、下落和环道。为支撑这些压力，路珀斯公司的工程师完全重新设计了小车和联轴器。他们想让我们只生产两个这种新型联轴器用作测试。如果设计奏效，我们将很有可能获得为过山车整体供应联轴器的订单。

珍：我们接受由我方承担首批订货的成本以有机会获得更多的订单。马克，在记录成本获得相应报酬方面有困难吗？

马克：没问题。与路珀斯公司的合同保证了他们会向我们支付与分批成本法确定的联轴器单位成本等额的金额。我可以在本批完成的当日确定单位联轴器的直接材料、直接人工、制造费用。

珍：好。关于这批产品我们还有需要讨论的事项吗？没有了？那我们继续探讨下一项工作。

3.2.1　计量直接材料成本

根据路珀斯公司递交的计划，每个试验性联轴器需要 3 个部件作为直接材料：2 个 G7 连接器和 1 个 M46 外壳。每个联轴器需要 2 个连接器和 1 个外壳，那么 2 个联轴器需要 4 个连接器和 2 个外壳。该产品是第一次生产的定做产品，但是如果它们是公司的标准产品之一，则存在已确定的材料清单。**材料清单**（bill of materials）是一份列示了完成单位产品所需要的直接材料种类的文件。

与客户在订单的数量、价格、装运期方面达成一致后,一份生产订单即确定。接下来生产部门准备与表 3-1 相似的领料单。**领料单**(materials requisition form)详细记录了从库房领用的材料数量和种类,确定材料成本所属的产品批次。领料单用来控制生产过程中的材料流转,也为会计记录中分类账的条目提供依据(下一章中将具体阐释)。

表 3-1 是约斯特精密加工公司的领料单,显示了铣削部门为路珀斯公司的批次领用了 2 个 M46 外壳和 4 个 G7 连接器,并定名为批次 2B47。

表 3-1　领料单

领料单编号:	14873		日期: 3 月 2 日
批次:	2B47		
部门:	铣削部门		

摘要	数量	单位成本(美元)	总成本(美元)
M46 外壳	2	124	248
G7 连接器	4	103	412
			660

3.2.2　分批成本单

生产订单发出后,会计部门的分批成本软件系统自动生成一份如表 3-2 所示的分批成本单。分批成本单记录了该批次的材料成本、人工成本和制造费用。

直接材料成本确定后,便自动记录在分批成本单中。例如,表 3-2 中 660 美元的直接材料成本先在领料单中记录,再记录至批次 2B47 的分批成本单中。分批成本单中记录领料单编号 14873 便于追溯确定直接材料成本的单据来源。

3.2.3　计量直接人工成本

直接人工成本是可直接追溯至特别批次的人工成本。未能直接追溯至特定批次的人工成本归为制造费用的一部分。如前述章节阐述,后者的人工成本是间接人工成本,包括维护、管理、清理等工作所产生的费用。

多数公司利用会计电算化系统来保存员工计时卡。一份完整的**计时卡**(time ticket)以小时来记录雇员全天的活动。一种创建计时卡的计算机方法使用了条码来记录数据。每个雇员及每个批次均有一个独特的条码。开始一个批次的作业时,雇员使用一个类似杂货店结账台条码扫描器的手持设备，扫描 3 个条码。第一个条码表示一项任务开始进行；第二个条码在雇员的身份徽章上；第三个条码代表特定批次。信息自动通过电子网络传送到记录时间及所有数据的电脑上。任务完成后，雇员扫描身份徽章上的条码及特定批次的条码表示任务已完成。信息再次被传送至记录时间的电脑，如表 3-3 的计时卡自动生成。由于所有源数据已在计算机中存储，分批成本单中的人工成本可自动转入。例如，表 3-3 中显示了批次 2B47 的直接人工成本 90 美元。该金额自动转入至如表 3-2 的分批成本单。表 3-3 的计时卡也显示了维护工作相关的间接人工成本 18 美元。该成本作为制造费用的一部分，未转入产品成本计算单中。

表 3-2　分批成本单

	批次	2B47 ▼		开始日期	3 月 2 日
	部门	铣削部门		完成日期	
	产品	特殊订单联轴器		完工件数	
	入库				

直接材料		直接人工			制造费用		
领料单编号	金额（美元）	计时卡	工时	金额（美元）	工时	分配率	金额（美元）
14873	660	843	5	90			

成本小计		装运产品			
直接材料（美元）		日期	数量	余额	
直接人工（美元）					
制造费用（美元）					
总产品成本（美元）					
单位生产成本（美元）					

表 3-3 雇员计时卡

计时卡编号 No.		843		日期		3 月 3 日
雇员		玛丽·霍尔顿		岗位		4

	开始	结束	完成时间	工资率（美元）	金额（美元）	批次编号
	7:00	12:00	5.0	18	90	2B47
	12:00	2:30	2.0	18	36	2B50
	2:30	3:30	1.0	18	18	维护
	合计		8.0		144	

3.2.4 计算预计制造费用分配率

产品成本包括制造费用、直接材料和直接人工，所以制造费用也需要记录在分批产品单中，但将制造费用分配至特定批次较为复杂，有以下 3 点原因。

（1）制造费用是间接成本，不可能或者很难将其追溯至特定产品或批次。

（2）制造费用由许多不同类型的成本组成，其范围包括从机器润滑油到生产经理的年薪。一些成本与生产水平变化成正比，就是变动制造费用（例如，间接材料、供应品、电力）。一些成本在生产水平变化时保持恒定，就是固定制造费用（例如，照明和热力、财产税、保险）。

（3）很多公司有大量的固定制造费用。因此，即使这些公司生产的产品数量变化很大，每期总固定制造费用几乎保持恒定，而每期平均产品成本发生变化。

在这些条件下，将制造费用分配至产品。分配是通过选取对于公司所有产品和服务均通用的分配基础来完成。**分配基础**（allocation base）是一种度量方式，例如，能够将制造费用分配至产品和服务的直接人工工时（DLH）、机器工时（MH）。生产过程中最广泛使用的分配基础有直接人工工时、直接人工成本、机器工时、产品数量（适用于只生产单一产品的企业）。

通常使用预计制造费用分配率将制造费用分配至产品。**预计制造费用分配率**（predetermined overhead rate）的计算方法是整个期间的预计制造费用总额除以预计分配基础总量，公式如下：

$$预计制造费用分配率 = \frac{预计制造费用总额}{预计分配基础总量}$$

预计制造费用分配率在会计期间开始前计算，计算分为 4 个步骤。第一步为预计下一期生产水平对应的分配基础总量（分母）。第二步是预计下一期总固定制造费用和单位分配基础的变动制造费用。第三步为使用下面成本公式来预计下期总制造成本（分子）：

$$Y = a + bX$$

式中　Y——预计制造费用总额；

　　　a——预计固定制造费用总额；

　　　b——预计单位分配基础的变动制造费用；

　　　X——预计分配基础总量。

第四步，计算预计制造费用分配率。[⊖]注意，预计分配基础总量在预计制造费用总额前确定。原因是制造费用总额包括变动制造费用，而变动制造费用的大小取决于分配基础的数额。

3.2.5　分配制造费用

再次强调，预计制造费用分配率在会计期间开始前进行计算，然后应用于整个会计期间将制造费用分配至各批次。分配制造费用至各批次的过程称作**制造费用分配**（overhead application）。确定分配至特定批次的制造费用数额的公式为

分配至特定批次的制造费用＝预计制造费用分配率 × 该批次发生的分配基础数额

例如，如果预计制造费用分配率是每直接人工工时 20 美元，那么一个批次发生的单位直接人工工时分配的制造费用是 20 美元。当分配基础是直接人工工时时，公式变为

分配至特定批次的制造费用＝预计制造费用分配率 × 该批次发生的实际直接人工工时

注意，分配至特定批次的制造费用金额不是该批次的实际制造费用。实际制造费用无须分配至批次，若能追溯至特定批次，则该成本为直接成本，而非间接成本。分配至特定批次的制造费用仅是年初预计的制造费用总额的一部分。该分配制造费用的方法是定额成本法。**定额成本制度**（normal cost system）将制造费用分配至特定批次的方法，是预计制造费用分配率乘以该批次实际发生的分配基础数额。

3.2.6　制造费用详述

为阐述计算和使用预计制造费用分配率，我们继续研究约斯特精密加工公司，并做以下假设。在第一步中，公司预计全年生产产品所需直接人工工时为 40 000 小时。在第二步中，预计下一年固定制造费用总额为 640 000 美元，单位变动制造费用为每直接人工工时 4.00 美元。已知上述假设，第三步使用下面的成本公式预计全年制造费用总额。

$Y = a + bX$

　　 ＝ 640 000 美元 ＋ 4.00 美元 / 直接人工工时 × 40 000 直接人工工时

　　 ＝ 640 000 美元 ＋ 160 000 美元

　　 ＝ 800 000 美元

第四步，约斯特精密加工公司计算得出其预计制造费用分配率为每直接人工工时 20 美元，计算方法如下：

⊖　公司有不止一个生产部门时，每个部门可能有不同的单位分配基础的变动制造费用。此时，公式 $Y = a + bX$ 应在各部门分别使用。这些预计部门成本在第四步中可以合起来计算一个预计制造费用分配率，也可以分别计算部门预计制造费用分配率。

$$预计制造费用分配率 = \frac{预计总制造费用}{预计分配基础总量}$$

$$= \frac{800\,000\ 美元}{直接人工工时\ 40\,000\ 小时}$$

$$= 20\ 美元/小时$$

表 3-4 的分批成本单中显示批次 2B47 发生直接人工工时 27 小时。因此，分配至该批次的总制造费用为 540 美元。

分配至批次 2B47 制造费用 = 预计制造费用分配率 × 批次 2B47 实际发生的直接人工工时

= 20 美元/小时 × 27 小时

= 540 美元

该制造费用金额已记入表 3-4 的分批成本单中。

表 3-4　完整的分批成本单

① 2390÷2=1195（美元/工时）。

3.2.7　对预计制造费用分配率的需要

为什么不依据月度、季度或年度实际制造费用总额及实际分配基础总量，而使用估计的预计制造费用分配率呢？如果按月度或季度计算实际分配率，制造费用或分配基础中的季节性因素会对制造费用分配率产生波动性影响。例如，伊利诺伊州某工厂加热和冷却的成本，在夏季和冬季最高，在春季和秋季最低。若每月或每季度的制造费用分配率是基于实际成本及生产活动重新计算的，那么冬季时该分配率会上升，夏季会下降。结果是两个完全相同的批次，一个在冬季完工，一个在夏季完工，但是产生了不同的制造费用分配率。

很多管理者认为，成本中出现的类似波动毫无用处。为避免类似波动，实际制造费用分配率将以年度或频率更低的基础计算。但是，如果制造费用分配率每年基于全年的实际成本和生产作业计算，那么只能在年末才能得知分配至特定批次的制造费用。例如，约斯特精密加工公司的批次 2B47 的产品，虽然在 3 月就已经完工并装运给客户，但是年末才能知道该批次的成本。由于这些原因，大多数公司在成本核算系统中使用预计制造费用分配率而非实际制造费用分配率。

3.2.8　计算批次总成本及单位生产成本

约斯特精密加工公司将制造费用 540 美元分配至如表 3-4 所示的分批成本单后，该分批成本单还需最后两个步骤完成。第一，直接材料总额、直接人工总额、制造费用总额结转至分批成本单中的成本小计部分，加总后得到该批次的总成本。[⊖]第二，总产品成本（2 390 美元）除以产成品数量（2）得到单位生产成本（1 195 美元）。如前述可知，单位生产成本是平均成本，不能解释为再生产 1 单位产品所发生的实际成本。由于再生产 1 单位产品并不会改变实际制造费用，因此其增加的成本低于平均单位生产成本 1 195 美元。

⊙**管理会计实践 3-2**

3 月 9 日早上 8：00 的日计划会议中，约斯特精密加工公司董事长珍·约斯特曾对批次 2B47 生产的试验性联轴器很关注。

珍：我看批次 2B47 已完工，我们马上将联轴器装运给 Loops 公司吧，这样他们就可以进行测试项目了。马克，这两个产品我们向路珀斯公司要价多少？

马克：我们同意以成本价出售这两个试验性联轴器，所以每个联轴器仅向路珀斯要价 1 195 美元。

珍：好的，期待联轴器销售成功，我们以后可以接他们的大订单赚钱。

商业实战 3-2 ｜ 分批成本法在服务业的应用

埃森哲（Accenture）是全球最大的咨询公司之一，年收入超过 300 亿美元。由于该公司资产负债表中并未有存货项目，有人可能认为他们并不需要分批成本系统，但事实并非如此。

埃森哲每年向咨询顾问支付超过 200 亿

⊖　注意，我们假定批次 2B47 的产品所需要的直接材料、直接人工成本如表 3-1 和表 3-2 所示。

美元来为客户提供服务。公司利用分批成本法将每名客户的收入与针对该客户的服务所付出的成本进行对比。该方法也能让公司找出自身咨询能力的可计费部分及无法向特定客户收取费用的部分。

资料来源：Accenture 2014 Annual Report。

3.3 分批成本法：管理者的视角

管理者利用分批成本信息制订计划、做出决策。例如，管理者可能应用分批盈利报告制订下一年的销售和生产计划。若某批次产品具有高盈利性，如低容量、工程密集型的批次，管理者可能决定增加未来广告支出以提高该类批次产品的销售量。相反，若其他类型批次的产品盈利性差，如高容量、劳动力密集型的批次，管理者可能会减少该类批次产品的计划销量及产量。

管理者也可能利用分批成本信息来进行定价决策。例如，若批次 A 的制造费用总额为 100 美元，通常管理者使用预先确定的利润率（假定为 50%），计算出利润 50 美元（=100 美元 × 50%），售价 150 美元（=100 美元 +50 美元）。上述方法为成本加成定价法，此方法中管理者制订利润率，他们认为该利润率可以产生足够多的收入来弥补该批次产品的总生产成本，存在剩余利润时弥补公司部分非生产成本。

如果公司的分批成本核算系统并未精确地将制造费用分配至各批次，上述计划与决策类型会受到不利影响。换言之，失真的分批成本数据可能会导致管理者将增加的广告支出投入到他们认为盈利但实际并非如此的某些批次中。类似地，不准确的分批成本可能使管理者的定价相对于更精明竞争者的定价过高或过低。

在这点上，你可能想知道这是如何发生的，分批成本核算系统将成本分配至各批次时怎么能不准确呢？这个问题的答案要关注间接产品成本，即制造费用。分批成本法虽然将直接材料、直接人工成本准确追溯至各批次，但该方法未能将生产过程中的制造费用准确地分配至各批次。其根本原因是成本分配通常与分配基础的选择有关。

选择分配基础：成本分配准确性的关键

想象你和 3 位朋友去餐厅吃饭。你们点了一大份 20 美元的比萨，切成 10 块。你的一位朋友吃了 5 块比萨，另外两位朋友各吃了 2 块比萨，你吃了一块。结账时，吃了 5 块比萨的那位朋友提议以"吃饭人数"作为分配基础来付账，因此你需支付其中 5 美元（=20 美元 ÷4）。你认为这个成本分配基础准确性如何？在所有的可能性中，你会提议以"吃的块数"作为分配基础来结账。在这种方法下，吃饭的每人需支付每块比萨 2 美元（=20 美元 ÷10），此时你需支付账单中的 2 美元。使用"吃饭人数"作为分配基础时造成的信息失真显而易见，分批成本核算系统也经常发生同样的错误——他们应用的分配基础未能反映该批次实际耗用资源的情况。

为提高分批成本的准确性，预计制造费用分配率的分配基础应是制造费用的成本动因。**成本动因**（cost driver）是引起制造费用发生的因素，如机器工时、占用的床位、计算机时间或飞行时间。若预计制造分配率使用的基础并不是制造费用的成本动因，那么该分配率将不能准确计量各批次耗用资源的制造费用。很多公司应用分批成本核算系统时，假定直接人工工时（直接人工成本）是唯一的制造费用成本动因。他们使用单一的预计制造费用分配率，或称作**全厂制造费用分配率**（plantwide overhead rate），以他们直接人工工时情况为基础将制造费用总额分配至各批次。然而，虽然直接人工工时确实是公司部分制造费用的成本动因，但是该分配基础过于简单，且假定直接人工工时是公司唯一的制造费用成本动因是不正确的。公司若能识别不止一种制造费用成本动因，则可以利用多重预计制造费用分配率来改善分批成本的准确性。

3.4 分批成本法使用多重预计制造费用分配率

使用**多重预计制造费用分配率**（multiple predetermined overhead rates）的成本核算系统，利用不止一个制造费用分配率将制造费用分配至各批次。例如，公司中每个生产部门各使用一个预计制造费用分配率。这样的核算系统虽然更复杂，但由于反映出部门间批次耗用资源的制造费用差异而更加准确。例如，在相对劳动力密集型的部门，基于直接人工工时将制造费用分配至各批次；在相对机器加工密集型的部门，可能基于机器加工工时将制造费用分配至各批次。

3.4.1 多重预计制造费用分配率：部门级次的方法

迪克森公司（Dickson Company）有两个生产部门：铣削部门和装配部门。该公司使用分批成本核算系统，每个生产部门计算其各自的预计制造费用分配率。铣削部门的预计制造费用分配率以机器工时为基础，装配部门的预计制造费用分配率以直接人工工时为基础。公司利用成本加成定价法为所有批次产品定价（总生产成本的利润率为 75%）。年初公司进行了如下估计：

	部门	
	铣削部门	装配部门
机器工时	60 000	3 000
直接人工工时	8 000	80 000
总固定制造费用（美元）	390 000	500 000
每机器工时变动制造费用（美元）	2.00	—
每直接人工工时变动制造费用（美元）	—	3.75

批次 407 于本月开始生产并完工。公司利用部门预计制造费用分配率及下列批次 407 的附属信息来为该批次产品定价：

	部门	
批次 407	铣削部门	装配部门
机器工时	90	4
直接人工工时	5	20
直接材料（美元）	800	370
直接人工成本（美元）	70	280

表 3-5 阐释了迪克森公司为批次 407 产品定价的 5 个步骤。第一步计算各部门预计制造费用总额，计算公式如下：

$$Y = a + bX$$

式中 Y——预计制造费用总额；

a——预计固定制造费用总额；

b——单位分配基础的预计变动制造费用；

X——预计分配基础总量。

如表 3-5 所示的步骤 1，该等式计算出铣削部门预计总制造费用为 510 000 美元，装配部门预计总制造费用为 800 000 美元。

步骤 2，用下面公式计算各部门预计制造费用分配率：

$$预计制造费用分配率 = \frac{预计制造费用总额}{预计分配基础总量}$$

表 3-5 中的步骤 2，运用该公式计算出铣削部门和装配部门的预计制造费用分配率分别为每机器工时 8.5 美元、每直接人工工时 10 美元。

步骤 3，利用下面通用公式计算批次 407 中各部门分配的制造费用：

分配至批次 407 的制造费用 = 预计制造费用分配率 × 批次 407 实际耗用的分配基础数量

如表 3-5 中间所示，从铣削部门分配至批次 407 的制造费用为 765 美元，然而从装配部门分配至同一批次的制造费用为 200 美元。

最后，表 3-5 也总结了步骤 4 和步骤 5，计算出批次 407 的总批次成本（2 475 美元），利用利润率 75% 计算出批次 407 的售价（4 348.75 美元）。

切记，利用部门级次分配制造费用的方法制定的批次 407 的售价，与基于直接人工工时或机器工时的全厂制造费用分配率计算出的售价不同。使用部门预计制造费用分配率的优点在于可以更准确地核算各批次产品成本，反过来能够提高管理计划与决策制定的质量。

表 3-5　迪克森公司：多重预计制造费用分配率的应用举例

步骤 1：计算各部门预计制造费用总额

铣削部门制造费用（Y）	装配部门制造费用（Y）
= 390 000 美元 + (2.00 美元 / 机器工时 × 60 000 机器工时)	= 500 000 美元 + (3.75 美元 / 直接人工工时 × 80 000 直接人工工时)
= 390 000 美元 + 120 000 美元	= 500 000 美元 + 300 000 美元
= 510 000 美元	= 800 000 美元

步骤 2：计算各部门预计制造费用分配率

铣削部门制造费用分配率	装配部门制造费用分配率
$= \dfrac{510\ 000\ 美元}{60\ 000\ 机器工时}$	$= \dfrac{800\ 000\ 美元}{80\ 000\ 直接人工工时}$
= 8.50 美元 / 机器工时	= 10.00 美元 / 直接人工工时

步骤 3：计算两部门分配至批次 407 的制造费用

铣削部门：分配至批次 407 的制造费用	装配部门：分配至批次 407 的制造费用
= 8.50 美元 / 机器工时 × 90 机器工时	= 10.00 美元 / 直接人工工时 × 20 直接人工工时
= 765 美元	= 200 美元

步骤 4：计算批次 407 总批次成本

	铣削部门	装配部门	合计
直接材料	800	370	1 170

（续）

步骤 4：计算批次 407 总批次成本			
直接人工	70	280	350
分配的制造费用（美元）	765	200	965
批次 407 的总成本（美元）			2 485
步骤 5：计算批次 407 的售价			
批次 407 产品总成本		2 485.00	
利润（2 485 美元 ×75%）		1 863.75	
批次 407 的售价		4 348.75	

3.4.2　多重预计制造费用分配率：以作业为基础的方法

使用部门制造费用分配率是建立包括多重预计制造费用分配率的分批成本核算系统的方法之一。另一种方法是建立与部门内作业相关的制造费用分配率。该方法下产生的制造费用分配率比部门级次的制造费用分配率多，因为各部门可能发生不止一种作业。公司基于其作业建立制造费用分配率的做法，是作业成本法的应用。

现在，我们简单地介绍一下作业成本法的思想——制订多重预计制造费用分配率的替代方法。管理者应用作业成本法可以更准确地计量各批次、产品、客户及其他成本对象的资源耗用情况。附录 3A 进一步探讨了基于作业的完全成本法与本章前述介绍的全厂方法的对比。第 8 章介绍了一种更准确的作业成本法，比附录 3A 中的基于作业的完全成本法更能满足管理者的需求。

商业实战 3-3 ｜ 鲑鱼河食品公司的成本系统设计

鲑鱼河食品（Salmon River Foods'）公司最大的生产线是梦想巧克力。公司的成本核算系统使用全厂制造费用分配率，基于生产的巧克力数量分配制造费用。生产过程由 7 个步骤组成：①收货；②浇筑；③检查；④锡箔包装；⑤贴标签及客户标签设计；⑥完工产品入库；⑦装运。该公司正考虑实施能够包含多重预计制造费用分配率的新成本核算系统。基于鲑鱼河食品公司的 7 个生产步骤，你能想出使用多个制造费用分配率的原因吗？

资料来源：Kip R . Krumwiede and W.Darrell Walden, "Dream Chocolate Company: Choosing a Costing System," *Issues in Accounting Education*, March 2013, pp.637-652.

3.5　分批成本法：对外财务报告的视角

本章着重使用分批成本核算系统计算单位生产成本，以达到内部管理的目的。然而，分批成本核算系统经常用来编制资产负债表及利润表，供外部信息使用者使用，例如，股东、债权人。下一章将更详细地介绍分批成本法怎样促进对外财务报告的编制，本章强调与制造费用分配及会计明细账相关的重要两点，某种意义上将本章与下一章联系起来。

3.5.1 制造费用分配与利润表

公司利用预计制造费用分配率将制造费用分配至各批次，几乎肯定的一件事就是会计期间分配至所有批次的制造费用与该期间实际发生的制造费用金额不同。分配的制造费用低于公司生产实际发生的制造费用时，该情况属于制造费用分配不足；分配的制造费用高于公司生产实际发生的制造费用时，属于制造费用分配过度。

制造费用分配不足或过度的情况反映出公司如何编制财务报表。例如，公司利润表中的销货成本一定经过了制造费用分配不足或过度的调整。制造费用分配不足增加了销货成本，降低了经营净利润。而制造费用分配过度降低了销货成本，增加了经营净利润。下一章将更深入地从数字上解释如何计算制造费用的分配不足和分配过度。

3.5.2 分批成本单：明细分类账

分批成本单集成了总直接材料、总直接人工、分配至某批次的制造费用。公司的所有分批成本单集中记录形成了明细分类账。换言之，公司的分批成本单提供了基本的财务记录，解释了特定批次产品在资产负债表中在产品及产成品、利润表中的销货成本的数量的组成部分。

举例说明，假定迪克森公司在运营的第一个月开始了6个批次的生产，并未发生制造费用分配不足或分配过度的情况。批次 A 和批次 B 月末没有完工，批次 C 完工但未售出，批次 D、E 和 F 本月生产并售出。除此之外，假定这6个批次的分批成本单在月末报告了下列成本（以千美元计）：

	批次					
	A	B	C	D	E	F
直接材料	100	90	140	110	180	160
直接人工	80	60	90	70	120	100
分配的制造费用	96	72	108	84	144	120
总生产成本	276	222	338	264	444	380

这6个批次成本包含了资产负债表中的在产品及产成品项目，利润表中的销货成本项目，具体如下：

（单位：美元）

在产品		产成品		销货成本	
批次 A	276	批次 C	338	批次 D	264
批次 B	222	合计	338	批次 E	444
合计	498			批次 F	380
				合计	1 088

这个简单的例子阐明了公司分批成本单与财务报表之间的相互关系。例如，批次 A 和 B 的混合成本等于资产负债表中的在产品项目（498美元），而批次 D、E、F 的混合成本等于利润表中的销货成本（1 088美元）。

3.6 分批成本法在服务业公司的应用

本章关注的是制造业企业，然而，分批成本法也适用于律师事务所、电影制片厂、医院、修理店等服务型组织。例如，在律师事务所，每名委托人是一个"批次"，随着事务所对委托人案件的处理，该批次成本逐日记录在成本计算单中。法律形式和相似的投入是该批次的直接材料；律师占用的时间为直接人工；秘书工资、法律援助、租金、折旧等是制造费用。

在电影制片厂，例如哥伦比亚电影公司，制片厂制作的每部电影是一个"批次"，直接材料（服装、道具、拍摄）、直接人工（演员、导演、临时演员）结转至每部电影的分批成本单中。制片厂的部分间接成本，如公共事业费、设备折旧费、维护工人工资等，计入每部电影成本。

总体来说，分批成本法是一种通用且广泛使用的成本核算方法，几乎适用于任何提供各种产品及服务的组织。

商业实战 3-4 | 计算法特瑞公司的分批成本

法特瑞公司（Fast Wrap）是收缩膜包装公司，包装范围从摩托艇、露营车到整栋建筑。每年在全美 64 个地方创造了超过 600 万美元的销售收入。

该公司的收入远超过其直接材料及直接人工。例如，法特瑞公司包装一个 20 英尺[⊖]的船，向客户要价 400 美元，而包装需要价值 20 美元的塑料及 30 美元的人工。批次更

大，盈利更多。例如，法特瑞公司签订了一份价款为 250 000 美元的合同，合同内容为用收缩膜包装面积为 244 000 平方英尺[⊜]的在建医院，医院位于加利福尼亚州丰塔纳。而法特瑞公司完成该批次耗费的材料及人工成本为 44 000 美元。

资料来源：Susan Adams, "It's Wrap," *Forbes*, March 15, 2010, pp.36-38

本章小结

分批成本法适用于提供多种不同产品及服务的组织，如家具制造厂、医院、律师事务所。处在制造业环境中时，分批成本系统在分批成本单中记录某批次的直接材料、直接人工和制造费用。销售和管理费用由于是期间费用而未被分配至各批次。

分批成本核算系统通过领料单和人工计时卡将直接材料和直接人工追溯至各批次。由于制造费用是间接成本，因此要分配至各批次。理想情况下，将制造费用分配至各批次的分配基础应当是成本动因——应当驱动制造费用的发生。分批成本系统中最常用的

分配基础是直接人工工时、机器工时。

定额成本制度使用预计制造费用分配率将制造费用分配至各批次，该分配率应在会计期间开始前估计。预计制造费用分配率的计算方法为会计期间内的预计制造费用总额除以预计分配基础总量。分批成本核算系统可以使用单一预计制造费用分配率（也称全厂制造费用分配率）或多重预计制造费用分配率。

在整个会计期间，分配至各批次的制造费用为预计制造费用分配率乘以每批次记录的实际分配基础数量。分配至某批次的生产

⊖　1 英尺 = 0.304 8 米。

⊜　1 平方英尺 = 0.092 9 平方米。

成本总额（包括直接材料、直接人工及分配的制造费用）除以批次产品数量等于单位生产成本。

瑞德浩公司（Redhawk Company）有两个生产部门：装配部门和制造部门。该公司将全部制造费用视为固定成本。下列第一组数据以年初制定的预计总产量为基础。第二组数据与该年度完工的特定批次有关——批次 A200。

预计数据	装配车间	制造车间	合计
制造费用（美元）	300 000	400 000	700 000
直接人工工时	25 000	15 000	40 000
机器工时	10 000	50 000	60 000

批次 A200	装配车间	制造车间	合计
直接材料（美元）	110	50	160
直接人工（美元）	70	45	115
直接人工工时	10	2	12
机器工时	1	7	8

要求：

（1）若瑞德浩公司使用以直接人工工时为分配基础的全厂预计制造费用分配率，应分配至批次 A200 多少制造费用？

（2）若瑞德浩公司在装配车间使用以直接人工工时为分配基础的部门预计制造费用分配率，在制造车间使用以机器工时为分配基础的部门预计制造费用分配率，则分配至批次 A200 的总制造费用为多少？

（3）假定瑞德浩公司使用要求（2）中的部门制造费用分配率，且批次 A200 有 50 件完工产品，则批次 A200 的单位生产成本是多少？

复习题答案：

（1）全厂预计制造费用分配率计算如下：

$$预计制造费用分配率 = \frac{预计制造费用总额}{预计分配基础总量}$$

$$= \frac{700\ 000\ 美元}{40\ 000\ 直接人工工时}$$

$$= 17.5\ 美元/直接人工工时$$

分配至批次 A200 的制造费用计算如下：

$$分配至批次 A200 的制造费用 = 预计制造费用分配率 × 批次 A200 的实际直接人工工时$$

$$= 17.5\ 美元/直接人工工时 × 12\ 直接人工工时$$

$$= 210\ 美元$$

（2）部门预计制造费用分摊率计算如下：

装配部门：

$$预计制造费用分配率 = \frac{预计制造费用总额}{预计分配基础总量}$$

$$= \frac{300\ 000\ 美元}{25\ 000\ 直接人工工时}$$

$$= 12\ 美元/直接人工工时$$

制造部门：

$$预计制造费用分配率 = \frac{预计制造费用总额}{预计分配基础总量}$$

$$= \frac{400\ 000\ 美元}{50\ 000\ 机器工时}$$

$$= 8\ 美元/机器工时$$

分配至批次 A200 的制造费用计算如下：

	（1）	（2）	分配的制造费用
批次 A200	制造费用分配率	实际耗用小时	（1）×（2）
装配部门	12 美元/直接人工工时	10 小时	120 美元
制造部门	8 美元/机器工时	7 小时	56 美元
			176 美元
制造费用总额			

（3）批次 A200 的单位生产成本计算如下：

（单位：美元）

批次 A200	装配车间	制造车间	合计
直接材料	110	50	160
直接人工	70	45	115
分配的制造费用	120	56	176
批次总成本（a）			451

（续）

批次 A200	装配车间	制造车间	合计
批次 A200 的产品数量（b）			50
单位生产成本（a）÷（b）			9.02

术语表

Absorption costing 完全成本法 一种将所有的制造成本，包括直接材料、直接人工、可变制造费用和固定制造费用等都分配到单位产品上的产品成本分配方法。

Allocation base 分配基础 一种将成本分配至成本对象的作业度量指标，如直接人工工时或机器工时。

Bill of materials 材料清单 一份反映了生产产品所需要的每种直接材料数量的文件。

Cost driver 成本动因 引起制造费用发生的因素，如机器工时、占用的床位、计算机时间或飞行时间。

Job cost sheet 分批成本单 记录某生产批次的直接材料、直接人工、制造费用的表格。

Job-order costing 分批成本法 一种适用于每个会计期间生产或提供多种不同的产品、批次、服务的成本核算系统。

Materials requisition form 领料单 记录从仓库领取材料的具体类型及数量、确定各批次耗用材料成本的原始凭证。

Multiple predetermined overhead rates 多重预计制造费用分配率 一种有多种制造费用成本库的成本核算系统，每种制造费用成本库使用不同的预计制造费用分配率，而非在全公司使用单一制造费用分配率。每个生产部门可能作为一个单独的制造费用成本库。

Normal cost system 定额成本制度 一种制造费用通过将预计制造费用分配率与该批次实际发生的分配基础数量相乘分配至各批次的成本核算系统。

Overhead application 制造费用分配 将制造费用分配至特定批次的过程。

Plantwide overhead rate 全厂制造费用分配率 全厂使用的单一预计制造费用分配率。

Predetermined overhead rate 预计制造费用分配率 每个会计期间预先制订的、用来将制造费用分配至各批次的分配率。计算方法为会计期间的预计制造费用总额除以预计分配基础总量。

time ticket 计时卡 一种记录员工在各项作业中耗用时间的原始凭证。

思考题

1. 什么是分批成本法？
2. 什么是完全成本法？
3. 什么是定额成本法？
4. 各批次中单位生产成本怎样计算？
5. 解释计算预计制造费用的 4 个步骤。
6. 分批成本核算系统中编制分批成本单的目的是什么？
7. 解释为什么有些生产成本要通过分配过程分配至产品的原因。
8. 为什么公司利用预计制造费用分配率而非实际制造费用分配率将制造费用分配至各批次？

9. 计算预计制造费用分配率选择分配基础时要考虑哪些因素？

10. 如果公司将其制造费用全部分配至各批次，该会计期间还能保证盈利吗？

11. 你认为会计期间内分配的制造费用等于该期间实际制造费用吗？为什么？

12. 什么是制造费用分配不足？什么是制造费用分配过度？

13. 什么是全厂制造费用分配率？为什么有些公司应用多重制造费用分配率，而非全厂制造费用分配率？

练习题

1. 服务性公司的分批成本法

泰思路公司（Tech Solutions）是一家咨询公司，使用了分批成本核算系统。产品直接材料为外购硬件及软件，并为客户安装。公司直接人工成本包括客户施工现场的咨询顾问的工资，制造费用包括折旧费用、公共事业费、与办公总部相关的保险费及与为客户服务消耗的办公用品。

泰思路公司每年计算预计制造费用分配率以直接人工工时为分配基础。年初预计本期预计的客户服务水平需要 80 000 直接人工工时。公司还预计本期固定制造费用为 680 000 美元，变动制造费用为每直接人工工时 0.5 美元。公司实际年制造费用为 692 000 美元，实际总人工工时为 83 000 小时。

要求：

（1）计算预计制造费用分配率。

（2）本年泰思路公司开始生产并完成了泽维尔公司（Xavier Company）的订单，以下为该批次的已知信息。

直接材料	38 000 美元
直接人工	21 000 美元
耗用的直接人工工时	280

计算泽维尔公司订单的总批次成本。

2. 分批成本法：倒算

哈恩公司（Hahn Company）应用分批成本核算系统，其全厂制造费用分配率以直接人工工时为分配基础，直接人工成本为 15 美元 / 小时。本年开始生产并完成的仅有两批次——批次 Alpha 及批次 Omega，其中批次 Alpha 耗用直接人工工时 54 500 小时。这两个批次的分批成本单如下所示：

批次 Alpha	
直接材料	?
直接人工	?
分配的制造费用	?
总批次成本	1 533 500 美元

批次 Omega	
直接材料	235 000 美元
直接人工	345 000 美元
分配的制造费用	184 000 美元
总批次成本	764 000 美元

要求：

（1）计算全厂制造费用分配率。

（2）完成批次 Alpha 的分批成本单。

3. 变动全厂预计制造费用分配率

金斯波特集装箱公司（Kingsport Containers Company）生产单一产品，其需求量受季节变动影响较大。该公司使用分批成本核算系统，以产量为分配基础计算全厂各季度预计制造费用分配率。本年度预计的季生产成本如下所示：

（单位：美元）

	季度			
	1	2	3	4
直接材料	240 000	120 000	60 000	180 000
直接人工	128 000	64 000	32 000	96 000

（续）

	季度			
	1	2	3	4
制造费用	300 000	220 000	180 000	?
总生产成本（a）	668 000	404 000	272 000	?
产量（b）	80 000	40 000	20 000	60 000
预计单位生产成本（a）÷（b）	8.35	10.10	13.60	?

管理人员认为随季度变化的单位生产成本较为混乱，且不便于核算。它反映出制造费用中存在问题，因为制造费用是该公司总生产成本中的最大组成元素。因此，你需要找出一种更合适的方法将制造费用分配至单位产品。

要求：

（1）假定预计变动制造费用为每单位产品 2.00 美元，则每季度预计固定制造费总额用是多少？

（2）假定前三个季度的成本性态保持不变，则第 4 季度的预计单位生产成本是多少？

（3）预计单位生产成本的季度波动是由什么引起的？

（4）对于稳定该公司的单位生产成本，你有何建议？利用计算支持你的观点。

4. 部门预计制造费用分配率

怀特公司（White Company）有两个部门，切割部门及精加工部门。该公司应用分批成本核算系统，且每个部门计算不同的预计制造费用分配率。切割部门以机器工时为分配基础，精加工部门以直接人工工时为分配基础。年初公司进行了如下估计：

	部门	
	切割部门	精加工部门
直接人工工时	6 000	30 000
机器工时	48 000	5 000
固定制造费用总额（美元）	264 000	366 000
每机器工时变动制造费用（美元）	2.00	—
每直接人工工时变动制造费用（美元）	—	4.00

要求：

（1）计算各部门的预计制造费用分配率。

（2）本年度开始并完成的批次 203 的分批成本单如下：

	部门	
	切割部门	精加工部门
直接人工工时	6	20
机器工时	80	4
直接材料（美元）	500	310
直接人工成本（美元）	108	360

利用（1）中计算的预计制造费用分配率，计算分配至批次 203 的总生产成本。

3. 若公司使用基于直接人工工时的全厂预计制造费用分配率而非部门制造费用分配率，你认为分配至各批次的制造费用大体上会有区别吗？请解释，无须计算过程。

5. 全厂及部门预计制造费用分配率：分批成本

德尔菲公司（Delph Company）应用分批成本核算系统，且有两个生产部门：铸造部门和制造部门。年初公司提供了以下预计信息：

	铸造部门	制造部门	合计
机器工时（小时）	20 000	30 000	50 000
固定制造费用（美元）	700 000	210 000	910 000
每机器工时变动制造费用（美元）	3.00	1.00	

该公司本年期初及期末均无存货，且本年开始生产并完成、售出两批次产品——批次 D-70 和批次 C-200。两批次的相关信息

如下：

批次 D-70	铸造部门	制造部门	合计
直接材料成本（美元）	375 000	325 000	700 000
直接人工成本（美元）	200 000	160 000	360 000
机器工时（小时）	14 000	6 000	20 000

批次 C-200	铸造部门	制造部门	合计
直接材料成本（美元）	300 000	250 000	550 000
直接人工成本（美元）	175 000	225 000	400 000
机器工时（小时）	6 000	24 000	30 000

德尔菲公司本年不存在制造费用分配不足或分配过度的问题。

要求：

（1）假定德尔菲公司使用基于机器工时的全厂预计制造费用分配率。

a. 计算全厂预计制造费用分配率。

b. 计算分配至批次 D-70 和批次 C-200 的总生产成本。

c. 若德尔菲公司制定的投标价格为总生产成本的 150%，则批次 D-70 和批次 C-200d 的投标价格是多少？

d. 德尔菲公司的销货成本是多少？

（2）假定德尔菲公司使用基于机器工时的部门制造费用分配率。

a. 计算部门预计制造费用分配率。

b. 计算分配至批次 D-70 和批次 C-200 的总生产成本。

c. 若德尔菲公司制定的投标价格为总生产成本的 150%，则批次 D-70 和批次 C-200d 的投标价格是多少？

d. 德尔菲公司的销货成本是多少？

（3）此题的计算过程体现了管理上的什么启示？（提示：要求（1）和（2）中计算的销货成本金额不同吗？要求（1）和（2）中计算的投标价格不同吗？为什么？）

问题

1. 多重预计制造费用分配率：分配制造费用

海迪泽陶器制造厂（High Desert Potteryworks）生产多种陶器产品，并出售零售商。该公司使分批成本核算系统，利用部门预计制造费用分配率分配制造费用。铸造部门的预计制造费用以机器工时为分批基础，彩绘部门以直接人工工时为分配基础。年初公司提供了以下估计信息：

	部门	
	铸造部门	彩绘部门
直接人工工时（小时）	12 000	60 000
机器工时（小时）	70 000	8 000
固定制造费用（美元）	497 000	615 000
每机器工时变动制造费用（美元）	1.50	—
每直接人工工时变动制造费用（美元）	—	2.00

批次 205 于 8 月 1 日开始生产，8 月 10 日完工。公司的成本记录显示了如下与该批次相关的信息：

	部门	
	铸造部门	彩绘部门
直接人工工时（小时）	30	84
机器工时（小时）	110	20
直接材料（美元）	770	1 332
直接人工成本（美元）	525	1 470

要求：

（1）计算铸造部门及彩绘部门的预计制造费用分配率。

（2）计算分配至批次 205 的制造费用总额。

（3）批次 205 的总生产成本是多少？若该批次有 50 件产品，则单位生产成本是多少？

2. 全厂预计制造费用分配率与多重预计制造费用分配率

麦卡洛医院（McCullough Hospital）应用分批成本核算系统将成本分配至病人。直接材料包括药品、心脏瓣膜、人工髋关节、起搏器等物品。与外科手术及检查相关的直接人工成本（例如：外科医生、麻醉医师、放射科医生、护士）追溯至单个病人。所有其他成本，如医疗器材的折旧费、保险费、公共事业费、附带医疗药品、与日夜连续监测病人相关的人工成本，视为间接费用。

以往，麦卡洛医院使用基于病人日（病人在医院一晚视为一个病人日）数量的预计间接费用分配率将间接费用分配至病人。近日，医院的一名会计人员建议使用两种预计间接费用分配率（基于病人日数量分配）以改善分配至病人的成本的精确度。第一种分配率包括重症监护室（ICU）的所有间接费用，第二种分配率包括其他所有间接费用。病人 A 与病人 B 的预计间接费用（与医院预计病人日的相关的信息）如下：

	ICU	其他	合计
预计病人日的数量	2 000	18 000	20 000
预计固定间接费用（美元）	3 200 000	14 000 000	17 200 000
预计每天单位病人的变动间接费用（美元）	236	96	

	病人 A	病人 B
直接材料（美元）	4 500	6 200
直接人工（美元）	25 000	36 000
病人日的总数量（包括 ICU）	14	21
ICU 病人日的数量	0	7

要求：

（1）假定麦卡洛医院仅使用一种预计制造费用分配率，计算：

a. 预计制造费用分配率。

b. 总成本，包括直接材料、直接人工、分配至病人 A 及病人 B 的间接费用。

（2）假定麦卡洛医院使用如会计人员建议的两种预计间接费用分配率，计算：

a. ICU 及其他间接造费用分配率。

b. 总成本，包括直接材料、直接人工、分配至病人 A 及病人 B 的间接费用。

（3）会计人员建议的方法体现了什么启示？

案例

全厂制造费用分配率与部门制造费用分配率

德利达公司（Teledex Company）董事长戴维·威尔森（David Wilson）说："我们刚在库珀斯（Koopers）订单投标上损失了 2 000 美元。我们定价如果太高会得不到订单，定价过低只能赚到投标订单的一半金额。"

德利达公司依客户特殊需求生产产品，且应用分批成本核算系统。公司使用基于直接人工工时的全厂预计制造费用分配率，将其制造费用（假定均为固定制造费用）分批至各批次。以下为年初预计情况：

（单位：美元）

	部门			
	制造部门	加工部门	装配部门	全厂合计
制造费用	350 000	400 000	90 000	840 000
直接人工	200 000	100 000	300 000	600 000

各批次在 3 个部门中的工作量不断变化。例如：库珀斯订单的生产成本在 3 个车间中的情况如下：

（单位：美元）

	部门			
	制造部门	加工部门	装配部门	全厂合计
直接材料	3 000	200	1 400	4 600
直接人工	2 800	500	6 200	9 500
制造费用	?	?	?	?

要求：

（1）使用全厂制造费用分配率的方法：

a. 计算当年全厂预计制造费用分配率。

b. 确定应分配至库珀斯订单的制造费用。

（2）假定不使用全厂预计制造费用分配率，而使用基于直接人工成本的部门预计制造费用分配率，在此情况下：

a. 计算当年各部门预计制造费用分配率。

b. 确定应分配至库珀斯订单的制造费用。

（3）解释问题（1）b 中使用全厂分配

率方法及问题（2）b 中使用部门分配率的方法，分配制造费用至库珀斯订单的差异。

（4）假定该行业通常将投标价格定为总生产成本（直接材料、直接人工、分配的制造费用）的 150%。公司应用全厂预计制造费分配率下的库珀斯订单投标价格是多少？应用部门制造费用分配率下的库珀斯订单投标价格呢？

附录 3A　基于作业的完全成本法

第 3 章介绍了制造业企业怎样使用传统完全成本法核算系统计算单位生产成本。在此附录中，我们将传统完全成本法与其替代方法——基于作业的完全成本法，进行对比。**基于作业的完全成本法**（activity-based absorption costing）以生产该产品的作业为分配基础，将全部制造费用分配至产品。**作业**（activity）是引起制造费用资源消耗的事件。基于作业的核算方法将各项作业的制造费用归集记入作业成本库，而非依赖于全厂或部门成本库。**作业成本库**（activity cost pool）好比"水池"，与单一作业相关的成本归集于此。每个作业成本库有一项作业计量。**作业计量**（activity measure）是分配基础，用作作业成本库的分母。归集在作业成本库的分子中的成本除以分母中作业计量的数量等于作业分配率。作业分配率将作业成本库中的成本分配至产品。

基于作业的完全成本法与传统完全成本法在两个方面有所不同。第一，基于作业的成本核算方法比传统成本核算方法更多地使用成本库。第二，基于作业的核算方法包括了一些作业及与产量无关的作业计量，然而传统核算方法仅依赖于受产量驱动的分配基础。例如：基于作业的完全成本法可能包括批次层级的作业。每当一个批次被加工或处理，即为一项**批次层级的作业**（batch-level activity），无论该批次中有多少件产品。批次层级的作业包括发布采购订单、安装设备、零件批量运输等任务。批次层级的成本取决于生产的批次数量，而非生产的产品数量。基于作业的核算方法也可能包括产品层级的作业。**产品层级的作业**（product-level activity）与特定产品相关，且无论经营多少批次或者生产销售多少产品均需执行。产品层级的作业包括产品设计、工程设计变更等任务。产品层级的成本取决于其所能支持的产品数量，而不是经营的批次数量或生产销售的产品数量。

为描述传统的和基于作业的完全成本法之间的差异，我们将以马克思尔工业公司（Maxtar Industries）为例进行解释，该公司生产高质量的烧烤装置，有两条产品线——高端产品线和标准产品线。公司已经利用传统的基于直接人工工时的全厂预计制造费用分配率分配制造费用至产品。表 3A-1 详细地阐述了两条产品线怎样应用传统成本核算系统计算单位生产成本。根据传统成本核算系统，高端产品线的单位生产成本为 71.60 美元，标准产品线的单位生产成本为 53.7 美元。

表 3A-1　马克思尔工业公司的传统成本核算系统

基础数据		
预计制造费用总额		1 520 000 美元
预计总直接人工工时		400 000
	高端产品线	**标准产品线**
单位直接材料	40.00 美元	30.00 美元
单位直接人工	24.00 美元	18.00 美元
单位直接人工工时	2.0	1.5
产量	50 000 件	200 000 件

（续）

计算全厂预计制造费用分配率		

$$预计制造费用分配率 = \frac{预计制造费用总额}{预计分配基础总量}$$

$$= \frac{1\,520\,000\,美元}{400\,000\,直接人工工时} = 3.8\,美元/直接人工工时$$

传统单位生产成本		
	高端产品线	标准产品线
直接材料	40.00 美元	30.00 美元
直接人工	24.00	18.00
制造费用（2.0 直接人工工时 ×3.8 美元/直接人工工时；1.5 直接人工工时 ×3.8 美元/直接人工工时）	7.60	5.70
单位生产成本	71.60 美元	53.70 美元

马克思尔工业公司最近实验了基于作业的完全成本法核算系统，该系统有 3 个作业成本库：①直接人工；②安装机器；③配件管理费用。表 3A-2 的顶部反映了这些作业成本库相关的基础数据。需要注意的是，这 3 个成本库中的预计制造费用总额 1 520 000 美元，与公司传统成本核算系统中的预计制造费用总额一致。基于作业的核算方法仅是公司在两产品间分配制造费用的替代方法。

表 3A-2 的第二个表格中计算了 3 个作业成本库的作业分配率。例如："安装设备"作业成本库中的总成本为 480 000 美元，除以该成本库中的作业总量 800 次安装，得出作业分配率为每次安装 600 美元。

表 3A-2 的第三个表格应用了作业分配率分配制造费用至两种产品。例如："安装设备"作业成本库中的作业分配率每次安装 600 美元，乘以高端产品线的 600 次安装次数，得出分配至高端产品线的机器安装成本为 360 000 美元。

表 3A-2 最下面的表反映了单位制造费用和基于作业的单位产品成本。单位制造费用由制造费用总额除以生产的产品数量得出。例如：高端产品线的总制造成本 728 000 美元除以 50 000 单位的产品，得出每单位产品制造费用 14.56 美元。注意：此单位生产成本与表 3-1 中应用传统成本核算系统计算的不同。由于基于作业的方法既包含了批次层级（安装机器）的成本，也包括产品层级（配件管理费）的作业成本库，基于作业的核算方法下的单位生产成本，通常将制造费用由高产量产品向低产量产品转移。标准产品线是高产量产品，其单位生产成本由传统成本法下的 53.70 美元下降至作业成本法下的 51.96 美元。相反，高端产品线是低产量产品，其单位生产成本由传统成本法下的 71.60 美元增加至作业成本法下的 78.56 美元。基于作业的核算方法使用批次层级的作业计量、产品层级的作业计量，将批次层级和产品层级的作业成本库分配至两种产品，而不是使用直接人工工时（随产量的变化而改变）来分配制造费用至各产品。

表 3A-2　马克思尔工业公司的基于作业的完全成本核算系统　（单位：美元）

基础数据				
作业成本库及作业计量	预计制造费用	预计作业		
		高端生产线	标准生产线	合计
支付直接人工（直接人工小时）	800 000	100 000	300 000	400 000
安装机器（次数）	480 000	600	200	800
配件管理（种类）	240 000	140	60	200
制造费用总额	1 520 000			

（续）

计算作业分配率

作业成本库	预计制造费用总额（a）	预计作业总量（b）	作业分配率（a）÷（b）
支付直接人工	800 000 美元	400 000 直接人工工时	2 美元 / 直接人工工时
安装机器	480 000 美元	800 次	600 美元 / 次
配件管理	240 000 美元	200 种	1 200 美元 / 种

分配制造费用至产品

高端产品线

作业成本库	作业分配率（a）	作业（b）	作业成本（a）×（b）
支付直接人工	2 美元 / 直接人工工时	100 000 直接人工工时	200 000 美元
安装机器	600 美元 / 次	600 安装次数	360 000 美元
配件管理	1 200 美元 / 种	140 种配件	168 000 美元
合计			728 000 美元

标准产品线

作业成本库	作业分配率（a）	作业（b）	作业成本（a）×（b）
支付直接人工	2 美元 / 直接人工工时	300 000 直接人工工时	600 000 美元
安装机器	600 美元 / 次	200 安装次数	120 000 美元
配件管理	1 200 美元 / 种	60 种配件	72 000 美元
合计			792 000 美元

基于作业的完全成本法生产成本金额 （单位：美元）

	额外产品线	标准产品线
直接材料	40	30
直接人工	24	18
制造费用（728 000 美元 ÷ 50 000 单位；792 000 美元 ÷ 200 000 单位）	14.56	3.96
单位生产成本	78.56	51.96

术语表

Activity 作业 引起组织中制造费用耗费资源的事件。

Activity-based absorption costing 基于作业的完全成本法 一种基于生产产品的作业分配制造费用至各产品的成本核算方法。

Activity cost pool 作业成本库 在作业成本法中归集与单一作业计量相关的成本的"水池"。

Activity measure 作业计量 作业成本法中的分配基础；理论上，作业成本库中驱动作业成本变动的作业量的度量。

Batch-level activity 批次层级的作业 每批次加工或操作时产生的作业，无论该批次中有多少产品单位。资源耗费量取决于经营的批次数量而非批次中的产品数量。

Product-level activity 产品层级的作业 与特定产品相关的作业，无论经营了多少批次或生产销售的产品数量有多少均需发生的成本。

问题

基于作业的完全成本法是传统产品成本核算方法的替代方法

艾利克斯公司（Ellix Company）生产两种型号的超高保真扬声器——型号 X200 和型号 X99。有关这两种产品的数据如下：

产品型号	直接人工工时	年产量（件）	总直接人工工时
X200	单位产品 1.8	5 000	9 000
X99	单位产品 0.9	30 000	27 000
			36 000

公司其他信息如下：

a. 型号 X200 单位产品需要直接材料 72 美元，型号 X99 需要 50 美元。

b. 直接生产工人工资为 20 美元 / 小时。

c. 公司通常使用直接人工工时作为将制造费用分配至产品的分配基础。

d. 型号 X200 比型号 X99 生产过程更复杂，且需要使用专用设备。

e. 鉴于上述（d）中要求的专项作业，公司考虑应用基于作业的完全成本法将制造费用分配至产品。确定的 3 种作业成本库如下：

作业成本库	作业计量	预计总成本	预计总作业		
			X200	X99	合计
安装机器	安装数量	360 000 美元	50	100	150
专项加工	机器工时	180 000 美元	12 000	0	12 000
工厂一般费用	直接人工工时	1 260 000 美元	9 000	27 000	36 000
		1 800 000 美元			

要求：

（1）假定公司继续使用直接人工工时作为分配基础将制造费用分配至产品。

a. 计算全厂预计制造费用分配率。

b. 计算每种型号的单位生产成本。

（2）假定公司决定使用基于作业的完全成本法分配制造费用至产品。

a. 计算每种作业成本库的作业分配率，确定使用作业成本法分配至每种型号的制造费用金额。

b. 计算每种型号的单位生产成本。

（3）解释为什么作业成本法下制造费用由高产量型号向低产量型号转移。

案例

基于作业的完全成本法及定价

爪哇苏公司（JSI）从世界各地购买咖啡豆，烘烤、混合、包装后进行再次售出。JSI 的一些咖啡很受欢迎，销售量大，而一些新出的产品销量较低。JSI 公司产品定价机制为生产成本加上 25% 的利润。

本年 JSI 公司预算包含了预计制造费用 2 200 000 美元。JSI 以直接人工工时为基础分配制造费用。预计直接人工成本总额为 600 000 美元，代表了 50 000 直接人工工时。

预计直接材料成本及每包 1 磅的两种咖啡产品的直接人工成本如下：

	肯尼亚纯咖啡	越南优选咖啡
直接材料	4.50 美元	2.90 美元
直接人工（每包 0.02 小时）	0.34 美元	0.34 美元

JSI 公司的管理者认为公司的传统成本核算系统可能会误导成本信息。为确定该观点知否正确，管理者分析该年度预计制造费用情况，如下表所示：

作业成本库	作业计量	本年预计作业	本年预计成本（美元）
采购	采购订单	2 000 份订单	560 000
物料运输	安装次数	1 000 次安装	193 000
质量控制	批次数量	500 批次	90 000
烘烤	烘烤小时	95 000 烘烤小时	1 045 000
混合	混合小时	32 000 混合小时	192 000
包装	包装小时	24 000 包装小时	120 000
总制造费用			2 200 000

与肯尼亚纯咖啡、越南优选咖啡相关的预计产量数据如下：

	肯尼亚纯咖啡	越南优选咖啡
预计销售量	80 000 磅	4 000 磅
批次规格	5 000 磅	500 磅
安装次数	每批 2 次	每批次 2 次
采购订单规格	20 000 磅	500 磅
每 100 磅的烘烤时间	1.5 个烘烤小时	1.5 个烘烤小时
每 100 磅的混合时间	0.5 个混合小时	0.5 个混合小时
每 100 磅的包装时间	0.3 个包装小时	0.3 个包装小时

要求：

（1）应用直接人工工时作为制造费用分配基础。

a. 确定本年度将使用的全厂预计制造费用分配率。

b. 确定 1 磅肯尼亚纯咖啡、1 磅越南优选咖啡的单位生产成本。

（2）应用基于作业的完全成本法。

a. 确定本年分配至肯尼亚纯咖啡、越南优选咖啡的制造费用总额。

b. 利用上述（2）a 计算结果，计算每磅肯尼亚纯咖啡及越南优选咖啡的制造费用。

c. 确定每磅肯尼亚纯咖啡及越南优选咖啡的单位生产成本。

（3）为 JSI 董事长写一个简短的备忘录，解释你在上述（1）（2）发现了什么，讨论使用直接人工工时作为单一的制造费用分配基础的含义是什么。

附录 3B　预计制造费用分配率及生产能力

该附录对比了两种预计制造费用分配率的计算方法。第一种方法（本章使用的方法）描述了以对外财务报告为目的的完全成本法。[⊖]制造费用分配率的分母以下一期间的估计或预算的数额为分配基础。第二种方法通常用于内部管理目的，其制造费用分配率的分母以预计生产能力总量为分配基础。为简化接下来对两种方法的比较，我们做两个重要假设，适用于整个附录：①所用制造费用是固定的；②期初估计或预算的固定制造费用与期末实际发生的固定制造费用相等。

我们假设普拉哈德公司（Prahad Corporation）为当地媒体工作室生产 DVD。公司的 DVD 复制机器每 10 秒从母 DVD 中复制一张新 DVD。公司每年租入该 DVD 复制机产生固定成本 180 000 美元，且是公司的预计（实际）单一的制造费用。其间发生设置及维护，该机器理论上每年能生产 900 000 张 DVD。由于经济不景气，普拉哈德的客户下一年订单可能不会达到 600 000 张 DVD。公司使用机器工时作为分配基础将制造费用分配至 DVD。数据总结如下：

普拉哈德公司数据	
预计和实际制造费用总额	180 000 美元 / 年
分配基础——每张 DVD 的机器工时	10 秒 / 张
生产能力	900 000 张 / 年
下年预算产出	600 000 张

如果普拉哈德公司使用了上述的第一种方法，即使用会计期间内的估计或预算作业计算预计制造费用分配率，则其下一年的预计制造费用分配率为每秒机器时间 0.03 美元，计算如下：

⊖　美国财务会计准则说明第 151 号——存货成本及国际会计准则 2 号：存货要基于正常生产能力将固定制造费用分配至产品。正常生产能力反映了正常情形下多个期间的预期生产水平。该定义反映了本书语言中的预计制造费用分配率是指以下一期间的预计或预算的数额为分配基础

$$预定制造分配率 = \frac{预计制造费用总额}{预计分配基础总量}$$

$$= \frac{180\ 000\ 美元}{600\ 000\ 张 \times 10\ 秒/张}$$

$$= 0.03\ 美元/秒$$

由于每张 DVD 需要 10 秒机器工时，每张 DVD 收取制造费用 0.3 美元。

虽然该完全成本法广泛应用于对外报告目的，从管理会计视角来看，该方法有两大缺点。第一，若预计制造费用分配率基于预算作业，且制造费用包含大量的固定成本，则单位生产成本随会计期间的预算作业水平波动。例如，若普拉哈德下一年预算产出仅有 300 000 张 DVD（而非 600 000 张 DVD），其预计制造费用分配率为每秒机器工时 0.06 美元或每张 DVD0.6 美元，而不是每张 DVD0.3 美元。注意当公司预算产出下降时，其单位制造费用上升。然后会反映在生产 DVD 的成本增长中，诱使管理人员在最差的时机提高定价——此时需求在减少。

完全成本法的第二个缺点是：该方法改变了产品未耗用资源的成本。固定生产成本以预计作业进行延续时，产量需承担所有未使用生产能力。若作业水平下降，公司压缩产量必然会提高负担闲置生产能力的成本，使得吸收的成本超出实际的生产成本。

以预计生产总量作为分配基础计算的预计制造费用分配率克服了上述讨论的两个缺点。其计算如下：⊖

$$基于生产能力的预计制造费用分配率 = \frac{基于生产能力的预计制造费用总额}{基于生产能力的预计分配基础总量}$$

$$= \frac{180\ 000\ 美元}{900\ 000\ 张 \times 10\ 秒/张}$$

$$= 0.02\ 美元/秒$$

普拉哈德公司基于生产能力的作业计算预计制造费用分配率时，其完全成本法下制造费用分配率为 0.02 美元/秒而非 0.03 美元/秒。因此，完全成本法下，普拉哈德公司应用基于生产能力的分配方法计算的分配至每张 DVD 的制造费用为 0.2 美元（0.02 美元/张 ×10 秒）而非 0.3 美元。注意：基于生产能力的每秒数额及每张数额低于完全成本法下的计算的数额。其发生的原因为基于生产能力的分配方法应用了更高的反映普拉哈德生产 DVD 能力的分母——9 000 000 秒。

普拉哈德基于生产能力的分配率为 0.02 美元/秒，即使其预算生产能力水平在会计期间波动，该指标也会保持不变。因此，若公司预计生产能力水平从 600 000 张 DVD 下降至 300 000 张 DVD，其基于生产能力的分配率仍为 0.02 美元/秒。在此情形下，公司未使用生产能力的成本会增长，但其生产 DVD 的单位成本保持 0.2 美元/张不变。

每当公司运营未达到完全生产能力，且使用基于生产能力的分配基础分配固定制造费用时，该指标会显示出闲置生产能力的成本，计算如下：

⊖ 通常来说，由于存在变动制造费用，生产能力的预计制造费用总额会比预计作业水平的制造费用总额高。但是，为简化，我们假定附录中的全部制造费用均为固定的，则制造费用总额同样也无须考虑作业水平。

未使用生产能力的成本 =（基于生产能力的分配基础数量 − 分配基础的实际数量）
× 预计制造费用分配率

例如，我们假定普拉哈德公司实际使用 DVD 复制机 6 000 000 秒来生产 600 000 张 DVD。在该产出水平上，公司计算其未使用生产能力的成本如下：

闲置生产能力成本 =（基于生产能力的分配基础数量 − 实际分配基础数量）
× 预计制造费用分配率

闲置生产能力成本 =（9 000 000 秒 −6 000 000 秒）×0.02 美元 / 秒

= 3 000 000 秒 ×0.02 美元 / 秒

= 60 000 美元

表 3B-1 描述了普拉哈德公司怎样在以内部管理为目的的利润表中披露闲置生产能力的成本。普拉哈德公司基于生产能力的分配方法，并没有将其视为一项生产成本，而是作为总毛益下的一项期间费用。通过在利润表中分开披露闲置生产能力总额 60 000 美元，而不是将其包含在已售商品成本中，则对于公司管理人员来说，高效管理生产能力尤为需要。总的来说，公司管理人员需对大量闲置能力做出反应，寻找新商机来利用闲置能力或者降低成本、减少当前可使用的生产能力数量。

表 3B-1　普拉哈德公司：显示闲置生产能力成本的利润表

普拉哈德公司利润表 截至 12 月 31 日的年度（单位：美元）		
销售收入①		1 200 000
销售成本②		1 080 000
总毛益		120 000
其他费用		
闲置生产能力成本	60 000	
销售和管理费用③	90 000	150 000
经营净损失		（30 000）

① 假定 600 000 张 CD，售价 2 美元 / 张。

② 假定单位生产成本为 1.8 美元 / 张，包括 0.2 美元制造费用。

③ 假定销售和管理费用总额为 90 000 美元。

问题

预计制造费用分配率与生产能力

白金曲目公司（Platinum Tracks, Inc.）是洛杉矶的一家小录音棚。公司承接广告公司的工作，主要是广播广告，该公司客户中有一些歌手和乐队。白金曲目公司的工作内容是从编辑到制作一个可以复制的 CD 数字模板。洛杉矶的录音室行业竞争激烈，近几年尤为严重。该录音室的客户一直在流失，他们转向设备更先进的、价格更具吸引力、服务优质的新录音室。前两年的经营数据摘要如下：

	去年	今年
预计录音室服务工时	1 000	800
录音室预计制造费用	160 000 美元	160 000 美元
录音室实际提供的服务工时	750	500
录音室实际制造费用	160 000 美元	160 000 美元
录音室的服务能力工时	1 600	1 600

公司将录音室制造费用分配至各录音批次，以提供的录音室服务工时为分配基础。例如：为当地的拉美乐队录音、编辑、制作佛得角半岛音乐的唱片需要 40 小时的录音室工时。录音室的全部制造费用是固定的，

实际发生的制造费用与上年年初及本年年初预计的一致。

要求：

（1）白金曲目公司在年初基于录音室当年预计制造费用和预计服务工时，计算预计制造费用分配率。在此方法下，去年佛得角半岛音乐批次分配的制造费用是多少？今年是多少？

（2）白金曲目公司的董事长听说该行业的公司更换至一个以录音室能提供的服务能力的工时为基础，计算预计制造费用分配率的系统。他想知道该方法下分配的批次成本的影响。若该方法去年使用，则分配至佛得角半岛音乐批次的制造费用是多少？若今年使用呢？

（3）若白金曲目公司基于（2）中录音室服务能力工时计算预计制造费用分配率，则去年未使用的服务能力是多少？今年呢？

（4）白金曲目公司面临的基础经营问题是什么？在这个问题中哪种计算预计制造费用的方法更有帮助？请解释。

案例

道德规范、预计制造费用分配率与生产能力

帕特·米兰达（Pat Miranda）是沃特硬盘公司（Vault Hard Drives, Inc.）的新任财务总监，刚从有关预计制造费用的作业层次选择问题的研讨会中回来。虽然讨论题目不能令人充满激情，但她发现讨论中有些重要想法需要在她的公司里讲一下。从研讨会回来后，她安排了与生产经理 J. 史蒂文斯（J.Stevens）及助理生产经理马文·华盛顿（Marvin Washington）的会议。

帕特：我偶然听到这样一个想法，想和你们二位核实一下，这个想法是有关我们计算预计制造费用分配率方法的。

J.：您请讲。

帕特：我们计算预计制造费用分配率的方法为：将全厂来年预计制造费用总额除以预计来年生产数量，该制造费用全部为固定成本。

马文：自从我来公司，我们就一直使用这种方法。

J.：我工作过的公司除了至多以直接人工工时为分配基础的，其他公司均使用这种方法。

帕特：我们使用产量作为分配基础是因为它比较简单，且我们生产产品的品种单一。但是还有其他方法来分摊制造费用。我们计算制造费用分配率时可以使用生产能力的总量为基础，而不是使用来年预计总产量为分配基础。

马文：市场部会喜欢的。这种方法会降低产品的全部成本，市场部会疯狂砍价。

帕特：这也是一个问题，但在与市场部沟通前，我想和你们二位沟通。

J：你们不是总有很多未使用的生产能力吗？

帕特：是的，但是我给你看一下我们是怎样处理的吧。这有一份明年的预算。

预算产量（估计）	160 000 件
预算销售量	160 000 件
生产能力	200 000 件
售价	60 美元 / 件
变动制造成本	15 美元 / 件
总制造费用（均为固定费用）	4 000 000 美元
销售和管理费用	2 700 000 美元
期初存货	0

传统方法下计算预计制造费用分配率

$$\frac{\text{预计制造费用总额 4 000 000 美元}}{\text{预计生产总量 160 000 件}} = 25\ \text{美元 / 件}$$

预算利润表	（单位：美元）
销售收入（160 000件 × 60美元/件）	9 600 000
销货成本：	
变动生产成本（160 000件 × 15美元/件） 2 400 000	
分配的制造费用（160 000件 × 25美元/件） 4 000 000	6 400 000
毛利	3 200 000
销售和管理费用	2 700 000
经营净利润	500 000

使用生产能力作为分母计算预定制造费用的新方法：

$$\frac{预计生产能力制造费用总额\ 4\ 000\ 000\ 美元}{生产能力总产量\ 200\ 000\ 件} = 20\ 美元/件$$

预算利润表	（单位：美元）
销售收入（160 000件 × 60美元/件）	9 600 000
销货成本：	
变动生产成本（160 000件 × 15美元/件） 2 400 000	
分配的制造费用（160 000件 × 20美元/件） 3 200 000	5 600 000
毛利	4 000 000
未使用生产能力成本[（200 000件 − 160 000件）× 20美元/件]	800 000
销售和管理费用	2 700 000
经营净利润	500 000

J：我不喜欢"未使用生产能力成本"这项。如果它体现在利润表中，总部很可能会派人来解雇一些人的。

马文：我也有一些担心的事情。销售收入如果没达到预期会怎么样？我们要变帽子戏法吗？

帕特：不好意思，我不是很理解。

J：马文说的是很常见的一些事。销售收入下滑、利润看起来预计比董事长要求的低时，董事长会来要求我们提供更多利润。

帕特：我还是不太理解，你的意思是我们要增加销售收入？

J：不是的，我们扩大产量。我们是生产经理人，不是销售经理人。

帕特：我知道了，你们生产得更多，销售部门才能销售得更多。

J：不对，市场部的人什么也不需要做，我们只是生产更多存货，一个小伎俩而已。

要求：

在下面所有问题中，假定传统方法下的预计制造费用分配率是25美元/件，新基于生产能力的方法下的分配率是20美元/件。

（1）假定实际销售量是150 000件，实际产量、实际售价、实际单位变动生产成本、实际固定成本均分别等于其预算量。在这些假定下：

a. 使用传统利润表形式计算经营净利润。

b. 使用新利润表形式计算经营净利润。

（2）假定实际销售量为150 000件，且实际售价、实际单位变动生产成本、实际固定成本均分别等于各自的预算量。在传统方法下，需要生产多少产品来实现经营净利润500 000美元？

（3）假定实际销售量是150 000件，且实际售价、实际单位变动生产成本、实际固定成本均等于各自预算量。在基于生产能力的新方法下，实现500 000美元的经营净利润需要生产多少产品？

（4）基于生产能力的新方法对经营净利润的变动有什么作用？

（5）若使用基于生产能力的新方法，则"帽子戏法"是更容易施行还是更难施行？

（6）你认为"帽子戏法"符合道德准则吗？

第 4 章

分批成本法：成本流转和对外报告

商业聚焦

托尔兄弟公司的存货核算

托尔兄弟公司（Toll Brothers）是美国最大的建筑公司之一，年收入超过 39 亿美元。该公司的存货成本包括土地取得成本、土地开发成本、房屋建造成本、与开发和建造相关的制造费用。按照公认会计准则（GAAP），托尔兄弟公司将其存货视为长期资产而非流动资产，是因为其社区总体规划需要 10 年才能全面开发。

虽然托尔兄弟公司相对其他制造商有一些独一无二的特点，但是该公司很适合分批成本法。例如，每个新建房屋可作为一个批次，并归集有直接材料（如木材、木瓦、砖块）、直接人工（如分包电工、水管工、屋顶工）和制造费用（如工程监理成本、建造该批次使用的设备费）。

学习目标

1. 理解分批成本系统中成本流转的含义，确定合适的分类账记录成本。
2. 使用 T 型账户表示分批成本核算系统中的成本流转过程。
3. 编制产品成本及销货成本计算表、利润表。
4. 计算分配不足及过度的制造费用，编制会计分录以将制造费用余额结转至合适账户。

第 3 章探讨了公司怎样应用分批成本核算系统将制造费用分配至各批次。本章将介绍怎样使用分批成本核算系统以对外报告为目的的资产负债表和利润表。为帮助你理解本章的内容，将相关的重要术语总结如下，见表 4-1。

表 4-1　重要术语总结

术语	定义
分批成本法	会计期间内生产或提供多种不同产品、批次、服务时应用的成本核算系统
完全成本法	一种产品成本中包括所有生产成本——直接材料、直接人工、变动制造费用及固定制造费用的核算方法
分配基础	将成本分配至成本对象的作业度量，如直接人工工时、机器工时
预计制造费用分配率	在各会计期间前制定的、将制造费用分配至各批次的分配率。其计算公式为 $$预计制造费用分配率 = \frac{预计制造费用总额}{预计分配基础总量}$$

（续）

术语	定义
制造费用分配	运用下列公式将制造费用分配至特定批次的过程： 分配至特定批次的制造费用 = 预计制造费用分配率 × 该批次发生的分配基础数量
定额成本	分配至制造费用通过预计制造费用分配率乘以批次实际发生的分配基础数量计算的成本核算系统
分批成本单	记录某批次的直接材料、直接人工、制造费用的表

4.1 分批成本法：成本流转

第 2 章中，我们使用了图 1-1 描述制造业企业的成本流转及分类。现在我们要用一个相似的图表（见图 4-1），介绍制造业企业应用分批成本法的成本流转及分类。

图 4-1 展现了在分批成本核算法中，公司的生产成本通过资产负债表的 3 个存货类账户流转，然后转至利润表中的产品成本。具体来讲，采购原材料在原材料存货账户中记录。**原材料**（raw materials）包括所有生产最终产品的材料。原材料在生产过程中用作直接材料时，该成本被转至在产品。[○]**在产品**（work in process）包括仅部分完工的产品及将进一步加工才能出售给消费者的产品。为将直接材料结转至完工批次，在产品成本要包括直接人工成本，且通过将预计制造费用分配率乘以各批次实际消耗的分配基础数量计算的制造费用分配至在产品。[○]批次完成后，成本由在产品成本转至产成品。**产成品**（finished goods）由完工但尚未向客户出售的产品组成。

由在产品转移至产成品的金额称作产成品成本。**产成品成本**（cost of goods manufactured）包括在会计期间完成的与产量相关的生产成本。随着产品售出，成本由完工产品转至已售产品。此时，与该批次相关的各种成本被最终作为利润表中的一项费用。至该时点，这些成本在资产负债表中的存货类账户中。期间费用（或销售和管理费用）并不在资产负债表的存货类项目中流转。它们作为该会计期间的一项费用计入利润表中。

图 4-1　制造业企业应用分批成本法的成本流转及分类

　○　间接材料是制造费用的一部分。

　○　为了简化，图 4-1 假定已售商品成本无须进行本章后面介绍的方法进行调整。

我们将以鲁格公司（Ruger Corporation）4 月发生的交易为例，描述分批成本核算中的成本流转。鲁格公司是金银纪念套章的生产商，且 4 月仅生产了两个批次。批次 A 是为纪念电影发明而特别铸造的 1 000 块金纪念套章，该批次 3 月开始，4 月完工。3 月 31 日，批次 A 分配至生产成本 30 000 美元，与鲁格公司 4 月 1 日资产负债表中的在产品成本一致。批次 B 是纪念柏林墙倒塌的 1 000 块银纪念套章，4 月开始生产，月底完工。

4.1.1　材料采购和领用

4 月 1 日，鲁格公司有 7 000 美元的原材料。本月，公司又赊购了一批 60 000 美元的原材料。采购记录如分录（1）所示。

（1）

借：原材料	60 000	
贷：应付账款		60 000

注意原材料是资产类科目。因此，购买原材料时，最初是作为一项资产记录的，而非一项费用。

直接和间接材料的领用

4 月，领料单显示 52 000 美元的原材料从仓库领用用于生产，包括 50 000 美元的直接材料、2 000 美元的间接材料。生产部门领用原材料如分录（2）所示。

（2）

借：在产品	50 000	
制造费用	2 000	
贷：原材料		52 000

在产品中记录的原材料是具体批次的直接材料。这些成本也在相应的分批成本单中记录。图 4-2 也阐述了这点，50 000 美元的直接材料中有 28 000 美元批次 A 的分批成本单，余下 22 000 美元转至批次 B 的分批成本单中。（在本例中，所有数据以小计形式列示，分批成本单已简化。）

分录（2）中记录的 2 000 美元的制造费用代表间接材料。制造费用借方通常记录实际制造费用，例如会计期间实际发生的间接材料。如在交易（7）中所见，该账户贷方通常记录分配至在产品的制造费用。

注意，在图 4-2 中，批次 A 的分批成本单中包括期初余额 30 000 美元。我们之前介绍了该期初余额代表 3 月生产的成本，结转至 4 月。还需注意的是，在产品账户同样包括了 30 000 美元的期初余额。因此，在产品账户包括了分批成本单中所有在产批次的成本。批次 A 是 4 月期初的唯一一个在产批次，因此，在产品账户期初余额等于批次 A 的期初余额 30 000 美元。

4.1.2　人工成本

4 月，员工计时卡（提供了每名员工全天的作业工时）记录了 60 000 美元的直接人工，15 000 美元的间接人工。以下是这些成本的分录。

图 4-2 原材料流转

（3）

借：在产品	60 000	
制造费用	15 000	
贷：应付职工薪酬		75 000

只有直接人工 60 000 美元计入在产品账户。直接人工计入在产品的同时，也计入个别分批成本单中，如图 4-3 所示。4 月，40 000 美元的直接人工分配至批次 A，剩余 20 000 美元分配至批次 B。

计入制造费用的 15 000 美元代表了该会计期间的直接人工，如监督、门卫、维护。

图 4-3 人工成本流转

克（Primark）等客户。但是，除了为大型零售商服务，法克服装公司也为一些优质品牌生产 T 恤，如汤米·希尔费格（Tommy Hilfiger）、乔治·阿玛尼（Giorgio Armani）、雨果·波士（Hugo Boss）、智思达（G-Star Raw）。一件法克服装公司的 T 恤的生产成本范围在 1.6 ～ 6 美元，则这些 T 恤的零售价也从 6 美元（沃尔玛）至 91 美元（智思达）不等。

资料来源：Christina Passariello, TriptiLahiri, Sean Mclain, " Bangladesh's Tale of the T-Shirts," *The Wall Street Journal*, July 1, 2013, pp.B1 and B8.

4.1.3　制造费用

如前所述，生产成本中除了直接材料和直接人工，还有制造费用。这些成本在发生时直接计入制造费用账户。为便于说明，假定鲁格公司 4 月发生的工厂一般费用如下：

公用事业（热力、供水、供电）	21 000 美元
工厂设备租金	16 000 美元
各种工厂管理费用	3 000 美元
总计	40 000 美元

下列分录记录了这些成本：

（4）

借：制造费用	40 000	
贷：应付账款[⊖]		40 000

另外，假定 4 月鲁格公司应计财产税有 13 000 美元，厂房和设备的预付保险费中有 7 000 美元期满。下列分录记录了这些事项。

（5）

借：制造费用	20 000	
贷：应付财产税		13 000
预付保险费		7 000

最后，假定公司 4 月工厂设备折旧费为 18 000 美元。以下分录记录了应计提的折旧费用。

（6）

借：制造费用	18 000	
贷：累计折旧		18 000

总之，所有制造费用发生时计入制造费用借方。

4.1.4　分配制造费用

由于实际制造费用计入制造费用账户而非在产品账户，那么怎样将制作费用分配至在产

⊖　贷方账户也可能是库存现金等。

品账户？答案是通过将会计期间的预计制造费用总额除以预计分配基础总量，计算得到预计制造费用分配率来分配制造费用。例如，若我们假定以机器工时作为分配基础，那么分配至该批次的制造费用为预计制造费用分配率乘以各批次发生的机器工时数量。

为说明，假定鲁格公司预计制造费用分配率为 6 美元 / 机器工时。同时也假定 4 月生产批次 A 用时 10 000 机器工时，批次 B 用时 5 000 机器工时（总共 15 000 机器工时）。因此，分配至在产品的制造费用有 90 000 美元（6 美元 / 机器工时 × 15 000 机器工时 = 90 000 美元）以下是制造费用分配至材产品账户的分录。

（7）

借：在产品	90 000	
贷：制造费用		90 000

制造费用账户的成本流转情况如图 4-4 所示。图 4-4 中制造费用账户借方的实际制造费用是分录（2）～（6）计入该账户的。记录实际制造费用（分录（2）～（6））与分配制造费用至在产品账户（分录（7））是两种独立的且完全不同的过程。

过渡账户的概念

制造费用账户相当于一个过渡账户。如前所述，全年发生的实际制造费用计入该账户借方。该批次完工（或会计期末）时，利用预计制造费用分配率将制造费用分配至该批次——借记在产品账户，贷记制造费用账户。顺序如下所示：

制造费用（过渡账户）	
整个会计期间发生的实际制造费用计入该账户	利用预计制造费用分配率将制造费用分配至在产品

如我们之前强调的，预计制造费用分配率完全以预计作业量水平和预计制造费用为基础，且在该年度开始前制定。因此，该年度分配的制造费用可能多于或少于实际发生的制造费用。例如，图 4-4 中鲁格公司该期间的实际制造费用比分配至在产品的制造费用多 5 000 美元，导致制造费用账户的借方余额有 5 000 美元。我们将在本章后面讨论怎样处理这 5 000 美元的余额。

此时，我们可以从图 4-4 中得到结论，完工批次的成本由该批次的实际直接材料、实际直接人工、分配至该批次的制造费用组成。需要特别注意：实际制造费用并未计入该批次；实际制造费用不在分批成本单和在产品账户中列示。只有基于预计制造费用分配的制造费用在分批成本单和在产品账户中列示。

图 4-4　制造费用分配的成本流转

商业实战 4-2　|　应用技术改善生产效率

罗兰公司（Roland DG）是日本一家有 966 名员工的制造商，开发了一个先进的生产系统，称作 D 车间（D-shop）。该技术密集型系统可使一名工人完成从头至尾的装配工作。每名工人可通过计算机显示屏获取正确装配产品的各步骤的说明，且以三维图样的形式展现。计算机化的旋转部件架会自动转至装配过程中各步骤恰当的零件。数字螺丝刀监控着螺丝旋转的频率及松紧程度。螺丝正确旋转至实现设定的次数时，计算机才会进行下一步。

因此，D 车间将公司的效率提高了 60%，长期目标是将效率提高一倍。其实，罗兰公司已经开发了一种创新性的生产方法，自动化的制造费用能够降低单位产量的直接人工成本。

资料来源：Mayumi Negishi, "No More Assembly Line," *The Wall Street Journal*, June 2, 2004, p.83.

4.1.5　非生产成本

除生产成本外，公司还发生了销售和管理费用。这些成本作为期间费用，直接计入利润表中。非生产成本不应计入制造费用账户中。为阐述非生产成本的正确处理方法，假定鲁格公司 4 月发生了销售和管理人员薪酬 30 000 美元。工资计提的分录如下。

（8）

借：薪金费用	30 000	
贷：应付职工薪酬		30 000

假定 4 月办公室设备的折旧费用为 7 000 美元，该分录如下。

（9）

借：折旧费用	7 000	
贷：累计折旧		7 000

特别要注意，该分录与分录（6）记录的工厂设备折旧费的差异。在分录（6）中，工厂设备的折旧费借记制造费用，是一项生产成本；上述分录（9）中，办公室设备的折旧费用借记折旧费用账户。办公室设备的折旧费用是一项期间成本而不是一项生产成本。

最后，假定 4 月广告费用为 42 000 美元，其他销售和管理费用总计为 8 000 美元。如下分录记录了这些事项。

（10）

借：广告费用	42 000	
其他销售和管理费用	8 000	
贷：应付账款[○-]		50 000

分录（8）～（10）直接计入了费用类账户——对生产成本不产生影响。4 月发生的所有其他销售和管理费用也是同理，包括销售佣金、销售设备的折旧费用、办公室设备的租金、办公室设备的保险费及相关成本。

[○-]　贷方也可能为库存现金等其他账户。

4.1.6 产成品成本

某批次完工时，完工产品从生产部门转移至完工产品仓库。此时会计部门已将直接材料、直接人工计入该批次，制造费用也已经利用预计制造费用分配率分配。成本核算系统中成本的转移与产品向完工产品仓库的实物转移同步进行。完工批次的成本从在产品账户中转出，转至产成品账户。两账户间转移数量的合计为该会计期间的产成品成本总额。

在鲁格公司的案例中，批次 A 在 4 月完工，批次 B 在月末并未完工。如下分录记录了批次 A 从在产品账户转至产成品账户。

（11）

借：产成品   158 000

  贷：在产品   158 000

如图 4-4 中的分批成本单中所示，158 000 美元是批次 A 的完工成本。由于批次 A 是 4 月唯一一个完工批次，则 158 000 美元也是该月的产成品成本。

由于批次 B 月末并未完工，则其成本继续留在在产品账户中，并结转至下月。若 4 月末编制资产负债表，则批次 B 目前的累计成本（72 000 美元）会在资产类账户在产品中列示。

4.1.7 销货成本

随着完工成本运送至客户，其累计成本从产成品成本转至销货成本账户。若某批次全部一次装运，则分批成本单中的全部成本转移至销货成本。但是有时仅是某特定批次的部分产品会立即售出。此种情形下，利用单位产品成本确定从产成品账户转出、计入销货成本的金额。

对于鲁格公司，假定批次 A1 000 枚金奖章中的 750 枚月末运送至客户，总收入为 225 000 美元。由于产量为 1 000 枚，分批成本单中的总批次成本为 158 000 美元，则单位生产成本为 158 美元。下列分录记录了此项销售（所有销售均考虑在列）。

（12）

借：应付账款   225 000

  贷：销售收入   225 000

（13）

借：销货成本   118 500

  贷：产成品成本   118 500

  （750 枚 ×158 美元 / 枚 = 118 500 美元）

分录（13）的记录代表分批成本核算系统中成本流转完成。为将鲁格公司的例子整合在一起，分录（1）～（13）在表 4-2 中全部列示。另外，表 4-3 通过 T 型账户来展现成本流转。

表 4-2　鲁格公司分录汇总

（1）

借：原材料   60 000

  贷：应付账款   60 000

（续）

（2）

借：在产品	50 000	
制造费用	2 000	
贷：原材料		52 000

（3）

借：在产品	60 000	
制造费用	15 000	
贷：应付职工薪酬		75 000

（4）

| 借：制造费用 | 40 000 | |
| 　贷：应付账款 | | 40 000 |

（5）

借：制造费用	20 000	
贷：应付财产税		13 000
预付保险费		7 000

（6）

| 借：制造费用 | 18 000 | |
| 　贷：累计折旧 | | 18 000 |

（7）

| 借：在产品 | 90 000 | |
| 　贷：制造费用 | | 90 000 |

（8）

| 借：薪金费用 | 30 000 | |
| 　贷：应付职工薪酬 | | 30 000 |

（9）

| 借：折旧费用 | 7 000 | |
| 　贷：累计折旧 | | 7 000 |

（10）

借：广告费用	42 000	
其他销售和管理费用	8 000	
贷：应付账款		50 000

（11）

| 借：产成品 | 158 000 | |
| 　贷：在产品 | | 158 000 |

（12）

| 借：应付账款 | 225 000 | |
| 　贷：销售收入 | | 225 000 |

（13）

| 借：销货成本 | 118 500 | |
| 　贷：产成品成本 | | 1 185 000 |

表 4-3 鲁格公司的成本流转汇总

应收账款

余额 ××	
（12）225 000	

预付保险费

余额 ××	
	（5）7 000

原材料

余额 7 000	（2）52 000
（1）60 000	
余额 15 000	

在产品

余额 30 000	（11）158 000
（2）50 000	
（3）60 000	
（7）90 000	
余额 72 000	

产成品

余额 0	
（11）158 000	（13）118 500
余额 39 500	

累计折旧

	余额 ××
	（6）18 000
	（9）7 000

制造费用

（2）2 000	（7）90 000
（3）15 000	
（4）40 000	
（5）20 000	
（6）18 000	
95 000	90 000
余额 5 000	

应付账款

	余额 ××
	（1）60 000
	（4）40 000
	（10）50 000

应付职工薪酬

	余额 ××
	（3）75 000
	（8）30 000

应付财产税

	余额 ××
	（5）13 000

销售收入

	（12）225 000

销货成本

（13）118 500	

薪金费用

（8）30 000	

折旧费用

（9）7 000	

广告费用

（10）42 000	

其他销售和管理费用

（10）8 000	

分录解释：

（1）采购原材料。
（2）生产领用直接材料和间接材料。
（3）工厂发生的直接和间接人工成本。
（4）公用事业及发生的其他工厂费用。
（5）工厂发生的财产税和保险费。
（6）工厂资产记录的折旧费。
（7）分配至在产品的制造费用。
（8）发生的管理费用。
（9）办公室设备记录的折旧费用。
（10）广告及发生的其他销售和管理费用。
（11）转移至产成品的产成品成本。
（12）批次 A 记录的收入。
（13）批次 A 的销货成本。

4.2　产成品成本表与销货成本表

本部分应用鲁格公司的例子说明了怎样制定产成品成本表、销货成本表及利润表。**产成品成本表**（schedule of cost of goods manufactured）包含了生产成本的 3 要素——直接材料、直接人工、制造费用，它汇总了仍保留在期末在产品中的成本和从在产品转移至产成品账户的成本。**销货成本表**（schedule of cost of goods sold）也包含了生产成本的 3 要素——直接材料、直接人工、制造费用，它汇总了仍保留在期末产成品中的产品成本及由产成品转入销货成本的成本。

表 4-4 为鲁格公司产成品成本表和销货成本表。值得注意的是产成品成本表中包含的 3 个等式。第一个等式：生产过程中耗用的原材料使用下式计算。

$$生产耗用的原材料 = 期初原材料 + 采购的原材料 - 期末原材料$$

表 4-4　鲁格公司产成品成本表和销货成本表		（单位：美元）
产成品成本		
直接材料：		
期初原材料	7 000	
加上：原材料采购	60 000	
可用原材料总量	67 000	
减去：期末原材料	15 000	
生产中耗用原材料	52 000	
减去：包含在制造费用中的间接材料	2 000	50 000
直接人工		60 000
分配至在产品的制造费用		90 000
生产成本总额		200 000
加上：期初在产品		30 000
		230 000
减去：期末在产品		72 000
产成品成本		158 000
销货成本		
期初产成品成本		0
加上：产成品成本		158 000
可出售产品		158 000
减去：期末产成品		39 500
未调整的销货成本		118 500
加上：分配不足的制造费用		5 000
调整后的销货成本		123 500

注：分配不足的制造费用计入销货成本。若制造费用分配过度，则需从销货成本中减掉。

对于鲁格公司，期初原材料 7 000 美元加上采购的原材料 60 000 美元减去期末原材料 15 000 美元等于生产耗用的原材料 52 000 美元。第二个等式：总生产成本使用下式计算。

$$生产成本总额 = 直接材料 + 直接人工 + 分配至在产品的制造费用$$

对于鲁格公司，直接材料 50 000 美元加上直接人工 60 000 美元，再加上分配至在产品的制造费用 90 000 美元等于总生产成本 200 000 美元。值得注意的是生产过程中耗用的直接材料（50 000 美元）包含在总生产成本中，而不是原材料采购中（60 000 美元）。由于原材料余额改变或从原材料中领用间接材料，生产过程中耗用的直接材料通常与原材料采购数量不同。你也应该了解该等式包含了分配至在产品的制造费用而不是实际制造费用。对于鲁格公司来说，其分配至在产品的制造费用 90 000 美元的计算方法为，预计制造费用分配率 6 美元 / 机器工时乘以所有批次记录的实际分配基础数量，或 15 000 机器工时。会计期间实际发生的制造费用未计入在产品账户。

产成品成本表中包含的第三个等式与计算产成品相关：

$$产成品成本 = 制造费用总额 + 在产品期初存货 - 在产品期末存货$$

鲁格公司生产成本总额 200 000 美元加上在产品期初余额 30 000 美元，减去在产品期末余额 72 000 美元等于产成品成本 158 000 美元。产成品成本代表了该会计期间的完工产品成本，并从在产品账户转移至完工产品。

表 4-4 中的销货成本表，利用下列等式计算未调整销货成本：

$$未调整销货成本 = 产成品期初余额 + 销货成本 - 产成品期末余额$$

产成品期初余额（0 美元）加上产成品成本（158 000 美元）等于可售产品成本（158 000 美元）。可售产品成本（158 000 美元）减去期末产成品余额（39 500 美元）等于未调整的销货成本（118 500 美元）。最后，未调整销货成本（118 500 美元）加上分配不足的制造费用部分（5 000 美元）等于调整后的销货成本（123 500 美元）。本章下一部分进一步详细阐述了为什么销货成本需要根据分配不足或过度分配的制造费用进行调整的原因。

表 4-5 列示了鲁格公司 4 月的利润表。需要注意的是该表中的销货成本从表 4-5 中结转过来。销售和管理费用（合计 87 000 美元）并不在产成品成本表和销货成本表间流转。分录（8）～（10）展现了这些项目在发生时立即计入费用类项目的借方，而不是存货类项目的贷方。

表 4-5　鲁格公司利润表

（截至 4 月 30 日）		（单位：美元）
销售收入		225 000
销货成本（118 500 美元 + 5 000 美元）		1 235 000
毛利		101 500
销售和管理费用：		
薪金费用	30 000	
折旧费用	7 000	
广告费用	42 000	
其他费用	8 000	87 000
经营净利润		14 500

4.3　制造费用分配不足与分配过度：详述

本部分将说明如何计算分配不足与分配过度的制造费用、怎样处理期末制造费用账户余额。

4.3.1　计算分配不足与分配过度的制造费用

由于预计制造费用分配率在会计期间开始前制定，完全基于预计数据，则分配至在产品的制造费用通常与实际发生的制造费用金额不同。例如，在鲁格公司的案例中，利用预计制造费用分配率 6 美元 / 机器工时将 90 000 美元制造费用分配至在产品，而 4 月实际发生的制造费用为 95 000 美元（见图 4-4）。分配至在产品的制造费用与会计期间内实际发生的制造费用间的差异称作**制造费用分配不足**（underapplied overhead）或**制造费用分配过度**（overapplied overhead）。鲁格公司分配不足的制造费用为 5 000 美元，其产生原因为分配的制造费用（90 000 美元）比实际制造费用（95 000 美元）少 5 000 美元。若情况相反，公司分配至在产品账户的为 95 000 美元，实际发生的制造费用仅为 90 000 美元，则为制造费用分配过度。

制造费用分配不足或分配过度的导致原因是什么？利用预计制造费用分配率分配制造费用的方法主要假定实际制造费用与该会计期间实际发生的分配基础数量成比例。例如，若预计制造费用为 6 美元 / 机器工时，则其含义是假定每个实际机器工时实际发生的制造费用是 6 美元。这项处理之所以不准确至少有两点原因：一是制造费用中多数由固定成本组成，不随发生的机器工时升高或下降；二是制造费用支出项目可能不受控制。若负责制造费用花销的人完成较好，则发生的成本可能比期初预计的少。若这些负责人未能较好地完成工作，则成本可能比预计的高。

为说明这些概念，假定两个公司——特博考夫公司（Turbo Crafters）和布莱克 & 霍威尔（Black & Howell）编制的下一年的预计数据如下：

	特博考夫	布莱克 & 霍威尔
分配基础	机器工时	直接材料
预计制造费用	300 000 美元	120 000 美元
预计分配基础总量	75 000 机器工时	直接材料 80 000 美元
预计制造费用分配率	4 美元 / 机器工时	直接材料成本的 150%

注意，以金额为分配基础时（例如，布莱克 & 霍威尔案例中的直接材料），预计制造费用分配率表示成占分配基础百分比的形式。金额除以金额，其结果为百分比。

现假定由于制造费用及单位销售出现意外变动，则每个公司该年度发生的实际制造费用与实际分配基础数量如下：

	特博考夫	布莱克 & 霍威尔
实际制造费用	290 000 美元	130 000 美元
实际分配基础数量	68 000 机器工时	90 000 美元的直接材料成本

给定实际数据和每一家公司的预计制造费用分配率，则分配至在产品的制造费用计算如下：

	特博考夫	布莱克 & 霍威尔
预计制造费用分配率（a）	4 美元 / 机器工时	直接材料成本的 150%
实际分配基础总量（b）	68 000 机器工时	90 000 美元的直接材料成本
分配的制造费用（a）×（b）	272 000 美元	135 000 美元

制造费用分配不足与分配过度的情况显示如下：

	特博考夫	布莱克 & 霍威尔
实际制造费用	290 000 美元	130 000 美元
分配的制造费用	272 000 美元	135 000 美元
分配不足（分配过度）的制造费用	18 000 美元	−5 000 美元

特博考夫公司分配至在产品的制造费用 272 000 美元少于该年实际制造费用 29 000 美元。因此，分配过度的制造费用为 18 000 美元。

布莱克 & 霍威尔公司分配至在产品的制造费用 135 000 美元多于该年实际制造费用 130 000 美元，因此，分配过度的制造费用为 −5 000 美元。

这些概念的总结见图 4-5。

图 4-5　制造费用概念总结

4.3.2　处理分配不足或分配过度的制造费用余额

上面用特博考夫公司和布莱克 & 霍威尔的例子介绍了分配不足与分配过度的制造费用的一种处理方法。另一种确定分配不足及分配过度的制造费用金额的方法是适当地分析生产成本 T 型账户。这种处理方法可以使我们从财务报告的外部探讨对制造费用分配不足和分配过度账务处理问题。

我们回到鲁格公司的例子，看表 4-3 中的制造费用 T 型账户，其借方余额为 5 000 美元。该账户借方余额代表实际制造费用，贷方余额代表分配的制造费用。在这个例子中，分配的制造费用（贷方）比实际制造费用（借方）少 5 000 美元。因此，借方余额说明制造费用分配不足。换句话说，若制造费用账户借方余额有 X 美元，则分配不足的制造费用为 X 美元。若制造费用贷方账户为 Y 美元，则分配过度的制造费用为 Y 美元。

量化制造费用分配不足或分配过度时，生产成本相应的账户中的期末余额要用以下两种方式之一进行处理。

（1）结转至销货成本账户。

（2）在在产品账户、产成品账户、销货成本账户中按比例结转。

1.结转至销货成本账户

将制造费用余额结转至销货成本账户是较为简单的方法。在鲁格公司的例子中，结转分配不足的制造费用 5 000 美元至销货成本账户中的分录如下：

（14）

借：销货成本　　　　　　　　　　　　　　　　　　　　　　　　　　5 000

　贷：制造费用　　　　　　　　　　　　　　　　　　　　　　　　　　　　　5 000

注意，由于制造费用存在借方余额，则需贷记该账户以将余额转出。此做法导致 4 月销货成本增加了 5 000 美元，具体如下：

未调整的销货成本（分录 13）	118 500 美元
加上分配不足的制造费用（分录 14）	5 000 美元
调整后的销货成本	123 500 美元

此处鲁格公司调整后的销货成本 123 500 美元与表 4-5 中列示的该公司利润表中的金额一致。

注意，未调整的销货成本是基于分配至该批次的制造费用的，不是发生的实际制造费用。因此，制造费用分配不足意味着两点：①分配至该批次的制造费用不足；②销货成本被低估。加上分配不足的制造费用可以更正低估情况。

2. 按比例结转至在产品、产成品、销货成本账户

按比例将分配不足、分配过度的制造费用结转至在产品、产成品、销货成本的方法比将全部余额转入销货成本的方法更精确，但是也更复杂。我们用三步法解释该按比例分摊的方法。

第一步，将会计期间内的制造费用总额分配至该期间内的生产，并将其分为 3 部分：①期末在产品中的部分；②期末完工产品中的部分；③分配至销货成本的部分。第二步，分别计算这 3 部分金额占分配至生产的制造费用总额的百分比。第三步将步骤二中的百分比乘以分配不足或分配过度的制造费用，得到分录中需要的记账金额。

图 4-6 说明了鲁格公司的三步法。如前述，鲁格公司 4 月生产了两个批次——批次 A 和批次 B。批次 A 由 1 000 块金纪念章组成，750 块已销售给消费者，250 块仍在期末产成品账户中。批次 B 由 10 000 块银纪念奖章组成，4 月末未完工。

图 4-6 的步骤一中，鲁格公司将图 4-4 中的制造费用总额（90 000 美元）分配至生产，并将它在批次 A（60 000 美元）和批次 B（30 000 美元）间分摊。由于批次 B 在 4 月末未完工，则月末其全部制造费用（30 000 美元）均在在产品账户中，分配至批次 A 的制造费用 60 000 美元则需要在两个账户间分摊。批次 A 金纪念章总量的 25%（=250 块 ÷ 1 000 块）在 4 月末产成品账户中，所以分配至批次 A 制造费用中的 25% 或 15 000 美元（=60 000 美元 × 25%），仍在产成品账户中。类似地，批次 A 金纪念章总量的 75%（=750 块 ÷ 1 000 块）在 4 月售出，所以分配至批次 A 制造费用的 75% 或 45 000 美元（=60 000 块 × 75%）包含在销货成本中。

图 4-6 的步骤二中，分配的制造费用在在产品账户（30 000 美元）、产成品账户（15 000 美元）、销货成本账户（45 000 美元）均以占分配至生产是制造费用总额的百分比表示。换句话说，4 月末分配至生产的制造费用总额的 33.33% 在在产品账户中，类似地，总额的 16.67% 在产成品账户中，50% 则包含在销货成本中。

图 4-6 的步骤三，按步骤二中的百分比将分配不足的制造费用 5 000 美元分配至在产品、产成品、销货成本账户中。在产品账户中分摊的分配不足的制造费用为 1 666.50 美元，产成

品账户和销货成本账户中分别为 833.50 美元和 2 500 美元。利用这些金额，记账如下：

借：在产品	1 666.50
产成品	833.50
销货成本	2 500.00
贷：制造费用	5 000.00

注意，贷记制造费用 5 000 美元，确保了该账户该月余额为零。需要强调，若鲁格公司的制造费用是分配过度而不是分配不足，上述分录则应相反。制造费用账户会有贷方余额，因此需将上述分录借贷对调。

图 4-6　鲁格公司：将分批不足的制造费用按比例结转至在产品、产成品、销货成本账户

4.3.3　比较两种处理分配不足或分配过度的制造费用的方法

将分配不足或分配过度的制造费用分配至在产品、产成品、销货成本的方法比更简便地将全部制造费用分配至在产品账户中的方法更精确。例如，全部分配至在产品的方法将鲁格公司销货成本高估了 2 500 美元（5 000 美元 −2 500 美元），低估了经营净利润 2 500 美元。

4.3.4　生产成本流转的一般模型

图 4-7 通过 T 型账户模型展现了分批成本核算系统中制造费用的流转。该模型对理解制

造费用怎样从定额成本核算系统最终流转到利润表中的销货成本科目很有帮助。

图 4-7　成本流转的一般模型（应用定额成本法）

本章小结

　　制造业企业的成本流转是本章需要理解的最重要概念。从供应商处采购的原材料在生产领用前储存在原材料中。直接材料、直接人工和分配的制造费用一同转入在产品中。某批次完工后，其生产成本从在产品转移至产成品中。产品售出后，其相关成本由产成品转入利润表的销货成本中。销售和管理费用与产量无关，它们发生时计入利润表中的费用类账户。

　　制造费用应用预计制造费用分配率分配至各批次。由于预计制造费用分配率以估计数为基础，则会计期间实际发生的制造费用可能多于或少于分配至生产的制造费用。该差异为分配不足或过度分配的制造费用。一个会计期间分配不足或过度分配的制造费用可能全部转入销货成本中，或按比例转入在产品、产成品、销货成本中。制造费用分配不足时，制造费用被低估，存货及销货成本必须向上调整。制造费用过度分配时，制造费用被高估，存货及销货成本需要向下调整。

复习题：分批成本核算系统中的成本流转

　　霍格尔公司（Hogle Corporation）是一个应用分批成本法的生产商。1 月 1 日，公司存货余额如下：

原材料	20 000 美元
在产品	15 000 美元
产成品	30 000 美元

　　公司以生产的机器工时为基础分批制造费用。当年，公司预计制造费用分配率的计算公式基于预计制造费用总额 450 000 美元、75 000 机器工时的预计作业水平。当年记录的各项交易如下：

　　a. 赊购原材料 410 000 美元。

b. 生产耗用原材料 380 000 美元（直接材料 360 000 美元，间接材料 20 000 美元）。

c. 下列成本为员工提供服务的应计项目：直接人工 75 000 美元；间接人工 110 000 美元；销售佣金 90 000 美元；管理人员薪酬 200 000 美元。

d. 销售人员差旅费 17 000 美元。

e. 工厂公共事业费 43 000 美元。

f. 广告费用 180 000 美元。

g. 当年计提的折旧费 350 000 美元（80% 与工厂资产有关，20% 与销售和管理用资产有关）。

h. 当年期满的保险费 10 000 美元（70% 与工厂经营活动有关，30% 与销售和管理活动有关）。

i. 分配至生产的制造费用。由于产品实际需求大于预期，公司当年所有批次的生产耗用了 80 000 机器工时。

j. 根据分批成本单，当年完工产品的批次成本为 900 000 美元。

k. 当年赊销给客户的收入总额为 1 500 000 美元。根据分批成本单，这些产品的批次成本为 870 000 美元。

要求：

（1）编制会计分录记录上述交易。

（2）将上述（1）中分录记入 T 型账户中。（注意存货账户的期初余额）

（3）当年制造费用是分配不足还是过度分配？编制会计分录将制造费用账户的余额全部结转至销货成本的分录。不要在在产品、产成品、销货成本中分配余额。

（4）编制当年利润表。

复习题答案：

（1）

a.

借：原材料　　　410 000
　　贷：应付账款　　　　410 000

b.

借：在产品　　　360 000

制造费用　　　20 000
　　贷：原材料　　　　　380 000

c.

借：在产品　　　75 000

　制造费用　　　110 000

　销售佣金费用　90 000

　管理人员工资　200 000
　　贷：应付职工薪酬　　475 000

d.

借：销售人员差旅费 17 000
　　贷：应付账款　　　　17 000

e.

借：制造费用　　　43 000
　　贷：应付账款　　　　43 000

f.

借：广告费用　　　180 000
　　贷：应付账款　　　　180 000

g.

借：制造费用　　　280 000

　折旧费用　　　70 000
　　贷：累计折旧　　　　350 000

h.

借：制造费用　　　7 000

　保险费用　　　3 000
　　贷：预付保险费　　　10 000

i. 当年预计制造费用分配率计算如下：

$$预计制造费用分配率 = \frac{预计制造费用总额}{预计分配基础总量}$$

$$= \frac{450\,000\ 美元}{75\,000\ 机器工时}$$

$$= 6\ 美元/机器工时$$

基于当年实际生产的 80 000 机器工时，公司分配至生产的制造费用为 480 000 美元：6 美元/机器工时 × 80 000 机器工时 = 480 000 美元。下列分录记录了该项制造费用的分配：

借：在产品　　　480 000
　　贷：制造费用　　　　480 000
j.
借：产成品　　　900 000
　　贷：在产品　　　　　900 000
（2）

k.
借：应收账款　　150 000
　　贷：销售收入　　　　150 000
借：销货成本　　870 000
　　贷：产成品　　　　　870 000

应收账款	
(k) 1 500 000	

制造费用	
(b) 20 000	(i) 480 000
(c) 110 000	
(e) 43 000	
(g) 280 000	
(h) 7 000	
460 000	480 000
余额 20 000	

销售收入	
	(k) 1 500 000

预付保险费	
	(h) 10 000

销货成本	
(k) 870 000	

原材料	
余额 20 000	(b) 380 000
(a) 410 000	
余额 50 000	

累计折旧	
	(g) 350 000

销售佣金费用	
(c) 90 000	

管理人员工资	
(c) 200 000	

在产品	
余额 15 000	(j) 900 000
(b) 360 000	
(c) 75 000	
(i) 480 000	
余额 30 000	

应付账款	
	(a) 410 000
	(d) 17 000
	(e) 43 00
	(f) 180 000

销售人员差旅费用	
(d) 17 000	

广告费用	
(f) 180 000	

产成品	
余额 30 000	(k) 870 000
(j) 900 000	
余额 60 000	

应付职工薪酬	
	(c) 475 000

折旧费用	
(g) 70 000	

保险费用	
(h) 3 000	

（3）当年制造费用分配过度，余额全部转入销货成本的分录如下：

借：制造费用　　　20 000
　　贷：销货成本　　　　20 000

（4）

霍格尔公司
利润表
（截至 12 月 31 日）
（单位：美元）

销售收入	1 500 000

（续）

销货成本（870 000－20 000）		850 000
毛利		650 000
销售和管理费用		
销售佣金	90 000	
管理人员工资	200 000	
销售人员差旅费	17 000	
广告费用	180 000	
折旧费用	70 000	
保险费用	3 000	560 000
经营净利润		90 000

术语表

Absorption costing 完全成本法 一种包括所有的制造成本——直接材料、直接人工、可变制造费用和固定制造费用的核算方法。

Allocation base 分配基础 一种将成本分配至成本对象的作业度量指标，如直接人工工时或机器工时。

Cost of goods manufactured 产成品成本 当期产成品的生产总成本。

Finished goods 产成品 当期完工但尚未销售至客户的产品。

Job cost sheet 分批成本单 记录某生产批次的直接材料、直接人工、制造费用的表格。

Job-order costing 分批成本法 一种适用于每个生产期间生产或提供多种不同的产品、批次、服务的成本核算系统。

Normal costing 定额成本法 一种制造费用通过将预计制造费用分配率与该批次实际发生的分配基础数量相乘分配至各批次的成本核算系统。

Overapplied overhead 制造费用分配过度 分配至在产品的制造费用金额多于该会计期间实际发生的制造费用，而导致的制造费用账户的贷方余额。

Overhead application 制造费用分配 将制造费用分配至特定批次的过程。

Predetermined overhead rate 预计制造费用分配率 每个生产期间预先制定的、用来将制造费用分配至各批次的分配率。计算方法为生产期间的预计制造费用总额除以预计分配基础总量。

Raw materials 原材料 计入最终产品的所有材料。

Schedule of cost of goods manufactured 产成品成本表 该表包含了生产成本的3要素——直接材料、直接人工、制造费用，它汇总了仍保留在期末在产品中的成本及从在产品转移至产成品账户的成本。

Schedule of cost of goods sold 销货成本表 该表包含了生产成本的3要素——直接材料、直接人工、制造费用，它汇总了仍保留在期末产成品中的产品成本及由产成品转入销货成本的成本。

Underapplied overhead 制造费用分配不足 会计期间内实际发生的制造费用多于分配至在产品的制造费用，而导致的制造费用的借方余额。

Work in process 在产品 仅部分完工的产品且需要进一步加工才能出售给消费者的产品。

思考题

1. 产成品成本表与销货成本表之间的联系是什么？

2. 制造费用分配至在产品时贷方科目是什么？你认为某会计期间内分配的制造费用与实际发生的制造费用相等吗？为什么？

3. 什么是制造费用分配不足、制造费用分配过度？产生的金额期末应怎样处理？

4. 给出制造费用可能分配不足的两点原因。

5. 产成品成本表中对于制造费用分配不足应作何调整？制造费用分配过度呢？

6. 怎样计算生产中耗用的原材料？

7. 产成品成本表中的制造费用总额怎样计算？

8. 怎样计算产成品成本？

9. 怎样计算未调整的销货成本？

10. 直接人工成本在分批成本核算系统中怎样流转？

练习题

1. 会计分录与 T 型账户

普莱瑞公司（Polaris Company）应用了分批成本核算系统。10 月发生了下列交易：

a. 赊购原材料 210 000 美元。

b. 生产耗用原材料 190 000 美元（178 000 美元直接材料，12 000 美元间接材料）。

c. 应计直接人工 90 000 美元，间接人工成本 110 000 美元。

d. 工厂设备计提的折旧费用 40 000 美元。

f. 公司利用预定制造费用分配率 8 美元 / 机器工时将制造费用分配至生产。10 月耗费的机器工时总额为 30 000 机器工时。

g. 根据分批成本单，10 月完工产品的批次成本为 520 000 美元，并转移至产成品账户中

h. 根据分批成本单，成本为 480 000 美元的完工产品已在本月运送至客户。这些产品以 25% 的利润率赊销。

要求：

（1）编制会计分录记录上述交易。

（2）编制制造费用及在产品的 T 型账户。将相关上述相关交易记录至每个账户。假定在产品的期初余额为 420 000 美元，计算每个账户的期末余额。

2. 分配制造费用与产成品成本

以下是与常公司（Chang Company）去年与生产活动相关的成本数据。

（单位：美元）

发生的生产成本：

间接材料	15 000
间接成本	130 000
工厂财产税	8 000
工厂公共事业费	70 000
工厂折旧费用	240 000
工厂保险费	10 000
发生的实际总生产成本	473 000

发生的其他成本：

原材料采购（直接材料及间接材料）	400 000
直接人工成本	60 000

（续）

存货：

期初原材料	20 000
期末原材料	30 000
期初在产品	40 000
期末在产品	70 000

公司利用预计制造费用分配率 25 美元 / 机器工时分配制造费用至各批次。当年耗费了 19 400 机器工时。

要求：

（1）计算当年分配不足或分配过度的制造费用金额。

（2）编制当年的产成品成本表。

3. 分配制造费用：T 型账户与会计分录

哈伍德公司（Harwood Company）应用分批成本核算法，基于机器工时将制造费用分批至各批次。公司预计制造费用分配率为 2.40 美元 / 机器工时，计算公式为预计制造费用总额 192 000 美元除以预计作业水平 80 000 机器工时。

要求：

（1）假定公司当年公司仅生产 75 000 机器工时，且制造费用及在产品账户中发生的成本数据如下：

	制造费用			在产品	
（维护费用）	21 000	?	（直接材料）	710 000	
（间接材料费用）	8 000		（直接人工）	90 000	
（间接人工成本）	60 000		（制造费用）	?	
（公共事业费）	32 000				
（保险费）	7 000				
（折旧费用）	56 000				

将上述 T 型账户的数据复制到答题卡中。计算当年分配至在产品的制造费用，在 T 型账户中编制分录。

（2）计算当年分配不足或分配过度的制造费用金额，在 T 型账户中列示制造费用的余额。编制公司分配不足或过度分配的制造

费用转至销货成本的分录。

（3）解释当年制造费用分配不足或分配过度的原因。

问题

1. 会计分录、T 型账户、财务报表

挪威卑尔根市（Bergen）的富雅法克（Froya Farikker A/S）是为北海油田生产专业重型设备的小公司。公司应用分批成本核算系统，基于直接人工工时将制造费用分配至各批次。其预计制造费用分配率的计算公式为预计制造费用 360 000 美元除以预计分配基础 900 直接人工工时。以下为当年发生的交易：

a. 赊购原材料 200 000 美元。

b. 生产耗费原材料 185 000 美元（全部直接材料）。

c. 应付公共事业费 70 000 美元（90% 与工厂经营有关，其余与销售和管理活动有关）。

d. 应付薪金费用：

直接人工（975 小时）	230 000 美元
间接人工	90 000 美元
销售和管理费用	110 000 美元

e. 工厂发生的维护费用 54 000 美元。

f. 发生的广告费用 136 000 美元。

g. 当年计提的折旧费用为 95 000 美元（80% 与工厂设备有关，其余与销售和管理用设备有关）。

h. 发生的租金费用为 120 000 美元（85% 与工厂设备相关，其余与销售和管理用设备有关）。

i. 分配至该批次的制造费用为 ? 美元。

j. 当年产成品成本 770 000 美元。

k. 当年销售收入总额为 1 200 000 美元。根据分批成本单，该部分产品的成本为 800 000 美元。

存货类账户的期初余额为：

原材料	30 000 美元
在产品	21 000 美元
产成品	60 000 美元

要求：

（1）编制会计分录来记录上述业务。

（2）将上述分录在 T 型账户中表示（注意列示上述期初存货类余额）。计算存货类账户及制造费用账户的期末余额。

（3）编制产成品成本表。

（4）编制将制造费用账户的余额转至销货成本的会计分录。编制销货成本表。

（5）编制当年利润表。

2. 成本流转、T 型账户、利润表

速普瑞视频公司（Supreme Videos, Inc.）生产音乐视频短片，并销售给零售商。公司 1 月 1 日的账户余额表如下：

速普瑞视频公司
资产负债表

（截至 1 月 1 日）		（单位：美元）
资产		
流动资产		
库存现金		63 000
应收账款		102 000
存货		
原材料（胶卷、服装）	30 000	
在制中的视频	45 000	
完工待售的视频	81 000	156 000
预付保险费		9 000
流动资产总额		330 000
录音室及设备	730 000	
减累计折旧	210 000	520 000
资产总额		850 000
负债及所有者权益		
应付账款		160 000
股本	420 000	
留存收益	270 000	690 000
负债及所有者权益总额		850 000

由于视频制作在时长和复杂性上有所不同，公司应用分批成本核算系统来确定每个视频的生产成本。视频的录音室制造费用已摄制时长为分批基础。公司当年预计制造费

用分配率计算公式为预计生产成本 280 000 美元除以预计分配基础 7 000 个摄制小时。以下为当年发生的交易：

a. 赊购胶卷、服装及类似原材料 185 000 美元。

b. 生产中耗用的胶卷、服装及其他原材料 200 000 美元（85% 是制作视频的直接材料，其余 15% 是间接材料）。

c. 录音室发生的公共事业费 72 000 美元。

d. 录音室、摄影机及其他设备的折旧费用 84 000 美元，3/4 的折旧费用与视频摄制有关，其余与销售和管理用设备有关。

e. 发生的广告费用为 130 000 美元。

f. 发生的薪金费用如下：

直接人工（演员及导演）	82 000 美元
间接人工（建造道具的木匠，服装设计师等）	110 000 美元
管理人员工资	95 000 美元

g. 当年期满的预付保险费为 7 000 美元（80% 与视频生产有关，20% 与销售和管理活动有关）。

h. 发生的各种销售和管理费用 8 600 美元。

i. 录音室制造费用要分配至制作的视频中，公司当年耗用 7 250 个摄制小时。

j. 根据分批成本单，视频生产成本为 550 000 美元，完工视频转入完工视频仓库以待销售、运送至客户。

k. 当年销售收入总额为 925 000 美元，均已记账。根据分批成本单，生产这些视频的总成本为 600 000 美元。

l. 当年从客户处收到的收入合计 850 000 美元。

m. 当年向供应商付款 500 000 美元，向员工支付薪金 285 000 美元。

要求：

（1）编制公司余额表中每个账户的 T 型账户，并列示期初余额。

（2）直接将交易记入 T 型账户。若需要，可编制新的 T 型账户。编制上述从（a）到（m）的会计分录。计算每个账户的期末余额。

（3）当年录音室的制造费用是过度分配还是分配不足？在 T 型账户中编制分录，将录音室制造费用余额转至销货成本账户。

（4）编制产成品成本表。若编制正确，表中产成品成本与上述交易一致吗？

（5）编制销货成本表。若编制正确，表中的未调整的销货成本与上述交易一致吗？

（6）编制当年利润表。

案例

道德标准与管理者

特丽·隆森（Terri Ronsin）最近调入国内家用产品安全系统部门。任该部门管理者的岗位不久，上级要求她为下一年制定区域预计制造费用分配率。该比率的准确性十分重要，因为全年都要使用该比率，且年末分配不足或过度分配的制造费用要全部转入销货成本。所有区域的国内家用产品均以直接人工工时作为制造费用的分配基础。

为计算预计制造费用分配率，特丽将她预计的下年制造费用总额除以管理者预计的下一年直接人工工时总数。她将计算结果

请示区域总经理以获批准，但令人惊讶的是总经理建议修改分配基础。她与国内家用产品安全系统部门总经理哈里·欧文（Harry Irving）的对话如下：

隆森：这是我计算的下一年预计制造费用分配率。若您同意，我们就可将该比率于 1 月 1 日输入电脑，下一年分批成本系统将继续运转。

欧文：很感谢你这么快计算出分配率，计算结果还可以。但是我想看到一点小修正。你的预计直接人工工时总量为 44 000 小时，若削减至 42 000 小时如何？

隆森：我不知道能否这样修改。生产经理说她大约需要44 000直接人工工时才能达到下一年的销售预测。另外，本年的直接人工工时将超过43 000工时，且明年的销售预测要高于今年的。

欧文：特丽，我知道这些情况。但我仍想将分配基础直接人工工时削减至420 000工时。你可能不知道，我与你前任分区管理人员有个约定，每年将预计直接人工工时削减约5%。这样的话，我们在年末可以在经营净利润上有很大增长。我们称之为圣诞奖励。公司总部对于我们在年末创造这样的奇迹很高兴。这个机制已经有很多年了，我不想改变。

要求：

（1）解释将预计制造费用的分配基础——直接人工工时，削减5%怎样导致年末经营净利润的激增。

（2）特丽·隆森应该按照总经理的要求在计算预计制造费用分配率时将直接人工工时降低至420 000工时吗？

第 5 章

分步成本法

商业聚焦

"一抹即净"的成本核算

当你不小心把牛奶洒了的时候，没准儿邦迪纸巾可以大显身手。宝洁公司（Procter & Gamble）在制造这种邦迪纸巾时使用了两个部门：造纸部门和加工部门。在造纸部门，木浆先被制成纸，这些纸再被卷成重达 2 000 磅的纸卷；在加工部门，两个造好的纸卷在机器中同时被打开，经由装饰、打孔及压花，最终制成双层的纸巾。这些纸巾会被卷在大概 8 英尺长的圆柱形硬纸芯上，等到纸巾缠绕的层数达标，这些 8 英尺长的卷筒就会被切割成标准的邦迪纸巾卷，然后进入传送带，进行打包、装箱和运输。

在这种制造环境中，我们无法轻易地计算出单个纸卷的成本；然而，由于制造出的产品性质完全相同，发生在造纸部门的全部成本可以被平均分摊到它所产出的 2 000 磅纸卷上。同样，发生在加工部门的全部成本（包括从造纸部门转入的 2 000 磅纸卷的成本）也能被平均分配到其产出的邦迪纸卷上。

宝洁公司对它的许多产品都采用相似的方法计算成本，如汰渍洗涤剂、佳洁士牙膏和及黎明浓缩洗洁精。

资料来源：Conversation with Brad Bays, formerly a Procter & Gamble financial executive.

学习目标

1. 在分步成本法下记录材料、人工和制造费用的流转。
2. 使用加权平均法计算约当产量。
3. 使用加权平均法计算单位约当量成本。
4. 使用加权平均法分配产品成本。
5. 适用加权平均法编制成本对账单。
6. （附录 5A）使用先进先出法计算约当产量。
7. （附录 5A）使用先进先出法计算单位约当量成本。
8. （附录 5A）使用先进先出法分配产品成本。
9. （附录 5A）使用先进先出法编制成本对账单。

10.（附录 5B）使用直接法将服务部门的成本分配到经营部门。

11.（附录 5B）使用顺序分配法将服务部门成本分配到经营部门。

分批成本法（job-order costing）和**分步成本法**（process costing）是计算单位生产成本的两种常用方法。正如上一章所述，分批成本法适用于每期生产不同批次或产品的公司。例如，家具制造业、定制式印刷业、造船业和各类服务组织行业都采用该方法计算成本。

相比之下，分步成本法运用最普遍的行业，是其生产连续进行且产品相同的行业，如砖块、汽水或纸张。采用分步成本法的公司包括雷诺兹消费品公司（Reynolds Consumer Products）（铝块）、斯各特造纸公司（Scott Paper）（纸巾）、通用磨坊公司（General Mills）（面粉）、埃克森美孚（ExxonMobil）（汽油和润滑油）、水宝宝（Coppertone）（防晒霜）和家乐氏（Kellogg's）（早餐谷物）。另外，有时一些有组装业务的公司也会采用该方法，分步成本法也可用于生产天然气、水、电等公共事业。

本章的目的在于阐述在分布成本系统中产品成本是如何核算的。

5.1 分批成本法和分步成本法的比较

在某些方面，分步成本法和分批成本法是非常相似的，但在某些方面它们又有很大的区别。本节我们主要学习这两种方法的异同之处，为以后进一步学习分步成本法打下基础。

5.1.1 分批成本法和分步成本法的相似点

上一章所学的关于成本核算和成本流转的大部分内容，同样适用于本章的分步成本法。我们并非要放弃已经学过的所有成本核算的内容，转而从头开始学习一套全新的核算系统。分批成本法和分步成本法的相似点如下：

（1）两种系统的基本目标相同——分配材料、人工和制造费用并提供一种计算单位生产成本的原理。

（2）两种系统使用同样的基本生产账户，包括制造费用、原材料、在成品和产成品账户。

（3）在两种系统中，生产账户中的成本流转基本相同。

从上述比较中可以看出，我们学过的大多数关于成本核算的知识同样适用于分步成本法。现在，我们的任务是提炼出这些知识，并将其延伸至分步成本法。

5.1.2 分批成本法和分步成本法的不同点

表 5-1 总结了分批成本法和分步成本法的 3 个不同点。

第一，分批成本法适用于生产许多具有特殊要求的不同批次产品的公司，而分步成本法适用于生产工序连续且产品完全相同的公司。

第二，分批成本法使用分批成本计算单为某一批次归集成本。分步成本法按部门（而非批次）归集成本并将这些成本平均分配给当期通过该部门的所有产品。

第三，分批成本法使用分批成本计算单计算每一批次的单位成本。分步成本法按部门计算单位成本。

表 5-1　分批成本法和分步成本法的不同点

分批成本法	分步成本法
1. 每期有许多不同的批次，每个批次有单独的生产要求	1. 连续或长期生产单一产品，所有产品完全相同
2. 按批次归集成本	2. 按部门归集成本
3. 按分批成本计算单上的批次计算单位成本	3. 按部门计算单位成本

5.2　分步成本法下的成本流转

在学习分步成本法的实例之前，我们先大体上看一下生产成本如何在分步成本系统中流转是非常有帮助的。

5.2.1　加工部门

加工部门（processing department）是加工产品并将材料、人工和制造费用计入产品的一个组织单位。例如，奈利家的薯片厂有 3 个加工部门：一个准备马铃薯；一个烹调薯片；一个负责检查和包装。某砖厂有两个加工部门：一个负责混合黏土并将其塑形成砖块；另一个负责烧制成型的砖块。一些产品或服务需要经过大量的加工部门，而有的只需要经过一到两个部门。无论经过几个加工部门，这些产品或者服务都有两个本质特征。首先，加工部门对流经的所有产品的处理完全相同；其次，加工部门的产量相同，换句话说，其生产的所有产品都是相同的。

用分步成本法核算的产品，如砖块或薯片，都是典型的按顺序从一个部门流向另一个部门的，如图 5-1 所示。

图 5-1　连续的加工部门

在超级碗（Super Bowl）星期天，有 1 250 万张比萨被送到美国的千家万户。这些比萨被装在盒子里，而生产这些盒子的工厂中每 17 家就有一家是属于佐治亚州诺克罗斯（Norcross）的 Rock-Tenn 公司。这家

公司在亚特兰大的工厂使用一条占地面积超过 1.5 个足球场的生产线，把"把直径 58 英寸的重磅纸制成带状的瓦楞硬纸板，再穿过印刷机，用高速模压切割机折叠，最后被剪切整理成单独的盒子。"50 位员工用这条

生产线，一周七天、一天 24 小时以每分钟 400 个的速度生产这些未折叠的盒子。

这种类型的生产过程应使用分步成本法计算成本，因为每分钟生产出的 400 个比萨盒彼此之间完全相同。它与分批生产以回应顾客不同生产需求的定制化生产形成了鲜明的对比。

资料来源：Bob Tita, "It's Crunch Time For Pizza Boxes," *The Wall Street Journal*, January 30, 2015, pp. B1 and B6.

5.2.2 材料、人工和制造费用的流转

在分步成本系统下，成本的归集较分批成本法简单。在分步成本系统下，成本仅归集到几个加工部门而不用分配到数以百计的不同批次中去。

图 5-2 反映了分步成本系统中材料、人工和制造费用流转的 T 账户模型。图 5-2 中有几处关键点应予以重视。首先，每个加工部门都要建立单独的在产品账户。与之相反，在分批成本法下，整个公司也许只有一个在产品账户。其次，第一个加工部门（图中的 A 部门）的完工产品转入第二个加工部门（B 部门）的在产品账户。在 B 部门进一步加工后，完工产品再转入产成品账户。（在图 5-2 中，我们只展示了两个加工部门，但一个公司可能有许多加工部门）。

图 5-2　分步成本法下成本流转的 T 账户模型

最后，注意材料、人工和制造费用可以被加到任何加工部门——并非只有第一个加工部门。B 部门在产品账户中的成本包括 B 部门发生的材料、人工和制造费用，以及从 A 部门转入的产品中包含的成本（即转入成本）。

5.2.3 材料、人工和制造费用分录

为完成在分步成本系统下关于成本流转的讨论，在本节我们将展示梅根经典奶油苏打公司（Megan's Classic Cream Soda）的材料、人工和制造费用的相关分录。梅根经典奶油苏打

公司有两个加工部门——调制部门和灌装部门。在调制部门，原料进行质检、混合并注入二氧化碳，制成香草奶油苏打。在灌装部门，检查瓶子是否有缺陷、灌入香草苏打、加盖、再次检查外观后打包运输。

1. 材料成本

和分批成本法一样，我们使用领料单从仓库领取材料。任何加工部门都可以添加材料，尽管更常见的情况是只在第一个加工部门添加材料，而后续部门只加入人工和制造费用。

在梅根经典奶油苏打公司，在调制部门会投入某些材料（如水、面粉、糖和二氧化碳），在灌装部门则会投入另一些材料（如瓶子、瓶盖和包装材料）。记录第一个加工部门，调制部门耗用材料的分录如下：

借：在产品——调制部门 　　　　　　　　　　　　　　　　　×××
　贷：原材料 　　　　　　　　　　　　　　　　　　　　　　　　　×××

记录第二个加工部门，灌装部门耗用材料的分录如下：

借：在产品——灌装部门 　　　　　　　　　　　　　　　　　×××
　贷：原材料 　　　　　　　　　　　　　　　　　　　　　　　　　×××

2. 人工成本

在分步成本法下，人工成本被计入部门而非个别批次。下列分录记录了梅根经典奶油苏打公司的调制部门发生的人工成本：

借：在产品——调制部门 　　　　　　　　　　　　　　　　　×××
　贷：应付职工薪酬 　　　　　　　　　　　　　　　　　　　　　　×××

灌装部门人工成本记录的分录类似。

3. 制造费用

在分步成本法下，与分批成本法一样，通常使用预计制造费用分配率，即根据该部门发生的分配基础的数量分配制造费用。下列分录记录了调制部门分配的制造费用：

借：在产品——调制部门 　　　　　　　　　　　　　　　　　×××
　贷：制造费用 　　　　　　　　　　　　　　　　　　　　　　　　×××

灌装部门制造费用记录的分录类似。

4. 完成成本流转

一旦某部门完成加工，其产品就会转入下一个部门进行进一步加工，如图 5-2 中的 T 形账户所示。下列分录把调制部门完工产品的成本转入灌装部门：

借：在产品——灌装部门 　　　　　　　　　　　　　　　　　×××
　贷：在产品——调制部门 　　　　　　　　　　　　　　　　　　×××

灌装部门完成加工后，完工产品的成本转入产成品账户：

借：产成品 　　　　　　　　　　　　　　　　　　　　　　　×××
　贷：在产品——灌装部门 　　　　　　　　　　　　　　　　　　×××

最后，完成客户订单并卖出产品后，产品成本就转入销货成本账户：

借：销货成本 　　　　　　　　　　　　　　　　　　　　　　×××
　贷：产成品 　　　　　　　　　　　　　　　　　　　　　　　　×××

总而言之，分步成本系统下账户之间的成本流转和分批成本法基本一致。此时二者的唯一区别是在分步成本系统中每个部门都有单独的在产品账户。

商业实战 5-2 | 垃圾食品走健康路线

糖果制造商们受到了来自顾客的压力，消费者们要求他们去除其零食中不健康的成分。例如，雀巢（Nestle）已经致力于从超过 250 种巧克力产品中去除人工色素（如红 40 和黄 5）和人造香味剂（如香草醛）。雀巢计划用胭脂树红（源自胭脂树）代替人造食用色素，还打算用天然香精代替香草醛。尽管天然材料的成本更高，但雀巢表示不会

提高售价来弥补更高的材料成本。除了雀巢之外，亿滋国际（Mondelez International）、奥利奥饼干和怡口莲巧克力的制造商，也计划到 2020 年，减少其产品中 10% 的饱和脂肪和钠。

资料来源：Annie Gasparro, "Nestle Bars Artificial Color, Flavors," *The Wall Street Journal*, February 18, 2015, p.B6.

5.3 分步成本法计算：3 个关键概念

在分步成本法中，每个部门需要计算两个数字以完成财务报告——期末在产品成本和转入下一部门的完工产品的成本。取得这两个数字的关键是计算每个部门的单位成本。从表面上来看，这些部门的单位成本计算似乎非常明确——简单地用部门成本（分子）除以其产量或者单位产出（分母）。然而，要正确完成这看似简单的计算，你需要理解三个关键的基础概念。

关键概念 #1

有不止一种方式可以计算部门的单位成本。本章介绍了两种方法以完成该计算，即加权平均法和先进先出法。分步成本法中的**加权平均法**（weighted-average method）是本章介绍的重点。我们将在附录 5A 中介绍分步成本法的**先进先出法**（FIFO method），它认为单位成本的计算仅基于当期的成本和产量。

关键概念 #2

每个部门都需要对其发生的每一种制造成本单独计算其单位成本。例如，如果一个给定部门要在产品加工中加入材料成本、人工成本和制造费用，则这 3 种成本的单位成本都需要单独计算。为了简化步骤，公司经常把人工和制造费用结合起来，将 3 种成本变成两种，这种结合起来的成本叫作转换成本（或简称转换）。**转换成本**（conversion cost），正如之前章节所定义的那样，是直接人工和制造费用之和。

关键概念 #3

考虑到大多数部门在期末通常有一些部分完工产品，量化每个部门生产的产品是十分复杂

的。因为在计算部门产量时，将这些部分完工产品等同于完全完工产品会夸大产量，应该将这些部分完工产品转换成等量的完全完工产品。在分步成本法中，用下述公式完成这个转换：

$$约当量 = 部分完工产品数量 × 完工比例$$

如公式所示，**约当量**（equivalent units）就是部门中部分完工的产品数量与其完工比例的乘积。粗略地讲，约当量是部分完工产品中包含的材料和人力本应生产出的完工产品的数量。

例如，假设 A 部门有 500 件期末在产品，其完工程度为 60%。这 500 件部分完工产品相当于 300 件的完全完工产品（500 × 60%=300）。因此，A 部门的期末在产品中包含了要并入其当期产量的 300 件约当量。

5.4 加权平均法：举例

现在我们将注意力投向戴蒙滑雪板公司，该公司制造高性能的深雪用滑雪板，采用分步成本法确定单位生产成本。公司的生产流程如图 5-3 所示。滑雪板依次经过 5 个加工部门，从塑形与铣削部门开始，到完工与配对部门结束。

塑形与铣削部门

计算机辅助铣床为构成滑雪板主体的木芯和铝片塑形

图像应用部门

采用热转换工艺将图样贴到透明塑料片背面

注塑部门

将木芯和各层材料堆放入模子，并注入泡沫聚氨酯，然后将模子放入压具中将各部分压合

打磨部门

半完工的滑雪板经磨石和皮带打磨调整，边缘打斜抛光

完工与配对部门

熟练技工挑选滑雪板配对并调整滑雪板的曲弧度

产成品

图 5-3 戴蒙滑雪板公司的生产流程

我们将使用戴蒙滑雪板公司的例子，分 4 步来解释分步成本法下的加权平均法。

第一步：计算约当产量。

第二步：计算单位约当量成本。

第三步：分配产品成本。

第四步：编制成本对账单。

5.4.1 第一步：计算约当产量

在计算单位成本时，分母就是约当产量。每个加工部门都要为每一类制造成本分别计算

其产品的约当量。在加权平均法下，某一部门的**约当产量**（equivalent units of production）是转入下一部门（或产成品）的完工产品的产量与该部门期末在产品的约当量之和。该定义用等式形式表示如下：

加权平均法（对每个加工部门的每类成本分别计算）

约当产量 = 结转到下一部门或产成品的数量 + 期末在产品的约当量

为更好地理解公式，让我们关注戴蒙滑雪板公司的塑形与铣削部门。该部门使用计算机辅助铣床精确地为滑雪板的木芯和金属片等主体塑形。表 5-2 总结了 5 月塑形部门与铣削部门的生产数据，其中包含两类制造成本——材料成本和转换成本。

表 5-2 5 月塑形部门与铣削部门的生产数据

塑形部门与铣削部门	完工比例		
	数量	材料	转换
期初在产品	200	55%	30%
5 月投入产量	5 000		
5 月完工并转入下一部门产量	4 800	100①	100%①
期末在产品	400	40%	25%

① 通常假定转出某个部门的产品在该部门完成了 100% 的加工。

表 5-2 中第一个需要注意的是部门的产品流转（即数量一列的数据）。该部门期初在产品有 200 件，在 5 月份投产 5 000 件，总数为 5 200 件。在这 5 200 件中，5 月完工并转入下一部门的有 4 800 件，期末在产品有 400 件。大体上，期初在产品加上本期投入量应该等于期末在产品加上完工并转入下一部门的产量。计算公式如下：

期初在产品数量 + 投入或转入数量 = 期末在产品数量 + 完工并转出数量

表 5-2 中第二个需要注意的是在期初在产品中，有关材料的完工率是 55%，有关转换的完工率为 30%。这意味着该部门产品完工所需的材料成本的 55% 已经发生。同样，产品完工所需的转换成本的 30% 也已经发生。然而，在使用加权平均法计算约当产量时，这两个关于期初在产品的完工比例（55% 的材料和 30% 的转换）就会被忽略掉。

表 5-2 中第三点需要强调的是，在塑形部门与铣削部门，期末在产品的材料完工率是 40%，转换的完工率是 25%。这意味着在期末在产品中，产品完工所需的材料的 40%、转换的 25% 已经发生。在加权平均法下，这两个有关期末在产品存货的完工比例（40% 的材料成本和 25% 的转换成本）会被计算在约当产量中。

表 5-3 总结了在塑形部门与铣削部门材料成本和转换成本约当产量的计算。我们需要注意的是，该计算忽略了期初在产品有关材料和转换的部分完工情况。例如，200 件期初在产品的转换成本完工率为 30%。然而，加权平均法只考虑期末在产品转换成本的 100 件约当量以及转入下一部门的 4 800 件半成品（约当产量总共是 4900 件）；该方法不关注期初存货已部分完工的情况。换句话说，运用

表 5-3 约当产量：加权平均法

塑形部门与铣削部门	材料	转换
转到下一部门的产量	4 800	4 800
期末在产品的约当量：		
材料：400 件 ×40% 完工	160	
加工：400 件 ×25% 完工		100
约当产量	4 960	4 900

加权平均法计算得到的 4 900 件约当量包括了以前期间已经完成的工作。这是加权平均法的关键点，而且极易被忽略。

图 5-4 提供了另一种计算约当产量的方式，描述了转换成本的计算。在学习下一步之前，请认真研读该图。

图 5-4　约当产量视图

5.4.2　第二步：计算单位约当量成本

在第二步我们需要计算等式分子中的总成本除以在第一步中计算出来的约当产量，来确定材料和转换成本的单位约当量成本。为了帮助理解，表 5-4 展示了 5 月塑形部门与铣削部门的成本数据。

表 5-4　5 月塑形部门与铣削部门的成本数据

	材料成本	转换成本	总额
期初在产品成本（美元）	9 600	5 575	15 175
本期发生成本（美元）	368 600	350 900	719 500
总成本（美元）	378 200	356 475	734 674

给出这些成本数据后，现在我们就可以使用下述等式计算塑形部门与铣削部门材料和转换的单位约当量成本：

加权平均法（对每个加工部门的每类成本分别计算）
单位约当量成本 =（期初在产品成本 + 本期发生成本）/ 约当产量

注意，分子是期初在产品成本和本期发生成本之和。因此，加权平均法将前期和当期成本混合在一起。这就是称其为加权平均法的原因，即它将前期和当期的成本平均到前期与当期的产量上。

使用这个公式，塑形部门与铣削部门 5 月材料和转换的单位约当量成本计算列式如下：

塑形部门与铣削部门
单位约当量成本

	材料成本	转换成本
期初在产品成本（美元）	9 600	5 575
本期发生成本（美元）	368 600	350 900

（续）

	材料成本	转换成本
总成本 (a)(美元)	378 200	356 475
约当产量（见表 5-6）(b)	4 960	4 900
单位约当量成本 (a) ÷ (b)(美元)	76.25	72.75

5.4.3 第三步：分配产品成本

在第三步，我们用单位约当量成本计算期末在产品和转入下一部门完工产品的成本。例如，如图 5-3 所描述的那样，从塑形部门与铣削部门转到贴图部门的每件半成品都带来 149.00 美元（材料成本 76.25 美元和转换成本 72.75 美元）的成本。由于在 5 月有 4 800 件产品被转入下一部门（见表 5-2），计入这些产品的总成本是 715 200 美元（=4 800 × 149.00）。

期末在产品和转出产品成本的完整核算如下：

塑形部门与铣削部门

期末在产品和转出产品的成本

	材料成本	转换成本	总额
期末在产品：			
约当产量（见表 5-3）(a)	160	100	
单位约当量成本 (b)(美元)	76.25	72.75	
期末在产品成本 (a) × (b)(美元)	12 200	7 275	19 475
完工及转出产品：			
转入下一部门的产品数量（表 5-3）(a)	4 800	4 800	
单位约当量成本 (b)(美元)	76.25	72.25	
转出产品的成本 (a) × (b)(美元)	366 000	349 200	715 200

对于材料成本和转换成本，将期末在产品和转入下一部门的完工产品的约当量乘以单位约当量成本，就能得出计入产品的成本。例如，期末在产品中属于转换成本的 100 件约当量乘以 72.75 美元的单位约当量成本，就能得期末在产品中所包含的转换成本 7 275 美元。同样地，完工及转出产品的数量 4 800 件乘以 72.75 美元的单位约当量转换成本，就可以得出完工转出产品中 349 200 美元的转换成本。

5.4.4 第四步：编制成本对账单

计入期末在产品和完工并转出产品的成本，应与表 5-4 中开始的成本调整一致。

转到贴图部门的产品成本 715 200 美元将在该部门"转入成本"部分核算。在分步成本系统中，该成本就作为一种其他成本，和材料成本、转换成本一样处理。唯一的区别是相比于塑形部分与铣削部门的工作量，转入的成本总是 100%

塑形与铣削部门

成本对账单（单位：美元）

应核算的成本：	
期初在产品成本（表 5-4）	15 175
本期发生成本（表 5-4）	719 500
应核算总成本	734 675
已核算的成本如下：	
期末在产品成本（见上）	19 475
转出产品成本（见上）	715 200
已核算总成本	734 675

完工的。成本按照这样的方式从一个部门转入下一个部门，直到它们进入最后一个加工部门，完工与配对部门。当最后一个部门也完成加工时，产品成本就转入产成品中。

商业实战 5-3 | 价格不变、用料更少

在经济低迷时期，像糖、棉花这样的原材料价格上涨，公司就会意识到它们不能以提高价格的形式从消费者那里弥补生产成本的增加。取而代之，为了能盈利，公司通常会维持价格不变但减少商品含量来应对窘况。例如，当棉花的价格上涨时，佐治亚—太平洋公司（Georgia-Pacific）通过把天使双层卷筒卫生纸的宽度从 4.27 英寸减少为 4 英寸来应对原材料价格的上涨。该公司同时也把卫生纸的层数从 352 层减少为 300 层。

同样地，宝洁公司的魅力超柔纸卷也从 200 层减少到 176 层。

这些产品规格的缩小不仅降低了原材料成本，还减少了了运送成本。佐治亚—太平洋公司估算，每个小号的卫生纸能节约 12% ～ 17% 的货运成本，从而每年节约 345 000 加仑 [⊖]的汽油。

资料来源：Beth Kowitt, "When Less is…?" Fortune, November 15, 2010, p. 21.

5.5　经营成本法

分批成本法和分步成本法代表了两种极端。分批成本法适用于用一套设备生产多种不同产品的公司，分步成本法则用于生产大量同种产品的公司。在这两种极端之间，还有许多兼具分批成本法和分步成本法特点的混合制度。其中一种混合制度被称为经营成本法。

经营成本法（operation costing）主要用于产品之间既有共同特征又有个体特征的情况。例如鞋子，所有款式的鞋，其共同点就是都要经过裁剪和缝纫等重复性工序，而且使用相同的设备、通过相同的流程。鞋子也具有个体特征——有些用昂贵的皮革制成，另一些则用便宜的人造材料。在这种情况下，产品有某些共同特征又必须个别加工时，可使用经营成本法确定产品成本。

正如上面提到的，经营成本法是一种使用分批成本法和分步成本法不同方面的混合制度。使用经营成本法时，产品是典型的按批加工处理，但每批有特定的材料。从这个意义上说，经营成本法和分批成本法类似。然而，其人工成本和制造费用则像分步成本法一样，按工序或部门归集，再分配到产品上。生产鞋子时，不论款式，每只鞋都要负担相同的单位转换成本，但要计入特定的材料成本。因此，公司能区分不同款式产品的材料消耗，也能利用分步成本系统中计算人工成本和制造费用的简便性。

经营成本法适用的其他产品有电子设备（如半导体）、纺织品、服装和珠宝（如戒指、手镯和奖章）。这类产品是典型的分批生产，但不同模式不同款式之间的材料成本也不同。

本章小结

分步成本法适用于同种产品或服务连　续生产的情形。分步成本系统中，生产账户

⊖　1 加仑 = 3.7854 升。

间的成本流转与分批成本系统基本相同。然而，在分步成本法下，成本是按部门而不是按批次归集的。

在分步成本法下，必须分别计算每个部门每类成本的约当产量。在加权平均法下，约当产量等于转入下一部门或产成品的完工产品数量和期末在产品的约当量之和。期末在产品的约当量等于部分完工的产品数量与特定成本类别的完工比例的乘积。

在加权平均法下，某类成本的单位约当量成本，是用期初在产品成本与本期发生成本之和除以约当产量算出来的。计算出的单位约当量成本用于计算期末在产品成本和转入下一部门或产成品的产品成本。

成本对账单是将期初在产品成本与本期发生成本之和，与期末在产品与转出产品的成本总和调整一致。

成本从一个部门转入下一个部门，直到最后一个加工部门。到那时，完工产品的成本就被转入产成品中。

拉克盖得家用涂料公司（Luxguard Home Paint Company）生产每桶 1 加仑的外用乳胶漆。该公司有两个加工部门——基础生产部门和完工部门。白漆是公司生产所有油漆的基础，它是在基础生产部门用原料混合而成的。在完工部门，白漆中会被加入色素，着色后的油漆在压力作用下被喷射入 1 加仑的容器中，再贴上标签和打包之后，就可以进行装运了。该公司 4 月生产经营的有关信息如下：

a. 生产使用的原材料：基础生产部门，851 000 美元；完工部门，629 000 美元。

b. 发生的直接人工成本：基础生产部门，330 000 美元；完工部门，270 000 美元。

c. 分配的制造费用：基础生产部门，665 000 美元；完工部门，405 000 美元。

d. 从基础生产部门转入完工部门的白漆为 1 850 000 美元。

e. 从完工部门转入待运产成品的油漆为 3 200 000 美元。

要求：

（1）编制 a ～ e 项目的会计分录。

（2）将（1）中的会计分录记入 T 形账户。4 月 1 日基础生产部门在产品账户余额为 150 000 美元；完工部门在产品账户余额为 70 000 美元。记入 T 形账户后，计算每个部门在产品账户的期末余额。

（3）计算 4 月基础生产部门期末在产品和转入下一部门的完工产品的材料成本、人工成本、制造费用以及总成本。4 月基础生产部门其他生产资料如下：

生产数据（加仑）：

在加工产品，4 月 1 日：材料完工率 100%；	
人工和制造费用完工率 60%	30 000
4 月投入生产数	420 000
完工并转入完工部门产品	370 000
在加工产品，4 月 30 日：材料完工率 50%；	
人工和制造费用完工率 25%	80 000

成本数据（美元）：

在产品，4 月 1 日：	
材料	92 000
人工	21 000
制造费用	37 000
在产品总成本	150 000
4 月新增成本：	
材料	851 000
人工	330 000
制造费用	665 000
4 月新增总成本（美元）	1 846 000

（4）编制 4 月的成本对账单。

复习题答案：

（1）a. 借：在产品——基础生产部门

　　　　　　851 000

　　　　在产品——完工部门

　　　　　　629 000

　　　贷：原材料

　　　　　　　　1 480 000

　　b. 借：在产品——基础生产部门

　　　　　　330 000

　　　　在产品——完工部门

　　　　　　270 000

　　　贷：应付职工薪酬

　　　　　　　　600 000

　　c. 借：在产品——基础生产部门

　　　　　　665 000

　　　　在产品——完工部门

　　　　　　405 000

　　　贷：制造费用

　　　　　　　　1 070 000

　　d. 借：在产品——完工部门

　　　　　　1 850 000

　　　贷：在产品——基础生产部门

　　　　　　　　1 850 000

　　e. 借：产成品

　　　　　　3 200 000

　　　贷：在产品——完工部门

　　　　　　　　3 200 000

（2）

原材料

余额	×××	(a)	1 480 000

应付职工薪酬

		(b)	600 000

在产品——基础生产部门

余额	150 000	(d)	1 850 000
(a)	851 000		
(b)	330 000		
(c)	665 000		
余额	146 000		

制造费用

（各种实际成本）		(c)	1 070 000

在产品——完工部门

余额	70 000	(e)	3 200 000
(a)	629 000		
(b)	270 000		
(c)	405 000		
(d)	1 850 000		
余额	24 000		

产成品

余额	×××		
(e)	3 200 000		

（3）首先，我们需要计算各类成本的约当产量。

基础生产部门的约当产量

（单位：加仑）

	材料	人工	制造费用
转入下一部门产品	370 000	370 000	370 000
期末在产品约当量（材料：80 000加仑 × 50%完工率；人工：80 000加仑 ×25%完工率；制造费用：80 000加仑 ×25%完工率）	40 000	20 000	20 000
约当产量	410 000	390 000	390 000

然后，我们要计算各类成本的单位约当量成本。

基础生产部门的单位约当量成本

（单位：美元）

	材料	人工	制造费用
成本：			
期初在产品成本	92 000	21 000	37 000
本期新增成本	851 000	330 000	665 000
总成本（a）	943 000	351 000	702 000
约当产量（b）	410 000	390 000	390 000
单位约当量成本（a）÷（b）	2.30	0.90	1.80

计算出单位约当量成本后，就可以将其归入期末在产品和转出产品中。

基础生产部门期末在产品和转出产品成本

	材料	人工	制造费用	总成本
期末在产品：				
约当量（加仑）	40 000	20 000	20 000	
单位约当量成本（美元）	2.30	0.90	1.80	
期末在产品成本（美元）	92 000	18 000	36 000	146 000
完工并转出产品：				
转入下一部门数量（加仑）	370 000	370 000	370 000	
单位约当量成本（美元）	2.30	0.90	1.80	
完工并转出产品成本（美元）	851 000	333 000	666 000	1 850 000

（4）

基础生产部门成本对账单　　　　　　　　　　　（单位：美元）

应核算成本：	
期初在产品成本	150 000
本期发生成本	1 846 000
应核算总成本	1 996 000
已核算成本如下：	
期末在产品成本	146 000
转出产品成本	1 850 000
已核算总成本	1 996 000

术语表

Conversion cost 转换成本　直接人工成本加上制造费用。

Equivalent units 约当量　由部分完工产品的数量和完工比例确定其成本。约当量是部分完工产品中所包含的材料和人力能够生产出的完工产品的数量。

Equivalent units of production (weighted-average method) 约当产量（加权平均法）　当期转入下一部门（或产成品）的产量加上该部门期末在产品的约当量。

FIFO method 先进先出法　仅以当期的成本和产量计算单位成本的一种分步成本法。

Operation costing 经营成本法　一种当产品既有共同特点又有个体特征时使用的混合成本制度。

Process costing 分步成本法　一种用于连续生产相同产品情况的成本核算方法。

Processing department 加工部门　一个加工产品并将材料、人工和制造费用计入产品成本的一个组织单位。

Weighted-average method 加权平均法　一种将前期与当期的产量和成本融合在一起的分步成本法。

思考题

1. 什么情况下适合使用分步成本法？

2. 分批成本法和分步成本法有哪些相似点？

3. 为什么使用分步成本系统归集成本比使用分批成本系统更简单？

4. 一家使用分步成本法的公司会设置多少在产品账户？

5. 假设某公司有两个加工部门——混合部门和烧制部门。编制会计分录，来反映从混合部门到烧制部门的产品流转。

6. 假设某公司有两个加工部门——混合部门和烧制部门。试解释当期有什么成本要加到烧制部门的在产品账户中。

7. 加权平均法下的约当产量是什么意思?

8. 沃特金斯奖杯股份有限公司生产数以千计的金制、银制和铜制大奖章。在制造过程中,除了使用的材料不同,所有奖章其他工序均相同。你建议该公司采用什么成本制度?

练习题

1. 约当量、单位约当量成本、成本的归集(加权平均法)

赫里公司(Helix Corporation)在分步成本系统下使用加权平均法。该公司在生产部门通过一系列的步骤完成预制地板的生产。在第一个生产部门用到的所有材料在加工开始时投入。5 月第一个生产部门的数据如下:

	数量	完工比例	
		材料	转换
在产品存货,5 月 1 日	5 000	100%	40%
在产品存货,5 月 30 日	10 000	100%	30%
在产品材料成本,5 月 1 日(美元)			1 500
在产品转换成本,5 月 30 日(美元)			4 000
投产数量			180 000
转入下一生产部门数量			175 000
5 月新增材料成本(美元)			54 000
5 月新增转换成本(美元)			352 000

要求:

(1)计算 5 月第一个生产部门材料和转换的约当产量。

(2)计算 5 月第一个生产部门材料和转换的单位约当量成本。

(3)计算 5 月第一个生产部门期末在产品的材料成本、转换成本和总成本。

(4)计算 5 月份第一个生产部门转入下一部门产品的材料成本、转换成本和总成本。

2. 约当量和单位约当量成本(加权平均法)

飘芙股份有限公司(Pureform Inc.)在分步成本系统下使用加权平均法。该公司通过两个部门生产产品。第一个部门最近一个月的数据如下:

	数量	材料(美元)	人工(美元)	制造费用(美元)
期初在产品存货	5 000	4 320	1 040	1 790
投产数量	45 000			
转出数量	42 000			
期末在产品存货	8 000			
本月发生成本		52 800	21 500	32 250

期初在产品材料的完工比例是 80%,人工和制造费用的完工比例是 60%。期末在产品的材料 75% 完工,人工和制造费用 50% 完工。

要求:

(1)计算本月第一个部门材料、人工和制造费用的约当产量。

(2)计算本月第一个部门材料、人工和制造费用的单位约当量成本。

3. 综合练习:第二个生产部门(加权平均法)

斯里布纳公司(Scribners Corporation)通过 3 个生产部门生产优质纸——制浆部门、干燥部门和整理部门。在制浆部门,用机械和化学方法加工像木质纤维和碎棉布这样的原材料,以分离其中的纤维,最终变成纤维浓浆。在干燥部门,从纸浆部门转入的湿纸浆被摊开在多孔渗透的网上,按压以除去过多的液体,然后在炉子中干燥。在整理部门,干燥的纸被上胶、切割并缠绕在卷筒上。该公司在分步成本系统下使用加权平均法。干燥部门 3 月的数据如下:

	完工比例		
	数量	制浆	转换
在产品存货，3月1日	5 000	100%	20%
在产品存货，3月31日	8 000	100%	25%
在产品中制浆成本，3月1日（美元）			4 800
在产品中转换成本，3月1日（美元）			500
转入下一生产部门数量			157 000
3月份新增制浆成本（美元）			102 450
3月份新增转换成本（美元）			31 300

在干燥部门没有新增的材料成本。制浆成本代表了从制浆部门转入的湿纸浆的成本。干燥部门对湿纸浆分批进行加工；上表中的1单位代表一个批次，且每批湿纸浆会生产出规定数量的干燥纸张并转入整理部门。

要求：

（1）计算干燥部门3月的制浆和转换的约当产量。

（2）计算干燥部门3月的制浆和转换的单位约当量成本。

（3）计算干燥部门3月的期末在产品的制浆成本、转换成本和总成本。

（4）计算干燥部门3月的转入整理部门产品的制浆成本、转换成本和总成本。

（5）编制干燥部门3月的成本对账单。

4. 约当量、归集成本、成本对账单（加权平均法）

苏泊迈公司（Superior Micro Products）在分步成本系统下使用加权平均法。在1月，第四装配部门加工完成25 000件产品并转入下一部门。期初在产品成本和1月发生成本总计599 780美元。1月期末在产品有3 00件，其中材料完工比例80%，人工和制造费用完工比例60%。本月单位约当量成本如下：

	材料	人工	制造费用
单位约当量成本（美元）	12.50	3.20	6.40

要求：

（1）计算本月期末在产品材料、人工和制造费用的约当量。

（2）计算1月期末在产品的材料成本、人工成本和制造费用及总成本。

（3）计算1月转入下一部门产品的材料成本、人工成本和制造费用及总成本。

（4）编制1月的成本对账单（注意：期初在产品成本和本月发生成本在记账时不用分开写）。

问题

1. 在产品T型账户的分析（加权平均法）

韦斯顿产品（Weston Products）通过3个加工部门——磨碎部门、混合部门和配制部门，生产一种工业洗涤剂。在磨碎部门开始生产时一次性投入所有原材料。磨碎部门5月在产品T形账户如下：

在产品——磨碎部门

存货，5月1日	21 800	完工并转入混合部门	？
材料	133 400		
转换	255 500		
存货，5月31日	？		

5月1日，18 000磅的在产品中包括了14 600美元的材料成本和7 200美元的转换成本。5月1日在产品中有关材料的完工比例是100%，有关转换的完工比例是30%。在5月，有167 000磅投产。5月31日的15 000磅存货有关材料的完工比例是100%，有关转换的完工比例是60%。该公司在分步成本系统下使用加权平均法。

要求：

（1）计算磨碎部门5月的材料和转换的约当产量。

（2）计算磨碎部门5月的材料和转换的单位约当量成本。

（3）计算磨碎部门5月的期末在产品的材料成本、转换成本和总成本。

（4）计算磨碎部门 5 月的转入混合部门产品的材料成本、转换成本和总成本。

2. 综合问题（加权平均法）

位于斐济的素泊饮料有限责任公司（Sunspot Beverages, Ltd.）在分步成本系统下使用加权平均法。该公司分两阶段生产混合热带水果饮料。新鲜的水果榨取出果汁，并在混合部门混合。混合后的果汁在灌装部门被装瓶并打包运输。以下信息来自 6 月混合部门的运营。

| | 数量 | 完工比例 | |
		材料	转换
期初在产品	20 000	100%	75%
本期投产	180 000		
完工并转出	160 000		
期末在产品	40 000		

（续）

	材料成本	转换成本
期初在产品（美元）	25 200	24 800
6 月新增成本（美元）	334 800	238 700

要求：

（1）计算混合部门 6 月的材料和转换的约当产量。

（2）计算混合部门 6 月的材料和转换的单位约当量成本。

（3）计算混合部门 6 月的期末在产品的材料成本、转换成本和总成本。

（4）计算混合部门 6 月的转入灌装部门产品的材料成本、转换成本和总成本。

（5）编制混合部门 6 月的成本对账单。

案例

第二部门（加权平均法）

"我认为，在我们雇用那个财务总监助理的时候，事情就已经糟了"，普斯特工业的董事长露丝·斯卡皮这样说。"看看他上个月为整理部门编制的报告，我完全无法理解。"

总装部门的成本：	
在产品，4 月 1 日，450 件；材料 100% 完工；转换 60% 完工（美元）	8 208[①]
本月自前一部门转入的成本，1 950 件	17 940
本月新增材料成本	6 210
本月发生转换成本	13 920
部门总成本（美元）	46 278
分配整理部门成本：	
完工并转出的产成品，1 800 件，每件 25.71 美元	46 278
在产品，4 月 30 日，600 件；材料 0% 完工；转换 35% 完工	0
本部门分配总成本	46 278

① 包括转入成本 4 068 美元，材料成本 1 980 美元，转换成本 2 160 美元。

"他正努力学习我们的系统，"营运经理弗兰克·哈洛普说。"问题是他已经很长一段时间没用分步成本法了，现在他正在适应这种方法。"

"我担心的不仅仅是他报告的格式。看看他确定的 4 月单位成本是 25.71 美元，这看起来不会太高了吗？"斯卡皮女士说。

"是的，它看起来很高；但是，我知道我们在 4 月的材料价格有所上升，那也许是一个原因。"哈洛普先生回答。"我会找到一些其他信息重新整理这份报告，让我们看看发生了什么。"

普斯特工业通过两个加工部门生产陶瓷制品——塑形和整理。该公司在分步成本法下使用加权平均法。

要求：

（1）为整理部门编制报告，以展示该部门应归集到完工并转入产成品的产品的成本有多少，以及整理部门应归集到期末在产品中的成本有多少。

（2）向董事长解释为什么在新的财务总监助理报告上的单位成本如此高。

附录 5A　先进先出法

分步成本法下的先进先出法通常比加权平均法更准确，但其计算更复杂。它仅使用当期的成本和产量计算产品成本，反之，加权平均法使用当期和前期的成本和产量计算成本。

我们将使用表 5-2 和 5-4 中戴蒙滑雪板公司塑形部门与铣削部门的数据来阐明先进先出法。我们也将用加权平均法中的 4 个步骤解释先进先出法。

5A.1　第一步：计算约当产量

先进先出法下约当产量的计算和加权平均法有两点不同。

第一，"转出产量"被分成两个部分：一部分是完工并转出的期初存货的数量；另一部分是本期投入并完工的产品数量。

第二，充分考虑本期发生在期初和期末的在产品上的工作量。因此，在先进先出法下，期初和期末的在产品都被换算成约当量。对于期初在产品，约当量代表其完工尚需的工作量；对于期末在产品，约当量代表使产品在期末达到一定的部分完工程度所需要的工作量（与加权平均法相同）。

用先进先出法计算约当产量的公式比加权平均法的公式更复杂：

先进先出法（每个加工部门的每类成本单独核算）

约当产量＝期初在产品完工所需的约当量＋本期投入并完工的产量＋期末在产品的约当量

期初在产品完工所需的约当量＝期初在产品数量 ×（100%− 期初在产品完工比例）

或者，也可以用下列公式计算约当产量：

约当产量 ＝ 转出数量 ＋ 期末在产品的约当量 − 期初在产品的约当量

为说明先进先出法，我们再次看一下表 5-2 中戴蒙滑雪板公司塑形部门与铣削部门的数据。5 月，该部门完工并转入贴图部门的产量是 4 800 件。由于这些产量中有 200 件来自期初存货，所以塑形部门与铣削部门 5 月投产并完工的产量是 4 600 件。在本月开始时，期初存货 200 件产品材料的完工率是 55%，转换成本的完工率仅是 30%。因此，要使这些产品加工完成，该部门需要再投入另 45% 的材料成本（100%−55% = 45%），以及另 70% 的转换成本（100%−30% = 70%）。按照这个推理，塑形部门与铣削部门 5 月的约当产量计算见表 5A-1。

在这里停一下，比较表 5A-1 和本章中表 5-3 中的数据，表 5-3 展示了加权平均法下约当产量的计算。同时参照图 5A-1，它对两种方法进行了比较。

表 5A-1 约当产量：先进先出法

	材料	转换		材料	转换
期初在产品完工所需的约当量：			期末在产品的约当量：		
材料：200 件 ×（100% − 55%）[①]	90		材料：400 件 ×40% 完工	160	
转换：200 件 ×（100% − 30%）[①]		140	转换：400 件 ×25% 完工		100
本期投产并完工产量	4 600[②]	4 600[②]	约当产量	4 850	4 840

[①] 这是期初存货完工所需的工作量。

[②] 5 000 件投产 −400 件期末在产品 = 4 600 件投产并完工。或者用 4 800 件完工并转入下一部门的产量 −200 件期初在产品来计算。先进先出法假定期初存货是优先完工的。

两种方法的本质区别在于，加权平均法将本期和上期的成本与产量融合在一起，但先进先出法将两个期间区分开来。为了更清楚地理解这一问题，来看下面两种计算方法调节的约当产量。

塑形部门与铣削部门	产量	转化
约当产量（加权平均法）	4 960	4 900
减去期初在产品的约当量：		
200 件 ×55%	110	
200 件 ×30%		60
约当产量（先进先出法）	4 850	4 840

图 5A-1 约当产量视图

[①] 100%−30% = 70%. 这 70% 表示完成初始库存单元所需的工作量。

正如两种核算方法的调节中所显示的那样，很明显，先进先出法把期初存货中已有的约当量从用加权平均法得出的约当产量中移除。因此，先进先出法把应归于本期工作的约当产量单独分离出来，而加权平均法则将期初存货中已有的约当量与应归于本期工作的约当产量混合起来。

5A.2 第二步：计算单位约当量成本

在先进先出法下，单位约当量成本计算如下：

先进先出法（每个加工部门的每类成本单独核算）

单位约当量成本＝本期发生成本／约当产量

与加权平均法不同，在先进先出法中单位约当量成本仅基于该部门本期发生的成本计算。

通过合并表 5-4 中的成本数据，塑形部门与铣削部门 5 月材料和转换的单位约当量成本可计算如下：

塑形部门与铣削部门单位约当量成本（先进先出法）

	材料	转换
本期发生成本（见表 5-4）(a)（美元）	368 600	350 900
约当产量（见上）(b)	4 850	4 840
单位约当量成本 (a) ÷ (b)（美元）	76.00	72.50

5A.3 第三步：分配产品成本

单位约当量成本被用来计算：①期初在产品完工所需的约当量；②期末在产品的约当量；③本期投产并完工的产品数量。例如，每一件在塑形部门与铣削部门投产、完工并转入贴图部门的产品，都会带着每件 148.50 美元的成本（材料成本 76.00 美元和转换成本 72.50 美元）。由于 5 月有 4 600 件产品投产、完工并被转入下一部门（见表 5A-1），应归集到这些产品中的总成本是 683 100 美元（4 600 件 × 148.50 美元／件）。

归集到期末在产品和转出产品成本的完整核算列示如下，它比加权平均法更复杂。这是因为转出产品的成本包含了 3 个独立的组成：①期初在产品成本；②期初在产品完工所需成本；③本期投产并完工的产品成本。注意，在用先进先出法计算单位约当量成本时，公式中的分子排除了期初在产品的成本（15 175 美元）。然而，在加权平均法计算单位约当量成本时，它则被包含在分子中。这是先进先出法和加权平均法之间一个主要的不同之处。

塑形部门与铣削部门期末在产品和转出产品成本（先进先出法）

	材料	转换	总成本
期末在产品			
期末在产品约当量（见表 5A-1）(a)	160	100	
单位约当量成本 (b)（美元）	76.00	72.50	
期末在产品成本 (a) × (b)（美元）	12 160	7 250	19 410

（续）

	材料	转换	总成本
转出产品			
期初在产品成本	9 600	5 575	15 175
期初在产品完工所需成本：			
期初在产品完工所需约当量（见表5A-1）(a)	90	140	
单位约当量成本 (b)（美元）	76.00	72.50	
期初在产品完工所需成本（美元）	6 840	10 150	16 990
本期投产并完工产品成本：			
本期投产并完工产品数量（见表5A-1）(a)	4 600	4 600	
单位约当量成本 (b)（美元）	76.00	72.50	
本期投产并完工产品成本 (a)×(b)（美元）	349 600	333 500	683 100
转出产品总成本			715 260

5A.4 第四步：编制成本对账单

计入期末在产品和转出产品的成本应与表5-4中开始的成本调整一致。

塑形部门与铣削部门成本对账单			（单位：美元）
应核算成本：	15 175	已核算成本如下：	
期初在产品成本（表5-4）	719 500	期末在产品成本（如上）	19 410
本期发生成本（表5-4）	734 675	转出产品成本（如上）	715 265
应核算总成本		已核算总成本	734 675

转入贴图部门的成本715 265美元，将在该部门的"转入成本"中核算。正如在加权平均法中，作为一项其他类别成本，和分步成本系统下的材料和转换成本一样处理。唯一的区别是该转入成本在塑形部门与铣削部门的加工总是100%完成的。成本就照这样从一个部门转入下一部门，直到进入最后一个加工部门，完工与配对部门为止。当产品在最后一个部门完工时，它们的成本就被转入产成品中。

5A.5 成本核算方法的比较

在大多数情况下，加权平均法和先进先出法算出的产品成本是非常相似的。如果没有任何期末存货，这两种方法的计算结果是相同的。原因是在没有期末存货时，没有成本要被结转到下期，则加权平均法就仅是基于本期成本来计算产品成本的，就和先进先出法一样。而如果有期末存货，不稳定的投入价格或者不稳定的产量水平都会造成两种计算方法下单位成本的不同。这是由于加权平均法会将前期转入和本期发生的成本混合在一起。但除非这些产品成本差别很大，否则这种成本的混杂不会造成太大差别。

虽然如此，从控制成本的角度来看，先进先出法优于加权平均法。当期的成果仅应在当期计算，但加权平均法混杂了前期和当期的成本。因此，在加权平均法下，管理者当期的表面业绩会受前期情况的影响。先进先出法则不会出现这个问题，因为先进先出法对前期成本和本期发生成本做了一个明显的区分。基于同样的原因，先进先出法也为决策目标提供了更多、最新的成本数据。

另一方面，加权平均法比先进先出法更易使用，但当编程合适时，计算机可以轻松完成这些额外的计算。

练习题

1. 约当产量和单位约当量成本（先进先出法）

参考练习题 2 中，飘芙股份有限公司的数据。

要求：

假定该公司在分步成本系统下使用先进先出法。

（1）计算本月第一个部门材料、人工和制造费用的约当产量。

（2）计算本月第一个部门材料、人工和制造费用的单位约当量成本。

2. 约当量、约当产量、归集成本（先进先出法）

吉福公司（Jarvene Corporation）在分步成本系统下使用先进先出法。以下数据来自该公司某加工部门在最近一个月里的经营数据。

期初存货	400
本期投产	3 000
期末存货	300
转入下一部门产品	3 100

	材料	转换
期初存货完工比例	80%	40%
期末存货完工比例	70%	60%

根据该公司成本核算系统计算出的期初存货成本是 11 040 美元，其中材料成本 8 120 美元，余下的是转换成本。该月新增成本是 132 730 美元。本月单位约当量成本是：

	材料	转换
单位约当量成本（美元）	25.40	18.20

要求：

（1）计算该月单位约当量总成本。

（2）计算期末存货材料和转换的约当量。

（3）计算期初存货完工所需的材料和转换的约当量。

（4）计算该月投产并完工的产品数量。

（5）计算该月期末在产品的材料成本、转换成本和总成本。

（6）计算该月转入下一部门产品的材料成本、转换成本和总成本。

问题

1. 约当产量、单位约当量成本、归集成本（先进先出法）

参考问题 2 中素泊饮料有限责任公司混合部门的数据。假定该公司在分步成本系统下使用先进先出法。

要求：

（1）计算混合部门 6 月的材料和转换的约当产量。

（2）计算混合部门 6 月的材料和转换的单位约当量成本。

（3）计算混合部门 6 月的期末在产品的材料成本、转换成本和总成本。

（4）计算混合部门 6 月转入灌装部门产品的材料成本、转换成本和总成本。

（5）编制混合部门 6 月的成本对账单。

案例

第二部门（先进先出法）

参考正文章末案例中普罗沃斯特工业的数据。假定该公司在分步成本系统下使用先进先出法。

要求：

（1）为 4 月的整理部门编制报告，以展示该部门应分配给完工并转入产成品的产品的成本有多少，以及整理部门应归集到期末在产品中的成本有多少。

（2）如案例所述，该公司 4 月经历了材料价格的上涨。这个价格增加的影响，在分步成本法和先进先出法下哪个表现得更大？为什么？

附录 5B　服务部门成本分配

大多数大型组织都设有经营部门和服务部门，经营部门负责其主要业务，服务部门不直接参与经营活动，它们只是为经营部门提供服务或帮助。比如，西奈山医院（Mt. Sinai Hospital）的外科部，华盛顿大学（University of Washington）的地理系，好事达保险公司（Allstate Insurance Company）的市场部，三菱（Mitsubishi）、惠普（Hewlett-Packard）和米其林（Michelin）等制造公司的生产部门，都属于经营部门。在分步成本法下，加工部门都是经营部门。属于服务部门的，如自助餐厅、内部审计部、人力资源部、成本核算部和采购部。

公司出于不同的原因（如激励和评估经营绩效，鼓励服务部门资源的有效利用，以及计算产品成本），将服务部门的成本分配到经营部门。附录 12B 主要为上面提到的前两个原因分配服务部门成本——激励和评估经营绩效，以及鼓励有效利用服务部门资源。本附录主要集中于把服务部门成本分配到经营部门中，以此来计算多种类型的产品成本。

例如，一家制造企业为了编制外部报表计量存货价值和售出货物的成本时，也许会发生需要包含到单位成本计算中的服务部门成本。服务公司在计算经营部门的产品成本时，也会发生它们希望包含在计算中的服务部门成本。例如，医院通常会计算类似每个病人每天的成本或者化验的单位成本。把服务部门成本分配到直接服务患者或者完成化验的经营部门，会为医院不同的产品成本提供更综合的理解。

这个附录介绍了两种经常用来把服务部门成本分配到其他部门的方法：直接法和顺序分配法⊖。在详细学习这两种方法之前，我们需要解释一下部门间服务的概念。

部门间服务（interdepartmental services）

许多服务部门不仅会为经营部门提供服务，相互之间也会提供服务。例如，食堂为所有员工提供食物，不仅是经营部门的员工，也包括那些在其他服务部门工作的员工。反过来，食堂也会接受其他服务部门的服务，比如托管服务或者人事部门的服务。服务部门之间相互提供的服务就是部门间服务或者交互服务。

5B.1　直接法

直接法比顺序分配法简单，因为它忽略了任何由一个服务部门提供给另一个服务部门的服务（如部门间服务）。即使一个服务部门（比如人事部门）给另一部门（比如食堂）提供了大量的服务，直接法也不会在两个部门之间进行任何成本分配。直接法绕过其他服务部门，直接把所有服务部门成本分配给经营部门；因此，把这种方法称作直接法。

⊖　交互法也可用来把服务部门成本分配到经营部门。然而，该方法需要联立线性方程，超出本书范围。

以山景医院为例，如下所示，有两个服务部门和两个经营部门。该医院基于工时分配它的医院管理成本，基于占用面积分配其托管服务成本。

	服务部门		经营部门		总成本
	医院管理	托管服务	化验室	病人护理	
分配前部门成本（美元）	360 000	90 000	261 000	689 000	1 400 000
工时（小时）	12 000	6 000	18 000	30 000	66 000
占用空间（平方英尺）	10 000	200	5 000	45 000	60 200

用直接法把医院的服务部门成本分配给经营部门列示在表 5B-1 中。在该表中有几件需要注意的事情。第一，在直接法下，医院管理部门和托管服务部门的工时在分配医院管理部门的成本时是被忽略的。在直接法下，任何归属于服务部门本身的分配基础都被忽略；在成本分配中只有归属于经营部门的分配基础才会被使用。注意，在分配托管服务部门成本时，这一点同样适用。即使医院管理部门和托管服务部门同样占用空间，分配托管服务部门成本时也要忽略这一点。最后，注意在所有的分配完成后，所有服务部门发生的成本都包含在了两个经营部门中。

表 5B-1　成本分配的直接法　　　　　　　　　　　　　　（单位：美元）

	服务部门		经营部门		总成本
	医院管理	托管服务	化验室	病人护理	
分配前部门成本	360 000	90 000	261 000	689 000	1 400 000
分配：					
医院管理成本（18/48，30/48）[①]	（360 000）		135 000	225 000	
托管服务成本（5/50，45/50）[②]		（90 000）	9 000	81 000	
分配后总成本	0	0	405 000	995 000	1 400 000

① 基于两个经营部门的工时，18 000 小时 +30 000 小时 = 48 000 小时。

② 基于两个经营部门的占用空间，5 000 平方英尺 + 45 000 平方英尺 = 50 000 平方英尺。

5B.2　顺序分配法

与直接法不同，在顺序分配法中服务部门的成本也向服务部门分配，就如分配到经营部门一样。顺序分配法是有顺序的，其顺序是典型的从向其他服务部门提供最多服务的部门开始。在分配完成本后，该过程一步一步继续进行，直到进行到向其他服务部门提供最少服务的部门结束。该过程列示在图 5B-1 中。

表 5B-2 展示了顺序分配法的细节。关于这些分配要注意以下 3 个关键点。第一，在表 5B-2 中分配一项下，你会看到两个分配，或者两个步骤。在第一步，医院管理部门的成本被分配到了另一个服务部门（托管服务）和两个经营部门。与直接法不同，医院管理部门的分配基础现在既包括了分配给托管服务的工时，也有给经营部门的工时。然而，该分配基础仍除去了医院管理部门本身的工时。不论在直接法还是顺序分配法中，任何归属于正在进行分配其成本的服务部门的分配基础数量，都要被忽略。

第二，再看一下表 5A-2，注意在分配一项中的第二步里，托管服务部门的成本被分配到了两个经营部门中，尽管医院管理部门也在建筑中占用了空间，但并没有成本被分配到医院管理部门。在顺序分配法下，任何归属于已经分配成本的服务部门的分配基础数量，也要被忽略。在分配完一个服务部门的成本后，其他服务部门的成本就不会再重分配回来。第三，注意在表 5A-2 的第二步中，托管服务部门分配给其他部门的成本（130 000 美元），包括了医院管理部门在图表 5B-3 的第一步中已经分配给托管服务部门的成本。

图 5B-1　顺序分配法图示

表 5B-2　成本分配的顺序分配法　　　　　　　　　　　　（单位：美元）

	服务部门		经营部门		总成本
	医院管理	托管服务	化验室	病人护理	
分配前部门成本	360 000	90 000	261 000	689 000	1 400 000
分配：					
医院管理成本（6/54,18/54,30/54）[①]	(360 000)	40 000	120 000	200 000	
托管服务成本（5/50,45/50）[②]		(130 000)	13 000	117 000	
分配后总成本	0	0	394 000	1 006 000	1 400 000

[①] 根据托管服务部门和经营部门耗费的工时，6 000 小时 + 18 000 小时 + 30 000 小时 = 54 000 小时。

[②] 如表 5B-1，该分配是根据两个经营部门占用空间分配成本的。

练习题

1. 直接法

西雅图西部大学在服务部门的成本分配中使用了如下数据：

	服务部门		经营部门	
	管理	设备服务	大学生部	硕士生部
分配前部门成本（美元）	2 400 000	1 600 000	26 800 000	5 700 000
学生学分			20 000	5 000
占用空间（平方英尺）	25 000	10 000	70 000	30 000

要求：

使用直接法，把服务部门成本分配到两个经营部门中去。以学分为基础分配管理部门成本，以占用空间为基础分配设备服务成本。

2. 顺序分配法

麦迪逊公园合作组织（Madison Park Co-op），一整个食品杂货店和礼品商店，它在服务部门的成本分配中使用了如下数据：

	服务部门		经营部门	
	管理	清洁	杂货	礼品
分配前部门成本（美元）	150 000	40 000	2 320 000	950 000
工时	320	160	3 100	740
占用空间（平方英尺）	250	100	4 000	1 000

要求：

使用顺序分配法，将服务部门成本分配到两个经营部门中去。先以工时为基础归集管理的成本，在以占用空间为基础归集清洁的成本。

问题

顺序分配法

伍德伯里医院（Woodbury Hospital）有3个服务部门和3个经营部门。该医院下季度预估的成本和经营数据由如下所示：

	服务部门			经营部门			总额
	家政服务	食品服务	管理服务	化验室	放射室	综合医院	
成本（美元）	87 000	301 060	249 020	405 900	520 500	475 800	2 039 280
三餐服务			800	2 000	1 000	68 000	718 000
空间平方英尺	5 000	13 000	6 500	1 000	7 500	108 000	150 000
文件处理				14 000	7 000	25 000	46 000

服务部门成本使用分配基础通过顺序分配法分配成本，所按顺序由以下表格给出：

服务部门	分配基础
家政服务	空间平方英尺
食品服务	三餐服务
管理服务	万件处理

该医院的总账款全部通过化验室、放射室或者综合医院。医院的管理人想把这3个服务部门的成本全部分配到这3个计费结算中心中。

要求：

使用顺序分配法，按医院管理人的要求准备成本分配。在每个计费结算中心下包括该中心的直接成本，以及从服务部门分配来的成本。

案例

顺序分配法相比直接法

"这真是一个很奇怪的情况，"吉姆·卡特（Jim Carter），赫兰出版公司（Highland Publishing Company）的总经理说。"我们中标的大多数在印刷部门需要大量热压时间的项目，其利润并不像预期那样高。而另一方面，我们也失去了大多数在装订部门需要大量时间的投标。我感觉是我们的制造费用分配率出现了问题，但我们已经为每一部门都计算了单独的制造费用分配率。那还有什么出错了呢？"

赫兰出版公司是一个提供多种印刷和装订服务的大型组织。3个服务部门辅助印刷和装订部门生产。这些服务部门的成本按以下表格中的顺序分配给其他部门。人事部门成本以员工数量为基础进行归集。保管服务部门成本以占用空间的平方英尺为基础进行归集。维护部门成本以机器工时为基础进行归集。

部门	总人工工时	占用空间（平方英尺）	员工数量	机器工时	直接人工工时
人事	20 000	4 000	10		
保管服务	30 000	6 000	15		
维护	50 000	20 000	25		
印刷	90 000	80 000	40	150 000	60 000
装订	260 000	40 000	120	30 000	175 000
	450 000	150 000	210	180 000	235 000

每一部门当年的预算制造费用成本如下：

单位：美元

人事	360 000
保管服务	141 000
维护	201 000
印刷	525 000
装订	373 500
总预算成本	1 600 500

由于它的简易性，公司通常使用直接法把服务部门成本归集到两个经营部门中。

要求：

（1）使用顺序分配法，把服务部门成本分配到消耗部门中。然后计算两个经营部门的预计制造费用分配率。使用机器工时作为印刷部门的分配基础，使用直接人工工时作为装订部门的分配基础。

（2）重复上面的（1）问，这次使用直接法。重新计算印刷部门和装订部门的预计制造费用分配率。

（3）假定该公司当年投标的一个项目所需的机器和人工时间如下：

	机器工时	直接人工工时
印刷部门	15 400	900
装订部门	800	2 000
总工时	16 200	2 900

a）如果该公司使用（1）问中算出的制造费用分配率，判断其应分配到该项目的制造费用成本的数量。然后判断在使用（2）问中算出的制造费用分配率时，应分配到该项目的制造费用成本的数量。

b）向总经理卡特先生解释，为什么比起直接法，顺序分配法为计算预计制造费用分配率提供了更好的基础。

本量利关系

摇滚小子和莱恩娱乐公司拉动了本量利杠杆

莱恩娱乐公司（Live Nation Entertainment, LNE）拥有并经营室外的圆形露天剧场。在举行音乐会时，该公司通常会支付给音乐家们一大笔预付保证金，以免出席率太低。然而，摇滚小子是一位能嗨翻整个城市的摇滚歌手，他提出了一个不同的财务安排。作为放弃他的预付费用（通常在 250 000 ~ 350 000 美元之间）的交换条件是：他同意与 LNE 公司分享一部分门票收入，并要求分享从食物、饮料和停车费中获得的收入。然后，他为了提高出席率和增加每位顾客在食物、饮料以及 20 美元音乐会 T 恤上的自主消费，把票价降到了 20 美元 / 张。摇滚小子的最终目标是设计一个财务模型，在仍能为他的乐队和 LNE 公司提供充足的利润的同时，给粉丝一个更负担得起的娱乐之夜。

资料来源：John Jurgensen, "Kid Rock's Plan to Change the Economic of Touring," *The Wall Street Journal*, June 7, 2013, pp. D1-D8.

◐ 学习目标

1. 解释作业的变化是如何影响边际贡献和经营净利润的。
2. 绘制并解释本量利图表（CVP）和利润图。
3. 使用边际贡献率（CM ratio）计算由销售量改变引起的边际贡献和经营净利润的改变。
4. 说明变动成本、固定成本、销售价格及其数量变化对经营净利润的影响。
5. 计算保本点。
6. 计算实现预期目标利润的销售水平。
7. 计算安全边际并解释其重要性。
8. 计算特定销售水平下的经营杠杆系数，并解释它在预测经营净利润变化中的应用。
9. 计算多品种公司的保本点并解释销货组合的改变对边际贡献和保本点的影响。
10. （附录 6A）使用散点图和高低点法分析混合成本。
11. （附录 6A）使用散点图和最小二乘回归法分析混合成本。

本量利（cost-volume-profit, CVP）分析可以帮助管理者做出很多重要的决策。例如，提供什么样的产品和服务，定价多少，使用哪些市场策略，以及保持什么样的成本结构。本量利方法的主要的目的是预测以下 5 个因素将如何影响利润：

（1）销售价格。

（2）销售量。

（3）单位变动成本。

（4）总固定成本。

（5）产品销售组合。

为简化本量利计算，管理者对这些有关因素⊖进行了如下假设：

（1）销售价格是恒定的。当业务量改变时，产品或服务的价格保持不变。

（2）成本是线性的且能被准确地分成变动成本和固定成本。单位产品的变动成本是恒定的，在整个相关范围内总的固定成本也是恒定的。

（3）多品种产品的公司中，产品销售组合保持不变。

虽然实务活动并不会完全遵循这些假定，但本量利分析的结果通常还是十分有用的。当管理者正关注着超出相关范围以外的销售量的大幅变动时，只依靠简单的本量利分析可能是决策的最大风险。然而，考虑到销售价格、单位产品变动成本、总固定成本发生变动，以及出现预估超出相关范围的销售组合的这些情况，可以对本量利模型加以调整使用。

为帮助理解在商业决策中本量利分析的作用，现在我们把目光转向由普雷姆·纳拉扬（Prem Narayan）建立的公司，库思考股份有限公司（Acoustic Concepts Inc.）。

⊙**管理会计实践 6-1**

普雷姆，当时是一位工程学专业的毕业生，开办了库思考有限公司，销售他为汽车音响系统设计的一种全新的扬声器。这种名为"音速风暴"的扬声器，使用先进的微处理器和专有软件，将声音放大到令人震撼的水平。普雷姆与中国台湾的一家电子制造商签订合同，生产这种扬声器。通过家人提供的启动资金，普雷姆向制造商下了订单，并在汽车杂志上刊登了广告。"音速风暴"立即获得了成功，销售量急剧增长以至于普雷姆将公司的总部从他的公寓里搬出，在附近的工业园租了办公场地。他雇用了一位接待员、一位会计师、一位销售经理和几位销售人员向零售商售卖扬声器。鲍勃·卢奇里是该公司的会计师，曾在数家小型公司里担任企业顾问、会计师和簿记员。就在鲍勃入职不久，该公司发生发生了如下讨论：

普雷姆：鲍勃，关于公司的财务我有很多问题，希望你能帮我解答。

鲍勃：公司的财务状态很好。再过几个月就可以还清你家的借款了。

普雷姆：我知道，但我担心的是经营扩张所要承担的风险。如果市场出现了竞争者，我们的销售业绩下滑该怎么办呢？允许销售业绩下滑的警戒线是多少？还有一个我试图解决的问题是，我们的销售量要增长多少，才能证明是销售人员推行大型销售活动的结果。

鲍勃：销售总是需要在广告上投入更多的钱。

普雷姆：他们总是让我降低扬声器的销售价格。我同意更低的价格可以推动我们的销售量，但我不确定增长的销售量能否弥补低价对收入带来的损失。

鲍勃：听起来这些问题都涉及我们的销售价格、成本以及业务量之间的关系。这些问题并不难回答。

普雷姆：几天后我们可以再见面商谈吗？看看你给出的答案。

鲍勃：好的。到那时候我会给你一些初步的回答，以及以后你可以用来回答相似问题的模型。

⊖　还有一个一般用于制造企业的假设是，存货量不会改变，生产产品的数量等于售出产品的数量。

6.1　本量利分析的基础

鲍勃·卢奇里为即将会面的普雷姆·纳拉扬编制了一张贡献式利润表。以前的章节介绍过，贡献式利润表强调了成本性态，因此在判断销售价格、成本或者业务量对利润的影响时，对管理者是十分有用。鲍勃将以他上个月编制的贡献式利润表作为他分析的基础。

库思考股份有限公司贡献式利润表（6月）	（单位：美元）	
	总额	单位金额
销售额（400 个扬声器）	100 000	250
变动成本	60 000	150
边际贡献	40 000	100
固定成本	35 000	
经营净利润	5 000	

注意在以上贡献式利润表中，销售额、变动成本和边际贡献分别以总额和单位金额为基础表示。在鲍勃的一些计算中，单位金额是非常有用的。注意，贡献式利润表是为管理人员编制的，仅在公司内部使用，一般不对外提供。

6.1.1　边际贡献

边际贡献是销售收入减去变动成本的余额。因此，它是补偿固定成本后能够提供当期利润的金额。注意，这里的顺序——边际贡献首先用来补偿固定成本，剩下的部分才形成利润。如果边际贡献不足以补偿固定成本，在该期就会发生亏损。下面我们用一个极端的例子来阐述。假设库思考公司在某月仅卖了 1 个扬声器。该公司的利润表则如下所示。

贡献式利润表（出售 1 个扬声器）	（单位：美元）	
	总额	单位金额
销售额（1 个扬声器）	250	250
变动成本	150	150
边际贡献	100	100
固定成本	35 000	
经营净利润	（34 900）	

在该月中公司每多销售一个扬声器，可用来补偿固定成本的边际贡献就增加 100 美元。例如，如果卖出了第二个扬声器，边际贡献总额就会增加 100 美元（总数为 200 美元），该公司的亏损就会减少 100 美元，变为 34 800 美元。

贡献式利润表（出售 2 个扬声器）	（单位：美元）	
	总额	单位金额
销售额（2 个扬声器）	500	250
变动成本	300	150
边际贡献	200	100
固定成本	35 000	
经营净利润	（34 800）	

如果能售出足够多的扬声器以形成 35 000 美元的边际贡献，则所有的固定成本都会得

到补偿，公司该月就会实现保本——既没有利润也没有亏损，仅仅是补偿了所有的成本。为达到这个保本点，该公司一个月要卖出 350 个扬声器，因为每卖出一个扬声器就能产生 100 美元的边际贡献。

贡献式利润表（出售 350 个扬声器）	总额	（单位：美元）单位金额
销售额（350 个扬声器）	87 500	250
变动成本	52 500	150
边际贡献	35 000	100
固定成本	35 000	
经营净利润	0	

保本点的计算在本章之后会详细介绍，现在需要理解的是**保本点**（break-even point），它是利润为零时的销售水平。

一旦达到了保本点，每多卖出 1 单位商品，经营净利润就会按单位边际贡献的数量增长。例如，如果该月卖出了 351 个扬声器，该月的经营净利润就是 100 美元，因为公司比保本时的数量多卖出了 1 个扬声器。

贡献式利润表（出售 351 个扬声器）	总额	（单位：美元）单位金额
销售额（351 个扬声器）	87 750	250
变动成本	52 650	150
边际贡献	35 100	100
固定成本	35 000	
经营净利润	100	

如果卖出了 352 个扬声器（超过保本点 2 个扬声器），该月的经营净利润就是 200 美元。如果卖出了 353 个扬声器（超过保本点 3 个扬声器），该月的经营净利润就是 300 美元，等等。为估计超过保本点的任一销售量的利润，应把售出商品超出保本点的数量乘以单位边际贡献，结果就是该期的预期利润。或者，要估计销售额的计划增长对利润的影响，只需简单地将增加的售出商品数量与单位边际贡献相乘，就是预计增长的利润。如果库思考公司目前一个月卖出 400 个扬声器且计划销售将增长到每月 425 个扬声器，对利润的预计影响如下：

售出扬声器增长数量	25
每个扬声器的边际贡献（美元）	×100
经营净利润的增加（美元）	2 500

计算验证如下：

	销售量 400 个扬声器	425 个扬声器	差额（25 个扬声器）	每单位差额
销售额（250 美元 / 个）	100 000	106 250	6 250	250
变动成本（150 美元 / 个）	60 000	63 750	3 750	150
边际贡献（美元）	40 000	42 500	2 500	100
固定成本（美元）	35 000	35 000	0	
经营净利润（美元）	5 000	7 500	2 500	

由此可见，如果销售额为零，公司亏损等于它的固定成本。每售出 1 个产品，其亏损就会减少单位边际贡献的数额。一旦达到了保本点，每多售出 1 个产品，公司利润就会增加单位边际贡献的数额。

6.1.2　本量利在等式中的关系

贡献式利润表可以用如下等式表示：

$$利润 = (销售额 - 变动成本) - 固定成本$$

为简化起见，在等式中我们用利润代替经营净利润。

当一家公司只有一种产品时，如库思考公司，我们可以进一步把等式提炼为

$$销售额 = 单位售价 \times 销售数量 = P \times Q$$
$$变动成本 = 单位变动成本 \times 销售数量 = V \times Q$$
$$利润 = (P \times Q - V \times Q) - 固定成本$$

我们可以用这个简化等式完成上一节所有的计算。例如，之前我们算出了销售 351 个扬声器时，经营净利润是 100 美元。用如上等式我们可以得到相同的结果：

$$利润 = (P \times Q - V \times Q) - 固定成本$$
$$利润 = (250 美元 / 个 \times 351 个 - 150 美元 / 个 \times 351 个) - 35\,000 美元$$
$$= (250 美元 / 个 - 150 美元 / 个) \times 351 个 - 35\,000 美元$$
$$= 100 美元 / 个 \times 351 个 - 35\,000 美元$$
$$= 35\,100 美元 - 35\,000 美元$$
$$= 100 美元$$

用单位边际贡献表示该简化的利润等式通常也是有效的：

$$单位边际贡献 = 单位售价 - 单位变动成本 = P - V$$
$$利润 = (P \times Q - V \times Q) - 固定成本$$
$$利润 = (P - V) \times Q - 固定成本$$
$$利润 = 单位边际贡献 \times Q - 固定成本$$

我们也可以用该等式计算销售 351 个扬声器的利润：

$$利润 = 单位边际贡献 \times Q - 固定成本$$
$$= 100 美元 / 个 \times 351 个 - 35\,000 美元$$
$$= 35\,100 美元 - 35\,000 美元$$
$$= 100 美元$$

对那些喜欢代数的人，解决本章问题最快、最简单的办法也许就是，在这些简化利润等式中选择一个使用。

6.1.3　本量利在图表中的关系

收入、成本、利润和业务量之间的关系可由**本量利图**（cost-volume-profit graph）阐明。本量利图强调的是一定作业范围内的本量利关系。为了更好地向普雷姆解释他的分析，鲍勃·卢奇里为库思考公司编制了一个本量利图表。

在一个本量利图表（有时叫作保本图）中，单位数量在横轴（X 轴）上表示，金额在纵轴（Y 轴）上表示。编制一个本量利图表包括以下 3 个步骤，详见图 6-1。

（1）画一条与横轴平行的直线来表示总固定成本。对于库思考公司来说，总固定成本是 35 000 美元。

（2）选择某一销售数量，并标出该销售数量对应的总成本（固定和变动）的点。在图 6-1 中，鲍勃·卢奇里选择了 600 个扬声器的业务量。该销售数量对应的总成本是：

	（单位：美元）
固定成本	35 000
变动成本（600 × 150）	90 000
总成本	125 000

在标出该点后，穿过该点以及固定成本线和纵轴的交点做一条直线。

（3）再选择一个销售数量，标出该销售数量对应的总销售金额的点。在图 6-1 中，鲍勃·卢奇里仍然选择 600 个扬声器的业务量。该数量下销售额是 150 000 美元（600 × 250）。穿过该点和原点做一条直线。

图 6-1　编制本量利图表

该本量利图的说明见图 6-2。在任一给定销售水平下的预期利润或亏损，都可以通过总收入线（销售额）和总成本线（变动成本加固定成本）之间的垂直距离衡量。

保本点是总收入和总成本的交叉点。图 6-2 中 350 个扬声器的保本点与之前算出的保本点是一致的。

图 6-2 完成的本量利图表

当销售量低于保本点——在本例中是 350 个，公司遭受亏损。注意，当销售量减少时，该亏损（用总成本线和总收入线之间的垂直距离表示）增大。当销售量高于保本点时，公司获得利润，并且当销售量增加时，利润（用总收入线和总成本线之间的垂直距离表示）的规模增加。

本量利图的一个更简单的形式是利润图，见图 6-3。该图基于以下等式：

$$利润 = 单位边际贡献 \times Q - 固定成本$$

在库思考公司的案例中，该等式表示成：

$$利润 = 100 美元 / 个 \times Q - 5\,000 美元$$

由于这是一个线性等式，它的分布是一条直线。绘制这条线需要计算两个不同销售量的利润、标注其坐标点，然后用一条直线连接这两个点。例如，当销售量是零（即 $Q=0$）时，利润是 −35 000 美元（= 100 美元 / 个 × 0−35 000 美元）。当销售量是 600 个时，利润是 25 000 美元（= 100 美元 / 个 × 600 个 −35 000 美元）。图 6-3 描出了这两个点并用一条直线连接它们。

利润图上的保本点是当利润为零时的销售数量，在图中用虚线表示。注意，随着销售量的增长，利润在保本点的右侧稳定增长；而当销售量下降时，亏损也在保本点的左侧稳定扩大。

图 6-3　利润图

6.1.4　边际贡献率和变动成本比率

在上一节，我们探讨了本量利关系是如何形成的。本节我们将从明确边际贡献率和变动成本比率的定义开始。之后我们会展示在本量利计算中如何使用边际贡献率。

定义这两个术语的第一步，是在库思考公司的贡献式利润表中增加一列，用销售额的百分比形式表示销售额、变动成本和边际贡献。

	总额（美元）	单位金额（美元）	占销售额百分比（%）
销售额（400 个扬声器）	100 000	250	100
变动成本	60 000	150	60
边际贡献	40 000	100	40
固定成本	35 000		
经营净利润	5 000		

边际贡献占销售额的百分比就是**边际贡献率**（contribution margin ratio，CM ratio）。该比率计算如下：

$$边际贡献率 = 边际贡献 / 销售额$$

对于库思考公司，计算是：

$$边际贡献率 = 边际贡献总额 / 总销售额 = 40\ 000\ 美元 / 100\ 000\ 美元 = 40\%$$

像库思考公司这种只生产一种产品的公司，单位产品的边际贡献率也可按如下方式计算：

$$边际贡献率 = 单位边际贡献 / 销售单价 = 100/250 = 40\%$$

类似地，变动成本占销售额的百分比就是**变动成本比率**（variable expense ratio）。该比率的计算如下：

$$变动成本比率 = 变动成本 / 销售额$$

对于库思考公司来说，其计算公式为

$$变动成本比率 = 总变动成本 / 总销售额 = 60\ 000/100\ 000 = 60\%$$

由于库思考公司只生产一种产品，单位产品的变动成本比率也可按如下方式计算：

$$变动成本比率 = 单位变动成本 / 销售单价 = 150/250 = 60\%$$

定义了这两个术语之后，需要强调的是边际贡献率和变动成本比率能在算术上相互联系：

$$边际贡献率 = 边际贡献 / 销售额$$
$$边际贡献率 = (销售额 - 变动成本) / 销售额$$
$$边际贡献率 = 1 - 变动成本比率$$

因此，在库思考公司的案例中，二者的关系如下：

$$边际贡献率 = 1 - 变动成本比率 = 1 - 60\% = 40\%$$

边际贡献率展示了总销售额的改变是如何影响边际贡献的。库思考公司的边际贡献率是40%，这意味着销售额每增加1美元，边际贡献总额将增加40美分（1×40%）。假定固定成本不受销售额增加的影响，经营净利润也将增加40美分。大体上，销售额变化对边际贡献的影响可用如下等式表示：

$$边际贡献变化量 = 边际贡献率 × 销售额变化量$$

正如这个说明所显示的，总销售额任意给定金额的变化对经营净利润的影响，能够通过边际贡献率乘以改变的金额来计算。例如，如果库思考公司计划在下个月增加30 000美元销售额，边际贡献率就将增加12 000美元（销售额增加的30 000美元 × 边际贡献率40%）。正如前面所言，如果固定成本不变的话，经营净利润也将增加12 000美元。验证如下：

	销售量（美元）			占销售百分比（%）
	当期	预期	增长	
销售额	100 000	130 000	30 000	100
变动成本	60 000	78 000[①]	18 000	60
边际贡献	40 000	52 000	12 000	40
固定成本	35 000	35 000	0	
经营净利润	5 000	17 000	12 000	

① 预期销售量 = 130 000 ÷ 250 = 520（个）；预期变动成本 = 520 × 150 = 78 000（美元）。

利润和边际贡献率之间的关系也可使用如下等式表示：

$$利润 = 边际贡献率 \times 销售额 - 固定成本^{\ominus}$$

或者，另一种表达式：

$$利润变化量 = 边际贡献率 \times 销售额变化量 - 固定成本变化量$$

例如，在销售额是 130 000 美元时，预期利润是 17 000 美元，计算如下：

$$
\begin{aligned}
利润 &= 边际贡献率 \times 销售额 - 固定成本 \\
&= 0.40 \times 130\,000\,美元 - 35\,000\,美元 \\
&= 52\,000\,美元 - 35\,000\,美元 \\
&= 17\,000\,美元
\end{aligned}
$$

同样，如果你擅长代数，这个方法比构建贡献式利润表更快、更简单。

在比较两种产品的销售金额时，边际贡献率是非常有用的。在这种情况下，我们要注意的是销售额每增加 1 美元，产品所能产生的最大边际贡献的数额。

6.1.5　本量利原理的其他应用

在展示了本量利计算中边际贡献率的使用后，库思考公司的会计师鲍勃·卢奇里想向该公司的董事长普雷姆·纳拉扬提供 5 个例子，解答公司现在面临的问题——如何运用本量利分析法。所以，他从提醒普雷姆公司每月的固定成本是 35 000 美元开始，并且重申了以下关键数据：

	单位金额（美元）	占销售额百分比（%）
销售价格	250	100
变动成本	150	60
边际贡献	100	40

例 1：改变固定成本和销售数量

库思考公司目前每月卖出 400 个扬声器，每个 250 美元，一个月的总销售额是 100 000 美元。销售经理认为每月增加 10 000 美元的广告预算能使每月的销售额增加 30 000 美元，即卖出 520 个扬声器。是否应该增加这个广告预算呢？下面的表格展示了改变每月广告预算的计划对财务的影响。

	当期销售额（美元）	增加广告预算的销售额（美元）	差额（美元）	占销售额百分比（%）
销售额	100 000	130 000	30 000	100
变动成本	60 000	78 000[①]	18 000	60
边际贡献	40 000	52 000	12 000	40
固定成本	35 000	45 000[②]	10 000	
经营净利润	5 000	7 000	2 000	

① 520 个 × 150 美元 / 个 = 78 000 美元。

② 35 000 美元 + 每月新增 10 000 美元广告预算 = 45 000 美元。

⊖ 该等式源于基础利润等式和如下边际贡献率定义的使用：
利润 =（销售额 - 变动成本）- 固定成本
利润 = 边际贡献 - 固定成本
利润 =（边际贡献 / 销售额）× 销售额 - 固定成本
利润 = 边际贡献率 × 销售额 - 固定成本

假设无须考虑其他因素，应该批准增加广告预算，因为可使经营净利润增长 2 000 美元。算出这个答案有两种简单方法。第一种可供选择的方案如下：

可选方案 1

（单位：美元）

预期边际贡献总额：	
130 000 美元 ×40% 边际贡献率	52 000
当前边际贡献总额：	
100 000 美元 ×40% 边际贡献率	40 000
增加的边际贡献总额	12 000
固定成本的变化量	
减：增加的广告成本	10 000
增加的经营净利润	2 000

因为在这个案例中只有固定成本和销售数量改变了，该答案也可按以下方式快速获得：

可选方案 2

（单位：美元）

增加的边际贡献：	
30 000 美元 ×40% 边际贡献率	12 000
减：增加的广告成本	10 000
增加的经营净利润	2 000

注意，这个方法并不依据以前的销售额的资料。同时注意以上两种简便方法都不需要编制贡献式利润表。在这两个可选方法中都出现了**增量分析**（incremental analysis），也就是说，如果新计划实施，这两种方法只考虑收入和成本的变化量。尽管每个案例都需要编制一个新的利润表，但增量分析法更为简单直接，并能将注意力放在与决策有关的特殊变化上。

例 2：改变变动成本和销售数量

参考原始数据，回想一下，库思考公司目前每月卖出 400 个扬声器。普雷姆正考虑使用更高质量的元件，但这将为每个扬声器增加 10 美元的变动成本（从而减少了边际贡献）。然而，销售经理预测使用更高质量的电子元件将会使每个月扬声器的销售量增加到 480 个。那么应该采用更高质量的电子元件吗？

单位变动成本增加了 10 美元会使单位边际贡献减少 10 美元——从 100 美元变为 90 美元。

方案

（单位：美元）

使用高质量电子元件的预期边际贡献：	
480 个扬声器 ×90 美元 / 个	43 200
当前边际贡献总额：	
400 个扬声器 ×100 美元 / 个	40 000
增加的边际贡献总额	3 200

根据这个分析，公司应该使用更高质量的电子元件。因为固定成本没有改变，表中所展示出的边际贡献增加了 3 200 美元，使经营净利润增加了 3 200 美元。

例 3：改变固定成本、销售价格和销售数量

参考原始数据，回想一下，库思考公司目前每月卖出 400 个扬声器。为增加销售额，销

售经理想把每个扬声器的售价减少 20 美元，并增加每月的广告预算 15 000 美元。销售经理认为如果这两步同时进行，产品销售量将增加 50%，即每个月 600 个扬声器。应该做出这种改变吗？

每个扬声器减少 20 美元的销售价格会使单位边际贡献减少 20 美元，变为 80 美元。

方案

(单位：美元)

降低售价后的预期边际贡献总额：	
600 个扬声器 ×80 美元 / 个	48 000
当前的边际贡献总额：	
400 个扬声器 ×100 美元 / 个	40 000
增加的边际贡献	8 000
固定成本变动：	
减：增加的广告成本	15 000
经营净利润（亏损）	（7 000）

根据这个分析，公司不应该做出这个改变。上表所展示出的经营净利润减少了 7 000 美元。该结论可通过下面比较的贡献式利润表验证：

(单位：美元)

	当前每月 400 个扬声器		预期每月 600 个扬声器		差额
	总额	单位金额	总额	单位金额	
销售额	100 000	250	138 000	230	38 000
变动成本	60 000	150	90 000	150	30 000
边际贡献	40 000	100	48 000	80	8 000
固定成本	35 000		50 000[①]		15 000
经营净利润	5 000		（2 000）		（7 000）

① 35 000 美元 + 每月增加的广告预算 15 000 美元 = 50 000 美元。

例 4：改变变动成本、固定成本和销售数量

与上面一样，参考库思考公司的原始数据。该公司当前每月销售 400 个扬声器。销售经理想给销售人员支付销售佣金，每卖出一个扬声器可获得 15 美元，而不是现在每月支付 6 000 美元的固定工资。销售经理很有自信，这个改变将会使每月的销售量增加 15%，从而达到 460 个扬声器。公司应该做出这种改变吗？

方案

把销售人员的工资从薪金制改为佣金制，会同时影响变动成本和固定成本。每单位变动成本将增加 15 美元，从 150 美元变为 165 美元，单位边际贡献将会从 100 美元减少为 85 美元。固定成本将会减少 6 000 美元，从 35 000 美元变成 29 000 美元。

(单位：美元)

佣金制下的预期边际贡献总额：	
460 个扬声器 ×85 美元 / 个	39 100
当前边际贡献总额：	

（续）

400 个扬声器 × 100 美元/个	40 000
减少的边际贡献总额	（900）
固定成本的变化：	
支付佣金可避免的工资	6 000
增加的经营净利润	5 100

根据这个分析，公司应该做出这个改变。同样的结论也可通过编制比较的贡献式利润表获得：

	当前每月 400 个扬声器		预期每月 460 个扬声器		差额
	总额	单位金额	总额	单位金额	
销售额	100 000	250	115 000	250	15 000
变动成本	60 000	150	75 900	165	15 900
边际贡献	40 000	100	39 100	85	900
变动成本	35 000		29 000		（6 000）①
经营净利润	5 000		10 100		5 100

①注意：固定成本的减少对经营净利润的增加有影响。

例 5：改变销售价格

参考原始数据，库思考公司当前每月销售 400 个扬声器。如果能谈判得到合适的价格，该公司将有向一家批发商出售 150 个扬声器的机会。该销售不会改变公司日常的销售额，也不会影响公司的总固定成本。如果库思考公司在这一批销售中想获得每月 3 000 美元的利润，每个扬声器应向批发商报价多少美元？

方案

（单位：美元）

每个扬声器的变动成本	150
每个扬声器的预期利润：	
3 000 美元 ÷ 150 个扬声器	20
每个扬声器的报价	170

注意，该计算中不包括固定成本。这是因为整批销售不影响固定成本，所以，所有增加的边际贡献都增加了公司利润。

商务实战 6-1 | 报纸宣传仍然值得投资

在数字时代，零售商抛弃伴随着报纸广告的方式（称为报纸宣传）是很容易想象的。然而，韵迪枫传媒（Wanderful Media）估计，读报纸的人中有 80% 会看里面的宣传广告，而只有 1% 的线上读者会点击数字广告。当沃尔玛中止在法戈、北达科他、麦迪逊、威斯康星州、图森和亚利桑那州的报纸宣传，并把这些市场的广告费用用在数字媒体上时，它通过这些统计数据了解了自己的处境。接下来发生的销售额的下降刺激沃尔玛立即恢复了其在印刷报纸中的宣传广告。

科尔百货（Kohl's）希望能减少生产成本，在尽可能保证其现有销售量的基础上减少 40% 的宣传成本。它计划使用过去的购买数据，找出科尔的忠诚顾客最集中的邮政编码，然后把宣传的范围限制在最赚钱的邮政编码区域（而不是将大量的支出花费在所有区域）。该公司可能会使用本量利分析确定这个计划是否能增加利润。

资料来源：Suzanne Kapner, "Retailers Can't Shake Their Circular Habit," *The Wall Street Journal*, March 12, 2015, p.B8.

6.2 保本分析和目标利润分析

我们需要卖出多少商品才能避免亏损？我们要卖出多少商品才能实现每月 10 000 美元的利润？像这样的问题，管理者可以使用保本分析和目标利润分析进行回答。我们先讨论保本分析，再讨论目标利润分析。

6.2.1 保本分析

在本章前面的部分，我们定义了保本点就是公司利润为零时的销售水平。为了计算保本点（用销售量和销售额表示），管理者可以使用基本等式法或者公式法。我们会使用来自库思考公司的数据论证这两个方法。

1. 基本等式法

基本等式法根据本章之前所介绍的基础利润等式计算。由于库思考公司仅有一种产品，我们将使用该等式中边际贡献的形式来完成保本计算。回忆一下，库思考公司的单位边际贡献是 100 美元，固定成本是 35 000 美元，该公司保本点计算如下：

$$利润 = 单位边际贡献 \times Q - 固定成本$$
$$0 = 100 美元/个 \times Q - 35\,000 美元$$
$$100 美元/个 \times Q = 0 + 35\,000 美元$$
$$Q = 35\,000 美元 \div 100 美元/个$$
$$Q = 350 个$$

因此，正如之前所计算的，库思考公司将在每月的销售数量是 350 个扬声器时达到保本状态（或者利润为零）。

2. 公式法

公式法是基本等式法的简化版。它的核心观点是本章之前讨论的，每销售 1 个产品就会提供一定数量的边际贡献用于弥补固定成本。在单一产品情况下，计算保本销售量的公式是：

$$保本销售量 = 固定成本^{\ominus}/单位边际贡献$$

在库思考公司的案例中，达到保本需要的销售量计算如下：

$$
\begin{aligned}
保本销售量 &= 固定成本/单位边际贡献 \\
&= 35\,000\,美元 \div 100\,美元/个 \\
&= 350\,个
\end{aligned}
$$

注意，350个扬声器的结果与使用基本等式法得到的结果是一致的。这种情况永远成立，因为基本等式法和公式法在数学上是相等的。公式法仅仅是跳过了基本等式法的几个步骤。

3. 保本销售额

除了找到保本点销售量，我们也可以使用第三种方法找到保本点销售额。第一，我们可以使用基本等式法和公式法算出保本点销售量，然后把得到的结果乘上销售价格。在库思考公司的案例中，使用这种方法计算保本点销售额就是350个扬声器×2 550美元/个，即87 500美元的总销售额。

第二，我们可以使用基本等式法计算保本点销售额。库思考公司的边际贡献率是40%，固定成本是35 000美元，用基本等式法计算保本点销售额过程如下：

$$
\begin{aligned}
利润 &= 边际贡献率 \times 销售额 - 固定成本 \\
0 &= 0.40 \times 销售额 - 35\,000 \\
0.40 \times 销售额 &= 0 + 35\,000\,美元 \\
销售额 &= 35\,000\,美元 \div 0.40 \\
销售额 &= 87\,500\,美元
\end{aligned}
$$

第三，我们可以使用公式法计算保本时的销售额：

$$保本销售额 = 固定成本^{\ominus}/边际贡献率$$

在库思考公司的案例中，计算如下：

$$
\begin{aligned}
保本销售额 &= 固定成本/边际贡献率 \\
&= 35\,000\,美元 \div 0.40 \\
&= 87\,500\,美元
\end{aligned}
$$

$\ominus$ 该公式源自：

利润 = 单位边际贡献 $\times Q$ - 固定成本

0美元 = 单位边际贡献 $\times Q$ - 固定成本

单位边际贡献 $\times Q$ = 0美元 + 固定成本

Q = 固定成本 $\div$ 单位边际贡献

$\ominus$ 该公式源自：

利润 = 边际贡献率 $\times$ 销售额 - 固定成本

0美元 = 边际贡献率 $\times$ 销售额 - 固定成本

边际贡献率 $\times$ 销售额 = 0 + 固定成本

销售额 = 固定成本 $\div$ 边际贡献率

重申一下，你会注意到 3 种方法计算出的保本点销售额（87 500 美元）是一样的。这种关系永远成立，因为 3 种方法在数学上是相等的。

6.2.2　目标利润分析

使用本量利分析的一个关键就是目标利润分析。在**目标利润分析**（target profit analysis）中，我们估计要实现一个特定的目标利润需要的销售量是多少。例如，假设库思考公司的普雷姆·纳拉扬想要估计，每月实现 40 000 美元的目标利润需要的销售额。为了计算实现目标利润的销售量和销售额，我们需要依靠迄今为止我们所介绍过的两种方法，基本等式法或公式法。

1. 基本等式法

要计算每月实现 40 000 美元的目标利润所需的销售量，库思考公司可以使用保本分析时用到的利润等式。回忆一下，该公司单位产品的边际贡献是 100 美元，总固定成本是 35 000 美元，基本等式法应用如下：

$$利润 = 单位边际贡献 \times Q - 固定成本$$
$$40\,000 美元 = 100 美元/个 \times Q - 35\,000 美元$$
$$100 美元/个 \times Q = 40\,000 美元 + 35\,000 美元$$
$$Q = 75\,000 美元 \div 100 美元/个$$
$$Q = 750 个$$

2. 公式法

我们可以使用如下公式计算实现目标利润时需要的销售量：

$$实现目标利润的销售数量 = (目标利润 + 固定成本) / 边际贡献率$$

在库思考公司的案例中，实现 40 000 美元的目标利润需要的销售量的计算如下：

$$实现目标利润的销售量 = (目标利润 + 固定成本) / 边际贡献率$$
$$= (40\,000 美元 + 35\,000 美元) \div 100 美元/个$$
$$= 750 个$$

3. 基于销售额的目标利润分析

在确定实现目标利润所需的销售额时，我们可以使用计算保本销售额的 3 种方法。第一，我们可以使用基本等式法和公式法计算出实现目标利润需要的销售量，然后用这个结果乘以销售价格。在库思考公司的案例中，实现目标利润所需的销售额应计算为 750 个扬声器 × 250 美元/个，即 187 500 美元的总销售额。

第二，我们可以使用基本等式法计算实现目标利润所需的销售额。库思考公司的目标利润是 40 000 美元，边际贡献率是 40%，固定成本是 35 000 美元，基本等式法计算的结果如下：

$$利润 = 边际贡献率 \times 销售额 - 固定成本$$
$$40\,000 美元 = 0.40 \times 销售额 - 35\,000 美元$$
$$0.40 \times 销售额 = 40\,000 美元 + 35\,000 美元$$

$$销售额 = 75\ 000\ 美元 \div 0.40$$
$$销售额 = 187\ 500\ 美元$$

第三，我们可以使用公式法计算实现目标利润需要的销售额：

$$实现目标利润的销售额 = （目标利润 + 固定成本） \div 边际贡献率$$

在库思考公司的案例中，计算如下：

$$实现目标利润的销售额 = （目标利润 + 固定成本） \div 边际贡献率$$
$$= （40\ 000\ 美元 + 35\ 000\ 美元） \div 0.40$$
$$= 187\ 500\ 美元$$

重申一下，你会注意到我们使用的方法算出的结果是一样的。这是因为所有的方法都仅仅是通往相同目的地的不同道路而已。

商务实战 6-2 | 你会为了一双运动鞋支付 800 美元吗

一些公司依靠销售量驱动利润，而其他公司则通过稀缺性增加边际贡献和利润。巴斯米（Buscemi）运动鞋以每双 760 美元的价格闯入市场，不久就攀升到 865 美元一双。该公司有意限制生产以驱动利润。它首先生产一批运动鞋，只有 600 双，然后在几天内售完。然后该公司再向市场投放 4 000 双鞋，当流行歌星贾斯汀·比伯在照片分享上放上一张签了名的金色巴斯米的时候，这些鞋全部售光。下一步就是在大概 50 个商店再投放 8 000 双鞋。尽管巴斯米完全有能力增加生产和提高销售量，但该公司仍选择限制其可获得性来增加品牌的神秘度（以及价格）。

资料来源：Hannah Karp, "An $800 Sneaker Plays Hard to Get," *The Wall Street Journal*, July 28, 2014, pp.B1 and B7.

6.2.3 安全边际

安全边际（margin of safety）是指预计或实际销售额超过保本销售额的部分。它是在亏损之前可以发生的销售额下滑的数量。安全边际越高，收支不平衡并发生亏损的风险越低。安全边际的公式如下：

$$安全边际额 = 总预计（或实际）销售额 - 保本额$$

安全边际也可以用安全边际额除以总销售额的百分比形式表达：

$$安全边际率 = 安全边际额 / 总预计（或实际）销售额$$

库思考公司安全边际的计算如下：

销售额（当前数量是 400 个扬声器）(a)（美元）	100 000
保本额（350 个扬声器）（美元）	87 500
安全边际额 (b)（美元）	12 500
安全边际率，(b) ÷ (a)	12.5%

这个安全边际意味着在当前该公司的销售水平、价格和成本结构下，销售额减少12.5%，即12 500美元时，正好达到保本。

在像库思考公司这样的单一产品公司中，可以将安全边际表达成售出产品数量的形式，即用安全边际额除以单位产品销售价格。在这个案例中，安全边际是50个扬声器（12 500美元÷250美元/个＝50个扬声器）。

⊙**管理会计实践6-2**

普雷姆·纳拉扬和鲍勃·卢奇里见面讨论鲍勃分析的结果。

普雷姆：鲍勃，你展示给我的所有东西都非常清晰。我能看出销售经理的建议对我们的利润有什么影响。其中的一些建议非常好，也有的并不太好。我担心的是我们的安全边际只是50个扬声器。我们怎么才能增加这个数字？

鲍勃：我们得增加总销售额或者降低保本点，或者双管齐下。

普雷姆：要降低保本点的话，我们要么减少固定成本，要么增加我们的单位边际贡献？

鲍勃：没错。

普雷姆：你的建议是什么？

鲍勃：这个分析没法告诉我们选哪个方案，但它确实指出在这里我们有一个潜在的问题。

普雷姆：如果你没有什么直接的建议，我想召开一个全体会议来讨论我们能够增加安全边际的方法。我想每个人都会关心我们有多容易受到销售额下降带来的危害，即便其下降的幅度十分小。

6.3　在选择成本结构中考虑本量利因素

成本结构代表了一个组织中固定成本和变动成本的相对比例。管理者通常要在这两种类型的成本之间进行权衡。例如，对自动化设备的固定投资可以减少变动的人工成本。本节我们既会讨论成本结构的选择，也会介绍经营杠杆的概念。

6.3.1　成本结构和利润稳定性

哪种成本结构更好——高变动成本和低固定成本，还是相反的情况？这个问题没有唯一的答案，每个方法都有它的优点。为了回答这个问题，请看以下来自两个蓝莓农场的贡献式利润表。博赛德农场（Bogside Farm）依靠流动工人手工摘取浆果，而斯特林农场（Sterling Farm）投资了昂贵的摘果机。结果是，博赛德农场有更高的变动成本，而斯特林农场有更高的固定成本。

	博赛德农场		斯特林农场	
	金额（美元）	比例（%）	金额（美元）	比例（%）
销售额	100 000	100	100 000	100
变动成本	60 000	60	30 000	30
边际贡献	40 000	40	70 000	70
固定成本	30 000		60 000	
经营净利润	10 000		10 000	

哪个农场拥有更好的成本结构？这取决于很多因素，包括销售额的长期趋势、销售水平的同比波动以及所有者对待风险的态度。如果销售额在未来预期会超过 100 000 美元，那么斯特林农场的成本结构更合理。因为它的边际贡献率更高，因此当销售额增加时，它的利润增长得更快。这句话的意思是，假定每个农场在固定成本不变的情况下，销售额增加 10%。新的贡献式利润表如下：

	博赛德农场		斯特林农场	
	金额（美元）	比例（%）	金额（美元）	比例（%）
销售额	110 000	100	110 000	100
变动成本	66 000	60	33 000	30
边际贡献	44 000	40	77 000	70
固定成本	30 000		60 000	
经营净利润	14 000		17 000	

即便两个农场销售额的增长是相同的，但由于斯特林农场的边际贡献率更高，它的经营净利润涨幅会更大。

假如销售额降到 100 000 美元会怎样呢？两个农场的保本点是多少？它们的安全边际是多少？使用公式法计算如下：

	博赛德农场	斯特林农场
固定成本（美元）	30 000	60 000
边际贡献率	÷ 0.40	÷ 0.70
保本销售额（美元）	75 000	85 714
当期总销售额（a）(美元)	100 000	100 000
保本额（美元）	75 000	85 714
安全边际销售额（b)(美元)	25 000	14 286
安全边际率（b）÷（a)(%)	25.0	14.3

博赛德农场的安全边际更高，并且它的边际贡献率也比斯特林农场低。因此，比起斯特林农场，博赛德农场更能承受销售额下降带来的风险。由于其较低的边际贡献率，当销售额下降时，博赛德农场边际贡献损失的速度不会像斯特林农场那么快。因此，博赛德农场的利润比较稳定。之前我们看到当销售额上升时这是它的一个缺点，但销售额下降时它又提供了更多的保障。并且因为它的保本点更低，在摆脱亏损之前博赛德农场能承受更大幅度的销售额下降。

总之，在未来不确定的情况下，很难确定哪一个成本结构更好。两种结构都存在优点和缺点。斯特林农场有较高的固定成本和较低的变动成本，在销售额发生波动时经营净利润会产生大幅摆动，丰年时的利润会更高，灾年时的亏损也更大。博赛德农场有较低的固定成本和较高的变动成本，享有更高的利润稳定性，并在灾年时得到保障，但这是以丰年时的经营净利润更低为代价的。此外，如果斯特林农场更高的固定成本能带来更高的生产能力，相较于博赛德农场，斯特林农场能更好地从未预期的需求增加中获利。

6.3.2　经营杠杆

杠杆是增加力量的工具。使用杠杆可以仅用适当的力气移动巨大的物体。在企业中，经营杠杆也能达到相同的目的。**经营杠杆**（operating leverage）是衡量经营净利润对销售额变化敏感性的量度指标。经营杠杆就像一个放大器。如果经营杠杆很高，销售额增长一个很小的比例，就能使经营净利润产生更大比例的增长。

上文提到的两个蓝莓农场的例子就可以解释经营杠杆。我们已经算出了销售额增长 10%（每个农场的销售额从 100 000 美元增长到 110 000 美元）会使斯特林农场的经营净利润增长 70%（从 10 000 美元增长到 17 000 美元），而博赛德农场仅增长了 40%（从 10 000 美元增长到 14 000 美元）。因此，销售额增长 10%，比起博赛德农场，斯特林农场的利润产生了一个更大比例的增长。所以斯特林农场的经营杠杆要比博赛德农场大。

在给定销售水平的情况下，**经营杠杆系数**（degree of operating leverage）计算如下：

$$经营杠杆系数 = 边际贡献 / 经营净利润$$

在给定销售水平时，经营杠杆系数是对销售数量变动程度对利润影响幅度的量度。举个例子，在销售额为 100 000 美元时，两个农场的经营杠杆系数计算如下：

$$博赛德农场：10\,000 \ 美元 \div 10\,000 \ 美元 = 4$$
$$斯特林农场：70\,000 \ 美元 \div 10\,000 \ 美元 = 7$$

由于博赛德农场的经营杠杆系数是 4，该农场的经营净利润的增长幅度是销售额增长幅度的 4 倍。相比之下，斯特林农场经营净利润的增长幅度是销售额增长幅度的 7 倍。因此，如果销售额增长 10%，我们可以预计博赛德农场的经营净利润增长 4 倍，或者说增长 40%；而斯特林农场的经营净利润会增长 7 倍，即 70%。总之，销售额的变化比例和经营净利润的变化比例之间的关系可用以下公式表示：

$$经营净利润变化比例 = 经营杠杆系数 \times 销售额变化比例$$
$$博赛德农场：经营净利润变化比例 = 4 \times 10\% = 40\%$$
$$斯特林农场：经营净利润变化比例 = 7 \times 10\% = 70\%$$

是什么使斯特林农场的经营杠杆更高呢？两个农场之间唯一的区别就是它们的成本结构。如果两家公司有相同的总收入和总成本，但其成本结构不同，那么固定成本在成本结构中占比更大的公司拥有更高的经营杠杆。想一想之前的数据，两个农场的销售额都是 100 000 美元，总成本都是 90 000 美元，博赛德农场成本的 1/3 是固定成本，而斯特林农场成本的 2/3 是固定成本。因此，斯特林的经营杠杆系数比博赛德的更高。

经营杠杆系数不是一成不变的；销售水平越接近保本点，其经营杠杆系数越大，并且会随着销售额和利润的增长而减少。下面的表格展示了博赛德农场在不同销售水平下的经营杠杆系数。

（单位：美元）

销售额	75 000	80 000	100 000	150 000	225 000
变动成本	45 000	48 000	60 000	90 000	135 000
边际贡献（a）	30 000	32 000	40 000	60 000	90 000
固定成本	30 000	30 000	30 000	30 000	30 000
经营净利润（b）	0	2 000	10 000	30 000	60 000
经营杠杆系数（a）÷（b）	∞	16	4	2	1.5

因此，如果销售额是 225 000 美元，销售额增加 10%，利润仅会增加 15%（10%×1.5），相比于我们之前所计算的在 100 000 美元的销售水平下，利润的增长幅度是 40%。随着公司的销售水平远离保本点，其经营杠杆系数也会一直减少。而在保本点上时，经营杠杆系数则是无穷大（30 000 美元的边际贡献 ÷0 美元的经营净利润 = ∞）。

经营杠杆系数可以用来快速估计出销售额不同比例的变动对利润的影响，而没有编制详细的贡献式利润表的需要。正如我们的例子所显示的，经营杠杆的影响是戏剧性的。如果一个公司靠近它的保本点，销售额很小比例的增长也能使利润产生一个很大比例的增长。这就可以解释为什么管理部门要为了销售数量微小的增长而拼命努力工作。如果经营杠杆系数是 5，那么销售额 6% 的增长就可以转变为利润 30% 的增长。

商务实战 6-3 ｜ 两家线上杂货商成本结构的比较

也许商业网站时代最大的失败是一家名叫威普旺（Webvan）的线上杂货商。这家公司在 2001 年破产之前"烧掉"了 800 万美元的现金然后停止运营。威普旺垮台的部分原因是其成本结构严重向固定成本倾斜。例如，威普旺在冷藏库中储藏了大量的存货，而每建造一个冷藏库需要 4 000 万美元。该公司还有 4 500 名享有薪酬福利的雇员（包括仓库工人和送货人员）以及一队自有的运货卡车。

2015 年之后，易达客股份有限公司（Instacart Inc.）正设法成为赚钱的线上杂货商。只是这一次易达客公司努力避免曾困扰威普旺的巨大固定成本投资。易达客公司用独立承包的驾驶员为顾客运送杂货，代替雇用享有薪酬福利的雇员。该公司为每单运送货物支付给驾驶员 10 美元，此外，基于订单大小和运送速度进行额外补偿。由于驾驶员使用自己的车直接从超市装上杂货，从而消除了卡车队、昂贵的冷藏库和被易腐坏的存货占用的营运成本。

资料来源：Greg Benninger, "Rebuilding History's Dot-Com Bust," *The Wall Street Journal*, January 13, 2015, pp.B1-B2.

6.4　设计销售佣金

公司通常按照以销售额为基础的佣金、薪金或者两者相联系的方式给售货员支付报酬。以销售额为基础的佣金会导致利润较低。以派乐无限责任公司（Pipeline Unlimited）为例，该公司是冲浪设备的生产商。售货员横跨北美和太平洋地区向零售运动商品店销售公司的产品。该公司的两种冲浪板——XR7 和涡轮式的数据如下。

（单位：美元）

	样式	
	XR7	涡轮式
销售价格	695	749
变动成本	344	410
边际贡献	351	339

如果售货员能获得销售额 10% 的佣金，那么他们会努力推销哪种样式？答案是涡轮式，因为涡轮式的销售价格更高，因而其获得的佣金会更高。另一方面，从公司的角度来讲，如果售货员能引导顾客倾向于购买 XR7，公司的利润会更高，因为这样会使得边际贡献更高。

为了消除这一矛盾，佣金可以以边际贡献为基础而不是以销售价格为基础。如果这样做，售货员会想要出售使边际贡献最大化的产品组合。假定固定成本保持不变，边际贡献的最大化也将使公司利润最大化。[⊖]实际上，售货员通过最大化他们自己的报酬，同时也使公司利润最大化。

6.5　销货组合

在结束本量利概念的讨论之前，我们需要考虑销货组合对公司利润的影响。

6.5.1　销货组合的定义

销货组合（sales mix）指的是一家公司销售产品的相对比例。其目的是取得能产生最大利润的组合。大多数公司有许多产品，并且通常情况下这些产品的获利能力并不相等。因此，在某种程度上利润会依赖于公司的销货组合。比起低边际贡献的产品，高边际贡献产品在销售额中所占的相对比例更大的话，利润也会更高。

销货组合的变化能导致公司利润产生复杂的变化。在销货组合中，高边际贡献产品向低边际贡献的转变会引起总利润的减少，哪怕总销售额也许会增加。反之，销货组合中低边际贡献产品向高边际贡献产品的转变会产生相反的影响——即使总销售额减少，总利润也会增加。因此，完成一定的销售数量是一码事，而卖出获利能力最大的产品组合是另一码事。

商务实战 6-4

当电脑制造商介绍"上网本"的时候，他们期望上网本能充当顾客的第三台电脑而不是替代家用电脑和办公用个人电脑，更应该是对它们的补充。然而，当经济恶化，许多顾客决定买一台价格更低的上网本来代替个人电脑，这反过来对许多公司的财务业绩产生了不利的影响。例如，当微软（Microsoft）没能达到它的销售目标时，该公司把它的问题归咎于上网本销售额的增加以及个人电脑销售额的减少。微软每个上网本的视窗操作系统售价是 15～25 美元，这比该公司最便宜的个人电脑的视窗操作系统售价的一半还要低。

资料来源：Olga Kharif, "Small, Cheap-and Frighteningly Popular," *BusinessWeek*, December 8, 2008, p.64.

6.5.2　销货组合和保本分析

如果一家公司销售多种产品，其保本分析比起之前所讨论的要更复杂。原因是不同的产品有不同的销售价格、不同的成本和不同的边际贡献。因此，保本点会依赖于不同产品的组合。举个例子，沃吉尼无限责任公司（Virtual Journeys Unlimited）是一家销售两种光盘的小公司：一种是介绍美国最受欢迎的国家保护区的纪念光盘；另一种是介绍美国国家公园的公园光盘。该公司 9 月的销售额、成本和保本点如图 6-4 所示。

⊖　这里也假定公司没有生产条件限制。如果有限制，那就应该修改销售佣金。

沃吉尼无限责任公司 9 月的贡献式利润表						
	纪念光盘		公园光盘		总额	
	金额（美元）	百分比（%）	金额（美元）	百分比（%）	金额（美元）	百分比（%）
销售额	20 000	100	80 000	100	100 000	100
变动成本	15 000	75	40 000	50	55 000	55
边际贡献	5 000	25	40 000	50	45 000	45
固定成本					27 000	
经营净利润					18 000	

保本点计算：　　　固定成本 / 总体边际贡献率 = 27 000 美元 ÷ 0.45 = 60 000 美元

保本点检验：

	纪念光盘	公园光盘	总额
当前销售额（美元）	20 000	80 000	100 000
占总销售额百分比（%）	20	80	100
保本点销售额（美元）	12 000	48 000	60 000

	纪念光盘		公园光盘		总额	
	金额（美元）	百分比（%）	金额（美元）	百分比（%）	金额（美元）	百分比（%）
销售额	12 000	100	48 000	100	60 000	100
变动成本	9 000	75	24 000	50	33 000	55
边际贡献	3 000	25	24 000	50	27 000	45
固定成本					27 000	
经营净利润					0	

图 6-4　多产品保本分析

沃吉尼无限责任公司 10 月的贡献式利润表						
	纪念光盘		公园光盘		总额	
	金额（美元）	百分比（%）	金额（美元）	百分比（%）	金额（美元）	百分比（%）
销售额	80 000	100	20 000	100	100 000	100
变动成本	60 000	75	10 000	50	70 000	70
边际贡献	20 000	25	10 000	50	30 000	30
固定成本					27 000	
经营净利润					3 000	

保本点计算：

固定成本 / 总体边际贡献率 = 27 000 美元 ÷ 0.30 = 90 000 美元

图 6-5　多品种保本分析：销货组合转换（见图 6-4）

如图 6-4 所示，保本点销售额是 60 000 美元，是由该公司的固定成本 27 000 美元除以 45% 的总体边际贡献率计算得出。然而，这仅是在公司不改变销售组合时的保本状态。目前，纪念光盘占公司销售额的 20%，公园光盘占销售额的 80%。假定该销货组合不变，如果总销售额是 60 000 美元，那么纪念光盘销售额会是 12 000 美元（60 000 美元的 20%），公园光盘的销售额是 48 000 美元（60 000 美元的 80%）。如图 6-4 所示，在这个销售水平下，公司才真正实现了保本。但这仅是在销货组合不变的情况下，60 000 美元才代表了保本点。如果销货组合改变，保本点也将随之改变。10 月的结果可以说明这一点，在 10 月，该公司的销货组合从高盈利的公园光盘（50% 的边际贡献率）转向低盈利的纪念光盘（25% 的边际贡献率）。结果如图 6-5 所示。

尽管销售额保持了 100 000 美元不变，但图 6-5 中的销货组合与图 6-4 中的正好相反，图 6-5 中大块的销售额来自低盈利的纪念光盘。注意，尽管销售额相同，但销货组合的这种转换导致了总边际贡献率和总利润比起上个月均出现了急剧的下滑。总边际贡献率从 9 月的 45% 滑落到 10 月的 30%，经营净利润从 18 000 美元下降到了 3 000 美元。另外，随着总边际贡献率的下滑，该公司的保本点不再是 60 000 美元的销售额。因为公司意识到了现在 1 美元的销售额所能带来的平均边际贡献较低，所以它们需要更多的销售额来弥补数额相同的固定成本。因此，保本点从每年 60 000 美元的销售额增加到每年 90 000 美元。

在保本分析中，做出假定时需要考虑到销货组合，通常情况下我们假设销货组合不会发生改变。然而，如果销货组合预计会发生改变，那么这一点在任何本量利计算中都要被明确地考虑到。

本章小结

本量利分析是以一个简单的模型为基础，描述有关价格、成本和数量是如何影响利润的。这个模型通常用来回答不同的关键问题，例如公司的保本销售量是多少，它的安全边际是多少，以及如果价格、成本和数量发生了特定的变化会导致什么结果。

本量利图表描述了销售量和固定成本、变动成本、总成本以及利润之间的关系。利润图比本量利图更简单，它展示了销售额是怎样影响利润的。本量利图和利润图有助于直接反映销售额的改变是怎样影响成本和利润的。

边际贡献率是边际贡献占销售额的比率。这个比率能用来快速估计总销售额的变动会引起经营净利润多大的变动。在保本分析中也会用到该比率。

保本分析用来计算保本销售额。保本销售量可以用固定成本除以单位边际贡献计算得到。目标利润分析用来计算实现某一特定的目标利润所需的销售额。实现目标利润需要的销售量可以用目标利润与固定成本之和除以单位边际贡献得到。

安全边际是一家公司预期（或实际）销售额超过保本销售额的数额。

经营杠杆系数能快速地计算出给定的销售额变动幅度对经营净利润的影响。经营杠杆系数越大，对公司利润的影响程度越大。经营杠杆系数不是一成不变的，它依赖于公司当前的销售水平。

多产品公司的利润会受到公司销货组合的影响。销货组合的改变会影响保本点、安全边际和其他关键因素。

复习题：本量利关系

富尔特公司（Voltar Company）为高电磁辐射环境生产并销售一种专用无线电话。该公司最近一年的贡献式利润表如下：

	总额（美元）	单位金额（美元）	占销售额百分比 (%)
销售额（20 000 件）	1 200 000	60	100
变动成本	900 000	45	?
边际贡献	300 000	15	?
固定成本	240 000		
经营净利润	60 000		

管理部门想要增加公司的利润，要求对一些产品品种进行分析。

要求：

（1）计算该公司边际贡献率和变动成本比率。

（2）使用基本等式法计算该公司保本点的销售量和销售额。

（3）假定下一年销售额增加了 400 000 美元。如果成本性态模式保持不变，该公司的经营净利润会增加多少？使用边际贡献率计算得出你的答案。

（4）参考原始数据。假定下一年管理部门想要该公司赚到至少 90 000 美元的利润。要达到这个目标利润，需要售出多少件产品？

（5）参考原始数据。计算该公司的安全边际，用金额和百分比的形式表示。

（6）a. 计算该公司在当前销售水平下的经营杠杆系数。

b. 假定通过销售人员的努力，该公司下一年的销售额增加了 8%，那么你预计经营净利润会增加多少百分比？使用经营杠杆系数获得答案。

c. 按销售额增加 8% 编制一个新的贡献式利润表，以此核实在（b）中得到的答案。

（7）参考原始数据。为努力增长销售额和利润，管理部门正考虑使用更高质量的扬声器。更高质量的扬声器会使每件产品的变动成本增加 3 美元，但管理部门可以辞去一位年薪 30 000 美元的质检员。销售经理估计，更高质量的扬声器会使年销售额至少增加 20%。

a. 假定上述变化发生，为下一年编制一个计划的贡献式利润表。数据用总额、单位金额和百分比表示。

b. 使用公式法计算该公司新的保本点销售量和保本点销售额。

c. 你推荐该公司做出的这个变化吗？

复习题答案：

（1）边际贡献率 ＝ 单位边际贡献 / 单位销售价格 ＝ $15 \div 60 = 25\%$

变动成本比率 ＝ 变动成本 / 销售价格 ＝ $45/60 = 75\%$

（2）利润 ＝ 单位边际贡献 $\times Q$ － 固定成本

$0 = 15$ 美元 / 件 $\times Q - 240\,000$ 美元

15 美元 / 件 $\times Q = 240\,000$ 美元

$Q = 240\,000$ 美元 $\div 15$ 美元 / 件

$Q = 16\,000$ 件；或在每单位产品 60 美元时，960 000 美元

（3）

增加的销售额（美元）	400 000
边际贡献率	×25%
预期增加的边际贡献（美元）	100 000

由于固定成本预计不变，经营净利润将按照上面计算的边际贡献 100 000 美元的增长额全额增长。

（4）基本等式法：

利润 ＝ 单位边际贡献 $\times Q$ － 固定成本

$90\,000$ 美元 $= 15 \times Q - 240\,000$ 美元

15 美元 / 件 $\times Q = 90\,000$ 美元 $+ 240\,000$ 美元

$Q = 330\,000$ 美元 $\div 15$ 美元 / 件

$Q = 22\,000$ 件

公式法：

实现目标利润的销售额 ＝（目标利润 + 固定成本）/ 单位边际贡献

＝（90 000 美元 + 240 000 美元）$\div 15$ 美元 / 件

＝ 22 000 件

（5）安全边际额 ＝ 总销售额 － 保本额 ＝ 1 200 000 美元 － 960 000 美元 ＝ 240 000 美元

安全边际率 ＝ 安全边际额 / 总销售额 ＝ 240 000 美元 $\div 1\,200\,000$ 美元 ＝ 20%

（6）a. 经营杠杆系数 ＝ 边际贡献 / 经营净利润 ＝ 300 000 美元 $\div 60\,000$ 美元 ＝ 5

b.

预计增加的销售额	8%
经营杠杆系数	×5
预计增加的经营净利润	40%

c. 如果销售额增加了 8%，那么下一年会售出 21 600 件产品（$20\,000 \times 1.08 = 21\,600$）。新的贡献式利润表将如下所示：

	总额（美元）	单位金额（美元）	占销售额百分比（%）
销售额（21 600 件）	1 296 000	60	100
变动成本	972 000	45	75
边际贡献	324 000	15	25
固定成本	240 000		
经营净利润	84 000		

因此，下一年预期的 84 000 美元的经营净利润，代表了在当年赚到的 60 000 美元的经营净利润上增加了 40%：

（84 000 美元 － 60 000 美元）$\div 60\,000$ 美元 ＝ 24 000 $\div 60\,000$ ＝ 40% 的增加

注意，销售量从 20 000 件到 21 600 件的增长不仅增加了总销售量，也增加了总变动成本。

（7）a. 销售额增长 20% 将使下一年售出 24 000 件产品：20 000 件 × 1.20 = 24 000 件。

	总额 （美元）	单位金额 （美元）	占销售额 比例（%）
销售额（24 000 件）	1 440 000	60	100
变动成本	1 152 000	48[①]	80
边际贡献	288 000	12	20
固定成本	210 000[②]		
经营净利润	78 000		

① 45 美元 + 3 美元 = 48 美元；48 ÷ 60 = 80%。
② 240 000 美元 − 30 000 美元 = 210 000 美元。

注意，每单位变动成本的改变使得单位边际贡献和边际贡献率发生改变。

b. 保本销售量 = 固定成本 / 单位边际贡献
= 210 000 美元 ÷ 12 美元 / 件 = 17 500 件
保本销售额 = 固定成本 / 边际贡献率 =
210 000 美元 ÷ 0.20 = 1 050 000（美元）

c. 根据这些数据，应该做出这个变化。这个变化使公司的经营净利润从目前的 60 000 美元增长到了每年 78 000 美元。尽管这个改变也导致了更高的保本点（相较于目前的 16 000 件变成了 17 500 件），但该公司的安全边际实际上比以前更高了：
安全边际额 = 总销售额 − 保本额 =
1 440 000 − 1 050 000 = 390 000（美元）

正如在（5）中展示的，该公司目前的安全边际仅是 240 000 美元。因此，题中所提议的改变会带来一些利益。

术语表

Break-even point 保本点 利润为零时的销售水平。

Contribution margin ratio(CM ratio) 边际贡献率 用边际贡献除以销售额得到的比率。

Cost-volume-profit(CVP) graph 本量利图 对一个组织中一方面的收入、成本和利润以及另一方面的销售数量二者之间关系的图解的描述。

Degree of operating leverage 经营杠杆系数 在给定销售水平下，销售额变化的比例如何影响利润变化的量度。经营杠杆系数是用边际贡献除以经营净利润计算得出的。

Incremental analysis 增量分析 仅对那些由于一个决定而改变的成本和收入进行分析方法。

Margin of safety 安全边际 预期或实际销售额超过保本销售额的部分。

Operating leverage 经营杠杆 衡量经营净利润对于给定销售额变化幅度的敏感性。

Sales mix 销货组合 一家公司销售产品的相对比例。销货组合通过每个产品的销售额占总销售额的比例来计算表达。

Target profit analysis 目标利润分析 估计实现特定目标利润所需要的销售数量。

Variable expense ratio 变动成本比率 变动成本除以销售额计算得到的比率。

思考题

1. 边际贡献率的含义是什么？在计划商业运营时该比率是如何发挥作用的？
2. 通常做出一个商业决定最直接的方式时增量分析。增量分析的意思是什么？
3. 除了公司 A 有更多的变动成本而公司 B 有更多的固定成本之外，公司 A 和公司 B 在所有的方面都相同。当销售额增加时，哪家公司会取得更大的利润增长？请做出解释。
4. 经营杠杆的含义是什么？
5. 保本点的含义是什么？

6. 为回应你直属上司的要求，你编制了一个本量利图来描绘你们公司产品和经营的成本及收入特点。解释一下当发生如下变化时，图表上的线和保本点会怎样变化：

（1）每单位销售价格减少；

（2）在图上描绘的整个相关范围内固定成本增加；

（3）每单位变动成本增加。

7. 安全边际的含义是什么？

8. 术语销货组合的含义是什么？在本量利分析中，有关销货组合通常会做出什么假定？

9. 解释一下销货组合的转变是如何同时导致保本点提高和经营净利润降低的？

练习题

1. 缺失数据、基础本量利概念

把下面 8 个案例情境缺失的数据补充完整。每个案例都是独立于其他案例的。（提示：找到缺失数据的一个方法是为每个案例编制一个贡献式利润表，输入已知的数据，然后计算出缺失的数据。）

a. 假定以下 4 种案例情境中每个都只销售一种产品：

案例	销售量	销售额（美元）	变动成本（美元）	单位边际贡献（美元）	固定成本（美元）	经营净利润（亏损）(美元)
1	15 000	180 000	120 000	?	50 000	?
2	?	100 000	?	10	32 000	8 000
3	10 000	?	70 000	13	?	12 000
4	6 000	300 000	?	?	100 000	（10 000）

b. 既定以下 4 种案例情境中每个都售卖超过一种产品：

案例	销售额（美元）	变动成本（美元）	平均边际贡献率（%）	固定成本（美元）	经营净利润（亏损）(美元)
1	500 000	?	20	?	7 000
2	400 000	260 000	?	100 000	?
3	?	?	60	130 000	20 000
4	600 000	420 000	?	?	（5 000）

2. 经营杠杆

麦瑞姆股份有限公司（Magic Realm Inc.）已经开发出一款新的幻想棋盘游戏。该公司上一年以 20 美元 / 款的价格卖出了 15 000 款游戏。该游戏的总固定成本是每年 182 000美元，每款游戏的变动成本是 6 美元。该游戏的生产委托给了一家印刷承包商。变动成本中的大部分都是支付给这家承包商的报酬。

要求：

（1）为去年这款游戏编制一个贡献式利润表并计算经营杠杆系数。

（2）管理部门对下一年能售出 18 000款游戏充满信心（比上一年增长了 3 000 款游戏，即 20%）。给出如下假定：

a. 下一年经营净利润预期增长的比例是多少？

b. 下一年预期的经营净利润是多少？（不要编制贡献式利润表，使用经营杠杆系数计算。）

3. 保本分析和本量利图表

哈特福交响乐协会（Hartford Symphony Guild）正计划它的年度晚宴舞会。晚宴舞会委员会为此收集了如下预期成本数据：

	（单位：美元）
晚餐（每人）	18
赠品和流程表（每人）	2
乐队	2 800
舞厅租金	900
幕间休息期间的专业娱乐	1 000
门票和广告	1 300

为了这个晚上的活动，委员会成员想向每人要价 35 美元。

要求：

（1）晚宴舞会的保本点是多少（依据参加的人数）？

（2）假定去年仅有 300 人参加了晚宴舞会。如果今年参加的人数相同，为保本，每张门票应要价多少？

（3）参考原始数据（门票价格 35 美元 / 人）。从卖出 0 张门票一直到 600 张门票，为晚宴舞会绘制一个本量利图表。

4. 保本分析和目标利润分析

奥贝体育用品商（Outback Outfitters）销售休闲设备。其中一家公司的产品是一种小型的野营用炉，每个售价 50 美元。每个火炉的变动成本是 32 美元，火炉的总固定成本是每月 108 000 美元。

要求：

（1）保本销售量和保本销售额各是多少？

（2）如果每个火炉的变动成本增加会造成其销售价格的增加，这会使保本点升高还是降低？为什么？（假定固定成本保持不变。）

（3）当前该公司每月卖出 8 000 个火炉。销售经理确信如果销售价格减少 10%，每月火炉的销售量会增长 25%。编制两个贡献式利润表：一个根据当前的经营情况；另一个根据按计划改变后出现的经营情况。在利润表上要展现出总额和单位金额的数据。

（4）参考题（3）中的数据。在新的销售价格下，要实现 35 000 美元的目标利润，每月要卖出多少个火炉？

5. 保本分析和目标利润分析、安全边际、边际贡献率

门洛公司（Menlo Company）生产一种产品。该公司上个月的销售额和成本如下：

（单位：美元）

	总额	单位金额
销售额	450 000	30
变动成本	180 000	12
边际贡献	270 000	18
固定成本	216 000	
经营净利润	54 000	

要求：

（1）每月的保本销售量和保本销售额是多少？

（2）不凭借计算的话，保本点的总边际贡献是多少？

（3）每月需要售出多少产品才能实现 90 000 美元的目标利润？通过编制目标销售额水平下的贡献式利润表验证你的答案。

（4）参考原始数据。计算该公司的安全边际额和安全边际率。

（5）该公司的边际贡献率是多少？如果每月的销售额增长了 50 000 美元而固定成本不发生改变，你预期每月的经营净利润会增加多少？

问题

1. 本量利应用、边际贡献率、经营杠杆系数

福泽瑞股份有限公司（Feather Friends Inc.）生产一种高质量的木质鸟笼，每个售价 20 美元。每个鸟笼的变动成本是 8 美元，总固定成本是每年 180 000 美元。它上一年的经营结果如下：

（单位：美元）

销售额	400 000
变动成本	160 000
边际贡献	240 000
固定成本	180 000
经营净利润	60 000

要求：

基于原始数据，独立回答以下问题：

（1）产品的边际贡献率是多少？

（2）使用边际贡献率计算保本销售额。

（3）如果今年的销售额增长了 75 000 美元且固定成本不发生改变，经营净利润会增加多少？

（4）a. 基于上年的销售额，经营杠杆系数是多少？

b. 假定董事长希望今年的销售额增长 20%。使用去年的经营杠杆系数计算，该公司今年将要实现的经营净利润会增长的百分比是多少？

（5）销售经理确信销售价格减少 10%，同时广告费用增长 30 000 美元，会使今年的销售量增长 25%。如果销售经理是正确的，实施他的想法会使今年的经营净利润变化多少？你推荐该公司实施销售经理的建议吗？为什么？

（6）董事长不想改变销售价格，而是想把每件产品的销售佣金增加 1 美元。他认为这个措施再配合广告费用的适量增长，会使今年的销售额增长 25%。如果仍要像去年一样赚到 60 000 美元的经营净利润的话，今年董事长可以增加多少广告费用？

2. 销货组合、保本分析、安全边际

帕劳群岛的爱兰纪念品股份有限公司（Island Novelties Inc.）生产两种产品——夏威夷幻想和塔希提欢笑。两种产品的销售价格、每件的变动成本和每年的销售数量如下：

	夏威夷幻想	塔希提欢笑
每件销售价格（美元）	15	100
每件固定成本（美元）	9	20
年销售产品数量	20 000	5 000

每年的总固定成本是 475 800 美元。

要求：

（1）假定销货组合如上所述，完成以下要求：

a. 编制贡献式利润表，列出每种产品及整个公司的金额和比例栏。

b. 计算该公司的保本销售额。同时，计算它的安全边际额和安全边际率。

（2）该公司已经开发出了一种新的名为萨摩亚之乐的产品，售价 45 美元 / 个，每个产品的变动成本是 36 美元。如果该公司能销售 10 000 件萨摩亚之乐而不会引发任何额外的固定成本：

a. 编制一个包括萨摩亚之乐的贡献式利润表。假定其他两种产品的销售额不变。

b. 计算该公司增加萨摩亚之乐产品后的保本销售额、安全边际额和安全边际率。

（3）该公司的董事长检查了你的数据后说："有些地方很奇怪。我们的固定成本没有改变，而且你的计算表明了如果我们新增一种产品会取得更大的边际贡献，但是，你也表明我们的保本点会上升。随着边际贡献变大，保本点应该下降而不应该上升啊。你有什么地方做错了？"请你向董事长解释发生了什么。

3. 绘图、增量分析、经营杠杆

安吉·席尔瓦（Angie Silva）最近在澳大利亚的布里斯班开了一家凉鞋店，专门销售时尚凉鞋。她希望能及时开办一系列的凉鞋店。第一步，她为新店收集了以下数据：

（单位：美元）

每双凉鞋的销售价格	40
每双凉鞋的变动成本	16
每双凉鞋的边际贡献	24
每年的固定成本：	
建筑租金	15 000
设备折旧	7 000
销售费用	20 000
管理费用	18 000
总固定成本	60 000

要求：

（1）保本销售量和保本销售额是多少？

（2）每年销售的凉鞋从 0 双到 4 000 双，请为该商店编制一个本量利图或者利润图，并在图上标出保本点。

（3）安吉决定第 1 年要赚到 18 000 美

元的利润以证明其花费的时间和精力是值得的。为实现这个目标利润需要销售多少双凉鞋？

（4）现在这家商店里有两名售货员，一个全职、一个兼职。如果要把这个兼职岗位换成全职岗位，安吉每年将需要多支付8 000美元的薪酬。安吉认为这个变化会使其年销售额增加25 000美元。她应该变更这个职位吗？使用增量分析方法。（不要编制利润表。）

（5）参考原始数据。在第1年，该商店仅销售了3 000双鞋，其经营结果报告如下：

	（单位：美元）
销售额（3 000双）	120 000
变动成本	48 000
边际贡献	72 000
固定成本	60 000
经营净利润	12 000

a. 该商店的经营杠杆系数是多少？

b. 安吉认为，如果明年她在销售上投入更多的精力并在广告项目上投资，销售额可以增加50%。如果安吉能够使销售额增加50%，使用经营杠杆系数计算经营净利润预期增长的比例。

案例

1. 在多产品公司个别产品的保本分析

谢丽尔·蒙托亚（Cheryl Montoya）给她的老板，皮德蒙纽扣公司（Piedmont Fasteners Corporation）销售部门的副董事长韦斯·陈打电话："韦斯，昨天会议上董事长提出的那些问题我不知道如何着手解决。"

"有什么问题？"

"董事长想知道公司每种产品的保本点，但我没办法算出来。"

"谢丽尔，我确信你能解决它。顺便说一下，为了之后9点的会议，明早8点整我需要在我的桌子上看到你的分析。"

皮德蒙纽扣公司在北卡罗来纳的设备能够生产出3种不同的纽扣。这些产品的数据如下：

	维可牢	金属	尼龙
年销售数量	100 000	200 000	400 000
单位销售价格（美元）	1.65	1.50	0.85
每单位变动成本（美元）	1.25	0.70	0.25

每年的固定成本是400 000美元。

3种产品都在竞争较为激烈的市场上销售，所以该公司为了不失去大量的顾客不可能提高售价。

该公司拥有极为有效的精益生产系统，所以没有期初在产品存货或者产成品存货。

要求：

（1）该公司整体的保本销售额是多少？

（2）现在总的固定成本是400 000美元，如果停止维可牢纽扣的生产，固定成本可以减少20 000美元，停止金属纽扣的生产，固定成本可以减少80 000美元，停止尼龙纽扣的生产，则固定成本可以减少60 000美元。剩余的固定成本240 000美元包括了类似管理人员薪酬这样的普通固定成本，以及只有彻底停止生意才能避免的工厂建筑的租金。

a. 每种产品的保本销售量是多少？

b. 如果该公司恰好按照每种产品的保本数量销售产品，则公司整体的利润是多少？请解释这个结果。

附录6A　分析混合成本

第6章的主体假定是所有的成本都可以被分成变动的和固定的。实际上，许多成本同时包含变动的和固定的成分，即混合成本。本附录的目的是介绍将混合成本分成变动成本和固定成本的方法，从而使其能够使用于本量利分析。

在大多数组织中常见的是混合成本。例如，哈佛大学医学院附属医院（Harvard Medical School Hospital）为病人做手术的全部成本是一项混合成本。设备折旧成本和外科医生及护士的薪酬是固定的，但手术用的手套、电力和其他供应品的成本是变动的。在西南航空公司（Southwest Airlines），维护成本是一项混合成本。该公司租用维护设备以及保持工资单上的熟练技工产生了固定成本，但替换件、润滑油、轮胎等是与公司飞机飞行的距离和频率有关的变动成本。

混合成本中固定的部分代表了使一项服务准备好并可使用的最低成本。变动的部分代表了该服务实际消耗所产生的成本，因此它与服务实际消耗的数量相对应。

管理者可以使用不同的方法计算混合成本中固定和变动的构成，如账户分析法、工程学法、高低点法和最小二乘回归法。在**账户分析法**（account analysis）中，根据分析者有关账户中成本性态的先验知识，一个账户会被归类为变动的或固定的。例如，按照这些成本的性质，直接材料会被归类为变动的，而房屋租赁成本会被归类为固定的。成本分析的**工程法**（engineering approach）根据工程师对于使用的生产方法、材料规格、劳动力需求、设备使用情况、生产效率、能源消耗等的计算，做出了有关成本性态是什么的详细分析。

高低点法和最小二乘回归法通过分析过去的成本和作业数据的记录，估计混合成本中变动和固定的成分。在下面的内容中，我们会对这两种成本估计方法进行定义，并使用一个来自伯恩林医院（Brentline Hospital）的例子来阐明这两种方法都是怎样获得各自估计出的固定成本和变动成本的。

6A.1　用散点图判断成本性态

假定伯恩林医院出于编制做预算的需要，对预计未来每月的维护成本很感兴趣。高级管理团队认为维护成本是一项混合成本，成本中变动的部分是为病人日的数量所影响的。一位病人在医院的 1 天就是 1 个病人日。医院的财务总监收集了最近 7 个月的数据：

月份	作业水平：病人日	引发的维护成本（美元）
1 月	5 600	7 900
2 月	7 100	8 500
3 月	5 000	7 400
4 月	6 500	8 200
5 月	7 300	9 100
6 月	8 000	9 800
7 月	6 200	7 800

使用高低点法或者最小二乘回归法的第一步是用散点图判断成本性态。与伯恩林医院病人日相对应的维护成本的散点图如图 6A-1 所示。关于散点图有两点需要注意的：

（1）总维护成本 Y，在竖轴上绘制。由于在某一期间内，成本的数量是由当期作业的水平引发的，所以成本是**因变量**（dependent variable）。（就是说随着作业水平的增加，总成本通常也会增加。）

（2）作业量 X（在这个案例中是病人日），在横轴上绘制。由于作业量引起了成本的变动，所以是**自变量**（independent variabce）。

图 6A-1 成本分析的散点图

从散点图中我们可以看出，维护成本确实是随着病人日的增加，以一种近似线性的方式增长。换句话说，这些点都或多或少地沿着一条向右上方倾斜的直线分布。当成本与作业之间的关系合理的近似一条直线时，**线性成本性态**（linear cost behavior）是存在的。

在用高低点法和最小二乘回归法计算之前，在散点图上标出数据是一个必要的判断步骤。只有散点图显示出了线性成本性态，使用高低点法和最小二乘回归法分离混合成本中的变动成本和固定成本才是有意义的。如果散点图描绘不出线性成本性态，进行分析数据的任何一步都是没有意义的。

一旦我们判断自变量和因变量存在线性关系，高低点法和最小二乘回归法都依赖于以下的直线方程（第 2 章介绍的）来表述混合成本与作业水平之间的关系：

$$Y = a + bX$$

式中　Y——总混合成本；
　　　　a——总固定成本（直线在纵轴的截距）；
　　　　b——单位作业的变动成本（直线的斜率）；
　　　　X——作业水平。

6A.2 高低点法

高低点法是基于用高度除以跨度公式算出的直线斜率。假定成本和作业之间的关系能用一条直线表示，直线的斜率等于单位作业的变动成本。因此，计算变动成本可以使用以下公式：

$$变动成本 = 直线斜率 = 高度 / 跨度 = (Y_2 - Y_1) / (X_2 - X_1)$$

用**高低点法**（high-low method）分析混合成本，是从判断作业水平最低和最高的时期开始的。作业水平最低的时期被选为上面公式中的第一个点，作业水平最高的时期被选为第二

个点。因此，公式变为

$$变动成本 = (Y_2 - Y_1) / (X_2 - X_1)$$
$$= (高作业水平成本 - 低作业水平成本) / (高作业水平 - 低作业水平)$$

或者

$$变动成本 = 成本变化量 / 作业变化量$$

因此，在使用高低点法的时候，变动成本是通过用高水平和低水平作业成本之间的差额除以两点之间作业的差额算出的。

回到伯恩林医院的例子，使用高低点法，我们首先判断出最高和最低作业的时期。在本例中，是 6 月和 3 月。然后，我们使用这两个时期的作业和成本数据计算变动成本。

	病人日	引发的维护成本（美元）
高作业水平（6 月）	8 000	9 800
低作业水平（3 月）	5 000	7 400
变化量	3 000	2 400

$$变动成本 = 成本变化量 ÷ 作业变化量 = 2\,400 美元 ÷ 3\,000 病人日 = 0.80 美元 / 病人日$$

在计算出变动维护成本是 0.80 美元 / 病人日之后，现在我们可以计算固定成本的数量。这是通过用最高或者最低作业水平的总成本减去其中的变动成本算出的。在下面的计算中，我们使用高作业水平的总成本计算固定成本成分：

$$固定成本 = 总成本 - 变动成本$$
$$= 9\,800 美元 - 0.80 美元 / 病人日 × 8\,000 病人日$$
$$= 3\,400 美元$$

我们已经计算出了变动成本和固定成本，现在维护成本就可以表示为 3 400 美元 / 月加上 80 美分 / 病人日，或者：

$$Y = 3\,400 美元 + 0.80 美元 / 病人日 × X$$

总维护成本　　　　　　　　　　总病人日

图 6A-2 中显示了以上数据。注意，图中的直线穿过了作业的高水平点和低水平点。本质上，这就是高低点法的操作原理——画一条穿过两点的直线。

有时高水平和低水平的作业和高水平和低水平的成本并不一致。例如，最高水平作业时期也许并不是成本额的最高点。虽然如此，在高低点法下，也总是使用在最高和最低水平的作业成本分析混合成本。原因是分析者想要使用作业变化最合理的数据。

高低点法在应用的时候非常简单，但它也有一个主要的（有时是决定性的）缺陷——它只利用了两个点。通常，两个数据点并不足以产生准确的计算。另外，最高和最低作业水平的时期往往是不寻常的。仅用这些不寻常时期的数据算出的成本构成也许并不能代表正常时期真实的成本性态。在图 6A-2 中的失真就是证据。直线应该下降一点以便能接近更多的数据点。由于这些原因，使用最小二乘回归法比高低点法更为准确。

作业水平	病人日	维护成本（美元）
高	8 000	9 800
低	5 000	7 400

图 6A-2　高低点法分析混合成本

6A.3　最小二乘回归法

最小二乘回归法（least-squares regression method）与高低点法不同，在分离混合成本中的固定成本和变动成本时用到了所有的数据。回归线以 $Y = a + bX$ 的形式贴合数据，a（截距）代表了总固定成本，b（斜率）代表了每单位作业的变动成本。图 6A-3 中使用了假设的数据点，这说明了最小二乘回归法的基本思路。注意图表中标出点与回归线间的偏差要用垂直距离测量，这个垂直的偏差叫作回归误差。最小二乘回归法没什么难解的，它只是简单地计算出能使这些平方误差之和最小化的回归线。

尽管最小二乘回归分析中所包含的基本思路十分简单，但计算 a（截距）和 b（斜率）的公式十分复杂：

图 6A-3　最小二乘回归的概念

$$b = \frac{[n(\sum XY) - (\sum X)(\sum Y)]}{[n(\sum X^2) - (\sum X)^2]}$$

$$a = \frac{[(\sum Y) - b(\sum X)]}{n}$$

式中　　X——作业水平（自变量）；

　　　　Y——总混合成本（因变量）；

　　　　a——总固定成本（直线在纵轴的截距）；

　　　　b——每单位作业的变动成本（直线的斜率）；

　　　　n——观察数据点的数量；

　　　　$\sum$——n 个观察数据点之和。

　　幸运的是，我们可以使用 Excel 来计算能使平方误差之和最小化的固定成本（截距）和单位变动成本（斜率）。Excel 也能提供一个叫作 R^2 的统计量，能够用来量度"拟合优度"。R^2 告诉我们因变量（成本）的变化中能被自变量（作业）的变化所解释的比例。R^2 的范围从 0% 到 100%，且比例越高，拟合得越好。

　　正如我们之前所提到的，你应该在散点图中标出数据，但当 R^2 很低时，检查数据也是十分重要的。快速浏览一下散点图，有时可以发现成本与作业之间的关系不大，或者这种关系并不是简单的直线关系。在这样的案例中，我们就需要做更多的分析了。

6A.4　高低点法和最小二乘回归法的比较

　　下面的表格比较了使用别的方法和最小二乘回归法计算出的伯恩林医院的成本。

（单位：美元）

	高低点法	最小二乘回归法
变动成本 / 病人日	0.800	0.759
固定成本 / 月	3 400	3 431

　　当伯恩林使用最小二乘回归法建立使平方误差和最小的直线时，它算出的固定成本比高低点法算出的数量高 31 美元。其直线的斜率也比较低，比起使用高低点法算出的 0.80 美元 / 病人日，它计算出的 0.759 美元 / 病人日的变动成本更低。

术语表

Account analysis 账户分析法　当一个账户能够基于分析者有关账户中成本性态的先验知识，将成本归类为变动的或者固定的一种方法。

Dependent variable 因变量　受一些偶然因素影响的变量；总成本是因变量，在等式 $Y=a+bX$ 中，用字母 Y 表示。

Engineering approach 工程法　根据工程师对于实现特定作业量所需的投入以及这些投入的价格的计算，对成本性态做出的详细分析。

High-low method 高低点法　一个通过分析高低作业水平之间的成本变化，把混合成本分成固定成本和变动成本的方法。

Independent variable 自变量　作为一个偶然因素的变量；作业是自变量，在等式 $Y=a+bX$ 中，用字母 X 表示。

Least-squares regression method 最小二乘回归法　通过找到一条使平方误差和最小化的回归线，把混合成本中的固定成本和变动成本分离的方法。

Linear cost behavior 线性成本性态　当成本与作业之间的关系合理的近似一条直线时，成本性态是线性的。

R^2 拟合优度　在最小二乘回归分析中对拟合优度的量度。它是因变量的变化中能被自变量的变化所解释的比例。

练习题

1. 成本性态、高低点法

海昌运输有限责任公司（Hoi Chong Transport Ltd.）在新加坡经营一队运货卡车。该公司已经计算出如果一辆卡车一年行驶 105 000 千米，平均经营成本是 11.4 美分 / 千米。如果一辆卡车一年仅行驶 70 000 千米，则平均经营成本是 13.4 美分 / 千米。

要求：

（1）使用高低点法计算出每千米的变动经营成本和一队卡车的年固定经营成本。

（2）用 $Y=a+bX$ 的形式表达变动成本和固定成本。

（3）如果一辆卡车一年行驶了 80 000 千米，你预期这会引发的总经营成本是多少？

2. 最小二乘回归

巴根汽车租赁公司（Bargain Rental Car）位于加利福尼亚机场外毗邻景区的地方。管理人员想要更好地理解汽车清洗成本中变动和固定的部分。在把返还回来的每一辆租车租给下一位顾客之前，该公司都要用其自有的清洗设备对租车进行彻底的清洗。管理人员认为汽车清洗成本中变动的部分和返还租车的数量有关。据此有如下数据：

月份	返还租车	汽车清洗成本（美元）
1	2 380	10 825
2	2 421	11 865
3	2 586	11 332
4	2 725	12 422
5	2 968	13 850
6	3 281	14 419
7	3 353	14 935
8	3 489	15 738
9	3 057	13 563
10	2 876	11 889
11	2 735	12 683
12	2 983	13 796

要求：

（1）绘制一个散点图。（把汽车清洗成本放在纵轴上，把返还租车放在横轴上。）

（2）使用最小二乘回归计算每辆返还租车的变动成本和每月清洗车辆承担的固定成本。总固定成本的计算精确到 1 美元，每辆返还租车的变动成本精确到 1 美分。

问题

1. 高低点法、预测成本

诺瓦公司（Nova Company）在不同作业水平下的总制造费用如下：

月份	机器工时	总制造费用（美元）
4	70 000	198 000
5	60 000	174 000
6	80 000	222 000
7	90 000	246 000

假定以上的总制造费用包括水电费、监管薪酬以及维护成本。在 60 000 机器工时水平的作业下，这些成本的分类如下：

	（单位：美元）
水电费（变动）	48 000
监管薪酬（固定）	21 000
维护成本（混合）	105 000
总制造费用	174 000

诺瓦公司的管理人员想要把维护成本分成变动成本和固定成本两种因素。

要求：

（1）计算 7 月 246 000 美元的制造费用中有多少是维护成本。（提示：要做这道题，先算出 246 000 美元中包含了多少水电费和监管薪酬是很有帮助的。想一想变动成本和固定成本的性态。）

（2）使用高低点法，以 $Y=a+bX$ 的形式算出维护成本的成本公式。

（3）用 $Y=a+bX$ 的形式表示该公司的总制造费用。

（4）在 75 000 机器工时的水平下，你预期会发生的总制造费用是多少？

2. 最小二乘回归法、散点图、成本性态

约翰·莫顿（John Morton）教授刚刚被

任命为韦斯特兰大学（Westland University）财政部部长。在回顾该部门的成本账的时候，莫顿教授发现了前5个学期有关金融101的总成本：

学期	提供章节的数量	总成本（美元）
秋季，去年	4	10 000
冬季，去年	6	14 000
夏季，去年	2	7 000
秋季，今年	5	13 000
冬季，今年	3	9 500

莫顿教授知道这里面有一些可变的成本，例如研究生助理的报酬和科目有关。为了规划目标，他想把变动成本和固定成本分开。

要求：

（1）绘制一个散点图。（纵轴表示总成本，横轴标售提供章节的数量。）

（2）使用最小二乘回归法计算每个学期金融101每章节的变动成本和每学期的总固定成本。用 $Y=a+bX$ 的形式表示计算结果。

（3）假定由于今年冬季学期提供的章节数量比较小，莫顿教授需要在秋季学期提供金融101的8个章节。计算金融101的预期总成本。你认为使用（2）中的成本公式计算出来的总成本数据有问题吗？请解释。

案例

混合成本分析和相关范围

拉蒙公司（Ramon Company）是一家制造商，想要建立一个成本公式来计算其每月制造费用中的变动成本和固定成本。该公司想用机器工时衡量其作业，并收集了今年和去年的如下数据：

月份	去年		今年	
	机器工时	制造费用（美元）	机器工时	制造费用（美元）
1	21 000	84 000	21 000	86 000
2	25 000	99 000	24 000	93 000
3	22 000	89 500	23 000	93 000
4	23 000	90 000	22 000	87 000
5	20 500	81 500	20 000	80 000
6	19 000	75 500	18 000	76 500
7	14 000	70 500	12 000	67 500
8	10 000	64 500	13 000	71 000
9	12 000	69 000	15 000	73 500
10	17 000	75 000	17 000	72 500
11	16 000	71 500	15 000	71 000
12	19 000	78 000	18 000	75 000

该公司所有的制造设备都是租用的。租赁协议要求，达到19 500机器工时之前月租金是相同的。如果使用的机器工时超过了19 500，那么租金则严格按照本月消费的机器工时变动。租赁费用是制造费用的主要因素。

要求：

（1）使用高低点法，用 $Y=a+bX$ 的形式计算制造费用。

（2）用两年中的所有数据绘制一个散点图。用尺为标出点匹配一条或多条直线。描述你的散点图所显示的成本性态模式。

第 7 章

变动成本法与分部报告：管理工具

商业聚焦

汽车产业的错误激励机制

当经济衰退时，诸如通用汽车和克莱斯勒这类的汽车制造商涌入市场的汽车供给，通常会远远超过客户的需求供给，即使这样做会损害它们的品牌形象，并增加其汽车储存成本、轮胎置换成本、客户回扣和广告成本，它们也要采取这样的方案。由此产生了一个问题，为什么管理者会故意生产比客户需求更多的汽车呢？

在汽车行业中，管理者的奖金通常受到公司报告利润的影响，因此，他们就会有强烈的动机通过增加产量来提高利润。你也许会问这样做有用吗？生产更多的产品只有销售出去才会对利润产生影响，这好像更符合逻辑，不是吗？错！在本章我们会发现，完全成本法——这种最广泛应用于决定单位生产成本的方法，能够在管理者选择增加产量时达到人为地提升利润的效果。

资料来源：Marielle Segarra, "Lost of Trouble," *CFO*, March 2012, pp.29-30.

学习目标

1. 理解变动成本法与完全成本法的差异，计算每种方法下的单位生产成本。
2. 分别使用变动成本法与完全成本法编制利润表。
3. 协调变动成本法与完全成本法下的经营净利润，并解释这两个数额之间的差异。
4. 编制区分可追溯固定成本与共同固定成本的分部利润表并用其做出决策。
5. 使用可追溯固定成本分别计算一家公司在公司层面和分部层面的保本点。
6. （附录7A）使用超级变动成本法编制利润表，实现其与变动成本法之间的协调。

本章讨论了先前章节介绍的贡献式利润表的两种应用。首先，解释了出于内部决策的目的，制造业企业应如何编制变动成本法下的贡献式利润表。这种采用变动成本法的利润表将与用于外部报告的完全成本法利润表形成对比。一般来讲，变动成本法与完全成本法会产生经营净利润的数额不同，且这种差异往往相当明显。本章除了解释这两种方法的不同之处，我们还将讨论变动成本法在实现内部报告目标中的优势，并分析成本方法的选择将会如何影响管理决策。

其次，本章将阐明如何编制分部的贡献式利润表。除了公司层面的利润表，管理者还需要度量组织中各个分部的盈利能力。**分部**（segment）是一个组织中围绕成本、收入或利润数据划分的单个部分或作业。本章讨论了如何编制贡献式利润表，报告企业的部门、单个店面、地理区域、客户以及产品线等分部的利润数据。

7.1 变动成本法与完全成本法概述

在讨论变动成本法利润表与完全成本法利润表之前，请关注这 3 个主要概念。第一，虽然两种方法下的利润表对于成本类别的定义有所不同，但它们均包含了生产成本和期间费用。第二，变动成本法下的利润表是基于贡献式利润表编制的，其以成本性态为基础对费用进行分类，将变动费用与固定费用分别列报。完全成本法利润表则忽略了变动成本与固定成本的区别。第三，变动成本法与完全成本法下的经营净利润通常有所不同。产生这种差异的原因通常与两种方法下的利润表对于固定制造费用的核算方式不同有关，这也是本章需要重点关注的内容。

7.1.1 变动成本法

在**变动成本法**（variable costing）下，只有那些随产量变动而变动的生产成本才被算作生产成本，通常包括直接材料、直接人工和变动制造费用。在这种方法下，固定制造费用不计入生产成本，而是像销售和管理费用一样作为期间费用在利润表中列报。相应地，在变动成本法下，存货成本或销货成本均不包含任何固定制造费用。变动成本法有时也被称作直接成本法或边际成本法。

7.1.2 完全成本法

完全成本法（absorption costing）不对制造费用的固定或变动部分加以区分，而将其全部算作生产成本。完全成本法下生产成本包括直接材料、直接人工以及变动与固定的制造费用。因此，完全成本法将固定制造费用同变动制造费用一起分配进入每一单位产品。因为完全成本法在生产成本中包含了全部制造成本，它也经常被称为吸收成本法。

7.1.3 销售和管理费用

不管在何种成本法下，销售和管理费用都从未计入生产成本。因此，在完全成本法与变动成本法下，不论是变动的还是固定的销售和管理费用均作为期间费用并在其发生期间的利润表中作为费用列报。

差异总结

如图 7-1 所示，通常变动成本法和完全成本法所报告的经营净利润差异是因为两种成本法对于固定制造费用的核算方式不同。除此之外，两种成本法下其他所有成本对于经营净利润的影响均相同。在完全成本法下，固定制造费用包含在在产品存货之中。当生产完成时，这些成本转移进入产成品，只有当销售实现时，这些成本才会作为销货成本的一部分在利润表中列示。在变动成本法下，固定制造费用同销售费用和管理费用一样被看作是期间费用，并立即作为费用在利润表中列报。

图 7-1　变动成本法与完全成本法的对比

7.2　变动成本法与完全成本法实例

在接下来的实例和整个章节中，我们将进行 3 个简化假设。第一，本章将使用实际成本法而不是在分批成本法中介绍的定额成本法进行核算。换言之，本章将实际的变动制造费用与固定制造费用分配到产品之中，而不是基于预计的制造费用分配率将制造费用分配至产品。第二，本章使用实际生产数量作为将实际固定制造费用分配计入产品的基础。第三，本章假设每单位的变动制造费用与每期的固定制造费用总额保持不变。

在了解了上述假设之后，让我们以韦伯轻型飞机公司（Weber Light Aircraft）——一家生产轻型娱乐用飞机的公司作为分析对象，具体说明变动成本法与完全成本法的不同。该公司经营情况相关的数据列示如下：

	每架飞机（美元）		每月（美元）
售价	100 000		
直接材料	19 000		
直接人工	5 000		
变动制造费用	1 000		
固定制造费用			70 000
变动销售和管理费用	10 000		
固定销售和管理费用			20 000
	1 月	2 月	3 月
期初存货	0	0	1
产量	1	2	4
销量	1	1	5
期末存货	0	1	0

从上述数据中看到，在1月、2月、3月，每架飞机的售价、变动成本，以及每月固定费用的总额是不变的。本例中发生变动的数据仅有产量（1月=1；2月=2；3月=4）与销量（1月=1；2月=1；3月=5）。

首先，我们将编制该公司1～3月的变动成本法利润表，然后在此基础上介绍如何用完全成本法计算该公司相同月份的经营净利润。

7.2.1 变动成本法下的贡献式利润表

为了编制该公司1～3月的变动成本法下利润表，我们首先需要计算其单位生产成本。在变动成本法下，单位生产成本仅由下面的变动生产成本组成：

变动成本法下的单位生产成本	（单位：美元）
直接材料	19 000
直接人工	5 000
变动制造费用	1 000
单位生产成本	25 000

因为每月每架飞机的单位生产成本为25 000美元，那么变动成本法下全部3个月的销货成本可以通过以下方式计算：

变动成本法下的销货成本

	1月	2月	3月
单位生产成本（a）	25 000 美元	25 000 美元	25 000 美元
销量（b）	1	1	5
变动销货成本（a）×（b）	25 000 美元	25 000 美元	125 000 美元

该公司的销售和管理费用总额可以通过以下计算得出：

销售和管理费用 （单位：美元）

	1月	2月	3月
变动销售和管理费用（10 000美元/架）	10 000	10 000	50 000
固定销售和管理费用	20 000	20 000	20 000
销售和管理费用总额	30 000	30 000	70 000

将上述内容汇总得出变动成本法下的利润表如表7-1所示。值得注意的是，这张利润表以贡献式为基础编制，并且每月的固定制造费用（70 000美元）作为期间费用列报在其所发生的月度。

表7-1 变动成本法下的贡献式利润表 （单位：美元）

	1月	2月	3月
销售额	100 000	100 000	500 000
变动费用：			
变动销货成本	25 000	25 000	125 000
变动销售和管理费用	10 000	10 000	50 000
变动费用总额	35 000	35 000	175 000
边际贡献	65 000	65 000	325 000

（续）

	1 月	2 月	3 月
固定费用：			
固定制造费用	70 000	70 000	70 000
固定销售和管理费用	20 000	20 000	20 000
固定费用总额	90 000	90 000	90 000
经营净利润（损失）	（25 000）	（25 000）	235 000

　　通过下面简单的方法可以理解韦伯轻型飞机公司如何计算其每月变动成本法下的经营净利润，其重点是计算每架已售飞机的边际贡献。具体的计算如下：

每架已售飞机的边际贡献		（单位：美元）
每架飞机的售价		100 000
每架飞机的变动销货成本	25 000	
每架飞机的变动销售费用与管理费用	10 000	35 000
每架飞机的边际贡献		65 000

　　变动成本法下每期的经营净利润通常可以通过已售商品数量乘以单位产品边际贡献，再减去固定费用总额计算得出。韦伯轻型飞机公司的计算如下：

	1 月	2 月	3 月
销量（架）	1	1	5
每架飞机的边际贡献（美元）	65 000	65 000	65 000
边际贡献总额（美元）	65 000	65 000	325 000
固定费用总额（美元）	90 000	90 000	90 000
经营净利润（损失）（美元）	（25 000）	（25 000）	235 000

　　请注意，1 月和 2 月营业净亏损额相同。这是因为这两个月各售出一架飞机，而如前述，每架飞机的售价、变动成本，以及每月固定费用的总额保持不变。

7.2.2　完全成本法下的利润表

　　在分析这部分实例之前，请记住完全成本法下的收入与变动成本法不同的唯一原因是，二者对于固定制造费用的处理方式有所区别。在完全成本法下，固定制造费用计入生产成本，而在变动成本法下，固定制造费用则像销售和管理费用一样作为期间费用。

　　首先，在编制韦伯公司 1 ～ 3 月完全成本法利润表时应确定公司每月的单位生产成本如下：

完全成本法下的单位生产成本		（单位：美元）
	1 月	2 月	3 月
直接材料	19 000	19 000	19 000
直接人工	5 000	5 000	5 000
变动制造费用	1 000	1 000	1 000
固定制造费用	70 000	35 000	17 500
单位生产成本	95 000	60 000	42 500

每月韦伯公司单位产品的固定制造费用由固定制造费用总额 70 000 美元除以产量得出。

在给定以上单位生产成本的情况下，该公司完全成本法下每月的经营净利润如表 7-2 所示。

表 7-2 中 1 ～ 3 月的销售额与变动成本法利润表中列示的相同。在完全成本法下，1 月的销货成本为 95 000 美元，是由 1 个单位的产品构成的。2 月的销货成本为 60 000 美元，是由 2 月生产的 1 个单位的产品构成的。3 月的销货成本（230 000 美元）由 2 月生产的、成本为 60 000 美元的 1 个单位产品，以及 3 月生产的、总成本 170 000 美元的 4 个单位产品构成的。销售和管理费用与变动成本法利润表中列示的数额相等，但它们用一个数字表示，而不是被分为变动与固定两部分。

表 7-2　完全成本法下的利润表　　　　　　　　　　　　　　（单位：美元）

	1 月	2 月	3 月
销售额	100 000	100 000	500 000
销货成本	95 000	60 000	230 000
毛益	5 000	40 000	270 000
销售和管理费用	30 000	30 000	70 000
经营净利润（损失）	（25 000）	10 000	200 000

即使 1 月和 2 月的销售额与成本结构完全相同，在完全成本法下 2 月的经营净利润比 1 月高出 35 000 美元。这是因为 2 月生产的一架飞机直到 3 月才售出。这架飞机 35 000 美元的固定制造费用发生在 2 月，但在当月不会作为销货成本的一部分列报。

对比表 7-1 和表 7-2，我们可以发现，两者在 1 月的经营净利润是相同的，而在其他两个月却是不同的。稍后，我们将对此做进一步分析。另外，变动成本法下的利润表与完全成本法下的利润表的格式有所不同。完全成本法下的利润表根据功能将成本划分为生产成本、销售和管理费用。全部的生产成本都要计入销货成本，而所有的销售和管理费用则分别作为期间费用进行列报。与之相反，变动成本法下的贡献式利润表依据成本性态对其分类，将所有的变动费用与固定费用分别列报。变动费用包括生产成本（也就是变动销货成本）、销售和管理费用。固定费用同样包括生产成本、销售和管理费用。

商业实战 7-1 | 强力胶：融合产品的变动间接成本

黏合剂正在逐渐替代汽车与飞机中的焊接、铆钉、螺丝钉与螺栓。对于制造结构型胶黏剂的企业，如汉高公司（Henkel AG）、陶氏化学（Dow Chemical）和 3M 公司来说，在这个产值 20 亿美元的市场中每年 4% ～ 5% 的增长率是一个好消息。汽车制造商正在用更轻的黏合剂替代重金属扣件，以达到更加严格的能耗标准。例如，福特汽车公司（Ford Motor Company）的 F-150 小型载货汽车使用的黏合剂比原先多了 3 倍。在航空航天产业，相比普通飞机，波音 787 梦想客机借助结构型胶黏剂减少了 200 000 ～ 250 000 个金属扣件的使用，这使得梦想客机更加轻便与低耗。

资料来源：James R. Hagerty and Mike Ramsey, "Super Glue, Not Bolts, Holds Cars Together," *The Wall Street Journal*, September 9, 2014, pp. B1 and B4.

7.3　变动成本法与完全成本法之间收益的协调

如前所述，变动成本法与完全成本法下的经营净利润可能不同，在韦伯轻型飞机公司的实例中，在两种成本法下，1 月的经营净利润相同，其他两个月却不同。这种差异的产生是由于完全成本法下固定制造费用被资本化计入存货当中（计入了生产成本中）而不是立即在利润表中费用化。如果某一期间存货增加，在完全成本法下当期固定制造费用的一部分会被吸收到期末存货中去。比如，2 月生产了两架飞机，每架飞机应承担 35 000 美元的固定制造费用。因为只售出了 1 架飞机，这部分 35 000 美元的固定制造费用会在 2 月完全成本法利润表中作为销货成本列报，而未出售飞机应承担的 35 000 美元的固定制造费用会被包含在 2 月资产负债表的期末产成品存货当中。与之相反，变动成本法下 70 000 美元的固定制造费用在 2 月的利润表中全部作为期间费用列报。因此，2 月完全成本法下的经营净利润比变动成本法下的高出 35 000 美元。这种情况在 3 月生产 4 架飞机但售出 5 架时被倒转。在 3 月，完全成本法下 10 5000 美元的固定制造费用被计入销货成本，但变动成本法下只有 70 000 美元被算作期间费用。所以，3 月完全成本法下的经营净利润比变动成本法下的低 35 000 美元。

总之，当产量大于销量、存货增加时，完全成本法下的经营净利润高于变动成本法下的经营净利润，这是由于完全成本法下当期固定制造费用的一部分会被吸收到存货中去。相反，当销量大于产量、存货减少时，完全成本法下的经营净利润比变动成本法下的低。这是因为完全成本法下一些以前期间的固定制造费用从存货中释放了出来。当产销一致、存货不变时，两种方法下的经营净利润相等。[⊖]

变动成本法与完全成本法下的经营净利润可以通过计算当期固定制造费用被吸收到存货中或从存货中被释放的数额来实现协调：

完全成本法下被吸收到存货中或从存货中被释放的固定制造费用　（单位：美元）

	1 月	2 月	3 月
期末存货中的固定制造费用	0	35 000	0
减：期初存货中的固定制造费用	0	0	35 000
被吸收到存货中或从存货中被释放的固定制造费用	0	35 000	（35 000）

计算吸收到存货中或从存货中释放的固定制造费用的公式如下：

$$\text{吸收到存货中或从存货中释放的固定制造费用} = \text{期末存货中的固定制造费用} - \text{期初存货中的固定制造费用}$$

变动成本法与完全成本法下经营净利润的协调方式如表 7-3 所示。

表 7-3　调和变动成本法与完全成本法下的经营净利润

变动成本法与完全成本法下经营净利润的协调　（单位：美元）

	1 月	2 月	3 月
变动成本法下的经营净利润（损失）	（25 000）	（25 000）	235 000
加（减）：完全成本法下被吸收到存货中（从存货中被释放）的固定制造费用	0	35 000	（35 000）
完全成本法下的经营净利润（损失）	（25 000）	10 000	200 000

⊖ 以上变动成本法与完全成本法下经营净利润关系的综述假定后进先出法可以被用于存货计价。即使不允许使用后进先出法，以上陈述也是正确的。虽然 GAAP 允许采用后进先出和先进先出的存货流转假设，但国际财务报告准则不允许采用后进先出的存货流转假设。

需要再次明确，变动成本法与完全成本法下经营净利润的差异，完全来自于完全成本法下当期被吸收到存货中或从存货中释放的固定制造费用。假定单位产品的变动生产成本不变，存货的变动只影响完全成本法下的经营净利润，而不影响变动成本法下的经营净利润。

表 7-4 总结了变动成本法与完全成本法下经营净利润差异的原因。当产销一致时，如韦伯公司 1 月时的状况，完全成本法与变动成本法的经营净利润相等。这是由于在产量与销量一致时，两种方法下当期全部的固定制造费用都计入利润表。对于采用精益生产方式的企业来说，产量与销量基本一致。因为产品根据客户订单生产，消除了产成品存货，并使在产品存货几乎减少至零。因此，变动成本法与完全成本法下经营净利润的差异在使用精益生产方式的企业中很少出现。

表 7-4　可比收益效应：完全成本法与变动成本法

当期产量与销量的关系	对存货的影响	完全成本法与变动成本法下经营净利润之间的关系
产量 = 销量	存货不变	完全成本法经营净利润 = 变动成本法经营净利润
产量 > 销量	存货增加	完全成本法经营净利润 > 变动成本法经营净利润[①]
产量 < 销量	存货减少	完全成本法经营净利润 < 变动成本法经营净利润[②]

[①]完全成本法下的经营净利润更高，这是因为在完全成本法下存货增加，固定制造费用被吸收到存货当中。
[②]完全成本法下的经营净利润更低，这是因为在完全成本法下存货减少，固定制造费用从存货中被释放出来。

当产量超过销量时，完全成本法下的经营净利润将会高于变动成本法下的经营净利润。这是由于存货增加了，完全成本法下当期固定制造费用的一部分被吸收到资产负债表的期末存货中，而变动成本法下当期全部的固定制造费用被计入利润表。与之相反，当产量低于销量时，完全成本法下的经营净利润将会低于变动成本法下的经营净利润。这是由于存货减少了，完全成本法下前期吸收到存货中的固定制造费用与当期全部的固定制造费用一起计入当期的利润表。而在变动成本法下，只有当期的固定制造费用计入利润表。

商业实战 7-2　｜　存货管理是一种微妙的平衡行为

制造商们不断地努力保持最优库存量。如果他们生产的产品过多就会占用营运资本，而如果产量不足则会导致冗长的客户交货时间与销售损失。同样的挑战也适用于商业企业，如西雅图的网络零售商组灵（Zulily）。这家公司在收到客户订单之后才向供应商订货。这种方式帮助组灵避免了存货的储存，但同时导致它的订单交付时间维持在 14 ～ 18 天，与亚马逊（Amazon.com）、QVC、欧时到（Overstock.com）2 ～ 5 天的订单交付时间相比，这极大地削弱了公司的竞争力。

为了缩短交货时间，组灵决定在对终端客户进行销售之前向供应商订货并储存。尽管这些商品放置在组灵的仓库中，却不会被列报在公司的资产负债表上。在商品售出之前，组灵的供应商仍将保留商品的所有权。

资料来源：Serena Ng, "Zulily Nips Business Model in the Bud," *The Wall Street Journal*, March 24, 2015, p.B4.

7.4　变动成本法与边际贡献法的优点

变动成本法与边际贡献法有利于编制内部报告。下面是其 3 个优点。

7.4.1　有利于本量利分析

进行本量利分析的前提是将成本分为变动成本和固定成本。因为变动成本法下利润表中的成本按照变动与固定的标准分类，而完全成本法则不区分变动成本与固定成本，所以前者比后者更适于进行本量利分析。

此外，完全成本法下的经营净利润与本量利分析的结果不一定一致。比如，假设你对韦伯轻型飞机公司实现 235 000 美元的目标利润所需完成的销售额感兴趣，基于表 7-1 变动成本法利润表中 1 月相关数据进行的本量利分析如下（金额单位：美元）：

销售额（a）	100 000
边际贡献（b）	65 000
边际贡献率（b）÷（a）	65%
固定费用总额	90 000

$$实现目标利润所需完成的销售额 = （目标利润 + 固定费用）÷ 边际贡献率$$
$$= （235\,000\ 美元 + 90\,000\ 美元）÷ 0.65$$
$$= 500\,000\ 美元$$

因此，基于 1 月变动成本法下的利润表的本量利分析预测当销售额达到 500 000 美元时，经营净利润为 235 000 美元。事实上，变动成本法下 3 月的销售额为 500 000 美元时，经营净利润确实为 235 000 美元。但即使销售额同样是 500 000 美元，完全成本法下 3 月的经营净利润却不是 235 000 美元。这是为什么呢？因为在完全成本法下，经营净利润会因存货的变动而扭曲。3 月存货减少，在 2 月被吸收到期末存货中的一部分固定制造费用在 3 月释放并列报在利润表中，使得经营净利润比本量利分析预测的 235 000 美元少了 35 000 美元。如果 3 月存货增加，则会发生相反的情况，完全成本法下的经营净利润会比本量利分析预测的 235 000 美元高。

7.4.2　解释经营净利润的变化

表 7-1 的变动成本法利润表清晰且易于理解。在其他因素不变的情况下，当销售额增长时，经营净利润增加；当销售额下降时，经营净利润减少；当销售额不变时，经营净利润不变。产品的产量并不影响经营净利润。

完全成本法下的利润表则可能令人疑惑或导致误解。回看表 7-2 的完全成本法下的利润表，管理者可能会疑惑为什么在 1 ～ 2 月销售额相同的情况下，经营净利润会有所增加？是因为更低的销售成本、更有效的运营或者其他因素吗？事实上，仅仅是由于 2 月的产量大于销量，一部分当月的固定制造费用被吸收到了存货当中。这部分成本并没有消失，它们最终会在以后某个存货减少的期间被计入利润表。而完全成本法下的利润表却无法反映这些信息。

在采用完全成本法时，为了避免错误，财务报表的使用者应警惕存货水平的变动。在完全成本法下，如果存货增加，固定制造费用会被吸收到存货当中，导致经营净利润增加；如果存货减少，固定制造费用会从存货中释放出来，导致经营净利润减少。因此，在采用完全成本法时，存货变动与销量变动都可能引起经营净利润的波动。

7.4.3　支持决策制定

变动成本法正确确认每多生产 1 单位产品所增加的变动成本，并同时强调了固定成本对利润的影响。固定制造费用总额在利润表中清晰地列报，强调只有全部固定制造费用都被补偿的企业才是真正盈利的。在韦伯轻型飞机公司的实例中，变动成本法下的利润表正确地反映了每多生产 1 单位产品所增加的成本 25 000 美元，并明确确认必须补偿 70 000 美元的固定制造费用后才能获利。

在完全成本法下，固定制造费用看似是随着销售量变动的，但实际上并不是。比如，1 月韦伯公司完全成本法下的单位生产成本是 95 000 美元，其中变动部分只占 25 000 美元。70 000 美元的固定成本与变动生产成本合并在一起，从而掩盖了固定成本对利润的影响。由于完全成本法下的单位生产成本以单位为基础列报，管理者可能会错误地认为每多生产 1 单位产品将再花费公司 95 000 美元，但这显然是不对的，再多生产 1 单位产品的成本只是 25 000 美元。错误地将完全成本法下的单位生产成本理解为变动的将会导致许多问题，包括不适当的定价决策、停产实际盈利的产品等。

7.5　分部利润表与边际贡献法

在本章的这部分内容中，我们将学习如何使用边际贡献法编制企业分部利润表。分部利润表有利于分析分部的盈利能力、做出决策以及衡量管理者绩效。

7.5.1　可追溯固定成本、共同固定成本与分部毛益

为了使用边际贡献法编制分部利润表，你需要理解 3 个新的术语：可追溯固定成本、共同固定成本和分部毛益。

一个分部的**可追溯固定成本**（traceable fixed cost）是指因这个分部的存在而产生的固定成本，如果这个分部不存在，固定成本也就不会发生，如果分部消失了，固定成本也会随之消失。

可追溯固定成本的举例如下：

- 百事公司（PepsiCo）旗下品牌菲乐多的产品经理的工资是百事公司菲乐多业务分部的可追溯固定成本。
- 对于波音 747 生产工厂的维护成本是波音公司 747 业务分部的可追溯固定成本。
- 迪士尼乐园的责任险是华特迪士尼公司迪士尼乐园业务分部的可追溯固定成本。

共同固定成本（common fixed cost）是一种支持多个分部运营，但不能全部或部分追溯至任何具体分部的固定成本。即使某一分部完全消失，共同固定成本也不会改变。例如：

- 通用汽车首席执行官的工资是通用汽车各部门的共同固定成本。
- 西夫韦（Safeway）或克罗格（Kroger）超市的加热成本是杂货、农产品、西点、肉类等各部门的共同固定成本。
- 一间由多名医生组成的办公室中前台接待员的工资是医生们的共同固定成本。这项成本对于办公室是可追溯的，但不能追溯至医生个人。

为了编制分部利润表，从销售额中扣除变动费用从而得到分部的边际贡献。边际贡献反映了分部产能与固定成本不变时，销售量变动对于利润的影响。边际贡献极大地有助于制定涉及产能临时占用的决策，如特别订货等。这类决策通常只涉及销售额与变动成本这两个边际贡献的组成部分。

　　分部毛益（segment margin）等于分部边际贡献扣除可追溯固定成本的差额。它代表了分部在补偿了全部与自身相关的成本后可获得的毛利润。分部毛益是分部长期盈利能力的最佳测量器，因为它只包含了那些由分部自身导致的成本。如果一个分部不能补偿与自身相关的成本，那么这个分部可能就应该被撤销（除非它对其他分部有辅助作用）。值得注意的是，共同固定成本不会被分配至各个分部。

　　从决策的角度来看，分部毛益最有助于做出影响产能的重大决策，如撤销一个分部。相反，如前所述，边际贡献则对于涉及销售量短期变动的决策最为有益，如涉及现有产能临时占用的特别订货的定价决策。

商业实战 7-3 ｜ 彭尼百货：商品目录的回归

2010 年，彭尼百货（J.C. Penney）停刊了自 1963 年首次出版和发行的商品目录。然而，2015 年，当公司意识到许多在线销售来自于客户对印刷品浏览的反应，他们重新引入了销售目录索引。换言之，彭尼百货意识到看商品目录的消费者与互联网消费者并不是独立的客户分部。如果像彭尼百货这类的零售商将商品目录销售与互联网销售分别进行分析，他们可能会终止商品目录分部，而忽视了这个决定对于互联网部门边际贡献的负面影响。

资料来源：Suzanne Kapner, "Catalog Makes a Comeback at Penney," *The Wall Street Journal*, January 20, 2015, pp.B1 and B7.

7.5.2　识别可追溯固定成本

　　区分可追溯固定成本与共同固定成本的在分部报告中至关重要，因为可追溯固定成本由分部承担，而共同固定成本则不需要由分部承担。在实际情况中，有时会很难判断一项成本是可追溯的还是共同的成本。

　　识别可追溯成本的一般标准是当分部消失时这些成本也将随之消失。比如，如果一家公司的一个部门被出售或撤销，公司将无须再支付该部门经理的工资。因此，部门经理的工资可划为该部门的可追溯成本。另一方面，即使一个部门被撤销，公司总裁的工资无疑还是会正常支付。事实上，如果撤销该部门是一个好主意，公司总裁的工资可能还会有所增长。因此，总裁的工资是公司所有部门的共同成本而不应由分部承担。

　　当向分部分配成本时，其关键点是不要将明显的与分部是否存在无关的共同成本（例如公司设备的折旧）进行分配。任何将共同成本分配到分部中去的行为都将降低分部毛益在衡量分部长期盈利能力与业绩表现中分部毛益的价值。

7.5.3　可追溯固定成本转变为共同固定成本

　　一个部门的可追溯固定成本可能是另一个部门的共同成本。例如，美国联合航空公司需要在分部利润表中反映芝加哥飞往巴黎这条航线的分部毛益，并将其进一步分为头等舱、商务舱和经济舱的分部毛益。这条航线需要向巴黎的查尔斯戴高乐机场支付一笔大额的着陆费。这笔固定的着陆费是这条航线的可追溯成本但同时也是头等舱、商务舱与经济舱分部的共同成本。即使头等舱是空载的，也必须支付同样的着陆费。因此，着陆费不是头等舱的可追溯成本。但另一方面，支付着陆费是运送头等舱、商务舱与经济舱乘客所必需的，所以着陆费是这 3 个分部的共同成本。

商业实战 7-4 | 维拉尔表演艺术中心的分部报告

维拉尔表演艺术中心（Vilar Performing Arts Center）坐落于美国科罗拉多州的比弗克里克，是一家能够容纳 535 人的剧院。这里类型多样的表演被划分为 6 个业务分部，分别是家庭系列、百老汇系列、戏剧 / 喜剧系列、舞剧系列、经典系列和音乐会系列。剧院的执行董事，克里斯·萨贝尔（Kris Sabel）必须确定哪些节目需要预订、向艺术家提供哪些财务条款、承销商（也就是捐助者）能够做出何种贡献以及收取何种票价。他使用分部利润表来评价分部的盈利能力，利润表中包含的项目有可追溯成本（例如，艺术家的交通、食宿成本），不包含共同成本（例如，他和员工的工资、剧院的折旧、一般营销费用）。

经典系列分部某一季度的数据列示如下：

节目数	4
预算座位数	863

	（续）
售出座位数	655
每场节目平均售出座位数	164
门票销售额	46 800 美元
承销收入（捐助者）	65 000 美元
总收入	111 800 美元
艺术家费用	78 870 美元
其他可追溯费用	11 231 美元
费用总额	90 101 美元
经典系列部门毛益	21 699 美元

尽管经典系列每个节目平均只售出 164 个座位，但加上来自捐助者的承销收入（65 000 美元），其整体的分部毛益（21 699 美元）是较为乐观的。但如果将共同成本分配至经典系列，可能会使其看上去无利可图并被终止，这不仅会导致节目减少并且缺乏多样化，引发一小部分忠实影迷的失望情绪，维拉尔的整体收益也会因经典系列分部毛益的损失而下降。

7.6 分部利润表实例

普拉迈公司（ProphetMax Inc.）是一家发展迅速的电脑软件公司。表 7-5 是最近一个月该公司的变动成本法下的利润表。随着公司的不断壮大，高级经理们开始需要分部利润表来进行决策并评价管理绩效。对此，普拉迈的财务主管编制了公司各部门、产品线以及销售渠道的贡献式分部利润表。图 7-2 表明普拉迈公司的利润分至两个部门——企业产品

表 7-5 普拉迈公司变动成本法下的利润表

	（单位：美元）
销售额	500 000
变动费用：	
变动销货成本	180 000
其他变动费用	50 000
变动费用总额	230 000
边际贡献	270 000
固定费用	256 500
经营净利润	13 500

部与消费产品部，消费产品部又进一步分为剪辑艺术产品线与电脑游戏产品线。最终，电脑游戏产品线的利润（在消费产品部门中）被分至在线销售渠道与零售店销售渠道之中。

图 7-2　普拉迈公司：企业分部图例

分部利润表的层次

图 7-3 包含了图 7-2 中财务主管的分部利润表。整个公司的贡献式利润表在图表最上方的"公司"一栏中列示。值得注意的是，这一列的经营净利润（13 500 美元）与表 7-5 中计算的经营净利润相同。"公司"列右边的两列为两个部门的数据。我们可以看出，企业产品部的可追溯固定成本为 90 000 美元，消费产品部的可追溯固定成本为 81 000 美元，共计 171 000 美元的可追溯固定成本（如"公司"列所示）加上 85 500 美元的不可追溯到单个部门的共同固定成本等于表 7-5 中所示的普拉迈公司的固定费用总额（256 500 美元）。我们还可以看出公司产品部的分部毛益是 60 000 美元，消费产品部的分部毛益是 39 000 美元。分部毛益使部门经理们了解了各自部门对公司利润的贡献。

在图 7-3 的中部，将消费产品部进一步分为两条产品线——剪辑艺术与电脑游戏。一些固定成本的双重属性能够在这一部分得到反映。值得注意的是，在图 7-3 的上部，将分部定义为部门时，消费产品部的可追溯固定成本为 81 000 美元。然而，在图 7-3 的中部，进一步延伸至产品线层次时，81 000 美元可追溯至消费产品部的成本中只有 70 000 美元可追溯至产品线。其余的 11 000 美元成为消费产品部两条产品线的共同固定成本。

为什么当部门细分为产品线时，11 000 美元的可追溯固定成本会变为一项共同固定成本呢？这 11 000 美元是一台机器设备的月度折旧费用，这台机器用于包装产品，以便投入消费市场。这笔折旧费用是消费产品部整体的可追溯成本，但同时也是该部门两条产品线的共同成本。即使其中一条产品线终止运营，这台设备还是会用于包装剩余产品。因此折旧费不能追溯至单个产品。相反，70 000 美元的可追溯固定成本由特定产品的广告费组成，因而能够追溯至单个产品线，其中有 30 000 美元用于宣传剪辑艺术，40 000 美元花费在电脑游戏的广告之中。

图 7-3 的下部，将电脑游戏产品线进一步划分为两条销售渠道，分别是在线销售与零售店销售。一些固定成本的双重属性能够在这一部分得到反映。在图 7-3 的中部，将分部定义

为产品线时，电脑游戏产品线的可追溯固定成本为 40 000 美元。然而，在图 7-3 下部的销售渠道，我们会发现，40 000 美元可追溯至电脑游戏生产线的成本中只有 25 000 美元可追溯至销售渠道，其余的 15 000 美元成为电脑游戏生产线中两条销售渠道的共同固定成本。

将分部定义为部门			（单位：美元）
	公司总额	分部	
		企业产品部	消费产品部
销售额	500 000	300 000	200 000
变动费用：			
变动销货成本	180 000	120 000	60 000
其他变动费用	50 000	30 000	20 000
变动费用总额	230 000	150 000	80 000
边际贡献	270 000	150 000	120 000
可追溯固定成本	171 000	90 000	81 000
分部毛益	99 000	60 000	39 000
不可追溯到单个部门的共同固定成本	85 500		
经营净利润	13 500		

将分部定义为消费产品部的产品线			
	消费产品部	产品线	
		剪辑艺术	电脑游戏
销售额	200 000	75 000	125 000
变动费用：			
变动销货成本	60 000	20 000	40 000
其他变动费用	20 000	5 000	15 000
变动费用总额	80 000	25 000	55 000
边际贡献	120 000	50 000	70 000
可追溯固定成本	70 000	30 000	40 000
产品线分部毛益	50 000	20 000	30 000
不可追溯到产品线的共同固定成本	11 000		
分部毛益	39 000		

将分部定义为消费产品部电脑游戏产品线的销售渠道			
	电脑游戏	销售渠道	
		在线销售	零售店
销售额	125 000	100 000	25 000
变动费用：			
变动销货成本	40 000	32 000	8 000
其他变动费用	15 000	5 000	10 000
变动费用总额	55 000	37 000	18 000
边际贡献	70 000	63 000	7 000
可追溯固定成本	25 000	15 000	10 000
销售渠道分部毛益	45 000	48 000	（3 000）
不可追溯到销售渠道的共同固定成本	15 000		
生产线分部毛益	30 000		

图 7-3　普拉迈公司：贡献式分部利润表

7.7 分部利润表：决策制定与保本分析

贡献式分部利润表的编制可以帮助公司制定决策并进行保本分析。

7.7.1 决策制定

让我们再次回看图 7-3 的下部，这部分阐释了分部利润表是如何支持决策的制定的。在线销售分部的分部毛益为 48 000 美元，零售店分部的分部毛益为 3 000 美元。假设普拉迈公司想要知道终止电脑游戏零售店销售渠道的销售对于利润的影响。公司认为如果终止零售店销售渠道，电脑游戏的在线销售额将增长 10%。同时，它们认为这个决定不会对企业产品部与剪辑艺术生产线产生影响。该如何计算这个决定对于利润的影响呢？

第一步，计算终止零售店销售渠道对于利润的影响。我们假设如果这条销售渠道消失，与之相关的销售额、变动费用与可追溯成本都将消失。总结出这一财务影响的最快方法就在于关注零售店的分部毛益。换言之，如果终止零售店销售渠道，该分部 3 000 美元的净损失也会随之消失。这将使普拉迈公司的经营净利润增加 3 000 美元。

第二步，计算电脑游戏在线销售额增长 10% 对于利润的影响。为了计算，我们假设在线销售的可追溯固定成本总额（15 000 美元）保持不变，边际贡献率始终维持在 63%（= 63 000 美元 ÷ 100 000 美元）。如果在线销售额增加 10 000 美元（= 100 000 美元 × 10%），在线销售分部的边际贡献将增加 6 300 美元（= 10 000 美元 × 63%）。终止零售店销售渠道对于利润的整体影响总结如下：

可避免的零售店分部的损失	3 000 美元
在线销售边际贡献的增加	6 300 美元
普拉迈公司经营净利润的增加	9 300 美元

7.7.2 保本分析

在第 6 章，我们学习了如何计算一家没有可追溯固定成本的多产品公司的公司水平保本点。现在，我们将使用图 7-3 中普拉迈公司的数据解释如何计算一家有可追溯固定成本的公司其公司水平的和分部的保本点。从公司水平来看，计算一家有可追溯固定成本的多产品公司保本点的公式如下：

公司保本的销售额 =（可追溯固定成本 + 共同固定成本）÷ 整体边际贡献率

以普拉迈公司为例，我们首先应该回顾一下图 7-3 上部"公司总额"一列的信息。这列数据表明普拉迈公司可追溯固定成本的总额为 171 000 美元，共同固定成本总额为 85 500 美元。另外，公司 270 000 美元的整体边际贡献除以销售总额 500 000 美元可以得出整体边际贡献率 0.54。基于给定信息，普拉迈公司的公司水平保本点计算如下：

公司保本的销售额 =（可追溯固定成本 + 共同固定成本）÷ 整体边际贡献率
=（171 000 美元 + 85 500 美元）÷ 0.54
= 256 500 美元 ÷ 0.54
= 475 000 美元

需要着重强调的是这项计算假定销售构成保持不变。换言之，在普拉迈公司的案例中，我们假定销售总额的 60%（30 000 美元 ÷ 50 000 美元）来自企业产品部、40%（20 000 美元 ÷ 50 000 美元）来自消费产品部。

计算企业分部保本点的公式列示如下：

$$分部保本的销售额 = 分部可追溯固定成本 ÷ 分部边际贡献率$$

以普拉迈公司的企业产品部为例，我们首先应该回顾一下图 7-3 上部"企业产品部"一列的信息。这列数据表明企业产品部的可追溯固定成本为 90 000 美元，分部的边际贡献率为 0.50（150 000 美元 ÷ 300 000 美元）。基于给定信息，企业产品部的保本点计算如下：

$$分部保本的销售额 = 分部可追溯固定成本 ÷ 分部边际贡献率$$
$$= 90\,000\ 美元 ÷ 0.50$$
$$= 180\,000\ 美元$$

类似地，使用图 7-3 上部"消费产品部"一列的数据，同样的计算也适用于消费产品部。考虑到消费产品部的可追溯固定成本为 81 000 美元，且该分部的边际贡献率为 0.60（120 000 美元 ÷ 200 000 美元），其保本点的计算如下：

$$分部保本的销售额 = 分部可追溯固定成本 ÷ 分部边际贡献率$$
$$= 81\,000\ 美元 ÷ 0.60$$
$$= 135\,000\ 美元$$

值得注意的是，两个分部保本点的销售额总计为 315 000 美元（180 000 美元 +135 000 美元），低于公司水平 475 000 美元的保本点。这是由于分部保本点的计算没有包含公司的共同固定成本。

基于每个分部保本点销售额编制的利润表能够证实公司共同固定成本在计算分部保本点时被排除在外这件事情。

	公司总额（美元）	企业产品部（美元）	消费产品部（美元）
销售额	315 000	180 000	135 000
变动费用	144 000	90 000	54 000
边际贡献	171 000	90 000	81 000
可追溯固定成本	171 000	90 000	81 000
分部毛益	0	0	0
共同固定成本	85 500		
经营净损失	（85 500）		

当每个分部实现它的保本点时，公司整体 85 500 美元的经营净损失与它 85 500 美元的共同固定成本相等。这时常使得管理者在决策时误入歧途。为了"补偿公司的共同固定成本"，管理者在进行保本的计算或制定决策时，通常会将共同固定成本分配到企业分部中去。这是一个错误！将共同固定成本分配到企业分部中人为地增大了每个分部的保本点。这可能会导致管理者认为增大后的保本点是不可能达到的，从而错误地终止了相应的企业分部。保留或撤销一个企业分部的决定应该基于那些随该分部的终止而消失的销售额与费用做出。因为即使某一企业分部终止，共同固定成本仍将存续，在制定决策时不应将它们分配到企业分部中去。

7.8　分部利润表：常见错误

只有那些可归属于分部的成本才应该分配到分部之中。但是，公司通常会在分部的成本分配上犯错误，它们通常会遗漏一些成本，不恰当地分配可追溯固定成本并且随意地分配共同固定成本。

7.8.1　成本的遗漏

分配至分部的成本应该包括公司整个价值链中可归属于分部的全部成本。所有的职能部门，从研发到产品设计、制造、营销、分销、售后服务，都是将产品或服务销售给消费者从而取得收入的必要环节。

然而，在用于外部财务报告的完全成本法下，生产成本只包含制造成本。为了避免同时使用两种成本核算系统，保持内外部报告的一致性，许多公司也使用完全成本法编制内部报告，如分部利润表。尽管非生产成本在决定产品盈利能力方面与生产成本同样重要，但是运用完全成本法编制的分部利润表，会导致公司遗漏了盈利能力分析或价值链中研发与产品设计环节包含的所有"上游"成本，以及营销、分销与售后服务中包含的所有"下游"成本。这些在完全成本法下包含在销售和管理费用之中的上、下游成本，通常会占到一家公司固定成本的一半甚至更多。如果遗漏了在盈利能力分析中上游或者下游的成本，使得产品的成本被低估，可能会导致管理者开发一种在长期亏损的产品。

7.8.2　在分部之间不恰当地分配可追溯成本

除了成本的遗漏，许多公司没能正确地处理分部利润表中的可追溯成本。首先，它们没有将可追溯的固定成本分配到分部中；其次，它们在将可追溯固定成本分配至分部的过程中使用了不恰当的分配基准。

1. 追溯成本上的失误

可直接追溯到特定分部的成本应由该分部承担，而不应分配到其他分部。例如，保险公司某分支机构的租金应由该分支机构承担，而不是被包含在公司层面的间接费用中，从而在整个公司范围内分配。

2. 不恰当的分配基准

一些公司使用随意的分配基准来分配成本。例如，有些公司以销售收入作为分配销售和管理费用的基准。那么如果一个分部的收入占公司总收入的 20%，该分部就将承担公司 20%的销售和管理费用。而如果以销货成本或者一些其他计量标准作为分配基准，分配的基本步骤相同。

只有当分配基准能真正地驱动被分配的成本（或者与真正的成本驱动因素高度相关）时，成本才应分配至分部中并用于内部决策的制定。例如，只有当销售额增长 10% 会导致销售和管理费用同样增长 10% 时，销售额才可以作为分配销售和管理费用的基准。因为销售和管理费用不受销售量的影响，这些费用将会被错误地分配，导致过高比例的销售和管理费用被分配到产生收入最多的分部。

7.8.3　在分部之间随意地分配共同成本

第三个导致分部成本扭曲的企业行为是将不可追溯的成本分配至分部之中。例如，一些公司将总部建筑物的共同成本分配到分部报告的产品之中。然而，在一家多产品的公司中，没有任何一种产品应该为这一巨大数额的成本负责。即使某一产品完全消失，通常也不会对公司总部建筑物的成本产生任何重大影响。简言之，公司总部的建筑物与任一产品的存在都没有因果关系。因此，任何将公司总部建筑物成本分配至产品的行为都是随意的和武断的。

毫无疑问，像公司总部建筑物一类的共同成本对于公司的运作是非常重要的。随意地将共同成本分配至分部的行为通常有这样一个理由：总要有人来承担共同成本。虽然一家公司必须弥补它的共同成本以获取利润是毋庸置疑的，但随意地将共同成本分配至分部中并不能确保公司的盈利。事实上，将一部分共同成本加入分部的实际成本之中会使盈利的分部看起来变为亏损。如果管理者撤销了看似亏损的分部，可以节约实际的可追溯成本，但同时也会损失该分部的销售收入。然而，分配至该分部的共同固定成本并不会消失，它们会被重新分配至公司其他分部，这使得其他分部的盈利能力看起来更少，并进一步导致其他分部的撤销。最终的后果是，公司的整体利润下降，弥补共同成本变得更加困难。

另外，共同固定成本对于随意分配它们的管理者来说是较难管理的；这是更高层管理者的责任。当共同固定成本被分配至管理者，即使他们无法驾驭这些成本也需要对其负责。

7.9　利润表：外部报告的视角

7.9.1　公司层次利润表

事实上，美国一般公认会计原则（GAAP）要求采用完全成本法编制外部报告。$^{\ominus}$另外，国际财务报告准则（IFRS）明确要求企业采用完全成本法。可能由于成本或是在内外部报告时分别采用两种成本核算系统所带来的混乱，大多数公司选择在内外部报告中使用完全成本法。

考虑到边际贡献法的优点，你也许会困惑为什么会使用完全成本法。尽管答案的一部分是出于对传统的遵循，完全成本法对于许多会计师和管理者而言也确实具有吸引力，因为他们认为完全成本法能更好地配比收入与成本。完全成本法的拥护者表示，为了恰当地配比生产成本与销售收入，必须将所有生产成本分配到产品之中。折旧、税费、保险、管理层收入等固定成本与变动成本对于制造产品而言一样重要。

变动成本法的拥护者认为，固定生产成本不是任何特定产品的真实成本。这些成本的发生只是为了获取在特定期间的生产能力，即使这一期间没有生产活动，这些成本仍然存在。另外，无论一个产品完成与否，固定生产成本是完全相同的。因此，变动成本法的拥护者表示，固定生产成本不专属于任何特定产品的生产成本，所以按照配比原则，固定生产成本应该作为费用在当期确认。

$\ominus$　财务会计准则委员会（FASB）提供了美国非官方权威性的一般公认会计原则（GAAP）的唯一来源，并将其命名为 FASB 会计准则法典（FASB 法典）。尽管 FASB 法典没有明确禁止使用变动成本法，但其明确禁止公司将全部制造费用排除在生产成本之外，并且 FASB 法典还提供了关于将固定制造费用分配至产品的深度讨论，暗示了完全成本法对于外部报告的必要性。尽管一些公司在其外部报告上花费了固定生产成本的重要成分，事实上，美国一般公认会计原则仍要求使用完全成本法进行外部报告。

7.9.2　分部财务信息

美国一般公认会计原则（GAAP）与国际财务报告准则（IFRS）要求公开交易的公司在其年报中披露分部财务信息以及其他数据。为外部信息使用者编制的分部报告必须与企业用于经营决策制定的内部分部报告采用一致的方法与定义。之所以提出这样的规定，是因为公司通常不会被要求向外部信息使用者披露与用于内部决策目的一致的数据。这项规定催生了公开交易的公司避免在内部分部报告中采用边际贡献法的动机。贡献式分部利润表包含了企业通常不愿意透露给公众和竞争者的重要信息。另外，这项规定在协调内外部报告方面会产生一些问题。

商业实战 7-5　|　亚马逊公司将云计算服务作为单独分部进行报告

多年来，亚马逊公司将其最重要的部门之一——亚马逊网络服务的收入集中在财务报表的"其他"栏内。现在公司决定在外部财务报告中单独披露该部门的销售额。尽管公司每年在服务器、软件、信息技术服务上投入超过 3 000 亿美元，但是在这些市场上的增长仍表现平平。相反，亚马逊公司主导的基础设施市场有望在一年内由 90 亿美元增长到 160 亿美元的产值。为了实现公司在该市场的良好发展，亚马逊表示现在每天都在增加相当于 2004 年全部产能的计算能力。尽管亚马逊公司计划披露亚马逊网络服务的销售额，但其并未打算报告该分部的利润。

资料来源：Robert McMillan, " Amazon's AWS Aims to Be the Dominant Data Center for American Business," *The Wall Street Journal* ,April 23,2015,p.B5.

本章小结

变动成本法与完全成本法是在计算单位生产成本时可供选择的两种方法。在变动成本法下，只有那些随产量变动的生产成本才计入生产成本，包括直接材料、直接人工以及变动制造费用。固定制造费用作为期间费用在发生当期的利润表中列报。相反，完全成本法将固定制造费用同直接材料、直接人工和变动制造费用一起计入生产成本。在两种成本核算方法下，销售和管理费用都作为期间费用在发生当期的利润表中列报。

由于完全成本法将固定制造费用计入生产成本，所以该部分费用将被分配到所生产的每件产品上。如果产品在期末未售出，那么与之相关的固定制造费用会被计入资产负债表的期末存货中，而不是列入利润表的销货成本。当这些产品在随后期间售出时，与之相关的固定制造费用会从存货账户中释放出来，并计入销货成本。因此，在完全成本法下，通过存货账户可以将一部分固定制造费用从一个期间递延到未来某一期间。

然而，期间之间固定制造费用的转移会使经营净利润发生不稳定的波动，并导致混乱与不明智的决策。为避免对利润表数据的理解错误，管理者应警惕期间存货水平与单位生产成本的变动。

分部利润表提供了评价部门、生产线、销售区域以及公司其他分部盈利能力与绩效的信息。在边际贡献法下，变动成本与固定成本之间有着明显的区别，只有那些可追溯的成本会被分配到分部。可追溯至分部的成本是指那些由分部引起并随分部的撤销而消失的成本。共同固定成本不应被分配至分部。分部毛益等于销售额减去变动费用与分部的可追溯固定成本。

分部的保本销售额可以通过分部可追溯固定费用除以其边际贡献率计算得出。在进行保本计算时，公司的共同固定费用不应分配至分部，因为它们不会因分部层次的决策而改变。

复习题 1：变动成本法与完全成本法的比较

德克斯特公司（Dexter Corporation）生产并销售一种木质手动织布机，用于编制围巾等小物件。近两年与产品相关的成本和经营数据列示如下：

（单位：美元）

单位售价	50
生产成本：	
单位变动生产成本：	
直接材料	11
直接人工	6
变动制造费用	3
每年固定制造费用	120 000
销售和管理费用：	
单位销售商品的变动销售和管理费用	4
每年固定销售和管理费用	70 000

	第 1 年	第 2 年
期初存货数量	0	2 000
本年产量	10 000	6 000
本年销量	8 000	8 000
期末存货数量	2 000	0

要求：

（1）假设该公司采用完全成本法。

a. 计算每年的单位生产成本。

b. 编制每年的利润表。

（2）假设该公司采用变动成本法。

a. 计算每年的单位生产成本。

b. 编制每年的利润表。

（3）协调变动成本法与完全成本法下的经营净利润。

复习题答案：

（1）a. 在完全成本法下，所有的生产成本，包括变动成本与固定成本，都计入单位生产成本：

（单位：美元）

	第 1 年	第 2 年
直接材料	11	11
直接人工	6	6
变动制造费用	3	3
固定制造费用		
（120 000 美元 ÷10 000 单位）	12	
（120 000 美元 ÷6 000 单位）		20
单位生产成本	32	40

b. 完全成本法利润表如下：

（单位：美元）

	第 1 年	第 2 年
销售额（8 000 单位 ×50 美元/单位）	400 000	400 000
销货成本（8 000 单位 ×32 美元/单位）；（2 000 单位 ×32 美元/单位）+（6 000 单位 ×40 美元/单位）	256 000	304 000
毛益	144 000	96 000
销售和管理费用（8 000 单位 ×4 美元/单位 +70 000 美元）	102 000	102 000
经营净利润（损失）	42 000	(6 000)

（2）a. 在变动成本法下，只有变动生产成本包含在单位生产成本中：

（单位：美元）

	第 1 年	第 2 年
直接材料	11	11
直接人工	6	6
变动制造费用	3	3
单位生产成本	20	20

b. 变动成本法利润表如下：

（单位：美元）

	第 1 年		第 2 年	
销售额（8 000 单位 ×50 美元/单位）		400 000		400 000
变动费用：				
变动销货成本（8 000 单位 ×20 美元/单位）	160 000		160 000	

（续）

	第 1 年		第 2 年	
变动销售费用与管理费用 （8 000 单位 × 4 美元 / 单位）	32 000	192 000	32 000	192 000
边际贡献		208 000		208 000
固定费用：				
固定制造费用	120 000		120 000	
固定销售和管理费用	70 000	190 000	70 000	190 000
经营净利润		18 000		18 000

（3）变动成本法与完全成本法下经营净利润的调和方式如下：

（单位：美元）

	第 1 年	第 2 年
期末存货中的固定制造费用 （2 000 单位 × 12 美元 / 单位；0 单位 × 20 美元 / 单位）	24 000	0
减：期初存货中的固定制造费用 （0；2 000 单位 × 12 美元 / 单位）	0	24 000
吸收到存货中（从存货中释放） 的固定制造费用	24 000	（24 000）

（单位：美元）

	第 1 年	第 2 年
变动成本法经营净利润	18 000	18 000
加：完全成本法下吸收到存 货中的固定制造费用 （2 000 单位 × 12 美元 / 单位）	24 000	
减：完全成本法下从存货中 释放的固定制造费用 （2 000 单位 × 12 美元 / 单位）		（24 000）
完全成本法经营净利润（损失）	42 000	（6 000）

复习题 2：分部利润表

弗兰普顿（Frampton）法律公司的企业员工戴维斯（Davis）与斯迈思（Smythe）将上个月公司的整体业绩划分为婚姻法与商法这两个业务分部，并编制了如下报告：

（单位：美元）

	公司	婚姻法 分部	商法 分部
来自客户的收入	1 000 000	400 000	600 000
变动费用	220 000	100 000	120 000
边际贡献	780 000	300 000	480 000
可追溯固定费用	670 000	280 000	390 000
分部毛益	110 000	20 000	90 000
共同固定费用	60 000	24 000	36 000
经营净利润（损失）	50 000	（4 000）	54 000

然而，这份报告并非完全正确，管理合伙人的薪水、一般管理费用、一般公司广告等共同固定费用是以客户的收入为基准分配到了两个分部。

要求：

（1）在不对共同固定费用进行分配的情况下重新编制分部报告。如果撤销婚姻法分部，公司的财务状况会变得更好吗？（提示：公司向商法分部的许多客户提供满足他们婚姻法需求的业务，如起草遗嘱。）

（2）公司的广告代理商提议了一项旨在增加婚姻法分部收入的广告行动。这项广告行动将花费 20 000 美元，广告代理商宣称这将使婚姻法分部的收入增加 100 000 美元。弗兰普顿的管理合伙人戴维斯与斯迈思认为，这项业务增长不会带来固定费用的增加。请估算这项广告行动会对婚姻法部门毛益以及公司整体经营净利润产生的影响。

（3）分别计算公司层次以及每个业务分部的保本销售额。

复习题答案：

（1）修改后的利润表列示如下：

（单位：美元）			
	公司	婚姻法	商法
来自客户的收入	1 000 000	400 000	600 000
变动费用	220 000	100 000	120 000
边际贡献	780 000	300 000	480 000
可追溯固定费用	670 000	280 000	390 000
分部毛益	110 000	20 000	90 000
共同固定费用	60 000		
经营净利润	50 000		

如果撤销婚姻法分部，公司的财务状况不会变得更好。婚姻法分部补偿了自己的全部成本，同时每月可以贡献 20 000 美元的分部毛益用于补偿公司的共同固定费用。尽管婚姻法分部的分部毛益远远低于商法分部，其仍有盈利能力。另外，公司可能需要向商法客户提供婚姻法服务以保持自己的竞争力。

（2）广告行动会使婚姻法部门毛益增长 55 000 美元，计算过程如下：

来自客户的收入增长额	100 000 美元
婚姻法边际贡献率（300 000 美元 ÷400 000 美元）	×75%
边际贡献增长额	75 000 美元

（续）	
减：广告行动成本	20 000 美元
分部毛益增长额	55 000 美元

因为固定费用（包括共同固定费用）没有增加，整体经营净利润的增长同样是 55 000 美元。

（3）公司层次的保本点计算如下：

公司的保本销售额 =（可追溯固定费用 + 共同固定费用）÷ 公司整体边际贡献率

= （670 000 美元 +60 000 美元）÷0.78

= 730 000 美元 ÷0.78

= 935 897 美元

婚姻法分部的保本点计算如下：

分部保本的销售额 = 分部可追溯固定费用 ÷ 分部边际贡献率

= 280 000 美元 ÷0.75

= 373 333 美元

商法分部的保本点计算如下：

分部保本的销售额 = 分部可追溯固定费用 ÷ 分部边际贡献率

= 390 000 美元 ÷0.80

= 487 500 美元

术语表

Absorption costing 完全成本法 在单位产品成本中包含所有生产成本（直接材料、直接人工、变动制造费用与固定制造费用）的成本核算方法。

Common fixed cost 共同固定成本 能支持一个以上的分部运营，但不能全部或部分追溯到任何一个具体分部的固定成本。

Segment 分部 公司内部管理者寻求成本、收入或利润数据的任何部分或作业。

Segment margin 分部毛益 等于分部的边际贡献减去其可追溯固定成本。部门毛益代表一个分部补偿了自身的可追溯成本之后的剩余毛益。

Traceable fixed cost 可追溯固定成本 由于特定业务分部的存在而产生并随分部的撤销而消失的固定成本。

Variable costing 变动成本法 是仅将变动生产成本，包括直接材料、直接人工、变动制造费用分配到单位生产成本上的成本核算方法。

思考题

1. 完全成本法与变动成本法的区别是什么？

2. 在完全成本法下，管理和销售费用是作为生产成本还是期间费用？

3. 解释在完全成本法下，固定制造费用如何从一个期间转移到另一期间。

4. 主张将固定制造费用作为生产成本的理由有哪些？

5. 主张将固定制造费用作为期间费用的理由有哪些？

6. 如果产量大于销量，你预计完全成本法与变动成本法中哪一种方法下的经营净利润更高？为什么？

7. 如果在完全成本法下，固定制造费用从存货中释放出来，你认为产量与销量之间是什么样的关系？

8. 精益生产方式是如何减少或消除完全成本法与变动成本法下的经营净利润之间的差异的？

9. 在边际贡献法下，哪种成本会被分配至分部中？

10. 区分可追溯固定成本与共同固定成本，并分别列举几个例子。

11. 解释边际贡献与分部毛益的差异。

12. 当一个分部被进一步划分为多个分部时，可追溯至该分部的成本如何成为共同固定成本呢？

13. 在计算分部保本点时，公司是否应将共同固定成本分配至业务分部？为什么？

练习题

1. 变动成本法与完全成本法下的单位生产成本与利润表

林奇公司（Lynch Company）生产与销售单一产品，公司运营首年发生成本如下：

（单位：美元）

单位变动成本：	
生产成本：	
直接材料	6
直接人工	9
变动制造费用	3
变动销售和管理费用	4
每年固定成本：	
固定制造费用	300 000
固定销售和管理费用	190 000

本年公司生产 25 000 件产品，售出 20 000 件。该公司产品的售价是每件 50 美元。

要求：

（1）假定公司采用完全成本法：

　　a. 计算单位生产成本。

　　b. 编制本年利润表。

（2）假定公司采用变动成本法：

　　a. 计算单位生产成本。

　　b. 编制本年利润表。

2. 变动成本法与完全成本法下的单位生产成本与利润表

沃尔什公司（Walsh Company）生产与销售一种产品，公司运营前两年中每年的相关信息如下：

（单位：美元）

单位变动成本：	
生产成本：	
直接材料	25
直接人工	15
变动制造费用	5
变动销售和管理费用	2
每年固定成本：	
固定制造费用	250 000
固定销售费用与管理费用	80 000

第 1 年沃尔什公司生产 50 000 件产品，售出 40 000 件。第 2 年公司生产 40 000 件产品，售出 50 000 件。该公司产品的售价是每件 60 美元。

要求：

（1）假定公司采用变动成本法：

　　a. 分别计算第 1 年与第 2 年的单位生产成本。

　　b. 分别编制第 1 年与第 2 年的利润表。

（2）假定公司采用完全成本法：

　　a. 分别计算第 1 年与第 2 年的单位生产成本。

　　b. 分别编制第 1 年与第 2 年的利润表。

（3）分别解释第 1 年、第 2 年完全成本法与变动成本法下的经营净利润差异的原因。

3.变动成本法下的单位生产成本与利润表（保本分析）

吃味烤架（Chuck Wagon Grills）公司生产一种手工制作的专业烧烤架，售价210美元/个。公司最近一年的营业数据如下：

期初存货	0
产量	20 000
销量	19 000
期末存货	1 000
单位变动成本（美元）：	
直接材料	50
直接人工	80
变动制造费用	20
变动销售和管理费用	10
单位变动成本总额	160
固定成本（美元）：	
固定制造费用	700 000
固定销售和管理费用	285 000
固定成本总额	985 000

要求：

（1）假定公司采用变动成本法，计算一个烧烤架的单位生产成本。

（2）假定公司采用变动成本法，编制最近一年的贡献式利润表。

（3）计算公司达到保本点需要销售多少个烧烤架？

4.完全成本法下的单位生产成本与利润表

参考练习3中吃味烤架公司的数据，假定在本题中该公司采用完全成本法。

要求：

（1）计算一个烧烤架的单位生产成本。

（2）编制最近一年的利润表。

5.使用分部利润表（保本分析）

瑞和 & 陈（Raner, Harris&Chan）是一家专门从事医疗和牙科诊所信息系统的咨询公司。公司分别在芝加哥和明尼阿波利斯设有办公室。公司将咨询工作的直接成本作为变动成本。公司最近一年的贡献式分部利润表列示如下（金额单位：美元）：

	公司		办公室			
			芝加哥		明尼阿波利斯	
销售额	450 000	100%	150 000	100%	300 000	100%
变动费用	225 000	50%	45 000	30%	180 000	60%
边际贡献	225 000	50%	105 000	70%	120 000	40%
可追溯固定费用	126 000	28%	78 000	52%	48 000	16%
办公室分部毛益	99 000	22%	27 000	18%	72 000	24%
不可追溯至办公室的共同固定费用	63 000	14%				
经营净利润	36 000	8%				

要求：

（1）分别计算公司层次、芝加哥办公室以及明尼阿波利斯办公室的保本点。公司层次的保本点是高于、低于还是等于芝加哥与明尼阿波利斯办公室保本点的之和？为什么？

（2）如果明尼阿波利斯办公室的销售额每年增长75 000美元，公司的经营净利润会增长多少？假定成本性态没有发生变化。

（3）参照原始数据，假定芝加哥办公室明年的销售额将增长50 000美元，而明尼阿波利斯办公室的销售额保持不变。同时假定固定成本保持不变。

a.参照上表的形式为公司编制分部利润表，并列示出金额与百分比。

b.分析你所编制的利润表可以发现芝加哥办公室的边际贡献率保持在70%不变（与前述数据相同），而分部毛益率却发生了变化。该如何解释分部毛益率的改变呢？

问题

1. 变动成本法与完全成本法下的单位生产成本与利润表

哈斯公司（Haas Company）生产与销售一种产品，公司运营前 3 年中每年的相关信息如下：

（单位：美元）

单位变动成本：	
生产成本：	
直接材料	20
直接人工	12
变动制造费用	4
变动销售和管理费用	2
每年固定成本：	
固定制造费用	960 000
固定销售和管理费用	240 000

第 1 年哈斯公司生产 60 000 件产品，售出 60 000 件。第 2 年公司生产 75 000 件产品，售出 50 000 件。第 3 年哈斯公司生产 40 000 件产品，售出 65 000 件。该公司产品的售价是每件 58 美元。

要求：

（1）计算公司保本点的销售额。

（2）假定公司采用变动成本法：

a. 分别计算第 1 年、第 2 年和第 3 年的单位生产成本。

b. 分别编制第 1 年、第 2 年和第 3 年的利润表。

（3）假定公司采用完全成本法：

a. 分别计算第 1 年、第 2 年和第 3 年的单位生产成本。

b. 分别编制第 1 年、第 2 年和第 3 年的利润表。

（4）将你在要求（2）、（3）中计算的经营净利润与要求（1）中计算的保本点销售额相比较，哪个经营净利润的数字（变动成本法还是完全成本法下的）似乎是不合常理的？为什么？

2. 变动成本法下的利润表

在希顿公司（Heaton Company）前两年的经营中，其披露的完全成本法下的经营净利润如下：

（单位：美元）

	第 1 年	第 2 年
销售额（25 美元/单位）	1 000 000	1 250 000
销货成本（18 美元/单位）	720 000	900 000
毛益	280 000	350 000
销售和管理费用①	210 000	230 000
经营净利润	70 000	120 000

① 变动部分为 2 美元/单位；固定部分为每年 130 000 美元。

公司的单位生产成本为 18 美元，计算过程如下：

（单位：美元）

直接材料	4
直接人工	7
变动制造费用	1
固定制造费用（270 000 美元÷45 000 单位）	6
完全成本法下的单位生产成本	18

固定制造费用中 40% 是工资和薪金，剩余部分是生产设备与建筑物的折旧费用。

公司运营前两年的生产与成本数据如下：

	第 1 年	第 2 年
产量	45 000	45 000
销量	40 000	50 000

要求：

（1）在变动成本法下，希顿公司这两年的单位生产成本分别是多少？

（2）第 1 年、第 2 年在变动成本法下的经营净利润分别是多少？

（3）请对每一年完全成本法与变动成本法下的经营净利润进行协调。

3. 变动成本法与完全成本法下的单位生产成本与利润表、经营净利润差异的解释

荷考垂公司（High Country Inc.）生产与销售多种休闲娱乐性产品。公司最近开设了一家生产折叠帐篷小屋的工厂，其产品将销往美国各地。工厂运营的首月，5 月的成本

与收入数据如下：

期初存货	0
产量	10 000
销量	8 000
单位售价	75

（单位：美元）

销售和管理费用：	
单位变动销售和管理费用	6
固定销售和管理费用（每月）	200 000
生产成本：	
单位产品直接材料成本	20
单位产品直接人工成本	8
单位变动制造费用	2
固定制造费用（每月）	100 000

管理者很渴望能评价 5 月帐篷小屋的盈利能力。

要求：

（1）假定公司采用完全成本法：

a. 计算单位生产成本。

b. 编制 5 月的利润表。

（2）假定公司采用变动成本法：

a. 计算单位生产成本。

b. 编制 5 月的贡献式利润表。

（3）解释两种成本核算方法下期末存货余额差异的原因以及差异对经营净利润的影响。

4. 公司与分部的保本分析、决策制定

塔克威（Toxaway Company）是一家按订单运营的企业，包括商业与住宅两个部门。公司的会计实习生被要求编制分部利润表，供部门经理用于计算保本点与决策制定。该实习生利用上个月公司层次的利润表，编制了如下所示的完全成本法下的分部利润表：

（单位：美元）

	公司	商业部门	住宅部门
销售额	750 000	250 000	500 000
销货成本	500 000	140 000	360 000
毛益	250 000	110 000	140 000
销售和管理费用	240 000	104 000	136 000
经营净利润	10 000	6 000	4 000

在这张利润表中，实习生所确定的塔克威公司唯一的变动销售和管理费用是占全部销售额 10% 的销售佣金。公司的固定费用总额包括 72 000 美元不会随着商业部门与住宅部门的撤销而消失的共同固定成本，以及 55 000 美元和 38 000 美元分别随着商业部门与住宅部门的终止而被消除的固定费用。

要求：

（1）你赞成该实习生采用完全成本法编制分部利润表的决定吗？为什么？

（2）基于该实习生所编制的分部利润表：

a. 她将公司多少的共同固定费用分配到了商业部门和住宅部门？

b. 在将共同固定费用分配至商业部门与住宅部门时，她最有可能使用了以下 3 种分配基准中的哪一种：销售额、销货成本或毛益？

（3）你赞成该实习生将共同固定费用分配至商业部门与住宅部门的决定吗？为什么？

（4）请编制贡献式利润表。

（5）计算公司层面保本点的销售额。

（6）计算商业部门与住宅部门的保本点的销售额。

（7）假定公司决定分别向商业部门与住宅部门的销售代表支付总额为 15 000 美元和 30 000 美元的月工资，并将其公司层面的销售佣金比重由 10% 下调至 5%。计算商业部门与住宅部门新的保本点的销售额。

案例

变动成本法与完全成本法下的单位生产成本与利润表

奥布莱恩公司（O'Brien Company）生产与销售一种产品，公司运营前 3 年的每年相关信息如下：

	（单位：美元）
单位变动成本：	
生产成本：	
直接材料	32
直接人工	20
变动制造费用	4
变动销售和管理费用	3
每年固定成本：	
固定制造费用	660 000
固定销售和管理费用	120 000

奥布莱恩公司第 1 年生产 100 000 件产品，销售 80 000 件，第 2 年生产 75 000 件产品，销售 90 000 件，第 3 年生产 80 000 件产品，销售 75 000 件。该公司产品的售价是每件 75 美元。

要求：

（1）假定公司采用变动成本法与先进先出的存货流转假设（假设先生产的存货先售出）：

a. 分别计算第 1 年、第 2 年和第 3 年的单位生产成本。

b. 分别编制第 1 年、第 2 年和第 3 年的利润表。

（2）假定公司采用变动成本法与后进先出的存货流转假设（假设后生产的存货先售出）：

a. 分别计算第 1 年、第 2 年和第 3 年的单位生产成本。

b. 分别编制第 1 年、第 2 年和第 3 年的利润表。

（3）假定公司采用完全成本法与先进先出的存货流转假设（假设先生产的存货先售出）：

a. 分别计算第 1 年、第 2 年和第 3 年的单位生产成本。

b. 分别编制第 1 年、第 2 年和第 3 年的利润表。

（4）假定公司采用完全成本法与后进先出的存货流转假设（假设后生产的存货先售出）：

a. 分别计算第 1 年、第 2 年和第 3 年的单位生产成本。

b. 分别编制第 1 年、第 2 年和第 3 年的利润表。

附录 7A　超级变动成本法

在本章变动成本法的讨论中，我们假定直接人工和一部分制造费用是应该计入在产品的变动成本。然而，这些关于成本性态的假定可能并不正确。例如，由于这些成本中的变动部分是不重要的或难以估计的，因此，假定所有的制造费用都是固定成本可能更容易也更准确。此外，由于劳动法、劳动合同以及管理政策的存在，许多公司的人工成本（包括直接人工与间接人工）都是固定而非变动的。在法国、德国、西班牙以及日本等国家，管理者很少有根据经营作业变化调整劳动力的弹性，即使在美国与英国这样管理者通常拥有较大的自由度去调整劳动力规模的国家，许多管理者也选择将人工成本视为固定成本。他们选择这种做法是因为，在短期经济衰退期间解雇员工所节省的成本与员工士气遭受打击而招致的负面影响，以及日后招聘与培训新员工的成本相比显得微不足道。另外，将员工视为变动成本催生了一种微妙的态度，认为员工是像材料一样是可消耗与可替换的成本，而没有将其当作一种独一无二、难以替代的资产。

超级变动成本法是变动成本法的一种变化形式，将直接人工和制造费用都看作是固定的。**超级变动成本法**（super-variable costing）将所有的直接人工与制造费用划分为固定期间费用，而只有直接材料作为变动生产成本。为了简便计算，在附录中我们同样假定销售和管理费用全部是固定的。

7A.1 超级变动成本法与变动成本法实例

为了阐释将直接人工作为固定成本（如在超级变动成本法下）和将直接人工作为变动成本（如在变动成本法下）之间的差异，我们使用本章主体部分中韦伯轻型飞机公司的简化版案例。该公司经营情况的相关数据列示如下：

（单位：美元）

	每架飞机	每月
售价	100 000	
直接材料	19 000	
直接人工		20 000
固定制造费用		74 000
固定销售和管理费用		40 000

	1 月	2 月	3 月
期初存货	0	0	1
产量	2	2	2
销量	2	1	3
期末存货	0	1	0

这里需要注意的关键点是直接人工是每月 20 000 美元的固定成本，并且韦伯公司没有变动制造费用以及变动销售和管理费用。1～3 月公司每架飞机的售价与变动成本、月度产量以及月度固定费用总额保存不变。本例中唯一改变的是飞机的销量（1 月 = 2 架；2 月 = 1 架；3 月 = 3 架）。

首先，我们编制公司 1～3 月超级变动成本法下的利润表。其次，我们会分析如果在错误地假定直接人工为变动成本的情况下，变动成本法下该公司相同月份的经营净利润是如何计算的。注意，两份利润表均以贡献式为基础编制。

7A.2 超级变动成本法下的利润表

我们将分 4 个步骤来编制公司每月的超级变动成本法利润表。

第一步：将销量与本例中 100 000 美元的单位售价相乘计算得出销售额。

第二步：将销量与单位生产成本，即本例中 19 000 美元的单位产品直接材料成本相乘计算得出变动销货成本。

第三步：将变动销货成本从销售额中扣减得出边际贡献。

第四步：将固定费用总额，即本例中每月的 134 000 美元（= 20 000 美元 + 74 000 美元 + 40 000 美元）从边际贡献中扣减得出经营净利润。

按照这 4 个步骤编制的韦伯轻型飞机公司每月的超级变动成本法下的利润表如表 7A-1 所示。请注意，唯一的变动费用是变动销货成本，即每件已售商品 19 000 美元的直接材料。例如，在 3 月，将 19 000 美元的变动生产成本与已售的飞机数量 3 相乘计算得出 57 000 美元的变动销货成本。94 000 美元的月度固定制造费用总额包含 20 000 美元的直接人工与 74 000 美元的固定制造费用。

表 7A-1 超级变动成本法下的利润表   （单位：美元）

	1 月	2 月	3 月
销售额（100 000 美元 / 单位）	200 000	100 000	300 000
变动销货成本（19 000 美元 / 单位）	38 000	19 000	57 000
边际贡献	162 000	81 000	243 000
固定费用：			
固定制造费用	94 000	94 000	94 000
固定销售和管理费用	40 000	40 000	40 000
固定费用总额	134 000	134 000	134 000
经营净利润（损失）	28 000	（53 000）	109 000

7A.3 变动成本法下的利润表

本例中，变动成本法下的利润表与超级变动成本法下的利润表的主要差异是我们错误地假定直接人工是变动成本，并计入单位生产成本。因为月度直接人工成本是 20 000 美元，每月生产两架飞机，如果直接人工成本计入单位生产成本，韦伯轻型飞机公司将向其生产的每架飞机分配 10 000 美元的直接人工成本。所以，公司变动成本法下的单位生产成本的计算如下：

（单位：美元）

	1 月	2 月	3 月
直接材料	19 000	19 000	19 000
直接人工	10 000	10 000	10 000
单位生产成本	29 000	29 000	29 000

基于给定的单位生产成本的数据，公司变动成本法下利润表的计算如表 7A-2 所示。例如，在 3 月，将 29 000 美元的单位生产成本与已售的飞机数量 3 相乘计算得出 87 000 美元的变动销货成本。74 000 美元的固定制造费用总额与 40 000 美元的固定销售和管理费用总额均被作为期间费用列报。

7A.4 超级变动成本法与变动成本法之间收入的协调

1 月超级变动成本法与变动成本法下的经营净利润均为 28 000 美元。在 2 月，超级变动成本法下的收益比变动成本法下的低 10 000 美元，在 3 月的情况却相反。换言之，3 月超级变动成本法下的收益比变动成本法下的高 10 000 美元。

表 7A-2 变动成本法利润表   （单位：美元）

	1 月	2 月	3 月
销售额（100 000 美元 / 单位）	200 000	100 000	300 000
变动销货成本（29 000 美元 / 单位）	58 000	29 000	87 000
边际贡献	142 000	71 000	213 000
固定费用：			
固定制造费用	74 000	74 000	74 000
固定销售和管理费用	40 000	40 000	40 000
固定费用总额	114 000	114 000	114 000
经营净利润（损失）	28 000	（43 000）	99 000

为什么两种成本核算方法会产生不同的经营净利润？答案就在于对直接人工成本的核算方式不同。超级变动成本法将直接人工作为固定期间费用而变动成本法将其视为变动生产成本。换言之，超级变动成本法将 20 000 美元的直接人工成本在每月的利润表中全部作为费用列报。相反，变动成本法将 10 000 美元的直接人工成本分配至每件产品之中，在资产负债表的存货账户中列报，直至产品售出时才结转计入利润表的变动销货成本中。基于此背景，各月超级变动成本法与变动成本法之间收益的协调如下：

（单位：美元）

	1 月	2 月	3 月
期末存货中的直接人工成本 （10 000 美元 / 单位）	0	10 000	0
减：期初存货中的直接人工成本 （10 000 美元 / 单位）	0	0	10 000
被吸收到存货中（从存货中释放）的直接人工成本	0	10 000	（10 000）

（单位：美元）

	1 月	2 月	3 月
超级变动成本法下的经营净利润（损失）	28 000	（53 000）	109 000
被吸收到存货中（从存货中释放）的直接人工	0	10 000	（10 000）
变动成本法下的经营净利润（损失）	28 000	（43 000）	99 000

在 1 月，两种成本核算方法列报了相同的经营净利润（28 000 美元）。这是由于 1 月的产量与销量相等，从而使得两种方法下 20 000 美元的直接人工均在利润表中实现了费用化。在 2 月，生产的 2 件产品中只有 1 件售出，因此，超级变动成本法下的收益比变动成本法下的低 10 000 美元。产生这种差异的原因是超级变动成本法将 20 000 美元的直接人工在利润表中作为费用列报，而变动成本法只将 10 000 美元的直接人工在利润表中费用化（10 000 美元 / 单位 ×1 单位已售商品），将剩余 10 000 美元的直接人工吸收到了存货之中（10 000 美元 / 单位 ×1 单位未售商品）。在 3 月，生产了 2 件产品却售出 3 件，因此，超级变动成本法下的收入比变动成本法下的高 10 000 美元。这是由于超级变动成本法将 20 000 美元的直接人工在利润表中作为费用列报，而变动成本法却将 30 000 美元的直接人工在利润表中费用化（10 000 美元 / 单位 ×3 单位已售商品）。值得注意的是，3 月售出的其中一件商品实际生产于 2 月。在变动成本法下，2 月附加于这件产品的 10 000 美元的直接人工从存货中被释放出来，并计入了 3 月的变动销货成本中。

总之，附录部分的关键问题是一家公司如何看待直接人工成本。如果公司将直接人工作为变动成本，成本核算系统可能会促使管理者将销售额下降时的人工成本压缩至最低水平，从而导致员工士气低落并在经济恢复时出现一系列难以解决的问题。其次，在实践中，管理者即使想要调整直接人工，他几乎也没有这样的能力，因此，可以说直接人工成本实际上是固定的。无论是上述哪种情况中，将直接人工成本视为变动的都可能导致错误的决策。而超级变动成本法通过将人工成本视为固定成本较好地克服了这个问题。

术语表

Super-variable costing 超级变动成本法
一种将所有的直接人工与变动制造费用划分为固定期间费用，而只将直接材料当作变动生产成本的成本核算方法。

超级变动成本法与变动成本法下的单位生产成本与利润表

奥美公司（Ogilvy Company）生产与销售一种产品，公司运营前 3 年中每年的相关信息如下：

	（单位：美元）
单位变动成本：	
直接材料	16
每年固定成本：	
直接人工	540 000
固定制造费用	822 000
固定销售和管理费用	370 000

公司无任何变动制造费用或变动销售和管理费用。在运营的第 1 年，奥美公司生产 60 000 件产品，售出 60 000 件。第 2 年公司生产 60 000 件产品，售出 55 000 件。第 3 年奥美公司生产 60 000 件产品，售出 65 000 件。该公司产品的售价是每件 45 美元。

要求：

（1）假定公司采用超级变动成本法：

a. 分别计算第 1 年、第 2 年和第 3 年的单位生产成本。

b. 分别编制第 1 年、第 2 年和第 3 年的利润表。

（2）假定公司采用完全成本法，并将 9 美元的直接人工分配至每单位产品中：

a. 分别计算第 1 年、第 2 年和第 3 年的单位生产成本。

b. 分别编制第 1 年、第 2 年和第 3 年的利润表。

（3）分别对第 1～3 年超级变动成本法与变动成本法之间经营净利润的差异进行协调。

第 8 章

作业成本法：帮助决策的工具

商业聚焦

航空公司燃油成本的动因

若要求你尽可能多地识别出航空公司燃油成本的驱动因素，你可能会立即想到其中非常重要的两个成本动因：航班数量与飞行里程数。然而，鉴于重型飞机消耗更多燃料的事实，你是否考虑过飞机的重量呢？虽然你可能忽视了重量这个成本动因，但可以确信的是航空业不会。监管机构已允许航空公司的飞行员用 iPad 取代其多年来使用的笨重导航图册。美国航空公司估计，转为使用 iPad 将减少每名飞行员携带的 3 000 页纸张的重量，这意味着每年可节省 40 万加仑⊖的燃料和 120 万美元。

在本章，你将学习公司应如何实施作业成本法系统，以便更好地理解和管理影响各种成本对象（如产品和客户）盈利能力的成本动因。

资料来源：Susan Carey, "Airlines Jettison a Costly Load of Paper," *The Wall Street Journal*, June 27,2013,p.B6.

学习目标

1. 理解作业成本法及其与传统成本核算系统的差异。
2. 进行第一阶段分配，将成本分配至各成本库。
3. 计算各成本库的作业成本分配率。
4. 进行第二阶段分配，将成本分配至特定的成本对象。
5. 使用作业成本法计算产品毛利与客户毛利。
6. （附录 8A）使用时间驱动的作业成本法将成本分配至具体的成本对象。
7. （附录 8A）使用时间驱动的作业成本法对产能进行分析。

本章介绍了作业成本法的概念。作业成本法已经广泛地应用于嘉信理财（Charles Schwab）、花旗集团（Citigroup）、劳氏公司（Lowe's）、可口可乐（Coca-cola）、J & B 批发公司、飞兆半导体公司（Fairchild Semiconductor）、阿尔舍铝业（Assan Aluminum）、西斯科食品（Sysco Foods）、飞世尔科技国际公司（Fisher Scientific International）、游隼户外用品

⊖ 1 加仑 = 3.7854 升。

（Peregrine Outfitters）等各种类型的组织。**作业成本法**（activity-based costing，ABC）是一种向管理者提供成本信息的成本核算方法，该方法可以用于制定战略性决策，以及对产能有潜在影响进而影响固定成本和变动成本的其他决策。作业成本法通常是公司常规成本核算系统的补充而非替代。大多数使用作业成本法的组织拥有两种成本核算系统——正式的成本核算系统用于编制外部财务报告，而作业成本法系统则用于内部决策的制定与作业的管理。

本章主要讨论作业成本法在制造业中的运用，并与前面章节所讲解的内容形成对比。具体来讲，第 4 章与第 5 章主要关注传统完全成本法在制造业企业中的运用，以计算单位生产成本，从而确定外部财务报告中的存货与销货成本。本章主要分析制造业企业如何使用作业成本法而非传统方法计算单位生产成本，以满足管理间接费用与制定决策的需要。出于相似的目的，第 7 章集中讨论了如何使用变动成本法来帮助制定不涉及固定成本的决策。本章将这种思想予以延伸，主要分析在决策可能同时影响固定成本与变动成本的情况下，应如何运用作业成本法以优化决策的制定。

8.1 作业成本法概述

如前所述，传统完全成本法用于为外部财务报告提供信息，而作业成本法则用于内部决策的制定。因此，作业成本法与传统完全成本法在 3 个方面有所差异。在作业成本法中：

（1）基于因果关系，非制造成本与生产成本一样可以被分配至产品中。

（2）某些制造成本可能不计入产品成本。

（3）将使用若干个间接成本库，每个成本库按其独特的作业计量分配间接费用至产品和其他成本对象。

与传统成本法之间的这些差异将在下面依次讨论。

8.1.1 非生产成本与作业成本法

在传统的完全成本法下，生产成本会被分配至产品，而非生产成本则不会。相反，在作业成本法下，我们发现许多非生产成本与销售、配送以及特定产品的售后服务紧密相关。因此，作业成本法在计算产品的全部成本时将生产成本与非生产成本都包含在内，而不是仅包含产品的生产成本。

作业成本法系统将两种类型的非生产成本分配至产品。第一，作业成本法系统将所有的直接非生产成本追溯至产品。例如，销售员的佣金、运输费以及维修费用是可直接追溯至单个产品的非生产成本。第二，作业成本法系统将可能由产品导致的间接非生产成本分配至其中。事实上，在本章，我们将"间接费用"的定义扩展至包含所有的间接生产成本与间接非生产成本，以此来强调这一点。

总而言之，作业成本法下产品成本的计算包含可追溯至产品的全部直接成本以及由产品引起的全部间接成本。在作业成本法下，区分生产成本和非生产成本的需求消失了，这与前面仅着眼于确定产品生产成本的章节大不相同。

8.1.2 生产成本与作业成本法

在传统的完全成本法系统下，所有的生产成本都被分配至产品，即使生产成本并不由该产品所引起。例如，在第 3、4 章我们了解到，全厂预计制造费用分配率等于全部预计制造费用除以分配基数的预算数量。因此，在以预算直接人工工时为分配基础的公司中，该方法将根据每件产品占用的直接人工工时数，将公司的全部制造费用在产品中分配。而作业成本法系统则刻意地不将组织维系成本与未使用的产能成本（亦称闲置产能成本）分配至产品。

组织维系成本包含工厂安保人员的工资、财务主管的薪酬以及总经理秘书使用办公用品的开销等成本。尽管这种类型的间接制造费用不受当期生产的产品影响，在传统完全成本法系统下，它们仍被分配到产品之中。与之相反，作业成本法系统将这种类型的组织维系成本作为期间费用，而不是将它们随意地分配至产品中。

另外，在传统完全成本法系统下，闲置产能成本也被分配到产品之中。如果预计的作业水平下降，制造费用分配率和单位生产成本就会上升，因为增加的闲置产能成本将会在萎缩的产量之间分配。相反，在作业成本法下，产品只需承担它们所使用的产能成本，而无须承担它们未使用部分的产能成本。这种做法提供了更加稳定的单位生产成本，并且与只向产品分配它们所使用资源的成本的目标相一致。⊖

图 8-1 总结了到目前为止我们所讨论的作业成本法与传统完全成本法之间的两种差异。图 8-1 上部表明传统完全成本法将所有的生产成本计入产品成本，将所有的非生产成本作为期间费用。而图 8-1 下部则表明作业成本法将"间接费用"的定义扩大至包含所有的间接生产成本与间接非生产成本。由产品引发的间接费用被分配至产品之中，而不是将产品引发的所有间接费用均视作期间费用。图 8-1 还表明作业成本法将直接非生产成本作为产品成本而非期间费用。

图 8-1 传统完全成本法与作业成本法的差异

现在我们将关注点转向传统完全成本法与作业成本法之间的最后两项差异。

⊖ 附录 3B 讨论了闲置产能成本在利润表中如何作为期间费用计量。这种做法强调了闲置产能成本而非将其分摊在存货与销货成本中。本章介绍的作业成本法程序具有相同的最终效果。

8.1.3　成本库、分配基础与作业成本法

19 世纪与 20 世纪的大半部分，成本核算系统的设计是简单且令人满意的，通常情况下，使用一个全厂间接成本库或多个部门间接成本库就可以将间接费用分配至产品。全厂和部门分配率的一个共同点，是它们在将间接费用分配至产品时均以直接人工工时或机器工时作为分配基础。在多年前的劳动密集型生产过程中，直接人工是间接费用最常用的分配基础，因为直接人工工时可以直接追溯到成本，它代表了产品成本一个重要的组成部分，许多管理者认为直接人工工时、总产量和间接费用是高度相关的（当直接人工工时、总产量以及间接费用的变动趋于一致时，三者是高度相关的）。当时大多数公司生产的产品都需要相似的资源，且产品种类非常有限，因此直接人工工时甚至机器工时等分配基础都能起到很好的分配效果，实际上不同产品的间接费用实际差异可能极为微小。

随后情况发生了变化，在产品总成本的构成中，直接人工开始下降的同时间接费用开始增加。以前许多由直接人工完成的任务，开始由自动化设备执行，而设备的摊销则是间接费用的组成部分。公司开始以不断加快的速度创造新产品和新服务，这些产品与服务的数量、批量和复杂程度各不相同。管理与维护这种产品多样性需要投入更多的资源在间接费用上，例如增设生产调度员与产品设计工程师，而这与直接人工工时或机器工时并没有明显的相关关系。在这种新环境下，继续依赖于有限量的间接成本库和传统的分配基础将会增大单位生产成本被扭曲的风险，从而导致据此做出错误的决策。

由于技术的进步使更复杂的成本核算系统运用变得可行，作业成本法通过确认成本库和选择不同的分配基础为全厂和部门的成本分配提供了一个与传统方法不同的备选方案。这种基于作业的成本核算方法采用了多个成本库和独特的作业计量，从而能够更好地理解在产品多样化时的管理与维护成本，使其在当今的商业环境下更具应用的吸引力。

在作业成本法中，**作业**（activity）是指任何引起间接费用被消耗的活动。**作业成本库**（activity cost pool）是一个将作业成本法系统下与单个作业计量相关的成本都集中在内的"池"。**作业计量**（activity measure）是作业成本核算系统的分配基础。成本动因指的也是作业计量，因为成本的分配应由作业计量驱动。最常见的两类作业计量是交易动因与持续时间动因。**交易动因**（transaction driver）是作业发生次数的简单计数，如向客户发送账单的次数。**持续时间动因**（duration driver）则度量了完成作业所耗费的时间，如为客户编制账单所花费的时间。总体上，持续时间动因对于资源消耗的度量相比交易动因更准确，但同时也需要在记录上花费更多的精力。因此，实践中常常采用的是交易动因。

传统的成本核算系统仅依赖于产量驱动的分配基础。而作业成本法将作业分为 5 个层次，分别是单位层次、批量层次、产品层次、客户层次与组织维系层次，这些大部分与产量并不相关。虽然单位层次作业的成本及相应的作业计量的确与产量相关，但剩余 4 类却不是这样。这 5 个层次的作业介绍如下。[⊖]

（1）**单位层次作业**（unit-level activities），是生产每单位产品时所发生的作业。单位层次作业的成本应与产量成正比。例如，提供电力以运行加工设备是单位层次作业，因为消耗的电力与产量成正比关系。

（2）**批量层次作业**（batch-level activities），是处理或加工每批产品时所发生的作业，而

⊖　Robin Cooper, "Cost Classification in Unit-Based and Activity-Based Manufacturing Cost Systems," *Journal of Cost Management*, Fall 1990, pp.4-14.

不考虑该批次中有多少产品。例如，订购货物、装配设备、为客户安排运送等工作均属批量层次作业。它们在生产每批产品（或每份客户订单）时发生。批量层次成本由所加工的批次数决定而非取决于产品的产量、销量或其他数量。例如，无论一批中包含 1 件还是 1000 件产品，批量加工所需的机器调试成本是相同的。

（3）**产品层次作业**（product-level activities）是与特定产品有关，且一般情况下，无论批次数、产量、销量如何变化都必须发生的作业。例如，产品设计、产品广告、产品经理与员工的维护均属产品层次作业。

（4）**客户层次作业**（customer-level activities）是与特定的客户有关的作业，包括销售电话、邮寄目录以及与任何特定产品均无关联的一般性技术支持等作业。

（5）**组织维系作业**（orgcnization-sustaining activities）是指其发生不受所服务的客户、所执行的批量与所生产产品的种类和数量影响的作业。这类作业包括车间取暖、行政办公室的保洁、电脑网络的提供、贷款筹措、为股东编制年度报告等。

全世界许多公司都将直接人工工时和机器工时作为间接费用的分配基础。在直接人工工时与间接费用高度相关或者间接费用分配的目的是编制外部财务报告的情况下，这种做法是可行的。然而，如果工厂间接费用与直接人工工时或机器工时的变动不一致，产品成本就会被扭曲，从而可能导致公司决策的扭曲。

商业实战 8-1 ｜ 在峡谷中就餐

文睿探险公司（Western River Expeditions）在科罗拉多州经营漂流旅行项目。最受欢迎的行程是在大峡谷底部为期 6 天的旅游项目，该项目以瀑布急流和只有在大峡谷底部才能看到的美丽风景而负盛名。该旅游项目需要有 1～2 个竹筏，每个竹筏可以搭载两名导游和最多 18 名游客。公司提供旅行途中的全部餐食，并由导游进行制作。

就作业的层次而言，一名游客可以被视作一个单位，而一个竹筏就是一个批次。因此导游的工资就是批量层次成本，因为无论游客数量的多少，每个竹筏都需要两名导游。在旅途中每名游客会得到一个马克杯，并且可以在旅行结束后将它作为纪念品带回家中。马克杯的成本就是单位层次成本，因为送出的马克杯数量与旅行中的游客人数成正比。

那么提供给导游与游客的食物成本是单位层次成本、批量层次成本、产品层次成本还是组织维系层次成本呢？一开始可能会认为食物成本是单位层次成本，因为游客越多，食物成本越高。然而这是不正确的，因为每一天的菜单都有规定标准。例如，第一天晚餐的菜单可能包括鸡尾冷虾、牛排、玉米面包、沙拉与芝士蛋糕。所需食物都需要在旅行开始的前一天从中心仓库中被取出，并装进标准容器。要使食物量与实际游客数完美匹配是不现实的，因为大部分食物都是预先包装好的。例如，每个竹筏的鸡尾冷虾需要两大袋冻虾，无论预期有多少游客，这些东西都要事先准备好。因此，食物成本不是随实际游客数变动的单位层次成本，而是批量层次成本。

8.2 作业成本核算系统的设计

成功地实施作业成本法有 3 个必要因素。

第一，作业成本法的实行必须得到高层管理者的有力支持，因为他们的领导力有助于激励员工接纳变革。

第二，高层管理者应保证作业成本法的数据与人员的评价与奖励挂钩。如果继续沿用传统成本方法（非作业成本法）的数据评价与奖励员工，他们就会迅速得到作业成本法并不重要的信息，从而放弃这种成本核算系统。

第三，作业成本法系统的设计与执行应由跨职能的团队来完成。该团队应包含来自市场、生产、工程设计以及财务等各个部门的代表，这些部门将使用作业成本法来获取数据信息。这些跨部门的成员对公司运作的各个部门有着深入的了解，这是设计一个有效的作业成本法系统的必要条件。另外，对于这些跨部门管理者知识的挖掘能够使他们融入作业成本法的实施过程，从而减轻他们对于应用这种成本系统的抵触。实践证明，当会计人员试图在没有高管支持和跨部门员工参与的情况下实施作业成本法系统时，其结果都不理想。

⊙**管理会计实践 8-1**

克拉布公司（Classic Brass Inc.）为豪华游艇生产两种主要的部件——标准支柱和定制罗盘外壳。公司董事长约翰·托尔（John Towers）最近参加了一个有关作业成本法的学术会议。会后，他召集了公司的高层管理者来讨论他所学到的知识。与会的有生产部经理苏珊·里克特（Susan Richter）、营销部经理汤姆·奥拉夫森（Tom Olafson）以及财务部经理玛丽·古德曼（Mary Goodman）。在会议开始前，约翰先分发了玛丽·古德曼在几小时前编制的公司利润表（如表 8-1 所示）。

表 8-1 克拉布公司利润表

（截至 2017 年 12 月 31 日）

（单位：美元）

销售额		3 200 000
销货成本：		
直接材料	975 000	
直接人工	351 250	
制造费用①	1 000 000	2 326 250
毛利		873 750
销售和管理费用：		
运输费用	65 000	
行政管理费用	510 000	
营销费用	300 000	875 000
经营净损失		（1 250）

① 公司传统的成本核算系统采用全厂制造费用分配率与机器工时作为分配基础将制造费用分配至产品。本年存货水平未发生变动。

约翰：好，正式开始。我们公司历史上第一次陷入了困境，亏损了 1 250 美元。

汤姆：我不知道我们还能做什么！鉴于我们在定制罗盘外壳销售量上获得的极大成功，我期待的是看到我们业绩的提升，而不是净亏损。的确，由于标准支柱的价格上涨，我们失去了比以往更多的投标，但是……

约翰：你是否认为我们对于标准支柱的定价过高？

汤姆：我不这样认为。我认为是我们的竞争者定价过低。事实上，我敢打赌他们的价格低于成本。

苏珊：为什么我们竞争者的定价会低于成本？

汤姆：他们正在抢占市场份额。

苏珊：如果每件产品都亏损，那么，即使有更多的市场份额又有什么益处呢？

约翰：我认为苏珊一语中的。玛丽，对此你怎么想呢？

玛丽：如果我们的竞争者对于标准支柱的定价低于成本，难道不应该是他们亏损而非我们吗？如果我们公司使用了准确的信息并做出了明智的决策，而我们的竞争对手是愚蠢的，那么为什么是我们亏损了呢？不幸的是，我认为我们可能才是成本数据扭曲的那一个，而不是我们的竞争者。

约翰：基于我从刚参加的会议中所了解到的，我比较同意玛丽的观点。会议上的一个演讲主题是关于作业成本法，当发言者开始介绍作业成本核算系统所揭示的内在信息时，我坐在听众席感觉坐卧不安。

玛丽：实话实说，约翰，多年来我一直表示我们现有的成本核算系统对于外部报告来说是没问题的，但将其用于内部决策的制定则是十分危险的。现在听起来好像你也同意这种观点了，是吗？

约翰：是的。

玛丽：那么，如果你们大家愿意付出时间与精力帮助我建立一个极为简单的作业成本法系统，就可能解决我们目前所面临的问题，大家觉得如何呢？

约翰：就这么办。我希望你们每个人都能指派得力的人员进入这个特殊的"作业成本法团队"，以调查我们的产品成本核算情况。

与多数作业成本法的实施一样，克拉布公司的作业成本法团队决定将其新的作业成本核算系统作为现有成本核算系统的补充，而非替代。现有成本系统将继续用于编制为外部信息使用者服务的财务报表，新的作业成本法系统将为诸如投标新项目等管理决策编制专项报告。

财务部经理绘制了图8-2以向其团队成员展示作业成本法模型的大致结构。如图8-2所示，产品等成本对象形成了作业。比如，一份定制罗盘外壳的客户订单需要制定生产订单。这项作业会消耗资源，因为生产订单耗费纸张并且需要时间填写。资源的耗费就导致了成本的发生。填写生产订单耗费的纸张越多、花费的时间越长，成本就越高。作业成本法试图通过对这种关系的追溯以探明产品和客户是如何影响成本的。

图8-2　作业成本法模型

像其他大多数公司一样，克拉布公司的作业成本法团队感到公司传统的成本核算系统充分地衡量了产品的直接材料和直接人工成本，因为这些成本是直接追溯至产品的。因此，作业成本法的研究将关注公司的其他成本，如制造费用、销售和管理费用。

团队成员们认为对于如何在克拉布公司实施新的作业成本法系统进行周密的计划是十分重要的。因此，他们将实施过程划分成5个步骤。

8.2.1　作业成本法的实施步骤

（1）确定作业、作业成本库以及作业计量。
（2）将间接费用分配至作业成本库。
（3）计算作业成本分配率。
（4）将间接费用分配至成本对象。
（5）编制管理报告。

8.2.2　第一步：确定作业、作业成本库以及作业计量

实施作业成本核算系统的首要步骤是识别构成该系统的基础——作业。这是一项困难、耗费时间并且涉及大量判断的工作。对于作业成本法实施团队的成员来说，一个共同的步骤就是采访间接费用部门的人员，并要求他们描述自己主要的作业，通常结果是列出了一份很长的作业项目单。

这份作业单的长度会表明了一个问题。一方面，作业成本核算系统中追踪的作业数越多，成本的核算就越准确。另一方面，设计、实施、维护和使用是一个涉及大量作业的复杂系统，其成本高昂。因此，通过合并相似的作业，可以使原本冗长的作业项目单减少至一个易于数据处理的较少数量。例如，在处理和搬运原材料时可能会涉及一些步骤，从在码头接收原材料到将其分拣至仓库中合适的箱子，所有的这些作业都可以合并成"材料处理"这项单一作业。

在作业成本法系统中，被合并作业的分组应基于某一特定的层次。批量层次作业不应与单位层次作业合并，产品层次作业也不应与批量层次作业合并等。通常，只将那些同一层次且彼此高度相关的作业予以合并是最佳的选择。例如，收到的客户订单量与已发货的完工客户订单量可能是高度相关的，所以这两个批量层次作业（订单的接收与发货）通常能在准确性损失极低的情况下予以合并。

在向高层管理者咨询后，克拉布公司的作业成本法团队挑选了如下的作业成本库和作业计量：

克拉布公司的作业成本库

作业成本库	作业计量
客户订单	客户订单数量
产品设计	产品设计数量
订单规模	机器工时
客户关系	迎风客户数量
其他	不适用

所有在接收和处理客户订单过程中所消耗资源的成本都将被分配至客户订单成本库，包括处理文书工作的成本以及为特定订单构建机器所涉及的全部成本。该成本库的作业计量是收到客户订单的数量。这是一项批量层次的作业，因为无论一份订单包含 1 件还是 1 000 件产品，每份订单所引发的工作量是相同的。

所有在产品设计中所消耗资源的成本都将被分配至产品设计成本库。该成本库的作业计量是产品设计的数量。这是一项产品层次作业，因为一种新产品的设计工作量并不取决于最终订购的产品数量或者最终执行的批次数。

所有因产量变动所消耗资源的成本都将被分配至订单规模成本库，包括各式的工厂供给、机器运行所需的电力以及一些设备折旧。这是一项单位层次作业，因为每件产品都将消耗其中的部分资源，该成本库的作业计量是机器工时。

所有与维持客户关系有关的成本都将被分配至客户关系成本库，包括销售电话与招待客户的成本。客户关系成本库是一项客户层次作业，该成本库的作业计量是公司客户列表中的客户数量。

所有与客户订单、产品设计、订单规模或者客户关系无关的间接费用都将被分配至其他成本库。这些成本主要由组织维系成本和闲置产能成本组成，而它们不是因产品所消耗的资源，因而不应分配至产品之中。

任何其他公司都不可能与克拉布公司采用完全一致的作业成本库和作业计量，因为涉及判断的问题，不同公司对于作业成本库和作业计量的数量与界定可能会相差甚远。

8.3 作业成本法的运行

8.3.1 第二步：将间接费用分配至作业成本库

表 8-2 展示了克拉布公司打算分配至作业成本库的年度间接费用（包括制造费用与非制造费用）。请注意表 8-2 中的数据是按照部门划分的（例如，生产部、行政管理部和营销部）。这是由于这些数据是从公司总账中摘录出来的，而总账对于成本的分类通常以成本发生的部门为依据。例如，营销部发生的薪金、供应品以及租金等应由该部门承担。总账的职能导向反映在表 8-1 吸收利润表中的成本列报上。实际上，你会观察到表 8-2 中生产部门的总成本（1 000 000 美元）等于表 8-1 吸收利润表中的制造成本总额。与之相似，表 8-2 中行政管理部和营销部的总成本（510 000 美元和 300 000 美元）等于表 8-1 中列示的行政管理费用和营销费用。

表 8-1 的利润表中包含的 3 项成本——直接材料、直接人工和运输费用被排除在了表 8-2 所列示的成本之外。作业成本法团队将这些成本排除在表 8-2 之外，是由于现有成本系统可以准确地将直接材料、直接人工和运输费用追溯至产品，因而没有必要在以作业为基础的间接成本分配中包含这些直接成本。

克拉布公司的作业成本法系统将表 8-2 中列示的 9 种间接费用在其上述的 5 个作业成本库间分配的过程称为第一阶段分配。作业成本法的**第一阶段分配**（first-stage allocation）是指将按职能划归的间接费用从公司总账分配至作业成本库的过程。

第一阶段分配通常基于对员工访谈的结果，因为他们拥有对于作业的第一手资料。例如，克拉布公司需要将 500 000 美

表 8-2 克拉布公司的年度间接费用（包括制造费用与非制造费用） （单位：美元）

生产部：		
间接工人工资	500 000	
工厂设备折旧	300 000	
工厂公共事业费	120 000	
工厂厂房租金	80 000	1 000 000
行政管理部：		
管理人员工资与薪金	400 000	
办公设备折旧	50 000	
管理用建筑物租金	60 000	510 000
营销部：		
营销人员工资与薪金	250 000	
销售费用	50 000	300 000
间接费用合计		1 810 000

元的间接工人工资分配到它的 5 个作业成本库之中。如果间接工人（例如，监管员、工程师、质检员）能按要求估计他们在处理客户订单、进行产品设计与产品加工（也就是订单规模）以及维持客户关系上所花费时间的比例，这些分配将会更加准确。访谈是非常谨慎细致的工作，受访者必须完全了解作业的构成以及访谈的预期。另外，访谈通常会要求部门经理来决定非人工成本应该如何在作业成本库间进行分配。例如，会要求克拉布公司的生产部经理将 300 000 美元的工厂设备折旧（见表 8-2）分配至各个作业成本库。生产部经理需要回答的关键问题是"每项作业，例如客户订单数量或者加工产品的数量（也就是订单规模），所消耗的机器产能比例是多少？"

克拉布公司的访谈结果如图 8-3 所示。例如，客户订单、订单规模以及其他成本库分别承担了工厂设备折旧的 20%、60% 和 20%。这个例子中的资源是机器工时。根据生产部经理的估计，60% 的机器工时用于实际的订单产品加工，因此该比例会被列示在"订单规模"一栏。每份客户订单都需要使用机器，这同样占用机器工时。这项作业共耗费 20% 的机器工时，相应的比例在"客户订单"一栏中列示。剩余 20% 代表了机器的闲置时间，列示于"其他"一栏。

作业成本库					
	客户订单	产品设计	订单规模	客户关系	其他	总计
生产部：						
间接工人工资	25%	40%	20%	10%	5%	100%
工厂设备折旧	20%	0%	60%	0%	20%	100%
工厂公共事业费	0%	10%	50%	0%	40%	100%
工厂厂房租金	0%	0%	0%	0%	100%	100%
行政管理部：						
管理人员工资与薪金	15%	5%	10%	30%	40%	100%
办公设备折旧	30%	0%	0%	25%	45%	100%
管理用建筑物租金	0%	0%	0%	0%	100%	100%
营销部：						
营销人员工资与薪金	22%	8%	0%	60%	10%	100%
销售费用	10%	0%	0%	70%	20%	100%

图 8-3　访谈结果：作业成本库间资源消耗的分配

作业成本库					
	客户订单	产品设计	订单规模	客户关系	其他	总计
生产部：						
间接工人工资	125 000美元	200 000美元	100 000美元	50 000美元	25 000美元	500 000美元
工厂设备折旧	60 000	0	180 000	0	60 000	300 000
工厂公共事业费	0	12 000	60 000	0	48 000	120 000
工厂厂房租金	0	0	0	0	80 000	80 000
行政管理部：						
管理人员工资与薪金	60 000	20 000	40 000	120 000	160 000	400 000
办公设备折旧	15 000	0	0	12 500	22 500	50 000
管理用建筑物租金	0	0	0	0	60 000	60 000
营销部：						
营销人员工资与薪金	55 000	20 000	0	150 000	25 000	250 000
销售费用	5 000	0	0	35 000	10 000	50 000
总计	320 000美元	252 000美元	380 000美元	367 500美元	490 500美元	1 810 000美元

图 8-4　作业成本库的第一阶段分配

图 8-3 表示客户订单消耗了 500 000 美元间接工人工资中的 25% 的资源。

25%×500 000 = 125 000（美元）

表格中其他项目的计算方式与之相似。

图 8-3 和本章其他许多图表一样以 Excel 电子表格的形式列报。虽然作业成本法所需的全部计算都可以手动进行，但在电子表格中设立作业成本法系统或者使用专门的作业成本法软件能节省大量工作，特别是在涉及多个作业成本库的情况下或者在定期更新作业成本法系统的企业中更是如此。

我们没有对图 8-3 中所有比例的确定进行详细的说明。但需要注意的是，工厂厂房租金全部都被分配至其他成本库。克拉布公司只有一台生产设备，并且没有扩大或转租产能的计划。这台设备的成本应被视作组织维护成本，因为即使某一特定产品或客户关系被终止，也无法削减这部分成本（组织维护成本会被分配至其他成本库而非产品中）。相反，一些公司拥有独立设备，这些设备的成本就可以直接追溯至特定产品。

图 8-3 中的比例分配一旦完成，将成本分配至作业成本库就会非常轻松。图 8-4 列示了第一阶段分配的结果。每项成本与图 8-3 中的百分比相乘即可得出分配至各个作业成本库的份额。例如，500 000 美元的间接工人工资乘以图 8-3 中 "客户订单" 一栏所对应的 25% 即可得出图 8-4 中 "客户订单" 下的 125 000 美元。以此类推，500 000 美元的间接工人工资乘以图 8-3 中 "产品设计" 一栏所对应的 40% 即可得出图 8-4 中 "产品设计" 下的 200 000 美元。图 8-4 中的所有项目均可以相同的方式计算得出。

到此为止，作业成本库的第一阶段分配全部完成，下一步骤是计算作业成本分配率。

商业实战 8-2 ｜ 作业成本法在建筑业中的应用

来自美国和韩国的学者研究了一家韩国厂商如何将供应强力钢筋的间接成本在多个建筑项目间分配。该公司在传统的成本核算系统中是以项目所使用的钢筋吨位为基础对全部间接成本进行分配的。而公司的作业成本核算系统则选定了 10 项作业用于将间接成本分配至各个项目，其作业计量包括订单量、发货次数、产量以及质检次数等。

两种成本核算系统对于间接费用在 3 个建筑项目（商业、高层公寓和重型民用）间的分配情况如下：

（单位：美元）

	商业项目	高层公寓项目	重型民用项目
传统成本核算系统分配	64 587	50 310	91 102
作业成本法分配	90 466	61 986	53 548
差异	（25 879）	（11 676）	37 554

值得注意的是，相比作业成本法系统，传统的成本核算系统低估了商业项目和高层公寓项目的成本，而高估了重型民用项目的成本达 37 554 美元。

资料来源：Yong-Woo Kim, Seungheon Han, Sungwon Shin, and Kunhee Choi, "A Case Study of Activity-Based Costing in Allocation Rebar Fabrication Costs to Projects," *Construction Management and Economics*, May 2010, pp.449-461.

8.3.2　第三步：计算作业成本分配率

作业成本分配率是指将间接费用分配至产品和客户中的比率，其计算如图 8-5 所示。该作业成本法团队为每一个成本库确定总的作业量，这些作业量是用来生产现有的产品和服务现有的客户。具体数字列示在图 8-5 的 C 栏中。例如，该作业成本法团队发现每年需要 400

种新的产品设计来服务公司的现有客户。作业成本分配率则可通过每项作业的总成本除以其总的作业量计算得出。例如，客户订单成本库全年的总成本 320 000 美元（由图 8-5 计算得出）除以每年 1 000 份的客户订单合计数，即可得出每份客户订单的作业成本分配率 320 美元。类似地，产品设计成本库的总成本 252 000 美元除以设计总量（即 400 种产品设计）即可得出每种设计的作业成本分配率 630 美元。注意，不需要计算"其他"成本栏的作业成本分配率，因为其他成本库由组织维系成本和闲置产能成本组成，而这些成本无须分配至产品和客户。

图 8-5　作业成本分配率的计算

　　图 8-5 中的比率表明，平均来看，一份客户订单所消耗资源的成本为 320 美元，一种产品设计所消耗资源的成本为 630 美元，每件产品所消耗资源的成本是每机器工时 19 美元，与每个客户维持关系所消耗资源的成本是 1 470 美元。需要注意的是这些都是平均数。然而，克拉布公司作业成本法团队中的一些成员认为，所有新产品均需承担 630 美元的产品设计成本是不公平的，这显然没有将每件产品实际所耗费的设计时间考虑在内。经过双方讨论，该团队最终达成一致意见，在现阶段对每件新产品的实际设计时间进行追踪并不符合成本效益原则。他们认为，准确性增加所带来的收益并不能够弥补因执行和维护这种细化的成本核算系统所带来的成本。与之相似，一些成员并不认同对于每个客户都承担相同的 1 470 美元成本，他们认为，一些客户预先订购了公司的标准产品，这些客户争取得比较容易，而另一些客户则是耗费了营销人员和管理人员大量的时间争取来的。有的客户倾向于定制产品，有的喜欢在最后一分钟下单，有的随时改变心意。虽然每位成员都承认这种现象，但目前尚不能获取到衡量每位客户所消耗资源的数据。为了不延误作业成本核算系统的实施，该团队决定暂缓这种细化的做法。

　　在进一步讨论之前，对于作业成本法系统下，成本是如何被分配至产品和其他成本对象的全过程有一个了解是十分有帮助的。图 8-6 直观地展示了克拉布公司的作业成本法系统。建议你仔细阅读该图表，并注意"其他"成本栏由组织维护成本和闲置产能成本组成，因此无须分配至产品或者客户。

8.3.3　第四步：将间接费用分配至成本对象

　　作业成本法实施的第 4 步被称作第二阶段分配。在**第二阶段分配**（second-stage allocation）中，我们会使用作业成本分配率将间接费用分配至产品和客户。首先，我们将以案例的形式分别讨论如何将成本分配至产品和客户。

　　使用作业成本法将间接费用在克拉布公司的两种产品——标准支柱和定制罗盘外壳之间分配所需信息如下。

图 8-6　克拉布公司的作业成本法模式

标准支柱

（1）该生产线无须任何新的产品设计。

（2）本年共售出 30 000 件产品，包含 600 份独立订单。

（3）每件产品耗费机器工时 35 分钟，共计 17 500 小时。

定制罗盘外壳

（1）该定制产品耗用新的设计资源。

（2）本年共收到 400 份定制罗盘外壳订单，该产品订单与标准支柱订单相互独立。

（3）共完成 400 种定制设计，每种设计针对一份订单。

（4）由于一些订单包含多件产品，本年共计生产 1 250 件定制罗盘外壳。每件产品平均耗费机器工时 2 小时，合计 2 500 小时。

需要注意的是，克拉布公司共收到 600 份标准支柱的客户订单与 400 份定制罗盘外壳的客户订单，总计 1 000 份客户订单。全部 400 种产品设计均来自定制罗盘外壳，而与标准支柱无关。生产 30 000 件标准支柱共耗费 17 500 机器工时，生产 1 250 件定制罗盘外壳共耗费 2 500 机器工时，总计 20 000 小时。

图 8-7 反映了间接费用在标准支柱和定制罗盘外壳之间的分配情况。例如，图 8-7 表明客户订单成本库中有 192 000 美元的间接费用分配至标准支柱（320 美元 / 份 × 600 份订单），128 000 美元的间接费用分配至定制罗盘外壳（320 美元 / 份 × 400 份订单）。客户订单成本库所包含的 320 000 美元（见图 8-4 或 8-5）全部分配至两种产品（192 000 美元 + 128 000 美元 = 320 000 美元）。

图 8-7 表明共有 952 000 美元的间接费用被分配至克拉布公司的两条生产线中——524 000 美元由标准支柱承担，427 500 美元由定制罗盘外壳承担。这个数字小于作业成本法系统中包含的间接费用 1 810 000 美元，这是为什么呢？分配至产品中的间接费用总额与作业成本法系统中的差异是由于作业成本法团队没有将 367 500 美元的客户关系成本和 490 500 美元的其他成本分配至产品。客户关系作业是一项客户层次作业，而其他作业是一项组织维护作业，两者都不是由产品所引起的。如下表所示，分配至产品的 952 000 美元间接费用加上客户关系与其他作业成本，总额即为 1 810 000 美元。

图 8-7　将间接费用分配至产品

（单位：美元）

	标准支柱	定制罗盘外壳	总计
分配至产品的间接费用			
客户订单	192 000	128 000	320 000
产品设计	0	252 000	252 000
订单规模	332 500	47 500	380 000
小计（a）	524 500	427 500	952 000
无须分配至产品的间接费用			
客户关系			367 500
其他			490 500
小计（b）			858 000
间接费用合计（a）+（b）			1 810 000

　　下面我们将介绍第二阶段分配的另一个例子，将作业成本分配至客户。将克拉布公司的间接费用分配至其客户之一——迎风游艇公司所需信息如下。

迎风游艇公司

（1）该公司共有 3 份订单。

1）其中两份订单分别订购 150 件标准支柱。

2）另一份订单订购了一件定制罗盘外壳。

（2）完成 3 份订单需要耗费 177 机器工时。

1）300 件标准支柱需要耗费 175 机器工时。

2）定制罗盘外壳需要耗费 2 机器工时。

（3）迎风游艇公司是克拉布公司的 250 位客户之一。

　　图 8-8 反映了作业成本核算系统如何将间接费用分配至这一客户。如图 8-8 所示，作业成本法团队应向迎风游艇公司分配间接费用 6 423 美元。其中，来自客户订单成本库的间接费用为 960 美元（320 美元 / 份 ×3 份订单），来自产品设计成本库的部分为 630 美元（630 美元 / 种 ×1 种设计），来自订单规模成本库的部分为 3 363 美元（19 美元 / 机器工时 ×177 机器工时），来自客户关系成本库的部分为 1 470 美元（1 470 美元 / 位客户 ×1 位客户）。

　　随着第二阶段分配结束，作业成本法团队准备将注意力转向编制能够解释公司首次经营净损失的报告上。

图 8-8 将间接费用分配至客户

商业实战 8-3 | 关心一个奶油蛋糕

当美国面包生产商好食布（Hostess Brands）面临第二次破产程序和最终清盘时，该公司经营着 11 家工厂，每家工厂产能利用率仅为 50%。现在，公司再度注入了新的私募股权，他们计划只保留 4 家工厂并使其产能维持在 85%～90% 的水平。所有者希望通过精细化生产所节约的成本能够抵消一部分原材料上涨所增加的成本。例如，公司重新制作了纸杯蛋糕的配方，用黑巧克力代替了牛奶来提升蛋糕的味道和口感。这一变化，加之其他生产线的升级换代，使

该公司的原材料成本增长了 9%。公司希望它们的产品最终能够遍布 11 000 家便利店、一元店、药店、俱乐部商店以及自动售货机。

作业成本法帮助该公司提升了他们对使用生产能力成本和闲置产能成本的理解，促使其以更有效的方式将产品与服务提供给客户。

资料来源：Julie Jargon, " The Return of Hostess," *The Wall Street Journal*, July 9,2013,pp.B1-B2.

8.3.4　第五步：编制管理报告

产品和客户盈利能力报告是使用作业成本法数据所编制的最为常见的管理报告，这些报告有助于公司将资源转移至最具有盈利增长机会，同时重点突出那些消耗利润的产品与客户。我们将依次分析产品盈利能力报告与客户盈利能力报告。

克拉布公司的作业成本法团队意识到来自产品的利润，又称产品毛利，它是产品销售额和由产品所引起的直接成本与间接成本的函数。如图 8-7 所示的作业成本法下的成本分配只总结了每种产品的间接成本。因此，为了计算某一种产品的利润（即产品毛利），除了之前计算得出的间接费用，设计团队还需要收集产品的销售额与直接成本。每种产品相关的销售额和直接成本数据列示如下。值得注意的是，"总计"一栏的数字与表 8-1 利润表中的一致。

（单位：美元）

	标准支柱	定制罗盘外壳	总计
销售额	2 660 000	540 000	3 200 000
直接成本：			
直接材料	905 500	69 500	975 000
直接人工	263 750	87 500	351 250
运输费用	60 000	5 000	65 000

利用上述数据，设计团队编制了如图 8-9 所示的产品盈利能力报告。该报告表明，标准支柱是盈利的，其产品毛利为 906 250 美元，而定制罗盘外壳则处于亏损状态，共计损失 49 500 美元。需要注意的是，产品盈利能力报告不包含客户关系和其他作业成本库的成本。这些总计 858 000 美元的成本并非由产品所致，因此，不应计入报告。客户关系成本是由客户而非产品所引起的，其他成本则由组织维护成本和闲置产能成本组成，这些成本不随任一特定产品的生产而发生。

图 8-9 产品毛利：作业成本法

产品毛利与公司经营净损失之间的调节列示如下：

（单位：美元）

	标准支柱	定制罗盘外壳	总计
销售额（见图 8-9）	2 660 000	540 000	3 200 000
总成本（见图 8-9）	1 753 750	589 500	2 343 250
产品毛利（见图 8-9）	906 250	（49 500）	856 750
无须分配至产品的间接费用：			
客户关系			367 500
其他			490 500
总计			858 000
经营净损失			（1 250）

接下来，设计团队编制了针对迎风游艇公司的客户盈利能力报告。与产品盈利能力报告类似，设计团队需要收集与迎风游艇公司有关的销售额数据，以及与该销售额相关的直接材料、直接人工和运输成本。相关数据列示如下：

（单位：美元）

	迎风游艇公司
销售额	11 350
直接成本：	
直接材料	2 123
直接人工	1 900
运输费用	205

利用这些以及图 8-8 中的数据，设计团队编制了如图 8-10 所示的客户盈利能力报告。报告表明迎风游艇公司的客户毛利为 699 美元。克拉布公司针对其全部的 250 位客户均可编制类似报告，从而有助于公司增强与盈利客户之间的关系，并采取措施降低亏损客户的负面影响。

图 8-10　客户毛利：作业成本法

商业实战 8-4　｜　作业成本法在政府组织中的应用

对于作业成本法的研究通常在盈利性企业的背景下进行，然而，作业成本法同样适用于政府组织。例如，马萨诸塞州的萨默维尔市就采用作业成本法来帮助其进行交通部门的管理。交通部门的营运成本被分配到6种作业上：①事故调查；②管理拖车公司；③交通执法；④雇用和监管协管员；⑤数据处理；⑥组织特别事项。萨默维尔市还在公共工程部门的电力、水利、建筑和地面项目

中采用了作业成本法。例如，水利项目的5种作业包括：①保持水质和水压；②维护闸阀；③维护和查阅水表；④跟踪和发放用水许可证；⑤维护消防栓。

资料来源：Linda J. Bilmes, "City of Somerville: Using Activity-Based Budgeting to Improve Performance in the Somerville Traffic Unit," *Harvard Business School Publishing*, August 2013, pp.1-29.

8.4　传统成本核算系统与作业成本法下产品成本的比较

克拉布公司的作业成本法团队使用两个步骤程序对传统成本核算系统与作业成本法下的产品成本进行比较。首先，该团队回顾了传统成本核算系统所报告的产品毛利，然后，比较了传统成本核算系统与作业成本法下产品毛利的差异。

8.4.1　用传统成本核算系统计算的产品毛利

克拉布公司的传统成本核算系统只将直接材料、直接人工、制造费用在内的生产成本分配至产品，并不对销售和管理费用进行分配。图 8-11 列示了克拉布公司传统的成本核算系统所报告的产品毛利。下面我们来解释这一利润的计算过程。

第一，销售额、直接材料和直接人工与作业成本法团队用来编制图 8-9 的数据一致。换言之，传统成本核算系统与作业成本法对于这 3 种收入和成本数据的处理是一致的。

第二，传统成本核算系统采用全厂制造费用分配率将制造费用分配至产品。全厂制造费用分配率的分子是表 8-1 中所示的制造费用总额 1 000 000 美元。表 8-1 的表注表明传统成本核算系统将制造费用分配至产品的基础是机器工时。图 8-5 中的订单规模作业在其作业层次上耗费了 20 000 机器工时。同样的 20 000 机器工时将作为全厂制造费用分配率的分母，具

体计算列示如下：

图 8-11　产品毛利：传统成本核算系统

$$全厂制造费用分配率 = 预计制造费用总额 \div 预计机器工时$$
$$= 1\,000\,000\,美元 \div 20\,000\,机器工时$$
$$= 50\,美元 / 机器工时$$

因为标准支柱生产线耗费了 17 500 机器工时，所以该生产线需承担 875 000 美元（17 500 机器工时 ×50 美元 / 机器工时）的制造费用。类似地，定制罗盘外壳生产线耗费了 2 500 机器工时，所以该生产线需承担 125 000 美元（2 500 机器工时 ×50 美元 / 机器工时）的制造费用。用每种产品的销售额减去其销货成本，可计算得出标准支柱的产品毛利为 615 750 美元、定制罗盘外壳的产品毛利为 258 000 美元。

值得注意的是，图 8-11 所示的 1 250 美元经营净损失与表 8-1 以及图 8-9 下方表格所列报的损失一致。无论是在表 8-1 的完全成本法利润表中，还是作业成本法下的产品盈利能力分析中，或是图 8-11 中传统的产品盈利能力分析下，该公司的销售总额、总成本以及由此计算而来的经营净损失均相同。虽然传统成本核算系统和作业成本法下"蛋糕"的大小保持不变，但"蛋糕"在两条生产线之间的分割方式是不同的。传统的产品毛利计算方式表明标准支柱所产生的利润为 615 750 美元，定制罗盘外壳所产生的利润为 258 000 美元。然而，这些产品毛利与图 8-9 所示的作业成本法下的产品毛利不同。实际上，在每种产品的盈利能力上，传统成本核算系统向克拉布公司的管理者发出了误导性的信号。下面我们来分析一下具体原因。

8.4.2　作业成本法与传统成本核算系统下的产品成本差异

由传统成本核算系统转为作业成本法系统所引起的产品毛利变动列示如下：

（单位：美元）

	标准支柱	定制罗盘外壳
产品毛利：传统成本核算系统	615 750	258 000
产品毛利：作业成本法	906 250	（49 500）
产品毛利变动	290 500	（307 500）

传统成本核算系统高估了标准支柱的成本，人为地造成了其产品毛利的低报。而使用作业成本法分析产品盈利能力，标准支柱的产品毛利将增加 290 500 美元。相反，传统成本核算系统低估了定制罗盘外壳的成本，人为地造成了其产品毛利的高报。而使用作业成本法，

定制罗盘外壳的产品毛利将减少 307 500 美元。

  图 8-12 分析了两种成本核算方法之间产品毛利变动的原因。图 8-12 上部所列报的每种产品的直接与间接成本分配情况与图 8-11 传统成本核算系统下所列报的一致。例如，图 8-12 中标准支柱包含了下列成本：直接材料 905 500 美元，直接人工 263 750 美元，制造费用 875 000 美元。每项成本均与图 8-11 中列报的一致。值得注意的是，在传统成本核算系统下，875 000 美元的销售和管理费用被视作期间费用，因而没有被分配至产品之中。类似地，图 8-12 下部所总结的直接成本与间接成本的分配情况与图 8-9 作业成本法系统下所列报的一致。图 8-12 中的新信息只有两栏百分比。第一栏百分比列报的是每项成本分配至标准支柱的比例。例如，追溯至标准支柱的 905 500 美元的直接材料成本占公司 975 000 美元直接材料成本总额的 92.9%。第二栏百分比列报的是定制罗盘外壳的相关情况。

	标准支柱			定制罗盘外壳			
传统成本核算系统	(a)数量	(a)÷(c)%		(b)数量	(b)÷(c)%		(c)总计
直接材料	905 500美元	92.9%		69 500美元	7.1%		975 000美元
直接人工	263 750美元	75.1%		87 500美元	24.9%		351 250美元
制造费用	875 000美元	87.5%		125 000美元	12.5%		1 000 000美元
分配至产品的总成本	2 044 250美元			282 000美元			2 326 250美元
销售和管理费用							875 000美元
总成本							3 201 250美元
作业成本法系统							
直接成本：							
直接材料	905 500美元	92.9%		69 500美元	7.1%		975 000美元
直接人工	263 750美元	75.1%		87 500美元	24.9%		351 250美元
运输费用	60 000美元	92.3%		5 000美元	7.7%		65 000美元
间接成本：							
客户订单	192 000美元	60.0%		128 000美元	40.0%		320 000美元
产品设计		0.0%		252 000美元	100.0%		252 000美元
订单规模	332 500美元	87.5%		47 500美元	12.5%		380 000美元
分配至产品的总成本	1 753 750美元			589 500美元			2 343 250美元
无须分配至产品的成本：							
客户关系							367 500美元
其他							490 500美元
总成本							3 201 250美元

图 8-12　传统成本核算系统与作业成本法分配方式的比较

  作业成本法与传统成本核算系统所报告的产品毛利不同的原因主要有以下 3 点：第一，克拉布公司的传统成本核算系统将全部制造费用分配至产品，这使得所有产品，不论它们是否实际消耗了分配至其中的成本，都要承担相应的制造费用。作业成本核算系统则不会将由客户关系作业所消耗的制造费用分配至产品，因为这些成本是由客户而非特定产品所引起的。类似地，其他作业所包含的制造费用也不会被分配至产品，因为这些组织维系成本与闲置产能成本同样不是由特定产品所引起的。从作业成本法的角度来看，将这些成本分配至产品体现了一种内在的随意性，只会适得其反。

  第二，克拉布公司传统的成本核算系统对所有制造费用的分配采用了与数量相关的分配基础——机器工时，这可能不能反映出引发成本的实际动因。换言之，在传统成本核算系统下，87.5% 的制造费用分配给了标准支柱，仅有 12.5% 的部分分配给了定制罗盘外壳之中。例如，传统成本核算系统将 87.5% 的客户订单作业（一项批量层次作业）成本不恰当地分配到了标准支柱之中，尽管作业成本核算系统表明，标准支柱仅引发了这些成本的 60%，但在传统成本核算系统却仅将这些成本的 12.5% 分配至定制罗盘外壳，尽管这种产品实际消耗了客户订单作业成本的40%。类似地，传统成本核算系统将87.5%的产品设计作业（一项产品层次作业）成本分配到了标准支柱之中，尽管标准支柱并未引发这些成本。产品设计作业的所有成本均应被分配至定制罗盘外壳，而不仅仅是12.5%的部分。因此，传统成本核算系统使用与数量相关的分配基础来分配批量层次和产品层次成本的做法，使得高产量产品（例如标准支柱）的成本被高估，而低产量产品（例如定制罗盘外壳）的成本则被低估。

两种成本核算系统间产品毛利不同的第三种原因是作业成本法基于因果关系将由产品所引起的非生产费用分配至相应的产品之中。而传统成本核算系统则忽视了这些被视作期间费用的成本。作业成本法系统将运输成本直接追溯至产品，并将由产品所引起的非生产费用计入向产品进行分配的作业成本库。

⊙**管理会计实践 8-2**

克拉布公司的作业成本法设计团队在一次全公司高管参加的会议上展示了他们的工作成果，与会的有董事长约翰·托尔、生产部经理苏珊·里克特、营销部经理汤姆·奥拉夫森以及财务部经理玛丽·古德曼。作业成本法团队向每人分发了作业成本法的设计图表（图8-6）和传统成本核算系统与作业成本法下成本分配情况的比较表（图8-12）。在作业成本法团队的介绍后，发生了下列讨论：

约翰：感谢作业成本法团队所做的所有工作以及极为精彩的展示。我现在开始对我们过去使用的成本会计系统所制定的许多决策感到疑惑了。根据作业成本法的分析，我们把所有决策都弄反了。我们的定制罗盘外壳产品是亏损的，反而标准支柱产品却是盈利的。

玛丽：我必须承认我没想到定制罗盘外壳的产品设计如此昂贵！我知道将这些成本包含在全厂制造费用分配率中对标准支柱是不利的，但我没预料到问题如此严重。

苏珊：我从不认为我们在定制业务上获利巨大，你应该去看看他们在生产中为我们制造的问题。

汤姆：我不想承认，但定制罗盘外壳业务也经常使我们对营销感到头痛。

约翰：如果定制罗盘外壳正在亏损，为什么不建议我们的客户去别的地方定制呢？

汤姆：等一下，那样我们会损失大量销售额。

苏珊：那又怎样，我们能节约更多的成本。

玛丽：有可能可以，也有可能不行。如果我们终止定制业务，一些成本也不会消失。

汤姆：比如？

玛丽：好吧，汤姆。我相信你所说的自己有10%的时间都花费在了新产品之上。因此，你工资的10%会被分配至产品设计成本库，如果我们撤销掉所有需要设计的产品，你是否愿意减薪10%呢？

汤姆：我相信你只是在开玩笑。

玛丽：你看出问题了吗？只是因为你有10%的时间花费在了定制产品之上，并不意味着如果撤销定制产品，公司就能节约你工资的10%。在我们采取诸如撤销定制罗盘外壳产品这样的大动作之前，我们应该识别出哪些成本是真正相关的。

约翰：我明白你的意思了。我们不会希望撤销掉大量产品，结果却发现成本并没有怎么变化的。撤销产品的确能够释放像汤姆的时间这一类的资源，但我们最好在采取这样的行动前先确定好这些资源的更好用途。

正如克拉布公司高管们所讨论的那样，在采取如图 8-9 和图 8-10 这样的作业成本法分析之前，应当谨慎行动。这类图表中计算的产品毛利和客户毛利是进一步分析的起点，但管理者在采取诸如撤销产品或客户、改变产品或服务价格等行动之前，需要了解清楚哪些成本是会真正受到影响的。例如，如果作业成本核算系统将一些无法避免的固定成本分配至产品或客户，那么在制定与这些成本对象有关的决策时就应该忽略这些成本。

商业实战 8-5 ｜ 作业成本法在泰国的实施

APS 是一家位于泰国南部宋卡府（Song-khla Province）的家具工厂，整个工厂共有 250 多名工人，生产家具超过 100 种。该公司传统的成本核算系统对于间接生产成本在产品间的分配以每种产品的总销售额为基础。而其作业成本法系统对于间接费用在产品间的分配则采用了多种与数量相关的和与数量无关的作业度量，如直接人工工时、机构数量和运输次数。

该公司传统的成本核算系统和作业成本核算系统对于单位间接费用在其 5 大畅销产品间的分配情况列示如下：

（单位：美元）

	瓷面桌	单人椅	电话桌	带槽植物树	电脑桌
传统成本核算系统分配	7.08	2.21	3.53	3.65	4.53
作业成本法分配	2.18	1.13	1.32	1.80	6.07
差异	4.90	1.08	2.21	1.85	(1.54)

虽然这 5 种产品都有很高的销售量，但传统成本核算系统仍高估了其中 4 种的成本也是不足为奇的。

资料来源：Sakesun Suthummanon, Wanida Ratana-manee, Nirachara Boonyanuwat, and Pieanpon Saritprit, "Applying Activity-Based Costing (ABC) to a Parawood Furniture Factory," *The Engineering Economist*, Volume 56 (2011), pp. 80-93.

8.5 确定流程改进的目标

作业成本法还可以用于识别能够在流程改进中受益的作业。用于这种目的的作业成本法通常称为作业管理。**作业管理**（activity-based management）主要关注如何在作业中消除浪费、缩短流程时间以及减少次品。作业管理已广泛地用于各种组织，如制造企业、医院和美国海军陆战队。

任何改进程序的第一步都是确定改进对象。作业成本法中计算的作业成本分配率对于寻找存在浪费和改进机会的作业提供了宝贵的线索。例如，通过图 8-5 中的作业成本分配率，克拉布公司的管理者可能会发现，耗费 320 美元来处理一份客户订单对于一项不增加产品价值的作业而言过于昂贵，因此，他们可能将目标瞄准客户订单作业来进行流程的改进。

在作业成本分配率中撬动信息的另一种方式是基准比较，用这种方法可以识别有最大改进空间的作业。将公司业绩和其他与之条件相似且业绩突出的公司相比较，如果公司特定部门的业绩表现远低于标准水平，管理者就可能将该领域作为改进对象。

8.6 作业成本法与外部报告

虽然相比于传统成本核算方法，作业成本法能够提供更加准确的产品成本，但出于下列原因却不将其用于外部报告。

第一，外部报告与内部报告相比，要求信息的详细程度较低。外部报告中并不会列报每种产品的成本，销货成本与存货估价的披露也不会具体到产品层次。产品成本的高估与低估会在产品成本加总的过程中相互抵消。

第二，一家公司会计系统的变动是极为困难的。大多数大企业正式的成本会计系统通常嵌入在经过多年反复修改的复杂计算机程序中，很难保证改变这样的计算机程序而不引起大量的错误。

第三，本章中所介绍的作业成本法系统不符合美国一般公认会计原则（GAAP）的要求。正如在以前章节讨论的那样，外部报告中的产品成本仅包含所有的生产成本；但在本章的作业成本法系统中，产品成本的计算剔除了某些生产成本，而包含了一些非生产成本。虽然在期末将作业成本法数据调整到符合一般公认会计原则的要求是能够实现的，但这需要更多的工作。

第四，审计人员可能会对基于公司员工访谈的分配情况感到不适。这样的主观数据很容易被管理层操纵，使收益和其他关键事项看起来更加有利。

基于所有这些原因，大多数公司将作业成本法专门用于管理决策分析，他们并不准备将作业成本法整合到正式的成本会计系统中。

8.7 作业成本法的局限

作业成本法系统的实施需要大量资源，一旦开始实行，其维护成本将远高于传统成本核算系统。大量与作业计量相关的数据需要定期地收集、检查以及录入系统之中，准确性提高所带来的收益可能难以弥补这些成本。

作业成本法计算出的数据，如产品毛利等，往往与传统成本核算系统下的不一致。但管理者通常已经习惯于使用传统成本核算系统来进行经营管理与业绩评价。从本质上说，作业成本法改变了游戏规则，而人类的本性决定了企业中的变化，特别是游戏规则的改变，都将不可避免地遭到抵制。任何企业在作业成本法推行之初，都应强调高管的支持以及会计人员和产品经理全面参与的重要性。如若不能获得高管的全力支持，作业成本法将难逃失败的命运。

在实务中，大多数管理者坚持将包括组织维系成本和闲置产能成本在内的全部成本分配至产品、客户以及作业成本法系统中的其他成本对象，这就导致了高估成本、低估利润，造成了定价以及其他关键决策的失误。

作业成本法数据易被错误理解，所以在制定决策时应谨慎使用。产品、客户和其他成本对象与分配至其中的成本只存在潜在关联，在使用作业成本法数据制定重大决策前，管理者必须识别出与当前决策真正相关的成本。例如，如果作业成本法系统将一些无法避免的固定成本分配至成本对象，在制定决策时就应该忽略这些成本。

如前所述，作业成本法系统生成的报告不符合外部报告要求。因此，实施作业成本法的公司应有两套分别用于内部决策和外部报告编制的成本核算系统。这不仅需要更高的维护成本，可能还会使管理者感到困惑，无法辨别出更值得信赖的成本系统。

本章小结

由于传统成本会计方法的局限性必然会扭曲用以制定决策的成本信息。所有生产成本，甚至那些不由任何特定产品所引发的部分都被分配至产品之中，而由产品所引起的非制造成本则未被计入产品成本。最终，传统方法对于例如直接人工和机器工时之类的产品层次分配基础过度依赖，造成了高产量产品成本的高估和低产量产品成本的低估，并可能导致决策制定的失误。

作业成本法对产品和客户等成本对象所消耗资源的成本进行了估计。这种方法假定成本对象发生的作业将反过来消耗资源，即以作业作为联结成本和成本对象的桥梁。作业成本法重点关注包括制造费用、销售和管理费用在内的间接费用。通常情况下，传统成本法和作业成本法对于直接人工和直接材料的核算方式相同。

为建立作业成本法系统，企业通常会选择一小部分作业来代表间接费用部门所执行的大部分工作。与作业相关联的是作业成本库，间接费用将被尽可能地直接追溯至这些作业成本库，剩余不能直接追溯的部分则会在第一阶段分配中被分配计入各个作业成本库。通常，基于对管理者的访谈形成作业的分配基础。

各成本库的作业成本分配率由分配至成本库的成本总额除以各成本库的作业计量计算得出。作业成本分配率向管理者提供了关于作业运行成本的有效信息。若一项作业成本畸高，员工就会尽力改进企业中该项作业的执行方式。

第二阶段分配按照作业成本分配率将成本分配至成本对象（如产品、客户）。作业成本法下计算的成本通常与公司传统成本会计系统的差异较大。尽管作业成本法更为准确，管理者在基于作业成本法数据进行决策时还是应谨慎，因为一些无法避免的成本与决策并无关系。

复习题：作业成本法

菲利斯公司（Ferris Corporation）生产单一产品——防火商用档案柜，并销售给办公家具分销商。公司拥有一套用于内部决策制定的简化作业成本法系统。该公司有两个间接费用部门，其成本列示如下：

（单位：美元）

制造费用	500 000
销售和管理费用	300 000
间接费用合计	800 000

该公司作业成本法系统的作业成本库和作业计量列示如下：

作业成本库	作业计量
产品组装	产品数量
订单处理	订单数量
客户支持	客户数量
其他	不适用

分配至"其他"作业成本库的成本不适用于作业计量，它们由组织维护成本和闲置产能成本组成，这两者均不分配至订单、客户或者产品。

基于员工访谈的结果，菲利斯公司将制造费用、销售和管理费用在作业成本库间分配的情况列示如下：

作业成本库间资源消耗的分配情况

	产品组装	订单处理	客户支持	其他	总计
制造费用	50%	35%	5%	10%	100%
销售和管理费用	10%	45%	25%	20%	100%
总作业量	1000 件产品	250 份订单	100 位客户		

要求：

（1）参照表 8-2，执行第一阶段分配，将间接费用分配至各作业成本库。

（2）参照图 8-5，计算各作业成本库的作业成本分配率。

（3）马尔特公司（OfficeMart）是菲利斯公司的一家客户。去年，马尔特公司先后 4 次订购共计 80 件档案柜。请编制如图 8-8 所示表格，计算得出可归因于马尔特公司的间接费用。

（4）档案柜的单价为 595 美元，单位产品直接材料为 180 美元，单位产品直接人工为 50 美元。请计算马尔特公司的客户毛利，并参照图 8-10，编制相应的报告。

复习题答案：

（1）各作业成本库的第一阶段成本分配列示如下：

作业成本库				（单位：美元）
	产品组装	订单处理	客户支持	其他	总计
制造费用	250 000	175 000	25 000	50 000	500 000
销售和管理费用	30 000	135 000	75 000	60 000	300 000
总成本	280 000	310 000	100 000	110 000	800 000

（2）各作业成本库的作业成本分配率如下：

作业成本库	总成本（a）	总作业量（b）	作业成本分配率（a）÷（b）
产品组装	280 000 美元	1000 件产品	每件产品 280 美元
订单处理	310 000 美元	250 份订单	每份订单 1240 美元
客户支持	100 000 美元	100 位客户	每位客户 1000 美元

（3）可归因于马尔特公司的间接费用计算如下：

作业成本库	作业成本分配率（a）	作业量（b）	作业成本法下的成本（a）×（b）
产品组装	280 美元 / 件	80 件产品	22 400 美元
订单处理	1 240 美元 / 份	4 份订单	4 960 美元
客户支持	1 000 美元 / 位	1 位客户	1 000 美元

（4）客户毛利计算如下：

		（单位：美元）
销售额		47 600
成本：		
直接材料（180 美元 / 件 ×80 件）	14 40	
直接人工（50 美元 / 件 ×80 件）	4 000	
产品组装（同上）	22 400	
订单处理（同上）	4 960	
客户支持（同上）	1 000	46 760
客户毛利		840

术语表

Activity 作业 企业中任何引起间接费用消耗的活动。

Activity-based costing-ABC 作业成本法 一种以作业为基础的成本核算方法，旨在向管理者提供有用的成本信息，并用以制定战略性决策以及对产能有潜在影响，进而影响固定成本和变动成本的其他决策。

Activity-based management-ABC 作业管理 一种重点关注如何通过作业管理实现消除浪费、减少延误和次品的管理方式。

Activity cost pool 作业成本库 一个将作业成本法系统下与单个作业计量相关的成本都集中在内的"池"。

Activity measure 作业计量 作业成本法系统中的分配基础；在理想状态下，衡量的是作业成本库中驱动成本发生的作业数量。

Batch-level Activities 批量层次作业 处理或加工一批产品时所进行的作业，而不考虑该批次中包含多少产品。批量层次成本由所加工的批次数决定而非取决于批次中的产品数量。

Benchmarking 基准比较 一种用以识别有最大改进空间作业的系统方法。

Customer-level activities 客户层次作业 为支持客户而发生的、与任何特定产品均无关的作业。

Duration driver 持续时间动因 完成一项作业所需时间的计量。

First-stage allocation 第一阶段分配 在作业成本法系统中将间接费用分配至各作业成本库的过程。

Organization-sustaining activities 组织维系作业 发生与否不受所服务的客户、所执行的批量与所生产产品的种类和数量影响的作业。

Product-level activities 产品层次作业 与特定产品有关，且一般情况下，无论批次数、产量、销量如何变化都必须发生的作业。

Second-stage allocation 第二阶段分配 在作业成本法系统中，将成本按照作业成本分配率分配至产品与客户的过程。

Transaction driver 交易动因 作业发生次数的简单计数。

Unit-level activities 单位层次作业 每单位产品生产时所发生的作业。

思考题

1. 作业成本法与第3、4章中所介绍的分批成本法等传统成本核算方法有什么根本区别？
2. 为什么对于许多公司而言，直接人工不是间接费用分配基础的较好选择？
3. 为什么高管的支持和跨部门参与对于作业成本法系统的推行至关重要？
4. 什么是单位层次作业、批量层次作业、产品层次作业、客户层次作业和组织维系作业？
5. 在作业成本法系统中，哪种成本不应分配至产品？
6. 作业成本法中两阶段分配分别指什么？
7. 为什么作业成本法的第一阶段分配通常以访谈为基础？
8. 为什么在采用作业成本法时，制造费用通常会从高产量产品转移至低产量产品？
9. 如何采用各种作业的作业成本分配率（也就是每项作业的成本）来确定流程改进的目标？
10. 为什么本章所介绍的作业成本法不能运用于外部财务报告？

练习题

1. 作业成本法的成本层次

生产多种产品的格林威治公司（Green-wich）发生了如下作业：

a. 从供应商处购进原材料

b. 管理零件库存

c. 对产品进行粗铣加工

d. 面试和培训人事部门的新员工

e. 设计新产品

f. 对在用设备进行定期维护

g. 使用一般性的厂房建筑物

h. 为某一批次发出采购订单

要求：将上述作业在单位层次作业、批量层次作业、产品层次作业和组织维护作业之间进行划分。

2. 产品和客户盈利能力分析

司木瑞有限公司生产滑翔伞并在专业体育用品商店中出售。该公司生产标准规格的滑翔伞，但同时也接受滑翔伞定制业务。公司管理层设计了一套作业成本法系统，其作业成本库和作业计量列示如下：

作业成本库	作业成本分配率
支持性直接人工	26 美元 / 直接人工工时
订单处理	284 美元 / 个
进行定制设计	186 美元 / 定制设计
客户服务	379 美元 / 位

管理层希望对一家特定客户，碧斯奇户外用品公司（Big Sky Outfitters）进行盈利能力分析，过去的 12 个月碧斯奇公司所订购的产品列示如下：

	标准规格	定制设计
滑翔机数量	20	3
订单数量	1	3
定制设计数量	0	3
每架滑翔机的直接人工工时	26.35	28.00
每架滑翔机的售价	1 850 美元	2 400 美元
每架滑翔机的直接材料成本	564 美元	634 美元

该公司的直接人工工资率为 19.50 美元 / 小时。

要求：

使用司木瑞公司的作业成本法系统，计算碧斯奇户外用品公司的客户毛利。

3. 第二阶段分配与利润计算

芙牧产品公司（Foam Products Inc.）为汽车和航空航天工业制造泡沫坐垫。该公司作业成本法系统中的 4 个作业成本库及其相应的作业计量与作业成本分配率列示如下：

作业成本库	作业计量	作业成本分配率
支持性直接人工	直接人工工时数	5.55 美元 / 直接人工工时
批量处理	批次数量	107.00 美元 / 批次
订单处理	订单数量	275.00 美元 / 份
客户服务	客户数量	2 463.00 美元 / 位

公司刚刚完成了因思迪货运公司（Interstate Trucking）的一份包含 1 000 件定制坐垫的订单，这是因思迪货运公司在本年唯一的订单。该订单分为两批次生产，每件坐垫消耗 0.25 直接人工工时，每件产品的售价为 20 美元，直接材料成本为 8.50 美元，直接人工成本为 6.00 美元。

要求：

参照图 8-10，计算本年在对因思迪货运公司的销售中产生的客户毛利。

4. 计算作业成本法下的产品成本

弗格蒂公司（Fogerty Company）生产两种产品，钛集线器和钛链轮，与之相关的数据列示如下：

	单位产品直接人工工时	年产量
集线器	0.80	10 000 件
链轮	0.40	40 000 件

该公司的其他相关信息列示如下：

a. 每件集线器和链轮分别耗费 32 美元和 18 美元的直接材料。

b. 直接人工工资率为 15 美元 / 小时。

c. 集线器的生产需要使用特殊设备，其生产过程比链轮更为复杂。

d. 该公司作业成本法系统的作业成本库列示如下：

作业成本库（作业计量）	估计间接费用	作业量		
		集线器	链轮	总计
机器设置（设置数量）	72 000 美元	100	300	400
特殊处理（机器工时）	200 000 美元	5000	0	5000
总厂（组织维护）	816 000 美元	NA	NA	NA

要求：

（1）计算每个作业成本库的作业成本分配率。你是否计算了所有作业成本库的作业成本分配率？为什么？

（2）确定作业成本法系统下每种产品的单位生产成本。

5. 综合作业成本法练习

奥德普拉公司（Advanced Products Corporation）从其作业成本法系统中提供了如下数据：

（单位：美元）

间接费用	
工资与薪金	300 000
其他间接费用	100 000
间接费用合计	400 000

作业成本库	作业计量	本年总作业量
支持直接人工	直接人工工时数	20 000 直接人工工时
订单处理	客户订单数量	400 份订单
客户支持	客户数量	200 位客户
其他	这是一项组织维护作业	不适用

作业间资源消耗的分配情况

	支持直接人工	订单处理	客户支持	其他	总计
工资与薪金	40%	30%	20%	10%	100%
其他间接费用	30%	10%	20%	40%	100%

本年，奥德普拉公司完成了一家新客户，深圳公司的一份订单，除此之外，这一年内该客户未再订购其他产品。与这份订单相关的数据列示如下：

与深圳公司订单相关的数据

订购数量	10 件
直接人工工时	2 直接人工工时 / 件
售价	300 美元 / 件
直接材料	180 美元 / 件
直接人工	50 美元 / 件

要求：

（1）参照图 8-4，编制一份间接费用在作业成本库间进行第一阶段分配的报告。

（2）参照图 8-5，计算各作业成本库的作业成本分配率。

（3）计算深圳公司订单所消耗的包括客户支持成本在内的间接费用总额。

（4）参照图 8-10，计算深圳公司的客户毛利。

1. 比较传统成本核算系统与作业成本法下的产品毛利

思慕公司（Smoky Mountain Corporation）生产的两种类型登山鞋分别是无极限与探路者，与这两条生产线相关的数据列示如下：

	无极限	探路者
单位售价	140.00 美元	99.00 美元
单位产品直接材料	72.00 美元	53.00 美元
单位产品直接人工	24.00 美元	12.00 美元
单位产品直接人工工时	2.0 直接人工工时	1.0 直接人工工时
估计年产销量	20 000 件	80 000 件

该公司传统的成本核算系统对于制造费用在产品间的分配以直接人工工时作为分配基础。与下一年制造费用和直接人工工时相关的数据列示如下：

估计制造费用总额	1 980 000 美元
估计直接人工工时总数	120 000 直接人工工时

要求：

（1）参照图 8-11，计算在该公司传统的成本核算系统下无极限登山鞋和探路者登山鞋的产品毛利。

（2）该公司正在考虑用作业成本法系统代替其传统的成本核算系统，新的成本系统将制造费用分配至下面 4 个作业成本库（其他成本库包括组织维护成本和闲置产能成本）：

作业与作业计量	估计间接费用（美元）	预计作业量		
		无极限	探路者	总计
支持性直接人工（直接人工工时数）	783 600	40 000	80 000	120 000
批次设置（设置数量）	495 000	200	100	300
产品维护（产品数量）	602 400	1	1	2
其他	99 000	NA	NA	NA
制造费用总额	1 980 000			

参照图 8-9，计算作业成本法系统下无极限登山鞋和探路者登山鞋的产品毛利。

（3）参照图 8-12，对传统成本核算系统与作业成本法下的成本分配情况进行量化比较，分析两者存在差异的原因。

2. 评估服务的盈利能力

家林卡清洁公司（Gallatin Carpet Cleaning）是一家位于蒙大拿州波兹曼市的小型家族企业。该公司对每 100 平方英尺地毯的清洁服务收取固定的费用。目前每 100 平方英尺的收费为 28 美元。然而，公司对于其向某些客户所提供的服务是否盈利尚且存在疑问，尤其是那些位置偏远的牧场，需要较长时间成本才能提供上门服务的客户。恰逢老板正在上大学的女儿暑期休假，她建议采用作业成本法对这个问题展开调查。讨论过后，她设计了一套包含 4 个作业成本库的简易系统。这些作业成本库和相应的作业计量列示如下：

作业成本库	作业计量	本年作业量
地毯清洁	平方英尺	2000 000 平方英尺
外出服务	英里⊖	60 000 英里
工作支持	工作数量	2000 个
其他（组织维护成本和闲置产能成本）	无	不适用

本年，公司运营的总成本为 430 000 美元，其构成如下：

	（单位：美元）
工资	150 000
清洁用品	40 000
清洁设备折旧	20 000
车辆费用	80 000
办公费用	60 000
董事长薪酬	80 000
总成本	430 000

⊖ 英里 =1.6093 米。

在下面作业上的资源消耗分配情况列示如下：

资源消耗在作业间的分配情况（%）

	地毯清洁	外出服务	工作支持	其他	总计
工资	70	20	0	10	100
清洁用品	100	0	0	0	100
清洁设备折旧	80	0	0	20	100
车辆费用	0	60	0	40	100
办公费用	0	0	45	55	100
董事长薪酬	0	0	40	60	100

工作支持包括在家庭办公室中接听潜在客户的来电、制订工作计划、计费以及解决问题等。

要求：

（1）参照图 8-4，编制一份成本在作业成本库之间进行第一阶段分配的报告。

（2）参照图 8-5，计算各作业成本库的作业成本分配率。

（3）公司刚刚在飞恩牧场（Flying N Ranch）完成了 500 平方英尺的地毯清洁工作，公司在波兹曼（Bozeman）的办公室距离该牧场的往返路程为 75 英里。请使用作业成本法系统计算这项工作的成本。

（4）来自飞恩牧场的收入为 140 美元（500 平方英尺 ×28 美元 / 100 平方英尺）。参照图 8-10，计算这项工作上的客户毛利。

（5）关于飞恩牧场这项工作的盈利能力你有什么结论？并进行解释。

（6）对于未来的定价工作，你能向公司董事长提出什么建议吗？

附录 8A　时间驱动作业成本法：基于微软 Excel 的方式

这个附录的目的是介绍**时间驱动作业成本法**（time-driven activity-based costing，TDABC），该方法克服了本章作业成本法（ABC）的两大局限。第一，时间驱动作业成本法的第一阶段分配无须以大量的员工访谈（如图 8-3 所示）为基础。对于一家有上千员工的公司而言，这种访谈会耗费大量时间，从而限制了公司对其成本系统的即时更新。第二，图 8-3 和图 8-4 中所介绍的作业成本法假定员工能够自我披露他们的空闲时间，以计入"其他"成本库。但实际中，大多数员工极不愿意报告自己的空闲时间，因为这意味着管理层可能会削减人力规模。

附录部分将介绍如何使用时间驱动作业成本法将间接成本分配至例如产品和客户之类的成本对象之中，还会讲解如何将时间驱动作业成本法用于产能分析，为简单起见，我们将附录的范围仅限于关注人工成本。尽管时间驱动作业成本法系统能够包含其他类型的间接成本，如设备成本和公共事业成本等，但出于简化产能分析的目的，我们对这些成本予以忽略。

8A.1　雷德利公司案例

雷德利公司希望提高其对客户盈利能力和产能利用率方面的理解水平。该公司决定从使用时间驱动作业成本法入手，对其客户服务部门的人工成本进行分析。项目的目标是更好地理解每个客户对于客户服务人工成本的使用情况，为该部门的人事决策提供更详尽的信息基础。过去，公司的人事决策依赖于"经验推断"，往往会造成在册员工人数与客户服务所需员工数量之间的不平衡。雷德利公司希望通过时间驱动作业成本法的使用，能使其对客户需求和劳动力产能之间匹配度提升所带来的财务影响进行估计。

8A.1.1　数据输入

图 8A-1 总结了雷德利公司为其时间驱动作业成本法模型所录入的 3 种数据：资源数据、作业数据和成本对象数据。资源数据包括客户服务部门的员工人数（30）、每位员工的平均工资（29 952 美元）、一年中的星期数（52）、每周可工作分钟数（2400）以及实际产能比例（80%）。该实际产能比例意味着员工没有为客户服务付出他们全部的可工作分钟数，而是将部分的工作时间花费在了度假、休息、培训和私人事务上。因此，雷德利公司估计员工 80% 的可工作时间是实际用于客户服务的。

图 8A-1 所包含的作业数据将客户服务部门的作业分为 3 类，分别是订单处理（单元格 B13）、疑问解答（单元格 C13）和信用复核（单元格 D13），并列示了完成每单位作业所耗费的平均时间。例如，处理一份订单平均需要 10 分钟，解决客户的一个疑问需要 30 分钟，审核一位客户的信贷可靠性需要 40 分钟。[⊖]图 8A-1 中的成本对象数据提供了本年有关客户 A、B、C 以及客户服务部门所有客户的作业数据。例如，客户 A、客户 B 和客户 C 分别提交了 30、18 和 7 份订单，雷德利公司的全部客户在本年中提交订单共计 200 000 份。

⊖　为简单起见，我们假定作业中所有的订单、疑问解答和信用复核耗费的时间相同。

图 8A-1　雷德利公司：数据输入

8A.1.2　客户成本分析

图 8A-2 总结了雷德利公司使用时间驱动作业成本法将客户服务部门的人工成本分配至客户 A、B、C 的 3 个步骤。

第一步，通过 B10 单元格所提供资源的总成本（898 560 美元）除以 B14 单元格所提供资源的实际产能（2 995 200 分钟）计算得出 B16 单元格所提供资源的每分钟成本。值得注意的是，B12 单元格所列示的每名员工的实际产能 99 840 分钟，是由图 8A-1 中 3 个单元格——B9 单元格（52 周）、B10 单元格（2 400 分钟 / 周）以及 B11 单元格（80%）的数据相乘计算得出的。

图 8A-2 中的第二步是计算每种作业的时间驱动作业成本分配率。例如，订单处理作业的时间驱动作业成本分配率为 3.00 美元 / 订单（单元格 B21），由每单位作业耗时（单元格 B19）与所提供资源的每分钟成本 0.30 美元（单元格 B20）相乘计算得出。类似地，疑问解答作业的时间驱动作业成本分配率为 9.00 美元 / 疑问（单元格 C21），同样由每单位作业耗时（单元格 C19）与所提供资源的每分钟成本 0.30 美元（单元格 C20）相乘计算得出。

图 8A-2 中的第三步是将客户服务的人工成本分配至客户 A、B、C 之中。例如，分配至客户 A 的客户服务总成本 255.00 美元（单元格 B36）是订单处理成本 90 美元（单元格 B26）、疑问解答成本 153.00 美元（单元格 B30）以及信用复核成本 12 美元（单元格 B34）的合计数。需要注意，B24 单元格的作业处理量（30）、B28 单元格的疑问解答量（17）以及 B32 单元格的信用复核量（1）与图表 8A-1 中单元格 B17～ B19 的数据相互对应。

图 8A-2 所总结的成本分配类型提升了雷德利公司的主动权，使其能够对客户盈利能力进行评估，并以此为基础管理公司的客户组合。另外，图 8A-2 所进行的成本分配无须以客户服务部门 30 名员工的访谈为基础，雷德利公司仅需对实际产能比例（80%）和每单位作业耗时进行合理估计并计算出相应的时间驱动作业成本分配率。

然而，图 8A-2 的数据并不能帮助雷德利公司对其在用产能和闲置产能成本进行量化和管理，也不能使公司对满足未来客户需求的客户服务部门员工数做出合理估计。为从雷德利公司的时间驱动作业成本法系统中收集到这类信息，我们将关注点转向产能分析。

	A	B	C	D
1	雷德利公司			
2	客户服务部门			
3	客户成本分析			
4				
5	第一步：计算所提供资源的每分钟成本			
6				
7	客户服务部门：			
8	员工人数（a）	30		
9	员工平均工资（b）	29 952 美元		
10	所提供资源的总成本（a）×（b）	898 560 美元		
11				
12	每名员工的实际产能（分钟）(a)	99 840		
13	员工人数（b）	30		
14	所提供资源的实际产能（分钟）(a)×(b)	2 995 200		
15				
16	所提供资源的每分钟成本	0.30 美元		
17				
18	第二步：计算时间驱动作业成本分配率	订单处理	疑问解答	信用复核
19	每单位作业耗时（分钟）(a)	10	30	40
20	所提供资源的每分钟成本（b）	0.30 美元	0.30 美元	0.30 美元
21	时间驱动作业成本分配率（a）×（b）	3.00 美元	9.00 美元	12.00 美元
22				
23	第三步：将成本分配至成本对象	客户 A	客户 B	客户 C
24	订单处理量（a）	30	18	7
25	时间驱动作业成本分配率（b）	3.00 美元	3.00 美元	3.00 美元
26	订单处理成本的分配额（a）×（b）	90.00 美元	54.00 美元	21.00 美元
27				
28	客户疑问量（a）	17	10	8
29	时间驱动作业成本分配率（b）	9.00 美元	9.00 美元	9.00 美元
30	疑问解答成本的分配额（a）×（b）	153.00 美元	90.00 美元	72.00 美元
31				
32	信用复核量（a）	1	1	1
33	时间驱动作业成本分配率（b）	12.00 美元	12.00 美元	12.00 美元
34	信用复核成本的分配额（a）×（b）	12.00 美元	12.00 美元	12.00 美元
35				
36	客户服务总成本的分配额	255.00 美元	156.00 美元	105.00 美元
37				

图 8A-2　雷德利公司：客户成本分析

8A.1.3　产能分析

产能分析关注于雷德利公司的全部客户，而不仅仅是客户 A、B、C。图 8A-3 列示了雷德利公司为实现产能管理目标而采取的 4 个步骤。

第一步，计算出以分钟为单位的在用产能总数 2 491 000 分钟（= 2 000 000 分钟 + 135 000 分钟 + 356 000 分钟）。

第二步，用单元格 B11 的可用时间总数 2 995 200 分钟（与图 8A-2 中单元格 B14 的计算方法一致）减去单元格 B12 的已占用时间总数 2 491 000 分钟，计算得出单元格 B13 中列示的闲置产能 504 200 分钟。

第三步，将以分钟为单位的闲置产能转换为闲置员工人数。进行这项计算的原因是客户服务人员是一项阶梯式固定成本而非变动成本。换言之，雷德利公司对于客户服务产能的购买并非以分钟为单位，它所雇用的每名员工每年可以提供 99 840 分钟的实际产能。因为闲置产能为 504 200 分钟，而每名员工的实际产能为 99 840 分钟，所以，闲置产能总量可以转换为 5.05 名闲置员工（= 504 200 ÷ 99 840）。

第四步，计算产能与需求匹配的财务影响。这一步骤的关键是将图 8A-3 中单元格 B18 的数值运用公式进行取整，得出单元格 B21 中的数字。之所以运用取整函数是因为雷德利公司只能增减整数名员工，而不能增减一名员工的一部分。例如，尽管单元格 B18 显示闲置员工为 5.05 人，但雷德利公司并不能减少 0.05 名员工，它只能选择解雇 5 名或 6 名员工，而不能是两者之间的任何数量。但减少 6 名员工会造成客户服务部门轻微的人手短缺，因此我们将舍下 0.05，选择 5 名员工。已知员工平均工资为 29 952 美元，那么产能与需求的匹配能够使公司节约费用 149 760 美元（= 5.00 名 × 29 952 美元 / 名）。

	A	B	C	D	E
1		雷德利公司			
2		客户服务部门			
3		产能分析			
5	第一步：计算在用产能（分钟）	订单处理	疑问解答	信用复核	总计
6	每种作业的客户需求量(a)	200 000	4 500	8 900	
7	每单位作业所需客户服务时间（分钟）(b)	10	30	40	
8	用以满足需求的客户服务时间（分钟）(a)×(b)	2 000 000	135 000	356 000	2 491 000
10	第二步：计算闲置产能（分钟）				
11	可供满足需求的客户服务时间总数（分钟）(a)	2 995 200			
12	用以满足需求的客户服务时间总数（分钟）(b)	2 491 000			
13	闲置产能（分钟）(a)-(b)	504 200			
15	第三步：计算闲置员工人数				
16	闲置产能（分钟）(a)	504 200			
17	每名员工的实际产能（分钟）(b)	99 840			
18	闲置员工人数(a)÷(b)	5.05			
20	第四步：计算产能与需求匹配的财务影响				
21	潜在的员工调整数（取整）(a)	(5.00)			
22	员工平均工资(b)	29 952美元			
23	产能与需求匹配对费用的影响(a)×(b)	(149 760) 美元			
25	注：单元格B21使用了公式=If{B18>0, rounddown(-B18, 0), roundup(-B18, 0)]				

图 8A-3　雷德利公司：产能分析

8A.1.4　假设推断分析

图 8A-1 中录入的数据还能帮助雷德利公司回答一些有趣的、关于"如果……又怎样"的问题。例如，如果公司能够将信用复核时间从 40 分钟降至 30 分钟会对分配至客户 A、B、C 的成本产生何种影响呢？为了回答这个问题，我们将图 8A-1 中单元格 D14 的 40 分钟改为 30 分钟。图 8A-4 列报了即时生成的修改后的客户成本分析。

可以看到在单元格 D19 中，每次信用复核所需时间变为了 30 分钟，替代了图 8A-2 中相同单元格所列示的 40 分钟。与之对应，每次信用复核的成本减少至 9.00 美元（如单元格 D21 所示），而不再是图 8A-2 中相同单元格所列示的 12.00 美元。因此单元格 B33~D33 分别记录了 9.00 美元这个相对较低的时间驱动作业成本分配率，从而使得每位客户所承担的客户服务总成本相应减少了 3 美元。例如，在图 8A-4 的 B36 单元格中客户 A 所承担的客户服务总成本为 252 美元，而与之对应的、图 8A-2 中 B36 单元格所列示的数值则为 255.00 美元。

	A	B	C	D
1	雷德利公司			
2	客户服务部门			
3	客户成本分析			
4				
5	第一步：计算所提供资源的每分钟成本			
6				
7	客户服务部门：			
8	员工人数 (a)	30		
9	员工平均工资 (b)	29 952 美元		
10	所提供资源的总成本 (a) × (b)	898 560 美元		
11				
12	每名员工的实际产能（分钟）(a)	99 840		
13	员工人数 (b)	30		
14	所提供资源的实际产能（分钟）(a) × (b)	2 995 200		
15				
16	所提供资源的每分钟成本	0.30 美元		
17				
18	第二步：计算时间驱动作业成本分配率	订单处理	疑问解答	信用复核
19	每单位作业耗时（分钟）(a)	10	30	30
20	所提供资源的每分钟成本 (b)	0.30 美元	0.30 美元	0.30 美元
21	时间驱动作业成本分配率 (a) × (b)	3.00 美元	9.00 美元	9.00 美元
22				
23	第三步：将成本分配至成本对象	客户 A	客户 B	客户 C
24	订单处理量 (a)	30	18	7
25	时间驱动作业成本分配率 (b)	3.00 美元	3.00 美元	3.00 美元
26	订单处理成本的分配额 (a) × (b)	90.00 美元	54.00 美元	21.00 美元
27				
28	客户疑问量 (a)	17	10	8
29	时间驱动作业成本分配率 (b)	9.00 美元	9.00 美元	9.00 美元
30	疑问解答成本的分配额 (a) × (b)	153.00 美元	90.00 美元	72.00 美元
31				
32	信用复核量 (a)	1	1	1
33	时间驱动作业成本分配率 (b)	9.00 美元	9.00 美元	9.00 美元
34	信用复核成本的分配额 (a) × (b)	9.00 美元	9.00 美元	9.00 美元
35				
36	客户服务总成本的分配额	252.00 美元	153.00 美元	102.00 美元
37				

图 8A-4　雷德利公司客户成本分析：一项假设性分析

　　让我们进一步假设雷德利公司希望回答这个问题：如果我们将订单处理量从 200 000 份（如图 8A-1 的 E17 单元格所示）增加至 265 000 份会对客户服务部门的人员需求产生何种影响呢？在对图 8A-1 的 E17 单元格进行适当调整后，图 8A-5 回答了这个问题——雷德利公司需要再多雇用一名员工，并承担大约 29 952 美元的成本。

　　为了弄清楚这个答案的由来，让我们从图 8A-5 的第一步开始分析。在这一步骤，单元格 B6 中的订单处理量增加至 265 000 份，使之相应的用以满足需求的客户服务时间增加至 3 052 000 分钟（单元格 E8）。这就导致在第二步中，2 995 200 分钟的可供满足需求的客户服务时间总数（单元格 B11）低于用以满足需求的 3 052 000 分钟（单元格 B12），从而使得单元格 B13 中的闲置产能变为了 -56 800 分钟。闲置产能为负数就意味着雷德利公司的现有产能不足以满足预期的客户需求。图 8A-5 的第三步将以分钟为单位的短缺产能转换成了 B18 单元格中的人员短缺数（0.57）。考虑到雷德利公司并不能只雇用 0.57 名员工，单元格 B21 将这个数值上舍入 1，并在单元格 B23 中计算得出了额外雇用一名员工所耗费的大致成本 29 952 美元。

从上述时间驱动作业成本法的介绍中，可以看出这种方法的优点有：

（1）无须进行员工访谈，便于及时更新系统。

（2）采用客观方式对闲置产能的成本进行量化，不依赖于员工自己报告其空闲时间。

（3）能够帮助公司估计与需求一致时产能的财务影响，特别是在雷德利公司的客户服务人员等阶梯式资源方面。

	A	B	C	D	E
1		雷德利公司			
2		客户服务部门			
3		产能分析			
4					
5	第一步：计算在用产能（分钟）	订单处理	疑问解答	信用复核	总计
6	每种作业的客户需求量(a)	265 000	4 500	8 900	
7	每单位作业所需客户服务时间（分钟）(b)	10	30	30	
8	用以满足需求的客户服务时间（分钟）(a)×(b)	2 650 000	135 000	267 000	3 052 000
9					
10	第二步：计算闲置产能（分钟）				
11	可供满足需求的客户服务时间总数（分钟）(a)	2 995 200			
12	用以满足需求的客户服务时间总数（分钟）(b)	3 052 000			
13	闲置产能（分钟）(a)-(b)	(56 800)			
14					
15	第三步：计算闲置员工人数				
16	闲置产能（分钟）(a)	(56 800)			
17	每名员工的实际产能（分钟）(b)	99 840			
18	闲置员工人数(a)÷(b)	(0.57)			
19					
20	第四步：计算产能与需求匹配的财务影响				
21	潜在的员工调整数（取整）(a)	1.00			
22	员工平均工资(b)	29 952美元			
23	产能与需求匹配对费用的影响(a)×(b)	29 952美元			
24					
25	注：单元格B21使用了公式=If{B18>0, rounddown(-B18, 0), roundup(-B18, 0)}				
26					

图 8A-5　雷德利公司产能分析：一项假设推断分析

问题

时间驱动作业成本法

斯塔尔公司（Stahl Company）正在对它的运输部门进行一项时间驱动作业成本法的研究。为满足研究的需要，公司提供了与运输部门和该部门客户相关的数据如下：

员工人数	34
员工平均工资	34 000 美元
每年工作周数	52
每周工作小时数	40
实际产能比例	80%

	分拣	打包	装载货物
每单位作业耗时（分钟）	5	15	30

	客户 L	客户 M	客户 N	全部客户
分拣货物量	280	160	90	335 000
打包装箱量	50	20	15	46 800
装载货物量	6	2	10	12 100

要求：

（1）参照图 8A-2 的客户成本分析，计算下列：

a. 运输部门所提供资源的每分钟成本。

b. 斯塔尔公司中 3 项作业的时间驱动作业成本分配率。

c. 客户 L、客户 M 和客户 N 所消耗的人工成本总数。

（2）参照图 8A-3 的产能分析，计算下列问题：

a. 以分钟为单位的在用产能。

b. 以分钟为单位的闲置产能。

c. 闲置员工人数（无须对你的答案进行取整）。

d. 产能与需求匹配对费用的影响（务必对潜在的员工调整数进行取整）。

第 9 章

全 面 预 算

🌀 商业聚焦

危机管理规划：美国内战信托基金

美国内战信托基金（Civil War Trust，CWT）是一个私有制的非营利组织，共有 70 000 名成员，他们致力于保护美国内战的战场遗址，这些遗址很多都因商业化发展而被建成了购物中心、住宅、工业园区和娱乐场。为阻止这种情况的蔓延，CWT 一般购买土地或土地开发权。CWT 已经保护了超过 25 000 英亩的遗址免遭开发，例如包括占地 698 英亩的盖茨堡（Gettysburg）战场。

CWT 的收入全部来源于其成员的捐献。当经济停滞不前时，它很难对未来的捐献数额进行预测。CWT 制定了一个年度预算来应对这种不确定性，基于经济逐渐不景气的假设，该预算包含 3 种变动情况：较为悲观的预算称为或有预算。若由于经济衰退，成员捐献水平下降，CWT 可以转换为第一级的或有预算。过去，这种或有预算需要采取一系列措施来降低成本，对限制招聘和薪金，同时对购买土地和开发权来保护战争遗址等措施仍维持原有的积极态度。在经济最不景气的情况下，CWT 可以转变为最消极的预算，这将包括裁员和其他特殊的成本控制措施。

CWT 利用预算程序提前为一系列或有事件做好计划，以防做出不利于长远发展的行为。

资料来源：Communications with James Lighthizer, president, and David Duncan, director of membership and development, Civil War Trust; and the CWT website, www.civilwar.org.

🌀 学习目标

1. 理解企业预算的目的以及制定预算所采用的程序。

2. 编制销售预算，包括预计经营现金收入表。

3. 编制生产预算。

4. 编制直接材料预算，包括预计材料采购现金支出表。

5. 编制直接人工预算。

6. 编制制造费用预算。

7. 编制销售和管理费用预算。

8. 编制现金预算。

9. 编制预计利润表。

10. 编制预计资产负债表。

在这一章我们将向大家介绍企业如何通过编制预算来实现其财务目标。**预算**（budget）是以规范的定量模式对未来的详细规划。我们个人有时也会制定家庭预算来平衡衣、食、住等方面的收支，同时还会保有部分储蓄。一旦制定好预算，实际支出就要与预算相比较以确保计划的实施。与个人预算相比，企业预算的工作量更大，内容要求更为详细，但二者有很多相似之处。

9.1　企业为何以及如何编制预算

预算有两个不同的目的——计划和控制。**计划**（planning）包括建立目标并为实现这些目标而编制的各种预算。**控制**（control）包括收集反馈以确保计划被正确执行或随着环境的变化得以修正。为了有效运行，一个良好的预算系统必须同时满足计划和控制两个目的的要求。缺少有效的控制，再好的计划都是浪费时间和精力。

9.1.1　预算的优点

企业从预算中获益良多，具体包括：

（1）预算使整个企业的各管理层计划得以有效沟通。

（2）预算迫使管理人员考虑并计划未来，在缺少必要预算编制的情况下，许多管理者会花费所有时间来处理日常的紧急事务。

（3）预算程序提供了一种在企业各部门间分配资源的方法，使资源得到最有效的利用。

（4）编制预算过程可以发现潜在的问题。

（5）预算通过整合各个部门的计划可以协调整个企业的作业，有助于确保企业中的每个人都在为同一个目标工作。

（6）预算设定的目标为后续的业绩评估提供了基准。

商业实战 9-1　|　企业如何运用预算的关键点

几乎所有的企业都在动态环境中运营，而唯一不变的就是变化。这些企业中的绝大多数也依赖于年度预算来实现自我管理。那么问题来了：在商业环境变化中，什么时候会使年度预算变得过时？就此问题我们询问了 152 位商业专家，有 13% 的人说他们企业的年度预算在新预算年度开始前就已经过时。另有 46% 的受访者表示，预算在第二季度结束前就已经过时了，而 25% 的受访者表示，预算永远不会过时。

考虑到约有 60% 的受访者对预算过时的问题表示担忧，我们又向 152 名受访者提出了一个相关问题：为了应对不断变化的市场环境，你的企业会做出多少"如果"式的假设推断预测？约 20% 的受访者表示，他们的企业没有进行任何"如果"式情况的评估，另有 60% 的受访者表示，公司管理者对"如果"式情况的评估不超过 6 个。

资料来源: Kenneth A. Merchant, "Companies Get Budgets All Wrong," *The Wall Street Journal*, July 22, 2013, p.R5.

9.1.2 责任会计

本章及接下来的三章中大部分内容都是关于责任会计的。**责任会计**（responsibility accounting）的基本思想是，管理者应该负责且只应负责其在很大程度上能够实际控制的那些项目。预算中的每个单独项目（即收入或成本）都由管理者承担责任，他们要对预算目标与日后实际结果之间的偏差负责。实际上，责任会计就是使每个人对其收入和成本负责，将会计信息的责任落实到个人。责任会计这个概念是任何有效的计划和控制系统的核心。每项成本都要有相应的责任人，否则，无人负责，成本必然会失去控制。

如果实际结果不符合预算目标，管理者就一定会受到惩罚吗？答案是：否。但是，管理者应主动了解重要的有利或不利差异的来源，应主动采取措施利用有利差异，修正不利差异，同时应准备向上级管理部门说明差异的原因和应采取的措施。有效责任会计系统的重点是确保没有任何东西"从裂缝中掉下来"，即企业对其计划的偏离能迅速而适当地做出反应，并且通过将预算目标与实际结果进行比较获取反馈信息，责任会计系统的重点并不是惩罚那些未达目标的个人。

9.1.3 选择预算期间

经营预算通常以 1 年为期，这与会计年度一致。许多企业将其年度预算分成 4 个季度预算，再将第一季度划分为月，并编制月度预算。后 3 个季度可能仅按季度总额预算执行。随着时间的推移，第二季度的预算数据被分解为每月的金额，然后第三季度的数据又被分解，以此类推。这种方法有利于定期审查以及重新评估全年的预算数据。

企业有时也采用连续预算或永久预算。**连续预算或永续预算**（continuous or perpetual budget）的预算期为 12 个月，在当前月份（或季度）结束时，会再向前滚动 1 个月（或季度）。换句话说，每个月（或季度）结束时，会在预算期末增加 1 个月（或季度）。这种方法使管理者关注至少未来 1 年的情况，避免其过分关注短期结果。

本章我们将着眼于 1 年期的经营预算。然而，运用基本的相同方法也可以编制出横跨若干年的经营预算。虽然很难准确地预测 1 年以上的销售和其他数据，但是，即使是粗略的估计，也有助于企业通过预算发现潜在的问题和机会，为企业管理提供有价值的信息。

9.1.4 自编预算

预算程序的成功在很大程度上取决于预算的编制方式。通常，预算由高层管理者确定，而低层管理者几乎不会参与。然而，在大多数成功的预算程序中，管理者会积极参与编制他们自己的预算。如果是自上而下的预算，然后惩罚那些未实现预算目标的管理者，他们会产生怨恨情绪而不是采取合作和尽职的态度。事实上，许多管理者认为，有权力自行编制预算是最有效的预算编制方法。**自编预算**（self-imposed budget）或**参与性预算**（participative budget）是指在各级管理人员的全面合作和参与下所编制的预算。

自编预算有很多优点：

（1）企业中各个层级的人员都被视为团队成员，他们的观点和判断得到高层管理者的认可。

（2）基层管理者编制的预算通常比高层管理者编制的预算更为准确可靠，这是因为高层管理者对市场情况和日常运营缺乏深入的了解。

（3）通常来说，个人参与制定自己的预算目标，要比上级强加的目标更能调动其积极性和创造性。

（4）当一个管理者不能达到上级管理部门强加的预算目标时，管理者会抱怨该预算本就是不切实际、不可能实现的。但在自编预算情况下，这种辩解将不复存在。

自编预算有两个重要的缺陷。首先，如果高层管理者缺乏全局性战略视野，低层管理者可能会做出次优的预算建议。其次，自编预算可能会让低层管理者编制过于松弛的预算。因为编制预算的管理者要对实际结果与预算的偏差负责，因此，管理者自然倾向于提交一份容易达到的预算（即管理者会编制松弛的预算）。基于这个原因，由低层管理者编制的预算应该受到高层管理部门的审查，有疑问的项目要进行讨论和适当修正。如若缺少这一审查程序，自编预算可能无法支持企业的战略，或者可能过于松弛，从而导致次优业绩。

遗憾的是，许多企业并未使用自编预算。通常情况下，高层管理者通过发布利润目标来启动预算编制程序，下级管理者则被要求编制预算以满足利润目标。难点在于，高层管理者设定的目标可能不切实际地过高，或者可能过于松弛。如果目标太高并且员工知道其无法实现，那么积极性会受到影响；如果目标过于松弛，则会产生浪费。遗憾的是，高层管理者通常不知道目标是否合适。无可否认，一个自编预算系统可能缺乏足够的战略指导，并且低层管理者可能会试图编制松弛的预算。尽管如此，自编预算具有调动积极性的优势，因此，高层管理者自上而下施加固定目标时需要谨慎行事。

9.1.5 预算中的人为因素

预算计划的成功与否还取决于高层管理部门是否会使用预算来施压或责备员工。运用预算来责备员工会滋生敌对情绪、造成上下级关系紧张和不信任，而不是团结合作和提高生产率。遗憾的是，预算经常被用作施压工具，过分强调在任何情况下都要"遵守预算"。预算应该作为帮助企业确立目标，衡量经营成果的一种有效工具，而不是作为一种惩罚性的手段。

奖金制度往往是以达到和超过预算为基础的，这也会影响预算的编制过程。通常情况下，只有满足预算才会有奖金。当超过预算目标时，奖金将会增加，但是，通常会设定奖金的上限。显而易见，适用这样一个奖金计划的管理者，或者根据预算目标的完成情况来评估其业绩的管理者，通常更倾向于以极容易完成的预算对其进行业绩评价。此外，极容易完成的预算可能有助于树立管理者的信心，并促使其对预算更加尽职尽责，同时还会降低管理者为获得奖金补偿而在预算期末发生不良行为的可能性。因此，尽管一些专家认为预算目标应该是非常具有挑战性的，而且需要管理者努力实现目标，但在实务中，大多数企业都将它们的预算目标设定在"高度可实现"的水平上。

9.2 全面预算概述

本章余下的部分，我们将介绍一种被称为全面预算的综合性业务计划。**全面预算**（master budget）是由若干个独立但又相互依赖的预算组成，具体包括公司的销售、生产和财务目标，以现金预算、预计利润表和预计资产负债表为终点的预算体系。全面预算的各个部分及其相互关系详见图 9-1。

图 9-1　全面预算的相互关系

　　预算编制程序的第一步是编制**销售预算**（sales budget），即反映预算期内预计销售情况的明细表，精确的销售预算是整个预算编制程序的关键。如图 9-1 所示，全面预算的所有其他部分都依赖于销售预算，如果销售预算不够准确，其余预算也就会不准确。销售预算基于公司的销售进行预测，可能需要运用复杂的数学模型和统计工具，这部分内容本书不做探讨。

　　销售预算会影响销售和管理费用预算的变动部分，并为生产预算提供信息，进而决定预算期间的生产量。随后，根据生产预算可编制生产成本预算，具体包括直接材料预算、直接人工预算和制造费用预算，进而编制期末产成品存货预算。

　　全面预算以现金预算、预计利润表和预计资产负债表为终点。**现金预算**（cash budget）是反映现金筹集与运用的详细计划，其编制过程受到销售预算、销售和管理费用预算以及生产成本预算的影响。预计利润表反映企业在预算期间的净利润计划水平，该预算需要在销售预算、期末产成品存货预算、销售和管理费用预算以及现金预算的基础上编制。作为全面预算的最终环节，预计资产负债表将反映企业在预算期末的资产、负债和股东权益状况。

9.2.1　预算蓝图

　　由于全面预算包含了 10 个预算表，因此，掌握以下两方面的预算框架蓝图是非常重要的。
首先，设计制造企业的全面预算要能够回答以下 10 个关键问题：
（1）企业的销售额能达到多少？
（2）企业能够从客户那里收到多少现金？
（3）企业需要购买多少原材料？
（4）企业将会发生多少生产成本（包括直接材料、直接人工和制造费用）？
（5）企业将向供应商和直接人工支付多少现金，又会为制造费用项目耗用多少现金？

（6）有多少产成品存货会转入销货成本？

（7）企业将会发生多少销售和管理费用，又会产生多少现金支出？

（8）企业将借用或偿还多少债务（包括利息）？

（9）企业能实现多少经营净利润？

（10）预算期末，企业的资产负债表会是什么样子？

其次，要能够认识到全面预算中的大多预算表取决于管理者在制定时做出的各种估计和假设。图 9-2 总结了全面预算中 7 个预算表所对应的估计与假设基础的一些问题。在学习后续章节的预算表时，脑海中有这两方面的预算框架蓝图（预算是用来回答 10 个关键问题的，同时它以各种各样的估计和假设为基础）将有助于理解编制预算的目的及程序。

销售预算：

1. 预计销售量是多少？

2. 预计销售单价是多少？

3. 预计当期及以后期间应收账款的现金回收比例分别为多少？

生产预算：

1. 预计期末产成品存货占下一期销量的百分比为多少？

直接材料预算：

1. 单位产品耗用的原材料是多少？

2. 原材料的预计单位成本是多少？

3. 预计期末原材料存货占下一期需用量的百分比为多少？

4. 预计当期及以后期间原材料采购额的现金支付比例分别为多少？

直接人工预算：

1. 单位产品耗用的工时是多少？

2. 直接人工的预计单位工时工资率是多少？

制造费用预算：

1. 预计变动性制造费用分配率是多少？

2. 期间内的预计固定性制造费用是多少？

3. 期间内生产性资产的预计折旧费用是多少？

销售和管理费用预算：

1. 预计变动性销售和管理费用分配率是多少？

2. 期间内的预计固定性销售和管理费用是多少？

3. 期间内非生产性资产的预计折旧费用是多少？

现金预算：

1. 要求的最低现金余额是多少？

2. 购置非流动资产和分配股利的预计支出是多少？

3. 借入资金的预计利率是多少？

图 9-2　全面预算的估计与假设

9.3　编制全面预算

⊙管理会计实践 9-1

汉普顿冰饮股份有限公司

汤姆·威尔斯（Tom Wills）于 2015 年创立汉普顿冰饮股份有限公司（Hampton Freeze,

Inc.），他是公司的控股股东和首席执行官。公司主要使用天然原料生产优质冰棒，具有特色的异国口味，如香甜的柑橘味和薄荷香的芒果味。公司的业务具有高度季节性，大部分的销售都发生在春季和夏季。

2016 年是公司运营的第 2 年，从现金流和净利润来看，公司在这一年的运营还是成功的。但该年第一、二季度发生的大额现金短缺使公司几近破产。由于这个惨痛的经历，汤姆决定在 2016 年年底聘请一位专业的财务经理。在面试了几位优秀的候选人后，汤姆最终选定了拉里·贾诺 (Larry Giano)，他在包装食品行业具有很丰富的经验。在面试中，汤姆就如何采取措施防止 2016 年的现金危机再次发生提出问题。

汤姆：正如之前提到的，我们公司在 2016 年实现的利润是很可观的。但你可能不知道，公司在今年发生了严重的财务问题。

拉里：让我猜猜。公司在第一或第二季度的某个时候就用光了现金。

汤姆：你是怎么知道的？

拉里：公司的大部分销售发生在第二季度和第三季度，对吗？

汤姆：当然，所有人都是在春天和夏天想要冰棒，当天气变冷时就没人想买。

拉里：所以公司在第一季度的销售额不多？

汤姆：是的。

拉里：在第二季度，也就是春季，公司会为供应订货而大量生产吗？

汤姆：当然了。

拉里：公司的客户，也就是食品店，他们会在送货当天就付款吗？

汤姆：你在开玩笑吧？当然不是。

拉里：那么在第一季度，公司销售量不多。在第二季度，公司大量生产，需要大量的现金支出，而公司却是在支付职工工资和供应商货款很久之后，才会收到客户的货款。因此，公司存在现金问题也就不奇怪了。由于业务的季节性，我经常在食品加工业看到这种情况。

汤姆：那我们该怎么办呢？

拉里：第一步是事先预测问题的重要程度。如果我们能提前预测到将会发生现金短缺，我们就可以在问题发生前去银行筹措贷款。但是银行家们总是对那些申请紧急贷款、惊慌失措的借款人心存警惕。如果看起来你能够控制局势，他们才很有可能提供贷款。

汤姆：那怎样能预测现金短缺呢？

拉里：公司可以编制一个现金预算，确切地说，最好还是编制一个全面预算。你会发现它很值得一试，因为我们能够运用全面预算来估计众多"如果"式问题对财务报表的影响。例如，通过点击鼠标进行运算，我们就可以回答以下问题：如果销售量比最初的估计量少 10%，那将会对利润产生什么影响？或者，如果我们把售价提高 15%，同时销量下降 5%，对利润又会有什么影响呢？

汤姆：听起来好极了，拉里！我们不仅需要现金预算，而且很希望有一个全面预算，能够快速地回答你刚刚描述的"如果"式问题。依我看，越早开始越好。

在汤姆·威尔斯的全力支持下，拉里·贾诺着手为公司制定 2017 年的全面预算。在计划预算程序时，拉里起草了以下文件清单，这些文件将成为全面预算的一部分：

（1）销售预算，包括现金收入预算表。

（2）生产预算 (商业企业适用商品采购预算)。

（3）直接材料预算，包括材料采购现金支出预算表。

（4）直接人工预算。

（5）制造费用预算。

（6）期末产成品存货预算。

（7）销售和管理费用预算。

（8）现金预算。

（9）预计利润表。

（10）预计资产负债表。

拉里觉得在预算编制过程中所有人通力合作是很重要的，所以，他要求汤姆召开公司全体会议来解释预算编制程序。在会议上，起初有些人抱怨，但汤姆讲解了编制计划和更好地控制支出的必要性，几乎说服了所有人，让今年早些时候发生的现金危机印在所有人的脑海里。尽管有些人不喜欢预算，但他们更喜欢自己的工作。

在接下来的几个月里，拉里和所有与全面预算相关的管理者密切合作，收集相关的数据资料，确保他们理解并全力支持会对其产生影响的那部分预算。

拉里·贾诺为汉普顿冰饮股份有限公司编制的相互关联的文件，就是企业全面预算所包含的 10 个预算表。本节我们将研究这些预算表、期初资产负债表和拉里在全面预算中做出的预算假设，进而解答拉里与汤姆·威尔斯所讨论的"如果"式问题。

9.3.1 期初资产负债表

图 9-3 是拉里的全面预算文件清单中的第一个，即汉普顿冰饮股份有限公司截至 2016 年 12 月 31 日的期初资产负债表。拉里将期初资产负债表纳入全面预算文件中，这样就可以把这些数据与后续的预算表联系起来。例如，正如图 9-3 所示，拉里将期初应收账款的余额 90 000 美元录入现金收入预算表中，同时将期初现金余额 42 500 美元录入现金预算表中。

9.3.2 预算假设

图 9-4 是拉里的全面预算文件清单中的第二个，即针对图 9-2 总结的所有问题所做出的预算假设。图 9-4 中各项估计和假设的具体数据，是汉普顿冰饮股份有限公司编制全面预算的基础，因此，从现在就需要熟悉这些信息。从

	A	B	C
1	汉普顿冰饮股份有限公司		
2	资产负债表		
3	2016 年 12 月 31 日		
4			
5	**资产**		
6	流动资产:		
7	现金	42 500	
8	应收账款	90 000	
9	原材料存货（21 000 磅）	4 200	
10	产成品存货（2 000 箱）	26 000	
11	流动资产合计		162 700
12	厂房及设备		
13	土地	80 000	
14	建筑物及设备	700 000	
15	累计折旧	（292 000）	
16	厂房及设备净额		488 000
17	资产总计		650 700
18			
19	**负债和所有者权益**		
20	流动负债:		
21	应付账款		25 800
22	所有者权益:		
23	普通股股本	175 000	
24	留存收益	449 900	
25	所有者权益合计		624 900
26	负债和所有者权益总计		650 700
27			

Beginning Balance Sheet / Budgeting Assump|

图 9-3　汉普顿冰饮股份有限公司：期初资产负债表

销售预算的估计开始，图 9-4 表明汉普顿冰饮股份有限公司的季度预计销售量依次为 10 000 箱、30 000 箱、40 000 箱、20 000 箱，其预计销售单价是 20 美元 / 箱。该公司有望在销售

当季回收 70% 的赊销额，其余 30% 将在以后期间收回，公司的坏账可以忽略不计。

	A	B	C	D	E	F
1		汉普顿冰饮股份有限公司				
2		预算假设				
3		截至 2017 年 12 月 31 日的年度				
4					（金额单位：美元）	
5		全年		季度		
			一	二	三	四
6	销售预算					
7	预计销售量（箱）		10 000	30 000	40 000	20 000
8	销售单价（美元/箱）	20.00				
9	销售当期收现率	70%				
10	销售以后期间收现率	30%				
11						
12	生产预算					
13	期末产成品存货占下一期销量百分比	20%				
14						
15	直接材料预算					
16	每箱产品对原材料的耗用量（磅）	15.00				
17	原材料的单位成本（美元/磅）	0.20				
18	期末原材料存货占下一期需用量百分比	10%				
19	采购当期付现率	50%				
20	采购以后期间付现率	50%				
21						
22	直接人工预算					
23	每箱产品需要的直接人工工时	0.40				
24	单位工时工资率	15.00				
25						
26	制造费用预算					
27	单位工时的变动性制造费用	4.00				
28	每季度的固定性制造费用	60 600				
29	每季度的折旧费用	15 000				
30						
32	销售和管理费用预算					
33	单位产品的变动性销售和管理费用	1.80				
34	每季度的固定性销售和管理费用：					
35	广告费	20 000				
36	管理人员工资	55 000				
37	保险费	10 000				
38	财产税	4 000				
39	折旧费用	10 000				
40						
41	现金预算					
42	最低现金余额	30 000				
43	购置设备		50 000	40 000	20 000	20 000
44	股利	8 000				
45	季度单利	3%				
46						

| Beginning Balance Sheet | **Budgeting Assumptions** | Schedule 1 | Schedule 2 | Sche |

图 9-4 汉普顿冰饮股份有限公司：预算假设

图 9-4 还表明，生产预算的假设前提是汉普顿冰饮股份有限公司期末产成品存货占下一期销量的比例为 20%。公司唯一的原材料是一种高甜度的食糖，每箱冰棍预计需要 15 磅食糖，而食糖的单位成本为 0.2 美元/磅。[注]公司的期末原材料存货预计占下一期需用量的 10%，此外，公司预计在采购当期付现是采购额的 50%，其余 50% 将在以后期间支付。

继续看图 9-4，直接人工预算的两个关键假设：每箱冰棍需要耗用的工时为 0.4 小时，而单位工时工资率是 15 美元。制造费用预算的 3 个基本假设：单位工时的变动性制造费用为 4 美元，每季度的固定性制造费用为 60 600 美元，生产性资产的季度折旧费用为 15 000 美元。图 9-4 还表明，每箱冰棒的预计变动性销售和管理费用为 1.8 美元，每季度的固定性销售和管理费用则具体包括广告费（20 000 美元）、管理人员工资（55 000 美元）、保险费（10 000 美元）、财产税（4 000 美元）和折旧费用（10 000 美元）。图中其余预算假设均与现金预算

⊖ 尽管冰棒制造业很可能涉及其他原材料，如冰棒棍和包装材料，但为简化问题，我们只考虑高甜度食糖。

相关，该公司要求每季度维持 30 000 美元的最低现金余额，计划每季度设备购置支出依次为 50 000 美元、40 000 美元、20 000 美元和 20 000 美元；[⊖]并支付 8 000 美元的季度股利，而且公司预计借入资金的每季度单利为 3%。

在进一步学习之前，很重要的一点就是理解拉里创建如图 9-4 所示的预算假设就是简化使用全面预算来回答"如果"式问题的过程。例如，假设拉里想要回答如下问题：若公司将销售单价提高 2 美元，而每季度的预计销售量减少 1 000 箱，对利润会有什么影响呢？在合理构建的预算假设下，拉里只需要对这个预算假设表内数据做出一些调整，每个预算表中嵌入的公式将自动更新财务结果，这要比试图在每个全面预算表中调整数据输入简单得多。

9.3.3　销售预算

汉普顿冰饮股份有限公司的 2017 年度销售预算如预算表 1 所示。在学习这个预算表时，要记住表中所有数字都是来自预算假设表的各项数据并进行公式运算得到的，预算表中的数字没有一个是实际填入的。此外，还需强调的一点是，全面预算中的其他所有预算表都是以相同的方式进行编制的，即它们几乎完全依赖于单元格数据引用和公式运算。

预算表 1

汉普顿冰饮股份有限公司

销售预算

截至 2017 年 12 月 31 日的年度

（金额单位：美元）

	季度 一	季度 二	季度 三	季度 四	年度
预计销售量（箱）	10 000	30 000	40 000	20 000	100 000
销售单价	20.00	20.00	20.00	20.00	20.00
总销售额	200 000	600 000	800 000	400 000	2 000 000

70%　　　　30%

现金收入预算表

	季度 一	季度 二	季度 三	季度 四	年度
期初应收账款[①]	90 000				90 000
第一季度销售额[②]	140 000	60 000			200 000
第二季度销售额[③]		420 000	180 000		600 000
第三季度销售额[④]			560 000	240 000	800 000
第四季度销售额[⑤]				280 000	280 000
现金收入总额[⑥]	230 000	480 000	740 000	520 000	1 970 000

①来自去年第四季度销售的现金收入，具体可见图 9-3 所示的期初资产负债表。

②200 000 美元 ×70%；200 000 美元 ×30%。

③600 000 美元 ×70%；600 000 美元 ×30%。

④800 000 美元 ×70%；800 000 美元 ×30%。

⑤400 000 美元 ×70%。

⑥第四季度未收到的销售额（120 000 美元），将作为应收账款显示在公司年末的预计资产负债表中。

⊖　为了简单起见，我们假定这些新购置资产的折旧已经包括在预算假设中的季度折旧估计值内。

2017 年汉普顿冰饮股份有限公司预计销售 100 000 箱冰棒，每箱售价为 20 美元，则预计总销售额为 2 000 000 美元。每个季度的预计销售量 (10 000、30 000、40 000、20 000) 及每箱售价均来自图 9-4 所示的预算假设，企业预计 2017 年能实现 1 970 000 美元的现金收入来自预算表 1，第一季度回收的 90 000 美元应收账款余额来自图 9-3 的期初资产负债表，所有其他的现金收入额都依赖于预算假设表中对销售当期及以后期间现金回收比例的估计。例如，预算表 1 显示，汉普顿冰饮股份有限公司第一季度的预计销售额为 200 000 美元，而预计当期收到 70% 的现金收入，即 140 000 美元；在第二季度，该公司预计将收到余下的 30%，即 60 000 美元。

商业实战 9-2 ｜ 编制销售退回预算

除了销售预算，企业还需要编制用于管理销售退回的费用预算。在节假日期间，物流服务供应商奥普托罗（Optoro）预计会处理 600 亿美元的客户退货。在圣诞节后的两周内，美国邮政服务（U.S. Postal Service）和联合包裹服务（United Parcel Service）会分别运输价值 320 万美元和 400 万美元的退货。百思买 (Best Buy) 估计，该企业每年的退货、受损货物及更换商品的成本为 4 亿美

元，相当于其收入的 10%。

在互联网电子商务方面，82% 的购物者表示，如果企业通过预付邮费或店内免费退货提供免费退货，他们更有可能在网上购买。对于一些高端的服装零售商来说，网上购物的退货率可以达到交易量的 50%。

资料来源：Laura Stevens," For retailers, It's Many Unhappy Returns," *The Wall Street Journal*, December 27-28, 2014, p.B3.

9.3.4 生产预算

生产预算是在销售预算之后编制的。**生产预算**（production budget）列示了企业必须生产的产品数量以满足销售需求，并提供所需的期末产成品存货。生产需求量可按如下公式计算：

预计销售量	×××
加：预计期末产成品存货	×××
总需求量	×××
减：期初产成品存货	×××
生产需求量	×××

注意，生产需求量受到预计期末产成品存货的影响。公司应对存货进行仔细规划，因为过多的存货会占用资金并产生仓储问题，而存货不足又会导致销售损失或在临近销售合同截止期的高成本生产。

预算表 2 为汉普顿冰饮股份有限公司的生产预算。预计销售量数据来自销售预算，第一季度的预计期末产成品存货为 6 000 箱，是由第二季度的预计销售量（30 000 箱）与预算假设中的期末产成品存货占下一期销量百分比（20%）相乘得到的。第一季度的总需求量（16 000 箱）是当期预计销售量（1 000 箱）与预计期末产成品存货（6 000 箱）的加总结果。正如前面所讨论的，期末存货旨在提供一定储备，以防生产过程可能出现问题或满足非预期

的销售增长需要。由于公司在期初已经有2 000箱的产成品存货(参见图9-3的期初资产负债表),所以第一季度的生产需求量仅为14 000箱。

需要特别注意是预算表2生产预算中右边的年度列。表中某些项目(如预计销售量和生产需求量)的年度数为该项目各季度数的加总;其他项目(如预计期末产成品存货、期初产成品存货)的年度数则并非其季度数的简单求和。从全年的角度来看,拉里·贾诺假设公司的期末产成品存货为3 000箱,这与第四季度的期末产成品存货相同,而并不是4个季度的期末产成品存货的总和。同样,期初产成品存货(2000箱)与第一季度的期初产成品存货相同,也不是4个季度的期初产成品存货的总和。在接下来的所有预算表中,应注意这些区别项目及数据。

预算表2

汉普顿冰饮股份有限公司
生产预算
截至2017年12月31日的年度

(数量单位:箱)

	季度				假定 年度
	一	二	三	四	
预计销售量(预算表1)	10 000	30 000	40 000	20 000	100 000
加预计期末产成品存货①	6 000	20% 8 000	20% 4 000	20% 3 000	3 000
总需求量	16 000	38 000	44 000	23 000	103 000
减期初产成品存货②	2 000	6 000	8 000	4 000	2 000
生产需求量	14 000	32 000	36 000	19 000	101 000

① 下一季度销货量的20%。例如,第二季度的预计销售量为30 000箱,则第一季度的预计期末产成品存货量为20%×30 000箱=6 000箱。

② 每季度的期初产成品存货与上一季度的期末产成品存货相等。

9.3.5 存货采购:商业企业

汉普顿冰饮股份有限公司是一家制造企业,所以编制了生产预算,如果它是一家商业企业,那么就应编制**商品采购预算**(merchandise purchases budget),来反映预算期内从供应商那里采购的商品数量。

商品采购预算的格式如下:

预计销货成本	×××
加:预计期末商品存货	×××
总需求量	×××
减:期初商品存货	×××
采购需求量	×××

商业企业按照如上格式编制商品采购预算,每种商品都有相应存货。商品采购预算可以用以美元为单位的金额表示(使用上面的标题),也可以用数量单位来表示。但基于数量单位的商品采购预算,第一行应为预计销售量而非预计销货成本。

商品采购预算通常也包括商品采购现金支出预算表，该表格式与预算表 3 所示的材料采购现金支出预算表的底部说明是一致的。

9.3.6 直接材料预算

在计算出企业的生产需求量后，应编制直接材料预算。**直接材料预算**（direct materials budget）详细列示了为满足生产预算并提供充足存货而必须采购的原材料。原材料的采购需求量计算如下：

产品生产需求量	×××
单位产品的原材料耗用量	×××
生产需用原材料	×××
加：预计期末原材料存货	×××
原材料总需求量	×××
减：期初原材料存货	×××
原材料的采购需求量	×××
原材料的单位成本	×××
原材料的采购成本	×××

预算表 3 为汉普顿冰饮股份有限公司的直接材料预算。预算表中第 1 行为各季度的生产需求量，可直接引自生产预算（预算表 2），第 2 行为每箱冰棍需耗用 15 磅食糖（参见预算假设表）。第 3 行则列出了为满足生产所需用的原材料，例如在第一季度，生产需求量为 14 000 箱，每箱耗用 15 磅食糖，因此，生产需用食糖量为 210 000 磅（14 000 箱 ×15 磅 / 箱），第 4 行数据对应预计期末原材料存货。第二季度的生产需用原材料为 480 000 磅，由预算假设表可知期末原材料存货占下一期需用量的百分比为 10%，因此，第一季度的预计期末原材料存货为 48 000 磅（480 000 磅 ×10%），根据以上生产需用原材料和预计期末原材料存货数据，可得原材料的总需求量为 258 000 磅（210 000 磅 +48 000 磅）。但是，由于公司期初已有食糖存货 21 000 磅（参见图 9-3 的资产负债表），因此，第一季度的实际采购需求量仅为 237 000 磅。公司采购原材料的单位成本为 0.20 美元 / 磅（参见图 9-4），因此，第一季度的原材料采购成本为 47 400 美元。全年来看，公司预计采购 303 300 美元的原材料。

预算表 3 还显示，公司 2017 年采购原材料的预计现金支出为 301 200 美元。根据期初资产负债表（图 9-3）可知，第一季度需支付的应付账款余额为 25 800 美元。所有其他现金支出的计算都依赖于预算假设中所估计的采购当期付现率和采购以后期间应付账款支付率（二者均为 50%）。例如，预算表 3 显示第一季度的原材料采购成本为 47 400 美元，公司预计在当期支付 50%，即 23 700 美元；在第二季度，公司预计将支付剩下的 50%，即 23 700 美元。

商业实战 9-3 | 丰田通过共享组件降低了直接材料成本

丰田汽车公司（TOYOTA）正在重新设计其生产流程，以使各种款式和大小的汽车能够共享更多的组件。由于批量购买通用零件，丰田公司节约了成本，此外公司还期望重新设计更小的模块化组装线，从而使初始设备投资成本较 2008 年降低 40%。该公司承认在实行模块化制造过程方面落后于大众汽车（Volkswagen），但其有望在 2020 年运用模块化组装线生产一半的汽车。

资料来源：Yoko Kubota, "Toyota Adopts More Modular Design," *The Wall Street Journal*, March 27,2015,p.B3.

预算表 3

汉普顿冰饮股份有限公司
直接材料预算
截至 2017 年 12 月 31 日的年度

（金额单位：美元）

	季度 一	二	三	四	假定 年度
预计生产需求量（预算表 2）	14 000	32 000	36 000	19 000	101 000
每箱产品的原材料耗用量	15	15	15	15	15
生产需用原材料量	210 000	480 000	540 000	285 000	1 515 000
加：预计期末原材料存货①	48 000	10% 54 000	10% 28 500	10% 22 500	22 500
原材料总需求量	258 000	534 000	568 500	307 500	1 537 500
减：期初原材料存货	21 000	48 000	54 000	28 500	21 000
原材料的采购需求量	237 000	486 000	514 500	279 000	1 516 500
每磅原材料成本	0.20	0.20	0.20	0.20	0.20
原材料的采购成本	47 400	97 200	102 900	55 800	303 300

50%　50%

材料采购现金支出预算表

期初应付账款②	25 800				25 800
第一季度采购额③	23 700	23 700			47 400
第二季度采购额④		48 600	48 600		97 200
第三季度采购额⑤			51 450	51 450	102 900
第四季度采购额⑥			—	27 900	27 900
现金支出总额	49 500	72 300	100 050	79 350	301 200

① 下一季度生产需用原材料的 10%。例如，第二季度的生产需用原材料为 480 000 磅，则第一季度的期末原材料存货为 10%×480 000 磅 = 48 000 磅；假定 2018 年第一季度的生产需用原材料为 225 000 磅，则 2017 年第四季度的期末原材料存货为 10%×225 000 磅 = 22 500 磅。

② 去年第四季度采购原材料的应付账款余额，详见图 9-3 所示的期初资产负债表。

③ 47 400 美元 ×50%；47 400 美元 ×50%。

④ 97 200 美元 ×50%；97 200 美元 ×50%。

⑤ 102 900 美元 ×50%；102 900 美元 ×50%。

⑥ 55 800 美元 ×50%。第四季度未支付的采购额（27 900 美元），将作为应付账款显示在公司年末的预计资产负债表中（预算表 10）。

9.3.7 直接人工预算

直接人工预算（direct labor budget）列示了为满足生产预算所需的直接人工工时。通过提前了解整个预算年度所需要的工时数，公司可以根据具体情况来制订计划调整劳动力。如果公司忽视了预算编制程序，则会面临劳动力短缺的风险，或者必须在不恰当的时点雇用和解雇职工。不稳定的劳动政策会导致员工不安全感、士气低落和效率低下。

预算表 4 为汉普顿冰饮股份有限公司的直接人工预算。表中的第 1 行数据为各个季度的生产需求量，其直接引自于生产预算（预算表 2）。每季度的直接人工需求量是通过各季度的预计生产量与单位产品直接人工工时相乘计算的。例如，公司在第一季度预计生产 14 000 箱产品，每箱产品需要的工时为 0.40 小时（参见图 9-4），因此，第一季度需要的直接人工工时总计 5 600 小时（14 000 箱 × 0.40 小时 / 箱）。接下来，将直接人工需求量转化为直接人工成本（具体怎样转换取决于公司的劳工政策），且假定公司在发生当期就会支付。在预算表 4 中，汉普顿冰饮股份有限公司假定直接人工将随各季度之间的直接人工需求的变化而做出相应的调整。该假定下，直接人工成本可由直接人工需求量与单位工时工资率 15 美元 / 小时（参见图 9-4）简单相乘来确定。例如，第一季度的直接人工成本为 84 000 美元（5 600 小时 × 15 美元 / 小时）。

但是，许多公司都有雇佣政策或合同，这阻碍了其根据需求而随意解雇或再雇用员工。例如，假设汉普顿冰饮股份有限公司有 25 名员工为直接人工，但每名员工保证每季度至少工作 480 小时，每小时的工资为 15 美元。此时，一个季度的最低直接人工成本计算如下：

$$25 \times 480 \times 15 = 180\ 000\ （美元）$$

需要注意的是，在这种情况下，预算表 4 中第一季度和第四季度的直接人工成本将会增加到 180 000 美元。

预算表 4

汉普顿冰饮股份有限公司
直接人工预算
截至 2017 年 12 月 31 日的年度

（金额单位：美元）

	季度				年度
	一	二	三	四	
预计生产需求量（预算表 2）	14 000	32 000	36 000	19 000	101 000
每箱直接人工工时（小时）	0.40	0.40	0.40	0.40	0.40
直接人工工时总需求量（小时）	5 600	12 800	14 400	7 600	40 400
单位工时工资率	15.00	15.00	15.00	15.00	15.00
直接人工总成本	84 000	192 000	216 000	114 000	606 000

注：该预算表假定，直接劳动力可完全随每季度的直接人工工时总需求量进行调整。

9.3.8 制造费用预算

制造费用预算（manufacturing overhead budget）列示了除直接材料和直接人工以外的所有生产成本。预算表 5 为汉普顿冰饮股份有限公司的制造费用预算。该公司的制造费用具体分为变动性制造费用和固定性制造费用。如图 9-4 所示，单位工时的变动性制造费用为 4 美元，每季度的固定性制造费用为 60 600 美元。由于变动性制造费用取决于直接人工，因此，制造费用预算表中的第 1 行数据即为直接人工预算（预算表 4）中的直接人工工时需求量。每季度的直接人工工时需求量与变动性制造费用分配率相乘，即可计算出制造费用中的变动部分。例如，公司在第一季度的变动性制造费用为 22 400 美元（5 600 小时 × 4 美元 / 小时）。再将结果与当季的固定性制造费用求和，即可得到第一季度的制造费用总额为 83 000 美元（22 400 美元 + 60 600 美元）。

预算表 5 的最后一行列示了公司的制造费用现金支出。由于某些间接成本并未导致现金流出，因此需调整制造费用总额以确定制造费用现金支出。在汉普顿冰饮股份有限公司，唯一重要的非付现制造费用为折旧，每季度对应 15 000 美元（参见图 9-4）。从预计的制造费用总额中扣除当季非付现折旧费用，即可确定各季度的预计现金支出，而汉普顿冰饮股份有限公司会在发生当季支付所有的付现费用。请注意，公司的预计制造费用年度分配率为 10 美元 / 小时，这是由年度的预计制造费用总额（404 000 美元）除以直接人工工时总需求量（40 400 小时）计算出的。

预算表 5

汉普顿冰饮股份有限公司
制造费用预算
截至 2017 年 12 月 31 日的年度

（金额单位：美元）

	季度				年度
	一	二	三	四	
预计直接人工工时（预算表 4）	5 600	12 800	14 400	7 600	40 400
变动性制造费用分配率	0.40	0.40	0.40	0.40	0.40
变动性制造费用	22 400	51 200	57 600	30 400	161 600
固定性制造费用	60 600	60 600	60 600	60 600	242 400
制造费用总额	83 000	111 800	118 200	91 000	404 000
减：折旧	15 000	15 000	15 000	15 000	60 000
制造费用现金支出	68 000	96 000	103 200	76 000	344 000
制造费用总额（a）					404 000
预计直接人工工时（b）					40 400
预计制造费用年度分配率（a）÷（b）					10.00

9.3.9　期末产成品存货预算

完成预算表 1 ~ 5 后，拉里·贾诺就掌握了以完全成本法为基础计算预算年度内单位生产成本所需要的全部数据。进行该计算主要原因有以下两点：首先，帮助确定预计利润表中的销货成本；其次，帮助确定预计资产负债表中的期末存货价值。未售出的产品成本是在**期末产成品存货预算**⊖（ending finished goods inventory budget）中进行计算的。

⊖　为简化问题，期初资产负债表与期末产成品存货预算对应的单位生产成本都为 13 美元。为回答"如果式"问题，该预算表应假设公司的存货成本流转采用先进先出法计价，换句话说，即期末存货只包含预算年度内生产的产品。

预算表 6

汉普顿冰饮股份有限公司
期末产成品存货预算
（以完全成本法为基础）
截至 2017 年 12 月 31 日的年度

项目	数量	成本	总计
每箱产品成本：			
直接材料	15.00 磅	0.20 美元 / 磅	3.00
直接人工	0.40 小时	15.00 美元 / 小时	6.00
制造费用	0.40 小时	10.00 美元 / 小时	4.00
单位生产成本			13.00
预计产成品存货：			
期末产成品存货数量（预算表 2）			3 000
单位生产成本（见上面）			13.00
期末产成品存货成本			39 000

预算表 6 显示，在完全成本法下，汉普顿冰饮股份有限公司每箱冰棒的生产成本为 13 美元，其中包含直接材料 3 美元、直接人工 6 美元以及制造费用 4 美元。注意，制造费用预算中已计算出费用分配率为 10 美元 / 小时，将其与生产所需工时数相乘，即可求得制造费用。同时，预计出公司期末产成品存货成本为 39 000 美元。

9.3.10 销售和管理费用预算

销售和管理费用预算（selling and administrative expense budget）列示了生产范畴外的其他费用支出。在大型企业，由部门主管和其他负责销售和管理费用的人员提交其预算，再将这些较小的预算整合汇编即可得到公司整体的销售和管理费用预算。例如，市场营销部经理将提交一份预算，详细说明每个预算期间的广告费用。

预算表 7

汉普顿风股份有限公司
销售和管理费用预算
截至 2017 年 12 月 31 日的年度

（金额单位：美元）

	季度				年度
	一	二	三	四	
预计销售量（预算表 1）	10 000	30 000	40 000	20 000	100 000
每箱变动性销售和管理费用	1.80	1.80	1.80	1.80	1.80
变动销售和管理费用	18 000	54 600	72 600	36 600	180 000
固定销售和管理费用：					
广告费	20 000	20 000	20 000	20 000	80 000
管理人员工资	55 000	55 000	55 000	55 000	220 000
保险费	10 000	10 000	10 000	10 000	40 000

（续）

	季度				年度
	一	二	三	四	
财产税	4 000	4 000	4 000	4 000	16 000
折旧费用	10 000	10 000	10 000	10 000	40 000
固定销售和管理费用总额	99 000	99 000	99 000	99 000	396 000
销售和管理费用总额	117 000	153 000	171 000	135 000	576 000
减：折旧	10 000	10 000	10 000	10 000	40 000
销售和管理费用现金支出	107 000	143 000	161 000	125 000	536 000

　　预算表 7 为汉普顿冰饮股份有限公司的销售和管理费用预算。与制造费用预算相同的是，销售和管理费用预算也分为变动成本和固定成本两部分。因此，每个季度的预计销售量需列在预算表顶部，而这些数据都来自销售预算（预算表 1）。预计变动性销售和管理费用是通过将预计销售量与每箱产品的变动性销售和管理费用 1.80 美元 / 箱（参见图 9-4）相乘来确定的。例如，第一季度的预计变动性销售和管理费用为 18 000 美元（10 000 箱 × 1.80 美元 / 箱）。由预算假设可知，每季度的固定性销售和管理费用为 99 000 美元，因此将其与变动性销售和管理费用相加即得预计销售和管理费用总额。最后，为了确定销售和管理费用现金支出，需在总额中扣除所有非付现的销售和管理费用以进行调整（本案例中只有折旧）。[○]

9.3.11　现金预算

　　现金预算由以下 4 个主要部分组成：
　　（1）现金收入部分。
　　（2）现金支出部分。
　　（3）现金余缺部分。
　　（4）融资部分。
　　现金收入部分列出了预算期间的所有预计现金流入，但融资除外。一般来说，现金收入主要来源于销售。现金支出部分汇总了预算期间的所有预计现金支出，主要包括原材料采购、直接人工支出、制造费用等，而这些支出项目均包含在其各自的预算中。此外，表中还列出了其他的现金支出项目，如设备采购和股利支付。
　　现金余缺部分的计算如下：

期初现金余额	× × ×
加：现金收入	× × ×
可运用现金合计	× × ×
减：现金支出	× × ×
现金余缺	× × ×

○　现金流与收入和费用的差异可能还需要做其他调整。例如，若财产税是以分期付款方式每年支付两次，即每笔支付 8 000 美元，则财产税的费用将必须"退出"预计销售和管理费用总额，同时需将分期付款额增加到适当季度，进而确定现金支出。制造费用预算可能也需要做出类似调整，但本章通常不考虑这些复杂的问题。

如果在某个预算期间发生现金短缺，或者某个预算期间的现金收支差额低于所要求的最低现金余额，公司将需要借入资金。相反，如果某个预算期间的现金收支差额高于所要求的最低现金余额，公司可以进行投资或者偿还贷款本金和利息。

商业实战 9-4 | 匹配的现金流：爬山

华盛顿步道协会（Washington Trails Association，WTA）是一个私人的非营利组织，主要致力于保养和维护华盛顿的徒步旅行路线。大约 2 000 名的协会志愿工作者每年会花费超过 8 万小时的时间，用来维护位于联邦、州或私人土地上的丘陵景观。该组织由会费、自愿捐款、拨款及一些政府工作合同来提供资助。

尽管协会的收入和费用在某种程度上是可预测的，但具有不稳定性，过去一年的收入与费用如图 9-5 所示。在春、夏两季，由于需要对大部分道路进行维护，费用往往达到最高值。但是，在费用支出的很长一段时间后的 12 月，其收入会大幅增加。当年大部分时间的现金流出都超过了现金流入，因此，WTA 需要仔细编制其现金预算，从而维持足够的现金储备来支付费用。

图 9-5　华盛顿步道协会过去一年的收入与费用

注意：全年来看，总收入与总费用大体相等。

资料来源：Conversation with Elizabeth Lunney, President of the Washington Trails Association; WTA documents; and the WTA website www.wta.org.

现金预算的融资部分详细反映了公司在预算期间的预计借款及预计偿还的本金和利息。本章中，除非有明确说明，否则我们始终假设所有的借款都发生在借款期的第一天，所有的还款都发生在现金预算最后期间的最后一天。为了计算借款和利息支付，需要注意公司的要求最低现金余额及公司与银行的贷款协议条款。例如，汉普顿冰饮股份有限公司所要求的最低现金余额为 30 000 美元（参见图 9-4）。此外，假定公司的贷款协议规定，其借款额必须以 10 000 美元的倍数来增加，而且必须每季度支付 3% 的单利（参见图 9-4）。[⊖]

即使在一年中的某些时候发生了严重的现金赤字，但年初和年末的现金余额都可能是充

⊖ 为简单起见，本章计算分析时采用单利而非复利。

足的。因此，现金预算应被细分为足够短的期间以便能发现并揭示重大的现金余额波动。最常见的现金预算是以月度为周期编制的，部分企业按周编制，甚至还有按天来编制的。拉里·贾诺为汉普顿冰饮股份有限公司编制了一份季度现金预算，并可在必要时进一步细化。具体预算如预算表 8 所示。[○]

预算表 8
汉普顿冰饮股份有限公司
现金预算
截至 2017 年 12 月 31 日的年度

（金额单位：美元）

	预算表	季度 一	季度 二	季度 三	季度 四	年度
期初现金余额		42 500	36 000	33 900	165 650	42 500
加：现金收入：						
来自客户的收入	1	230 000	480 000	740 000	520 000	1 970 000
可运用现金合计		272 000	516 000	773 900	685 650	2 012 500
减：现金支出：						
直接材料	3	49 500	72 300	100 050	79 350	301 200
直接人工	4	84 000	192 000	216 000	114 000	606 000
制造费用	5	68 000	96 800	103 200	76 000	344 000
销售和管理费用	7	107 000	143 000	161 000	125 000	536 000
设备采购		50 000	40 000	20 000	20 000	130 000
股利支付		8 000	8 000	8 000	8 000	32 000
现金支出合计		366 500	552 100	608 250	422 350	1 949 200
现金收支差额		（94 000）	（36 100）	165 650	263 300	63 300
融资：						
借款（季初）		130 000	70 000	—	—	200 000
还款（年末）		—	—	—	（200 000）	（200 000）
利息		—	—	—	（21 900）	（21 900）
融资合计		130 000	70 000	—	（221 900）	（21 900）
期末现金余额		36 000	33 900	165 650	41 400	41 400

　　第一季度的期初现金余额为 42 500 美元，来自图 9-3 所示的期初资产负债表。各季度从客户那里收到的现金收入来自预算表 1 中的现金收入预算表。将各季度的期初现金余额与现金收入相加即为可运用的现金总额。例如，在第一季度，期初现金余额为 42 500 美元，当期来自客户的现金收入为 230 000 美元，二者相加即为可运用现金总额 272 500 美元。

　　现金预算中的支出部分共包括 6 种支出类型。各季度的直接材料现金支出来自于材料采购现金支出预算（预算表 3）；各季度的直接人工现金支出为直接人工预算（预算表 4）中计算的直接人工总成本；而各季度的制造费用现金支出来自制造费用预算（预算表 5）；各季度的销售和管理费用现金支出则来自销售和管理费用预算（预算表 7）。因此，将以上支出汇总，即加总第一季度的直接材料支出 49 500 美元、直接人工支出 84 000 美元、制造费用支出 68 000 美元、销售和管理费用支出 107 000 美元、设备采购支出 50 000 美元以及股利支付支

　　○　现金流量表的格式会在后面的章节中讨论，其也可用于现金预算。

出 8 000 美元（参见图 9-4）得到现金支出总额为 366 500 美元。

各季度的可运用现金总额减去现金支出总额即为现金余缺。例如，在第一季度，可运用的现金总计 272 500 美元，全部现金支出为 366 500 美元，因此二者相减可知短缺现金 94 000 美元。现金的多余或短缺将直接影响汉普顿冰饮股份有限公司是否需要借款，而这部分内容体现在现金预算的融资部分。

现金预算融资部分的第 1 行与预计的借款相关。在任何一段时间内，如果公司多余的现金超过了所要求的最低现金余额，那么就不需要在此期间借款。对于汉普顿冰饮股份有限公司来说，其想维持 30 000 美元的最低现金余额，因此只要季度内的多余现金超过了 30 000 美元，公司就不必借款。然而，公司预计在 2017 年第一季度发生现金短缺 94 000 美元，因此，公司在第一季度期初所需要的最低借款额计算如下：

第一季度初需要的借款：	
要求的期末现金余额	30 000 美元
加：现金短缺	94 000 美元
需要的最低借款	124 000 美元

如前所述，银行要求借款额应以 10 000 美元的倍数增加。由于汉普顿冰饮股份有限公司需要至少 124 000 美元的借款，因此，将必须借 130 000 美元。

在 2017 年第二季度，汉普顿冰饮股份有限公司估计将会再次发生现金短缺 36 100 美元，因此，公司在第二季度期初所要求的最低借款额计算如下：

第二季度初需要的借款：	
要求的期末现金余额	30 000 美元
加：现金短缺	36 100 美元
需要的最低借款	66 100 美元

再次重申，银行要求借款额应以 10 000 美元的倍数增加。由于汉普顿冰饮股份有限公司在第二季度初需要至少 66 100 美元的借款，其将不得不从银行借款 70 000 美元。

在第三和第四季度，汉普顿冰饮股份有限公司的多余现金超过了 30 000 美元，不再需要借款。需要注意的是，公司在第三季度的多余现金为 165 650 美元，但其并不包括现金预算中当期的还本付息额。除非有明确说明，否则我们始终假设公司会在预算末期的最后一天支付借款本金及累计利息。公司在第四季度的多余现金为 263 300 美元，所以其能够在当期的最后一天偿还借款本金 200 000 美元以及累计利息 21 900 美元，具体计算如下：

第一季度初借款 130 000 美元的利息：	
130 000 美元 ×0.03/ 季度 ×4 个季度[⊖]	15 600 美元
第二季度初借款 70 000 美元的利息：	
70 000 美元 ×0.03/ 季度 ×3 个季度[⊖]	6 300 美元
第四季度末的应计利息合计	21 900 美元

各期间的期末现金余额是通过多余（短缺）现金加上融资总额计算得出的。例如在第一

⊖ 简单起见，假设采用单利而非复利。

季度，公司的短缺现金 −94 000 美元加上融资合计 130 000 美元即为期末现金余额 36 000 美元。每个季度的期末现金余额将成为下一个季度的期初现金余额。还要注意的是，现金预算中年度列的金额并不总是 4 个季度对应金额的总和。具体来说，年初的现金余额与第一季度的期初现金余额相同，而年末的现金余额与第四季度的期末现金余额相同。

商业实战 9-5 ｜ 肉桂卷美食公司应对季节性需求

肉桂卷美食公司（Cinnabon Inc.）在全球拥有 1 000 多家特许经营店，其中包括最近在利比亚首都的黎波里开设的新店。该公司的年销售额超过 9 亿美元，其中 60% 的收入来自 11 月和 12 月。季节性需求影响着公司全面预算中的各种相关预算表。例如，在销售淡季或者旺季对应的月份内，材料和人工预算是不同的。对于肉桂卷美食公司来说，现金预算将反映年度最后两个月内的现金收入会大幅增长，而其余月份的现金流入则相对平缓。

资料来源：Leslie Kwoh, "Cinnabon Finds Sweet Success in Russia, Mideast," *The Wall Street Journal*, December 26,2012,p.B5.

9.3.12　预计利润表

预算表 9 为汉普顿冰饮股份有限公司的预计利润表。预计利润表中的所有销售收入和成本费用项目都是根据期初资产负债表和预算表 1 ～ 8 的数据确定的。根据销售预算（预算表 1）可知预计销售额为 2 000 000 美元；假定期初存货与本期生产产品的单位生产成本都是 13 美元／箱，结合表 1 中的预计销售量即可求得销货成本为 1 300 000 美 元（100 000 箱 × 13 美 元／箱）[⊖]；576 000 美元的销售和管理费用来自于销售和管理费用预算（预算表 7）；最后，由现金预算（预算表 8）可知利息费用为 21 900 美元。

预计利润表是预算程序中的关键预算表之一，它反映了公司的计划利润水平，并为衡量公司后续业绩提供基准。如表 9-4 所示，拉里·贾诺做出了一系列预算

预算表 9

汉普顿冰饮股份有限公司
预计利润表
截至 2017 年 12 月 31 日的年度

（金额单位：美元）

预算表		
销售收入	1	2 000 000
销货成本	1, 6	1 300 000
毛利率		700 000
销售和管理费用	7	576 000
经营净利润		124 000
利息费用	8	21 900
净收益		102 100

假设，并在各预算表之间建立了数学逻辑关系，因此，在基础性的预算假设发生改变时，能够迅速得到所有预算表和净利润的变动情况。例如，当第四季度的预计销售量从 20 000 箱变为 18 000 箱时，拉里只需在预算假设表中做出相应更改，就能立刻计算出净收益为 87 045 美元。

⊖ 销货成本也可以用前面章节介绍的公式计算。制造企业可用如下公式计算：销货成本＝期初产成品存货＋产成品成本－期末产成品存货。商业企业可用如下公式计算：销货成本＝期初商品存货＋购货成本－期末商品存货。

9.3.13 预计资产负债表

预计资产负债表是在期初资产负债表（参见图 9-3）和各预算表的数据基础上编制的，汉普顿冰饮股份有限公司的预计资产负债表及表中各项数字的来源说明详见预算表 10。

预算表 10

汉普顿冰饮股份有限公司
预计资产负债表
2017 年 12 月 31 日

（金额单位：美元）

资产			
流动资产：			
现金	41 400	①	
应收账款	120 000	②	
原材料存货	4 500	③	
产成品存货	39 000	④	
流动资产合计			204 900
厂房及设备：			
土地	80 000	⑤	
建筑物及设备	830 000	⑥	
累计折旧	（392 000）	⑦	
厂房及设备净额			518 000
资产总计			722 900
负债和所有者权益			
流动负债			
应付账款（原材料）		27 900	⑧
所有者权益：			
普通股股本	175 000	⑨	
留存收益	520 000	⑩	
所有者权益合计			695 000
负债和所有者权益总计			722 900

2017 年 12 月 31 日资产负债表中各项数字的解释说明：

① 现金预算中的期末现金余额（见预算表 8）。

② 预算表 1 中第四季度销售额的 30%（400 000 美元 ×30% = 120 000 美元）。

③ 直接材料预算中的预计期末原材料存货与每磅原材料成本相乘，即 22 500 磅 ×0.20 美元 / 磅。

④ 期末产成品存货预算中的期末产成品存货成本（见预算表 6）。

⑤ 期初资产负债表（见图 9-3）。

⑥ 期初资产负债表（见图 9-3）的余额与现金预算（见预算表 8）中的设备采购支出相加，即 700 000 美元 + 130 000 美元 = 830 000 美元。

⑦ 期初余额 292 000 美元（见图 9-3），加上制造费用预算（见预算表 5）中的折旧费用 60 000 美元及销售和管理费用预算（见预算表 7）中的折旧费用 40 000 美元，即 292 000 美元 + 60 000 美元 + 40 000 美元 = 392 000 美元。

⑧ 预算表 3 中第四季度原材料采购成本的 50%（55 800 美元 ×50% = 27 900 美元）。

⑨ 期初资产负债表（见图 9-3）。

⑩ 2016 年 12 月 31 日余额（见图 9-3）　　　　　　　449 900 美元
　　加：净收益（见预算表 9）　　　　　　　　　　　102 100 美元
　　　　　　　　　　　　　　　　　　　　　　　　　552 000 美元
　　减：股利支付（见预算表 8）　　　　　　　　　　 32 000 美元
　　2017 年 12 月 31 日余额　　　　　　　　　　　　520 000 美元

在完成全面预算的编制后，拉里·贾诺将这些文件交给汉普顿冰饮股份有限公司的首席执行官，汤姆·威尔斯，以供他审阅。

⊙管理会计实践9-2

汉普顿冰饮股份有限公司

拉里：这是预算，总体来说，公司收益很好，而且全年的净现金流量为正。

汤姆：是的，但我从这个现金预算中发现，我们跟去年一样会存在第一和第二季度的现金流为负的问题。

拉里：确实，我想不到有什么办法解决这个问题。但我确信的是，如果今天把这个预算交给银行，他们会批准一定的信贷额度，这样公司就可以借到足够的钱来度过前两个季度，而不会有任何问题。

汤姆：你确定吗？去年我申请紧急贷款时，他们似乎不太愿意见到我。

拉里：你按时还贷了吗？

汤姆：当然。

拉里：我看不出有什么问题。这次你不需要紧急贷款，如果是紧急贷款，银行会有很多预警提示。但是，以这个预算去贷款，你就有了一个可靠的计划来表明公司将会何时以何种方式偿还贷款。相信我，银行会支持的。另外，你需记住，全面预算中包含各种嵌入的公式，能够用来回答我们之前讨论过的"如果"式问题。如果你想计算在全面预算的基础性估计或假设发生改变时对应的财务影响结果，动动鼠标就可以了。

汤姆：听起来不错，拉里。谢谢你为这个项目做的所有工作。

本章小结

本章介绍了预算编制程序，以及各种经营预算间的相互关系。销售预算是全面预算的基础，一旦完成了销售预算，就可以编制生产预算及销售和管理费用预算，因为这两个预算都依赖于预计销售量；生产预算决定了需要生产的数量，所以在其之后就可以编制各种生产成本预算；所有这些预算最终都会影响现金预算、预计利润表和预计资产负债表。全面预算的各个部分在很多方面都有联系。例如，与销售预算密切相关的现金收入预算表，会为现金预算和预计资产负债表提供数据。

本章只是对全面预算编制进行了介绍，在后面章节中，我们将学习如何运用预算来控制日常经营以及业绩评价。

复习题：预算表

麦诺公司（Manor）生产并销售一种季节性产品，且第三季度的销售会达到高峰。公司在第2年（即明年）和第3年前两个季度的经营信息如下：

a. 该公司产品的销售单价为每单位8美元。接下来6个季度的预计销售量如下（所有销售均为赊账）：

b. 销售的收款方式如下：销售当期收回75%的销售额，其余25%在下一季度收回。

预计销售量	第2年				第3年	
	1	2	3	4	1	2
	40 000	60 000	100 000	50 000	70 000	80 000

第2年的1月1日，公司资产负债表内应收账款余额为 65 000 美元，都将在第一季度收回。坏账可以忽略不计。

c. 公司预计每季度的期末产品存货相当于下一季度预计销售量的 30%。在第1年的 12月31日，公司留有 12 000 单位的产品存货。

d. 每单位产品需耗用 5 磅原材料。公司要求每季度的期末原材料存货占下一季度生产需求量的 10%。在第1年的 12月31日，公司留有 23 000 磅的原材料存货。

e. 原材料成本为 0.80 美元/磅。原材料采购的付款方式如下：采购当期支付 60%

的采购额，其余 40% 在下一季度支付。在第2年的1月1日，公司资产负债表内材料采购对应的应付账款余额为 81 500 美元，其都将在第一季度支付。

要求：

编制以下年度预算，在预算表中按季度和年度总计列示：

（1）销售预算和现金收入预算表。

（2）生产预算。

（3）直接材料预算和材料采购现金支出预算表。

复习题答案：

（1）销售预算编制如下：

	第2年 季度				年度
	一	二	三	四	
预计销售量	40 000	60 000	100 000	50 000	250 000
销售单价	×8	×8	×8	×8	×8
总销售额	320 000	480 000	800 000	400 000	2 000 000

基于以上销售预算，现金收入预算表编制如下：

	第2年 季度				年度
	一	二	三	四	
期初应收账款	65 000				65 000
第一季度销售额（320 000×75%，25%）	240 000	80 000			320 000
第二季度销售额（480 000×75%，25%）		360 000	120 000		480 000
第三季度销售额（800 000×75%，25%）			600 000	200 000	800 000
第四季度销售额（400 000×75%，25%）				300 000	300 000
现金收入总额	305 000	440 000	720 000	500 000	1 965 000

（2）基于销售预算中的预计销售量，生产预算编制如下：

	第2年 季度				年度	第3年 季度	
	一	二	三	四		一	二
预计销售量	40 000	60 000	100 000	50 000	250 000	70 000	80 000
加预计期末产品存货①	18 000	30 000	15 000	21 000②	21 000	24 000	
总需求量	58 000	90 000	115 000	71 000	271 000	94 000	
减期初产成品存货	12 000	18 000	30 000	15 000	12 000	21 000	
生产需求量	46 000	72 000	85 000	56 000	259 000	73 000	

① 下一季度预计销售量的 30%。

② 第3年第一季度销售量的 30%。

（3）基于生产预算，年度内需采购的原材料预算编制如下：

	第 2 年 季度				年度	第 3 年 季度
	一	二	三	四		一
预计生产需求量	46 000	72 000	85 000	56 000	259 000	73 000
单位产品的原材料耗用量	×5	×5	×5	×5	×5	×5
生产需用原材料量	230 000	360 000	425 000	280 000	1 295 000	365 000
加预计期末原材料存货①	36 000	42 500	28 000	36 500②	36 500	
原材料总需求量	266 000	402 500	453 000	316 500	1 331 500	
减期初原材料存货	23 000	36 000	42 500	28 000	23 000	
原材料的采购需求量	243 000	366 500	410 500	288 500	1 308 500	
原材料的单位成本	×0.80	×0.80	×0.80	×0.80	×0.80	
原材料的采购成本	194 400	293 200	328 400	230 800	1 046 800	

①下一季度生产用原材料的10%。

②第3年第一季度生产用原材料的10%。

基于直接材料预算，材料采购现金支出预算表编制如下：

	第 2 年 季度				年度
	一	二	三	四	
期初应付账款	81 500				81 500
第一季度采购额（194 400×60%, 40%）	116 640	77 760			194 400
第二季度采购额（194 400×60%, 40%）		175 920	117 280		293 200
第三季度采购额（194 400×60%, 40%）			197 040	131 360	328 400
第四季度采购额（194 400×60%, 40%）				138 480	138 480
现金支出总额	198 140	253 680	314 320	269 840	1 035 980

术语表

Budget 预算 以规范的定量模式对未来的详细规划。

Cash budget 现金预算 反映企业在某特定期间如何获得并运用现金资源的详细计划。

Continuous budget 连续预算 预算期为12个月，在当前月份结束时会再增加一个月，逐期向前滚动的预算。

Control 控制 收集反馈信息以确保计划的正确执行或能够随环境变化得以修正的过程。

Direct labor budget 直接人工预算 反映企业为满足生产预算所需的直接人工工时的详细计划。

Direct materials budget 直接材料预算 反映企业为满足生产预算并提供充足存货而必须采购的原材料数量的详细计划。

Ending finished goods inventory budget 期末产成品存货预算 反映企业在期末资产负债表中需列示的未售出产品成本的预算。

Manufacturing overhead budget 制造费用预算 反映企业在某个特定期间内除直接材料和直接人工以外的所有生产成本的详细计划。

Master budget 全面预算 企业为实现销售、生产和财务目标而编制的若干独立但又相互依赖的预算，并最终生成现金预算、预计利润表和预计资产负债表。

Merchandise purchases budget 商品采购预算 商业企业用来反映预算期间需从供应商处采购的商品数量的详细计划。

Participative budget **参与性预算** 参见自
编预算。

Perpetual budget **永续预算** 参见连续预算。

Planning **计划** 建立目标并详细说明如何
实现这些目标的过程。

Production budget **生产预算** 反映企业在
某段期间为满足销售和存货需求而必须
生产的产品数量的详细计划。

Responsibility accounting **责任会计** 一种
由管理者对收入和成本项目负的问责
制度，但管理者应该只负责那些其能够
施加重大控制的项目。管理者应对预算
目标和实际结果的偏差负责。

Sales budget **销售预算** 反映企业在预算
期内预计实现的销售数量和金额的详细
计划。

Self-imposed budget **自编预算** 一种由管
理者自行编制其所需预算的预算编制方
法。编好后，由上级管理者审查这些预
算，并通过共同协商来解决所有问题。

Selling and administrative expense budget
销售和管理费用预算 反映企业在某段
期间预计发生的生产范畴以外的费用的
详细计划。

思考题

1. 什么是预算？什么是预算控制？

2. 从预算编制中可获得的主要好处有哪些？

3. 什么是责任会计？

4. 什么是全面预算？简要描述其内容。

5. 为什么销售预算是预算的起点？

6. "作为一种实际方法，计划和控制是完全
相同的事情。"你同意吗？请解释。

7. 编制全面预算时，为什么要先在 Excel 中
创建一个"预算假设"呢？

8. 什么是自编预算？自编预算的主要优点是
什么？在使用时应注意哪些问题？

9. 预算是如何帮助公司规划其劳动力人员编
制的？

10. "现金预算的主要目的是了解公司在年
末会有多少银行存款。"你同意吗？请
解释。

练习题

1. 生产预算和直接材料预算

深圳明珠产品有限公司主要生产玩具并
向东南亚各地分销。超级组合（Supermix）
为公司的产品之一，生产每个超级组合需耗
用 3 毫升的 H300 溶剂。公司目前正计划第
三季度的原材料需求，而该季度的超级组合
销售将会达到高峰。为了保持生产和销售的
顺利进行，公司有以下的存货要求：

a. 每月的期末产成品存货必须等于 3 000
个超级组合再加上下月销售量的 20%，且 6
月 30 日的产成品存货预计为 10 000 个。

b. 每月的期末原材料存货必须等于下月
生产所需原材料的 50%，且原材料 H300 溶
剂在 6 月 30 日的存货预计为 54 000 毫升。

c. 公司没有任何在产品存货。

今年第三和第四季度的超级组合月销售
预算如下。

	预计销售量
7 月	35 000
8 月	40 000
9 月	50 000
10 月	30 000
11 月	20 000
12 月	10 000

要求：

（1）编制超级组合产品在 7 月至 10 月
的生产预算。

（2）检查你在上面（1）中所编制的生产
预算。为什么公司在 7 月和 8 月生产的产品
比所销售的多，而在 9 月和 10 月生产的比

销售的产品要少?

(3)编制直接材料预算,列出公司在 7 月、8 月和 9 月需采购的 H300 溶剂的数量,以及整个季度的总采购量。

2. 销售和管理费用预算

美国威乐公司(Weller Company)在下一年度的预计销售量如下所示:

	第一季度	第二季度	第三季度	第四季度
预计销售量	15 000	16 000	14 000	13 000

公司每单位产品的变动性销售和管理费用为 2.50 美元;各季度内的固定性销售和管理费用(包括广告费)8 000 美元,管理人员工资 35 000 美元以及折旧费用 20 000 美元;此外,公司在第一季度和第三季度会各支付 5 000 美元的保险费;8 000 美元的财产税将在第二季度支付。

要求:

参考预算表 7,编制公司在下一年度的销售和管理费用预算。

3. 现金预算分析

一家零售企业按季度编制的现金预算如下(单位:千美元),公司要求每季度的最低现金余额至少保持在 5 000 美元。

	季度				年度
	一	二	三	四	
期初现金余额	6	?	?	?	?
加:来自客户的收入	?	?	96	?	323
可运用现金合计	71	?	?	?	?
减:现金支出:					
商品采购	35	45	?	35	?
销售和管理费用	?	30	30	?	113
设备采购	8	8	10	?	36
股利支付	2	2	2	2	?
现金支出合计	?	85	?	?	?
现金收支差额	(2)	?	11	?	?
融资:					
借款	?	15	—	—	?
还款(包括利息)①	—	—	(?)	−17	(?)
融资合计	?	?	?	?	?
期末现金余额	?	?	?	?	?

①全年利息合计为 1 000 美元。

要求:

将上表中缺失的数据填写完整。

4. 现金收入和支出预算表、预计利润表及预计资产负债表

比奇公司(Beech Corporation)是一家商业企业,其正在编制今年第三季度的全面预算。该公司 6 月 30 日的资产负债表如下:

比奇公司资产负债表 6 月 30 日

资产	
现金	90 000
应收账款	136 000
存货	62 000
厂房及设备扣除折旧净额	210 000
资产总计	498 000
负债和所有者权益	
应付账款	71 100
普通股股本	327 000
留存收益	99 900
负债和所有者权益总计	498 000

比奇公司管理者做出下列进一步的假设和估计:

(1)公司在 7 ~ 10 月的预计销售额分别为 210 000 美元、230 000 美元、220 000 美元和 240 000 美元。

(2)所有销售都是赊销,公司每个月可收回当期赊销额的 35%,其余 65% 在下期收回。6 月 30 日的所有应收账款将于 7 月收回。

(3)每个月的期末存货等于下个月销货成本的 30%,而销货成本为销售额的 60%。公司在商品采购当期支付 40% 的价款,其余 60% 在下期支付。6 月 30 日的所有应付账款将于 7 月支付。

(4)每月的销售和管理费用均为 60 000 美元,其中折旧费用 5 000 美元,其余的 55 000 美元是需要当期支付的相关费用。

(5)公司没有计划在截至 9 月 30 日的季度内借款、偿债或分配股利,也没有计划在该季度内发行或回购股票。

要求：

（1）编制7～9月的现金收入预算表，并计算该季度的现金收入总额。

（2）a.编制7～9月的商品采购预算，并计算该季度的商品采购总额。

b.编制7～9月的商品采购现金支出预算，并计算该季度的商品采购支出总额。

（3）参考预算表9，编制截至9月30日的季度利润表。

（4）编制截至9月30日的资产负债表。

5. 直接人工和制造费用预算

赫鲁斯卡公司（Hruska Corporation）的生产部门已经提交了下一年的季度产量预测，具体信息如下：

	第一季度	第二季度	第三季度	第四季度
预计生产量	12 000	10 000	13 000	14 000

每单位产品需耗用0.2个直接人工工时，单位工时工资率为12.00美元。

此外，单位工时的变动性制造费用为1.75美元，每季度的固定性制造费用为86 000美元。折旧项目是唯一的非付现制造费用，每季度23 000美元。

要求：

（1）计算公司在下一年各季度的预计直接人工成本及全年成本总额。假设直接人工能够随各季度间的直接人工需求变化做出相应调整（提示：参考预算表4）。

（2）计算公司在下一年各季度的预计制造费用及全年费用总额（提示：参考预算表5）。

（3）计算公司在下一年各季度的制造费用现金支出及全年支出总额（提示：参考预算表5）。

6. 现金流、预计利润表及预计资产负债表

沃夫派公司（Wolfpack Company）是一家商业公司，其正在编制7月的预算，已有

的信息如下：

沃夫派公司资产负债表6月30日

资产	
现金	75 000
应收账款	50 000
存货	30 000
厂房及设备净额（扣除折旧）	150 000
资产总计	305 000

负债和所有者权益	
应付账款	35 300
留存收益	269 700
负债和所有者权益总计	305 000

编制预算的假设如下：

（1）所有商品都是赊销的，其中销售当期可收回30%的销售款，其余70%会在下一期收回。6月30日的所有应收账款将于7月收回。

（2）所有商品都是赊购的，其中采购当期公司需支付20%的采购款，其余80%会在下一期支付。

（3）7月31日的预计存货余额为22 000美元。

（4）折旧费用为每月3 000美元，所有其他的销售和管理费用都是发生在当月全额支付。

（5）公司7月现金预算显示，预计现金收入为77 000美元，预计商品采购现金支出为44 500美元，销售和管理费用的现金支出为15 000美元。

要求：

（1）计算7月的以下数据：

　　a.预计销售额。

　　b.预计采购成本。

　　c.预计销货成本。

　　d.预计经营净利润。

（2）编制7月31日的预计资产负债表。

 问题

1. 评估公司的预算编制程序

斯普菲德公司（Springfield Corporation）

的经营基础为历年制。其在8月下旬启动了年度预算编制程序，同时公司总裁为下一年

的总销售额和税前净营业收入设定了目标。

销售目标下达给市场营销部，市场经理以数量和金额为计量单位编制了产品线的销售预算。通过这个预算，公司各个销售区域的产品线的销售配额也就确定了。

市场经理还估算了为支持目标销售量所需要的营销活动的成本，并编制了一个初步的销售费用预算。

执行副总裁根据销售和利润目标、产品线的销售预算以及初步的销售费用预算，确定了可用于生产和公司办公费用的金额。其编制好公司的费用预算后，将产品线的销售预算数量及可用于生产的总金额交给生产部门。

生产经理与厂长会面协商制订生产计划，即确定在执行副总裁设定的成本约束条件下所需生产的数量。预算编制程序通常会在这一节点停止，因为生产部门认为其分配的财务资源是不够的。

当这个停止发生时，财务副总裁、执行副总裁、市场经理和生产经理将开会决定各个区域的最终预算。这通常导致可运用的生产成本总额适度增加，而销售费用和公司办公费用会被削减，而总裁提出的总销售额和净营业收入数据很少会变。虽然与会者对最终协商结果并不满意，但这个预算就是最终结果。之后，每位主管人员为其所在地区的业务制定一个新的详细预算。

近年来，这些地区都没有实现预算，销售情况经常低于目标。当不能实现预计销售时，为达到总裁设定的利润目标，每个地区都会削减成本。但是，由于成本削减有限，利润目标仍很少得到满足。事实上，在所有职能区域，成本往往高于最初的预算。总裁对斯普菲德未能实现销售和利润目标感到不安，因此，聘请了一位具有丰富相关行业经验的顾问。该顾问审阅了过去 4 年的预算后，他得出结论，产品线的销售预算是合理的，而且成本和费用预算也足以满足预计的销售和生产水平。

要求：

（1）讨论斯普菲德公司的预算程序是如何导致其未能实现总裁的销售目标和利润目标。

（2）对斯普菲德公司如何修改预算程序以纠正问题提出建议。

（3）当销售量低于预算时，职能区域是否应该削减成本？请解释。

（CMA，改编）

2. 现金收入预算表和现金预算

零售企业优品（Prime Products）的总裁刚刚批准向银行申请 30 000 美元的 90 天贷款，用于公司购买存货。由于公司过去曾在偿还贷款时遇到困难，信贷员要求提供现金预算，进而确定是否应该发放贷款。公司将在 4 ~ 6 月使用贷款，该期间相关数据如下：

a. 4 月 1 日为贷款的起始时间，此时公司现金余额为 24 000 美元。4 月 1 日的应收账款总额为 140 000 美元，其中 4 月预计收回 120 000 美元，5 月预计收回 16 000 美元，其余金额则无法收回。

b. 以往经验表明，月销售额的 30% 将在销售当月收到，60% 是在销售后的下个月收回，还有 8% 是在销售后的第二个月收回，另外的 2% 则为坏账，无法收回。对 3 个月销售额和费用的预计如下（单位为美元）：

	4 月	5 月	6 月
销售额（全部赊销）	300 000	400 000	250 000
商品采购	210 000	160 000	130 000
工资	20 000	20 000	18 000
租赁付款	22 000	22 000	22 000
广告	60 000	60 000	50 000
设备采购	—	—	65 000
折旧	15 000	15 000	15 000

c. 商品采购价款将在采购后的下个月全额支付。公司将在 4 月支付 3 月的全部应付账款 140 000 美元。

d. 编制现金预算时，假定公司在 4 月收到 30 000 美元的贷款，并在 6 月偿还，且贷款利息总额为 1 200 美元。

要求：

（1）计算 4～6 月的预计现金收入，以及这 3 个月的现金收入总额。

（2）编制这 3 个月的现金预算，同时要包括总计。

（3）如果公司在每个月初要求的最低现金余额为 20 000 美元，那么公司是否可以按计划偿还贷款？请解释。

3. 现金收入、现金支出、预计资产负债表

迪肯公司（Deacon Company）是一家商业企业，其正在编制截至 6 月 30 日的 3 个月期预算，可获得的信息如下：

迪肯公司资产负债表 3 月 31 日

（单位：美元）

资产	
现金	55 000
应收账款	36 000
存货	40 000
厂房及设备净额（扣除折旧）	100 000
资产总计	231 000
负债和所有者权益	
应付账款	51 300
留存收益	179 700
负债和所有者权益总计	231 000

预计利润表

（单位：美元）

	4 月	5 月	6 月
销售收入	100 000	110 000	130 000
销货成本	60 000	66 000	78 000
毛利率	40 000	44 000	52 000
销售和管理费用	15 000	16 500	19 500
经营净利润	25 000	27 500	32 500

预算假设：

a. 销售额当中有 60% 为现销，其余 40% 为赊销。在销售当月能够收到赊销额的 20%，剩下的 80% 将在销售后的下个月收回。

b. 7 月的预计销售额为 140 000 美元。

c. 在商品采购当期支付采购价款的 10%，其余 90% 的价款为赊购，全部在采购后的下个月支付。

d. 每月的期末商品存货应该等于 10 000 美元加上下个月销货成本的 50%。

e. 折旧费用为每月 1 000 美元，所有其他的销售和管理费用都是在发生当月全额支付。

要求：

（1）计算 4～6 月的预计现金收入。

（2）计算 4～6 月的预计商品采购额。

（3）计算 4～6 月的预计商品采购现金支出。

（4）编制截至 6 月 30 日的资产负债表。（提示：需要计算公司 4～6 月的销售和管理费用现金支出，进而确定 6 月 30 日资产负债表中的现金余额。）

4. 完成全面预算

希亚德公司（Hillyard Company）是一家办公用品专卖店，每季度都会编制全面预算。为编制第一季度的全面预算，现已收集到如下数据：

a. 截至 12 月 31 日（前一季度末），公司总分类账列示了如下账户余额：

	借方	贷方
现金	48 000	
应收账款	224 000	
存货	60 000	
厂房及设备（净额）	370 000	
应付账款		93 000
普通股股本		500 000
留存收益		109 000
	702 000	702 000

b. 12 月的实际销售与未来 4 个月的预计销售如下：

12 月（实际）	280 000
1 月	400 000
2 月	600 000
3 月	300 000
4 月	200 000

c.销售额当中有20%为现销，其余80%为赊销，且全部赊销额都在销售后的下个月收回。12月31日的应收账款就是当月赊销的结果。

d.该公司的毛利率是销售额的40%。（换句话说，销货成本占销售额的60%。）

e.每月费用预计如下：薪金和工资27 000万美元；广告费70 000美元；运输费是销售额的5%；其他费用是销售额的3%。季度的折旧额预计为42 000美元，其中包括季度内采购的新资产折旧。

f.每月的期末存货应该等于下个月销货成本的25%。

g.在存货采购当期支付采购价款的一半，另外一半价款在采购后的下个月支付。

h.公司将在2月以1 700美元购买一台新复印机，而在3月将花费现金84 500美元购买其他设备。

i.公司将在1月宣布并支付45 000美元的现金股利。

j.管理层希望维持30 000美元的最低现金余额。公司与一家当地银行达成协议，允许其在每月月初以1 000美元的倍数来增加借款。这些借款的利率为每月1%，为了简单起见，假设不采用复利。公司将在季度末偿还贷款及累计利息。

要求：

利用以上数据，完成以下关于第一季度的预算表。

（1）现金收入预算表：

	1月	2月	3月	季度
现销收入	80 000			
赊销收入	224 000			
现金收入总计	304 000			

（2）a.商品采购预算：

	1月	2月	3月	季度
预计销货成本	240 000①	360 000		
加：预计期末商品存货	90 000②			
总需求量	330 000			
减：期初商品存货	60 000			
采购需求量	270 000			

① 400 000美元销售额×60%的成本率=240 000美元。

② 360 000美元×25%=90 000美元。

b.商品采购现金支出预算表：

	1	2	3	季度
12月采购额	93 000			93 000
1月采购额	135 000	135 000		270 000
2月采购额		—		
3月采购额			—	
现金支出总额	228 000			

（3）现金预算：

	1	2	3	季度
期初现金余额	48 000			
加现金收入	304 000			
可运用现金合计	352 000			
减现金支出：				
存货采购	228 000			
销售和管理费用	129 000			
设备采购	—			
股利支付	45 000			
现金支出合计	402 000			
现金收支差额	(50 000)			
融资：				
等等。				

（4）参考预算表9，以完全成本法为基础编制截至3月31日的季度利润表。

（5）编制截至3月31日的资产负债表。

案例

全面预算与各支持性预算表

耳灵无限公司（Earrings Unlimited）是一个分销商，主要将耳饰分销到全国各地购物中心的零售店，而你刚刚被聘为公司的管理实习生。过去，公司几乎没有进行预算管理，曾在某些时点发生了现金短缺。由于你在预算方面受过良好的训练，决定为接下来的第二季度编制一个全面预算。为此，你与会计及其他部门合作，收集到下面所列示的信息：

公司销售的耳环款式多样，但其销售价格相同，每副耳环 10 美元。公司在过去 3 个月的实际销售量以及未来 6 个月的预计销售量具体如下（耳环的计量单位为副）：

1 月（实际）	20 000
2 月（实际）	26 000
3 月（实际）	40 000
4 月（预计）	65 000
5 月（预计）	100 000
6 月（预计）	50 000
7 月（预计）	30 000
8 月（预计）	28 000
9 月（预计）	25 000

由于母亲节的原因，5 月及之前的销量比较大。公司在每个月末都应有充足存货，具体约占下个月销售量的 40%。

供应商定价每副耳环为 4 美元，在采购当期支付采购价款的一半，另外一半价款在采购后的下个月支付。所有销售都是赊销的，在销售当月仅能收回当月赊销额的 20%，另有 70% 在下个月收回，其余 10% 是在销售后的第二个月收回。坏账可忽略不计。

公司每月经营费用如下，其中保险费在每年 11 月支付：

变动性费用：	
销售佣金	销售额的 4%
固定性费用：	
广告	200 000
租金	18 000
工资	106 000
公共事业费	7 000
保险费	3 000
折旧费	14 000

公司计划在 5、6 月分别购买价值 16 000 美元和 40 000 美元的新设备，且这两笔交易都是现金支付。该公司宣布每季度发放股利 15 000 美元，并在下季度的第一个月支付。

截至 3 月 31 日，公司的资产负债表如下：

资产	
现金	74 000
应收账款（2 月销售额 26 000 美元；3 月销售额 320 000 美元）	346 000
存货	104 000
预付保险费	21 000
厂房及设备（净额）	950 000
资产总计	1 495 000

负债和所有者权益	
应付账款	100 000
应付股利	15 000
普通股股本	800 000
留存收益	580 000
负债和所有者权益总计	1 495 000

公司需维持的最低现金余额为 50 000 美元。全部借款都发生在月初，而所有还款都发生在最后一个月。

该公司与银行签订协议，允许该公司每月初以 1 000 美元的倍数来增加借款。这些贷款的利率为每月 1%，为简单起见，我们假设利息并不是复利。在季度末，公司将向银行支付所有累积的贷款利息和尽可能多的贷款本金（1 000 美元的增量），同时仍保留至少 50 000 美元的现金。

要求：

编制截至 6 月 30 日的 3 个月期全面预算，具体内容如下：

（1）a. 销售预算，以月度和总计列示。

b. 现金收入预算表，以月度和总计列示。

c. 包括数量和金额的商品采购预算，以月度和总计列示。

d. 商品采购现金支出预算，以月度和总计列示。

（2）现金预算，以月度和总计列示。同时确定为维持 50 000 美元的最低现金余额所需的借款。

（3）编制截至 6 月 30 日的 3 个月期预计利润表（贡献式利润表）。

（4）截至 6 月 30 日的预计资产负债表。

第 10 章

弹性预算和业绩分析

商业聚焦

公司为什么需要弹性预算呢

通过阅读任何一家上市公司的年度报告，可以很容易地理解其准确预测未来财务业绩的难度。例如，纽柯钢铁公司（Nucor Corporation）是一家总部位于北卡罗来纳州（North Carolina）夏洛特市（Charlotte）的钢铁制造商，其列举了众多导致实际结果与预期产生差异的可能原因，其中包括：①原材料供应及成本的变化；②电力和天然气的可获得性及成本的变化；③市场对钢材产品需求的变化；④货币兑换率的波动；⑤法律、政府监管的重大变化；⑥钢铁行业的周期性。

资料来源：Nucor Corporation 2014 Annual Report .

学习目标

1. 编制规划预算和弹性预算，并理解二者之间的区别。
2. 计算并解释作业差异。
3. 计算并解释收入差异和开支差异。
4. 编制业绩报告以反映作业差异及收入和支出差异。
5. 编制基于不止一个成本动因的弹性预算。
6. 理解根据预算和实际结果编制业绩报告时的常见错误。

在上一章我们探讨了在期初是如何编制预算的。在本章我们将解释如何调整预算，以帮助指导实际经营并影响业绩评价过程。例如，一家企业的实际费用很少会等于期初估计的预算费用，原因是实际的作业量水平（如销售量）很少与预计的作业量相同；因此，很多实际费用和收入自然与预算数不一致。如果销售量比预算高出 10%，但某项变动费用，如直接材料，却比预计的支出多了 10%，管理者是否应该被处罚呢？当然不。学习本章后，你就会知道如何调整预算，以使其与实际结果进行有意义的比较。

10.1　差异分析循环

公司运用差异分析循环（variance analysis cycle）进行评价和改善业绩。如图 10-1 所示，循环以会计部门编制的业绩报告为起点，这些报告强调了差异，也就是实际结果与根据预算应实现结果之间的不同。通过差异分析可以发现问题：为什么会发生这样的差异？为什么差异会比前期的大？通过对显著性差异的调查分析，可以发现这些差异的根本原因。然后，再次以编制最新的业绩报告为起点来开始下一期的差异分析循环。差异分析的重点应该是强调那些良好的和不满意的业绩结果，找出这些结果的根源，然后维持良好业绩的来源，消除不良业绩的来源。不应该用差异分析循环为不佳业绩分配责任。

图 10-1　差异分析循环

管理者经常将例外管理与差异分析循环结合起来运用。**例外管理**（management by exception）是一种管理系统，它将实际结果与预算进行比较，进而将显著性偏差标记为例外并做进一步研究。这种方法使得管理者能够专注于最重要的差异，而不必理会预算和实际结果之间的细微差异。例如，5 美元的差异可能不够大，不值得关注，而 5 000 美元的差异可能就值得调查分析。另一个线索是相对于支出数额的差异大小，例如，某支出项目产生仅仅0.1% 的差异，这可能是由随机因素造成的。但是，10% 的支出差异则更可能发出一种某些事情存在问题的信号。除了留意不寻常的巨大差异外，还应该监测差异的模式。例如，应该对持续增加的差异进行研究，尽管这些差异都不够大而不值得研究。

接下来，我们将阐明企业是如何运用弹性预算比较实际结果和根据预算应实现结果的。

10.2　弹性预算

10.2.1　弹性预算的特点

我们在上一章讨论的预算是规划预算。**规划预算**（planning budget）在预算期期初编制，并且只对事先计划的作业量水平有效。静态规划预算适合用于计划，但不适用于评估成本控制的好坏程度。如果实际的作业量水平与计划不同，那么将实际成本与静态的、不变的规划预算进行比较会造成误导。若作业量高于预期，变动成本应高于预计成本；若作业量低于预期，变动成本也应低于预计成本。

弹性预算考虑了作业量变化对成本的影响。**弹性预算**（flexible budget）是根据预算期的实际作业量水平，对收入和成本做出的估计。将弹性预算用于业绩评价时，实际成本要与当期实际作业量水平对应的计划成本进行比较，而不是与静态规划预算进行比较。这是一个非常重要的区别。如果没有对作业量水平进行调整，就很难解释预计成本与实际成本之间的差异。

商业实战 10-1　|　NBA 停摆的赢家和输家

一家公司的实际经营净利润可能会因为许多不可控的原因偏离预算。例如，当美国国家篮球协会（National Basketball Association, NBA）因球队老板和球员之间发生争执而决定暂停比赛时，许多小型企业都遭受了收入的下降，如餐饮、体育酒吧、服装零售商和停车场老板。由于 NBA 停摆，顶级体育用品公司（BestSportsApparel.com）的 NBA 服装销售额大幅下降，公司缩减了员工规模，而在 NBA 赛季则需要额外雇用 12 名员工。

一些公司在 NBA 停摆时损失了收入，而另一些公司则从中获益。史密斯学院（Smith College）经济学教授安德鲁·津巴特（Andrew Zimbalist）指出，"当地经济不受体育工作中断的影响"，因为人们会选择在剧院、动物园或博物馆等其他娱乐场所消费。

资料来源：Emily Maltby and Sarah E. Needleman, "NBA Lockout: Local Firms Lose Big," *The Wall Street Journal*, October 13, 2011, p.B5.

10.2.2　静态规划预算的缺点

为了说明静态规划预算和弹性预算的区别，现在以瑞克美发店（Rick's Hairstyling）为例进行分析。瑞克美发店是一家位于贝弗利山（Beverly Hills）的高档发型沙龙，由瑞克·曼兹（Rick Manzi）开设并经营。最近，瑞克一直在试图更好地控制美发店的收入和成本，在其会计及商业顾问维多利亚·科霍（Victoria Kho）的敦促下，他已经开始编制月度预算。

2 月底，瑞克编制了 3 月份预算，如表 10-1 所示。瑞克认为，每月所服务的顾客数量（也称为顾客到访次数）是衡量美发店全部作业量水平的最佳方法。一名顾客走进美发店并做了发型，就称之为一次顾客到访。

表 10-1　瑞克美发店规划预算（截至 3 月 31 日）

	（金额单位：美元）
预计顾客到访次数（q）	1 000
收入（180.00q）	180 000
费用：	
工资薪金（65 000+37.00q）	102 000
美发用品（1.50q）	1 500
顾客赠品（4.10q）	4 100
电费（1 500+0.10q）	1 600
租金（28 500）	28 500
责任保险费（2 800）	2 800
员工医疗保险（21 300）	21 300
其他费用（1 200+0.20q）	1 400
费用总计	163 200
经营净利润	16 800

注意，规划预算中使用收入这个词而非销售额。本章都将采用"收入"一词，因为有些组织除了销售之外还有其他收入来源。例如，对非营利组织来说，捐赠和销售都被计入收入。

瑞克已确定 8 种主要的成本类别：工资薪金、美发用品、顾客赠品、电费、租金、责任保险费、员工医疗保险及其他费用。其中，顾客赠品是指瑞克赠送给美发店内顾客的鲜花、糖果和香槟。

瑞克与维多利亚合作估计出了每类成本的成本公式。例如，电费的成本公式是 1 500 美元 +0.10q 美元，q 为顾客到访次数。换句话说，电费为混合成本，其包括 1 500 美元的固定成本部分和 0.1 美元 / 顾客到访次数的变动成本部分。一旦将预计的作业量水平设定为 1 000 次顾客到访，瑞克就可以计算出各个项目的预算额。例如，运用成本公式，他可以得到电费为 1 600 美元（1 500 美元 + 0.10 美元 / 次 × 1 000 次）。瑞克计算出 3 月的预计经营净利润为 16 800 美元，进而完成预算的编制。

3 月末，瑞克编制了如表 10-2 所示的利润表，表明 3 月的实际顾客到访次数为 1 100 次，且当月实际的经营净利润为 22 230 美元。重要的是应明白，实际结果并不是通过将实际的顾客到访次数代入收入和成本公式中来确定的。公式只是对既定作业量水平下收入和成本的简单估计。实际发生的情况与应该发生的情况是不同的。

在比较表 10-1 和表 10-2 时（见表 10-3），瑞克首先注意到实际利润 21 230 美元（表 10-2）要远远高于预计利润 16 800 美元（表 10-1）。当然，这是个好消息，但瑞克想要有更多的了解。业务量增长了 10%——美发店的顾客到访次数为 1 100 次而非预计的 1 000 次。仅这一点就能解释更高的经营净利润吗？答案是否定的。经营净利润增长 10% 只能到达

表 10-2 瑞克美发店利润表（截至 3 月 31 日）

（金额单位：美元）

实际顾客到访次数	1 100
收入	194 200
费用：	
工资薪金	106 900
美发用品	1 620
顾客赠品	6 870
电费	1 550
租金	28 500
责任保险费	2 800
员工医疗保险	22 600
其他费用	2 130
费用总计	172 970
经营净利润	21 230

18 480 美元（1.1 × 16 800 美元），而不是当月的实际数额 21 230 美元。那么是什么原因使得收益更好了呢？是价格提高了、成本降低了，还是其他什么原因呢？不管原因是什么，瑞克都想知道答案，并希望下个月还能有同样的业绩。

表 10-3 瑞克美发店实际结果与规划预算的比较（截至 3 月 31 日）

（金额单位：美元）

	实际结果	规划预算	差异[①]	
顾客到访次数	1 100	1 000		
收入	194 200	180 000	14 200	有利
费用：				
工资薪金	106 900	102 000	4 900	不利
美发用品	1 620	1 500	120	不利
顾客赠品	6 870	4 100	2 770	不利

（续）

	实际结果	规划预算	差异①	
电费	1 550	1 600	50	有利
租金	28 500	28 500	0	
责任保险费	2 800	2 800	0	
员工医疗保险	22 600	21 300	1 300	不利
其他费用	2 130	1 400	730	不利
费用总计	172 970	163 200	9 770	不利
经营净利润	21 230	16 800	4 430	有利

① 实际收入高于或低于规划预算时，收入差异被标为有利（favorable，常简化表示为 F）或不利（unfavorable，常简化表示为 U）。当实际费用低于或高于规划预算时，费用差异被标为有利或不利。

⊙ **管理会计实践 10-1**

瑞克美发店

维多利亚：预算进展如何？

瑞克：非常好，我已经轻松地编制出了 3 月的预算。我还编制了一份报告将 3 月的实际结果与预算进行比较，但这份报告并没有反映出我真正想知道的信息。

维多利亚：是因为实际作业量水平与预计作业量不一致吗？

瑞克：是的。我知道，作业量水平不会影响固定成本，但顾客到访次数相对预期的增加影响了其他成本。

维多利亚：所以你想知道在更高的作业量水平下，更高的实际成本是否合理？

瑞克：正是。

维多利亚：如果你把报告和数据给我，我今天晚些时候就可以处理，到明天就可以给你一份报告。

10.2.3 弹性预算是如何运作的

弹性预算，即进行调整以反映实际作业量水平下应该发生的成本。为说明弹性预算是如何运作的，维多利亚编制了如表 10-4 所示的报告，列示了 3 月实际作业量水平对应的收入和成本应该是多少。报告的编制简洁明了，运用各个成本项目的对应公式来估算 1 100 次顾客到访的对应成本，即 3 月实际作业量水平下应发生多少成本。例如，根据成本公式 1 500 美元 +0.10q 美元，3 月份的电费应为 1 610 美元（=1500 美元 +0.10 美元 / 次 ×1 100 次）。此外需注意，弹性预算中的租金（28 500 美元）、责任保险费（2 800 美元）和员工医疗保险（21 300 美元）与规划预

表 10-4　瑞克美发店弹性预算（截至 3 月 31 日）

（金额单位：美元）

实际顾客到访次数（q）	1 100
收入（180.00q）	198 000
费用：	
工资薪金（65 000+37.00q）	105 700
美发用品（1.50q）	1 650
顾客赠品（4.10q）	4 510
电费（1 500+0.10q）	1 610
租金（28 500）	28 500
责任保险费（2 800）	2 800
员工医疗保险（21 300）	21 300
其他费用（1 200+0.20q）	1 420
费用总计	167 490
经营净利润	30 510

算中相应的金额相同（见表 10-1）。这是因为固定成本不受作业量水平的影响。

从弹性预算中可以看出，3 月的经营净利润应为 30 510 美元，但回顾表 10-2，经营净利润实际上只有 21 230 美元。结果并不像我们想的那么好。这是为什么呢？稍后我们就会得到答案。

总结为一点，瑞克的预计利润是 16 800 美元，而实际利润偏高，是 21 230 美元。但是，维多利亚的分析表明，基于 3 月的实际顾客到访次数，利润甚至应该再高一些，应该是 30 510 美元。这些差异的原因是什么呢？瑞克当然希望巩固积极因素，并努力减少消极因素。但具体又该怎么做呢？

10.3 弹性预算差异

为回答瑞克关于预算成本和实际成本之间差异的问题，维多利亚将图 10-4 所示差异分解为两类差异：作业量差异及收入和支出差异。在接下来的两部分中我们就来说明她是如何做的。

10.3.1 作业量差异

预计利润与实际利润的差异中，有一部分是由于 3 月的实际作业量水平高于预算，那么有多少差异是由这个单一因素造成的？维多利亚编制了如表 10-5 所示的报告来回答这个问题。在该报告中，将基于当期实际作业量的弹性预算与期初的规划预算进行比较。弹性预算反映的是在实际作业量水平下应发生的情况，而规划预算则反映了在预算作业量水平下应发生的情况。因此，弹性预算与规划预算之间的差异就完全是由于实际作业量与预算作业量的不同而导致的。

例如，基于 1 100 次顾客访问的弹性预算显示，收入为 198 000 美元（=180 美元/顾客访问次数 ×1 100 次顾客访问）。而基于 1 000 次顾客访问的规划预算显示，收入为 180 000 美元（=180 美元/顾客访问次数 ×1 000 次顾客访问）。因为美发店的顾客到访次数比规划预算中的预期多了 100 次，实际收入应该比规划收入高出 18 000 美元（=198 000 美元 −180 000 美元）。该作业量差异在报告中列示为 18 000 美元 F（有利）。类似地，基于 1 100 次顾客访问的弹性预算显示，电费为 1 610 美元（=1 500 美元 +0.10 美元/顾客访问次数 ×1 100 次顾客访问）。而基于 1 000 次顾客访问的规划预算显示，电费成本为 1 600 美元（=1 500 美元 + 0.10 美元/顾客访问次数 ×1 000 次顾客访问）。因为美发店的顾客到访次数比预期多 100 次，实际电费成本应比规划成本高出 10 美元（=1 610 美元 −1 600 美元）。该电费项目的作业量差异在报告中列示为 10 美元 U（不利）。注意，在这种情况下，"不利"的标签可能具有误导性。由于作业量增加了 100 次顾客到访，电费成本应高出 10 美元；因此，鉴于电费是服务更多顾客的必要成本，将这种差异标记为不利是错误的。出于这样的原因，有必要提醒读者的一点是，不要认定：不利差异总是意味着糟糕的业绩，而有利差异总代表着良好的业绩。

因为该报告中的所有差异完全是由于实际作业量水平与期初规划预算中的作业量水平不同而导致的，所以被称为**作业量差异**（activity variances）。例如，收入的作业量差异为 18 000 美元 F（有利），电费的作业量差异为 10 美元 U（不利），以此类推。最重要的作业量差异列示在报告底部，即 13 710 美元 F（有利）的经营净利润差异。这项差异表明，由于作业量比规划预算的预期要高，经营净利润本应也要高出 13 710 美元。在此提醒，不要过分看重该报告中其他的任何单一差异。如上所述，由于更多的作业量，对成本的预计也将会更高。如果将这些不利差异看作是业绩不佳的信号，就是具有误导性的。

表 10-5　瑞克美发店作业量差异：基于实际作业量的弹性预算与规划预算的比较（截至 3 月 31 日）

（金额单位：美元）

	弹性预算	规划预算	作业量差异[①]	
顾客到访次数	1 100	1 000		
收入（180.00q）	198 000	180 000	18 000	有利
费用：				
工资薪金（65 000+37.00q）	105 700	102 000	3 700	不利
美发用品（1.50q）	1 650	1 500	150	不利
顾客赠品（4.10q）	4 510	4 100	410	不利
电费（1 500+0.10q）	1 610	1 600	10	不利
租金（28 500）	28 500	28 500	0	
责任保险费（2 800）	2 800	2 800	0	
员工医疗保险（21 300）	21 300	21 300	0	
其他费用（1 200+0.20q）	1 420	1 400	20	不利
费用总计	167 490	163 200	4 290	不利
经营净利润	30 510	16 800	13 710	有利

① 当弹性预算中的收入高于（低于）规划预算时，收入差异被标为有利（不利）。当弹性预算中的费用低于（高于）规划预算时，费用差异被标为有利（不利）。

另一方面，对于经营净利润项目来说，有利的作业量差异是很重要的。让我们进一步研究这项差异。首先，正如前面所提出的，作业量增长了 10%，根据弹性预算，经营净利润本应增长 10% 以上。在规划预算中，16 800 美元的经营净利润增长 10% 后，应为 18 400 美元（1.1×16 800 美元）；弹性预算表明的经营净利润是 30 510 美元。为什么会更高呢？简短的回答是：因为存在固定成本。将预计的经营净利润增加 10%，来估计较高作业量水平下的收益时，运用了收入和所有成本都增加 10% 的隐含假设。但并非如此。注意，当作业量水平增加 10% 时，有 3 种成本根本不会增加，如租金、责任保险费和员工医疗保险，因为这些都是固定成本。因此，虽然销售额确实增长了 10%，但这些成本并没有增加。这导致经营净利润的增长超过了 10%。工资薪金、电费和其他费用中含有固定成本要素，这些混合成本也会有类似的效果。虽然销售额增长了 10%，但这些混合成本的增长幅度不到 10%，进而导致经营净利润的总体增长超过 10%。由于固定成本的存在，经营净利润并不会随作业量水平同比例变动。这就是杠杆效应。经营净利润的变动比例通常大于作业量水平的增长比例。

10.3.2　收入和支出差异

在上一节，我们回答了"作业量的变动对收入、成本和利润有什么影响"的问题。在本节我们将回答"对于收入、成本和利润的控制程度如何？"

回顾表 10-4 基于实际作业量水平的弹性预算，其反映了在实际作业量水平下应发生的情况。因此，维多利亚的下一步操作是比较实际结果与弹性预算，从本质上说，就是将实际发生的情况与应该发生的情况进行比较。具体内容如表 10-6 所示。

表 10-6 瑞克美发店收入和支出差异：实际结果与弹性预算的比较（截至 3 月 31 日）

（金额单位：美元）

	实际结果	弹性预算	收入和支出差异[①]	
顾客到访次数	1 100	1 100		
收入（180.00q）	194 200	198 000	3 800	不利
费用：				
工资薪金（65 000+37.00q）	106 900	105 700	1 200	不利
美发用品（1.50q）	1 620	1 650	30	有利
顾客赠品（4.10q）	6 870	4 510	2 360	不利
电费（1 500+0.10q）	1 550	1 610	60	有利
租金（28 500）	28 500	28 500	0	
责任保险费（2 800）	2 800	2 800	0	
员工医疗保险（21 300）	22 600	21 300	1 300	不利
其他费用（1 200+0.20q）	2 130	1 420	710	不利
费用总计	172 970	167 490	5 480	不利
经营净利润	21 230	30 510	9 280	不利

① 当实际收入高于（低于）弹性预算时，收入差异被标为有利（不利）。当实际费用低于（高于）弹性预算时，费用差异被标为有利（不利）。

　　首先关注收入，实际的收入总额为 194 200 美元。然而弹性预算显示，基于实际作业量的收入应为 198 000 美元。因此，实际收入比当月实际顾客到访次数对应的预算少了 3800 美元。该项差异被标记为 3 800 美元 U（不利）的差异，又被称为收入差异。**收入差异**（revenue variance）是实际总收入与当期实际作业量水平下应实现收入的差额。若实际收入超过应实现的收入，差异就是有利的。若实际收入低于应实现的收入，差异就是不利的。为什么实际收入会低于或超过实际作业水平下应实现的收入呢？一般来说，如果平均售价高于预期，收入差异就是有利的；如果平均售价低于预期，则为不利。发生这种情况的原因很多，包括销售价格的变动、销售产品的不同组合、折扣数额的改变、会计控制薄弱等。

商业实战 10-2 ｜ 世界杯对销售的影响

　　实际销售量与计划销售量因众多原因存在差异。例如，一些公司可能未能考虑到诸如世界杯这样的体育赛事会如何影响其预计销售额。康宁（Corning）声称，欧洲的电视销售额在世界杯期间增长了 13%，而拉丁美洲则增长了 64%；同时家乐福（Carrefour）报告称，在同一时期，啤酒、软饮料和肉类的销售额大幅增长。与之相反，惠而浦（Whirlpool）报告称洗衣机的需求降低（因为该公司主张消费者将其可支配收入花费在电视上），而丹尼快餐（Denny's）则报告称其全方位服务餐厅的销售额在世界杯期间有所下降。

　　资料来源：Vipal Monga and Emily Chasan,"When in Doubt, Blame It on the World Cup," *The Wall Street Journal*, July 31, 2014, pp.B1 and B4.

　　接下来我们关注成本，实际的电费为 1 550 美元，然而弹性预算显示，3 月顾客实际到访 1 100 次所对应的电费应为 1 610 美元。由于实际成本比当月实际作业量水平对应的预算

少了 60 美元，记为有利差异，60 美元 F。这是支出差异的一个例子。**支出差异**（spending variance）是实际成本与当期实际作业量水平下应发生成本的差额。若实际成本高于应发生的成本，差异就是不利的。若实际成本低于应发生的成本，差异就是有利的。为什么成本存在有利或不利的差异？有许多可能的解释，其中包括支付更高的投入要素的价格，在实际作业量水平下消耗过多的投入要素、技术的变化等。在下一章节，我们将更详细地探讨这些类型的解释。

从表 10-6 中可以看到，经营净利润的整体差异为 9 280 美元 U（不利）。这意味着，经营净利润比当期实际作业量水平下应实现收益少了 9 280 美元。造成这种情况的原因有很多，最突出的是不利的收入差异 3 800 美元，其次是不利的顾客赠品差异 2 360 美元。从另一个角度来看，顾客赠品比弹性预算中的预期高出 50% 以上。几乎可以肯定，这是一项瑞克想要进一步调查的差异。他可能会发现，这种不利差异并不一定是坏事。例如，可能是更慷慨地发放赠品才使得顾客到访次数增加了 10%。

表 10-6 还包括与员工医疗保险有关的 1 300 美元的不利差异，从而突出显示了一项固定成本是如何产生支出差异的。尽管固定成本并不取决于作业量水平，但固定成本的实际数额也可能与弹性预算中的估计数不同。例如，或许瑞克的员工医疗保险在 3 月意外增加了 1 300 美元。

总之，表 10-6 中的收入和支出差异分析，将有助于瑞克更好地理解实际经营净利润与实际作业量下应实现收益存在差异的原因。

10.3.3　基于作业量、收入和支出差异的业绩报告

表 10-7 是维多利亚编制的结合作业量差异（来自表 10-5）及收入和支出差异（来自表 10-6）的业绩报告。该报告将这两个之前的图表信息结合在一起，从而更容易解释当期发生了什么。这份报告的格式与之前报告有些不同，即差异列示在被比较的数值之间，而非之后。例如，作业量差异列示在弹性预算数值与规划预算数值之间。而在表 10-5 中，作业量差异是列示在弹性预算和规划预算之后的。

表 10-7　瑞克美发店弹性预算业绩报告（截至 3 月 31 日）

（金额单位：美元）

	（1） 实际结果	收入和支出差异 （1）-（2）	（2） 弹性预算	作业量差异 （2）-（3）	（3） 规划预算
顾客到访次数	1 100		1 100		1 000
收入（180.00q）	194 200	3 800U	198 000	18 000F	180 000
费用：					
工资薪金（65 000+37.00q）	106 900	1 200U	105 700	3 700U	102 000
美发用品（1.50q）	1 620	30F	1 650	150U	1 500
顾客赠品（4.10q）	6 870	2 360U	4 510	410U	4 100
电费（1 500+0.10q）	1 550	60F	1 610	10U	1 600
租金（28 500）	28 500	0	28 500	0	28 500
责任保险费（2 800）	2 800	0	2 800	0	2 800
员工医疗保险（21 300）	22 600	1 300U	21 300	0	21 300
其他费用（1 200+0.20q）	2 130	710U	1 420	20U	1 400

（续）

	（1） 实际结果	收入和支出差异 （1）-（2）	（2） 弹性预算	作业量差异 （2）-（3）	（3） 规划预算
费用总计	172 970	5 480U	167 490	4 290U	163 200
经营净利润	21 230	9 280U	30 510	13 710F	16 800

需特别注意业绩报告中的两个数字：经营净利润项目的作业量差异 13 710 美元 F（有利），经营净利润项目的收入和支出整体差异 9 280 美元 U（不利）。再次重复这两个数字的意义是值得的。有利的作业量差异为 13 710 美元，这是因为实际作业量（1 100 次顾客到访）高于预计的作业量水平（1 000 次顾客到访）；而不利的收入和支出整体差异为 9 280 美元，这是因为实际收益未达到其在当期实际作业量水平下应实现的收益。这两种不同的差异具有不同意义，也就需要采取不同的措施。为产生经营净利润的有利作业量差异，管理者必须采取措施来增加顾客到访次数。为创造有利的收入和支出整体差异，管理者必须采取行动来确保销售价格，提高运营效率，并降低投入要素的价格。

相对于表 10-3 将规划预算与实际结果进行简单比较而言，表 10-7 所示的业绩报告能为管理者提供更多有用的信息。在表 10-3 中，作业量变动产生的影响与价格控制、经营管理所产生的影响混为一体。而表 10-7 的业绩报告则清楚地区分了这些影响，使得管理者能够采取更加具有针对性的方法来评估经营活动。

为了更好地了解业绩报告是如何发挥作用的，下面我们来看看业绩报告中的美发用品项目。该期间内，美发用品的实际成本为 1 620 美元，而规划预算中的对应成本为 1 500 美元。表 10-3 将实际结果与规划预算进行比较，结果显示其差额为 120 美元的不利差异。表 10-3 运用了静态规划预算方法，也就是将某个作业量水平的预计成本与另一个不同作业量水平所对应的成本进行比较。如前所述，这就好像将苹果与橘子进行比较。实际上，这项差异是两种不同影响的混合结果。表 10-7 的业绩报告对此做出了清晰列示。实际结果和预算金额之间 120 美元的差异由两种不同差异组成，有利的支出差异 30 美元和不利的作业量差异 150 美元。由于当期实际作业量水平下的美发用品支出低于预期，发生了有利的支出差异。而由于作业量比规划预算中的预期要高，自然导致该项变动成本增加，进而发生不利的作业量差异。

相对于简单的比较实际成本与静态规划预算成本，表 10-7 所示的弹性预算业绩报告提供了更为有效的业绩评估结果，因为它是将实际成本与实际作业量水平下应发生成本进行比较的。换句话说，就是将苹果与苹果进行比较。在此操作下，可以发现美发用品的支出差异是 30 美元 F（有利），而不是最初静态规划预算业绩报告（见表 10-3）中所列示的 120 美元 U（不利）。在某些情况下，适当地考虑作业量的增加，可能会将不利的静态规划预算差异转化为有利的收入或支出差异，就比如瑞克的报告中的美发用品。第二天就在瑞克美发店内进行了以下讨论。

⊙管理会计实践 10-2

瑞克美发店

维多利亚：给你看下我的成果。（维多利亚将表 10-7 所示的弹性预算业绩报告拿给瑞克看。）我只是用成本公式更新了预算，以反映 3 月顾客到访次数的增加。这样，我就有了一个更好的基准来衡量成本。

瑞克：就是你所标注的"基于 1 100 次顾客到访的弹性预算"吗？

维多利亚：是的。你原来的预算是基于 1 000 次顾客到访的，所以它低估了当实际服务顾客 1 100 次时的某些成本应该发生的数额。

瑞克：足够清晰了。这些支出差异并不像我第一份报告中的那么令人震惊。

维多利亚：是的，但是在顾客赠品项目上仍然存在 2 360 美元的不利差异。

瑞克：我知道这是怎么回事。今年 3 月，有一场大型的政治筹款晚宴，但我在编制 3 月预算时忘记了。为了给所有常客都做发型，我们必须以非常快的速度完成服务。虽然每个人都得到了高质量的服务，但我因未能花较多时间服务每位顾客而深感抱歉。我想给顾客一些额外的礼物来补偿他们所受到的较少的私人服务，所以我订购了很多花，并成束地送给他们。

维多利亚：瑞克，以你所收取的价格，我相信这个姿态会得到赞赏的。

瑞克：关于这个报告，有件事我不理解。我们之前讨论成本时，你说租金、责任保险费和员工医疗保险为固定成本。那为什么会存在固定成本差异呢？固定不是意味着它不会改变吗？

维多利亚：之所以说这些成本固定，是因为它们不会受到作业量水平变动的影响。但是，这并不意味着它们不会因其他原因而变动。还有，使用"固定"一词会暗示人们无法控制这些成本，但事实并非如此。固定成本往往比变动成本更容易控制。例如，通过调整投保金额，你可以很容易地改变保险费用。而让你显著降低美发用品的支出就难得多了，因为该项变动成本是服务顾客的一项必要支出。

瑞克：我认为我懂了，但还是有困惑。

维多利亚：只要记住，如果一项成本与作业量同比例变化，就称之为变动成本；如果一项成本并不取决于作业量水平，就称之为固定成本。但是，固定成本也可能会因与作业量水平变动无关的原因而发生变化。可控制性与成本是变动的还是固定的没有关系。固定成本通常比变动成本更可控。

商业实战 10-3 | 春寒料峭导致大额折扣和更低利润

寒冷的天气使人们不再去购物中心。当 4 月气温降到预期水平以下，维多利亚的秘密（Victoria's Secret）、美体用品（Bath & Body Works）和美国潮衣（Aeropostale）的销售额也随之下降。较少的购物者也可能导致更大的折扣，因为美国潮衣给那些选择在店内购物的人们提供了 50% 的折扣。

当这类零售商编制春季预算时，他们不可能提前数月就预测到天气是如何影响销售额的，这反过来又会对收入的作业量差异产生影响。

资料来源：Anna Prior and Karen Talley, "Weather Holds Back Retailers," *The Wall Street Journal*, May 10, 2013, p.B2.

10.3.4 非营利组织的业绩报告

非营利组织的业绩报告与我们目前所考虑的业绩报告基本一致，但有一个显著的区别。非营利组织通常从销售以外的渠道获得大量资金。例如，大学获得资金的渠道包括销售（即向学生收取的学费），捐赠收入和捐款，以及针对公立大学的国家拨款。这意味着，与成本一样，政府和非营利组织的收入可能包括固定和变动两部分。例如，西雅图歌剧院公司（Seattle Opera Company）最近一年的收入包括拨款和捐款 12 719 000 美元以及门票销售额 8 125 000 美元（约合每张门票售价 75.35 美元）。因此，歌剧院的收入公式可以写成：

$$收入（美元）= 12\ 719\ 000\ 美元 + 75.35\ 美元 / 张 \times q$$

其中，q 为售出门票的数量。在其他方面，西雅图歌剧院和其他非营利组织的业绩报告与表 10-7 所示的业绩报告相类似。

10.3.5 成本中心的业绩报告

成本中的业绩报告通常是为没有任何外部收入来源的组织编制的。尤其是在大型组织中，可能每个部门都会编制一份业绩报告，包括并不对外销售的部门。例如，制造业公司的生产部门往往会编制一份业绩报告。这种报告应该采用我们之前讨论过的相同原则来编制，并且应该与表 10-7 所示的业绩报告非常类似，除了收入及最终的经营净利润不会出现在报告中。因为这些部门的管理者要对成本负责，而不是对收入负责，这样的部门通常被称为成本中心（cost centers）。

10.4 多成本动因的弹性预算

在瑞克美发店案例中，我们到目前为止一直假设仅存在一个成本动因——顾客到访次数。但是，在作业成本法章节中，我们发现可能需要不止一个成本动因来充分解释组织中的所有成本。例如，瑞克美发店的某些成本可能更多地取决于美发店的营业时间长短，而不是顾客到访次数。具体来说，美发店的大部分员工都是月薪，但有些是按小时支付的。没有一个员工的报酬是根据实际服务的顾客数量来支付的。因此，如果基于营业时间而不是顾客到访次数来计算工资薪金，那么成本公式将更加准确。电费则较为复杂。有些成本是固定的，即使美发店晚上关门，其温度也必须维持在某个最低水平；有些成本取决于顾客到访次数，吹风机的耗电量取决于服务的顾客数量；还有些成本取决于美发店的营业时间，照明费用和供热至适宜温度的成本。因此，如果根据顾客到访次数和营业时间，而不是仅按顾客到访次数来计算，电费的成本公式将更加准确。

表 10-8 列示的弹性预算已经做出相应变化。该弹性预算中，共有两个成本动因——顾客到访次数和营业时间，其中 q_1 指顾客到访次数，q_2 指营业时间。例如，工资薪金取决于营业时间，其成本公式为 65 000 美元 + 220 美元 / 小时 $\times q_2$。由于美发店实际运营了 190 小时，工资薪金的弹性预算额为 106 800 美元（=65 000 美元 + 220 美元 / 小时 $\times$ 190 小时）。电费取决于顾客到访次数和营业时间，其成本公式为 390 美元 + 0.10 美元 / 小时 $\times q_1$ + 6.00 美元 / 小时 $\times q_2$。由于实际顾客到访次数为 1 100 次，美发店的实际运营时间为 190 小时，电费的弹性预算额为 1 640 美元（=390 美元 + 0.10 美元 / 小时 $\times$ 1 100 小时 + 6.00 美元 / 小时 $\times$ 190 小时）。注意，基于两个成本动因的弹性预算中，经营净利润为 29 380 美元，而基于一个成本动因的弹性预算（见表 10-4）中，经营净利润为 30 510 美元。这两个数额并不相同，是因为基于两个成本动因的弹性预算要比基于一个成本动因的弹性预算更准确。

表 10-8　瑞克美发店（基于不止一个成本动因的弹性预算）（截至 3 月 31 日）

（金额单位：美元）

实际顾客到访次数（q_1）	1 100
实际营业时间（q_2）	190
收入（$180.00q_1$）	198 000
费用：	
工资薪金（$65\,000+220q_2$）	106 800
美发用品（$1.50q_1$）	1 650
顾客赠品（$4.10q_1$）	4 510
电费（$390+0.10q_1+6.00q_2$）	1 640
租金（28 500）	28 500
责任保险费（2 800）	2 800
员工医疗保险（21 300）	21 300
其他费用（$1\,200+0.20q_1$）	1 420
费用总计	168 620
经营净利润	29 380

　　按照顾客到访次数和营业时间对弹性预算进行修改后，就可以同之前使用仅基于顾客到访次数编制的弹性预算一样，来计算作业量差异（见表 10-5）和计算收入和支出差异（见表 10-6），并编制业绩报告（见表 10-7）。不同的是，由于基于不止一个成本动因的成本公式要比仅基于一个成本动因的成本公式更准确，所以差异也更加准确。

商业实战 10-4　｜　待命安排引起了纽约司法部长的注意

　　纽约司法部长已经警告了塔吉特（Target）、盖璞（Gap）和其他 11 家公司，称他们这种随叫随到的员工调度安排可能违反了法律。这些公司正在运用软件程序，基于实时销售情况和顾客交通信息来预测即时员工需求。如果一家商店很忙，它就调度随时待命的员工来上班；而如果商店不忙，员工不会上班，也就没有工资。换句话说，员工需要做好计划随叫随到，即使其不一定能够工作或得到报酬。

　　从弹性预算的角度来看，公司试图使其劳动力成本随销量和客流量变动。但从法律的角度来看，司法部长指出，该补偿计划使得员工"几乎没有时间为家庭需求做出安排，更不用说找到另外的收入来源以弥补失去的工资。"

　　资料来源：Lauren Weber, "Retailers Under Fire for Work Schedules," *The Wall Street Journal*, April 13, 2015, pp.B1-B2.

10.5　一些常见错误

　　本节我们先来讨论对于管理者理解实际发生的事情与预期发生的事情（由规划预算具体设定）之间区别的需求。为此，我们编制一份弹性预算，将作业量差异与收入和支出差异分离开来。遗憾的是，在实践中并不用这样的方式，因为这会导致生成具有误导性的、难以理解的报告。在编制业绩报告时，最常见的错误是隐含地假设全部成本都是固定的，或者隐含地假设全部成本都是变动的，这些错误的假设导致不准确的基准以及不正确的差异。

我们已经讨论过其中的一个错误——假设所有成本都是固定的。将静态规划预算成本与未按实际作业量水平进行任何调整的实际成本进行比较时，就犯了这一错误。表10-3列示了这种比较。为方便起见，表10-9中重复列示了实际收入和成本与规划水平的比较。观察表10-9，可以看到美发用品的实际成本1 620美元直接与规划成本1 500美元进行了比较，产生120美元的不利差异。但是，只有当美发用品成本是固定的，这种比较才具有意义。如果美发用品成本不是固定的（的确不是），由于规划预算中的作业量增加，对该项成本的预期也就会上升。只有在成本是固定的情况下，将实际成本与静态规划预算成本进行比较才有意义。如果成本并非是固定的，就需要根据预算期间发生的作业量变动对其进行调整。

表10-9 比较实际金额与规划金额的错误分析（隐含假设所有利润表项目都是固定的）——瑞克美发店（截至3月31日）

（金额单位：美元）

	实际结果	规划预算	差异
顾客到访次数	1 100	1 000	
收入	194 200	180 000	14 200 有利
费用：			
工资薪金	106 900	102 000	4 900 不利
美发用品	1 620	1 500	120 不利
顾客赠品	6 870	4 100	2 770 不利
电费	1 550	1 600	50 有利
租金	28 500	28 500	0
责任保险费	2 800	2 800	0
员工医疗保险	22 600	21 300	1 300 不利
其他费用	2 130	1 400	730 不利
费用总计	172 970	163 200	9 770 不利
经营净利润	21 230	16 800	4 430 有利

表10-10 假设规划预算中所有项目均为变动的错误分析——瑞克美发店（截至3月31日）

（金额单位：美元）

	（1）实际结果	（2）规划预算 × （1100/1000）	差异（1）－（2）
顾客到访次数	1 100		
收入	194 200	198 000	3 800 不利
费用：			
工资薪金	106 900	112 200	5 300 有利
美发用品	1 620	1 650	30 有利
顾客赠品	6 870	4 510	2 360 不利
电费	1 550	1 760	210 有利
租金	28 500	31 350	2 850 有利
责任保险费	2 800	3 080	280 有利
员工医疗保险	22 600	23 430	830 有利
其他费用	2 130	1 540	590 不利
费用总计	172 970	179 520	6 550 有利
经营净利润	21 230	18 480	2 750 有利

将规划预算与实际结果进行比较时，另一个常见错误就是假定所有成本都是变动的。表 10-10 所示的报告就犯了这个错误。该报告的差异是通过将实际结果与第 2 列数值列的数额进行比较而计算出的，其中第 2 列数值对应的规划预算中所有项目都增加了 10%——作业量的增长比例。如果一个项目是严格变动的，如销售额和美发用品成本，这种调整是十分有效的。如果项目中包含任何固定成分，就都不是有效调整。以租金为例：如果美发店在某月内招待的顾客多了 10%，预期租金会增长 10% 吗？答案是否定的。一般来说，租金是事先固定的，并不取决于作业量。因此，第 2 个数值列所示的数额 31 350 美元是不正确的，这导致了错误的有利差异 2 850 美元。事实上，实际支付的租金与预计租金完全相等，所以在有效的报告中根本不存在任何差异。

商业实战 10-5 ｜ 除雪的预算入不敷出

哥伦比亚地区（District of Columbia）预期每年降雪量为 15 英寸⊖，其据此确定每年除雪预计需要 620 万美元。因此，当一个周末就降雪 28 英寸时，该区的除雪预算就显得入不敷出了。在同一周末，弗吉尼亚交通部（Virginia Department of Transportation）估计北弗吉尼亚道路上降雪 50 万吨，这将导致其在除雪预算上发生历史性的 7 900 万美元的成本超支。

这种情况下，弹性预算就能够帮助管理者评估运营效率。例如，管理者可以创建一个成本公式，比如"每英寸积雪的除雪成本"，来估计在实际降雪量水平下应发生的变动性除雪成本总额。这种"曲折的"的除雪成本可以与实际除雪成本相比较，以确定出色业绩的来源或者过程改进的机会。

资料来源：Sudeep Reddy and Clare Ansberry," States Face Big Costs to Dig Out From Blizzard," *The Wall Street Journal*, February 9, 2010, p.A6.

本章小结

将实际收入和成本直接与静态规划预算中的收入和成本进行比较，很容易导致错误性结论。实际收入和成本与预算收入和成本存在差异的原因很多，但其中最重要的一个就是作业量水平的变动。随着作业量水平的增加或减少，对实际收入和成本的预期也会增加或减少。弹性预算使得管理者能够将预算和实际成本之间存在差异的原因分离开来。

弹性预算是根据实际作业量水平来进行调整的预算。它是基于当期实际作业量水平而对收入和成本应发生额的最优估计。弹性预算可以与期初预算或实际结果进行比较。

当弹性预算与规划预算相比较时，对应结果就是作业量差异。作业量差异反映了实际与规划作业量之间的差异所导致的收入或成本变动。

当实际结果与弹性预算相比较时，对应结果就是收入和支出差异。有利的收入差异表明，收入比实际作业量水平下的预期要多。而不利的收入差异表明，收入比实际作业量水平下的预期要少。有利的支出差异表明，成本比实际作业量水平下的预期要低。而不利的支出差异表明，成本比实际作业量水平下的预期要高。

弹性预算业绩报告将作业量差异与收入和支出差异结合在一份报告上。

在比较实际成本与预算成本时，常见的错误是假设所有成本都是固定的，或者假设所有成本都是变动的。如果假定所有成本都

⊖　1 英寸 =0.025 4 米。

是固定的，那么变动成本和混合成本的差异将是不正确的。如果假设所有成本都是变动的，那么固定成本和混合成本的差异也是不正确的。只有将运用实际发生成本编制的弹性预算作为基准，成本差异才是正确的。

复习题：运用弹性预算进行差异分析

海罗德鱼屋酒店（Harrald's Fish House）是一家专门经营斯堪的纳维亚式海鲜的家族式餐厅。餐厅的月度收入和成本数据列示如下（q 为供餐数，金额单位：美元）：

	公式
收入	16.50q
原料成本	6.25q
工资薪金	10 400
公共事业费	800 + 0.20q
租金	2 200
其他费用	600 + 0.80q

要求：

（1）假设餐厅的供餐数为 1 800 份，编制 4 月的规划预算。

（2）假设餐厅在 4 月实际供餐 1 700 份，编制该作业量水平下的弹性预算。

（3）4 月的实际结果如下（金额单位为美元）。为餐厅编制一份 4 月的弹性预算业绩报告。

收入	27 920
原料成本	11 110
工资薪金	10 130
公共事业费	1 080
租金	2 200
其他费用	2 240

复习题答案：

（1）4 月的规划预算如下：

海罗德鱼屋酒店规划预算（截至 4 月 30 日）

预计供餐数（q）	1 800
收入（16.50q）	29 700
费用：	
原料成本（6.25q）	11 250
工资薪金（10 400）	10 400
公共事业费（800+0.20q）	1 160
租金（2 200）	2 200
其他费用（600+0.80q）	2 040
费用总计	27 050
经营净利润	2 650

（2）4 月的弹性预算如下：

海罗德鱼屋酒店弹性预算（截至 4 月 30 日）

实际供餐数（q）	1 700
收入（16.50q）	28 050
费用：	
原料成本（6.25q）	10 625
工资薪金（10 400）	10 400
公共事业费（800+0.20q）	1 140
租金（2 200）	2 200
其他费用（600+0.80q）	1 960
费用总计	26 325
经营净利润	1 725

（3）4 月的弹性预算业绩报告如下：

海罗德鱼屋酒店弹性预算业绩报告（截至 4 月 30 日）

（金额单位：美元）

	（1）实际结果	收入和支出差异 （1）-（2）	（2）弹性预算	作业量差异 （2）-（3）	（3）规划预算
供餐数	1 700		1 700		1 800
收入（16.50q）	27 920	130 不利	28 050	1 650 不利	29 700
费用：					
原料成本（6.25q）	11 110	485 不利	10 625	625 有利	11 250
工资薪金（10 400）	10 130	270 有利	10 400	0	10 400
公共事业费（800+0.20q）	1 080	60 有利	1 140	20 有利	1 160
租金（2 200）	2 200	0	2 200	0	2 200

（续）

	（1） 实际结果	收入和支出差异 （1）-（2）	（2） 弹性预算	作业量差异 （2）-（3）	（3） 规划预算
其他费用（600 + 0.80q）	2 240	280 不利	1 960	80 有利	2 040
费用总计	26 760	435 不利	26 325	725 有利	27 050
经营净利润	1 160	565 不利	1 725	925 不利	2 650

术语表

Activity variance 作业量差异 弹性预算中的收入或成本项目与静态规划预算中同一项目之间的差异。作业量差异完全是由于弹性预算中的实际作业量水平与规划预算中假定的作业量水平不同而引起的。

Flexible budget 弹性预算 根据当期实际作业量水平，对应发生的收入和成本做出估计的报告。

Management by exception 例外管理 一种将实际结果与预算进行比较的管理系统。相对于预算的显著性偏差会被标记为例外并做进一步研究。

Planning budget 规划预算 在预算期初编制的、仅对计划的作业量水平有效的预算。

Revenue variance 收入差异 实际收入与当期实际作业量水平下应实现收入的差额。由于实际收入超过（低于）基于当期实际作业量的预期收入，就产生了有利（不利）差异。

Spending variance 支出差异 实际成本与当期实际作业量水平下应发生成本的差额。由于实际成本低于（超过）基于当期实际作业量的预期成本，就产生了有利（不利）差异。

思考题

1. 什么是静态规划预算？
2. 什么是弹性预算？它与静态规划预算的区别是什么？
3. 对于实际结果与期初预算存在的差异，有哪些可能的原因？
4. 为什么很难解释预算费用与实际费用之间的差异？
5. 什么是作业量差异？其差异分析的意义是什么？
6. 什么是收入差异？其差异分析的意义是什么？
7. 什么是支出方差？其差异分析的意义是什么？
8. 什么是弹性预算业绩报告可以做到，而将预算与实际结果进行简单比较却做不到的功能？
9. 基于两个成本动因与基于一个成本动因的弹性预算主要区别是什么？
10. 当实际结果与静态规划预算直接比较时，隐含的成本性态假设是什么？为什么该假设是有问题的？
11. 当静态规划预算中的所有项目都按作业量变动的比例调整时，隐含的成本性态假设是什么？为什么该假设是有问题的？

练习题

1. 对差异报告发表评论

特米纳公司（Terminator Inc.）提供现场的住宅除虫服务。公司有几个移动小组，他们在公司拥有卡车的中心位置接受派遣任务。公司采用工作量来衡量作业量。4月初，公司预计有 100 个订单，但最终实际外出的

订单为 105 个。将预算收入和成本与实际收 入和成本进行比较的报告如下:

特米纳公司差异报告(截至 4 月 30 日)

（金额单位：美元）

	实际结果	规划预算	差异
订单量	105	100	
收入	20 520	19 500	1 020 有利
费用:			
移动小组经营成本	10 320	10 000	320 不利
灭虫用品	960	1 800	840 有利
广告费	800	800	0
派遣成本	2 340	2 200	140 不利
办公室租金	1 800	1 800	0
保险费	2 100	2 100	0
费用总计	18 320	18 700	380 有利
经营净利润	2 200	800	1 400 有利

要求:

上述差异报告有助于评价 4 月的收入和成本控制情况吗？请说明原因。

2. 弹性预算和作业量差异

杰克屋顶维修公司（Jake's Roof Repair）提供了以下有关其成本的数据（金额单位：美元）:

	每月固定成本	每小时维修成本
工资薪金	23 200	16.30
备件和用品		8.60
设备折旧	1 600	0.40
卡车经营费用	6 400	1.70
租金	3 480	
管理费用	4 500	0.80

例如，工资薪金应为 23 200 美元加上每小时维修成本 16.30 美元。公司预计 5 月的维修工作共 2 800 小时，但实际维修时间为 2 900 小时。公司预计其销售额将达到每小时 44.50 美元。

要求:

计算公司 5 月的作业量差异。（提示：参考表 10-5）

3. 成本中心的弹性预算业绩报告

派克思公司（Packaging Solutions Corporation）生产并销售各种各样的包装产品。各个部门都要编制月度的业绩报告。生产部门

的规划预算和弹性预算是基于以下公式确定的（金额单位：美元），其中 q 为一个月内的工时数:

	成本公式
直接人工	$15.80q$
间接人工	$8\,200+1.60q$
公共事业费	$6\,400+0.80q$
日常用品	$1\,100+0.40q$
设备折旧	$23\,000+3.70q$
工厂租金	$8\,400$
财产税	$2\,100$
工厂管理费用	$11\,700+1.90q$

生产部门计划在 3 月工作 8 000 小时；然而，当月实际工时数为 8 400 小时。公司 3 月的实际成本如下（金额单位：美元）:

	3 月发生的实际成本
直接人工	134 730
间接人工	19 860
公共事业费	14 570
日常用品	4 980
设备折旧	54 080
工厂租金	8 700
财产税	2 100
工厂管理费用	26 470

要求:

（1）参考表 10-1，编制生产部门在该月

的规划预算。

（2）参考表 10-4，编制生产部门在该月的弹性预算。

（3）参考表 10-7，编制生产部门 3 月的弹性预算业绩报告，同时包括支出差异和作业量差异。

（4）弹性预算业绩报告中的哪些方面应引起管理层的注意？请做出解释。

4. 弹性预算与收入和支出差异

威尔冰淇淋（Via Gelato）是一家很受欢迎的社区冰淇淋店。公司提供了 6 月的下列成本公式以及实际结果（金额单位：美元）：

	每月的 固定成本	每升的 变动成本	6 月的 实际总额
收入		12.00	71 540
原材料		4.65	29 230
工资	5 600	1.40	13 860
公用事业费	1 630	0.20	3 270
租金	2 600		2 600
保险费	1 350		1 350
其他费用	650	0.35	2 590

虽然冰淇淋是以蛋筒或杯子出售的，但这家店根据售出冰淇淋总的公升数来衡量其作业量。例如，工资应为 5 600 美元加上售出冰淇淋的每升成本 1.40 美元，而 6 月的实际工资为 13 860 美元。威尔冰淇淋预计在 6 月份销售 6 000 升，但实际卖出了 6 200 升。

要求：

计算威尔冰淇淋 6 月的收入和支出差异。（提示：参考表 10-6）

5. 弹性预算业绩报告

艾克特公司（AirQual Test Corporation）提供现场的空气质量测试服务。公司提供了下列成本公式以及 2 月的实际结果（金额单位：美元）：

	每月 固定成本	每份工作的 变动成本	2 月的 实际总额
收入		360	18 950
技术员工资	6 400		6 450

	每月 固定成本	每份工作的 变动成本	2 月的 实际总额
			（续）
移动实验室 经营费用	2 900	35	4 530
办公费	2 600	2	3 050
广告费	970		995
保险费	1 680		1 680
其他费用	500	3	465

公司运用订单数量来衡量作业量。例如，移动实验室的经营费用应为 2 900 美元加上每份订单的成本 35 美元，而 2 月实际的移动实验室经营费用为 4 530 美元。公司预计 2 月将有 50 份订单，但实际订单量却为 52 份。

要求：

参考表 10-7，编制弹性预算业绩报告，同时列示艾克特公司在 2 月的收入和支出差异及作业量差异。

6. 不止一个成本动因的工作

美食烹饪学校（Gourmand Cooking School）是一家开设短期烹饪课程的小型学校。管理层已经确定其预算与业绩报告中采用的两个成本动因——课程数量和学生总数。例如，学校可能在一个月内开设两门课程，且总共有 50 名学生学习这两门课程。有关公司成本公式的数据如下（金额单位：美元）：

	每月 固定成本	每门课程的 成本	每名学生的 成本
讲师工资		3 080	
教室用品			260
公用事业费	870	130	
校园租金	4 200		
保险费	1 890		
管理费用	3 270	15	4

例如，管理费用应为每月 3 270 美元加上每门课程成本 15 美元，再加上每名学生成本 4 美元。公司的平均销售额应为每名学生 800 美元。

公司计划开设 3 门课程，共招收 45 名学生；然而，其实际开设的 3 门课程仅有 42 名学生。9 月的实际经营结果如下（金额单位：美元）：

	实际
收入	32 400
讲师工资	9 080
教室用品	8 540
公用事业费	1 530
校园租金	4 200

（续）

	实际
保险费	1 890
管理费用	3 790

要求：

参考表 10-7 和表 10-8，编制弹性预算业绩报告，同时列示 9 月的收入和支出差异及作业量差异。

问题

1. 作业量差异和支出差异

你刚刚被菲比公司（FAB Corporation）聘用，这是一家生产新型车库门开启装置的制造商。董事长要求你审查公司的成本系统，并提出要"尽你所能来帮助公司更好地控制生产成本。"你发现公司从来没有使用过弹性预算，因此，你建议编制这样一份弹性预算，这是迈出对费用进行的计划与控制的第一步。

经过大量努力和分析，你确定了以下成本公式，并收集到以下 3 月的实际成本数据：

	成本公式	3 月实际成本
公共事业费	20 600 美元 +0.10 美元 /机器工时	24 200 美元
维修保养费	40 400 美元 +1.60 美元 /机器工时	78 100 美元
日常用品	0.30 美元 / 机器工时	8 400 美元
间接人工	130 000 美元 +0.70 美元 /机器工时	149 600 美元
折旧费	70 000 美元	71 500 美元

3 月，公司的机器运行了 26 000 小时，生产了 15 000 单位产品。公司原本计划在 3 月的机器运行工时为 30 000 小时。

要求：

（1）计算 3 月的作业量差异（提示：参考表 10-5），并解释这些差异的含义。

（2）计算 3 月的支出差异（提示：参考表 10-6），并解释这些差异的含义。

2. 不止一个成本动因

米莱诺比萨（Milano Pizza）是一家小型的社区比萨店，拥有一个小区域以供店内用餐，并提供外卖和免费送货上门服务。比萨店的老板确定该店有两个主要的成本动因——售出比萨的数量和送餐数量。

比萨的成本公式如下（金额单位：美元）：

	每月固定成本	每份比萨的成本	每次送餐的成本
比萨原料		3.80	
厨房员工	5 220		
公共事业费	630	0.05	
送餐人员			3.50
送餐车辆	540		1.50
设备折旧	275		
租金	1 830		
其他费用	820	0.15	

11 月，比萨店预计销售 1 200 份比萨，每份比萨的平均售价为 13.50 美元，同时送餐数量为 180 次。

比萨店在 11 月的实际结果列示如下（金额单位：美元）：

	实际结果
比萨	1 240
送餐	174
收入	17 420
比萨原料	4 985
厨房员工	5 281

（续）

	实际结果
公共事业费	984
送餐人员	609
送餐车辆	655
设备折旧	275
租金	1 830
其他费用	954

要求：

（1）参考表 10-7 和表 10-8，编制弹性预算业绩报告，同时列示比萨店在 11 月的收入和支出差异及作业量差异。

（2）请解释作业量差异。

3. 评论报告并编制业绩报告

交易公司（Exchange Corp.）是一家促进交换者享受税收优惠待遇的房地产交换服务商。该种交易允许参与者避免部分或全部原来应交的资本利得税，又称为 1031 交换条例。公司要求其记账员编制一份报告，以帮助其所有者/管理者分析业绩。

第一份报告结果如下：

交易所公司收入与成本分析（截至 5 月 31 日）

（金额单位：美元）

	实际的单位收入和成本	规划预算的单位收入和成本	差异
交易完成量	50	40	
收入	385	395	10 不利

（续）

	实际的单位收入和成本	规划预算的单位收入和成本	差异
费用：			
法律和检索费	184	165	19 不利
办公费	112	135	23 有利
设备折旧	8	10	2 有利
租金	36	45	9 有利
保险费	4	5	1 有利
费用总计	344	360	16 有利
经营净利润	41	35	6 有利

注意，上述报告中的收入和成本均为单位收入和成本。例如，规划预算中的平均办公费为每笔交易 135 美元；然而，实际的平均办公费为每笔交易 112 美元。

法律和检索费是变动成本；办公费是混合成本；设备折旧、租金和保险费是固定成本。在规划预算中，办公费的固定部分是 5 200 美元。

该公司所有收入都来自交易完成后所收取的费用。

要求：

（1）评价由记账员编制的报告。

（2）参考表 10-7，编制业绩报告以帮助所有者/管理者评价公司在 5 月的业绩。

（3）运用你自己编制的报告，评价公司在 5 月的业绩。

案例

不止一个成本动因的业绩报告

小剧院（The Little Theatre）是一个致力于为孩子们表演戏剧的非营利组织。剧院的全职性专业管理人员很少。通过与演员工会的特殊安排，演员和导演无偿进行排练，只在实际表演时获得报酬。

小剧院暂时计划制作 6 种不同的作品，总共表演 108 场。例如，其中的一个作品彼得兔（Peter Rabbit）会连续 6 周每周末表演 3 场。

本年度的规划预算成本列示如下：

小剧院规划预算成本（截至 12 月 31 日）

（金额单位：美元）

预计作品数量	6
预计演出数量	108
演员及导演工资	216 000
舞台工作人员工资	32 400
售票员和引座员工资	16 200
舞台布景、服装和道具费	108 000
剧院礼堂租金	54 000
节目单印刷费	27 000

	（续）
宣传费	12 000
管理费用	43 200
总计	508 800

有些成本会随产品数量变动，有些会随演出数量变动，还有些是固定的，并不取决于产品数量和演出数量。舞台布景、服装和道具以及宣传的成本随着产品的数量而变化。布景成本就是相同的，彼得兔的表演次数并不会使其产生差异。类似地，无论是表演了 10 场、20 场还是 30 场，海报和商业电台的宣传成本都是一样的。另一方面，演员、导演、舞台工作人员、售票员和引座员的工资会随演出次数而变动。演出次数越多，工资成本就越高。同样，租用礼堂和印刷节目单的成本也随演出次数而变动。管理费用较难分析，但对其最佳的估计就是约 75% 的预计成本是固定的，15% 取决于作品数量，其余 10% 取决于演出的数量。

年初过后，剧院的董事会授权扩大其项目规模到 7 部作品、168 场表演。毫无意外，实际成本会远远高于规划预算的成本（从捐赠者处获得的赠款以及门票销售额也相应地更高，但此处并没有显示出来）。实际成本的相关数据如下：

小剧院实际成本（截至 12 月 31 日）

（金额单位：美元）

实际作品数量	7
实际演出数量	168
演员及导演工资	341 800
舞台工作人员工资	49 700
售票员和引座员工资	25 900
舞台布景、服装和道具费	130 600
剧院礼堂租金	78 000
节目单印刷费	38 300
宣传费	15 100
管理费用	47 500
总计	726 900

要求：

（1）参考表 10-7，编制年度的弹性预算业绩报告，同时列示支出差异及作业量差异。

（2）如果你是剧院的董事会成员，你会对年度内成本控制的程度感到满意吗？为什么会？或者为什么不会？

（3）成本公式为每部作品的平均成本和每场演出的平均成本提供了数字。你认为用这些数字来预测新作品的成本或某一特定作品的额外表演成本，准确性如何？

第 11 章

标准成本和差异

商业聚焦

管理材料和人工

施耐德电气（Schneider Electric）的牛津和俄亥俄工厂生产母线槽，其可以将电力从任何一个入口传输到相距遥远的整幢建筑的每一个角落。该工厂管理者非常关注直接材料成本，因为其占工厂制造费用总额的一半以上。为了帮助控制铜、铁和铝等直接材料的报废率，会计部门编制了直接材料用量差异。该差异用于比较生产产品直接材料的实际用量与标准用量。了解该差异有助于发现和处理报废过多的原因，如操作员工培训不足、原材料质量不合格以及机器故障。

由于直接人工也是工厂制造费用的重要组成部分，管理者每天都要监督直接人工效率差异。该差异用于比较实际工时和允许标准工时。当员工闲置导致不利人工效率差异时，管理者会将这些员工调至较为忙碌的部门。

资料来源：Author's conversation with Doug Taylor, plant controller, Schneider Electric's Oxford, Ohio, plant.

🌏 **学习目标**

1. 计算直接材料价格差异、直接材料用量差异，并说明其重要性。
2. 计算直接人工工资率差异、直接人工效率差异，并说明其重要性。
3. 计算变动制造费用分配率差异、变动制造费用效率差异，并说明其重要性。
4.（附录 11A）计算并解释固定制造费用预算差异、固定制造费用产量差异。
5.（附录 11B）运用标准成本系统编制利润表。

在上一章我们介绍了弹性预算差异，为组织预算执行情况提供了反馈信息。作业水平变化的影响反映在经营净利润作业差异中，收入和支出差异反映了在既定作业下收入和成本是如何被控制的。然而，对于支出差异，我们总是想了解更多有关如何进行成本控制的细节。例如，瑞克美发店（Rick's Hairstying）在美发用品方面有不利支出差异，可能是美发用品太多或对美发用品支出太多，也可能是两种皆有。在这一章我们学习使用标准成本，从而将支出差异分解为两个部分：一部分衡量如何控制资源价格；另一部分衡量如何有效使用这些资源。

11.1 标准成本的制定

标准是衡量业绩的尺度。标准无处不在。像费尔斯通（Firestone）和塞萨尔（Sear）这样的汽车服务中心，经常为特定作业制定具体的人工工时耗用量标准，然后对比上述标准衡量实际人工工时耗用量。

像麦当劳（McDonald）和赛百味（Subway）这样的快餐店为三明治中肉的用量和肉的成本制定了标准。你的医生用年龄、身高和性别来评价你的体重。我们居住的房屋需符合建筑规范中制定的标准。

在管理会计中也广泛使用各种标准，它与生产商品或提供劳务的投入用量和价格有关。用量标准是确定生产单位商品或提供单位劳务应当耗用量。价格标准是确定单位耗用量应当支付的价格。如果耗用量或价格与标准产生差异，管理者需调查差异以找到产生差异的原因并消除差异。

下面我们将会说明一家公司如何为直接材料、直接人工和变动制造费用制定标准，同时我们也会讨论如何计算差异和管理其经营活动。

⊙**管理会计实践 11-1**

克罗尼尔锡器公司

克罗尼尔锡器公司（Colonial Pewter Company）仅生产一种产品——18 世纪锡雕像的复制品。锡雕像由传统工具手工制作，所以，制造过程劳动密集且需要较高的技巧。

最近，为了满足将锡雕像作为礼物的意外需求，克罗尼尔锡器公司一直在增加员工。公司起初有一些经验丰富的员工，但是不得不聘用一些经验不足的员工。公司董事长 JD. 瑞斯顿（JD Wriston）召集了一场生产问题讨论会，参会的有生产经理汤姆（Tom）、采购经理珍妮特（Janet）和财务主管特里（Terry）。

JD. 瑞斯顿：我感觉我们好像没有从新员工处得到该有的产出。

汤姆：给我们一个机会，他们中的一些人在公司工作还没有超过一个月。

珍妮特：现在生产中存在大量的材料浪费，特别是锡，这种材料是很贵的。

汤姆：导致我们浪费的主要原因，是你与你采购的那些含有铁杂质的劣质锡有关。

珍妮特：我怎么知道它们是劣质的，而且那是一笔很大的买卖。

JD. 瑞斯顿：各位冷静一下。让我们在指责彼此之前先了解一下事实。

汤姆：我同意。事实越多越好。

JD. 瑞斯顿：特里，你来说，事实真相应该由财务部门提供。

特里：可能我不能提供答案，但是，给我一周的时间我可以建立一个系统，该系统可以回答员工产出、材料浪费和投入价格的问题。

JD. 瑞斯顿：好，让我们拭目以待。

11.1.1 直接材料标准成本的制定

特里·谢尔曼的首要任务是为公司唯一的重要原材料锡锭制定用量和价格标准。**每单位标准用量**（standard quantity per unit）是指生产单位产品应当耗用的直接材料数量，包括废品损失中的消耗等。[⊖]与生产经理汤姆·库切尔商议后，特里将直接材料标准用量制定为 3 磅 / 件。

每单位标准价格（standard price per unit）是指每单位直接材料应当支付的价格，反映其最终交付成本。与采购经理珍妮特沃纳商议后，特里将直接材料标准价格制定为 4.00 美元 / 磅。

直接材料标准价格和标准用量确定后，每件产品直接材料的标准成本为

$$3 \text{ 磅 / 件} \times 4.00 \text{ 美元 / 磅} = 12.00 \text{ 美元 / 件}$$

商业实战 11-1　｜　服装行业的原材料成本管理

公司原材料成本可能会由于多种不可控原因而上升。例如，恶劣的天气。中国是世界最大的棉花产地，恶劣的天气可能会影响过阿贝克隆比 & 费奇（Abercrombie&Fitch）支付的棉花价格。燃油成本的上升会影响美丹特品牌公司（Maidenform Brands）对以石油为基础的合成纤维的购买价格。当农民停止生产棉花，棉花的供应量减少，将会增加琼斯服装集团（Jones Apparel Group）的购买价格。

面对原材料成本上升，公司通常以 3 种方式回应。首先，它们可以保持产品销售价格不变而导致较低的毛利。其次，它们可以较高的价格销售产品，将成本增加的负担转移给顾客。最后，它们可以尝试降低原材料成本。例如，汉纳斯克（HanesBrands）购买套期保值合约固定棉花价格，以防止未来公司成本增加。彭尼百货（JC Penney）正在改变在其服装中使用的混纺材料的方式，美丹特品牌公司已经开始从孟加拉国等较低成本的生产商处购买原材料。

资料来源：Elizabeth Holmes and Rachel Dodes, "Cotton Tale:Apparel Prices Set to Rise,"*The Wall Street Journal*, May 19, 2010, p.B8.

11.1.2　直接人工标准成本的制定

直接人工标准用量和标准价格通常以人工工时耗用量和工资率表示。**标准单位工时**（standard hours per unit）是指生产单位产品应当耗用的工作时间。制定该标准的一种方法是工业工程师对时间和操作进行调查研究，确定流程中每项作业的实际耗时。本章我们将假定使用的是努力可实现的人工标准而不是理想标准，理想标准是以最熟练和有效的生产工人在百分之百努力工作状态下耗用的工时。所以，通过与生产经理商议和考虑间歇、生产工人个人需要、清理和机器停工，特里将每单位标准工时制定为 0.50 小时 / 件。

每单位标准工资率（standard rate per hour）是指公司预期工资率，包括为员工支付的税费和额外福利等。通过使用工资记录和与生产经理商议后，特里将每单位标准工资率制定为 22.00 美元 / 小时。该标准反映了公司期望的综合性结果，无论实际工资率是否因生产工人不同的技术或级别而发生变动。

一旦特里确定了每单位标准工时和每单位标准工资率，他就可以计算每件产品的直接人工标准成本：

⊖ 公司在制定材料用量标准时，会考虑到生产中正常发生的废品、残料和次品等损失消耗，相对摆脱了"理想主义"而具有"现实意义"，但这种做法也时常遭到质疑，因为它与众多过程改进计划的基础——零缺陷的目标相矛盾。如果将这些损失消耗纳入材料用量标准，应定期进行审查并逐期缩减，从而体现出工艺的改进、培训的加强以及设备的更新。

$$0.5 \text{ 小时 / 件 } \times 22.00 \text{ 美元 / 小时 } = 11.00 \text{ 美元 / 件}$$

11.1.3 变动制造费用标准成本的制定

和直接人工类似，变动制造费用的标准用量和标准价格通常以用量和分配率来表示。变动制造费用标准用量用基于公司预计制造费用分配率计算的单位产品生产工时表示。在克罗尼尔锡器公司中，假定其使用直接人工工时作为预计制造费用分配率。所以，变动制造费用标准用量与标准单位工时相同，仍为 0.50 小时 / 件。

分配率标准等于预计制造费用分配率的变动部分，是公司预期对变动制造费用的预期支出。在克罗尼尔锡器公司，预计制造费用分配率的变动部分为 6.00 美元 / 小时。所以，每件产品变动制造费用的标准成本为

$$0.50 \text{ 小时 / 件 } \times 6.00 \text{ 美元 / 小时 } = 3.00 \text{ 美元 / 件}$$

上述标准成本如表 11-1 标准成本卡所示。**标准成本卡**（standard cost card）是指生产单位产品需投入的用量（或工时）标准和价格（或工资率）标准。以上 3 种变动制造费用**每单位标准成本**（standard cost per unit）的计算方式相同，即用量（或工时）标准乘以价格（或工资率）标准。

表 11-1 标准成本卡

投入	（1）用量或工时标准	（2）价格或工资率标准	（3）标准成本
直接材料	3.0 磅	4.00 美元 / 磅	12.00 美元
直接人工	0.50 小时	22.00 美元 / 小时	11.00 美元
变动制造费用	0.50 小时	6.00 美元 / 小时	3.00 美元
单位产品总标准成本			26.00 美元

11.1.4 弹性预算中标准的使用

特里·谢尔曼编制标准成本卡后，打算使用上述信息计算直接材料、直接人工和变动制造费用成本差异。所以，收集的 6 月数据如下所示：

6 月预算产量	2 100 件
6 月实际产量	2 000 件
6 月实际直接材料成本[①]	24 700 美元
6 月实际直接人工成本	22 680 美元
6 月实际变动制造费用	7 140 美元

① 6 月没有期初或期末原材料；所有已购材料被耗用。

根据上述数据及表 11-1 中的标准成本数据，特里计算出支出差异和作业差异，并列示于表 11-2 中。其中的实际结果和弹性预算均以实际产量 2 000 件为基础。

规划预算以计划产量 2 100 件为基础编制的。每件产品原材料标准成本 12.00 美元 / 件、每件产品直接人工的标准成本 11.00 美元 / 件、每件产品变动制造费用的标准成本 3.00 美元 / 件，分别与实际产量 2 000 件的乘积为弹性预算数额。

表 11-2 中支出差异由实际结果减去弹性预算而得。因为生产 2 000 件产品发生的实际成本大于标准成本，所以，3 种变动制造费用支出差异计算结果都为正值。实际成本大于标准

成本记为不利差异（U），反之记为有利差异（F）。

表 11-2 克罗尼尔锡器公司弹性预算报告：变动制造费用

单位：美元

6 月	实际结果	支出差异	弹性预算	作业差异	规划预算
产量（件）	2 000		2 000		2 100
直接材料（12.00 美元 / 件）	24 700	700U	24 000	1 200F	25 200
直接人工（11.00 美元 / 件）	22 680	680U	22 000	1 100F	23 100
变动制造费用（3.00 美元 / 件）	7 140	1 140U	6 000	300F	6 300

表 11-2 中作业差异由弹性预算数减去规划预算数得出。3 种变动制造费用计算结果均为负值，故记为有利差异（F）。实际产量的标准成本小于预算产量的标准成本记为有利差异（F），反之记为不利差异（U）。

虽然表 11-2 是有用的，若将支出差异分解为价格差异和用量差异将会更加有用。例如，图表中不利差异的直接材料支出差异为 700 美元，这意味着在当期实际生产水平下，相对于标准成本下的直接材料成本高出 700 美元。上述结果是由于高于材料预期价格或是耗用过多材料引起？下文标准成本差异将会给出答案。

11.2 成本差异分析的通用模型

标准成本差异分析将弹性预算中的支出差异分解为两个部分：一部分是支付投入的价格；另一部分是用于投入的数量。**价格差异**（price variance）是指实际价格与标准价格之差乘以实际产量下的投入用量而产生的差异。**用量差异**（quantity variance）是指实际产量下的实际用量与实际产量下的标准用量的差乘以标准价格而产生的差异。

为什么将标准分解为两个部分——价格差异和用量差异？因为价格差异和用量差异通常有不同的成因。此外，不同的管理者需要对其职责范围各负其责。例如，以原材料为例，采购经理需对价格负责，生产经理需对用量负责。所以，将两种差异进行区分是极其重要的。

图 11-1 是将弹性预算中支出差异分解为价格差异和用量差异的通用模型。⊖第（1）列与表 11-2 中实际产量一致。第（3）列与表 11-2 中弹性预算一致。图 11-1 中的第（2）列可以将弹性预算中支出差异分解为价格差异和用量差异。

在图 11-1 中需注意以下 3 个方面。

首先，通过图 11-1 可以计算 3 种可变成本的价格差异和用量差异，但是名称不同。价格差异，对于直接材料，称为材料价格差异；对于直接人工，称为工资率差异；对于变动制造费用，称为变动制造费用分配率差异。用量差异，对于直接材料，称为材料用量差异；对于直接人工，称为人工效率差异；对于变动制造费用，称为变动制造费用效率差异。

其次，图中的 3 列均以当期实际产出为基础。弹性预算列（第（3）列）描述了当期实际产出下的标准成本。在图 11-1 中理解弹性预算列的关键是领会允许标准用量（SQ）。**允许标准用量**（standard quantity allowed）或**允许标准工时**（standard hours allowed），是指完成实

⊖ 这个通用模型适用于计算直接人工差异和变动制造费用差异。但是对于直接材料差异，只有当实际采购的材料数量等于生产中实际使用的材料数量时才可以用该模型来计算。在后续章节内，我们将说明当二者不等时如何计算直接材料差异。

际产量应当投入的用量或工时，它可以通过实际产量乘以单位标准用量（或工时）计算而得。前者用于计算直接材料差异，后者由于计算直接人工和变动制造费用差异。例如，如果一个公司当期实际产出为 100 单位产品，产品的直接材料为标准用量为 5 磅 / 单位，当期实际产出下的标准用量为 500 磅（=100 单位 ×5 磅 / 单位）。如果该公司直接材料的标准成本为 2.00 美元 / 磅，弹性预算中总直接材料成本为 1000 美元（=500 磅 ×2.00 美元 / 磅）。

图 11-1　标准成本差异分析的通用模型：变动制造费用

最后，不管支出差异、价格差异和用量差异以何种方式命名，其计算方式相同。支出差异，即第（1）列的总成本减去第（3）列的总成本。价格差异，即第（1）列的总成本减去第（2）列的总成本。用量差异，即第（2）列的总成本减去第（3）列的总成本。在以上 3 种差异的计算中，正数记为不利差异，负数记为有利差异。不利价格差异表示投入的单位实际价格（AP）大于单位标准价格（SP）；有利价格差异表示投入的单位实际价格（AP）小于单位标准价格（SP）。其他同理。

以该通用模型为基础，我们可以计算克罗尼尔锡器公司的价格差异和用量差异。

11.3　标准成本的应用：直接材料差异

确定了克罗尼尔锡器公司的直接材料、直接人工和变动制造费用后，特里·谢尔曼下一步是计算公司 6 月的成本差异。如前文所述，成本差异就是实际成本与标准成本之差。特里·谢尔曼参照表 11-1 计算如下：

$$3.0 \text{ 磅 / 件 } \times 4 \text{ 美元 / 磅 } = 12 \text{ 美元 / 件}$$

克罗尼尔锡器公司 6 月记录显示采购 6 500 磅锡的实际价格是 3.80 美元 / 磅，总成本为 24 700 美元。其全部用于生产 2 000 件产品。[⊖]使用以上数据和表 11-1 中的标准成本，特里·谢尔曼计算了价格差异和用量差异并列示于图 11-2 中。

注意，图中差异以 3 个不同的总成本为基础：24 700 美元、26 000 美元和 24 000 美元。第一个成本数据 24 700 美元是采购锡的实际支付成本，第三个成本数据 24 000 美元是生产

⊖　在本章节，我们假设期初与期末的原材料存货均为零，即原材料在采购当期就会被消耗。更普遍的情况是存在期初与期末的材料存货，也就是材料不一定会在采购当期就被使用，这种情况会在后续章节进行考虑。

2 000 件产品实际产出应该支出多少。标准成本为每件雕塑产品需要 3 磅锡，因为生产 2 000 件，应该耗用 6 000 磅锡。如本章节前文所述，即当期允许标准用量（SQ），计算如下：

$$允许标准用量 = 实际产出 × 每单位标准用量$$

如果 6 000 磅锡以标准价格 4 美元 / 磅进行采购，那么公司需花费 24 000 美元。该花费会出现在该月公司的弹性预算中。24 700 美元和 24 000 美元的差异即支出差异，为 700 美元不利差异。

不利差异是实际支出超过标准支出导致的，而且该支出差异与表 11-2 中直接材料支出差异一致。

图 11-2 中第二个总成本数据 26 000 美元是一个关键性数据，它使我们可以将支出差异分解为两个部分——价格和用量。它表示公司如果以 4.00 美元 / 磅的标准价格采购投入的实际用量 6 500 磅应该支付的价格。

图 11-2 标准成本差异分析：直接材料

① 2000 件 ×3.0 磅 / 件 =6000 磅。
注：F 为有利差异；U 为不利差异。

11.3.1 材料价格差异

使用图 11-2 中第（2）列的总成本 26 000 美元，可以进行两个对比：一个是与第（1）列的总成本 24 700 美元进行对比，另一个是与第（3）列的总成本 24 000 美元进行对比。24 700 美元和 26 000 美元的差异是 1 300 美元的材料价格差异，为有利差异。**材料价格差异**（materials price variance）等于直接材料实际价格和标准价格之差与实际用量的乘积。

为理解材料价格差异，需要注意，实际价格 3.80 美元比标准价格 4.00 美元低 0.20 美元，购买锡的用量是 6 500 磅，总差异为 1 300 美元（= 0.20 美元 / 磅 ×6 500 磅）。由于实际价格低于标准价格，所以是有利差异。反之同理。

通常，采购经理控制材料价格的支出并对材料价格差异负责。许多因素影响材料采购价格，包括采购材料的数量和质量、订单顺序、如何运抵、加急订单等。其中任一因素与制定的标准不同，都会产生材料价格差异。例如，由于二等材料成本低于一等材料成本，采购二等材料而不是一等材料会产生有利差异。但是，低等材料可能会引起生产上的问题。这再次强调了采购经理对材料价格差异的责任。例如，由于生产问题超出采购经理的控制，采购经理可能不得不采用快递送货。在这种情况下，生产经理应对材料价格差异负责。

商业实战 11-2 | 直接材料采购：一个危险的管理视角

深圳海普瑞（Hepalink）生产肝素——一种血液稀释药物，可以被直接注射到某些外科病人的血液中。公司依靠供应商从猪肠中提取叫作原肝素的原料，如果对提取过程管理和监控不当，原肝素会受到污染。例如，巴克斯特（Baxter）最近召回了不少肝素，因为人们认为这些肝素会在美国和德国的一些病人身上导致疾病、过敏反应和死亡。

深圳海普瑞从中国政府认证的屠宰场采购肝素以减少污染。公司也在每个供应商处建立质检实验室来保证安全。这些措施增加了深圳海普瑞的原材料成本，但是也降低了污染肝素用于病人的风险。

资料来源：Gordon Fairclough, "How a Heparin Maker in China Tackles Risks," *The Wall Street Journal*, March 10, 2009, pp.B1 and B5.

11.3.2 材料用量差异

再次回到图 11-2 中，第（2）列中 26 000 美元和第（3）列中 24 000 美元的差异是 2 000 美元的材料用量差异，是不利差异。**材料用量差异**（materials quantity variance）等于材料实际用量与材料标准用量之差与标准价格的乘积。材料实际用量大于（小于）材料标准数量时为不利（有利）差异。

为理解材料用量差异，需要注意，生产中使用锡的实际用量为 6 500 磅，但实际产出的标准用量为 6 000 磅。所以，实际生产中超量使用的锡是 500 磅。将其以金额项表示，即 500 磅乘以标准价格 4.00 美元 / 磅，得到不利用量差异 2 000 美元。为什么在计算过程中使用的是标准价格而不是实际价格？因为生产经理通常要对材料用量差异负责，如果使用实际价格，生产经理的业绩评估会受到采购经理的有效或无效行为的影响，这是不公平的。

有许多原因导致过量的材料使用，包括机器故障、材料质量差、未接受培训的员工和不良的监督等。通常，生产经理的责任是监督材料使用与标准一致。然而，可能有时需要采购经理对不利的材料用量差异负责。例如，如果采购经理以较低的价格购买劣等材料，材料可能不适用和产生浪费。所以，应该是采购经理而不是生产经理对材料用量差异负责。

图 11-2 中展示了使用通用模型计算的直接材料差异；直接材料差异也可以通过基本的数学等式来计算。表 11-3 描述了该种方法。

表 11-3 直接材料成本差异

材料价格差异
材料价格差异 $= (AQ \times AP) - (AQ \times SP)$
材料价格差异 $= AQ (AP - SP)$
材料价格差异 $=$ 6 500 磅 $\times$（3.8 美元 / 磅 -4 美元 / 磅）
材料价格差异 $=$ 1 300 美元 有利差异

材料用量差异
材料用量差异 $= (AQ \times SP) - (SQ \times SP)$
材料用量差异 $= SP (AQ - SQ)$
材料用量差异 $=$ 4.00 美元 / 磅 $\times$（6500 磅 -6000 磅）
材料用量差异 $=$ 2 000 美元 不利差异
式中 AQ——生产中采购和使用的投入实际用量；
SQ——用于实际产出的允许投入的标准用量；
AP——投入的单位实际价格；
SP——投入的单位标准价格。

11.4 标准成本的应用：直接人工差异

特里·谢尔曼的下一步是计算 6 月克罗尼尔锡器公司的直接人工差异。回顾表 11-1 中每件产品直接人工标准成本 11 美元的计算如下：

$$0.5 \text{ 工时 / 件} \times 22.00 \text{ 美元 / 工时} = 11.00 \text{ 美元 / 件}$$

另外，克罗尼尔锡器公司 6 月记录显示实际直接人工工时为 1 050 小时。已知公司直接人工的总成本为 22 680 美元（包括税收和福利等），所以，平均实际工资率为 21.60 美元 / 小时（=22 680 美元 /1 050 小时）。使用以上数据和表 11-1 中的标准成本，特里·谢尔曼计算的直接人工工资率和效率差异如图 11-3 所示。

除了图 11-3 中用工资率和工时代替价格和用量，图 11-3 的列标题和图 11-1 和图 11-2 中相同。

11.4.1　工资率差异

使用图 11-3 中第（2）列的总成本数据 23 100 美元，可以进行两个对比。一个是与第（1）列中总成本 22 680 美元进行对比；另一个是与第（3）列总成本 22 000 美元进行对比。第（1）列 22 680 美元与第（2）列 23 100 美元的差异是 420 美元的工资率差异，为有利差异。**人工工资率差异**（labor rate variance）衡量实际工资率与标准工资率之差与当期人工工时的乘积。

为理解工资率差异，需要注意，实际工资率 21.60 美元比标准工资率 22.00 美元低 0.40 美元。由于实际工时为 1 050 小时，所以总差异是 420 美元（0.40 美元 / 小时 × 1 050 工时）。因为实际工资率大于标准工资率，所以为有利差异。反之同理。

图 11-3　标准成本差异分析：直接人工

① 2000 件 × 0.5 小时 / 件 =1000 小时。
注：F 为有利差异；U 为不利差异。

在大多数公司，工资率是可预测的。尽管如此，鉴于生产部门的不同主管使用不同的人工，工资率差异必然会产生。熟练生产工人需要支付其较高的工资率，而没有什么技能的工人只需要支付其较低的工资率。如何实际工资率超出标准工资率，会导致不利工资率差异。反之同理。但是，报酬较低的生产工人工作可能是没有效率的，如果加班费被计入直接人工中，会产生不利工资率差异。

11.4.2　人工效率差异

回顾图 11-3，第（2）列 23 100 美元和第（3）列 22 000 美元的差异是人工效率差异，为 1 000 美元的不利差异。**人工效率差异**（labor efficiency variance）等于实际工时与标准工时之差与标准工资率的乘积。

为理解克罗尼尔锡器公司的人工效率差异，需要注意，用于生产的 1 050 小时的实际工时。但是，生产 2 000 件产品的标准工时是 1 000 小时，两者的差异为 50 小时。将其以金额项表示，50 小时乘标准工资率 22.00 美元 / 小时，得到人工效率差异为 1 100 美元的不利差异。

产生不利人工效率差异的原因，包括生产工人未受到较好培训或激励、劣质材料、需要更多的工作时间、设备故障、工作中断以及不良监督等。生产经理要对人工效率差异负责。但是，如果采购劣等材料导致超额工时，需要采购经理对其负责。

导致不利人工效率差异的另一个重要原因是公司产品的需求不足。一些公司的经理认为根据生产需要的用工数量不断调整聘用人工数量是困难的和不明智的。在一些公司，直接人工在短期运营活动中从本质上看是固定的。如果需求不足以使生产工人忙碌，生产工人又不会被解雇，反过来将会产生不利的人工效率差异。

商业实战 11-3 | 标准成本系统在土耳其汽车行业的应用

土耳其汽车行业调研结果表明，在被调研的公司中有 74% 的公司使用标准成本，其中 55% 是以历史平均业绩作为标准成本的基础，24% 是以最高效作为标准成本的基础，21% 以可实现作为标准成本的基础。70% 的公司仅对超过 1 美元或百分比最小值的差异进行调查分析，27% 的公司依赖于统计控制图表，以确定哪些差异额需要进一步关注。

资料来源：A.Cemkut Badem, Emre Ergin, and Colin Drury, "Is Standard Costing Still Used? Evidence from Turkish Automotive Industry," *International Business Research*, Vol.6, No.7,2013,pp.79-90

如果需求不足以使生产工人忙碌，工作中心经理有两个选择，或者接受不利的人工效率差异或者持有存货。精益生产的一个核心内容是，持有没有立即销售前景的存货是一个较差的策略。超额存货，尤其是在产品存货会导致高废品率、积压货物和无效运营，所以，当在短期内劳动力是固定的情况下，经理会谨慎处理人工效率差异。一些专家提倡在一些情况下消除人工效率差异，至少可以达到在车间里进行激励和控制生产工人的目的。

在图 11-3 中，直接人工成本差异也可以通过数学等式来取代通用模型计算。计算过程如表 11-4 所示。

表 11-4 直接人工成本差异

工资率差异
工资率差异 = $(AH \times AR) - (AH \times SR)$
工资率差异 = $AH (AR-SR)$
工资率差异 = 1 050 小时 × （21.06 美元 / 小时 -22 美元 / 小时）
工资率差异 = 420 美元有利差异
人工效率差异
人工效率差异 = $(AH \times SR) - (SH \times SR)$
人工效率差异 = $SR (AH-SH)$
人工效率差异 = 22.00 美元 / 小时 × （1 050 小时 -1 000 小时）

（续）

人工效率差异
人工效率差异 = 1 100 美元不利差异

式中 　*AH*——用于生产的人工小时实际数量；

　　　SH——用于实际产出的允许人工小时的标准数量；

　　　AR——单位直接人工工时的实际比率；

　　　SR——单位直接人工工时的标准比率。

11.5 标准成本的应用：变动制造费用成本差异

特里·谢尔曼分析克罗尼尔锡器公司 6 月成本差异的最后一步是计算变动制造费用成本差异。变动制造费用成本差异可以使用与直接材料和直接人工相同的公式来分析。回顾表 11-1，变动制造费用标准为 3.00 美元 / 件，计算如下：

$$0.50 \text{ 小时 / 件} \times 6.00 \text{ 美元 / 小时} = 3.00 \text{ 美元 / 件}$$

同时回顾克罗尼尔锡器公司的成本记录，其中 6 月变动制造费用总额为 7 140 美元，直接工时为 1 050 小时。变动制造费用分析如图 11-4 所示。

图 11-4　标准成本差异分析：变动制造费用

① 7140 美元 ÷1050 小时 =6.80 美元 / 小时。

② 2000 件 ×0.5 小时 / 件 =1000 小时。

注：F 为有利差异；U 为不利差异。

请注意，图 11-3 与图 11-4 的相似之处。直接人工工时耗用量是分配制造费用的基础；所以，在图 11-3 和图 11-4 中出现相同的直接人工工时数据。两图之间的区别在于工资率和分配率，与直接人工相比，变动制造费用的分配率要低得多。

变动制造费用分配率和效率差异

使用图 11-4 中第（2）列的总成本数据 6 300 美元，可以进行两个对比：一个是与第（1）列中总成本 7 140 美元进行对比；另一个是与第（3）列总成本 6 000 美元进行对比。7 140 美元和 6 300 美元的差异是 840 美元的变动制造费用分配率差异，为有利差异。**变动**

制造费用分配率差异（variable overhead rate variance）是当期发生的实际变动制造费用与标准变动制造费用的差异。6 300 美元和 6 000 美元的差异是 300 美元的变动制造费用效率差异，为有利差异。**变动制造费用效率差异**（variable overhead efficiency variance）是实际作业水平与标准作业水平之差与预计制造费用分配率的可变部分的乘积。

为理解罗尼尔锡器公司变动制造费用效率差异，需要注意，人工工时的实际耗用量为 1 050 小时。但是人工工时的标准耗用量为 1 000 小时。所以，该公司超额使用工时 50 小时。将其以金额项表示，50 小时乘以预计制造费用分配率的可变部分 6.00 美元 / 小时得出不利变动制造费用效率差异 300 美元。

变动制造费用差异的解释不像直接材料和直接人工成本差异那样清晰。除了分配率将变动制造费用成本差异化为金额项外，变动制造费用效率差异与直接人工效率差异相同。在以上两个案例中，成本差异都是实际工时与标准允许工时的差额。在直接人工效率差异案例中，该成本差异需再乘以标准工资率。在变动制造费用效率差异案例中，该差异需再乘以预计制造费用分配率的可变部分。所以，当直接人工工时耗用量被用于分配制造费用时，无论直接人工效率差异是否有利，变动制造费用效率差异都将是有利的。并且，无论直接人工效率差异是否不利，变动制造费用效率差异都将是不利的。变动制造费用效率差异无法告诉我们制造费用资源是否有效，因为它仅仅取决于直接人工是否有效。

变动制造费用成本差异也可以使用数学等式来计算，如图 11-4 所示。表 11-5 是罗尼尔锡器公司使用数学等式方法计算变动制造费用成本差异。特里·谢尔曼为准备罗尼尔锡器公司标准成本和差异的预定会议，将制造费用成本差异总结如下：

材料价格差异	1 300 F
材料用量差异	2 000 U
人工工资率差异	420 F
人工效率差异	1 100 U
变动制造费用分配率差异	840 U
变动制造费用效率差异	300 U
差异总额	2 520 U

表 11-5　变动制造费用成本差异

变动制造费用分配率差异

变动制造费用分配率差异 $= (AH \times AR) - (AH \times SR)$

变动制造费用分配率差异 $= AH (AR - SR)$

变动制造费用分配率差异 $= 1 050$ 小时 $\times$（6.80 美元 / 小时 -6.00 美元 / 小时）

变动制造费用分配率差异 $= 840$ 美元（U）

变动制造费用效率差异

变动制造费用效率差异 $= (AH \times SR) - (SH \times SR$

变动制造费用效率差异 $= SR (AH - SH)$

变动制造费用效率差异 $= 6.00$ 美元 / 小时 $\times$（1 050 小时 $-1 000$ 小时）

变动制造费用效率差异 $= 300$ 美元（U）

式中　AH——用于生产的人工小时实际数量；

（续）

变动制造费用效率差异
SH——用于实际产出的允许人工小时的标准数量；
AR——单位人工工时的实际比率国；
SR——单位人工工时的标准比率（预计制造费用分配率的可变部分）。

⊙**管理会计实践 11-2**

他把这些结果分发给罗尼尔锡器公司的管理层，包括公司董事 JD. 瑞斯顿、生产经理汤姆、采购经理珍妮特。JD. 瑞斯顿在会议上提出如下问题：

JD. 瑞斯顿：特里，我认为我理解你做的，但是为了确定，你可以总结一下你发现的重点问题吗？

特里：最大的问题是 2 000 美元的不利材料用量差异和 1 000 美元的不利人工效率差异。

JD. 瑞斯顿：汤姆，你是生产经理。你认为是什么导致了不利的人工效率差异？

汤姆：因为有新的员工。我们经验丰富的员工满足标准不应该有太大的问题。我们都知道新员工的效率暂时较低。解决这个问题我的计划是让新员工与老员工一起工作，虽然可能会降低老员工的工作效率，但是我相信不利差异将会消失，同时我们的新员工将会学到很多东西。

JD. 瑞斯顿：听起来不错。那么 2 000 美元不利材料用量差异呢？

特里：汤姆，是新员工会产生大量的废料吧？

汤姆：是的，我猜是这样的。

JD. 瑞斯顿：我认为这可能是问题的一部分，你可以做些什么吗？

汤姆：我可以密切关注废料，看废料在哪里产生。如果是新员工，我可以让老员工和他们一起解决问题。

JD. 瑞斯顿：珍妮特，如果材料价格 1 300 美元的有利差异是由于材料用量的不利差异和人工效率的不利差异所做出的贡献，那么这 1 300 美元的有利材料价格差异对我们没有意义。我们应该确保我们采购的原材料符合我们的质量标准。

珍妮特：好的。

JD. 瑞斯顿：在几周内我们再开会，看看发生了什么。希望能使不利差异得到控制。

11.6 材料差异中一个重要的细节

大多数公司使用已购材料数量计算材料价格差异，用投入生产的材料用量计算材料用量差异。这样计算的原因有二：一是将价格差异计算推迟至材料使用，这将导致差异报告的不及时；二是购买材料时计算价格差异使材料以其标准成本计入存货账户中，这将极大地简化了记账工作。

当我们计算图 11-2 中罗尼尔锡器公司的材料价格差异和用量差异时，假定购买和投入生产的材料为 6 500 磅。但是，对一个公司来说，材料的购买数量和投入数量通常是不同的。当出现上述情况时，使用已购材料数量计算材料价格差异，使用投入生产的材料用量计算材料用量差异。

为阐述上述情况，先假定 6 月罗尼尔锡器公司以 3.80 美元 / 磅的价格购买 7 000 磅材料，代替前文所述 6 500 磅。同时，假定公司投入生产的材料仍为 6 500 磅，标准价格为 4.00 美元 / 磅。

给定上述假设，图 11-5 为材料价格差异和用量差异的计算过程。注意使用已购材料数量计算材料价格差异，投入生产的材料用量计算材料用量差异。由于这个原因，图 11-5 第（2）列包含两个不同的总成本。当计算价格差异时，总成本为第（2）列的 28 000 美元，是以标准价格评估的采购成本。当计算用量差异时，总成本为第（2）列的 26 000 美元是以标准价格评估的实际使用成本。

图 11-5 标准成本差异分析：直接材料

① 2 000 件 × 3.0 磅 / 件 = 6 000 磅。

注：F 为有利差异；U 为不利差异。

图 11-5 表明价格差异以采购材料数量 7 000 磅计算，用量差异以投入生产材料数量 6 500 磅计算。那么，当期采购了但是没有投入生产的 500 磅材料如何处理呢？如果这些材料用在未来期间，将用于计算用量差异；如果这些材料最终投入生产，则不能用于计算价格差异，因为价格差异是在材料采购时才计算的。

因为材料价格差异是依据使用已购材料数量计算，材料用量差异是依据投入生产的材料用量计算，这两种差异不能简单加总计入弹性预算的支出差异中。同样，图 11-5 中的成本差异也可以通过数学等式来计算，在表 11-6 中展示。图 11-5 和表 11-6 中的方法通常也常用于计算直接材料差异。但是，图 11-2 和表 11-3 只能用于计算材料购买数量等于投入生产用量的特殊情况。

表 11-6 直接材料差异

材料价格差异

材料价格差异 $= (AQ \times AP) - (AQ \times SP)$

材料价格差异 $= AQ(AP - SP)$

材料价格差异 $= 7\,000$ 磅 $\times$（3.80 美元 / 磅 -4 美元 / 磅）

材料价格差异 $= 1\,400$ 美元（F）

式中 AQ——投入采购的实际数量；

　　AP——投入的单位实际价格；

　　SP——投入的单位标准价格。

材料用量差异

材料用量差异 $= (AQ \times SP) - (SQ \times SP)$

材料用量差异 $= SP(AQ - SQ)$

材料用量差异 $= 4.00$ 美元 / 磅 $\times$（6 500 磅 $-6\,000$ 磅）

材料用量差异 $= 2\,000$ 美元（U）

式中 AQ——用于生产投入的实际数量；

　　SQ——用于实际产出的允许投入的标准数量；

　　SP——投入的单位标准价格。

11.7　标准成本：管理的含义

11.7.1　标准成本的优点

标准成本系统具有以下优点：

（1）标准成本是例外管理的一个关键要素（例外管理的定义已在前面章节中介绍）。如果成本符合标准，管理者可以专注于其他问题。当成本大大超出标准的时候，管理者就应对需要注意的现存问题加以警惕，该例外管理方法帮助管理者专注于重要的问题。

（2）员工认为合理的标准可以促进经济和效率。每名员工可以用该标准作为标杆用于衡量自己的业绩情况。

（3）标准成本大大简化了记账工作，用于直接材料、直接人工和制造费用的标准成本可以取代每批的实际成本记录。

（4）标准成本与责任会计系统相适应，标准成本帮助我们明确了应该怎样建立成本、谁应该对其负责以及实际成本是否可控等问题。

11.7.2　标准成本的潜在问题

标准成本使用不当可能会产生如下潜在问题：

（1）标准成本差异报告通常是按月编制的，通常在月末后几天或几周内公布。相应地，报告中的信息可能会因为过时而导致几乎无用。及时的、近似准确的报告要好于精确的但过时的报告。所以，现在一些公司每天或者更频繁地报告差异情况和其他重要运营数据。

（2）如果管理者只根据差异情况来指责和惩罚下属，下属的工作士气可能会受挫。此外，下属可能会试图掩盖不利的成本差异或采取不符合公司最佳利益的行为，以确保差异是有利的。

（3）人工工时标准和效率差异有两个重要的假定：一是假定生产过程与人工速度一致，如果人工的速度快，产出就会上升。但是，许多公司的产出并不是由员工工作有多快决定的，而是由机器运转速度决定的。二是假定人工是变动成本。但是，直接人工可能通常是固定成本。如果劳动力是固定的，那么过分强调劳动效率差异会产生压力带来超额存货。

（4）在一些情况下，有利差异可能会比不利差异更糟。例如，麦当劳的巨无霸汉堡中肉的用量标准，有利差异意味着使用比标准较少的肉，结果会是不合格的巨无霸汉堡和可能使顾客不满意。

（5）过于重视标准可能会掩盖其他重要目标。例如，维持和改善质量、及时交付和客户满意度，可以通过关注其他目标的补充绩效来降低过于重视标准的倾向。

（6）仅仅满足标准是不够的，因为公司需要持续改善来保持竞争力。所以，一些公司在他们的成本差异中关注的目标是持续改善而不是满足标准。在其他公司，工程标准将会由实际成本的滚动平均或者由非常具有挑战性的目标成本所取代。

总之，管理者使用标准成本系统时应全面考量。重要的是，管理者们要跳出自己的思维模式，专注于积极的，而不仅仅是消极的，并意识到可能产生的意想不到的后果。

商业实战 11-4 | 标准成本法在迪拜的应用

尽管许多批评人士对标准成本法表示担忧，但是，数据显示许多公司仍然在使用。例如，对迪拜的 100 家企业调研结果显示，在迪拜 77% 的工业企业和 39% 的服务企业在使用标准成本。这些公司相信标准成本在预算、成本控制、绩效评价、决策等方面是有帮助的。超过 2/3 的工业和服务业公司使用标准成本报告，以应对商业形势变化和期望目标。

资料来源：Attiea Marie, Walid Cheffi, Rosmy Jean Louis, and Ananth Rao,"Is Standard Costing Still Relevant? Evidence from Dubai,"*Management Accounting Quarterly*,Winter,2010,pp.1-10

本章小结

标准是一种衡量业绩的基准。为生产商品和提供劳务需要投入的用量和成本制定标准。标准用量表示在生产商品和提供劳务时耗用的人工时间、原材料等投入应该是多少。标准成本表示单位投入应当耗用的成本是多少。

实际与标准比较的差，即差异。差异以标准格式计算和报告，向管理者反映直接材料、直接人工和变动制造费用的数量差异和价格差异情况。价格差异是实际价格与标准价格之差与投入用量的乘积。用量差异是实际用量与标准用量之差与标准价格的乘积。

标准成本系统有很多优点，如支持管理、简化记账、提供员工绩效基准等。但是，它也存在缺点。例如，使员工为迎合有利差异做出错误决定，不能充分接受持续改进中的思维方式等。

传统的标准成本差异报告通常补充其他绩效，以确保过分强调标准成本差异时不会导致其他关键领域的问题，如产品质量、库存水平和准时交付。

复习题：标准成本

泽维尔公司（Xavier Company）仅生产一种产品。以直接人工工时为基础分配变动制造费用。单位产品标准成本卡如下所示：

投入	标准用量或工时	标准价格或工资率	标准成本
直接材料	6 盎司	0.50 美元 / 盎司	3.00 美元
直接人工	0.6 小时	30.00 美元 / 小时	18.00 美元
变动制造费用	0.6 小时	10.00 美元 / 小时	6.00 美元
单位产品总标准成本			27.00 美元

6 月，生产 2 000 单位产品，相关数据如下所示：

材料采购：以 0.60 美元 / 盎司，采购 18 000 盎司		10 800 美元
投入生产的材料：14 000 盎司		—
直接人工：30.50 美元 / 小时，耗用 1 100 小时		33 550 美元
变动制造费用		12 980 美元

要求：

分别计算直接材料、直接人工和变动制造费用的差异。

复习题答案：

使用公式，差异计算如下所示：

材料价格差异 $= (AQ \times AP) - (AQ \times SP)$

$= AQ \times (AP - SP)$

$= 18\,000$ 盎司 $\times (0.60$ 美元

/ 盎司 $\times 0.50$ 美元 / 盎司)

$= 1\,800$ 美元（U）

材料用量差异 $= (AQ \times SP) - (SQ \times SP)$

$= SP \times (AQ - SQ)$

$= 0.50$ 美元 / 盎司 $\times$

（$14\,000$ 盎司 $\times 12\,000$ 盎司）

$= 1\,000$ 美元（U）

直接材料差异

（1） 实际价格下投入的实际用量 $(AQ \times AP)$	（2） 标准价格下投入的实际用量 $(AQ \times SP)$	（3） 标准价格下实际产出的标准用量 $(SQ \times SP)$
$18\,000$ 盎司 $\times 0.60$ 美元/盎司 $= 10\,800$ 美元	$18\,000$ 盎司 $\times 0.50$ 美元/盎司 $= 9\,000$ 美元	$12\,000$ 盎司① $\times 0.50$ 美元/盎司 $= 6\,000$ 美元

价格差异 $= 1\,800$ 美元（U）

$14\,000$ 盎司 $\times 0.50$ 美元/盎司
$= 7\,000$ 美元

用量差异 $= 1\,000$ 美元（U）

① $2\,000$ 单位 $\times 6$ 盎司/单位 $= 12\,000$ 盎司。

注：F为有利差异；U为不利差异。

直接人工差异

（1） 实际工资率下投入的 实际工时 $(AH \times AR)$	（2） 标准工资率下投入的 实际工时 $(AH \times SR)$	（3） 标准工资率下实际产出的 标准工时 $(SH \times SR)$
$1\,100$ 小时 $\times 30.50$ 美元/小时 $= 33\,550$ 美元	$1\,100$ 小时 $\times 30.00$ 美元/小时 $= 33\,000$ 美元	$1\,200$ 小时① $\times 30.00$ 美元/小时 $= 36\,000$ 美元

工资率差异 550 美元（U）　　效率差异 $3\,000$ 美元（F）

开支差异 $2\,450$ 美元（F）

① $2\,000$ 单位 $\times 0.6$ 小时/单位 $= 1\,200$ 小时。

注：F为有利差异；U为不利差异。

使用公式，差异计算如下所示：

工资率差异 $= (AH \times AR) - (AH \times SR)$

$= AH(AR - SR)$

$= 1\,100$ 小时 $\times (30.50$ 美元 / 小时 $- 30.00$ 美元 / 小时)

$= 550$ 美元（U）

人工效率差异 $= (AH \times SR) - (SH \times SR)$

$= SR(AH - SH)$

$= 30.00$ 美元 / 小时 $\times (1\,100$ 小时 $- 1\,200$ 小时)

$= 3\,000$ 美元（F）

变动制造费用

（1） 实际分配率下投入的 实际工时 （AH×AR） 1 100小时×11.80美元/小时 =12 980美元	（2） 标准分配率下投入的 实际工时 （AH×SR） 1 100小时×10.00美元/小时 =11 000美元	（3） 标准分配率下实际产出的 标准工时 （SH×SR） 1 200小时①×10.00美元/小时=12 000美元

变动制造费用分配率差异
1 980美元（U）

变动制造费用效率差异
1 000美元（F）

开支差异980美元（U）

①2 000单位×0.6小时/单位=1 200小时。
注：F为有利差异；U为不利差异。

使用公式计算下列差异：

$$变动制造费用分配率差异 = (AH \times AR) - (AH \times SR)$$
$$= AH(AR - SR)$$
$$= 1\,100\,小时 \times (11.80\,美元/小时 - 10.00\,美元/小时)$$
$$= 1\,980\,美元（U）$$

$$变动制造费用效率差异 = (AH \times SR) - (SH \times SR)$$
$$= SR(AH - SH)$$
$$= 10.00\,美元/小时 \times (1\,100\,小时 - 1\,200\,小时)$$
$$= 1\,100\,美元（F）$$

术语表

Labor efficiency variance 人工效率差异
实际直接人工工时与直接人工标准工时之差，再乘以标准工资率得到的值。

Labor rate variance 人工工资率差异 实际直接人工工资率与直接人工标准工资率之差，再乘以实际工时得到的值。

Materials price variance 材料价格差异 实际材料单价与标准材料单价之差，再乘以实际购买的材料数量得出的值。

Materials quantity variance 材料用量差异
实际材料使用量和标准材料使用量之差，再乘以标准价格得出的值。

Price variance 价格差异 标准价格和实际价格之差，再乘以投入的实际使用量得到的值。

Quantity variance 用量差异 实际用量与标准用量不一致而产生的成本差异。

Standard cost card 标准成本卡 一张详细列示生产一个产品应该投入的标准成本和标准数量的卡片。

Standard cost per unit 每单位标准成本
一个特定产品单位投入的允许标准数量，再乘以该投入的标准价格。

Standard hours allowed 允许标准工时
完成该期间实际产出应该应该耗用的时间，等于生产的实际数量乘以标准单位人工工时。

Standard hours per unit 每单位标准工时
生产单位产品应该耗用的直接人工时间，包括休息时间、机器停机、清理以及其他正常的无效时间。

Standard price per unit 每单位标准价格
每单位直接材料应当支付的价格，反映其最终交付成本。

Standard quantity allowed 允许标准用量
完成期间实际产出应该使用的直接材料数量，等于生产的实际数量乘以标准单位材料数量。

Standard quantity per unit 直接材料用量标准 生产单位产品应当耗用的直接材料数量，包括生产中正常发生的废品、残料等损失消耗。

Standard rate per hour 每单位标准工资率
每小时人工应发生的人工工资率，包括税费和额外福利。

Variable overhead efficiency variance 变动制造费用效率差异 作业的实际水平（直接人工小时、机器小时，或其他的分配基础）与允许的标准作业之差乘以预计制造费用率的变动部分。

Variable overhead rate variance 变动制造费用分配率差异 在一个期间发生的实际变动制造费用和基于该期间实际作业应该发生的标准变动制造费用之间的差异。

思考题

1. 什么是用量标准？什么是价格标准？

2. 为什么要分别计算价格差异和用量差异？

3. 通常情况下，谁需要对材料价格差异、材料用量差异、人工效率差异负责？

4. 材料价格差异可以在哪两个不同的时间点计算，哪个更好，为什么？

5. 如果材料价格差异是有利的，材料用量差异是不利的，可能说明了什么？

6. 标准是用于判断应将问题归咎于谁吗？

7. "我们员工都是签有劳动合同的，所以，人工工资率差异为零"，讨论这种说法是否正确。

8. 劣等材料会对直接人工差异有什么影响？

9. 如果以直接人工工时为基础，将变动制造费用分配到产品，并且直接人工效率差异是不利，变动制造费用效率差异是有利差异还是不利差异？并说明理由。

10. 为什么过分强调人工效率差异导致了过量的在产品存货？

练习题

1. 直接人工和变动制造费用差异

伊利公司（Erie Company）生产一种叫作慢跑伙伴的移动健身设备。该公司使用标准成本法。慢跑伙伴的人工标准成本如下：

标准工时	标准工资率	标准成本
18 分钟	17.00 美元	5.10 美元

8 月生产 20 000 件慢跑伙伴，耗用 5 750 小时，直接人工成本合计 102 350 美元。

要求：

（1）什么是生产 20 000 件慢跑伙伴的允许标准工时（SH）？

（2）什么是生产 20 000 件慢跑伙伴允许标准人工成本（SH×SR）

（3）什么是人工支出差异？

（4）什么是人工工资率差异和人工效率差异？

（5）预算变动制造费用率 4 美元 / 小时，8 月，该公司有 21 850 美元变动制造费用，请计算该月的变动制造费用分配率差异和效率差异。

2. 直接材料和直接人工成本差异

休伦公司（Huron Company）生产一种叫作洁污的商业清洁化合物。生产单位洁污产品所耗用的直接材料和直接人工标准如下：

标准用量或工时	标准价格或工资率	标准成本
直接材料 4.6 磅	2.50 美元 / 磅	11.50 美元
直接人工 0.2 小时	18.00 美元 / 磅	3.60 美元

最近月份作业记录如下：

a. 以 2.35 美元 / 磅的成本购买 20 000 磅材料。

b. 采购的所有材料用于生产 4 000 件洁污产品。

c. 耗用 750 小时直接人工，总人工成本为 14 925 美元。

要求：

（1）计算该月的材料价格差异和用量差异。

（2）计算该月的人工工资率差异和效率差异。

问题

1. 成本差异分析

马文零件公司 (Marvel Parts，Inc) 产生汽车配件。该公司产品之一是一套座椅套，可以调整以适合任何小型汽车。该公司对所有产品使用标准成本系统。依据已经制定的座椅套标准，该公司每月生产 1 900 个座椅套应需 2 850 小时。与该产量有关的标准成本如下（金额单位为美元）：

	总计	每个座椅套
直接材料	42 560	22.40
直接人工	51 300	27.00
变动制造费用	6 840	3.60
		53.00

8 月，该公司耗用直接人工 2 800 小时生产 2 000 个座椅套。当月记录的实际成本如下（金额单位为美元）：

	总计	每个座椅套
直接材料	45 600	22.80
直接人工	49 000	24.50
变动制造费用	7 000	3.50
		50.80

标准成本下，每个座椅套需材料 5.6 码，该月采用的所有材料均用于生产。

要求：

计算 8 月下列差异：

（1）材料价格差异和用量差异。

（2）标准工资率差异和效率差异。

（3）变动制造费用分配率差异和效率差异。

2. 直接材料差异和直接人工差异，补充未完成的数据计算

夏普公司（Sharp Company）以下列标准成本生产一种产品：

	标准用量或工时	标准价格或工资率	标准成本
直接材料	3 英尺	11 美元 / 英尺	33 美元
直接人工	? 小时	? / 小时	?

3 月，该公司以 111 300 美元的价格采购直接材料，采购的所有材料均用于 3 200 件产品的生产。另外，当月耗用直接人工 4 900 小时，直接人工工时成本为 95 550 美元，该月的差异计算如下：

材料用量差异	4 400 美元 U
人工支出差异	450 美元 F
人工效率差异	2 000 美元 U

要求：

（1）对于直接材料：

a. 计算 3 月每英尺材料的实际成本。

b. 计算价格差异和支出差异。

（2）对于直接人工：

a. 计算直接人工标准工资率。

b. 计算当月生产允许标准工时。

c. 计算单位产品允许标准工时。

提示：在完成这个问题的过程中，通过使用图 11-2 和图 11-3 或表 11-3 和表 11-4 的方式，可能有助于从已知数据获得未知数据。

回溯成本差异数据

维德斯公司（Vitex,Inc.）生产一种受客户欢迎的产品，它提供了来自于标准成本系统中如下的数据：

	标准用量 或工时	标准价格或 工资率	标准成本
直接材料	6 磅	3 美元 / 磅	18.00 美元
直接人工	0.8 小时	15 美元 / 小时	12.00 美元
变动制造费用	0.8 小时	3 美元 / 小时	2.40 美元
单位产品标 准成本			32.40 美元

制造费用以直接人工工时为基础分配至生产成本。该期间内采购的所有材料均用于生产。在产品金额不重大，可忽略不计。

要求：

（1）上个期间生产了多少单位的产品？

（2）采购并耗用了多少直接材料？

	总标准成本[①] （美元）	成本差异（美元）	
		价格或 工资率	用量或 效率
直接材料	405 000	6 900 F	9 000 U
直接人工	270 000	14 500 U	21 000 U
变动制造费用	54 000	1 300 F	? U

[①]该期间内分配至在产品。

（3）实际单位材料成本是多少？

（4）该会计期间生产耗用了多少实际直接人工工时？

（5）实际单位工资率是多少？

（6）该期间实际变动制造费用是多少？

附录 11A　标准成本系统中预计制造费用分配率和制造费用分析

在附录中，我们将说明在一个标准成本系统中如何使用预计制造费用分配率。我们已在分批成本法章节中讨论过预计制造费用分配率的使用，在该附录中，我们假设计入产品成本的所有制造费用（包括变动和固定）均使用完全成本法。

11A.1　微驱动公司：一个例子

微驱动公司（Microdrive corporation）生产微型电机，表 11A-1 为其相关数据。该表中的数据分为 3 个部分。

第一部分是公司规划预算中的预算制造费用和预算机器工时。请注意，公司的规划预算以生产 25 000 台电机为基础编制的。已知每台电机允许 2 机器工时，则规划预算允许 50 000 机器工时。在该作业水平下，预算变动制造费用是 75 000 美元，预算固定制造费用是 300 000 美元。

第二部分是微驱动公司分配制造费用的信息。请注意，公司实际生产 20 000 台电机，而不是预算中的 25 000 台。给定每台电机允许 2 机器工时，实际生产允许标准工时为 40 000 机器工时。公司将使用机器工时数量将变动和固定制造费用分配到产品中。

第三部分总结了当期公司实际的变动和固定制造费用、实际机器工时。下文我们会更详细地叙述在标准成本系统中理解实际机器工时（4200 机器工时）不用于分配制造费用，而是用实际生产的允许标准工时（4000 机器工时）分配变动性和固定性制造费用使用的重要性。

表 11A-1 微驱动公司数据

预算（计划的）制造费用	
预算变动制造费用	75 000 美元
预算固定制造费用	300 000 美元
预算制造费用总额	375 000 美元
预算产出	25 000 台电机
每台机器的标准工时	2 机器工时 / 台
预算机器工时	50 000 机器工时
制造费用的分配	
实际产出	20 000 台电机
每台机器的标准工时	2 机器工时 / 台
用于实际产出的允许标准工时	40 000 机器工时
实际制造费用和机器工时	
实际变动制造费用	71 400 美元
实际固定制造费用	308 000 美元
实际总制造费用	379 400 美元
实际机器工时	42 000 机器工时

11A.2 预计制造费用分配率

回顾前面章节的内容，用于确定期初预计制造费用分配率的公式如下：

预计制造费用分配率 = 预计制造费用总额 / 预计分配基础总量

在预计制造费用分配率公式中，预计分配基础总量称为**除数作业**（denominator activity）。预计制造费用分配率一旦被确定，它在整个期间保持不变，即使作业的实际水平与计划不同。所以，不论其生产期间如何，分配到单位产品的制造费用相同的。

如表 11A-1 所示，微驱动公司将预算机器工时 50 000 作为预计制造费用分配率中的除数作业。其预计制造费用分配率计算如下：

预计制造费用分配率 = 375 000 美元 /50 000 机器工时 = 7.50 美元 / 机器工时

预计制造费用分配率可以分解为变动和固定部分：

变动预计制造费用分配率 = 75 000 美元 /50 000 机器工时 = 1.50 美元 / 机器工时
固定预计制造费用分配率 = 300 000 美元 /50 000 机器工时 = 6.00 美元 / 机器工时

对于记录的每一个标准工时，在产品承担 7.50 美元制造费用，其中 1.50 美元是变动制造费用，6.00 美元是固定制造费用。总之，微驱动公司将分配 300 000 美元制造费用到在产品中，计算如下：

分配的制造费用 = 预计制造费用分配率 × 实际产量下的允许标准工时

$$= 7.50 \text{ 美元 / 机器工时 } \times 40\,000 \text{ 机器工时}$$
$$= 300\,000 \text{ 美元}$$

11A.3 在标准成本系统中制造费用的分配

为理解固定制造费用成本差异，首先我们需要知道在标准成本系统中制造费用是如何分配至在产品中的。回顾分批成本法章节的内容，我们以实际作业水平（如实际工作的直接人工小时或者实际使用的机器小时）为基础分配制造费用至在产品。使用当时我们正在学习的正常成本系统，这个计算过程是正确的。⊖但是，我们现在使用的是标准成本系统。在标准成本系统中，制造费用以允许标准工时为基础而不是实际工时为基础进行分配，图 11A-1 说明了这一点。在标准成本系统中，不论在生产过程中实际生产需要多长时间，单位产出承担着相同数量的制造费用。

正常成本系统		标准成本系统	
制造费用		制造费用	
实际的制造费用	分配的制造费用：实际工时 × 预计制造费用分配率	实际的制造费用	分配的制造费用：实际产出下允许标准工时 × 预计制造费用分配率
少分配或多分配的制造费用		少分配或多分配的制造费用	

图 11A-1 分配制造费用：正常成本系统与标准成本系统

11A.4 预算差异

在标准成本系统中，计算两个固定制造费用差异——预算差异和用量差异。差异的计算如图 11A-2 所示。**预算差异**（budget variance）是当期实际固定制造费用和预算固定制造费用之差，计算公式如下：

$$\text{预算差异} = \text{实际固定制造费用} - \text{预算固定制造费用}$$

如果实际固定制造费用大于预算固定制造费用，即不利预算差异。反之同理。

根据微驱动公司数据，预算差异计算如下

$$\text{预算差异} = 308\,000 \text{ 美元} - 300\,000 \text{ 美元} = 8\,000 \text{ 美元（U）}$$

根据预算，固定制造费用应该是 300 000 美元，但是实际发生的固定制造费用是 308 000 美元。因为实际固定制造费用大于预算固定制造费用，所以，8 000 美元被标注为不利差异；但是，这不是表明管理绩效不佳的自动信号。例如，成本差异可能是浪费和无效率的结果，这也可能是由于在固定制造费用资源上的一种不可预见的谨慎投资，从而提高了产品质量或制造周期的效率。

⊖ 正常成本系统的定义参见第 3 章和第 4 章的术语表。

图 11A-2　固定制造费用差异

① 如表 11A-1 所示，这个数量也可以表示为：5 000 预算机器工时 ×6 美元 / 机器工时 =300 000 美元。

注：F 为有利差异；U 为不利差异。

11A.5　用量差异

用量差异（volume variance）可由下列公式定义：

$$用量差异 = 预算固定制造费用 - 分配至在产品的固定制造费用$$

当预算固定制造费用大于分配至在产品的固定制造费用时，用量差异即为不利差异。当预算固定制造费用小于分配至在产品的固定制造费用时，用量差异即为有利差异。正如我们将要看到的，在解释这种差异时要保持谨慎。

为理解用量差异，我们需要理解在标准成本系统中固定制造费用是如何分配至在产品中的。在前文讨论中，分配至在产品中的固定制造费用以当期实际产量下的允许标准工时为基础。在微驱动公司案例中，该公司生产 20 000 台电机并且每台电机是 2 标准机器工时。所以，实际产量下的允许标准工时是 40 000 机器工时。如图 11A-2 所示，6.00 美元 / 机器工时的预计制造费用分配率乘以允许标准工时 40 000，得到在产品中的固定制造费用 240 000 美元。还可以用另一种方法，生产每台电机的标准工时是 2，由于预计制造费用分配率是 6.00 美元 / 机器工时，所以，分配至每台电机固定制造费用是 12.00 美元，总额 240 000 美元的固定制造费用被分配至实际生产的 2 000 台电机中。在上面任意一个解释中，用量差异是根据下面公式计算的：

$$用量差异 = 300\,000\,美元 - 240\,000\,美元 = 60\,000\,美元（U）$$

解释用量差异的关键是理解它取决于计算预计制造费用分配率中作为除数的工时与该期实际产量下允许标准工时之差。换句话说，用量差异也可以通过如下公式计算：

$$用量差异 = 预计制造费用分配率固定部分 ×（分母的工时数 - 实际产量下的允许标准工时）$$

在微驱动公司案例中，按上述公式计算如下：

$$用量差异 = 6.00\,美元 / 机器工时 ×（50\,000\,机器工时 - 40\,000\,机器工时）$$
$$= 60\,000\,美元（U）$$

请注意，这与前文计算用量差异公式的结果是一致的。

关注这个新公式，如果除数的工时大于实际产出下允许的标准工时，是不利的用量差异；如果作为除数工时小于实际产出下允许的标准工时，是有不利的用量差异。换句话说，如果作业实际水平低于期望，即为不利的用量差异；如果作业实际水平高于期望，即为有利的用量差异。注意到用量差异并不衡量支出过度和支出不足的情况是重要的。无论当期作业高于或低于预算水平，一家公司有相同金额的固定制造费用。

用量差异经常用于衡量设备利用情况。如果实际产出下的允许标准工时大于或小于除数工时，可以作为设备利用有效（或无效）的信号。但是，设备使用情况的其他指标（如设备利用百分比）可能更容易计算和理解。也许是对用量差异更好的解释是，当作业水平被不恰当地估计而且成本核算系统假定固定成本为变动的，将会发生用量差异的错误。在下一部分图表分析固定制造费用差异时，这个解释可能会更清晰。

11A.6　固定制造费用差异的图形分析

图 11A-3 展示的是固定制造费用预算差异和用量差异的图形分析。如图 11A-3 所示，按照预计以 6 美元 / 标准作业工时将固定制造费用分配至在产品（图中成本分配线是向上倾斜的线）。因为在计算 6 美元的分配率中使用除数 50 000 机器工时，在横轴 50 000 机器工时这一点上，成本分配线穿过预算成本线。如果除数工时与允许标准工时相同，不会有用量差异。仅仅当标准工时与除数工时不同时，才会出现用量差异。

图 11A-3　固定制造费用差异的图形分析

在微驱动公司案例中，允许标准工时（40 000）小于除数工时（50 000）。因为用于生产的成本比原先预算的要少，所以出现不利用量差异。如果情况相反，即允许标准工时大于除数工时，那么会出现有利用量差异。

11A.7　固定制造费用分析中注意事项

当分配成本到在产品时，出现了固定制造费用的用量差异，好像固定费用是可变的。图 11A-3 中将说明这点。请注意，从图 11A-2 中可见，固定制造费用以 6 美元 / 小时的分配率分配至在产品，好像它们是可变的。在以产品成本计算为目的时，将这些成本视为变动成本是必要的，但在这里隐含着一些真正的危险，可能管理者很容易被误导，认为固定费用是真的可变的。

应该明确的是，通常固定制造费用的数量很大，在单位或每小时的基础上表示固定成本，是为了计算产品成本满足编制外部报告的需要，但是单位固定成本是人为的数据，实际上，在一定范围内增加或减少作业量对固定成本总额是没有影响的。虽然固定成本以单位或每小时的基础上表示，但是它们不随作业成比例变动。在某种意义上，在成本系统中通过将固定成本作为可变成本会导致用量差异错误。

11A.8　协调制造费用差异和制造费用分配过度或分配不足

在标准成本系统中，一个期间内分配过度或不足等于制造费用差异的总和。为看到这个结果，我们回到微驱动公司的例子中。

在标准成本系统中，以当期实际产量下允许标准工时为基础将制造费用分配至在产品中。下表是微驱动公司制造费用过度或不足的计算。

预计制造费用分配率	7.50 美元 / 机器工时
实际产出下的允许标准工时	40 000 机器工时
（见表 11A-1）	
分配的制造费用	300 000 美元
实际制造费用总额	379 400 美元
（见表 11A-1）	
制造费用分配过度或不足	79 400 美元不足

我们已经计算出该公司预算差异和用量差异。我们也需要计算变动制造费用差异。

$$变动制造费用率差异 = (AH \times AR) - (AH \times SR)$$
$$= AH(AR - SR)$$
$$= 42\,000\text{机器工时} \times (1.7\text{美元/机器工时}^{\ominus} - 1.5\text{美元/机器工时})$$
$$= 8\,400\text{美元（U）}$$

$$变动制造费用效率差异 = (AH \times SR) - (SH \times SR)$$
$$= SR(AH - SH)$$
$$= 1.5\text{美元/机器工时} \times (42\,000\text{机器工时} - 40\,000\text{机器工时})$$
$$= 3\,000\text{美元（U）}$$

制造费用差异总和的计算如下：

$\ominus$　$AR = 71\,400$ 美元 $\div 42\,000$ 机器工时 $= 1.7$ 美元 / 机器工时。

变动制造费用率差异	8 400（U）
变动制造费用效率差异	3 000（U）
固定制造费用预算差异	8 000（U）
固定制造费用用量差异	60 000（U）
制造费用差异总和	79 400（U）

请注意，制造费用差异总和 79 400 美元，等于制造费用不足 79 400 美元。一般来说，如果制造费用是分配不足，标准制造费用差异总和是不利的；如果制造费用是分配过度，标准制造费用差异总和是有利的。

术语表

Budget variance 预算差异 某一期间实际固定制造费用和预算固定制作费用的差异。

Denominator activity 除数作业 用于计算预计制造费用分配率的作业水平。

Volume variance 用量差异 每当某一期间实际产量下的允许标准工时与用于计算预计制造费用分配率的除数作业不同时引起的差异。它通过预计制造费用分配率的固定部分乘以除数工时与实际产量下的允许标准工时差值计算得出。

练习题

1. 固定制造费用差异

博瑞公司（Primara Corporation）使用标准成本系统，以根据实际产出的允许标准直接人工工时将制造费用分配至产品。最近一年的相关数据如下：

总预算固定制造费用	250 000 美元
实际的固定制造费用	254 000 美元
预算的直接人工工时（除数作业水平）	25 000
实际直接人工工时	27 000
实际产量下直接人工允许标准工时	26 000

要求：

（1）计算当年预计制造费用分配率的固定部分。

（2）计算固定制造费用的预算差异和用量差异。

2. 标准成本系统下制造费用的分配

博克公司（Privack Corporation）使用标准成本系统，根据该期间实际产出下的允许标准直接人工工时，将制造费用分配至产品。最近一年的相关数据如下：

单位直接人工工时预算制造费用差异	2 美元
每年总预算固定制造费用	250 000 美元
预算直接人工工时（除数作业）	40 000
实际直接人工工时	39 000
实际产出下直接人工允许标准工时	38 000

要求：

（1）计算该年预计制造费用分配率，在分配率中包括总预算固定制造费用和总预算变动制造费用。

（2）计算需分配至该期产品中的制造费用。

问题

1. 制造费用的分配、制造费用差异

莱恩公司（Lane Company）仅生产一种需要手工制作的产品，以标准直接人工工时为基础进行制造费用分配。预算变动制造费用差异为 2 美元/人工工时，预算固定制造费用为每年 480 000 美元。

材料标准用量为 3 磅 / 单位，标准成本为 7 美元 / 磅。直接人工标准工时 1.5 小时 / 单位，人工标准工资率 12 美元 / 小时。

该公司计划在直接人工 6000 工时的作业水平上经营，每年生产产品 40 000 单位。该年的实际作业和费用如下：

实际的生产数量	42 000
实际的直接人工工时	65 000
实际的变动制造费用	123 500 美元
实际的固定制造费用	483 000 美元

要求：

（1）计算预计制造费用分配率，并将其分为变动和固定两个部分。

（2）编制公司产品标准成本卡，在标准成本卡上显示制造费用的详细内容。

（3）a. 计算该年产量下的允许标准直接人工工时；

b. 填列下面的该年制造费用 T 型账户。

制造费用	
?	?
?	?

（4）通过计算变动制造费用分配率差异和效率差异，以及固定制造费用预算差异和用量差异，确定并说明制造费用分配不足或分配过度的原因。

（5）假设公司以 6 500 直接人工工时为除数作业而不是 60 000 直接人工工时，无须计算，确定第（4）问中哪个差异将会改变，并解释其将会如何改变。

2. 理解标准成本差异

佛兰德公司（Flandro company）使用标准成本系统，并以直接人工工时为基础确定预计制造费用分配率。从公司当年规划预算中得到如下数据：

除数作业（直接人工工时）	5 000
变动制造费用	25 000 美元
固定制造费用	59 000 美元

公司仅生产一种产品，其标准成本卡如下所示：

投入	标准用量或工时	标准价格或工资率	标准成本
直接材料	3 码	4.40 美元 / 码	13.20 美元
直接人工	1 工时	12 美元 / 工时	12.00
制造费用	1 工时	16.80 美元 / 工时	16.80
单位产品标准成本			42.00 美元

公司当年生产产品 6 000 单位，实际耗费如下所示：

材料采购（4.80 美元 / 码，采购 24 000 码）	115 200 美元
生产耗用材料（码）	18 500
直接人工费用，以 12 美元 / 小时耗用 5 800 工时	75 400 美元
变动制造费用	29 580 美元
固定制造费用	60 400 美元

要求：

（1）编制新标准成本卡，将单位变动制造费用和单位固定制造费用分开列示。

（2）计算材料价格和用量差异，并计算人工工资率差异和效率差异。

（3）计算变动制造费用分配率差异和效率差异，并计算固定制造费用预算差异和用量差异。

（4）如果选择以标准成本作为除数作业水平会产生什么影响，从支出角度考虑用量差异是可控差异吗？并解释原因。

附录 11B 标准成本系统：Excel 角度的财务报告

第 10 章的大部分内容和附录 11A 主要介绍了出于管理控制目的如何进行标准成本差异的计算。下面介绍出于财务报告目的如何使用标准成本系统编制资产负债表和利润表。我们将使用 Excel 编制这两种财务报告，这可以让你学会一种有用的管理技能，去评估一项交易对资产负债表的影响。

现在我们需要回顾两个会计等式和 4 个重要假设。

11B.1　会计等式

资产负债表以下列会计等式为基础，该会计等式是复式记账法的基石。

$$资产 = 负债 + 所有者权益$$

该附录中，在我们将要使用的 Excel 电子表格中，一列总是以等号填充。等号左侧是资产，等号右侧是负债和所有者权益。我们登记每一项交易后，左侧账户金额必须等于右侧账户金额。

资产负债表中第二个等式与留存收益有关。期末留存收益计算如下：

$$期末留存收益 = 期初留存收益 + 净营业利润 - 股息$$

该等式强调资产负债表和利润表的联系。它明确地反映出利润表中的经营净利润与资产负债表上的留存收益有关。该附录中，我们不包括任何股息，所以留存收益中的交易将会影响净营业利润。任何涉及销售或费用确认的交易都将记录在资产负债表的留存收益列中。这种方法强调了一个非常重要的观点，即公司的利润表被嵌入资产负债表的留存收益中。

11B.2　4 个关键假设

该附录中我们使用的第一个假设是原材料、在产品和产成品总是以标准成本计量。换句话说，对于投入支付的标准价格和对于实际产出水平下允许投入的标准数量将通过存货账户进行流转成本。投入的实际价格和实际数量不影响存货账户的成本。

标准成本法极大地简化了记账工作。我们总是将所有的标准成本差异结转到销货成本账户，而不是计入存货差异账户。当结转账户的销货成本增加，留存收益减少。这样做是因为增加的销货成本将减少经营净利润，并减少留存收益。反之同理。

第二个假设与记录标准成本差异的结算账户有关。结算账户的期初和期末，余额为零。在 Excel 电子表格中，每项成本差异有其单独的结算账户，其位置在等号右侧。将这些结算账户等号的右侧，使我们能够记录随着各自结算账户减少的全部有利差异和随着各自结算账户减少的全部不利差异。一旦全部差异记录完毕后，当期交易结转至销货成本账户，同时导致留存收益中经营净利润改变。

第三个假设与涉及限制本附录中使用的总分类账户的数量有关。资产类的术语中，我们总是限定使用一定数量的账户，包括库存现金、原材料、在产品、产成品、财产、厂房和设备、净累计折旧。在负债和所有者权益类，我们总是只使用一个账户——留存收益。⊖

第四个假设是在 Excel 电子表格中，正数表示增加，负数表示减少，而不是使用借和贷，这与借贷记账法不同。

⊖　通常，我们会在资产负债表的股东权益部分包括普通股账户。然而，为了尽量减少电子表格中的列数，本附录省略了普通股账户，使用术语负债和权益，而不是负债和股东权益。

11B.3 标准成本系统：一个例子

迪伦公司（Dylan Corporation）只生产一种产品，出于内部管理和财务报告的目的使用标准成本系统。它使用以直接人工工时作为分配基数的全厂预计制造费用分配率。公司所有的制造费用都是固定的，没有发生任何变动的制造费用。预计固定性制造费用为 1 875 000 美元，预计的分配基础是 75 000 机器工时，基于成本公式计算的预计制造费用分配率。

公司想要编制期末资产负债表和当期利润表。图 11B-1 是期初资产负债表，在产品没有期初余额。公司唯一产品的标准成本卡如图 11B-2 所示。

	A	B
1		迪伦公司
2		资产负债表
3		/1/1/××
4		千美元
5		
6	资产	
7	库存现金	1 100
8	原材料①	400
9	库存商品②	714
10	固定资产，产房设备净值	5 200
11	资产总额	7 414
12		
13	负债和所有者权益	
14	留存收益	7 414
15	负债和所有者权益总额	7 414
16		
17	①80 000磅×5美元/磅=400 000美元	
18	②14 000单位×51.00美元/单位=714 000美元	
19		
20		

图 11B-1　迪伦公司期初资产负债表

	A	B	C	D	E	F
1				迪伦公司		
2				标准成本卡		
3	投入	(1)标准用量或工时		(2)标准价格或分配率		标准成本（1）×（2）
4	直接材料	4.2 磅		5.00美元/磅		21.00美元
5	直接人工	0.75 小时		15.00美元/小时		11.25
6	固定制造费用	0.75 小时		25.00美元/小时		18.75
7	标准成本					51.00美元
8						
9						
10						

图 11B-2　迪伦公司：标准成本卡

11B.4　交易汇总

这一年迪伦公司完成的交易如下：

a. 使用现金以 4.75 美元/磅的价格采购 380 000 磅原材料。

b. 为生产 88 000 件产品，在产品耗用 365 000 磅原材料。

c. 分配直接人工成本。直接人工（以现金支付）工作了 72 000 小时，以每小时 14.5 的平均成本分配到 88 000 单位的生产产品中。

d. 使用预计制造费用分配率乘以生产 88 000 件产品的允许人工工时，将固定制造费用分配到在产品分配。该年发生的实际固定制造费用为 1 750 000 美元，其中，900 000 美元与保险和薪酬等有关，该部分以现金支付，850 000 美元与设备折旧等有关。

e. 由在产品转为产成品 88 000 件。

f. 以 62.00 美元/件的价格出售给客户 85 000 件（收到现金）。

g. 将出售 85000 件产品有关的标准成本从产成品账户结转到销货成本账户。

h. 支付销售和管理费用 450 000 美元。

I. 结转全部标准成本差异至销货成账户。

我们将用图 11B-3 展示迪伦公司的交易情况。A7 是当期的期初余额，A17 是期末余额。在期初与期末之间，第 8 ~ 16 行记录了交易 a ~ i 的情况。第 7 行对应图 11B-1。第 H ~ M 列是我们要计算的 6 种差异，每个差异账户期初余额是零，他们记录当期差异并结转至销货成本，所以期末余额也是零。这 6 个差异账户记录了该期相应的差异，然后在该期末将差异结转到销货成本账户，结清该账户余额。

	A	B	C	D	E	F	G	H	I	J	K	L	M
1								迪伦公司					
2								交易分析					
3								XX-12-31					
4								千美元					
5													
6		库存现金	原材料	在产品	库存商品	固定资产, 产房设备净值	材料价格差异	材料用量差异	人工工资率差异	人工效率差异	固定制造费用预算差异	固定制造费用产量差异	留存收益
7	1月1日	1 100	400		714	5 200							7 414
8	a												
9	b												
10	c												
11	d												
12	e												
13	f												
14	g												
15	h												
16	i												
17	12月31日												
18													

图 11B-3 迪伦公司：交易模板

现在我们演示 3 个步骤准备编制该公司的利润表。首先，计算计算公司 6 种成本差异。然后，记录 a ~ i 的交易。最后，编制该年的利润表。

11B.5 计算差异

对迪伦公司而言，材料采购数量（380 000 磅）不等于材料用于生产的数量（365 000 磅），所以，以采购材料数量为基础确定材料价格差异，以材料用于生产的数量为基础确定材料用量差异。差异计算如下：

材料价格差异

材料价格差异 = $(AQ \times AP) - (AQ \times SP)$

材料价格差异 = $AQ (AP - SP)$

材料价格差异 = 380 000 磅 × （4.75 美元 / 磅 −5.00 美元 / 磅）

材料价格差异 = 95 000 美元 F

材料用量差异

材料用量差异 = $(AQ \times SP) - (SQ \times SP)$

材料用量差异 = $SP (AQ - SQ)$

材料用量差异 = 5.00 美元 / 磅 × （365 000 磅 −369 600 磅[①]）

材料用量差异 = 23 000 美元 F

① SQ = 88 000 单位 × 4.2 磅 / 单位 = 369 600 磅。

材料价格差异是有利的，因为每磅实际价格（4.75 美元）低于每磅标准价格（5.00 美元）。材料用量差异也是有利的，因为用于生产 365 000 磅低于允许标准用量 369 600 磅。

直接人工工资率和效率差异计算如下：

人工工资率差异
人工工资率差异 = (AH × AR) - (AH × SR)
人工工资率差异 = AH (AR-SR)
人工工资率差异 = 72 000 小时 ×（14.50 美元 / 小时 -15.00 美元 / 小时）
人工工资率差异 = 36 000 美元 F

人工效率差异
人工效率差异 = (AH × SR) - (SH × SR)
人工效率差异 = SR (AH-SH)
人工效率差异 = 15.00 美元 / 小时 ×（72 000 小时 -66 000 小时①）
人工效率差异 = 90 000 磅 U

① SQ = 88 000 单位 ×0.75 小时 / 单位 = 66 000 小时。

人工工资率差异是有利的，因为实际人工工资率（14.50 美元）小于标准人工工资率（15.00 美元）。人工效率差异是不利的，因为实际工作 72 000 小时大于允许标准工时 66 000 小时（88 000 单位 ×0.75 小时 / 单位）。

固定制造费用预算差异和用量差异计算如下：

预算差异
预算差异 = 实际固定制造费用 - 预算固定制造费用
预算差异 = 1 750 000 美元 -1 875 000 美元
预算差异 = 125 000 美元 F

用量差异
用量差异 = 预算固定制造费用 - 分配至在产品中的固定制造费用
用量差异 = 1 875 000 美元 -1 650 000 美元①
用量差异 = 225 000 美元 U

① 分配至在产品中的固定制造费用 = 66 000 允许标准工时 ×25 美元 / 工时 = 1 650 000 美元。

固定制造费用预算差异 125 000 美元是有利的，因为固定制造费用实际用量（1 750 000 美元）小于固定制造费用预算用量（1 875 000 美元）。但是，固定费用用量差异 225 000 美元是不利的，因为预算固定费用（1 875 000 美元）大于分配至在产品中的固定制造费用（1 650 000 美元）。分配至在产品中的固定制造费用由预计制造费用分配率乘以允许标准工时得到。

11B.6 记录交易事项

图 11B-4 展示了如何正确地记录迪伦公司所有交易事项。你可能注意到在第 H ～ M 列中，有利差异无须括号，而不利差异需使用括号。有利差异增加经营净利润，而不利差异减少经营净利润。例如，材料价格差异为 95 000 美元的有利差异，在 H8 中列示，无须括号。为结清该差异，我们在 H16 中以 -95 000 美元列示，使材料价格差异账户为零。H16 中的 -95 000 美元被额外增加 95 000 美元的留存收益所抵消。当 6 种差异都结转到销货成本账户，6 种差异的综合影响是减少了经营净利润和留存收益（36 000 美元），如图 11B-4 中单元格 N16 所示。

一旦记录好所有交易事项，Excel 表格可以快速计算资产负债表中的期末账户余额，如

11B-4 中的第 17 行。请注意，所有差异账户（H～M 列）的期末均为零，因为它们都是过渡账户。还需要注意，存货账户期末使用标准成本估值。例如，原材料的期末余额（475 000美元）是持有材料存货 95 000 磅，以 5.00 美元 / 磅的标准成本进行估价的数额。产成品期末余额（867 000 美元）是持有产成本 17 000 件，以 51.00 美元 / 件的标准成本进行估价的数额。

	库存现金	原材料	在产品	库存商品	固定资产，厂房设备净值	=	材料价格差异	材料用量差异	人工工资率差异	人工效率差异	固定制造费用预算差异	固定制造费用产量差异	留存收益
1月1日	1 100	400		714	5 200	=							7 414
a	(1 805)	1 900				=	95						
b		(1 825)	1 848			=		23					
c	(1 044)		990			=			36	(90)			
d	(900)		1 650		(850)	=					125	(225)	
e			(4 488)	4 488		=							
f	5 270					=							5 270
g				(4 355)		=							(4 335)
h	(450)					=							(450)
i						=	(95)	(23)	(36)	90	(125)	225	(36)
12月31日	2 171	475		867	4 350	=							7 863

图 11B-4 迪伦公司：交易分析

注：图 11B-4 中 a～i 解释说明如下：

a. 采购原材料的实际成本导致库存现金减少，即 $AQ \times AP$（380 000×4.75 美元 =1 805 000 美元）。采购原材料的标准成本导致原材料增加，即 $AQ \times SP$（380 000×5 = 1 900 000 美元）。材料价格差异是 95 000 美元 F。

b. 用于生产的原材料的标准成本导致原材料减少，即 $AQ \times SP$（365 000×5.00 美元 = 1 825 000 美元）。用于实际产出的原材料允许标准用量的标准成本导致在产品增加，即 $SQ \times SP$（365 600×5.00 美元 =1 848 000 美元）。材料用量差异 23 000 美元（F）。

c. 支付直接人工的实际金额导致库存现金减少，即 $AH \times AR$（72 000×14.50 美元 =1 044 000 美元）。实际产量下允许标准工时的标准成本导致在产品增加，即 $SH \times SR$（66 000×15.00 美元 =990 000 美元）。工资率差异 36 000 美元（F），人工效率差异 90 000 美元 U。

d. 支付固定制造费用导致库存现金减少，即 900 000 美元。实际产量下允许人工标准工时与预计制造费用分配率的乘积导致在产品增加，即 66 000 小时 ×25 美元 / 小时 = 1 650 000 美元。当期折旧导致 PP&E（net）减少，即 850 000 美元。固定制造费用预算差异 125 000 美元（F），固定制造费用用量差异 225 000 美元（U）。

e. 转移到产成品的数量与单位标准成本的乘积是在产品的减少额，即 88 000 单位 ×51.00 美元 / 单位 =4 488 000美元。产成品增加相同的数额 4 488 000 美元。

f. 销售数量与销售价格的乘积是库存现金增加额，即 85 000 单位 ×62.00 美元 / 单位 = 5 270 000 美元。未分配利润增加 5 270 000 美元。

g. 销售数量与单位标准成本的乘积是产成品减少额，即 85 000 单位 ×51.00 美元 / 单位 =4 335 000 美元。留存收益减少相同的 4 335 000 美元。

h. 销售和管理费用导致库存现金和留存收益减少 450 000 美元。

i. 期末差异账户余额为零，因为它们都要结转到销货成本账户。各种差异账户的综合影响是增加销货成本 36 000美元，即 -95 000 美元 +（-23 000 美元）+（-36 000 美元）+ 90 000 美元 +（-125 000 美元）+225 000 美元 =36 000 美元。因为销货成本增加 36 000 美元，使得经营利润净利润和留存收益减少相同的 36 000 美元。

11B.7 编制利润表

图 11B-5 中迪伦公司利润表来自图 11B-4 留存收益列。利润表中销售收入 5 270 000 美元来自图 11B-4 中 N13 单元格，标准销货成本（44 335 000 美元）来自图 11B-4 中 N14 单元格，差异调整之和（36 000 美元）、销售和管理费用（450 000 美元）来自 N16 和 N15 单元格。虽

然图 11B-5 中都为正数，但是标准销货成本（4 335 000 美元）、销售和管理费用（450 000 美元）和差异调整（36 000 美元）在图 11B-4 的 N 列中均为负数，它们分别减少了留存收益。

	A	B	C
1		迪伦公司	
2		利润表	
3		XX-12-31	
4		千美元	
5			
6	销售收入		5 270
7	标准销货成本	4 335	
8	差异调整	36	
9	销货成本		4 371
10	毛利率		889
11	销售和管理费用		
12	营业净收益		449
13			

图 11B-5　迪伦公司：利润表

标准成本、利润表的编制

福赛斯公司（Forsyth Company）生产一种产品，期初期末均没有存货，该公司使用标准成本系统。当年公司以 135 美元 / 单位的价格生产并销售 10 000 单位产品。单位产品标准成本 105 美元，销售和管理费用合计 235 000 美元。福赛斯公司没有任何的变动制造费用。当年的差异如下（金额单位为美元）：

材料价格差异	6 500 F
材料用量差异	10 200 U
工资率差异	3 500 U
人工效率差异	4 400 F
固定制造费用预算差异	2 500 F
固定制造费用用量差异	12 000 F

要求：

（1）当福赛斯公司结转标准成本差异后，销货成本将会增加（减少）多少？

（2）参考图 11B-5，编制该年的利润表。

交易分析、编制利润表

瓦里斯公司（Wallis Company）生产单一产品，且实行标准成本制度。公司以直接人工工时作为分配基础确定全厂预计制造费用分配率。全部制造费用均为固定金额，即无变动制造费用。预计制造费用分配率根据成本公式计算得出，其中估计固定制造费用为 2 880 000 美元，分配基础为 288 000 直接人工工时。公司无期初及期末存货。

公司期初资产负债表如下：

瓦里斯公司资产负债表 ××-01-01

资产	
现金	700
原材料	150
产成品	270
固定资产	8 500
资产合计	9 620
负债和所有者权益	
留存收益	9 620
负债和所有者权益合计	9 620

公司生产的单一产品的标准成本如下：

生产投入	（1） 标准工时	（2） 标准工资率	标准成本（美元） （1）×（2）
直接材料	2 磅	30 美元 / 磅	60.00
直接人工	3.00 小时	15 美元 / 磅	45.00
固定制造 费用	3.00 小时	10 美元 / 磅	30.00
单位标准 成本			135.00

当年瓦里斯公司完成了如下交易：

a. 以 29.5 美元 / 磅的价格采购（现金）230 000 磅原材料。

b. 向在产品投入 215 000 磅原材料生产 95 000 单位产品。

c. 分配直接人工成本至在产品。直接生产工人平均工资率为 16 美元 / 工时（以现金支付），总工时为 245 000，产出 95 000 单位产品。

d. 利用预计制造费用分配率乘以生产 95 000 单位产品的直接人工工时，将固定制造费用分配至在产品。当年实际固定制造费用为 2 740 000 美元。其中，如保险、公共事业费、间接员工工资占 1 340 000 美元，且均以现金支付，设备折旧费占 1 400 000 美元。

e. 将 95 000 单位在产品加工形成产成品。

f. 以单位售价 170 美元将 92 000 单位产品销售（现金）至客户。

g. 将 92 000 单位产品相关的标准成本由产成品结转至销货成本。

h. 支付销售和管理费用 2 120 000 美元。

i. 所有标准成本差异计入销货成本。

要求：

（1）计算当年所有直接材料、直接人工、固定制造费用差异。

（2）根据图 11B-3 记录瓦里斯公司交易 a ~ i。

（3）计算瓦里斯公司资产负债表的期末存货。

（4）根据图 11B-5，编制瓦里斯公司当年的利润表。

第12章

分权制组织中的业绩考核

商业聚焦

稀缺性战略

老瑞普·范温克酿酒厂（Old Rip Winkle Distillery）雇用了两名员工，朱利安·范温克三世（Julian Van Winkle Ⅲ）和他的儿子普斯顿（Preston）。与其他大型竞争对手美格波本（Maker's Mark）和威特基（Wild Turkey）相比，它的年销售额仅有 200 万美元。虽然其销售量可以轻松地翻 3 倍，但是它选择将销售限制在每年 7 000 箱波旁威士忌。考虑到该公司 20 年威士忌曾在芝加哥饮料品尝研究所（Beverage Tasting Institute of Chicago）获得了前所未有的 99 分，因此对该公司产品的需求远远超过了它的供给，从而使正常的价格上涨。例如，1/5 的 20 年的派比范温克波旁威士忌可以卖 110 美元。在学习该章时，你会了解为什么老瑞普·范温克酿酒厂在他的获奖产品上放弃营业额而采取获取更大毛益的策略。

资料来源：Brian Dumaine, "Creating the Ultimate Cult Brand," *Fortune*, February 28, 2011, pp.21-24

学习目标

1. 计算投资报酬率并说明销售收入、成本费用和资产如何对投资报酬率产生影响。
2. 计算剩余收益并说明其优缺点。
3. 计算经营期间时间、交货周期时间和制造周期效率。
4. 理解平衡计分卡的构建和使用。
5.（附录 12A）确定协议转移价格范围。
6.（附录 12B）服务部门费用向经营部门的分配。

除小规模组织外，公司所有者及高级管理人员应下放其决策权。公司所有者（如股东）将决策权委托给高级管理人员，实施公司治理制度以指导并控制这些管理的行为。如果公司治理制度得以恰当实施，将能够提供激励和反馈机制，以确保公司董事会及高级管理人员追求的目标与所有者利益相一致。⊖类似地，公司高级管理人员将决策权下放至下属人员时，实行管理控制制度可以指导并控制下属的行为。如果管理控制制度得以恰当执行，则可提供

⊖ 公司治理的相关评论改编自 2004 年的题为经合组织治理原则的报告，由经济合作与发展组织发行。

激励和反馈机制，以确保公司员工追求与公司利益相一致的目标。

　　本章解释了多种绩效指标，帮助公司根据其整体利益调整对员工的激励以及员工的行为。首先，本章探讨了分权化的优势及劣势；然后简要概述了责任会计制度，并介绍了该制度中广泛应用的两种绩效指标——投资报酬率（ROI）和剩余收益（RI）。本章最后总结了经营绩效衡量指标及平衡计分卡（BSC）。

12.1　组织中的分权

　　在**分权制组织**（decentralized organization）中，决策权分布于整个组织，而不是局限于少数高层管理者。如上所述，所有大型组织在某种程度上都是分权制，但是，分权制程度不同。在高度集权制组织中，较低级别的管理者几乎没有决策权。相反，在高度分权制组织中，即使是最低级别的管理者也有权做出很多决策。大多数组织介于两者之间。

1. 分权制的优点
分权制的优点主要包括：

（1）把日常问题的解决下放至较低级别的管理者，高层管理者可以把精力集中于更重要的决策中，如总体战略。

（2）授予较低级别的管理者决策权，将决策权交到那些拥有最详细和最新的日常运营信息的人手中。

（3）消除决策和批准的层次，使组织在瞬息万变的市场中迅速做出应变决策。

（4）授予决策权有助于培训较低级别的管理者担任更高级别的职位。

（5）让较低级别的管理者进行决策，可以增加他们工作的积极性和对工作的满足感。

2. 分权制的缺点
分权制的缺点主要包括：

（1）较低级别的管理者可能在不完全理解总体战略的情况下做出决策。

（2）如果较低级别的管理者之间独自做出决策，可能较低级别的管理者之间会缺乏协调合作。

（3）较低级别管理者的目标可能与组织的总体目标不同。⊖例如，管理者可能对增加自己部门规模、权利和声望更感兴趣，而不是增加部门的效率。

（4）在分权制组织中，传递创新思想可能会比较困难。组织中某个部门的某个人可能有让其他部门受益的极好的想法，但是没有高层管理者的强有力的集中指导，再好的想法和建议可能不会与其他部门分享和接受。

⊖　高层管理者也存在类似的问题。公司股东将决策权委托给高层管理者。遗憾的是，高层管理者可能会滥用这种信任，给自己和朋友支付过高的薪酬、花费大量资金用于办公室装修，等等。如何确保高层管理者的行为与所有者的最大利益保持一致，对专家们来说仍然是个挑战。在很大程度上，所有者依靠投资回报率和剩余收益衡量指标来进行绩效评估，这会在后续章节进行讨论，同时还有奖金和股票期权。股票市场也是一个重要的约束机制。如果高层管理者滥用公司资源，公司的股票价格就会下跌，进一步可能导致其名誉、奖金和工作岗位的损失。当然，过分严重的自利交易可能会使 CEO 面临诉讼。

12.2 责任会计

分权制组织需要责任会计系统将较低级别管理者的决策权与这些决策结果的责任联系起来。**责任中心**（responsibility center）适应于组织的任何部门，其管理者对成本、利润和投资能够进行控制并承担其经济责任的中心。责任中心主要有成本中心、利润中心和投资中心 3 种类型。

12.2.1 成本中心、利润中心和投资中心

1. 成本中心

成本中心（cost center）的管理者只对成本承担责任，不对收入和投资负责。会计、财务、管理、法律和人事等服务部门通常被分类为成本中心。另外，生产部门通常被认为是成本中心。人们总是期望成本中心的管理者在为其他部门提供必要的产品和劳务的情况下使其成本最小。例如，生产厂的管理者至少应通过当期实际成本和应当耗用成本的比较来进行评价。上一章节中介绍的标准成本差异和弹性预算差异通常用于评价成本中心业绩。

2. 利润中心

利润中心（profit center）的管理者对成本和收入承担责任，不对投资负责。例如，六面旗（Six Flags）曾是世界最大的主题公园，负责游乐部分的管理者只对成本和收入承担责任，因此必然要对利润承担责任，但是，他不对游乐园的投资负责。通常是通过实际利润和预算利润的比较来评价利润中心的管理者。

3. 投资中心

投资中心（investment center）的管理者对成本、收入和经营资产的投资承担责任。例如，通用汽车（General Motor）北美制造业的副总裁对制造业的投资有很大的决定权，如决定是否投资于生产更节能的发动机的设备。一旦高层管理者和董事会批准副总裁的投资建议，他就有责任让他们获得回报。接下来讨论以投资报酬率和剩余收益对投资中心的管理者进行评价。

12.3 评价投资中心业绩：投资报酬率

投资中心对获得足够的投资报酬负责。下文将介绍评价投资中心业绩的两种方法：一种方法是本节将介绍的投资报酬率；另一种方法是下一节将介绍的剩余收益。

12.3.1 投资报酬率公式

投资报酬率（return on investment，ROI）是经营净利润与平均经营资产的比率。计算公式为

$$ROI = 经营净利润 / 平均经营资产$$

业务部门的投资报酬率越高，投资于该业务部门的 1 美元经营资产获得的利润越多。

12.3.2　经营净利润和经营资产的定义

请注意，ROI 公式中使用的是经营净利润，而非净收益。**经营净利润**（net operating income）是息税前收益，有时也称为 EBIT（earnings before interest and income）。公式中使用经营净利润的原因是基数（分母）使用经营资产。为保持一致，分子使用经营净利润。

经营资产（operating assets）包括现金、应收账款、存货、厂房和设备和用于经营目的的所有其他资产。未来使用的土地、对其他公司的投资和已出租建筑物不是用于经营目的，这类资产不包括在经营资产中。公式中经营资产以期初、期末的平均数为基础计算。

大多数公司使用资产账面净值（购买成本减去累计折旧）计算平均经营资产。该方法的不足是：随着累计折旧的增加，资产的账面净值减少，计算 ROI 分母减少，从而使 ROI 增加。因此，随着时间的推移，ROI 呈现出机械性增加的情况。而且，如果是新设备取代旧设备，资产的账面净值会增加，进而减少 ROI。所以，使用账面净值在计算平均经营资产时，可以导致人为的 ROI 预测模式，即随着累计折旧的增加来提高 ROI 和不采用新设备更新代替旧设备使得 ROI 提高。另外一种计算 ROI 的方法是用资产的总成本代替账面净值，因为忽略累计折旧，资产总成本保持不变。所以，ROI 不会随着时间的延长而自动增加，也不因为新设备而受到影响。

但是，大多数公司仍然使用账面净值计算平均经营资产。因为这样做和财务报告惯例一致，折旧作为利润表上的经营费用，资产负债表上的资产是以账面净值表示的。所以，除非特别说明，在这部分的内容中，我们均使用账面净值计算。

12.3.3　理解 ROI

ROI 是经营净利润与平均经营资产的比率。它对管理者想采取措施提高 ROI 没有太多帮助，只是为改善业绩提供两个着力点：经营净利润和平均经营资产。幸运的是，ROI 可以用**毛利率**（margin）和**资产周转率**（turnover）来表示：

$$ROI = 毛利率 \times 资产周转率$$

式中　　毛利率——经营净利润 / 销售收入；

　　　　资产周转率——销售收入 / 平均经营资产。

请注意，毛利率和资产周转率相乘时，销售收入被抵消，变为经营净利润除以平均经营资产的 ROI 原始公式。所以，以上两个公式会给出相同的答案。但是，毛利率和资产周转率提供了更多增加 ROI 的手段。

在理解管理者如何影响 ROI 时，毛利率和资产周转率是非常重要的概念。在其他相同的情况下，提高销售价格、减少经营费用或增加销量可以提高毛利率；提高销售价格、减少经营费用、提高经营净利润和毛利率。因为经营杠杆，增加销量会增加毛利率。如前文章节所述，因为经营杠杆的存在，给定销量增加百分比会带来经营净利润百分比更大的增加。所以，增加销量一般会增加毛利率。有些管理者习惯于过于关注毛利率而忽略资产周转率。然而，资产周转率体现了管理者责任中重要的一部分——经营资产的投资效果。经营资产占用过量资金会降低资产周转率和 ROI。事实上，过量运营资产可能会对 ROI 造成很大的影响，因为运营费用过高，就会压低了毛利率。

商业实战 12-1 | 家庭装修的 ROI 要低于你的想象

家庭装修的 ROI 可由增加的转售价值除以装修的投资成本计算得出。虽然房地产经纪人总是认为房屋装修有至少 100% 的 ROI，但是来自装修杂志的研究表明并不是这样的。下表总结 6 种装修项目的 ROI，每一种情况的数据表明，房屋所有人最好卖掉自己没有进行投资重新装修的房子。

项目	(a) 增加的转售价值 (美元)	(b) 投资项目 (美元)	(a)/(b) ROI
露天平台	20 532	34 403	59.7%
屋面替换	19 194	33 880	56.7%
车库	44 034	80 511	54.7%
主卧	114 569	220 086	52.1%
主厨改造	64 113	107 406	59.7%
壁板更换	10 379	13 083	79.3%

资料来源：Sanette Tanaka, "After the Remodel, it's Payback Time," *The Wall Street Journal*, April 26, 2013, p.M12.

许多决策涉及销售收入、成本费用和经营资产的组合。例如，管理者可能投资经营资产以减少成本费用或增加销售收入。不论其影响结果好坏都会体现在 ROI 上。

例如，蒙特尔公司（Montvale Burger Grill）预期下月经营成果如下：

销售收入	100 000 美元
经营费用	90 000 美元
经营净利润	10 000 美元
平均经营资产	50 000 美元

ROI 计算如下：

$$ROI = 毛利率 \times 资产周转率$$
$$ROI = \frac{经营净利润}{销售收入} \times \frac{销售收入}{平均经营资产}$$
$$= \frac{10\ 000\ 美元}{100\ 000\ 美元} \times \frac{100\ 000\ 美元}{50\ 000\ 美元}$$
$$= 10\% \times 2 = 20\%$$

假定蒙特尔公司的管理者考虑投资 2 000 美元购买可以提供多种不同口味的冰淇淋机。预计该机器将增加销售收入 4 000 美元、增加经营费用 1 000 美元。所以，经营净利润将会从 3 000 美元增加至 13 000 美元，新的 ROI 将会是

$$ROI = 毛利率 \times 资产周转率$$
$$ROI = \frac{经营净利润}{销售收入} \times \frac{销售收入}{平均经营资产}$$
$$= \frac{13\ 000\ 美元}{104\ 000\ 美元} \times \frac{104\ 000\ 美元}{52\ 000\ 美元}$$
$$= 12.5\% \times 2 = 25\%$$

在该例子中，是通过投资增加了 ROI，但是这种情况并不会经常出现。

让我们再看一个例子，知名的杜邦公司（E.I. du Pont de Nemous and Company）率先使用 ROI，并且认识到毛利率和资产周转率在评价管理者业绩方面的重要性。ROI 被广泛应用

于评价投资中心业绩。ROI 通过单一指标反映管理者责任的多个方面，ROI 可与组织内其他投资中心、行业内公司和自身历史投资报酬率对比。杜邦公司创建了图 12-1，它帮助管理者理解如何改善 ROI。

图 12-1　ROI 的组成部分

商业实战 12-2　｜　惠而浦选择的是毛利而不是营业额

当惠而浦（Whirlpool）在美国销售洗衣机、烘干机、电冰箱、洗碗机及烹饪设备时，其在美国的市场占有率为 40%。惠而浦依赖产品革新带来价格的上升和更大的毛利增值，而不是通过价格折扣提高销售量。上个季度，由于毛利率的提高，该公司的利润较上一年同期增长了 44%。除了扩大毛利外，该公司还计划通过减少产能和削减成本以增加 1.75 亿美元的利润。

资料来源：Bob Tita, "Whirlpool Shuns Discounts," *The Wall Street Journal*, April 25, 2013, p.B6.

12.3.4　ROI 的局限

尽管 ROI 广泛应用于业绩评价，但它也存在如下局限：

（1）只告诉管理者要增加 ROI 是不够的，因为管理者可能不知道如何增加 ROI。他们可能增加 ROI 的方式与公司战略不一致；或是短期内增加 ROI，但是从长期来看可能有损公司价值。这也是为什么要将 ROI 作为平衡计分卡一部分的原因，这将在本章后续进行讨论。平衡计分卡为管理者提供正确的指导，使管理者决策与公司战略更加契合并减少为提高短期业绩而有损公司价值的可能性。

（2）接管业务部门的管理者通常继承了管理者无法控制的约束性成本。这些约束性成本在评价业务部门的投资业绩时可能是有关的，但对于评价管理者的经营业绩会产生负面影响。

（3）如果以 ROI 评价管理者，他们可能会放弃对公司有利但是对自身业绩考核不利的投资机会，这将在本章后续进行讨论。

12.4 剩余收益

剩余收益是另一种评价投资中心业绩的方法。**剩余收益**（residual income，RI）是投资中心获得高于经营资产的最低必要报酬率的经营净利润。公式如下：

$$剩余收益 = 经营净利润 - （平均经营资产 \times 最低必要报酬率）$$

经济附加值（economic value added，EVA）是许多公司对 RI 的同化应用。[一]在 EVA 指标下，公司以不同的方式调整会计原则。例如，研究和开发支出作为投资而不是成本费用。[二]这些较为复杂的内容会在更高级的课程中进行讨论。我们在下文对 RI 和 EVA 不加区分。

当使用 RI 和 EVA 评价业绩时，需使 RI 和 EVA 的总额最大，而不是 ROI 最大。这是一个重要的区别。如果一个公司目标是使 ROI 最大，那么每一个公司都可能会只需生产 ROI 最大的产品，而放弃其他所有产品。

RI 和 EVA 广泛应用于不同类型的组织。

阿拉斯加海运服务公司的凯旗部门用于业绩评价的基本数据

平均经营资产	100 000 美元
经营净利润	20 000 美元
最低必要报酬率	15%

为说明 RI 和 EVA，我们分析下表中阿拉斯加海运服务公司的凯旗部门（Ketchikan Division of Alaskan Marine Services Corporation）作为投资中心的数据。

阿拉斯加海运服务公司凯旗使用 ROI 评价投资中心管理者业绩，目前在考虑变更为 RI。赞同该变更的财务主管给出下面的两张表，展示在两种方法下如何评价部门业绩。

阿拉斯加海运服务公司的凯旗部门

	业绩评价的两种方法	
	ROI	RI
平均经营资产（a）	100 000 美元	100 000 美元
经营净利润（b）	20 000 美元	20 000 美元
ROI（b）÷（a）	20%	
最低必要报酬（15%× 100 000 美元）		15 000
RI		5 000 美元

RI 计算的原理很直观易懂。公司在其投资上能够获得至少 15% 的必要报酬率，因为该公司已经以经营资产的形式投资凯旗部门 100 000 美元，那么，需在该投资中获得 15 000 美

[一] 剩余收益和经济附加值的基本概念自提出以来已有 100 多年。思腾思特咨询公司（Stern, Stewart & Co.）对经济附加值进行了注册并推广。

[二] 可以进行调整的项目超过 100 项，如递延所得税、后进先出存货准备、未来债务准备金、并购费用、会计规则变化产生的收益或损失、经营租赁以及其他账目，但大多数公司只做很少的调整。如想进一步详细了解，可参见 John O'Hanlon and Ken Peasenell, "Wall Street's Contribution to Management Accounting: The Stern Stewart EVA® Financial Management System," *Management Accounting Research* 9, 1998, pp. 421-444.

元（15%×100 000 美元）的报酬。因为凯旗部门的经营净利润为 20 000 美元，那么 RI 为 5 000 美元。如果使用 RI 代替 ROI 衡量业绩，凯旗将以 RI 每年的增加为基础来评价凯旗部门的管理者的业绩。

12.4.1　激励和剩余收益

阿拉斯加海运服务公司的财务主管想要使用 RI 代替 ROI 的主要原因之一是，在两种方法下管理者对新投资的考虑不同。RI 鼓励管理者做出对公司整体有益的投资，而使用 ROI 时该投资可能被管理者拒绝。

为说明该问题，假定凯旗部门的管理者考虑采购一台电脑诊断机器用于船用柴油机。该机器 25 000 美元，预期每年经营收益 4 500 美元。从公司角度来看，这将会是一个好的投资，因为其预期报酬率 18%（4 500 美元 /25 000 美元）大于公司最低必要报酬率 15%。

如果以 RI 为基础评价凯旗部门的管理者，将会接受该投资，计算如下：

阿拉斯加海运服务公司的凯旗部门使用 RI 的业绩评价

	现有项目	新项目	总额
平均经营资产	100 000 美元	25 000 美元	125 000 美元
经营净利润	20 000 美元	4 500 美元	24 500 美元
最低必要报酬	15 000 美元	3 750 美元①	18 750 美元
剩余收益	5 000 美元	750 美元	5 750 美元

① 25 000 美元 ×15%=3 750 美元。

因为该项目使凯旗部门的剩余收益增加 750 美元，管理者将会接受该投资。

现假定以 ROI 为基础评价凯旗部门的管理者，计算结果如下。

阿拉斯加海运服务公司的凯旗部门使用 ROI 的业绩评价

	现有项目	新项目	总额
平均经营资产（a）	100 000 美元	25 000 美元	125 000 美元
经营净利润（b）	20 000 美元	4 500 美元	24 500 美元
ROI（b）/（a）	20%	18%	19.6%

新项目使该部门的 ROI 由 20% 降至 19.6%。这是因为该机器报酬率为 18%，大于公司最低必要报酬率 15%，小于公司现有 ROI 20%。虽然从公司角度来看它是一个好的投资，却减少了部门的 ROI。如果以 ROI 为基础评价部门管理者，那么他们甚至不愿意提出这样的投资。

通常，以 ROI 为基础评价的管理者，他们可能会拒绝任何投资回报率低于部门当前 ROI 的项目，即使该投资项目的收益率高于公司最低必要报酬率。相反，以 RI 为基础评价的管理者，他们会接受任何高于公司最低必要报酬率的投资，因为增加了他们部门的剩余收益。对公司来说，接受大于公司最低必要报酬率的投资都是有利的，所以，以 RI 评价部门的管理者有助于他们做出比使用 ROI 评价时更优的决策。

12.4.2　部门间比较和剩余收益

剩余收益的一个重要不足是它不能用来比较不同规模的部门业绩。较大部门的剩余收益通常大于较小部门，不是因为它们经营得更好而是它们的规模更大。

下面以西萨尔公司批发部门和零售部门（the Wholesale Division and the Retail Division of Sisal Marketing Corporation）为例，其剩余收益的计算如下。

（单位：美元）

	批发部门	零售部门
平均经营资产（a）	1 000 000	250 000
经营净利润	120 000	40 000
最低必要报酬 10%×（a）	100 000	25 000
剩余收益	20 000	15 000

批发部门的剩余收益略微大于零售部门，但是批发部门经营资产为 1 000 000 美元，而零售部门经营资产为 250 000 美元。因此，批发部门有较大的剩余收益可能是由于规模较大而不是管理质量。事实上，零售部门可能经营得更好，因为其以批发部门 1/4 的经营资产获得了几乎相同的剩余收益。当比较投资中心业绩时，剩余收益年度百分比可能比绝对数要更好。

12.5 经营业绩衡量

除了财务指标，组织也使用许多非财务指标衡量业绩。虽然财务指标反映了组织中人员的行为结果，但它们并没有衡量组织业绩的驱动因素。例如，作业和收入差异反映了为达到增加销售目的的努力结果，但并没有衡量增加销售的实际驱动销售的措施，如改善质量、让更多的潜在客户体验产品和按时完成客户订单等。所以，许多组织在使用财务指标的同时也使用一系列非财务指标。本节我们将讨论这类指标的 3 个例子，它们对许多组织的成功至关重要——经营循环时间、交货循环时间和制造循环效率。请注意，虽然这 3 个指标关注的是制造型组织，但任何在收到客户要求和响应要求之间存在延迟的服务型组织都可以使用类似的指标。

12.5.1 经营循环时间

从开始生产到产成品被运送到客户的时间称**经营循环时间**（throughput time），或制造循环时间。我们的目标是持续降低该指标，计算公式如下：

$$经营循环时间 = 加工时间 + 检查时间 + 搬运时间 + 排队时间$$

加工时间是实际用于生产产品上的工作时间；检查时间是确保产品没有缺陷的时间；搬运时间是搬运原材料或在产品的时间；排队时间是等候加工、搬运、检查和装运的时间。其中只有加工时间增加产品价值，其他时间都是非增值的，应该尽可能地消除。

12.5.2 交货循环时间

从接受客户订单到产成品运送至客户的时间称为**交货循环时间**（delivery cycle time）。我们的目标是降低该指标，计算公式如下：

$$交货循环时间 = 等候时间 + 经营循环时间$$

等候时间是接受客户订单到开始订单生产的时间。这是一项非增值作业，应该减少或消除。当公司成功地减少或消除等候时间和经营循环时间中的非增值作业，就可以增加利润和提高客户满意度。经营循环时间和交货循环时间的关系如图 12-2 所示。

图 12-2　经营循环时间和交货循环时间

商业实战 12-3　┃　医生将稍后为你看病

当医疗护理报销率下降时，医生们通常会每天安排更多的病人，从而增加病人的等待时间。普斯基尼协会（Press Ganey Assosiates）调研了超过 10 000 个地方的 2 400 00 名病人，发现看病平均等待时间为 22 分钟。而这些延迟不仅给病人带来不便，对医生的经费也有一定的影响。例如，劳里·格林是旧金山的一名妇产科医生，她以高效率的医疗服务著称，因为她需要每 15 分钟带来 75 美元来满足她的办公室开销费用。

尽量第一个预约你的医生，因为早起的鸟儿不仅能吃到虫子，还能减少等待时间。

资料来源：Melinda Beck, "The Doctor Will See You Eventually," *The Wall Street Journal*, October 19, 2010, pp.D1 and D4.

12.5.3　制造循环效率

很多公司都在努力地消除检查、搬运和排队等非增值作业，使得经营循环时间比以前大大减少。同时，其将交货循环时间从数月减少至数周或数小时。经营循环时间是交货业绩的重要指标，其可以作为计算**制造循环效率**（manufacturing cycle efficiency，MCE）的分母。我们的目标是提高 MEC 指标，计算公式如下：

$$MCE = 增值时间（加工时间）/ 经营循环（制造循环）时间$$

任何非增值时间都会导致 *MCE* 小于 1。例如，*MCE* 为 0.5，意味着总生产时间的一半是检查、搬运和类似非增值作业。许多制造型企业，*MCE* 小于 0.1（10%）意味着 90% 的时间用于非增值作业。监控 MCE 可以帮助企业减少非增值活动，使产品以更低的成本到达客户手中。

为了说明这些指标的计算方法，下面以诺维斯公司（Novex Company）数据为例。

诺维斯公司对完成订单的时间进行了仔细的跟踪。在最近的一个季度中，平均每个订单记录下的平均时间：

	天数
等候时间	17.0
检查时间	0.4
加工时间	2.0
搬运时间	0.6
排队时间	5.0

货物完成即刻装运。

要求：

（1）计算经营循环时间。

（2）计算 *MCE*。

（3）计算非增值作业时间占比。

（4）计算交货循环时间。

答案：

（1）经营循环时间 = 加工时间 + 检查时间 + 搬运时间 + 排队时间

$$=2.0 \text{ 天} +0.4 \text{ 天} +0.6 \text{ 天} +5.0 \text{ 天}$$

$$=8.0 \text{ 天}$$

（2）只有加工时间是增值作业时间，所以 *MCE* 的计算过程如下。

$$MCE= \text{增值时间} / \text{经营循环时间} =2.0 \text{ 天} /8.0 \text{ 天}$$

$$=0.25$$

（3）因为 *MCE* 是 0.25，所以非增值作业时间占比 75%（100%−25%）。

（4）交货循环时间 = 等候时间 + 经营循环时间

$$=17.0 \text{ 天} +8.0 \text{ 天}$$

$$=25.0 \text{ 天}$$

商业实战 12-4 ｜ 联合包裹服务公司（UPS）希望缩短交货时间并节约资金

联合包裹服务公司（The United Parcel service，UPS）耗用数十年，耗费数百万美元开发了一项计算机平台，称为猎户座平台，它可以为司机们确定最优的运输路线。对于每天递送 120 件包裹的司机来说，是难以用人的大脑来评估和选择最有效路线的，所以联合包裹服务公司（UPS）让 50 名工程师在猎户座平台开发了计算机化的算法和嵌入的启发式算法。

猎户座平台每天为联合包裹服务公司（UPS）的司机完成 55 000 条线路规划，如果每条线路缩短 1 英里[⊖]，每年就能省下 5 000 万美元。司机使用猎户座每天实际缩短 7～8 英里，联合包裹服务公司（UPS）估计猎户座平台每年可以为公司节省 2 亿～ 4 亿美元。

资料来源：Steven Rosenbush and Laura Stevens, "At UPS, the Algorithm is the Driver" The Wall Street Journal, February 17, 2015, pp.B1 and B4.

12.6 平衡计分卡

平衡计分卡包括 ROI 和 RI 等财务指标以及前文所述的经营指标。**平衡计分卡**（balance

⊖ 1 英里 =1.609 千米。

scorecard，BSC）是由一套驱动和支持公司战略组成的绩效指标评价体系。战略本质是如何实现组织目标的理论。例如，西南航空公司（Southwest Airline ）的战略是提供低价、便利和可靠的客户体验。为减少维护和培训成本以及简化日程安排，该公司仅经营波音 737 一种型号的飞机，不提供飞机餐、座位分配、行李托运服务以及比重较大的网上订票来进一步降低成本。西南航空公司经营直达航班而非竞争者的转机方式来为客户提供方便、快捷的服务。因为西南航空公司为芝加哥、伯班克、曼彻斯特、奥克兰和普罗维登斯等人流较少的机场提供服务，使乘客更快地检票登机，同时也维持了较高的资产利用率。总体来说，西南航空公司的战略已经奏效，并使之持续盈利。

　　在平衡计分卡法下，高层管理人员将战略变为员工可以理解和影响的业绩指标。例如，美国西南航空公司负责伯班克机场行李托运的安检人员，可以用乘客排队等候行李安检的时间作为他们的业绩指标，该指标容易被安检人员理解和不断改善。

12.6.1　平衡计分卡的基本要素

　　平衡计分卡中业绩指标大致分为 4 组，如图 12-3 所示，即财务、客户、内部运营、学习与成长。内部运营是公司为满足客户而做的努力。例如，在制造型公司，装配产品是内部运营。在航空公司，处理行李是内部运营。这些分组的基本思想：学习是改善内部运营所必需的；改善内部运营是提高客户满意所必需的；提高客户满意是改善财务成果所必需的。

图 12-3　由战略至业绩指标：平衡计分卡

　　请注意，图 12-3 中所强调的改善，不仅仅是实现特定目标，如 1 000 万美元的利润。在平衡计分卡法下，鼓励持续改善。如果一个组织没有持续改善，其最终将会输给竞争对手。

　　财务业绩指标在图 12-3 顶端。基本上大多数公司的存在是为所有者提供回报，但也存在例外。一些公司可能有更高的目标，例如 The body shop 的目标是为顾客提供环保型产品。

然而，非营利组织也需要足够的资金来源来维持自身运营。

在设计合理的平衡计分卡中，仅有财务指标是不够的，其需要与非财务指标结合。首先，财务指标是反映过去经营成果的滞后指标。相反，非财务指标是反映未来财务业绩的主要指标，如顾客满意度。其次，高层管理者而非基层管理者对财务业绩指标负责。办理行李登记的安检员对乘客排队的时间长短负责，但是其不能对整个公司的利润负责。高层管理者需对整个公司的利润负责。

表 12-1 列出了公司应用平衡计分卡中一些常用的业绩指标。但是，很少有公司会全部使用，大多数公司可能会添加其他业绩指标。管理者应该为公司平衡计分卡仔细选择业绩指标，须谨记以下事项。第一，业绩指标应符合和遵从公司战略。如果业绩指标与公司战略不相符，人们会发现自己的工作与公司战略不一致。第二，业绩指标在很大程度上应让被评估者理解并且是他们可以控制的。第三，应该经常和及时地报告这些业绩指标。例如，相关残次品数据应该由相关责任管理者至少每天报告一次，以使问题得到快速解决。第四，平衡计分卡不应有过多业绩指标，否则会导致没有关注的重点和行为方向的不明确。

组织整体有一个总的平衡计分卡，同时相关负责人也应有自己的平衡计分卡。相关负责人的平衡计分卡应包括相关负责人对总的平衡计分卡的业绩指标有直接影响的项目。个人的平衡计分卡不应过分受个人无法控制的外部事件的影响。同时，业绩指标不应使个人行动与组织目标背离。

谨记以上原则，现在我们来看看公司战略是如何影响平衡计分卡的。

表 12-1　平衡计分卡业绩指标

业绩指标	理想变化
客户层面	
客户满意度	+
客户投诉数量	−
市场份额	+
产品退货率	−
上一期的客户保留率	+
新客户数量	+
内部运营层面	
新产品销售率	+
新产品投放市场的时间	−
客户来电 20 秒内答复率	+
产品一次性交货率	+
在产品占销售的百分比	−
标准成本不利差异	−
产成品合格率	+
交货循环时间	−
经营循环时间	−
制造循环效率	+
质量成本	−
设备准备时间	−
保修时间	−
对客户投诉第一次解决的百分比	+
完成客户要求的时间	−
学习与成长层面	
每名员工的建议	+
员工流动率	−
每名员工在职培训时间	+

12.6.2　公司战略和平衡计分卡

回顾图 12-3 中的业绩指标，每个公司都必须确定哪些客户是需要吸引并留住的目标客户，哪些内部运营流程是企业关键的内部运营。不同的公司有不同的战略，其定位不同的客户，应生产不同的产品和提供不同的服务。以汽车行业为例，宝马（BMW）侧重于发动机与驾驶性能；沃尔沃（Volvo）侧重于安全性；捷豹（Jaguar）侧重于奢华的细节；本田（Honda）侧重于可靠性。由于侧重点不同，没有普适的业绩指标可用，即使在用一个行业，也需要根据公司具体战略来设定业绩指标。

例如，假设捷豹的战略是为追求手工制作、个性化的富人提供独特、奢华的汽车。为向目标客户提供该价值主张，捷豹可能提供很多选择，如真皮坐垫、内外饰颜色搭配和木质仪表盘，以使每辆车都独一无二。例如，除了传统意义上的黄褐色和蓝色真皮坐垫，捷豹还提供其他各种颜色的选择。为使该战略有效，捷豹需在合理的时间内完成客户要求的汽车，同时使成本在客户愿意支付的范围内。图 12-4 为捷豹可能在平衡计分卡中反映的战略。

图 12-4 捷豹可能的战略及平衡计分卡

如果正确构造平衡计分卡，业绩指标就能够以因果关系联系起来。该联系表现为如果改善某一业绩指标，其他业绩指标也应得以改善。从图 12-4 底部开始，指标间的联系如下所示：如果员工能有效地获得学习技能的选择，公司就可以提供更多选择而且将以较少的时间完成这些选择的提供；如果有更多选择而且以更少时间完成，客户就有更好的满意度；如果客户满意度提高，销售数量就会增加。另外，如果客户满意度提高，公司就可以保持或提高销售价格。如果装配时间减少，装配成本就会降低，则边际收益增加；如果边际收益增加，销售数量就会增加，剩余收益也会增加。

本质上，平衡计分卡奠定了一种理论基础，即公司为达到理想结果应如何行动。图 12-4 中的战略似乎是合理的，但这仅仅是一种理论。例如，如果公司成功地增加选择、减少学习时间，但是客户满意度并没有提高，销售数量、边际收益或剩余收益并没有增加，那么公司需重新考虑该战略。平衡计分卡的优势之一是持续检验支持管理者战略的基本理论。如果战略无效，则为某些理论预测没有出现的影响提供了证据。如果没有理论应用的反馈，公司可能会无限期地使用一种基于错误假设的无效战略。

商业实战 12-5 | 员工的健康促进员工的生产力

当公司员工生病或遭遇精神压力,这可能会影响他们的缺勤率和生产率。财务健康集团(Financial Fitness group)的调研结果显示,美国和波多黎各员工的80%处于一定的财务压力下。为减轻压力,一些公司正在实施财务健康计划,即包括财务课程、咨询课程,甚至是旨在帮助员工偿还债务、坚持预算、为退休投资的视频游戏。

梅瑞迪斯(Meredith Corporation)公司

鼓励员工完成财务健康问卷或上一门关于再融资的课程,以使他们了解如何享受较低医疗保险费。该公司估计财务压力较低员工中88%在前一年没有病假,而压力较高的员工中,只有78%没有病假。

资料来源:Rachel Feintzeig, "Can Companies Solve Workers' Money Woes," *The Wall Street Journal*, April 8, 2015, pp.B1 and B6.

12.6.3 奖励与平衡计分卡挂钩

对员工的激励性奖励如奖金等应与平衡计分卡业绩指标挂钩。但是只有在组织成功运用平衡计分卡一段时间后才应这样做,其中一段时间可能是一年或更长。管理者须确认业绩指标可靠、敏感、容易理解和不容易被操纵。正如平衡计分卡创造者罗伯特·卡普兰(Robert Kaplan)和大卫·诺顿(David Norton)所说,"奖励作为杠杆如此有力,你必须选择正确的业绩指标,在业绩指标与奖励挂钩前,取得充分数据。"[⊖]

本章小结

由于业绩评价的目的,经营单位通常划分为成本中心、利润中心和投资中心。成本中心和利润中心使用前文标准成本差异和弹性预算差异评价。投资中心用本章讨论的方法来评价。

ROI、RI和EVA广泛应用于评价投资中心业绩。ROI会出现投资不足的问题,即管理者不愿意投资超过公司要求回报率但是却降低本部门ROI的项目。RI和EVA通过使管理者充分考虑超过公司要求回报率的项目而解决了上述问题。

平衡计分卡是一种绩效评价体系,主要用于支持组织战略。平衡计分卡中的不同业绩指标以因果关系将组织底层到最终目标链接起来。平衡计分卡本质上是一种理论,即公司为达到理想结果应如何行动。如果公司的行动没有使财务和其他目标得以改善,需改变理论。如果理论改变,平衡计分卡中的业绩指标也应随之改变。平衡计分卡是一种动态绩效评价体系,即随着公司学习成长战略而随之改变。

复习题:ROI和RI

医疗诊断公司的磁成像部门去年相关数据如下所示:

销售收入	25 000 000 美元
经营净利润	3 000 000 美元
平均经营资产	10 000 000 美元

⊖ Lori Calabro, "On Balance:A CFO Interview," CFO, February 2001, pp.73–78.

要求:

(1) 计算该部门毛利率、周转率和 ROI。

(2) 医疗诊断公司高层管理者制定要求回报率 25%,磁成像部门的 RI 是多少?

复习题答案:

相关计算如下:

毛利率 = 经营净利润 / 销售收入

= 3 000 000 美元 /25 000 000 美元

= 12%

资产周转率 = 销售收入 / 平均经营资产

= 25 000 000 美元 /10 000 000 美元

= 2.5

ROI = 毛利率 × 资产周转率

= 12% × 2.5

= 30%

剩余收益计算如下 (单位: 美元):

平均经营资产	10 000 000
经营净利润	3 000 000
最低必要报酬 (20% × 10 000 000)	2 500 000
剩余收益	500 000

术语表

Balanced scorecard 平衡计分卡　由驱动和支持组织战略的绩效评价指标形成的一体化系统。

Cost center 成本中心　管理者能控制成本,而无法对经营资产的收益或投资的内部部门。

Decentralized organization 分权组织　决策权不集中于少数高层管理者而是遍布组织的一种组织。

Delivery cycle time 交货循环时间　从收到客户订单到产品发货的时间。

Economic Value Added (EVA) 经济附加值　一种用税后利润减去总资本成本计算求得的绩效评价指标。与剩余收益的概念相似。出于绩效评价的目的,在计算 EVA 时,需要对根据一般公认会计原则 (GAAP) 编制的会计报表进行大量的调整。

Investment center 投资中心　以投资回报为基础评价绩效的一个公司分部。管理者能够控制其经营资产的成本、收入和投资的内部部门。

Manufacturing cycle efficiency 制造循环效率　用加工 (增值作业) 时间除以总时间计算得到。这一结果能够给出总时间中真正用于实际生产的时间占比。

Margin 毛利率　经营净利润与销售的比率。

Net operating income 经营净利润　利息和所得税扣除之前的收益。

Operating assets 经营资产　出于经营目的持有的资产,包括现金、应收账款、存货、厂房和设备等。

Profit center 利润中心　以经营活动收入或利润为基础评价绩效的一个公司分部。经营者能够控制其成本和收入,但是无法控制其经营资产投资的内部单位。

Residual income 剩余收益　经营收入和公司经营性资产要求的最低回报之间的差额。投资中心获得的超过其在经营资产上要求的最低报酬之上的经营净利润。

Responsibility center 责任中心　管理人员能够控制其经营资产的成本、收入和投资的内部部门。

Return on investment (ROI) 投资报酬率　用经营收入除以平均经营性资产得出的比率,也等于边际收益乘以资产周转率。

Throughput time 经营循环时间　开始生产到完工产品运送给客户的时间。

Turnover 周转率　用销售收入除以平均经营性资产计算求得。

思考题

1. 什么是分权制?

2. 分权制有哪些优点?

3. 区分成本中心、利润中心和投资中心。

4. 计算 ROI 时的毛利率和资产周转率的含义是什么?

5. 什么是剩余收益?

6. 使用 ROI 作为投资中心业绩衡量指标,在什么情况下会导致不当决策?

7. 交货循环时间和经营循环时间的差异是什么? 构成经营循环时间的四要素是什么? 经营循环时间中哪些是增值要素? 哪些是非增值要素?

8. 制造周期效率(MCE)小于 1 的含义是什么? 如果 MCE 为 0.4,应如何解释?

9. 为什么不同的公司在其平衡计分卡采用的指标不同?

10. 为什么平衡计分卡既要包括财务指标也要包括内部业务流程指标?

练习题

1. 计算 ROI

阿里斯卡服务公司(Alyeska Services Company)是一家石油公司的一个部门,为阿拉斯加北坡油田提供服务,该经营部门上一年的相关数据如下:

销售收入	7 500 000 美元
经营净利润	600 000 美元
平均经营性资产	5 000 000 美元

要求:

(1)计算阿里斯卡服务公司的毛利率。

(2)计算阿里斯卡服务公司的资产周转率。

(3)计算阿里斯卡服务公司的 ROI。

2. 剩余收益

英国曼彻斯特的剑伯设计公司(Juniper Design Ltd.)专门为住宅开发商提供设计服务。去年公司经营净利润 600 000 美元,销售收入 3 000 000 美元。公司平均经营性资产 2 800 000 美元,最低要求回报率 18%。

要求:

计算公司当年剩余收益。

3. 内部业务流程业绩衡量

德国 AG 公司的管理者想要减少客户发布订单和订单发货之间的时间。第一季度相关数据如下:

检查时间	0.3 天
等候时间	14.0 天
生产时间	2.7 天
搬运时间	1.0 天
排队时间	5.0 天

要求:

(1)计算经营循环时间。

(2)计算 MCE。

(3)计算经营循环时间中非增值作业的比例。

(4)计算交货循环时间。

(5)如果使用精益生产,生产过程中所有的排队时间都将被消除,计算新的 MCE。

4. 计算并解释 ROI

澳大利亚的洲内陆酿酒有限公司两个分部的经营数据如下所示(单位:美元):

	部门	
	昆士兰	新南威尔士
销售收入	4 000 000	7 000 000
平均经营性资产	2 000 000	2 000 000
经营净利润	360 000	420 000
财产、厂房和设备净值	950 000	800 000

要求:

(1)计算每个部门的投资回报率(用 ROI 中所列的毛利率和资产周转率来计算)。

(2)哪个部门管理者做得更好,为什么?

问题

1. 使用 ROI 比较业绩

同类服务行业的 3 家公司比较数据如下（金额单位：美元）：

	公司		
	A	B	C
销售收入	600 000	500 000	?
经营净利润	84 000	70 000	?
平均经营性资产	300 000	?	1 000 000
毛利率	?	?	3.5%
资产周转率	?	?	2
ROI	?	7%	?

要求：

（1）将 ROI 分解为毛利率和资产周转率两部分的优点有哪些？

（2）补充图表中缺失数据，并就 3 家公司的相对业绩和数据进行了详细说明。同时说明如何改善其 ROI。

2. ROI 和 RI

比林斯公司（Billings Company）的办公用品部门经理戴尔·哈瓦西（Dell Havasi）说："我知道总部希望我们增加新的生产线。但是我想在做任何决策之前看到这些数字。这 3 年我们部门的 ROI 一直位于公司的领先地位，我不想让人失望。"

比林斯公司实行分权制管理，其有 5 个部门，以 ROI 为基础对部门进行考核，年终奖授予最高 ROI 部门的管理者。比林斯公司的办公用品部门相关数据如下（金额单位：美元）：

销售收入	10 000 000
变动费用	6 000 000
毛利	4 000 000
固定费用	3 200 000
经营净利润	800 000
平均经营性资产	4 000 000

该公司今年的 ROI 为 15%。下一年该公司办公用品部门有增加新的生产线的机会，这项额外投资将使其平均经营性资产增加 1 000 000 美元。新的生产线每年成本和收入如下所示：

销售收入	2 000 000 美元
变动费用	销售收入的 60%
固定费用	640 000 美元

要求：

（1）计算办公用品部门的 ROI。

（2）计算办公用品部门新增生产线的 ROI。

（3）假设增加新的生产线，计算下一年办公用品部门的 ROI。

（4）如果你在戴尔·哈瓦西的位置，你会接受还是拒绝该生产线的投资？并解释原因。

（5）为什么总部迫切想要办公用品部门增加新的生产线？

3. ROI 分析

湖人公司（Huerra Company）去年相关数据如下（金额单位：美元）：

	合计	单位
销售收入	4 000 000	80.00
变动费用	2 800 000	56.00
毛利	1 200 000	24.00
固定费用	840 000	16.80
经营净利润	360 000	7.20
所得税 @30%	108 000	2.16
净收益	252 000	5.04

公司平均经营性资产 2 000 000 美元。

要求：

（1）使用毛利率和资产周转率计算公司该期的 ROI。

根据上面计算的 ROI，指出下面每一种情况下毛利率和资产周转率将会增加、减少或不变。

（2）使用精益生产，公司将存货平均水平降低 400 000 美元（其释放出的资金用于偿还短期债权人）。

（3）使用较低成本的材料，公司每年节省成本 32 000 美元。

（4）该公司发行债券，并将收益用于购买机器和设备，使平均经营性资产增加 500 000 美元。债券每年利息 60 000 美元，销售收入不变，新设备减少产品成本 20 000 美元。

（5）销售人员努力工作，销售收入增加 20%，经营性资产不变。

（6）年初，废弃存货以 4 万美元的价格在账面上报废，并作为损失。

（7）年初，公司使用 200 000 美元现金（收到的应收账款）回购并注销普通股。

案例

平衡计分卡

哈格伦德百货商店（Haglund Department Store）位于一个小城市的中心区。尽管该商店多年来一直盈利，但它正面临着来自大型连锁商店日益激烈的竞争，这些大型连锁商店已在郊区开设了门店。最近，市中心已经恢复了活力，该商店的老板对盈利能力的恢复有些乐观。

为加快恢复盈利能力，该百货店管理者正在设计平衡计分卡。管理者认为百货店应关注两个重要问题，第一，消费者偿还商店信用卡账单越来越晚，商店的坏账远远超过了行业的正常水平。如果该问题得到解决，商店将会有更多的现金用于必要的革新。调查显示，很多逾期付款和未付账单的问题都是顾客对账单上不正确的收费产生的争议，这些不正确的收费通常是由于售货员错误地输入费用账单的数据所致。第二，百货店在未售出的季节性服装上发生大量损失，这些物品通常会低价出售给专门销售这些物品的折扣店。

在这次会议中，对平衡计分卡的讨论有些混乱和没有效率，可能因为除了一位副经理，没有人读过任何关于如何建立平衡计分卡的资料或文献。不过，不同的管理者提出了很多业绩指标。这些业绩指标如下所示：

a. 有错误的信用账单比例。

b. 在信用账单中经过培训的销售员正确输入数据的比率。

c. 应收账款平均账龄。

d. 每名员工创造的利润。

e. 顾客对账单准确性的满意度（通过每月客户调查获得）。

f. 总销售收入。

g. 每名员工创造的销售收入。

h. 采购人员去看时装秀的差旅费。

i. 销售成本中季节末未出售存货的比例。

j. 初级员工对高级员工表现的礼貌程度（通过对高级员工调查获得）。

k. 供应商及时交货的比例。

l. 每平方英尺楼面面积的销售收入。

m. 核销的应收账款占销售收入的比例。

n. 员工餐厅食物的质量（通过对员工调查获得）。

o. 参加过城市文化多样性研讨会的员工比例。

p. 利润总额。

要求：

（1）假定在该百货店，你对平衡计分卡了解最多，要求你负责设计平衡计分卡。在你的平衡计分卡中，仅能使用上述业绩指标。你无须使用上面列示的所有指标，但是你构建的平衡计分卡能够揭示应收账款和未出售商品的问题。可以参考图 12-4 的平衡计分卡，但无须拘泥于该图标中的具体业绩指标，应能说明业绩指标之间的联系以及业绩指标增减情况。

（2）假设该百货店采用你设计的平衡计分卡。经营 1 年以后，一些业绩指标没有改善，管理者接下来应该怎么做。

（3）

a. 假设顾客对信用账单满意度提升，但是应收账款平均账龄、坏账并没有改善，请解释该情况发生的原因。

b. 假设应收账款平均账龄、坏账和未出售存货得到改善，但是利润总额并没有增加，解释该情况发生的原因。假设你的回答是从公司内部角度进行的解释。

附录 12A　转移定价

公司内部的部门通常会为该公司其他部门提供产品和服务。例如，丰田卡车部为其他部门提供卡车用于经营需要。基于利润、ROI 或 RI 对部门进行评价时，需要建立一种价格满足产品在公司内部转让的需要，否则，无法对生产产品或提供服务的部门进行正确评价。这种情况下使用的价格即转让价格。**转让价格**（transfer price）是将商品从一个分部运输到另一个分部时产生的成本。例如，石油行业的大多数公司，如壳牌等都有石油炼制和零售部门，其业绩评价依赖于 ROI 和 RI。石油炼制部门将原油加工为汽油、柴油、润滑油和其他产品，再通过公司连锁加油站等零售部门销售这些产品。每种产品都有其在公司内部的转让价格。假设汽油转让价格为每加仑 0.80 美元，则石油炼制部门借记 0.80 美元的收入，零售部门贷记 0.80 美元费用。毫无疑问，石油炼制部门希望转让价格尽可能的高，但是零售部门希望转让价格尽可能的低。该交易对公司整体收益没有直接影响，只是将钱从一个部门转移另一个部门。

管理者关注制定转让价格，因为对其部门有影响。制定转让价格有 3 种常用方法：

（1）部门管理者协商确定。

（2）以变动成本或完全成本确定。

（3）以市场价格确定。

接下来我们依次讨论以上 3 种方法，首先从协商转让价格开始。在讨论过程中，需要始终牢记制定转让价格的目的是激励管理者以公司总体利益最大化决策，否则，将会产生**次优**（suboptimization）决策。

12A.1　协商转让价格

协商转让价格（negotiated transfer price）是买卖双方部门协商讨论的结果。协商转让价格的主要优点如下：一是保留部门自主权，与分权相一致；二是这些部门的管理者可能有更多关于潜在成本和收益的信息。

当采用协商转让价格时，公司内部的有关管理者需开会讨论协商转让价格的条款。他们可能决定不进行转让，但是一旦决定转让，须达成转让价格。通常，无法预测转让价格。但是，我们可以预测两件事：①卖方只有在转让增加收益时会同意；②买方也是只有在转让增加收益时会同意。这似乎是显而易见的道理，却是非常重要的关注点。

毫无疑问，如果转让价格低于卖方成本，卖方部门产生损失，拒绝转让。同样，如果转让价格太高，买方部门不能实现任何收益。对于任何有目的的转让，转让价格都有一个上限和一个下限，两个部门管理者达成的实际转让价格在上下限之间。上下限是可接受**转让价格的范围**（range of acceptable transfer prices），这是能使参与转让双方的利润增加的转让价格范围。

有一个可以帮助我们理解协商转让价格的例子。哈瑞路得公司（Harris&Louder Ltd）. 在英国有快餐店、小吃店和饮料工厂等部门。马文比萨是其快餐店之一，经营与比萨相配的多种饮料喝，其中的一款为姜味啤酒极为畅销。哈瑞路得公司刚刚收购了一个新的部门——帝国饮料厂也生产姜味啤酒。帝国饮料厂的 经理向马文比萨店的经理提出购买帝国饮料的姜啤在马文比萨店销售而不是用其他的一般品牌的姜啤。马文比萨的经理认为其生产的姜啤与以往销售的姜啤质量不相上下，仅仅是价格问题。基本资料如下：

帝国饮料厂：	
每月姜啤产量	10 000 桶
每桶姜啤的变动成本	8 美元 / 桶
每月固定成本	70 000 美元
帝国饮料市场价格	20 美元 / 桶
马文比萨店：	
以往姜啤的采购价格	18 美元 / 桶
每月姜啤消费量	2 000 桶

1. 销售部门最低可接受的转让价格

作为销售部门的帝国饮料厂只有其收益增加才会对转让感兴趣。毫无疑问，转让价格不能低于变动成本 8 美元 / 桶。另外，如果帝国饮料厂没有充足的产量满足马文比萨店的需求，则会牺牲其常规销售。帝国饮料厂希望补偿牺牲常规销售中的边际贡献。总之，如果转让价格对固定成本没有影响，从销售部门角度来看，转让价格须弥补变动成本和机会成本。

卖方视角：

转让价格 ≥ 单位变动成本 + 放弃常规销售所损失的边际贡献 / 转让数量

2. 采购部门最高可接受的转让价格

作为采购部门的马文比萨只有其收益增加才会对转让感兴趣。该例中采购部门有外部供应商时，其决策比较简单。只要价格低于外部供应商的报价，采购部门就会向公司内的部门采购。

转让价格 ≤ 从外部供应商采购时的成本

如果外部供应商不存在：

转让价格 ≤ 销售单位产品获得的收益

我们考虑不同的假设，判断每种假设下可接受转让价格的范围。

3. 销售部门有闲置生产能力

假设帝国饮料厂有足够的生产能力满足马文比萨店对姜啤的需求。更具体地说，假设帝国饮料厂在外部市场每月销售 7 000 桶姜啤，其闲置生产能力 3 000 桶足够满足马文比萨店每月 2 000 桶的需求。什么范围的转让价格可以使双方达成每月 2000 桶的内部交易？

（1）作为销售部门的帝国饮料厂将会对转让感兴趣的条件：

$$转让价格 \geqslant 单位变动成本 + 放弃常规销售中的边际贡献 / 转让数量$$

因为帝国饮料厂有足够生产能力，没有损失外部销售。同时，单位变动成本 8 美元 / 桶，销售部门最低可接受转让价格是 8 美元 / 桶。

$$转让价格 \geqslant 8 \ 美元 / 桶 +0 \ 美元 /2\ 000 \ 桶 = 8 \ 美元 / 桶$$

（2）作为采购部门的马文比萨店将会对转让感兴趣的条件：

$$转让价格 \leqslant 从外部供应商的采购时的成本 = 18 \ 美元 / 桶$$

（3）综合考虑销售部门和采购部门的要求，可接受转让价格范围：

$$8 \ 美元 / 桶 \leqslant 转让价格 \leqslant 18 \ 美元 / 桶$$

假设管理者了解其自身经营并团结合作，他们应在上述价格范围内进行转让。

4. 销售部门没有闲置生产能力

假设帝国饮料厂没有足够的闲置生产能力，其每月在外部市场以 20 美元 / 桶的价格销售 10 000 桶姜啤。为完成马文比萨店订单，其需要减少对常规客户的销售量。什么范围的转让价格可以使双方达成每月 2 000 桶的内部交易？

（1）作为销售部门的帝国饮料厂将会对转让感兴趣的条件：

$$转让价格 \geqslant 单位变动成本 + 放弃常规销售中的边际贡献 / 转让数量$$

因为帝国饮料厂没有足够的闲置生产能力，会放弃一部分的外部销售。外部销售边际贡献为 12 美元 / 桶。

$$转让价格 \geqslant 8 \ 美元 / 桶 + （20 \ 美元 / 桶 -8 \ 美元 / 桶）\times 2\ 000 \ 桶 /2\ 000 \ 桶$$
$$= 8 \ 美元 + （20 \ 美元 / 桶 -8 \ 美元 / 桶）=20 \ 美元 / 桶$$

所以，对销售部门而言，转让价格必须至少应补偿放弃的销售损失的边际贡献，即 20 美元 / 桶，因为无论其销售给内部市场或外部市场，生产 2 000 桶的成本都是一样的。唯一的区别是如果销售给马文比萨店，销售部门会损失 20 美元 / 桶的收入。

（2）如前文所述，作为采购部门的马文比萨店不乐意支付超过 18 美元 / 桶的价格，该价格是常规供应商的报价。

$$转让价格 \leqslant 从外部供应商采购时的成本 = 18 \ 美元 / 桶$$

（3）所以，销售部门会坚持至少 20 美元 / 桶的转让价格，但是采购部门会拒绝超过 18 美元 / 桶的转让价格。同时满足买卖双方是不可能的，无法达成一致的转让价格，转让也不会发生。这样好吗？当然是不应该进行内部转让。从公司整体出发，转让没有意义。为什么要放弃 18 美元 / 桶的采购价，而用 20 美元 / 桶的价格采购呢？

转让价格是一种将公司整体的利润通过转移价格在部门之间分配的机制。如果公司在内部转让中遭受损失，将没有利润在部门之间分配，达成转让协议也是不可能的。另一方面，如果公司在内部转让中获利，将会有利润在部门之间分配，有可能使买卖双方达成一致的转让价格并增加双方的利润。如果公司的利润大，分给每一个部门的份额也会更大。

5. 销售部门有一部分闲置生产能力

假设帝国饮料厂每月在外部市场销售 9 000 桶姜啤。马文比萨店只销售一种姜啤。马文比萨店不能从帝国饮料厂采购 1 000 桶，同时从其他供应商采购 1 000 桶，它只能从同一个供应采购全部姜啤。

帝国饮料厂为完成马文比萨店的 2 000 桶姜啤的需求，不得不放弃 1 000 桶外部市场的销售，其价格为 20 美元 / 桶。另外 1 000 桶是利用闲置生产能力来生产。什么范围的转让价格范围可以使双方达成每月 2 000 桶的内部交易？

（1）如前文所述，作为销售部门的帝国饮料厂将会坚持的转让价格是至少可以弥补变成成本和机会成本。

$$转让价格 \geq 单位变动成本 + 放弃常规销售中的边际贡献 / 转让数量$$

因为帝国饮料厂没有足够的生产能力完成 2 000 桶的订单，放弃了部分外部市场上的销售。放弃的外部销售损失边际贡献为 12 美元 / 桶。

$$转让价格 \geq 8\ 美元 / 桶 + （20\ 美元 / 桶 - 8\ 美元 / 桶）\times 1\ 000\ 桶 / 2\ 000\ 桶$$
$$= 8\ 美元 / 桶 + 6\ 美元 / 桶 = 14\ 美元 / 桶$$

所以，销售部门转让价格为 8 美元 / 桶的变动成本加上 6 美元 / 桶的机会成本。

（2）如前文所述，作为采购部门马文比萨店不乐意支付超过 18 美元 / 桶的价格，该价格是常规供应商的报价。

$$转让价格 \leq 从外部供应商采购时的成本 = 18\ 美元 / 桶$$

（3）综合考虑销售部门和采购部门的要求，可接受转让价格范围：

$$14\ 美元 / 桶 \leq 转让价格 \leq 18\ 美元 / 桶$$

同样，假设管理者了解其自身经营并团结合作，他们应在上述价格范围内进行内部转让。

6. 没有外部供应商

如果马文比萨店没有姜啤的外部供应商，采购部门愿意支付的最高价格取决于采购部门希望在转让中获得的收益——不考虑转让价格的因素。例如，马文比萨店在支付自己经营的相关费用后希望获得 30 美元 / 桶的收益，那么其愿意以 30 美元 / 桶的价格支付给帝国饮料厂。但是，此时的假设是马文比萨店不能从其他供应商那里采购姜啤。

7. 协商转让价格的评价

如前所述，如果公司内能够为公司整体带来更大的收益，那么，总会在买卖双方存在转让价格范围，如果它们达成内部转让协议，也能使买卖双方获得更大的收益。所以，如果管理者了解其自身经营并团结合作，他们应在转移价格范围内进行转让，并使公司利润最大。

但是，并非所有管理者了解其自身经营，也并非所有管理者会团结合作。有时管理者出于对自身利益的考虑，协商也会破裂。这可以归咎于对管理者的绩效评价模式。如果不是用管理者过去的业绩或合理的标杆业绩作为评价的基础，当管理者彼此的利益有冲突时，几乎不会有公司内部合作的氛围。即使采用最优的业绩评价系统，一些人天生不乐于合作。

考虑到经常伴随谈判过程的争端，许多公司采取其他方法确定转让价格。但是，正如将在下文看到的，所有可供选择的转让价格方案都有其自身的缺点。

12A.2　以销售部门成本确定转让价格

许多公司以销售部门变动成本或完全成本确定转让价格。尽管用成本法设定转让价格相对简单，但是其主要的缺点如下：

首先，作为转移价格的成本，特别是完全成本，可以导致不良决策和次优决策。回顾姜啤的例子。姜啤的完全成本永远不会低于 15 美元 / 桶，其中包括 8 美元 / 桶的变动成本和 7 美元 / 桶的固定成本。如果姜啤的外部市场价格低于 15 美元 / 桶，如 14 美元 / 桶时怎么办？如果转让价格以完全成本法制定，马文比萨店将不会从帝国饮料厂采购姜啤，因为外部市场价格更低。但是，从公司整体来看，只要帝国饮料厂有闲置的生产能力，就应该达成内部转让的协议。为什么？因为帝国饮料厂有闲置的生产能力，其生产每桶姜啤只有 8 美元的变动成本，从外部市场购买的价格是 14 美元 / 桶。

其次，如果用成本确定转让价格，销售部门永远无法在内部转让中获利，公司内唯一获利的部门只能是负责最终向外部销售的部门。

最后，以成本为基础的转让价格无法激励管理者去控制成本。如果一个部门的实际成本简单地转移到下一个部门，几乎不会激励任何人去考虑降低成本。但是如果不使用实际成本而使用标准成本确定转让价格可以解决这个问题。

虽然基于成本的转让价格有诸多不足，实际中仍被广泛应用。支持者认为其易于理解和便于使用。

12A.3　以市场价格确定转让价格

如果协商转让价格陷入僵局，有时竞争性**市场价格**（market price）可以作为确定转让价格的最好办法。

市场价格方法是为有外部市场的可转让产品或服务设计的。如果销售部门没有闲置生产能力，以市场价格作为转让价格是一种正确的选择。这是因为从公司角度来看，转让的真实成本是放弃外部销售的机会成本。不论产品用于内部转让或外部销售，产品成本是相同的。如果采用市场价格作为转让价格，销售部门管理者在这个转让中不会有任何损失，采购部门管理者也可以获得公司在发生这笔转让业务时真实成本的正确信息。

如果销售部门没有闲置生产能力，市场价格同样也适用，但是，当销售部门存在闲置生产能力时，用市场价格作为转让价格可能会出现问题。再次回到姜啤的例子，帝国饮料厂生产姜啤的外部市场价格为 20 美元 / 桶。但是，马文比萨店可以 18 美元 / 桶的价格从外部市场任意采购。如果要求马文比萨店向帝国饮料厂支付市场价格，那么为什么马文比萨店要从帝国饮料厂采购？在市场价格法下，转让价格或外部市场价格低于 18 美元 / 桶，马文比萨店将会直接从帝国饮料厂采购，只要帝国饮料厂愿意销售。该方法就可以很好地发挥作用，但是缺点是马文比萨店的管理者认为姜啤成本 18 美元 / 桶，而不是 8 美元 / 桶，8 美元 / 桶是销售部门有闲置生产能力时公司的真实成本。所以，马文比萨店的管理者将会以错误的成本确定转让价格和决策。

没有一种确定转让价格的方法是完美的，市场价格法也有缺点。

12A.4 部门自主权和次优化

分权制表明公司应给予管理者一定的自主权以确定转让价格和决定内部或外部销售。当下属管理者做出次优化决策时，高层管理者会难以接受。但是，如果高层干预，就达不到分权制的目的。进一步来讲，为确定正确的转让价格，高层管理者不得不了解买卖双方的外部市场价格、变动成本和生产能力的细节。分权制的前提是基层管理者更了解经营决策信息。

当然，如果部门管理者不断地做出次优化决策，其部门绩效将会受损，管理者的薪酬和晋升也会受到影响。所以，以部门利润、ROI 或 RI 为基础的绩效评价体系会提供某种平衡。无论如何，如果高层管理者希望创造出自主和部门责任制的文化氛围，高层管理者必须允许下属管理者能控制他们自己的命运，甚至允许他们有犯错的权利。

12A.5 转让价格的国际视角

当跨国公司涉及跨境转让产品和服务时，转让价格的目标将发生改变。其主要目标在于降低税收和外汇兑换风险以及提升公司竞争力和改善与外国政府的关系。虽然激励管理者和授予部门自主权等国内目标是重要的，但在国际公司涉及跨国转让时将变得次要。公司会主要关注其转让价格是否减少税收支出和加强外国子公司竞争力等。

例如，对外国子公司制定较低转让价格，会减少关税或帮助外国子公司维持较低成本以保持竞争力。另一方面，制定较高的转让价格可以帮助跨国公司从外汇管制严格的国家获利，或将收益从高税率的国家转移到低税率的国家等。

复习题：转让定价

情形 A

科里耶（Collyer）公司有一个生产和销售标准阀门部门，该部门相关信息如下：

生产能力（产量）	100 000 个
外部市场销售价格	30 美元
单位变动成本	16 美元
单位固定成本（以产量为基础）	9 美元

该公司还有一个生产水泵的部门，该部门可以使用这个阀门。其每年从海外供应商处以 29 美元 / 个的价格采购 10 000 个阀门。

要求：

（1）假设阀门部门有足够的闲置生产能力满足水泵部门的需求，那么两个部门之间

可接受转让价格的范围是多少？

（2）假设阀门部门将其生产的全部阀门销售给外部市场客户，那么两个部门之间可接受转让价格的范围是多少？

（3）假设阀门部门将其生产的全部阀门销售给外部市场客户，此外，公司内部转让时由于降低了销售成本，可以避免发生 3 美元 / 个的变动成本，那么两个部门之间可接受转让价格的范围是多少？

复习题答案：

（1）因为阀门部门有足够的闲置生产能力，不用放弃外部市场销售。运用销售部门最低可接受转让价格公式，得到：

转让价格≥单位变动成本＋放弃常规销

售中的边际贡献 / 转让数量

转让价格≥ 16 美元 / 个 +0 美元 /10 000 个
=16 美元 / 个

　　水泵部门不愿意支付超过 29 美元 / 个的价格，该价格是外部供应商报价。所以，其转让价格范围：

16 美元 / 个≤转让价格≤ 29 美元 / 个

　　（2）阀门部门将其生产的全部阀门销售给外部市场客户，其需要放弃外部市场销售以满足水泵部门，所以阀门部门有机会成本，其可接受转让价格如下：

转让价格≥单位变动成本 +

放弃常规销售中的边际贡献 / 转让数量
转让价格≥ 16 美元 / 个 +（30 美元 / 个 −
16 美元 / 个）× 10 000 个 /10 000 个 =
16 美元 / 个 +14 美元 / 个 =30 美元 / 个

　　因为水泵部门可以 29 美元 / 个从外部市场采购，所以转让不会发生。

　　（3）运用销售部门最低可接受转让价格公式，得到：

转让价格≥单位变动成本 +

放弃常规销售中的边际贡献 / 转让数量
转让价格≥（16 美元 / 个 −3 美元 / 个）+

（30 美元 / 个 −16 美元 / 个）×10 000 个 /
10 000 个 =13 美元 / 个 +14 美元 / 个 =27 美元
/ 个转让价格范围：

27 美元 / 个≤转让价格≤ 29 美元 / 个

　　情形 B：

　　仍使用上述情形 A 的数据。假设水泵部门每年需要 20 000 个高压阀门，阀门部门生产该产品的变动成本是 20 美元 / 个，为生产该产品，需要每年将常规产品生产量由 100 000 个缩减至 70 000 个。

　　要求：

　　就阀门部门而言，最低可接受转让价格是多少？

　　复习题答案：

　　为生产 20 000 个高压阀门，阀门部门必须放弃 30 000 个常规产品生产。运用销售部门最低可接受转让价格公式，得到：

转让价格≥单位变动成本 + 放弃常规销售中的边际贡献 / 转让数量
转让价格≥ 20 美元 / 个 +（30 美元 / 个 −16
美元 / 个）× 30 000 个 /20 000 个 =20 美元 /
个 +21 美元 / 个 =41 美元 / 个

术语表

Market price 市场价格　某个物品在公开市场的价格。

Negotiated transfer price 协商转让价格　买卖双方都认同的转让价格。

Range of acceptable transfer prices 可接受转让价格的范围　转让的结果可以使销售部门和采购部门获得利润的转让价格的范围。

Suboptimization 次优化　整体的利润水平是具有获利能力的，但是低于部门或公司的利润水平。

Transfer price 转让价格　组织内部一个分部或部门为另一个部门提供商品或服务的价格。

练习题

公司整体角度的转让价格

　　A 部门生产电路板，该电路板可以销售给 B 部门或外部市场的其他客户。去年，A 部门发生作业如下所示：

单位电路板销售价格	125 美元 / 个
单位电路板变动成本	90 美元 / 个
电路板数量	
该年的产量	20 000 个

（续）	
销售给外部市场个	16 000
销售给 B 部门个	4 000

对 B 部门和外部市场销售价格相同。B部门将其用于生产电子仪器（一个电子仪器需耗用一个电路板）。B 部门生产每个电子仪器发生追加的变动成本 100 美元，每个电子仪器销售价格 300 美元 / 个。

要求：

（1）编制 A 部门、B 部门和公司利润表。

（2）假设 A 部门生产能力为 20 000 个电路板。下一年，B 部门想要从 A 部门采购 5 000 个电路板而不是 4 000 个（该种类型的电路板不能从外部市场获得）。从公司整体来看，A 部门是应该再额外销售给 B 部门 1 000 个电路板还是将其继续销售给外部市场？并解释原因。

问题

1. 以市场价格为基础的转让价格

斯塔沃斯公司（Stavos Company）的显示屏部门生产一种标准显示屏，该显示屏用于高清电视（HDTVs），显示屏成本如下：

每个显示屏变动成本	70 美元
每个显示屏固定成本	30 美元①
每个显示屏总成本	100 美元

①以每年生产 10 000 个显示屏的产量为基础。

显示屏部门的产品一部分销售给 HDTVs 的外部生产商，一部分销售给公司内部的生产 HDTVs 的夸克部门，其销售价格为 140 美元 / 个。

夸克部门成本、利润和经营净利润如下所示：

单位销售价格	480 美元
单位变动成本	
显示屏成本	140 美元
电子零件的变动成本	210 美元
变动成本合计	350 美元

（续）	
边际贡献	130 美元
单位固定成本	80 美元①
单位经营净利润	50 美元

①夸克部门有 1 000 高清电视（HDTVs）的海外订单，该订单希望以 340 美元 / 台价格购买。

要求：

（1）假设夸克部门有足够的闲置生产能力，该部门是否接受该订单？并解释原因。

（2）假设显示屏部门和夸克部门都有闲置生产能力。如果夸克部门拒绝这个 340 美元 / 台报价的订单，对公司整体财务将会产生哪些积极或消极的影响？

（3）假设夸克部门有闲置生产能力，但是显示屏部门在满负荷状态下生产，且其产品均销售给外部制造商。如果夸克部门接受这个 340 美元 / 台报价的订单，对公司整体财务将会产生哪些积极或消极的影响？

（4）在公司内部的商品转移中，以市场价格作为转让价格，可以得出什么结论？

案例

转让价格、部门业绩

威勒工业（Weller Industries）是一家有 6 个部门的分权化组织。公司电气部门生产多种电气配件，包括 X52 电气配件。电气部门（现在是满负荷生产）以 7.5 美元 / 个销售给常规顾客。该配件单位变动成本为 4.25 美元。

公司制动部门要求电气部门以 5 美元 / 个的价格为其提供大量 X52 配件。制动部门生产能力的利用率为 50%。制动部门将该配件用于生产制动装置并销售给商业航空公司制造商。制动装置成本如下所示：

采购部件（外部供应商）	22.50 美元 / 个
电气配件 X52	5.00 美元 / 个
其他变动成本	14.00 美元 / 个
固定制造费用和管理费用	8.00 美元 / 个
单位制动装置总成本	49.50 美元

虽然 X52 5 美元的价格低于 7.5 美元 / 个，但是制动部门的管理者认为，如果他的部门获得了航空公司制动装置的合同，必然会进行价格让步，因为他得到小道消息说，如果报价高于 50 美元 / 个，航空公司将拒绝该交易。所以，如果制动部门需为 X52 支付 7.5 美元 / 个，那么会失去该项交易并产生损失。制动部门管理者认为价格让步对于他的部门和整个公司都是必要的。

威勒工业采用 ROI 衡量部门业绩。

要求：

（1）电气部门最低可接受的转让价格是多少？如果你是电气部门的经理，是否会以 5 美元 / 个的价格为制动部门提供 X52？并说明原因。

（2）假设该制动装置可以 50 美元 / 个的价格销售，从公司整体来看电气部门为制动部门提供配件的财务优势或劣势是什么？并说明原因。

（3）制动部门最高可接受转让的价格是多少？在该情况下，两部门的管理者是否可以这个价格转让？

（4）讨论这种情况下的组织行为问题，如果有的话，并给出你的建议。

附录 12B 服务部门成本

大多数大型组织都设有经营部门和服务部门，组织的主要目标由**经营部门**（operating departments）完成，而**服务部门**（service departments）不直接从事经营作业，它们为经营部门提供服务或协助。服务部门包括自助餐厅、内审、人力资源、成本会计和采购部门等。

服务部门成本应计入经营部门的主要理由如下：

（1）鼓励经营部门充分使用服务部门资源。如果这些服务是免费的，经营部门管理者可能会浪费这些资源。

（2）为经营部门提供完整成本数据以制定决策。经营部门的行为会对服务部门成本产生影响。例如，雇用新员工增加人力资源成本，服务部门成本应计入经营部门，否则经营部门在制定决策时会忽略该类成本。

（3）有助于衡量经营部门的盈利能力。将服务部门成本计入经营部门，提供了经营部门相关作业的完整的会计成本。

（4）为服务部门有效经营创造出一种激励机制。将服务部门成本计入经营部门，提供了经营部门对成本的制约和平衡意识，有助于保持服务部门的低成本。

在附录 12A 中，我们讨论了转让价格，即组织内部部门间产品转让。下面我们将讨论服务部门的成本分配，可视为服务部门向经营部门提供服务的转让价格。

12B.1 以成本性态分配

变动成本和固定成本应尽可能地分别分配，以便为经营部门的预算和控制提供更有用的数据。

12B.1.1 变动成本

变动成本随着服务的变动而成比例地变动。例如,自助餐厅食物的成本是一项变动成本,它随着用餐人数和就餐次数成比例变动。

变动成本应根据引发成本的作业动因计入经营部门。例如,维修部门的变动成本是由经营部门使用机器的工时数引起的,其应以机器工时为基础分配给经营部门。这将确保这些成本追溯到部门、产品和消费者。

12B.1.2 固定成本

服务部门固定成本代表形成可供使用生产能力的成本。这些成本应事先按照预计数额一次性分配给经营部门,该一次性分配到部门的成本可以以该部门高峰期和平均长期服务需求为基础进行分配。

这种一次性分配方法背后的逻辑是,当服务部门开始成立,其服务能力由其所服务的部门的需求决定。该能力可能反映其他部门高峰期的需求,或反映长期平均或正常需求。服务部门根据提供的服务能力,确定约束性资源数额,这将反映在服务部门的固定成本中。这些固定成本应由经营部门按各部门所需要的服务能力比例来承担。也就是,如果服务部门可使用的服务能力可以满足经营部门高峰期的需求,服务部门的固定成本应在此基础上按着预计的总额一次性分配给经营部门。如果可使用的服务能力仅满足正常或长期平均需求,固定成本应在该基础上分配。

一旦分配基础确定,分配的成本不随时间改变,因为其代表可用的服务能力水平。经营部门是否每个期间都需高峰期或正常服务水平是不重要的,但是服务部门具备提供该水平服务的能力是必要的,经营部门应承担该成本。

12B.1.3 应分配实际成本还是预算成本

服务部门的预算成本而不是实际成本应分配给经营部门。这将确保由服务部门对实际成本和预算成本的差异做出解释。如果是按服务部门的实际成本分配,经营部门将要对服务部门的成本差异负责,这对经营部门是不公平的。

12B.1.4 服务部门成本分配提示

下面是有关如何进行服务部门成本分配的总结:

(1)变动和固定的服务成本应分别分配。

(2)变动成本应使用预计分配率和实际使用服务用量来分配。

(3)固定成本代表提供服务能力的成本,该成本应根据经营部门高峰期和长期平均需求比例进行分配。一次性分配的成本数额应该是预算固定成本而非实际固定成本。

12B.1.5 举例

海洋航空(Seaboard Airlines)有两个经营部门,货运部门和客运部门,以及为这两个部门服务的维修部门。服务部门变动成本预算为10美元/飞行小时,固定成本预算为每年750 000美元。维修部门的固定成本以高峰期需求为基础进行预算,感恩节到新年为高峰期间。该航空公司想确定其在这个关键时期不会因为缺乏设备维修而使飞机停飞。该期间大约40%的维修用于货运部门,60%用于客运部门。这些数据和下年预算飞行时长如下:

	高峰期需求 能力百分比	预算飞行时长
货运部门	40%	9 000 小时
客运部门	60%	15 000 小时
总计	100%	24 000 小时

年末记录显示，该年维修部门实际变动成本和固定成本分别为 260 000 美元和 780 000 美元。一个部门在一年中的飞行时间比预算的多，另一个部门在一年中的飞行时间比预算的少。具体飞行时间如下所示：

	飞行时长	
	预算	实际
货运部门	9 000	8 000
客运部门	15 000	17 000
总飞行时长	24 000	25 000

维修部门成本分配如下：

需要注意，分配至经营部门的变动成本以预算变动成本率（10 美元 / 小时）和当年实际作业为基础。而固定成本完全以预算为基础。同时注意这两个经营部门并不承担服务部门的实际成本。服务部门对未分配至其他部门的实际成本负责，相关信息如下（单位：美元）：

	变动成本	固定成本
实际总成本	260 000	780 000
已分配经营部门的成本	250 000 [①]	750 000
维修部门负责的开支差异	10 000	30 000

① 10 美元 / 飞行小时 ×25 000 实际飞行小时 =250 000 美元。

12B.2　分配服务部门成本时应注意的问题

一些公司使用在不同期间波动的变动性为分配基础，而不是以预定的总额向接受服务的部门分配固定成本。这种方法会歪曲决策并导致严重的部门间不公平。这种不公平来自一个部门分配到的固定成本会受到其他部门所发生的活动的严重影响。

　　销售额经常作为将服务部门的固定成本分配到经营部门所采用的分配基础。使用销售额基础比较简单、直观、易于操作。而且，人们倾向于把销售额看作是有支付能力的计量指标，因而销售额也用于衡量该组织的其他部门决定要承担成本的指标。

　　但是，销售额常是一个很差的分配成本的基础，因为它在不同时期会发生变动，而被分配的成本额往往都是固定的。因此，一个不努力销售的部门就会将该部门应当分配的成本转嫁给其他更为成功的部门。其后果是尽最大努力进行销售的部门受到惩罚，即分配到了更多的成本，这会使得业绩更好的部门管理者感到苦恼和郁闷。

　　例如，假设一个大型男士服装商场有 1 个服务部门和 3 个销售部门，即套装、鞋类和配饰。服务部门的总成本每期 60 000 美元，并按销售额分配给 3 个销售部门。近期进行了以下成本分配：

	部门			合计
	套装	鞋类	配饰	
部门销售额（美元）	260 000	40 000	100 000	400 000
所占销售总额百分比	65%	10%	25%	100%
以占销售总额百分比为基础分配的服务部门成本（美元）	39 000	6 000	15 000	60 000

　　需要注意，套装部门对销售总额的 65% 负责（260 000 美元 /400 000 美元）；所以，其分配服务部门成本的 65%，即 39 000 美元（60 000 美元 × 65%）。

　　在下一个期间，假设套装部门管理者推出一个非常成功的促销活动，将该部门的销售额扩大了 100 000 美元。另外，假设其他两个部门的销售没有变化，服务部门总成本保持不变，而且销售部门预期使用服务部门资源的情况也保持不变。在这些假设下，服务部门成本分配给销售部门发生了变化，具体情况如下所示。

	部门			合计
	套装	鞋类	配饰	
部门销售额（美元）	360 000	40 000	100 000	500 000
所占销售总额百分比	72%	8%	20%	100%
以占销售总额百分比为基础分配的服务部门成本（美元）	43 200	4 800	12 000	60 000
相比前期增加或减少额（美元）	4 200	（1 200）	（3 000）	0

　　实际上，该套装部门的管理者正在为其突出的业绩受罚，承担额外 4 200 美元的成本。另一方面，销售业绩没有增长的部门管理者负担的成本减少，虽然提供给各个部门的服务数量在这两个期间没有变化。

　　这个例子说明为什么以销售额作为成本分配的基础只适用于由销售驱动的服务部门成本。在那些服务部门成本是固定的情况下，他们应按本章前文所述方法进行分配。

术语表

Operating department 经营部门　执行组织的核心目标的部门。

Service department 服务部门　不直接参与

经营作业，为其他经营部门提供服务或协助等的部门。

练习题

汉尼拔钢铁公司（Hannibal Steel Company）拥有运输服务部门，该部门提供卡车并将矿石从该公司的矿运至其炼钢厂——北方工厂和南方工厂。该运输服务部门每年预算成本 350 000 美元，包括 0.25 美元/吨的变动成本和 300 000 美元的固定成本。固定成本的水平由高峰时期的要求决定。高峰时期，北方工厂需要其服务 70%，南方工厂需要 30%。

当年，该运输服务部门实际从两个工厂运输如下数量矿石：北方工厂 130 000 吨；南方工厂 50 000 吨，产生 364 000 美元成本，其中变动成本 54 000 美元，固定成本 310 000 美元。

要求：

（1）54 000 美元的变动成本应如何分配？

（2）310 000 美元的固定成本应如何分配？

（3）该运输服务部门 364 000 美元的成本是否应作为开支差异不进行分配？并说明原因。

第 13 章

差量分析：决策的关键

⟡ **商业聚焦**

理解决策的质量

SAS 是一家价值 22.6 亿美元的私营公司，位于北卡罗来纳州卡里的一个 200 英亩的校园内。这家公司拥有一套现场化应用的医疗设备（包括一个验血的实验室），并配备了若干名医生、执业护师、理疗专家和一位营养师。另外，这家公司在校园内还拥有托婴中心、蒙特梭利学校、理发沙龙、干洗店、健身中心以及用于慢跑和骑单车的跑道。照看婴儿的雇员服务费是每个月 360 美元 / 每个小孩，SAS 为每个孩子支付 720 美元用于雇用 120 位教师和员工。

尽管量化这些投资的效益可能有些困难，SAS 坚信聘用愉快和健康的员工对于公司的成功至关重要。玛丽·西蒙斯（Mary Simmons）是 SAS 的一位软件开发者，她说："午餐时间我会出去骑行 20 英里，接着当我回来时我的大脑突然就会产生一种灵感，然后我就解决了一些之前一直纠结的问题。"

资料来源：Christopher Tkaczk, "Offer Affordable (Awesome) Day Care", *Fortune*, August, 17, 2009, p.26.

⟡ **学习目标**

1. 确定决策中的相关成本、无关成本和收入。
2. 编制一张说明是否应当增加还是关闭一条生产线或者其他业务分部的分析表。
3. 编制一张说明是否自制还是外购决策的分析表。
4. 编制一张说明是否应当接受一项特殊订货决策的分析表。
5. 确定在约束性资源下获利最大的应用。
6. 确定获取更多约束性资源的价值。
7. 编制一张说明联产品是否在分离点出售还是深加工后出售的分析表。
8. （附录 13A）用成本加成定价法计算完全成本法下产品的销售价格。
9. （附录 13A）了解顾客对于价格变动的敏感性是如何影响定价决策的。
10. （附录 13A）用价值定价法分析定价决策。
11. （附录 13A）计算一种新产品或服务的目标成本。

这一章将讨论管理者最重要的职责——决策。决策的内容包括销售何种产品、零部件自制还是外购、该如何定价、使用什么样的分销渠道，以及是否接受特定价格下的特殊订货。制定决策通常是一项很艰难的任务，因为它涉及许多备选方案和大量庞杂的数据。在本章，你会学习如何将注意力聚焦于那些重要的信息。

13.1　决策：6 个关键概念

为了做出明智的决策，你需要知道的 6 个关键概念。这一部分将会逐一讨论这些概念和新增加的术语，它们会帮助你解决本章最后的练习题和问题。

关键概念 #1

每一项决策都涉及至少从两个以上的备选方案中做出选择。因此，决策的第一步就是要确定予以考虑的备选方案。例如，一家公司正在决定是自制零部件还是从外部供应商购买零部件，备选方案就是自制还是外购零部件。类似地，如果一家公司正在考虑停产某一特定产品，备选方案就是继续生产还是停止生产该产品。

关键概念 #2

一旦你已经确定了备选方案，需要做的就是确定在它们中做出选择的标准。在备选方案中抉择的关键就是区别相关成本及收益和无关成本及收益。**相关成本**（relevant cost）和**相关收益**（relevant benefit）应当在决策时予以考虑，而无关成本和无关收益在决策时则不予考虑。这是一个重要的概念，主要基于以下两点原因：首先，忽略无关的数据使决策者节省了大量的时间和精力；其次，不当决策常常源于在分析备选方案时错误地包括了无关成本和无关收入。

关键概念 #3

有效决策的关键是差异分析，即着眼于备选方案之间不同的未来成本和收入，其他一切都是无关的、应当忽略的。任何两个备选方案之间未来成本的差别被称为**差量成本**（differential cost），差量成本常常是相关成本。任何两个备选方案之间未来收入的差别被称为**差量收入**（differential revenue），差量收入就是相关收益的一个例子。

增量成本和可避免成本通常被用于描述差量成本。**增量成本**（incremental cost）是两个备选方案之间成本的增加额。例如，如果你在最喜欢的汽车的两种型号——标准型和豪华型的购买过程中做出选择，豪华型汽车价格中升高的部分就是增量成本。**可避免成本**（avoidable cost）是可以通过选择一个方案而不选择另一个方案时可以避免其发生的成本。比如，假设你决定今晚去看一场电影，可是，你正在尝试在两种备选方案中做出选择，去电影院或者租一盘录像带。电影院的入场门票费就是一个可避免成本，你可以通过租一盘录像带来避免这项成本。类似地，录像带的租赁费用也是一项可避免成本，因为你可以通过去电影院来避免它。可避免成本（和增量成本）通常都是相关成本。

差量成本和差量收入在本质上是可以定性或者定量的。备选方案之间定性的差异对决策有重要影响，因此，这种差异不应当被忽略。这一章我们的目标是训练你的定量分析能力，因此，我们主要会关注定量分析差量成本和差量收入，它们对于未来现金流量的衡量具有一定的影响。

关键概念 #4

在备选方案中做出选择时，沉没成本通常是无关的。**沉没成本**（sunk cost）是已经发生的并且管理者无论如何决策都无法改变的成本。沉没成本对未来现金流量没有影响，并且无论考虑哪种备选方案都保持不变，因此，在制定决策时它们是无关的并且不应予以考虑。

例如，假定一家公司以 12 000 美元购买了一辆已使用 5 年的卡车。为这辆卡车的支出是一项沉没成本，因为它已经发生了并且这项交易不能改变。在这辆卡车是否留用、出售还是更新等决策中，已经支付的 12 000 美元是无关的，并且，任何与这辆卡车相关的折旧费用在决策时也是无关的。这是因为会计折旧是对于未来现金流量没有影响的非付现支出，仅仅是将卡车的沉没成本在它的使用期内进行摊销。⊖

关键概念 #5

在不同的备选方案之间无差别的未来成本和未来收入在决策过程中是无关的。我们再继续看电影的例子，假定在看完电影之后你计划购买一份棒约翰比萨（Papa John's）。假设无论你在哪里看电影都准备买相同的比萨，当你在去电影院和租录像带之间选择时，买比萨的费用就是无关的。比萨的费用不是沉没成本，因为它还没有发生。但是，买比萨的费用对于看电影地点的选择是无关的，因为这是一项在备选方案之间没有差别的未来成本。

关键概念 #6

在做决策时机会成本同样需要予以考虑。**机会成本**（opportunity cost）是在多方案的择一决策中，所放弃的方案中（最高）的潜在收益。例如，如果你正在考虑放弃一个高薪的暑假工作去国外旅行，放弃的薪资就会成为出国旅行的机会成本。机会成本通常并不会在会计记录中找到，但是它们是管理者在做每一个决策时必须特别考虑的一种差量成本。

这一章包括了各种不同环境下的决策，包括保留或关闭生产线决策，自制或外购决策，特殊订货决策以及直接出售或深加工决策。尽管解决这些不同环境下的决策问题似乎有点令人不知所措，但是它们都有一个统一的主题，即基于差量成本和差量收入在备选方案中做出选择。为了强调这一共同的主题，这一章的练习题和问题覆盖了本章的学习目标，要求你用相同的术语——财务优势或劣势分析，从备选方案中做出抉择。例如，许多习题和问题这样提问：

（1）关闭商店的财务优势或劣势是什么？

（2）外购而不是自制零部件的财务优势或劣势是什么？

（3）接受特殊订货的财务优势或劣势是什么？

（4）半产品深加工的财务优势或劣势是什么？

在所有这些不同的环境下，如果追求一种选择，如关闭一家商店或者接受一份特殊订单，通过了成本/收入测试，其财务优势就一定存在。换句话说，如果备选方案的差量收入（例如未来现金流入）超过了它的差量成本，财务优势就是存在的。相反地，当一个备选方案

⊖ 参见附录 14C 中关于在考虑税费的情况下折旧费用是如何影响决策的讨论。

没有通过成本 / 收入测试，财务劣势就存在了，因为它的差量收入小于差量成本。[⊖]

13.2　确定相关成本和相关收益：一个案例

辛西娅（Cynthia）是一名在读波士顿一个 MBA 项目的学生，她想在周末拜访一位身处纽约的朋友。她正在决定是开车去还是坐火车去。由于预算紧张，她想要仔细地考虑这两种备选方案的成本。如果有一种备选方案明显比另一种的成本更少，那会在她的决策中起到关键性作用。如果开车去，从她在波士顿的公寓到她的朋友在纽约的公寓距离是 230 英里。辛西娅编制了如下的项目表来思考：

汽车成本

项目	每年的固定项目成本	每英里成本（基于每年 1 000 英里）
（a）汽车在直线法下的年折旧费 [（24 000 美元的初始成本 – 5 年后 10 000 的再售价值）/ 5 年]	2 800 美元	0.280 美元
（b）汽油成本（每加仑 2.4 美元 ÷24 英里每加仑）		0.100 美元
（c）汽车保险和许可证的年成本	1 380 美元	0.138 美元
（d）维护和修理成本		0.065 美元
（e）在学校的停车费（每月 45 美元 ×8 个月）	360 美元	0.036 美元
（f）每英里总平均成本		0.619 美元

其他数据

项目	
（g）由于磨损引起的汽车再售价值的减少	0.080 美元 / 英里
（h）从波士顿到纽约的往返票价	114 美元
（i）乘火车而不是开车所带来的沿途能够放松和学习的好处	？
（j）离开后寄养小狗的成本	80 美元
（k）在纽约拥有一辆汽车的好处	？
（l）在纽约停车的困难	？
（m）在纽约停车的成本	25 美元 / 天

在这项决策中哪些成本和收入是相关的？请记住，只有差量成本和差量收入才是相关的——其他的一切都与决策无关，是无须考虑的。

从表格的最上端项目（a）开始分析：汽车的初始成本是一项沉没成本。这项成本已经发生，因此不会在不同的备选方案之间发生改变。所以，这项成本是无关的而且应当被忽略。同样的情况也适用于每年 2 800 美元的会计折旧，它只是把沉没成本在 5 年之间进行分摊。

对于项目（b），驱车至纽约所消耗的汽油成本是一项相关成本。如果辛西娅坐火车，她就会避免这项费用的开支。因此，成本在备选方案之间发生了改变，它就是相关的。

对于项目（c），汽车保险和许可证的年成本，与决策不相关。在这一次旅途中，无论辛西娅是坐火车还是开车，她每年的汽车保险和许可证费用都是一样的。[⊖]

⊖　在一家公司的存续期，累计的净现金流量等于累计的净利润。因此，如果一项决策使未来净现金流量最大，就会使未来累计净利润最大。可是，在权责发生制下，任何特定期间的净利润通常会与现金流量不同。基于未来净现金流量最大的决策可能会在短期减少净利润，但是从长期来看，累计净利润会高于其他决策方式下的净利润。

⊖　如果辛西娅在驱车至纽约或返程途中发生了车祸，当保险政策更新时可能会影响她的保险费用。保险费用的增加对于这次旅途可能是一项相关成本，但是正常数额的保险费用在任何情形下都是不相关的。

对于项目（d），维护和修理成本与决策相关。尽管维护和修理成本有很大一部分随机成分，但是从长远来看或多或少与汽车的行驶里程成正比。因此平均每英里 0.065 美元的成本是一个可使用的合理估计。

对于项目（e），辛西娅在读期间每月支付的在校停车费与决策不相关。不管她选择了哪种方案，开车或坐火车，她在纽约开自己的车或租车都需要支付在校停车的费用。

项目（f）0.619 美元是每英里的总平均成本。如前所述，这当中的一部分是相关的，而另一部分是不相关的。因为总平均成本中包含了一些无关成本，所以仅仅用 0.619 美元乘以 460 英里（单程 230 英里 ×2）来估计驱车至纽约的往返成本就是不正确的。这种错误的方法会导致开车的成本是 284.74 美元。不幸的是，这种错误在个人生活和商业决策中都常常发生。因为总成本是基于单位英里而确定的，所以人们很容易被误导。人们通常认为如果每英里的成本是 0.619 美元，那么行驶 100 英里的成本就是 61.90 美元。但实际情况并不是这样的。每英里 0.619 美元中包括的许多成本是沉没成本并且（或者）是固定的，这些成本并不会增加，即使汽车再行驶 100 英里。0.619 美元是一项平均成本，而不是差量成本。小心这些单位化的成本（例如以每单位，每英里，每一直接人工小时，每一机器小时等单位金额表示的成本），它们通常是具有误导性的。

对于项目（g），由于行驶更多的里程导致汽车再售价值的下降与决策相关。因为她使用了汽车，因此汽车再售价值的下降是她在使用汽车时应当予以考虑的一项真实成本。辛西娅通过登录凯利蓝皮书（Kelly Blue Book）的网站 www.kbb.com 来估计这项成本。这种由于使用或者随着时间的推移而使得再售价值的减少通常称为真实折旧或经济折旧。这同会计折旧不同，会计折旧是尝试将一项资产的沉没成本和它的受益期间匹配。

对于项目（h），114 美元的火车往返票价与决策相关。如果开车，她就可以避免火车票的成本。

项目（i）与决策相关，尽管难以确定在火车上获得的放松休息和能够学习的货币价值，它仍然是相关的，因为这是在一种方案下可以获得而在另一种方案下无法获得的好处。

对于项目（j），当辛西娅离开时将小狗寄养的成本在决策中是无关的。无论她是乘火车还是驱车去纽约，她都需要寄养小狗。

类似于项目（i）、项目（k）和项目（l）都与决策相关，尽管难以量化它们的货币影响。

项目（m），在纽约的停车成本与决策相关。

把所有相关的数据放到一起，辛西娅估计的驱车和乘火车去纽约的相关成本如下：

驱车至纽约的相关成本	
汽油（460 英里 ×0.100 美元 / 英里）	46.00 美元
维护和修理（460 英里 ×0.065 美元 / 英里）	29.90 美元
由于磨损而减少的汽车再售价值（460 英里 ×0.080 美元 / 英里）	36.80 美元
在纽约停车的成本（2 天 ×25 美元 / 天）	50.00 美元
合计	162.70 美元
乘火车去纽约的相关成本	
从波士顿到纽约的往返车票成本	114 美元

辛西娅应当怎么做出选择？单纯地从财务角度来看，乘火车会比驱车至纽约便宜 48.70 美元（162.70 美元 − 114.00 美元）。辛西娅需要权衡一下：在纽约有一辆车的便利是否超过了额外的成本、无法充分休息和在火车上学习的不足以及在纽约寻找停车场的麻烦。

商业实战 13-1 | 一场公司与网络安全的成本与效益的较量

对于公司而言，量化不同的网络安全投资战略的成本与效益是一件很困难的事情。一方面，在目前相关成本支付开销不足的方面存在着潜在的巨大支出，比如，特兰支付系统（heartland payment system）在黑客盗取了超过 1 亿个信用卡账号之后支付了 1.5 亿美元的罚金和诉讼费。另一方面，在网络安全上的无限支出并不能完全消除安全漏洞的风险。火眼公司（FireEye.lnc）首席安全战略官理查德·贝特利希强调了这种现实困境，他声称只需 100 万美元就足以使他组建一支可以入侵任何目标的黑客队伍。

所以，公司应当如何管理网络攻击的风险？可能高德纳公司（Gartner.Inc）的分析师阿维亚·利坦（Avivah Litan）的建议是有价值的，阿维亚·利坦估计相对于在出现漏洞之后所花费的每 5.62 美元的支出，人们可以通过事前在加密技术和网络保护上花费 1 美元来阻止入侵并将伤害降到最小。

资料来源：Danny Yadron, "Companies Wrestle with the Cost of Security," *The Wall Street Journal*, February 26, 2014, p.B3.

13.3 差量分析：总量成本法和差量成本法

在辛西娅的例子中，我们关注于在乘火车和开车两种方案的对比中确定相关成本和相关收益，其他的一切都被忽略了。这种决策分析的方法称为差量法，因为它仅仅关注相关成本和相关收益。另一种决策分析的方法叫作总量成本法，这种方法包括了所有的成本和收入，无论其是相关的还是无关的。当这两种方法被正确地使用时，通常它们会给出相同的正确回答。

为了比较和对比这两种方法，让我们来思考这样一个案例。欧克·哈伯公司正在考虑以 3 000 美元租入一台全新的节省人力的机器。这台机器将会用于公司的屠宰场生产线。该生产线是否使用新机器的销售收入和成本的有关数据列示如下：

	当前情况	使用新机器后的情况
产量和销量	5 000	5 000
单价	40 美元	40 美元
单位直接材料成本	14 美元	14 美元
单位直接人工成本	8 美元	8 美元
单位变动制造费用	2 美元	2 美元
固定成本及其他	62 000 美元	62 000 美元
固定成本——新机器租金	—	3 000 美元

基于以上数据，两种备选方案下产品的经营净利润可以通过运用总量法计算，如表 13-1 前两列所示。经营净利润在当前情况下是 18 000 美元，在使用新机器的情况下是 30 000 美元。这两列中经营净利润的差异表明与租赁新机器相关的 12 000 美元（30 000 美元 −18 000 美元）的财务优势。无关的项目（包括销售额、直接材料成本、变动制造费用以及固定成本及其他）在两列中都有出现，所以在分离出 12 000 美元的差异用以支持租赁机器的决策时，这些项目会相互抵消。

表 13-1 的第 3 列运用了差量成本的方法同样得到了与租赁新机器相关的 12 000 美元（=15 000 美元 -3 000 美元）的财务优势。在"差量成本和差量收入"列中一个正的数值表明在备选方案中的差异支持租赁新机器的决策；反之，一个负的数值表明差异支持目前的状况。第 3 列的零值仅仅表明两种方案下项目的合计数恰好相等。

表 13-1　总量成本法和差量成本法　　　　　　　　　　　　　　　（单位：美元）

	当前情况	租赁新机器时的情况	差量成本和差量收入
销售额（5 000 件 ×40 美元 / 件）	200 000	200 000	0
变动成本：			
直接材料（5 000 件 ×14 美元 / 件）	70 000	70 000	0
直接人工（5 000 件 ×8 美元 / 件）（5 000 件 ×5 美元 / 件）	40 000	25 000	15 000
变动制造费用（5 000 件 ×2 美元 / 件）	10 000	10 000	0
变动成本合计	120 000	105 000	
边际贡献	80 000	95 000	
固定成本：			
其他	62 000	62 000	0
新机器的租金	0	3 000	（3 000）
固定成本合计	62 000	65 000	
经营净利润	18 000	30 000	12 000

如果我们合理地考虑到在不同的备选方案之间不发生改变的成本和收入，当我们比较这些方案时它们会相互抵消，因此，它们可以被忽略。

不通过编制比较利润表，我们也可以通过完全忽略无关成本和无关收益的方式更快地得出相同的解决方案。

- 两种方案下单价和销量都没有区别。因此，正如表 13-1 所示，两种方案下总销售额完全相同。因为销售额完全相同，它们对于两种方案下经营净利润的差异没有任何影响。正如表 13-1 所示，差量收入为零。
- 单位直接材料、单位变动制造费用和产销量在两种方案下没有差异。所以，直接材料总额和变动制造费用总额在两种方案下相同并且可以忽略。
- "其他"固定成本在两种方案下没有差别，所以它们同样可以忽略。

事实上，两种方案下唯一不同的是直接人工成本和新机器的固定租金成本。因此，这两个方案可以仅仅基于如下相关成本进行比较：

租入新机器的财务优势	（单位：美元）
直接人工成本的减少（5 000 件，每件节省 3 美元）	15 000
固定成本的增加	（3 000）
租赁新机器的财务优势	12 000

如果我们仅仅关注相关成本和相关收益，我们可以获得相同的答案（12 000 美元的差别损益来支持租入新机器），正如我们在表 13-1 中列示了所有的成本和收入，其包括了那些不随着方案而变化的部分。我们得出相同答案的原因是在最终的比较中起作用的只是在两个方案中有差别的成本和收入项目，因此，在表 13-1 的最后一列这些项目不为零。

为什么分离出相关成本

在前述的例子中，我们运用了总量成本法和差量成本法得到了完全相同的答案。由此引出这样的一个疑问："既然总量成本法可以起到同样的作用，为什么还要不怕麻烦地将相关成本分离出来呢？"分离相关成本至少有以下两个原因：

首先，只有在极少数情况下才有足够可获得的信息为两种备选方案编制详细的利润表。例如，假定要求你在一家多部门、多产品的企业中为单一经营过程的一部分做出决策。在这种情况下，你根本不可能编制出任何一种形式的利润表。为了收集决策所必需的数据，你必须依靠你的能力去识别哪些成本是相关的，哪些成本是不相关的。

其次，将无关成本和相关成本混杂在一起，会对决策造成困扰并且会分散我们对于那些相当重要的信息的注意力。并且，对于无关成本的不当运用导致不当决策的风险一直都存在，规避决策风险的最好方法是忽略无关数据，基于全部的相关数据进行决策。

13.4　增加或关闭生产线和其他分部

在管理者做出的决策中，最难的是与关闭生产线或其他分部、新增生产线或其他分部相关的决策。在这些决策中，许多定性和定量的因素都需要考虑。但是，任何关闭一个经营分部或者新增一个经营分部的决策都主要基于它的财务影响。为了评估这些影响，必须仔细分析成本。

13.4.1　成本分析的例证

表 13-2 提供了迪斯康特制药公司（Discount Drug Company）上个月的主要产品生产线——药品、化妆品和家居用品的销售额和成本信息。快速浏览这张表后，你就会建议关闭家居用品分部，从而使公司整体经营净利润增加 8 000 美元。可是，这个结论是有缺陷的，因为表 13-2 的数据并没有区分如果关闭生产线可以避免的固定成本和无法通过关闭任何特定生产线而避免的共同固定成本。

表 13-2　迪斯康特制药公司　　　　　　（单位：美元）

	合计	生产线		
		药品	化妆品	家居用品
销售额	250 000	125 000	75 000	50 000
变动成本	105 000	50 000	25 000	30 000
边际贡献	145 000	75 000	50 000	20 000
固定成本：				
工资	50 000	29 500	12 500	8 000
广告费	15 000	1 000	7 500	6 500
公用事业费	2 000	500	500	1 000
折旧——设备	5 000	1 000	2 000	2 000
租金	20 000	10 000	6 000	4 000
保险费	3 000	2 000	500	500
行政管理费	30 000	15 000	9 000	6 000

（续）

	合计	生产线		
		药品	化妆品	家居用品
固定成本总额	125 000	59 000	38 000	28 000
经营净利润（损失）	20 000	16 000	12 000	（8 000）

在本例中，需要考虑的两种备选方案是保留还是关闭家居用品生产线。如果关闭家居用品生产线，公司每个月就会失去 20 000 美元的边际贡献，因为所有该分部的销售额和成本都不复存在。但是，通过关闭家居用品生产线可能会避免一些诸如薪酬和广告费用的固定费用。如果关闭家居用品生产线使得公司可以避免的固定成本超过了损失的边际贡献，关闭生产线就是具有财务优势的。反之，如果公司可以避免的固定成本没有超过损失的边际贡献，家居用品生产线应当予以保留。因此，公司的管理者需要将注意力集中在识别那些在两个方案中不同的成本（比如那些可以通过关闭家居用品生产线而避免的成本）。管理者应该这样问自己："如果我们关闭这条生产线，哪些成本我们可以避免？"，同时，有意识地忽略那些在两个方案之间没有差别的成本。

正如我们在之前的讨论中看到的那样，并不是所有的成本都是可以避免的。例如，一些和生产线相关的成本可能是沉没成本。其他的成本可能是分摊的固定成本，这些成本不论生产线是关闭还是保留在总量上都没有区别。

为了说明如何进行产品生产线分析，假定迪斯康特制药公司分析了 3 条生产线共同固定成本，并且确定了如下事项：

（1）工资费用反映了支付给产品生产工人的工资。如果家居用品生产线被关闭，所有在这条生产线上工作的员工都会被解雇。

（2）广告费用反映了针对特定产品生产线发生的广告费用，如果该生产线被关闭，这些费用是可以避免的。

（3）公用事业费反映了公司整体的公用事业成本。每一条生产线所分摊的部分是以该生产线所占据的面积为基础确定的金额，如果该生产线被关闭，这些成本也无法避免。

（4）折旧费用反映了对于过去购买的设备的折旧费，这些设备用于不同的生产线。尽管这些设备几乎是新的，它们都是定制的，如果家居用品生产线被关闭，它们将不会有任何再售价值。

（5）租金费用反映了公司全部建筑物的租金，并根据销售额分配至产品生产线。20 000 美元的月租金就是在长期租赁协议下的一项固定成本。

（6）保险费用是为每一条生产线上生产出的存货所支付的。如果家居用品生产线被关闭，相关的存货就会被清理，并且保险费用也会按比例减少。

（7）行政管理费反映了会计核算、采购和一般行政管理所发生的成本，这些成本是以销售额为基础分配至生产线的。关闭家居用品生产线不会使得这些成本发生改变。

有了这些信息，管理层可以确定与家居用品生产线相关的固定成本中有 15 000 美元是可以避免的，有 13 000 美元是无法避免的，具体信息如下（单位：美元）：

固定成本	分配至家居用品生产线的成本	不可避免成本[①]	可避免成本
工资	8 000		8 000
广告费	6 500		6 500

（续）

固定成本	分配至家居用品生产线的成本	不可避免成本[①]	可避免成本
公用事业费	1 000	1 000	
折旧——设备	2 000	2 000	
租金	4 000	4 000	
保险费	500		500
行政管理费	6 000	6 000	
合计	28 000	13 000	15 000

①这些固定成本反映了沉没成本或者无论是保留还是关闭家居用品生产线都不会改变的未来成本。

如前所述，如果关闭家居用品生产线，公司会失去 20 000 美元的产品边际贡献，但是会节省相关的可避免固定成本。我们现在知道那些可避免的固定成本总额为 15 000 美元。因此，关闭家居用品生产线所带来的 5 000 美元的财务劣势如下（单位：美元）：

关闭家居用品生产线所减少的边际贡献	
（见表 13-2）	（20 000）
关闭家居用品生产线可以避免的成本	
（见上表）	15 000
关闭家居用品生产线的财务优势	（5 000）

在本例中，通过关闭家居用品生产线可以避免的 15 000 美元的固定成本小于将会损失的边际贡献 20 000 美元。因此，基于给定的数据，家居用品生产线不应当被关闭，除非能为其占用的地板和柜台空间找到更加有利可图的用途。

13.4.2　比较格式

这类决策同样可以通过编制显示保留或者关闭生产线的财务后果的比较利润表来做出。表 13-3 包含了对于迪斯康特制药公司的这类决策分析。正如表中最后一列所示，如果关闭家居用品生产线，那么每一期公司整体的经营净利润就会减少 5 000 美元。当然，这一结果与我们只关注损失的边际贡献和可避免的固定成本时得出的结论一致。

表 13-3　产品生产线分析的比较格式　　　　　　（单位：美元）

	保留家居用品生产线	关闭家居用品生产线	差异：经营净利润增加（减少）
销售额	50 000	0	（50 000）
变动成本	30 000	0	30 000
边际贡献	20 000	0	（20 000）
固定成本：			
工资	8 000	0	8 000
广告费	6 500	0	6 500
公用事业费	1 000	1 000	0
折旧——设备	2 000	2 000	0
租金	4 000	4 000	0
保险费	500	0	500
行政管理费	6 000	6 000	0
固定成本总额	28 000	13 000	15 000
经营净利润	（8 000）	（13 000）	（5 000）

13.4.3 对分配的固定成本保持警觉

回到表13-2，这张表是否表明家居用品生产线应当被保留？正如我们刚才所得出的结论那样，答案是否定的。表13-2表明家居用品生产线正在亏损。既然如此，为什么还要保留一个亏损的生产线呢？这种明显的结论不一致，可以部分地归因于被分配至生产线的共同固定成本。分配固定成本最大的危险之一就是这种分配可以使一条生产线（或者其他经营分部）的获利能力看起来低于真实水平。在本例中，在所有生产线之间分配共同固定成本使得家居用品生产线似乎不那么具有获利性。可是，正如我们刚才看到的那样，关闭生产线会带来5 000美元的财务劣势。如果我们把共同固定成本的分配去掉，重新编制表13-2，可以很清晰地看到这一点。表13-4运用第7章的分部报告法去估计产品生产线的获利能力。

表13-4给出了相比于表13-2完全不同的视角来分析家居用品生产线。如表13-4所示，家居用品生产线补偿了所有其可追溯成本，并且产生了3 000美元的分部毛益以补偿公司的共同固定成本。除非可以找到另一条生产线能够产生多于3 000美元的分部毛益，否则保留居家用品生产线对于公司是更有利的。

表13-4　迪斯康特制药公司产品生产线：贡献式编制（根据表13-2）

（单位：美元）

	合计	生产线		
		药品	化妆品	家居用品
销售额	250 000	125 000	75 000	50 000
变动成本	105 000	50 000	25 000	30 000
边际贡献	145 000	75 000	50 000	20 000
可追溯的固定成本：				
工资	50 000	29 500	12 500	8 000
广告费	15 000	1 000	7 500	6 500
折旧——设备	5 000	1 000	2 000	2 000
保险费	3 000	2 000	500	500
可追溯固定成本总额	73 000	33 500	22 500	17 000
生产线分部毛益	72 000	41 500	27 500	3 000[①]
共同固定成本：				
公用事业费	2 000			
租金	20 000			
行政管理费	30 000			
共同固定成本总额	52 000			
经营净利润	20 000			

① 如果关闭家居用品生产线，公司会损失由此产生的3 000美元分部毛益。另外，我们可以看到2 000美元的设备折旧费是一项不可避免的沉没成本。这两项数值的合计（=3 000美元+2 000美元）等于关闭家居用品生产线所带来的5 000美元的财务劣势。当然，如果情况发生了变化公司稍后可能会选择关闭生产线，如正在考虑更换设备。

另外，如果一条生产线对于销售其他产品是有帮助的，或者它能够像"磁铁"一样吸引顾客，管理者可能就会选择保留这条不具获利性的生产线。例如，面包在一些食品店可能不具有获利性，但是顾客期待去购买它。毫无疑问，如果商店决定停止销售面包，许多顾客会转至其他商店购买。

十多年以前，德尔福汽车（Delphi Automotive）是一家年收入为 300 亿美元拥有 47 000 名员工的公司。由于它关闭了 47 家工厂中的 42 家，使其在美国的用工总数降至 5 000 人。该公司已经关闭了盈利较低的业务，如加热和制冷分部，以便将生产的重心转移至汽车安全、导航系统、节约燃料和自动驾驶技术。似乎华尔街的投资者看到了德尔福整顿生产线的努力，自德尔福历时 4 年从破产边缘挣扎出来后，公司股价增至原来的 3 倍。

资料来源：Jeff Bennett, "Delphi Sale Signals New Era for Car Suppliers," *The Wall Street Journal*, February 19, 2015, pp. B1 and B8.

13.5　自制还是外购决策

向客户提供一种产品或服务涉及许多步骤。例如，为开发和销售像乐活（Fitbit）健康手表这样的产品，应考虑所需要的所有步骤。第一，工程师需要开发一个内置的电子装置可以为顾客提供实时 GPS 追踪、心率监测和活动监测服务。另外，他们需要设计一款手表不仅包括电子电路，还能满足顾客的审美、耐用性以及功能性的需求。第二，需要对手表进行组装、测试和个性化包装，然后大批量地装入包装箱中以满足运输的要求。第三，产成品需要被运往零售地并最终销售给消费者。第四，公司需要提供类似基于网络和电话的求助热线、保证期索赔、产品退回等服务。所有这些作业，从产品开发到生产再到售后服务称为价值链。

独立的公司可能实施价值链中的每一项作业，或者单个公司可能实施价值链中的几项作业。如果一家公司涉及整个价值链中的多项作业，它就是**纵向一体化**（vertically integrated）。一些公司控制了价值链中从生产基本原材料直至产成品的最终分发以及售后服务提供的所有作业。一些公司则满足在较小规模上的整合，通过购买组成产成品的零部件和原材料来实现。决定是作为内部实施价值链上的一项作业还是从外部供应商购买的决策称为**自制或外购决策**（make or buy decision）。通常，这类决策涉及外购还是自制零部件。自制或外购决策通常也包括是否外购开发任务、售后服务或者其他作业等。

13.5.1　自制或外购决策的战略视角

纵向一体化具有特定的优势。一体化的公司较少地依赖供应商，并且相对于非一体化的公司能够确保零部件和原材料得到平稳、连续地供应。例如，对于主要零部件供应商的罢工足以使非一体化公司的经营中断几个月，但是，一个自制零部件的一体化公司就能够不受其影响地继续经营。此外，一些公司认为自制零部件和原材料可以更好地控制生产质量，而不是依赖外部供应商的质量控制标准。另外，在正常经营活动产生的利润之外，一家纵向一体化的公司还可以通过"生产"而不是"购买"零部件和原材料来实现利润。

纵向一体化的优势可以被使用外部供应商的优势所抵消。通过积聚了大量公司的需求，任意一家供应商都可能得到规模经济所带来的好处，其结果是相比于那些尝试自制零部件或者自己提供服务的公司而言，具有更高的质量和更低的成本。但是，公司必须保持对维持公司竞争地位的那些重要经营活动予以控制。比如，惠普公司（Hewlett-Packard）控制了激光打印机软件的生产使得它能够与日本的佳能公司（Canon Inc.）合作。现有的趋势似乎向着减弱纵向一体化程度的方向发展，像美国甲骨文软件公司（Oracle）和惠普都专注于硬件和软件的开发并且在价值链中几乎所有的事情都依赖外部的供应商。

13.5.2　自制或外购决策的案例

为了说明自制或外购决策，现在我们考虑一下蒙田高特自行车公司（Mountain Gout Cycles）的现状。该公司目前正在生产重型变速杆，该变速杆可以安装在所有最受欢迎的山地自行车上。公司的会计部门报告了每年生产 8 000 个变速杆的成本，如下表所示。

（单位：美元）

	每根	8 000 根
直接材料	6	48 000
直接人工	4	32 000
变动制造费用	1	8 000
监管人员工资	3	24 000
特殊设备折旧	2	16 000
分配的一般制造费用	5	40 000
总成本	21	168 000

一个外部的供应商向蒙田高特自行车公司报价是每年提供 8 000 根变速杆，每根价格为 19 美元，总价为 152 000 美元（=8 000 根变速杆 ×19 美元/每根）。公司是否应该停止自制变速杆并从外部供应商购买呢？正如通常的做法那样，决策应该基于相关成本，即考虑那些在不同的备选方案之间不同的成本。在不同备选方案之间，不同的成本包括了向外部供应商购买变速杆而可以避免的成本。如果通过向外部供应商购买变速杆而避免的成本总额小于 152 000 美元，那么公司应当继续自制变速杆并拒绝供应商的供货。另一方面，如果通过从外部供应商购买变速杆而避免的成本总额大于 152 000 美元时，应当接受外部供应商的供货。

商业实战 13-3 ｜ 爱室丽家具管理其自有的卡车运输车队

许多制造商都以节约成本的名义外包其卡车运输业务。但是，位于威斯康星州阿卡狄亚的爱室丽家具公司（Ashley Furniture Industries）采取了不同的方法。秉承着将家具从自己的仓库运输到销售其产品的零售商手中能够增强客户关系和服务的理念，爱室丽家具公司拥有 800 辆运输卡车并在仓储和运输环节雇用了 3 000 人。爱室丽每年平均为每位司机支付 70 000 美元的工资，并努力为他们提供可预计的运输时刻表以便他们能够经常回家。爱室丽负责运输的副总裁拉里·科里说，他需要审查 100 份申请表并从中找出一位优秀的卡车司机。在南佛罗里达州拥有一家家居商店的基思·肯宁说，爱室丽的运输时机和运输可靠性简直无懈可击。

资料来源：James R. Hagerty, "A Radical Idea: Own your Supply Chain," *The Wall Street Journal*, April 30, 2015, pp.B1-B2.

表 13-5　蒙田高特自行车公司自制或外购决策分析表　　　　（单位：美元）

	相关成本总额（8 000 根）	
	自制	外购
直接材料（8 000 根 ×6 美元 / 根）	48 000	
直接人工（8 000 根 ×4 美元 / 根）	32 000	
变动性制造费用（8 000 根 ×1 美元 / 根）	8 000	
监管人员工资	24 000	
特殊设备折旧（无关成本）		
分配的一般制造费用（无关成本）		
外购价格		152 000
总成本	112 000	152 000
自制变速杆的财务优势		40 000

表 13-5 包括了变速杆自制或外购决策的相关成本分析。直接材料（48 000 美元）、直接人工（32 000 美元）以及变动制造费用（8 000 美元）都是相关成本，因为每一项成本都可以通过从外部供应商那里购买变速杆而避免。换句话说，如果蒙田高特自行车公司停止自制这些变速杆，就不会再发生这些变动制造费用。另外，我们可以假定生产变速杆过程中的那些监管人员在公司停止自制变速杆后将会被辞退，因此，如果公司决定从外部供应商处购买变速杆，监管人员的工资 24 000 美元是可以避免的。[⊖]

特殊设备的折旧费 16 000 美元（如原始数据所示）是一项无关成本，因为设备已经采购了。因此，购买设备已经发生的成本是一项沉没成本。16 000 美元的折旧费仅仅是将这项沉没成本在设备的使用年限中进行分摊。如果设备可以出售，它的残值就是相关的。或者，如果设备可以用于生产其他产品，残值同样也是相关的。但是，我们假定设备没有残值并且除了用于生产重型齿轮变速杆之外别无他用，所以，它是无关的。

分配的一般制造费用 40 000 美元（如原始数据所示）在此决策环境下同样是一项无关成本。得出该结论的原因在于我们假定这些分配的成本是所有生产的产品共同负担，即使变速杆从外部供应商取得，这些成本仍然不变。除非本章明确说明，由始至终你都可以假定这类分配的共同成本对于决策是无关的。如果明确说明有一部分共同成本可以通过选择一种方案却不选择另一种方案而避免，那么，无论如何都要将这部分已经明确识别出的可避免成本视为相关成本。否则，当在不同的备选方案中选择时，就会因为忽视分配的共同成本而发生错误。

因为与自制变速杆相关的可避免成本比从外部供应商处购买少 40 000 美元，该自行车公司应当拒绝外部供应商的供给。但是，在做出最终决策时，公司可能还希望考虑另外一个因素——目前生产变速杆所占用空间的机会成本。

13.5.3　机会成本

如果那些空间不生产变速杆将会被闲置，那么蒙田高特自行车公司应当继续自制变速杆，并且如前所述拒绝向供应商采购。如果该闲置空间没有其他用途就不存在机会成本。

⊖ 许多公司坚持不解雇政策是因为相信这样会提高员工的道德水平、组织学习能力、顾客满意度和财务结果。并且，在一些国家，如法国、德国和日本，劳动法规和文化习俗会限制管理层减少劳动力规模的能力。在这种环境下，假定直接人工和监管费用在自制和外购决策中是可避免的成本就是不恰当的。但是为了保持一致性，在本章除非明确说明，你可以假定在自制和外购决策中直接人工和监管人员工资是可避免成本。

但是，如果生产变速杆的空间现在有其他目的的用途会怎么样呢？在这种情况下，生产空间的机会成本就等于将空间做出最好利用的情况下所能得到的分部毛益。

为了便于说明，假定生产变速杆的空间可以用于生产一款新型的越野自行车，每年可以产生分部毛益 60 000 美元。在这些条件下，蒙田高特自行车公司通过从外部供应商处购买变速杆（而不是自制这些变速杆），并且将该空间用于生产越野自行车，能够获得 20 000 美元的有利差异。

（单位：美元）

	自制	外购
年总成本（参见表 13-5）	112 000	152 000
机会成本——放弃潜在新产品生产线的分部毛益	60 000	
总成本	172 000	152 000
从外部供应商处购买变速杆的财务优势	20 000	

机会成本并不记录在企业的会计账中，因为它们不是实际的货币支出。但是，它们却代表了由于采取一系列行为所放弃的经济利益。在本例中，蒙田高特自行车公司的机会成本大到足以改变决策。

商业实战 13-4 | 有 1 美元的汽车票这事儿吗

当超级巴士（Megabus）和灰狗巴士（Greyhound's Bolt Bus）以 1 美元的价格售票时就产生了这样的一个问题，这样的票价能盈利吗？答案在于理解机会成本的概念。汽车公司运用计算机程序确定在特定的汽车路线中通常会存在多少空余的座位。既然在这些空座上坐一名乘客的增量成本是零（不然它也是空着），那么 1 美元的票价为汽车公司带来了额外的边际贡献。当然，在特定汽车路线的每一趟行程中只有很少的 1 美元汽车票可以获得，并且，这些大幅抑价的汽车票必须在乘车日期之前购买。所有其他的乘客支付更高价格的票价使得汽车公司可以在特定行车路线中获利。

资料来源：Anne VanderMey, "What's Up With $1 Bus Tikets?" *Fortune*, November 7, 2011, p.27.

13.6 特殊订单决策

管理者必须经常评估是否应当接受一项特殊订单，并且如果接受了订单，定价应该是多少。**特殊订单**（special order）是一次性订单，通常是在公司正常持续经营时没有考虑的那部分订单。为了便于说明，假定蒙田高特自行车公司刚刚接受了来自西雅图警察局的请购，其以每辆 558 美元的价格订购 100 辆特别改制的山地摩托车，用于在城市的部分人口密集区进行巡逻。蒙田高特自行车公司可以很容易地将其城市巡逻车进行改装，以满足西雅图警察局的订制需求。城市巡逻车的正常售价是 698 美元/每辆，单位生产成本是 564 美元，具体如下所示。

（单位：美元）

直接材料	372
直接人工	90
制造费用	102
单位生产成本	564

上述制造费用中单位变动制造费用的部分为 12 美元。该订单对公司固定制造费用总额没有任何影响。

西雅图警察局的改装要求包括用于固定收音机的焊接支架、警棍以及其他装置。这些改装需要 34 美元的增量改装成本。另外，公司需要支付 2 400 美元的平面设计费，用于设计和刻印喷绘于巡逻车上的西雅图警局标语和其他标志性图案。公司的管理者认为，这项订单不会影响公司其他产品的销售，并且该订单的生产不会打乱公司日常的生产计划。

为了量化接受西雅图警察局订单是具有财务优势还是财务劣势，蒙田高特自行车公司应当将注意力集中于该订单相关的增量成本和增量收入。因为现存的固定制造费用不会受到订单的影响，因此它们是不相关的。特殊订单的财务优势或劣势计算如下（单位：美元）。

	每单位	总 100 辆
增量收入（a）	<u>558</u>	55 800
减：增量成本		
变动成本：		
直接材料	372	37 200
直接人工	90	9 000
变动制造费用	12	1 200
特别改造费	<u>34</u>	3 400
总变动成本	<u>508</u>	50 800
固定成本：		
模版采购费		2 400
总增量成本（b）		53 200
接受订单的财务优势（a）-（b）		2 600

因此，即使特殊订单的报价 558 美元低于正常情况下产品的单位成本 564 美元，并且会产生额外的成本，公司接受订单仍然是有利的。总体上，当订单的增量收入超过增量成本时，就应当接受订单。但是，确定有闲置的生产能力并且特殊订单不会削减正常的销售量或者降低正常的售价是很重要的。如果公司的生产能力已经满负荷时，则不得不考虑机会成本以及之前具体分析的增量成本。

13.7　业务量权衡决策

当公司产能不足以生产所有产品以及不能满足顾客所需的销量时，公司会被迫做出业务量的权衡决策。在这些情况下，公司必须权衡或者以牺牲某些产品的生产来支持其他产品的生产，以努力实现利润最大化。关键的问题就是：公司应当如何做出这些权衡？应当生产并销售哪些产品？应当有意识地避开哪些销售机会？

为了回答这些问题，我们对于业务量权衡决策的讨论将用 3 个步骤推进。首先，我们会定义约束的含义；其次，我们会说明如何确定一项约束资源最具获利性的用途；最后，我们会讨论当存在多项约束资源时如何确定其价值以及如何应对约束以增加利润。

13.7.1　什么是约束

约束（constraint）就是阻止你获得更多你想要的一切限制。每一个人和每一个组织都至少要面对一项约束资源，因此，找到与约束相关的例子并不困难。你可能没有足够的时间完整地学习每一门课程并在周末和你的朋友一起外出，所以，时间就是你的约束资源。美联航（United Airlines）在繁忙的芝加哥国际机场只有有限数量的登机口可供使用，所以登机口是它的约束资源。范尔度假村在滑雪区只有有限的土地可以发展为住宅基地和商业区，所以土地是它的约束资源。

例如，国民医疗保健服务（NHS）是一项英国政府资助提供的医疗保健服务，但是较长的手术等待期一直是国民医疗保健服务中存在的问题。图 13-1 说明了一个手术病人应遵循的流程的简化版。每天在每一流程中可以接待的病人数量如图 13-1 所示。例如，一天当中从全科医生转诊至门诊预约的人次可达到 100 人。

图 13-1　手术病人在国民医疗保健服务设施中的流程（简化版）①
①这张图表最早出现于 1999 年 2 月在英国发行的《健康管理》杂志上。

该系统中的约束，或者**瓶颈**（bottleneck）是由限制病人产出量的环节决定的，因为该环节的生产能力最小，在本例中是手术环节。在手术环节每天可以接待的来自整个系统中的病人人数不超过 15 人，这是能够在手术中得到治疗的病人人数的上限。无论管理者、医生、护士多么努力试图在系统中的其他环节提高效率，但是，在手术的能力提高之前他们也不可能减少等待的病人名单。事实上，系统中其他环节的改进，特别是在约束之前的环节，都可能导致更长的等待期，更多沮丧的病人和医疗保健的提供者。因此，为了更有效率，改进的努力必须集中在约束的环节。一个业务流程，如接待手术病人的流程，就像一条链，如果你想要增加一条链的强度，最有效的方式是什么呢？你应当将努力的重心放在哪个环节？是增强最坚固的环节、所有环节还是最薄弱的环节？很显然，应该将你的努力放在最薄弱的环节会带来最大的效益。

增加这条链强度的程序是很清晰的。第一，识别最薄弱的环节，也就是约束。在国民医疗保健服务的案例中，约束就是手术环节。第二，不要对最薄弱的环节施加超过其可承受的压力，如果你这样做了，这条链就会断开。在国民医疗保健服务的案例中，转诊环节比手术环节可容纳更多的病人导致了不可接受的漫长等待。第三，将改进的努力集中于增强最薄弱的环节强度。在国民医疗保健服务的案例中，这意味着寻找能够增加一天当中实施手术数量的方式。第四，如果改进的努力是成功的，最薄弱的环节将不再是最薄弱的环节。到那时，一定又会确认新的最薄弱的环节（比如，新的约束），并且改进的努力一定会转移至那个环节。这种简单的序列过程为最优化业务流程提供了有力的战略指导。

　　⊖　在本章，我们通常假定公司只有一种约束。当公司面临多种约束时，最有生产组合可以通过被认为是定量方法的线性规划来求出。这种方法将在更高级的课程中介绍。

13.7.2　利用约束资源实现利润最大化

　　管理者在日常工作中面临着以何种方式管理约束资源从而实现利润最大化的挑战。例如，一家百货公司的占地面积是有限的，因此无法存储可获得的每一种产品。一个制造商可支配的机器小时数和直接人工小时数都是有限的。当公司面临这些不同种类的约束时，管理者必须决定哪种产品或服务利用这些约束资源能创造最大化的利润。因为无论一项约束资源如何使用，固定成本都保持不变，管理者应当在做出业务量权衡决策时忽略它们，并将关注的重心放在识别能够使总边际贡献最大化的产品组合上。

　　考虑到当存在约束时一些产品的生产必须削减，使得总边际贡献最大化的关键就变得显而易见，应该支持单位边际贡献最高的产品生产。可惜的是，这并不是完全正确的。确切地说，正确的解决办法是支持那些在单位约束资源下能够提供最高边际贡献的产品生产。为了说明这一点，假定除了其他产品，蒙田高特自行车公司为自行车生产一种像挂包一样的肩筐，该肩筐有两种模式：一种是旅行模式；另一种是登山模式。两种模式下肩筐的成本和收入数据如下（金额单位：美元）：

	登山式肩筐	旅行式肩筐
单位售价	25	30
单位变动成本	10	18
单位边际贡献	15	12
边际贡献率	60%	40%

　　登山式肩筐似乎比旅行式肩筐更具获利性。相比于旅行式肩筐 12 美元的单位边际贡献以及 40% 的边际贡献率，它产生了 15 美元的单位边际贡献和 60% 的边际贡献率。

　　但是现在让我们多加一条信息，生产肩筐的厂房正在满负荷运转。这并不意味着厂房中的每一台机器和每一个人都在以最大的可能速率工作。因为不同的机器有不同的生产能力，一些机器可能会在低于 100% 的生产能力下工作。可是，如果厂房作为一个整体不能生产更多的产量，一些机器或者流程一定是满负荷运转。限制了整体产出的机器或者流程就叫作瓶颈，它就是约束。

　　在蒙田高特自行车公司中，瓶颈（或者约束）就是缝纫机。每个登山式肩筐需消耗 2 分钟的缝纫时间，每个旅行式肩筐需消耗 1 分钟的缝纫时间。缝纫机每月可用的时间是 12 000 分钟，并且公司每月可售出 4 000 件登山式肩筐和 7 000 件旅行式肩筐。若以对两种产品的需求确定生产，将需要消耗 15 000 分钟，如下表所示。

	登山式肩筐	旅行式肩筐	合计
月需求量（a）	4 000 件	7 000 件	
单位产品消耗缝纫机时间（b）	2 分钟	1 分钟	
消耗的缝纫机时间总额（a）×（b）	8 000 分钟	7 000 分钟	15 000 分钟

　　以需定产将需要 15 000 分钟，但是，只有 12 000 分钟是可用的。这仅仅证实了缝纫机是瓶颈。根据定义，因为缝纫机是一项瓶颈，它并没有足够的生产能力去满足对于登山式肩筐和旅行式肩筐的现有需求。因此，不得不拒绝一些产品的订单。当然，管理者也想知道哪种产品的盈利能力较低。为了回答这个问题，他们应当关注单位约束性资源所产生的边际贡献。这一数值可以通过单位产品的边际贡献除以单位产品所需的约束性资源的数量计算得

出。登山式肩筐和旅行式肩筐的这些计算如下表所示：

	登山式肩筐	旅行式肩筐
单位边际贡献（a）	15 美元	12 美元
单位产品所耗缝纫机时间（b）	2 分钟	1 分钟
单位约束性资源的边际贡献（a）÷（b）	7.5 美元 / 分钟	12 美元 / 分钟

现在很容易确定哪种产品盈利能力较低并且应当决定减少哪种产品生产了。当缝纫机用于旅行式肩筐的生产时，每分钟将增加 12 美元的边际贡献和利润，而对于登山式肩筐，每分钟只有 7.5 美元。因此，应当增产旅行式肩筐。尽管登山式肩筐有更大的单位边际贡献和更高的边际贡献率，但是，旅行式肩筐能够提供更大的与约束资源相关的边际贡献。

为了证实旅行式肩筐确实是更具获利性的产品，假定有额外 1 小时的缝纫时间以及存在两种产品的未完成订单。缝纫机额外 1 小时的工作时间可以生产 30 个登山式肩筐（60 分钟 ÷2 分钟 / 每单位登山式肩筐）或者 60 个旅行式肩筐（60 分钟 ÷1 分钟 / 每单位旅行式肩筐），对利润的影响如下表：

	登山式肩筐	旅行式肩筐
单位边际贡献（a）	15 美元	12 美元
1 小时内增加的产量	30 件	60 件
增加的边际贡献	450 美元	720 美元

因为生产旅行式肩筐增加的边际贡献为 720 美元，而生产登山式肩筐所增加的边际贡献只有 450 美元，生产旅行式肩筐是公司对缝纫机这项约束性资源更具获利性的应用。

缝纫机每月可供使用的时间 12 000 分钟，并且生产旅行式肩筐是缝纫机最具获利性的用途。因此，为了使利润最大化，公司应生产市场需要的所有旅行式肩筐（7 000 件）并用剩余的生产能力生产登山式肩筐。可以生产的登山式肩筐的数量计算如下：

旅行式肩筐的月需求量（a）	7 000 件
生产 1 件旅行式肩筐所需缝纫机时间（b）	1 分钟
生产旅行式肩筐所需缝纫机时间总额（a）×（b）	7 000 分钟
剩余可用的缝纫机时间（12 000 分钟 −7 000 分钟）(c)	5 000 分钟
生产一件登山式肩筐所需缝纫机时间（d）	2 分钟
登山式肩筐的产量	2 500 件

因此，生产 7 000 件旅行式肩筐后，利用剩余生产能力生产 2 500 件登山式肩筐，可以使得公司利润最大化。在这样的产品组合下，公司可以赚取的边际贡献总额为 121 500 美元，计算如下：

	登山式肩筐	旅行式肩筐	合计
单位边际贡献（a）	15 美元	12 美元	
产量（b）	2 500 件	7 000 件	
边际贡献总额（a）×（b）	37 500 美元	84 000 美元	121 500 美元

这个例子清楚地表明单独看每一个产品的单位边际贡献是不够的，边际贡献的数额必须结合每一种产品所需的约束性资源的数量来考虑。

商业实战 13-5 ｜ 斯巴鲁汽车对生产限制条件的反应

当斯巴鲁汽车（Subaru）的汽车需求出现了出乎意料的增长时，这家汽车制造商由于其生产能力的不足错失了许多销售机会。为此，该公司将日系产品的生产能力扩充了 15%，并且通过投资 4 亿美元将位于美国拉斐特和印第安纳州工厂的产出能力提高了 76%。斯巴鲁汽车正在考虑建造一个能够多

生产 2 000 辆汽车的新工厂，可是由于这一产量超过了斯巴鲁汽车全球产量的 25%，这项决策具有一定的风险。如果销售低迷，斯巴鲁汽车就会剩下大量的闲置生产能力。

资料来源：Yoshio Takahashi and Yoree Koh, "Subaru's Got a Big Problem: It's Selling Too Many Cars," *The Wall Street Journal*, August21,2013,pp,B1 and B2.

13.7.3　约束性资源的管理

有效管理一个组织的约束性资源是增加利润的关键。如前所述，当生产过程中出现约束时，管理者可以通过生产单位约束资源下边际贡献最高的产品来增加利润，他们也可以通过提高瓶颈资源的运营能力来增加利润。

当管理者提高了瓶颈资源的生产能力时，就叫作**松弛（或提高）约束**（relaxing or elevating the constraint）。在蒙田高特自行车公司的案例中，现在公司员工是 8 小时轮换工作制。为了放松该约束，可以在其他人无须加班的情况下，只要求缝纫机操作工人加班。因为生产肩筐的其他工序都有剩余的产能，在一定程度上，缝纫机超时工作生产的肩筐可以在其他工序的正常工作时间内完成。

放松约束所产生的效益是巨大的，并且很容易量化，核心的量化指标就是我们已经计算过的单位约束资源下所产生的边际贡献。这个数值，最初在蒙田高特自行车公司的案例中是以分钟表示的。为了便于解释，下面以小时为单位计算如下（单位：美元）。

	登山式肩筐	旅行式肩筐
每分钟单位约束资源产生的边际贡献	7.5	12
每小时单位约束资源产生的边际贡献	450	720

管理者可能先会问，放松该约束（缝纫机的工作时间）的价值是什么？"如果可以增加瓶颈资源的生产能力，我应该如何运用这些增加的生产能力？"如果该时间用于生产更多的登山式肩筐，那么每小时的价值是 450 美元。如果该时间用于生产更多的旅行式肩筐，那么每小时的价值是 720 美元。在后面的情况下，公司愿意为加班的缝纫机操作工人支付的加班津贴最多可达到每小时 720 美元！例如，假设缝纫机操作工人在正常工作时间每小时的工资是 20 美元，加班时的工资是正常工作时的 1.5 倍，即每小时 30 美元。在这种情况下，加班的额外补贴每小时只有 10 美元，一般来说，公司将会愿意支付高达每小时 720 美元的加班费。公司愿意支付的高达每小时 720 美元加班津贴，与实际支付的每小时 10 美元加班费之间的差额，是每小时 710 美元的纯利润。

为了强化这一概念，假定未接受订单全部为登山式肩筐。在这种情况下，增加缝纫机工作时间会给公司带来多大价值？因为增加的生产能力会用于生产登山式肩筐，增加的生产能力的价值会降至每分钟 7.5 美元或者每小时 450 美元。但是，放松该约束所带来的价值仍然很高，并且公司愿意支付高达加班津贴为每小时 450 美元。

这些计算表明，管理者应当高度重视经营中的薄弱环节。如果一台瓶颈机器出现了故障或者低效运行，会对公司造成极大的损失。在我们的例子中，缝纫机由于故障或者重新调试而导致的损失在每分钟 7.5 ~ 12 美元之间。[⊖]以小时计算的损失会达到 450 ~ 720 美元之间！相反，如果该时间损失发生在非瓶颈机器上，则不会有这么多边际贡献的损失，因为这些机器的生产能力已经是过剩状态了。

上述分析的含义已经很清楚了。管理者应当将大部分的精力集中于管理瓶颈资源上。正如我们所讨论的那样，管理者应当重视那些约束性资源的使用，应将其用于最具获利性的产品上。由于机器会因机器故障和调试造成时间损失，所以，管理者还应当确保产品顺利地通过瓶颈机器。并且，管理者还应当努力去寻找增加瓶颈资源生产能力的方法。

可以通过很多方式有效提高瓶颈资源的生产能力，主要包括：

- 在瓶颈机器上加班工作。
- 转包一些原来由瓶颈机器加工的任务。
- 在薄弱环节上投资增加机器。
- 将工人从非薄弱环节调至薄弱环节。
- 专注于薄弱环节上业务流程的改进。
- 减少残次品数量。因为每一个流经薄弱环节及随后报废的残次品占用了可销售的合格品的资源。

最后 3 种增加瓶颈资源生产能力的方法是格外有吸引力的，因为它们不仅基本上没有成本甚至还可能节约成本。

13.8 联产品成本和出售或深加工决策

在一些行业，投入一种原材料可以生产出一种以上的产品，这些产品被称为是**联产品**（joint products）。例如，在石油加工行业，有多种联产品是从原油中提炼出来的，包括汽油、航空煤油、家庭采暖用油、润滑油、沥青以及各种有机化学品。在生产过程中，当联产品（例如汽油和航空煤油）被视为单独的产品时，该时点就称为**分离点**（split-off point）。

通常，联产品可以在分离点时出售或者可以对它们进行深加工以销售更高的价格。关于联产品在分离点出售还是深加工后再出售的决策就是**出售或深加工决策**（sell or process further decision）。为了做出这类决策，管理者需要遵循 3 个步骤。

第一步，通常应当忽略所有的**联合成本**（joint costs），这些联合成本包括所有到分离点已经发生的成本。因为无论管理者选择在分离点出售联产品还是对其深加工，在这两种选择下这些成本都保持不变，所以，不必考虑这些成本。

第二步是确定深加工联产品所带来的增量收入，通过计算深加工联产品得到的收入减去在分离点出售联产品得到的收入即可得出。

第三步是用在第二步得到的增量收入减去分离点之后深加工联产品所产生的增量成本。

⊖ 当生产过程从一个产品转移至另一个产品时，就需要进行生产调整。例如，试想在一个生产汽车侧板的公司中，侧板在运输到汽车制造商做最后的组装之前需要喷好漆。顾客可能需要 100 个蓝色的侧板，50 个黑色的侧板和 20 个黄色的侧板。每一次改变颜色，必须用溶剂清洗掉喷漆装置上旧的颜色，然后填充新的颜色。这需要时间。事实上，一些设备可能需要这样长时间和频繁的调整，并且在生产的调整期间通常不能进行正常的生产。

如果差额是正数，那么应当对联产品深加工并以更高的价格出售。如果差额是负数，那么联产品应当在分离点直接出售。

圣玛利亚羊毛加工合作社：一个案例

圣玛利亚（Santa Maria）羊毛加工合作社从当地的牧羊人手中买来生羊毛，把生羊毛分成 3 种等级——粗羊毛、中粗羊毛和精细羊毛，然后用取自当地原材料的颜料，运用传统的方法给羊毛染色。公司生产的过程如图 13-2 所示。

图 13-2　圣玛利亚羊毛加工合作社

该羊毛加工合作社的联合成本包括 20 000 美元的生毛成本和 40 000 美元的将原毛分离成 3 种中间产品的分离成本。3 种未染色的羊毛称为中间产品，因为在该时点尚未完工。但是，未染色的羊毛确实存在市场，尽管其价格明显低于染色的羊毛产品。正如图 13-2 所示，具体地说，未染色的粗羊毛、中粗羊毛、精细羊毛在分离点的售价分别为 120 000 美元、150 000 美元和 60 000 美元。

图 13-2 同样表明深加工未染色的粗羊毛、中粗羊毛、精细羊毛的成本分别为 50 000 美元、60 000 美元和 10 000 美元，并且已染色的粗羊毛、中粗羊毛、精细羊毛的售价分别为 160 000 美元，240 000 美元和 90 000 美元。

如果圣玛利亚羊毛加工合作社选择深加工 3 种中间产品，将会得到 130 000 美元的利润，如下表所示（单位：美元）。

整体经营的盈利性分析		
组合的最终售价（160 000＋240 000＋90 000）：		490 000
减：加工成最终产品的成本		
生毛成本	200 000	
分离羊毛成本	40 000	
染色成本合计（50 000＋60 000＋10 000）	120 000	360 000
利润		130 000

请注意，采购羊毛（200 000 美元）和分离羊毛（40 000 美元）的联合成本，在考虑整体经营的盈利能力时是相关的，因为如果停止整体运营，这些联合成本是可以避免的。

当圣玛利亚深加工这 3 种产品时，它可以从中获得 130 000 美元的利润。我们想进一步探究的问题是：该羊毛加工合作社是否应该全部深加工这 3 种产品？公司在分离点出售这 3 种产品中的一种或者多种是否在财务上更有利？

回答这些销售还是深加工问题的一个合适的方式就是比较每一个联产品的增量收入和增量成本，计算如下：

出售或深加工的分析			（单位：美元）
	粗羊毛	中粗羊毛	精细羊毛
深加工后的最终售价	160 000	240 000	90 000
减：在分离点的价	120 000	150 000	60 000
来自深加工的增量收入	40 000	90 000	30 000
减：深加工成本（染色）	50 000	60 000	10 000
深加工的财务优势（劣势）	（10 000）	30 000	20 000

如上表分析所示，该合作社在分离点出售粗羊毛比深加工更有利。另外两种产品应当深加工并且染色后再出售。

请注意，采购羊毛（200 000 美元）和分离羊毛（40 000 美元）的联合成本对是否销售或深加工中间产品的决策中没有任何影响。这些联合成本与是否采购羊毛和是否进行羊毛的分离加工相关，但是，一旦中间产品分离出来了，这些成本就与如何处置中间产品的决策不相关了。

最后，如果圣玛利亚羊毛加工合作社选择在分离点出售粗羊毛并且深加工中粗羊毛和精细羊毛，我们可以重新计算圣玛利亚合作社总体的获利能力，计算如下。

总体经营的获利性分析		（单位：美元）
组合的售价（120 000 + 240 000 + 90 000）		450 000
减：生产最终产品的成本：		
羊毛成本	200 000	
分离羊毛的成本	40 000	
染色的成本合计（60 000 + 10 000）	70 000	310 000
利润		140 000

请注意，修正后的利润 140 000 美元比之前公司深加工所有的 3 种产品所产生的利润 130 000 美元高出 10 000 美元。这增加的 10 000 美元利润等于之前计算的深加工粗羊毛的财务劣势。

商业实战 13-6 ｜ 完全做错了

坐落于墨西哥湾的一家公司生产肥皂产品。其生产的 6 种主要产品的投入物料相同。到分离点时，联产品的成本构成了 6 种产品成本中的大部分。联产品成本的分配是基于分离点时每种产品的售价。

一件废品源于这 6 种主要产品的生产过程。因为废品被认为是没有商业价值的，公司会将废品装在货船上并将其倒入墨西哥湾。但是，公司的研究部门发现，对废品进行一定的深加工后可以将其作为肥料成分出售时，公司停止了向墨西哥湾倾倒的行为。每年的深加工成本为 175 000 美元，经深加工后的废品以 300 000 美元的价格卖给肥料制造商。

负责制造成本分配的会计人员在分离点分配联产品成本时，将废品的售价与 6 种主要产品的售价组合在一起作为分配的依据。这次分配导致废品承担了 150 000 美元的联产品成本，分配来的 150 000 美元的联合成

本加上废品深加工的成本 175 000 美元，使得废品的加工似乎不具有获利性，如下表所示。面对该分析结论，公司的管理层决定停止深加工废品。公司又将废品倒入墨西哥湾。

（单位：美元）

深加工后废品的售价	300 000
减：废品分配的成本	325 000
净损失	（25 000）

13.9 作业成本法和相关成本

如之前的章节所讨论的，作业成本法有助于识别基于决策目的的潜在相关成本。作业成本法通过关注由产品或其他分部引起的作业来提高成本的可追溯性。但是，管理者应当对超过"可追溯性"本身的过度解读情况保持谨慎。人们有这样的一种倾向，如果一个成本对于某一个分部是可追溯的，那么这项成本就一定是可避免的，这是不正确的。因为由良好设计的作业成本系统所提供的成本仅仅是潜在的相关成本，在决策之前，管理者仍须决定哪些潜在的相关成本实际上是可以避免的。只有那些可避免的成本才是相关的，其他成本应当被忽略。

为了说明，再参考表 13-4 与家居产品生产线相关的数据。2 000 美元的固定设备折旧费是一项家居产品生产线的可追溯成本，因为它与该部门的作业直接相关。但是，我们发现如果关闭家居用品生产线，这 2 000 美元是不可避免的。这里的关键问题是将一项成本分配至产品或其他分部所采用的方法并没有改变成本的性态。一项沉没成本，例如旧设备的折旧费，仍然是一项沉没成本，不论它是否能够在作业的基础上直接追溯到分部，还是按照人工工时分配到所有的分部，或者在成本计算的过程中采用其他的方法处理。不管分配成本至产品或分部所采用的方法如何，本章所讨论的原则必须用于确定在每一种情况下成本都是可以避免的。

本章小结

本章的所有内容是由一个简单却强有力的观点的运用构成：只有那些随着备选方案的不同而不同的成本和收益在决策中才是相关的。所有其他的成本和收益都是无关的并且应当被忽略。特别是，沉没成本是无关成本，因为未来的成本在不同的备选方案之间不会发生变化。

这一简单的观点适用于多种情况，包括增加或者关闭一条生产线相关的决策、自制或外购零部件的决策、拒绝或接受特殊订单的决策、使用约束性资源的决策和深加工联产品的决策等。这些决策只是差量成本概念运用的一小部分。的确，任何与成本相关的决策都取决于对差量成本的恰当识别和分析。在下一章考虑长期投资决策时，我们会继续关注差量成本的概念。

查特体育用品生产厂（Charter Sports Equipment）生产圆形的、矩形的和八角形的蹦床。上个月的收入和成本数据如下（单位：美元）。

	合计	蹦床		
		圆形	矩形	八角形
收入	1 000 000	140 000	500 000	360 000
变动成本	410 000	60 000	200 000	150 000
边际贡献	590 000	80 000	300 000	210 000
固定成本：				
广告费——可追溯的	216 000	41 000	110 000	65 000
特殊设备折旧费	95 000	20 000	40 000	35 000
生产线监管人员工资	19 000	6 000	7 000	6 000
一般间接费用[1]	200 000	28 000	100 000	72 000
总固定成本	530 000	95 000	257 000	178 000
经营净利润（损失）	60 000	(15 000)	43 000	32 000

①以收入额为基础分配的共同固定成本。

管理层正在为圆形蹦床的持续亏损而担忧，并且希望得到关于该生产线是否应当停产的建议。用于生产蹦床的特殊设备没有再售价值。如果圆形蹦床生产线被关闭，该生产线的两名监管人员将会被解雇。

要求：

（1）圆形蹦床停产的财务优势（劣势）是什么？公司现在用于生产圆形蹦床的生产能力没有其他用途。请列示支持你答案的计算过程。

（2）用上表的数据重新编制一张利润表，以更有助于管理层评估不同产品生产线的获利性。

复习题答案：

（1）圆形蹦床的生产和销售不应当中止。支持该结论的计算如下：

（单位：美元）

如果停产圆形蹦床损失的边际贡献	(80 000)
减：可避免的固定成本：	
广告费——可追溯的	41 000
生产线监管人员工资	6 000　47 000
停产圆形蹦床的财务优势（劣势）	(33 000)

特殊设备的折旧是一项沉没成本，因此，对于决策而言是不相关的。一般的工厂间接费用已经分配了，并且不论圆形蹦床是否停产预计都会持续发生，因此，这也是不相关的。

（2）如果管理层希望获得关于分部获利能力的清晰认识，那么一般的工厂间接费用就不应当分配，因为它是共同成本，而是应当从总的生产线分部毛益中扣减。一张更加有助于决策的利润表格式如下所示。

（单位：美元）

	合计	蹦床		
		圆形	矩形	八角形
收入	1 000 000	140 000	500 000	360 000
变动成本	410 000	60 000	200 000	150 000
贡献	590 000	80 000	300 000	210 000
可追溯固定成本：				
广告费——可追溯的	216 000	41 000	110 000	65 000
特殊设备折旧费	95 000	20 000	40 000	35 000

（续）

	合计	蹦床		
		圆形	矩形	八角形
生产线监管人员工资	19 000	6 000	7 000	6 000
总可追溯固定成本	330 000	67 000	157 000	106 000
产品生产线分部毛益	260 000	13 000	143 000	104 000
共同固定成本	200 000			
经营净利润（损失）	60 000			

术语表

Avoidable cost 可避免成本　在决策中通过选择一种方案而不选另一方案可以消除的一种成本。这一术语同差量成本和相关成本是同义词。

Bottleneck 瓶颈　制约整个系统总产出的一台机器或者生产过程中的其他零部件。

Constraint 约束　公司必须在其限制下经营。比如，有限的可用的机器工时或原材料，这种限制制约了公司满足需求的能力。

Differential cost 差量成本　一项在任意两个备选方案之间都不同的未来成本。

Differential revenue 差量收入　一项在任意两个备选方案之间都不同的未来收入。

Incremental cost 增量成本　在两个备选方案之间成本的增加额。

Joint cost 联合成本　从生产联产品直到达到分离点止所发生的成本。

Joint products 联产品　由共同的原料投入和生产过程产出的两种或两种以上的产品。

Make or buy decision 自制或外购决策　关于零部件应当由内部生产还是从外部供应商采购的决策。

Opportunity cost 机会成本　当选择了一种方案而放弃了另外一种方案时，所放弃的潜在利益。

Relaxing (or elevating) the constraint 放松或提高约束　增加约束性资源使用量的一种行动，等价于增加瓶颈容量的一项行动。

Relevant benefit 相关收益　在决策时应当予以考虑的一项收益。

Relevant cost 相关成本　在决策时应当予以考虑的一项成本。

Sell or process further decision 出售或深加工决策　关于联产品在分离点出售还是深加工的决策。

Special order 特殊订单　不属于公司正常经营活动的一次性订单。

Split-off point 分离点　在生产过程中部分或者全部联产品可以成为独立产品的时点。

Sunk cost 沉没成本　已经发生的、不能由现在或者未来的任何决策加以改变的成本。

Vertical integration 纵向一体化　一家公司的业务涉及完整价值链，从生产、分发、销售到售后服务的多项作业活动。

思考题

1. 变动成本都是相关成本吗？请解释。

2. "沉没成本很容易辨认，它们是与一项决策相关的固定成本。"你同意吗？请解释。

3. "变动成本和差量成本是同一回事。"你同意吗？请解释。

4. "所有未来成本在决策中都是相关的。"你同意吗？为什么？

5. 普伦蒂斯公司正在考虑关闭其中一条生

产线。生产线的哪些成本在决策中是相关的？哪些成本是无关的？

6. "如果一种产品正在亏损，那么就应当中止生产。"你同意吗？请解释。

7. 在一个组织中将共同固定费用在产品和其他分部中进行分配有何危险？

8. 机会成本是如何影响自制或外购决策的？

9. 举出至少 4 个可能的资源性约束的例子。

10. 将产品的边际贡献与其消耗的约束性资源的数量联系起来会如何帮助一家公司

实现利润最大化？

11. 从决策的角度来看，联合成本是否应当在联产品之间分配？

12. 在确定联产品在分离点应当出售还是深加工时应遵循什么样的原则？

13. 航空公司在一周的某段时间会为陪同商人出行的家属提供打折机票。相关成本的概念是如何影响航空公司做出诸如提供折扣机票的决策的？

练习题

1. 相关成本的识别

比尔刚刚从野鸭狩猎之旅中返回。他带了 8 只野鸭回到家里。比尔的朋友，约翰，反对猎捕野鸭。为了劝阻比尔继续狩猎，约翰为他列示了狩猎每只野鸭的估计成本，如下表所示：

（单位：美元）

露营车和设备：	
成本 12 000 美元；可用 8 个季度；每个季度狩猎 10 次	150
旅途开支（小货车）：	
一共 100 英里，每英里成本 0.31 美元（柴油、轮胎支出是每英里 0.21 美元；折旧和保险费是每英里 0.1 美元）	31
猎枪弹（每次狩猎两盒）	20
船：	
成本 2 320 美元；可用 8 个季度；每个季度狩猎 10 次	29
狩猎执照：	
成本为 30 美元 / 季度；每季度狩猎 10 次	3
玩纸牌的损失：	
损失 24 美元（无论狩猎还是待在家，比尔每周末都会玩纸牌）	24
瓶装威士忌酒：	
每次狩猎成本 15 美元（用于抵御严寒）	<u>15</u>
总成本	<u>272</u>
每只野鸭的成本（272 美元 ÷ 8 只野鸭）	34

要求：

（1）假定比尔刚刚结束的野鸭狩猎之旅是典型的，哪些成本是与比尔做出本季度是否应当继续狩猎的决策相关的？

（2）假定比尔在下一次狩猎之旅中很幸运地用之前猎到 8 只野鸭的猎枪弹猎到了 10 只野鸭。捕到最后两只所花费的成本是多少？请解释。

（3）哪些成本是与比尔做出是否应当放弃狩猎的决策相关的？请解释。

2. 关闭或保留分部

雷加尔自行车公司（Regal Cycle Company）生产 3 种自行车，分别是轻型自行车、山地自行车和竞速自行车。上一季度的收入和成本数据如下：

（单位：美元）

	合计	轻型自行车	山地自行车	竞速自行车
收入	300 000	90 000	150 000	60 000
变动制造和销售费用	120 000	27 000	60 000	33 000
边际贡献	180 000	63 000	90 000	27 000
固定性费用：				
广告费——可追溯的	30 000	10 000	14 000	6 000
特殊设备的折旧费	23 000	6 000	9 000	8 000
生产线管理者工资	35 000	12 000	13 000	10 000
分配的共同固定费用①	60 000	18 000	30 000	12 000
总固定费用	148 000	46 000	66 000	36 000
经营净利润（损失）	32 000	17 000	24 000	（9 000）

①以销售额为基础分配。

管理层对竞速自行车的持续亏损感到担忧，并且希望得到该生产线是否应当停产的建议。用于生产竞速自行车的特殊设备没有再售价值，并且没有报废。

要求：

（1）停产竞速自行车每季度的财务优势（劣势）是什么？

（2）竞速自行车的生产和销售应当中止吗？

（3）编制一张适当形式的分部利润表，以更有助于管理层评估各种产品生产线的长期获利能力。

3. 自制或外购决策

汉加工厂（Han Products）每年生产3 000件S-6型号的零部件用于其生产线。在该经营作业水平下，每件S-6型号的零部件的成本如下：

（单位：美元）

直接材料	3.60
直接人工	10.00
变动性制造费用	9.00
单位零部件总成本	25.00

一个外部的供应商能够以每件21美元的价格为汉加工厂提供3 000件S-6型号的零部件。如果汉加工厂接受了外部的供应，现在生产S-6型号零部件的设备能够以每年8 000美元的价格转租给另一家公司。但是，汉加工厂已经确定固定制造费用的2/3分配给S-6型号零部件，即使从外部供应商处购买S-6型号零部件，这部分固定成本仍会发生。

要求：

接受外部供应商供货的财务优势（劣势）是多少？

4. 特殊订货决策

德尔塔公司（Delta Company）生产单一产品。在年产量6 000件的正常作业水平下，生产和销售1件产品的成本如下。

（单位：美元）

直接材料	5.10
直接人工	3.80
变动制造费用	1.00
固定制造费用	4.20
变动销售和管理费用	1.50
固定销售和管理费用	2.40

正常的售价是每件21美元。公司的生产能力是每年75 000件。已经接受了来自邮购商店15 000件的订单，每件的特殊价格为14美元。这份订单不会影响公司的日常销售或公司的固定成本总额。

要求：

（1）接受特殊订货的财务优势（劣势）为多少？

（2）作为与特殊订货相独立的问题，假

定公司的存货中包括 1 000 件去年生产的此种产品，这批产品的质量差于目前产品的质量。这批产品必须通过正常的渠道以折价的方式出售。哪些单位成本是与确定这批产品的最低售价相关的？请解释。

5. 产量权衡决策

巴罗公司（Barlow Company）生产 A、B、C 3 种产品。每种产品的单位售价，变动性成本和边际贡献如下：

（金额单位：美元）

	产品		
	A	B	C
售价	180	270	240
变动费用：			
直接材料	24	80	32
其他变动费用	102	90	148
总变动费用	126	170	180
边际贡献	54	100	60
边际贡献率	30%	37%	25%

生产 3 种产品需要投入同一种原材料。巴罗公司只有 6 000 磅原材料，并且由于供应商的工厂发生罢工，在几周之内都不会获得更多的该种原材料。管理层正在尝试决定下周应该集中生产哪（几）种产品以完成积压的订单。原材料每磅的成本为 8 美元。

要求：

（1）计算单位约束资源下每一种产品的边际贡献。

（2）假定对于巴罗公司生产的每一种产品都有无限的需求，利用既有的 6 000 磅原材料公司最多可以获得多少边际贡献？

（3）假定巴罗公司估计顾客对于每种产品的需求为 500 件，利用既有的 6 000 磅原材料公司最多可以获得多少边际贡献？

（4）一家外国的供应商愿意以大幅的溢价为巴罗公司提供额外的原材料。假定巴罗公司估计顾客对于每种产品的需求为 500 件，并且公司以最优的方式使用既有的 6 000 磅原材料，那么巴罗公司为购买额外的原材料而愿意接受的最高价格是多少？请解释。

出售或深加工决策

威尔斯普罗公司（Wexpro, Inc.）通过加工 1 吨的稀有矿物质——氪，可以生产出几种产品。原材料及加工处理的成本合计每吨 60 000 美元，其中 1/4 的成本分配给了产品 X15。每吨氪能够加工 7 000 件产品 X15。这些产品可以在分离点以每件 9 美元的价格出售，或者以总共 9 500 美元的成本深加工后再以每件 12 美元的价格出售。

要求：

（1）深加工产品 X15 的财务优势（劣势）是多少？

（2）产品 X15 应当深加工还是在分离点出售？

问题

1. 多种情况下的相关成本分析

安卓蒂（Andretti）公司生产一种叫达克的单一产品。公司通常每年生产 6 000 件，每件售价为 32 美元。公司在此作业水平下的单位生产成本如下：

（单位：美元）

直接材料	10.00
直接人工	4.50
变动性制造费用	2.30
固定性制造费用	5.00（总额为 300 000 美元）

（续）

变动性销售费用	1.20
固定性制造费用	3.50（总额为 210 000 美元）
单位成本总额	26.50

与生产和销售达克产品相关的问题如下，每一个问题都是独立的。

要求：

（1）假定安卓蒂公司在无须增加固定制造费用的情况下，每年有充足的生产能力去生产 9 000 件达克产品。如果公司愿意将固定销售费用提高到 80 000 美元，那么在现有的每年产销量 6 000 件的基础上，单位产品的售价可以提高 25%。当增加投资 80 000 美元在固定销售费用时，其所带来的财务优势（劣势）是什么？该增加投资有正当理由吗？

（2）假定安卓蒂公司每年都有充足的生产能力去生产 9 000 件达克产品。一位海外市场的顾客希望购买 20 000 件。如果安卓蒂公司接受了这份订单，它需要为每件产品支付 1.7 美元的进口关税以及额外 9 000 美元的许可费。与该订单相关的销售成本只有每件 3.2 美元的运输成本。该订单中每件产品的保本价格是多少？

（3）公司有 1 000 件达克产品由于存在一些瑕疵而被确定为"次级品"，不可能通过日常的分销渠道将这些产品以正常的价格出售。哪些单位生产成本数据对于确定这批产品的最低售价是相关的？请解释。

（4）由于供应商的工厂发生了一起罢工事件，安卓蒂公司无法购买生产达克产品所需的更多原材料。这场罢工预期会持续两个月。安卓蒂公司现有的原材料在接下来的两个月只够生产正常规模的 30%。作为替代方案，安卓蒂公司可以关闭工厂两个月。如果关闭工厂，在这两个月期间，发生的固定制造成本为正常业务水平下的 60%，销售费用会减少 20%。

a. 如果安卓蒂公司关闭工厂两个月，一共会损失多少边际贡献？

b. 如果公司关闭工厂两个月，一共会节省多少固定成本？

c. 关闭工厂两个月的财务优势（劣势）是多少？

d. 安卓蒂公司应当关闭工厂两个月吗？

（5）一个外部的制造商愿意生产 6 000 件达克产品，并且将它们直接运送给安卓蒂公司的顾客。如果安卓蒂公司接受了这个提议，那么公司生产达克产品的设备就会闲置；但是，固定制造成本也会减少 75%。由于外部制造商愿意支付所有的运输成本，变动销售费用将会只有目前的 2/3。相比于外部制造商的报价，安卓蒂公司的单位产品可避免成本是多少？

2. 产量权衡决策

沃尔顿玩具公司（Walton Toy Company）生产一系列的玩偶（多比、翠西、萨、迈克）和针线包。由于公司产品的需求在不断增加，管理层要求你协助制订下一年的产销组合方案。公司已经提供了如下的数据：

产品	下一年的需求（个）	单位售价（美元）	直接材料（美元）	直接人工（美元）
多比	50 000	16.70	4.30	6.40
翠西	42 000	7.50	1.10	4.00
萨拉	35 000	26.60	6.44	11.20
迈克	40 000	14.00	2.00	8.00
针线包	325 000	9.60	3.20	3.20

可获取的其他信息如下：

a. 在单班基础下工厂每年的直接人工生产能力为 130 000 小时。公司现有的职工和设备能够生产全部的 5 种产品。

b. 直接人工工时工资率 16 美元，预期在下一年保持不变。

c. 每年的固定成本总额为 520 000 美元，单位直接人工工时的变动制造费用为 2 美元。

d. 公司的所有非制造成本都是固定的。

e. 公司的完工产品存货很少，可以忽略不计。

要求：

（1）5 种产品中每一种产品的单位产品生产所消耗的直接人工工时分别为多少？

（2）5 种产品中每一种产品的单位产品所消耗的变动制造成本分别为多少？

（3）5 种产品中每一种产品的单位直接人工小时所创造的边际贡献是多少？

（4）假定直接人工工时是公司的约束性资源，如果能最优化利用其约束性资源，公司可以获得的边际贡献总额最多是多少？

（5）假定公司最优化利用其 130 000 小

时的直接人工工时，那么沃尔顿玩具公司愿意为额外增加的生产能力支付的最高直接人工工时工资率是多少（就是为增加的直接人工工时支付的工资）？

（6）确定公司为满足顾客对所有产品的需求而将会做出的改变。

3. 出售或深加工决策

劳斯（LoneStar）肉制品厂是牛肉和其他肉产品的主要加工厂商。公司有大量的 T 骨牛排，并且正在决定是将 T 骨牛排直接出售还是深加工为菲力牛排和上等牛排后再出售。

如果 T 骨牛排刚切好就直接出售，公司计算出 1 磅的 T 骨牛排可以产生如下的利润：

	（单位：美元）
售价（每磅 7.95 美元）	7.95
减：直到分离点当 T 骨牛排可以是独立产品时	
所发生的联合成本	3.80
每磅利润	4.15

如果公司将会深加工 T 骨牛排，那么切下 T 骨牛排的一边可以制成菲力牛排，切下另一边可以制成上等牛排。以这样的方式切割一块 16 盎司的 T 骨牛排会产生一块 6 盎司的菲力牛排和一块 8 盎司的上等牛排；剩余的部分则浪费了。将一块 T 骨牛排加工成菲力牛排和一块上等牛排花费的成本是 0.55 美元。菲力牛排每磅的售价为 12 美元，上等牛排每磅的售价为 8.8 美元。

要求：

（1）将 T 骨牛排加工成菲力牛排和上等牛排的财务优势（劣势）是什么？

（2）你建议 T 骨牛排应当在刚切好就直接出售还是深加工后再出售？为什么？

案例

自制或外购决策、产量权衡决策

特斯福公司（TufStuff, Inc.）生产各种各样的鼓、箱子、盒子以及其他化工厂中会用到的容器。公司的产品之一就是重型耐腐蚀金属鼓，被称为 WVD 鼓，用于储存毒性废料。生产 WVD 鼓的产量受到一台用于精准焊接的自动焊接机器的生产能力的限制。该机器每年可用的焊接工时为 2 000。由于生产每一个 WVD 鼓需要消耗 0.4 个焊接工时，因此，该种鼓的年产量就限制在 5 000 个。目前，焊接机专用于生产 WVD 鼓。财务部门提供了与 WVD 鼓相关的财务数据如下表所示。

WVD 鼓	（单位：美元）
销售单价	149.00
单位成本：	
直接材料	52.10
直接人工	3.60
制造费用	4.50
销售和管理费用	29.80	90.00
单位边际贡献		59.00

管理层认为如果公司有充足的生产能力每年可以出售 6 000 个 WVD 鼓。作为新增另一个焊接机的替代方案，管理层考虑从外部供应商那里购买额外的鼓。一家优质产品的供应商——哈克实业公司，每年愿意以 138 美元的价格提供 4 000 个 WVD 鼓。特斯福公司在当地重新贴标签后，可以以正常的售价转售给客户。

特斯福公司的生产经理梅根·弗洛里斯，建议公司可以通过生产车架以更好地利用焊接机，每个车架只消耗 0.5 个焊接机器工时，并且销量远高于 WVD 鼓。梅根认为，斯特福公司每年可以以每个 239 美元的价格出售 1 600 个车架。财务部门提供了与提议的新产品相关的数据如下表所示：

车架	（单位：美元）
销售单价	239.00
单位成本：	
直接材料	99.40
直接人工	28.80
制造费用	36.00
销售和管理费用	47.80　212.00
单位边际贡献	27.00

现有的设备和职工能够生产车架。制造费用在产品间分配的基础是直接人工工时。大部分制造费用由固定共同成本组成，如工厂大楼的租金，但是，其中一部分制造费用是变动的。WVD 鼓的单位变动制造费用估计为 1.35 美元，车架的单位变动制造费用估计为 1.9 美元。从外部供应商处取得的 WVD 鼓不会发生变动制造费用。

销售和管理费用在产品间是基于收入分配的。几乎所有的销售和管理费用都是固定的，但是，估计不论自制还是外购，每个 WVD 鼓的销售和管理费用为 0.75 美元，每个车架销售和管理费用为 1.3 美元。

公司所有的员工，包括直属的和非直属的，因每周工作 40 小时而获得报酬，并且公司的政策是只在大萧条时裁员。

要求：

（1）在做出与 WVD 鼓和车架相关的决策时，你会放心地依赖财务部门提供的财务数据吗？为什么？

（2）假定直接人工是一项固定成本，计算下列单位产量下的边际贡献：

a. 外购 WVD 鼓

b. 生产 WVD 鼓

c. 生产车架

（3）假定直接人工是一项固定成本，计算下列单位焊接工时下的边际贡献：

a. 生产 WVD 鼓

b. 生产车架

（4）假定直接人工是一项固定成本，确定应当外购的 WVD 鼓数量（如果有），以

及应当生产的 WVD 鼓和（或）车架数量（如果有）。与现有的经营相比，由这项计划导致的经营净利润的增加（减少）额是多少？

当你的分析呈现在特斯福公司的高层管理团队面前时，几位管理者在决策时陷入了如何处理直接人工成本的争论之中。一位管理者认为在理论和实务中，直接人工通常作为变动成本处理，并且在特斯福公司中通常认为其是变动成本。毕竟，"直接"意味着成本可以直接追溯至产品。"如果直接人工不是一项变动成本，那它是什么呢？"另一位管理者激烈地争论道，在特斯福公司直接人工应当看作是固定成本，因为在过去的十多年没有人被解雇，并且事实上工厂的每个人都采用月薪制。每一个归类为直接人工的职工每周都工作 40 小时，并且由于公司采取精益生产技术，加班已经没有必要了。无论焊接机器是用于生产鼓还是车架，总工资应当是一样的。公司有足够的空闲时间去适应生产车架所需要的在总直接人工工时中增加的任何工时。

（5）假定直接人工是一项变动成本，计算下列单位产量下的边际贡献：

a. 外购 WVD 鼓

b. 生产 WVD 鼓

c. 生产车架

（6）假定直接人工是一项变动成本，计算下列单位焊接工时下的边际贡献：

a. 生产 WVD 鼓

b. 生产车架

（7）假定直接人工是一项变动成本，确定应当外购的 WVD 鼓数量（如果有），以及应当生产的 WVD 鼓和（或）车架数量（如果有）。与现有的经营相比，由这项计划导致的经营净利润的增加（减少）额是多少？

（8）你认为在这种情况下处理直接人工成本的正确方式是什么？是作为变动成本还是固定成本处理？请解释。

附录 13A　定价决策

一些产品已经有既定的市场价格，顾客不会支付更高的价格，并且供应商没有理由收取更低的价格，供应商可以以当前的市场价格出售生产的所有产品。在这些情况下，供应商只会收取产品通行的市场价格。主要的原材料市场，如农产品和矿产品，都遵循这种定价模式。

在本附录中，我们关注在交易中需要自定价格的情形，这也是一种较为普遍的情形。例如，达美航空公司（Delta Airlines）需要为所有航班确定机票价格。当埃森哲咨询公司（Accenture）回应预期的咨询客户的询问时，需要建立投标价格。宝洁公司（Procter & Gamble）需要为帮庭、汰渍、帮宝适、佳洁士以及许多其他产品制定价格。如果这些公司制定的价格太高或者太低都会大幅降低公司的利润。

13A.1　影响定价决策的因素

许多因素会影响公司如何确定其销售价格。在这一节，我们会讨论这些因素中的 3 种：顾客、竞争者和成本。

1. 顾客

顾客通常掌握两样东西——自主权和私有信息，这使得决策过程变得复杂。就自主权而言，顾客可以选择购买你的产品，或者竞争者的产品，或者什么都不买。顾客同样拥有关于对产品和服务感兴趣程度以及他们愿意支付价格的私有信息。

例如，考虑这样一种情况：当预期的顾客怀着赢得一个合同的希望而邀请大量的供应商公开招标时，顾客就可以利用私有信息，因为他可以在每一个供应商递交的标价之间进行比较并做出选择。如果一名特定的供应商给出的标价太高，顾客就会和竞争者签订合同。相反地，同样的供应商由于出价远低于竞争者而获得合同，那么放弃的收入是顾客本来愿意支付的部分。

许多公司不会为个人合同提供持续的报价，而是会把产品和服务销售给大量多元化的顾客，这些顾客对于一种特定的产品并没有一种共同的意愿去支付一个特定的价格。在这些情形下，公司对于量化顾客的需求价格弹性具有强烈的兴趣。**需求的价格弹性**（price elasticity of demand）衡量价格的变动对需求的影响。如果价格的变动对于销量的影响是很微小的，我们就认为对于一种产品或者服务的需求是缺乏弹性的。另一方面，如果价格对于销量具有重大的影响，那么对于一种产品或者服务的需求是具有弹性的。一般来讲，当需求缺乏弹性时，管理者应当设定较高的价格，而当需求具有弹性时，管理者应当设定较低的价格。

2. 竞争者

竞争者对于公司的定价决策具有重要影响，因为他们提供影响需求价格弹性的参考价格。例如，汽油的购买者在购买这些燃料时通常能够得到现成的参考价格。如果加油站将价格提高，并且超过了街对面竞争者的参考价格时，那么需求就可能会大幅下降。在本例中，需求是具有弹性的，因为汽油是一种日用品，因此顾客不愿意支付比竞争者的参考价格更高的价格。如果同样的加油站降低价格，以期利用需求弹性扩大市场份额，街对面的竞争者可能会通过降价与之竞争，以保持每一个加油站的市场份额保持不变，但都降低了双方的利润。

如果一家公司想要收取比竞争者更高的价格，那么公司必须通过采用一种可以激励顾客接受更高价格的方式在竞争性的选择中区别其产品和服务。比如，像普拉达（Prada）、劳力士（Rolex）和劳斯莱斯（Rolls Royce）通过打造产品的质量和一种精英的社会状态使其产品区别于竞争者，并且在有意愿支付高昂价格的富有的顾客之间产生了缺乏弹性的需求。

3. 成本

顾客和竞争者在确定一个公司的产品和服务的价格上限时扮演着重要的角色。价格的上限代表了顾客愿意支付的最高价格。价格下限由一家公司的增量成本决定，代表了公司能够收取的最低价格，并且公司仍然可以在销售交易中获得增量利润。

如果公司所有产品的定价都在价格下限以上，那并不能保证公司将会盈利，意识到这一点是非常重要的。因为所有的销售收入减去增量成本可能无法弥补公司的固定成本。如果能够基于顾客的需求数据确定最佳价格，而不是不顾顾客的反馈武断地计算价格，公司会增加其弥补所有成本和实现利润最大化的概率。

13A.2 成本加成定价法

公司通常会采用在成本之上加成定价的方法。$^{\ominus}$ 一件产品的**加成额**（markup）是售价和成本之间的差额，并且通常由成本百分比来表示。

$$售价 =（1+ 加成率）\times 成本$$

例如，一家公司的选用加成率为 50%，就会把成本的 50% 加到产品的定价中，以确定最终的售价。如果某种产品的成本是 10 美元，那么这家公司就会加成 5 美元，得到最终产品的售价 15 美元。这种方法就叫作**成本加成定价法**（cost-plus pricing），因为这种方法将一个事先确定的加成率用到一个成本基础上来确定售价。

公司可以通过多种方法确定运用成本加成法的成本基础。例如，一些公司可能运用完全成本法（包括直接材料、直接人工、变动制造费用、固定制造费用）确定成本基础，而另一些公司可能会将产品的变动成本作为成本基础。公司在量化成本基础时，可能会运用各种各样的成本系统，如正常成本或标准成本。如果一家公司在完全成本法下运用正常成本核算，它会用实际的直接材料、直接人工加上已分配的间接费用计算单位产品成本。当一家公司在完全成本法下运用标准成本核算时，会在标准直接材料、标准直接人工加上单位产品分配的制造费用定额的基础上得出单位产品成本。

在下一节，我们会讨论在完全成本法下的成本加成定价法。顾名思义，当计算加成率时，完全成本法运用了一种基于完全意义上的单位产品成本作为成本基础。

13A.3 完全成本法下的成本加成定价法

调查结果表明，许多管理者运用完全成本法下的成本加成定价法。这种方法可以解释为

$\ominus$ 在定价上会有一些法律的限制。《反托拉斯法》反对"掠夺性"的价格。这些价格被法庭解释为一种低于平均变动性成本的价格。"价格歧视"——在相同的市场上对于相同的产品或服务在不同的顾客之间收取不同的价格，这同样也是法律所禁止的。

三步处理法。

首先,公司需要计算单位产品成本(包括直接材料、直接人工、变动制造费用和固定制造费用);其次,需要确定在完全成本下的成本加成率;最后,需要将产品的单位成本乘以(1+ 成本加成率)去确定产品的售价。

13A.3.1 里特公司:一个案例

假定里特公司(Ritter Company)想要为一个刚刚进行过设计修改的产品设定售价。公司在经营性资产上投入了 100 000 美元以实现估计 10 000 件的销量。经营性资产的投资报酬率(ROI)为 20%。财务部门提供了该重新设计产品的如下成本估计数据:

(单位:美元)

	每件	合计
直接材料	6	
直接人工	4	
变动性制造费用	3	
固定制造费用		70 000
变动销售和管理费用	2	
固定销售和管理费用		60 000

在完全成本加成法的第一步的过程中,里特公司计算的重新设计产品的单位成本如下:

(单位:美元)

直接材料	6	
直接人工	4	
变动制造费用	3	
固定制造费用(70 000 美元 ÷10 000 件)		7
单位产品成本		20

里特公司的第二步就是确定与单位产品成本(20 美元)相乘得出售价的加成率。用于确定加成率的公式如下:

$$完全成本下的加成率 = \frac{(必要的投资回报率 \times 投资额) + 销售和管理费用}{单位产品成本 \times 销量}$$

根据里特公司的背景信息,完全成本下的加成率计算如下:

$$完全成本下的加成率 = \frac{(20\% \times 100\ 000\ 美元) + (2\ 美元/件 \times 10\ 000\ 件 + 60\ 000\ 美元)}{20\ 美元/件 \times 10\ 000\ 件}$$

$$= \frac{20\ 000\ 美元 + 80\ 000\ 美元}{200\ 000\ 美元}$$

$$= 50\%$$

请注意,在完全成本之上 50% 的加成是为了提供公司必要的投资回报(20% × 100 000 美元 =20 000 美元)和弥补产品的销售和管理费用(2 美元/件 × 10 000 件 + 60 000 美元 = 80 000 美元)。

第三步是运用之前介绍过的成本加成定价法的等式确定销售单价：

$$销售价格 = (1+成本加成率) \times 成本$$
$$= (1+50\%) \times 20\ 美元$$
$$= 30\ 美元$$

30 美元的售价包括了 20 美元的单位产品成本和额外的 10 美元去弥补销售和管理费用，以及提供必要的投资回报。

如表 13A-1 所示，如果里特公司实际实现了其预测的销量 10 000 件，该产品就会带来经营净利润 20 000 美元和 20% 的投资回报率。只有在预测的销量实现时才能达到必要的回报率。

表 13A-1　利润表和投资回报率分析（里特公司实际销量 =10 000 件，售价 =30 美元）

	（单位：美元）
直接材料	6
直接人工	4
变动制造费用	3
固定制造费用（70 000 美元 ÷10 000 件）	7
单位产品成本	20

完全成本法下的利润表	（单位：美元）
收入（30 美元 / 件 ×10 000 件）	300 000
销售成本（20 美元 / 件 ×10 000 件）	200 000
毛利	100 000
销售和管理费用（2 美元 / 件 ×10 000 件 +60 000 美元）	80 000
经营净利润	20 000

ROI

$$ROI = \frac{经营净利润}{平均经营性资产}$$
$$= \frac{20\ 000\ 美元}{100\ 000\ 美元}$$
$$= 20\%$$

13A.3.2　完全成本法带来的问题

完全成本法使得定价看起来很简单，一家公司需要做的仅仅是计算单位产品成本，决定希望实现多少利润，然后确定价格。似乎一家公司能够忽视顾客的需求，并且可以达成一个无论需要多少利润都可以保证实现的价格。考虑到完全成本法在确定售价之前就预测销量，似乎公司的经营是建立在顾客没有自主权的假设之上，要求客户以卖方认为合理的任何价格购买产品，这是一个错误的假定！顾客拥有选择权，如果价格太高，他们可以从竞争者手中购买或者他们可以选择什么都不买。

例如，假设里特公司的产品定价为 30 美元，它只销售了 7 000 件，而不是预测的 10 000 件。如表 13A-2 所示，这种更低的销量会导致单位产品成本从 20 美元上升至 23 美元。如表 13A-2 所示，公司在该产品上会产生 25 000 美元的亏损，而不是 20 000 美元的利润。

表 13A-2　利润表和投资回报率分析（里特公司实际销量 = 7 000 件，售价 =30 美元）

（单位：美元）

直接材料	6
直接人工	4
变动制造费用	3
固定性造费用（70 000 美元 ÷7 000 件）	10
单位产品成本	23

完全成本法下的利润表

销售收入（30 美元 / 件 ×7 000 件）	210 000
销货成本（23 美元 / 件 ×7 000 件）	161 000
毛利	49 000
销售和管理费用（2 美元 / 件 ×7 000 件 + 60 000 美元）	74 000
经营净利润	（25 000）

ROI

$$ROI = \frac{经营净利润}{平均经营性资产}$$

$$= \frac{-25\,000 \text{ 美元}}{100\,000 \text{ 美元}}$$

$$= -25\%$$

如果里特公司在销量为 7 000 件时，通过提高价格以努力保持盈利能力来应对这种情况，在完全成本法下重新计算加成率的结果如下：

$$完全成本下的加成率 = \frac{(20\% \times 100\,000 \text{ 美元}) + (2 \text{ 美元 / 件} \times 7\,000 \text{ 件} + 60\,000 \text{ 美元})}{23 \text{ 美元 / 件} \times 7\,000 \text{ 件}}$$

$$= \frac{20\,000 \text{ 美元} + 74\,000 \text{ 美元}}{161\,000 \text{ 美元}}$$

$$= 58.4\%$$

这种更高的加成率会反过来将重新设计产品的价格从 30 美元提高至 36.43 美元，计算如下：

$$销售价格 = (1 + 加成率) \times 成本$$

$$= (1 + 58.4\%) \times 23 \text{ 美元}$$

$$= 36.43 \text{ 美元}$$

尽管里特公司希望 6.43 美元（=36.43 美元 −30 美元）的价格提升会恢复盈利能力，但是，极有可能的是价格的上升会导致更多顾客的流失和更低的利润，这是因为里特公司的顾客并没有被要求去支付对于实现公司财务目标的必要价格。顾客有拒绝里特公司的定价并将钱花在其他地方的自主权。

13A.4　定价和顾客自主权

正如前一节讨论的那样，顾客在购买决策中拥有自主权，他们可以购买竞争者的产品或者将他们的支出预算都分配在其他的产品上。在定价时，企业应当予以考虑这种自主权。为了便于说明，下面以自然花园公司为例，这是一家销售多种产品的公司，包括苹果味洗发水等。这家公司提供了与该产品相关的如下数据：

（单位：美元）

	苹果味洗发水
销量（a）	200 000
单价	5
单位变动成本	2
单位边际贡献（b）	3
边际贡献总额（a）×（b）	600 000
可追溯的固定费用	570 000
经营净利润	30 000

　　管理层正在考虑将苹果洗发水的价格从 5 美元 / 瓶提高至 5.5 美元 / 瓶，但是，他们充分意识到，如果价格提升 10% [（5.5 美元 / 瓶 −5 美元 / 瓶）÷5 美元 / 瓶] 会由于顾客在购买决策中具有自主权而导致销量下降。如果销量下降太多，收益（例如，经营净利润）实际上也会下降，即使售价上升。市场部经理估计价格的上升会使得销量减少 15%，从 200 000 瓶降低至 170 000 瓶。

　　公司希望回答的问题是，在哪种价格水平下（5 美元 / 瓶还是 5.5 美元 / 瓶）会产生更多的利润？为了回答这个问题，公司可能会运用如下的公式去计算苹果味洗发水在每种价格下的利润：

$$利润 = (P - V) \times Q - 固定性费用$$

式中，P——单位产品售价；

　　　　V——单位变动成本；

　　　　Q——销量。

在单价为 5 美元、销量为 200 000 瓶的情况下，苹果味洗发水的利润为 30 000 美元，计算如下：

$$
\begin{aligned}
利润 &= (P - V) \times Q - 固定费用 \\
&= (5 美元 / 瓶 −2 美元 / 瓶) \times 200\,000/ 瓶 −570\,000 美元 \\
&= 3 美元 / 瓶 \times 200\,000/ 瓶 −570\,000 美元 \\
&= 600\,000 美元 −570\,000 美元 \\
&= 30\,000 美元
\end{aligned}
$$

在单价为 5.5 美元，销量为 170 000 瓶的情况下，假定固定性费用不受销量下降的影响，苹果味洗发水的利润为 25 000 美元，计算如下：

$$
\begin{aligned}
利润 &= (P - V) \times Q - 固定性费用 \\
&= (5.5 美元 / 瓶 −2 美元 / 瓶) \times 170\,000 瓶 −570\,000 美元 \\
&= 3.5 美元 / 瓶 \times 170\,000 瓶 −570\,000 美元 \\
&= 595\,000 美元 −570\,000 美元 \\
&= 25\,000 美元
\end{aligned}
$$

考虑到这些结果，自然花园公司不应当将产品的价格提高至 5.5 美元，在更低的单价 5 美元下利润会高出 5 000 美元（30 000 美元 −25 000 美元）。

13A.4.1 顾客自主权：更进一步的研究

现在为止，我们的案例中假定管理层只有两种选择：保持苹果味洗发水在 5 美元的价格水平，或将价格提高至 5.5 美元 / 瓶并由此导致销量减少 15%。但是，请记住 15% 只是一个估计值并不是一个确定值。基于我们之前的计算，我们知道将价格从 5 美元提高到 5.5 美元时，如果销量减少 15%，会导致利润减少。如果实际的销量减少低于 15%，那么会引发什么样的财务问题呢？

管理层可以通过计算在较高的价格点（5.5 美元）为了实现与在较低的价格点（5 美元 / 瓶）相同的利润（30 000 美元）所需要的销量（Q）来探讨这种可能性。假定固定费用保持不变，销量的临界值求解如下：

$$利润 = (P - V) \times Q - 固定性费用$$
$$30\,000\ 美元 = (5.5\ 美元 / 瓶 - 2\ 美元 / 瓶) \times Q - 570\,000\ 美元$$
$$600\,000\ 美元 = 3.5\ 美元 / 瓶 \times Q$$
$$Q = 171\,429\ 瓶（取整数）$$

计算结果表明，如果公司以 5.5 美元 / 瓶的价格销售 171 429 瓶产品，公司就会获得与在更低的价格 5 美元 / 瓶处相同的利润。但是如果公司销售超过 171 429 瓶产品，那么将售价提高 10% 就会增加利润。但是，如果公司销售少于 171 429 瓶产品，那么将售价提高 10% 就会减少利润。临界值 171 429 瓶是在这种情况下的盈亏平衡点。

171 429 瓶的销量反映了销售变动的比例 −14.3%［(171 429−200 000) ÷200 000］。因此，如果管理层认为销量的下降小于 14.3%，就会选择 5.5 美元 / 瓶的价格。我们假定管理层认为销量的下降小于 14.3%，并且因此将售价提高为 5.5 美元 / 瓶。进一步假定管理层是正确的，再提高价格之后，销量只下降了 13%，即从 200 000 瓶下降至 174 000 瓶。那么，苹果味洗发水会获得 39 000 美元的利润，计算如下：

$$利润 = (P - V) \times Q - 固定费用$$
$$= (5.5\ 美元 / 瓶 - 2\ 美元 / 瓶) \times 174\,000\ 瓶 - 570\,000\ 美元$$
$$= 3.5\ 美元 / 瓶 \times 174\,000\ 瓶 - 570\,000\ 美元$$
$$= 39\,000\ 美元$$

在本案例中，由于销量只下降了 13%，更高的价格 5.5 美元 / 瓶导致了利润增加了 9 000 美元（39 000 美元 −30 000 美元）。

13A.4.2 选择最优销售价格：顾客自主权的影响

如果我们假定苹果味洗发水的价格增加 10%，导致销量降低 13%，那么 5.5 美元 / 瓶的售价会产生相比于 5 美元 / 瓶的售价额外的 9 000 美元（39 000 美元 −30 000 美元）的利润。可是，由此得出结论说 5.5 美元 / 瓶是苹果味洗发水的最优销售价格是不正确的！换句话说，5.5 美元 / 瓶的价格能够使最大化利润是不正确的。

5.5 美元 / 瓶的价格不一定是最优销售价格，因为自然花园公司并不是仅在 5 美元 / 瓶和 5.5 美元 / 瓶之间选择一个价格。可能公司考虑选择 8% 或 12% 的价格增幅，而不只是 10%

的价格增幅会更好。就此而言, 公司可以为苹果味洗发水确立任何希望的价格, 它可以确定一个非常低的价格, 比如每瓶 2 美元或者一个非常高的价格, 比如每瓶 50 美元, 或者在此之间的任何价格。每瓶 2 美元的低价格可能不是一个好主意, 因为它等于产品的单位变动成本, 并且会导致 57 000 美元的损失, 但是, 每瓶 50 美元的高价格可能也不是一个好主意, 因为很少有顾客 (如果有的话) 愿意为一瓶洗发水支付 50 美元。因此, 管理层面对的挑战是如何利用顾客对价格变化的反应去确定实现利润最大化的销售价格, 请记住, 最优销售价格可能会高于也可能会低于现在的价格 5 美元 / 瓶。

图表 13A-1 运用 Excel 表格说明一旦价格变化的百分比和销量变化的百分比确定时, 一种可以计算出任何产品或服务的最优销售价格的价格模型。⊖

图表 13A-1 中列示的与自然花园苹果洗发水相关的计算, 假定价格上升 10% 会导致销量下降 13%。

图 13A-1 自然花园苹果味洗发水: 一个最优销售价格模型

注: 表中单元格 B12 中的价格四舍五入到最接近的一分钱, 但是表中运用了没有四舍五入的价格 (大约是6.337 美元) 去计算得出单元格 F12 中的总收入。

在图 13A-1 中最优销售价格计算的输出信息中, 最先注意到的是最优销售价格既不是 5美元 / 瓶也不是 5.5 美元 / 瓶, 而是单元格 B12 中所示的 6.34 美元 / 瓶。在这个价格水平下的利润是 43 547 美元 (单元格 F16), 这个利润水平比之前计算的在 5.5 美元 / 瓶的价格下获得的利润高出 4 547 美元 (43 547 美元 -39 000 美元)。尽管在价格模型下隐含的数学思想超出了这门课程的范围, 如果你选择下载并熟知这个模型, 我们希望你明白如何将数据输入模型中以及如何解读模型的结果。⊖

为了将数据输入模型中, 你应当遵循 4 步流程。第一, 输入产品现在的销量 (单元格B3)、现在的销售单价 (单元格 B4)、单位变动成本 (单元格 B5) 以及可追溯的固定成本(单元格 B6)。第二, 输入销售单价变动百分比 (单元格 B8) 以及销量变动百分比 (单元格B9)。第三, 输入在 B12 中的现在的销售单价。第四, 单击 Excel 表格上的数据页面并选择

⊖ 这种价格模型假定存在一条不变的弹性需求曲线和不受销量变化影响的固定成本, 也可以假定其他的需求曲线, 如线性的需求曲线。但是一些实证论文支持运用不变的弹性需求曲线, 应该承认 "最优" 价格依靠假定的需求曲线。鉴于此, 连同顾客对价格变化的反应的估计所通常存在的不确定性, 由此模型产生的 "最优" 价格应当被视为一种估计而不要过分地依赖它。

⊖ 为获取这个基于表格的定价模型副本, 请访问 www.mhhe.com/garrison_opm.

在屏幕右上方的求解器。⊖当打开求解器窗口时，单击"求解"然后最优销售价格会被计算出来并自动插入单元格 B12 中。另外，最优利润会自动计算在单元格 F16 中。

13A.4.3　最优销售价格模型的直观角度

图 13A-2 描绘了当我们假定价格升高 10%，销量下降 13% 时以苹果洗发水的经营净利润作为售价函数的图像。⊜这张图表提供了一种直观的视角去理解最优销售价格模型的作用。电子表格求解器能够有效率地沿着图像寻找使得利润最大化的价格，在本例中该价格就是6.34 美元的销售价格，并产生了 43 547 美元的总利润。

图 13A-2　自然花园苹果味洗发水：以经营净利润作为售价的函数

由于各种原因，我们不应当过分地依赖最优销售价格。一位产品经理可能会将价格朝着最优销售价格的方向做出细微的调整，然后观察对销量和经营净利润的影响。然而，电子表格软件中的工作表能够提供给我们有关价格的更重要的见解。如果我们想要调整销量或售价变化的百分比，我们可以重新运行求解器功能以自动计算修正后的最优销售价格。⊜例如，下表总结了 3 种情形下的结果，说明了不同的顾客对苹果味洗发水价格上升 10% 的敏感性：

售价变动百分比	+10%	+10%	+10%
销量变动百分比	−12%	−13%	−15%
最优销售价格	7.86 美元	6.34 美元	4.84 美元

⊖ 求解器是微软电子表格内置的一个插件。如果你没有在数据页面看到求解器，为了激活它，点击文件选项卡并选择选项。在屏幕上出现的"选项"菜单中，单击"添加与嵌入"然后选择"添加与嵌入"求解器并点击"是"。

⊜ 正如求解器的方法解决了最优销售价格的问题，这张图表假定了一条恒定的弹性需求曲线和由于不同的价格而导致的整个销量的变化过程中恒定不变的固定费用。

⊜ 如果求解器无法求出最优解，最有可能的原因是你输入的价格和销量变动的组合导致了一个无穷大的最优销售价格。例如，价格提高 10% 通常会导致销量下降 5% 并且固定成本不变，那么当价格上升时，利润通常会上升。在实际中，这很显然不会发生。在某一时刻，顾客会完全停止购买产品。

（续）

销量	109 009 件	141 467 件	211 685 件
经营净利润	68 908 美元	43 547 美元	30 390 美元

总的来说，顾客对价格越敏感，最优销售价格就越低，顾客对价格越不敏感，最优销售价格就越高。例如，当顾客对价格增加 10% 的反应使得销量降低了 12%，此时最优销售价格为 7.86 美元 / 瓶，比现在的价格 5 美元 / 瓶高出 2.86 美元 / 瓶。相反地，当顾客对价格增加 10% 的反应使得销量降低了 15%，此时最优销售价格为 4.84 美元 / 瓶，比现在的价格 5 美元 / 瓶低了 0.16 美元 / 瓶。这种（最优）价格的大幅摇摆说明了顾客对于价格变动敏感性的微小变化是如何对最优销售价格产生巨大影响的。

13A.5　价值定价法

成本加成定价法的一个替代方法就是价值定价法。运用**价值定价法**（value-based pricing）的公司将售价建立在其产品和服务为顾客带来利益的经济价值上。

以价值为基础定价的一种方法是基于一个众所周知的概念——对顾客的经济价值。一件**产品对顾客的经济价值**（economic value to the customer，EVC）是顾客可获得的最好替代品的价格加上该产品区别于替代品的价值。可获得的最好替代品的价格被认为是参考价值，而一件产品区别于可获得的最好替代品的价值被认为是差异价值。⊖

一件产品的差异价值产生于两种方式。首先，一种产品的差异价值可以通过吸引顾客从而产生更多的收入和边际贡献，以使其区别于可获得的最好替代品。其次，一件产品的差异价值可能通过使顾客意识到它有更多的成本节约，以使其区别于可获得的最好的替代品。

通过等式的形式，EVC 的计算公式如下：

$$对顾客的经济价值 = 参考价值 + 差异价值$$

一旦卖方计算出了 EVC，就会试图和顾客协商一个落在如下区间里的基于价值的售价：

$$参考价值 \leqslant 基于价值的价格 \leqslant EVC$$

对于顾客的经济价值：一个案例

《环游美国》杂志的管理者想要为杂志中连续一个月的整版广告确定价格。尽管主要的竞争者，《远行之路》杂志，每个月为整版的广告收取了 5 000 美元，《环游美国》杂志的管理者认为，他们可以通过量化杂志中整版广告的 EVC 来确定一个更高的价格。为了便于分析，管理者收集了与两家杂志社相关的如下数据：

	《环游美国》	《远行之路》
读者数量	200 000 人	300 000 人
每月购买广告产品的读者比重	0.002	0.001
购买广告产品的读者月支出	100 美元	80 美元
广告商的边际贡献率	25%	25%

⊖ 术语参考价值和差异价值以及接下来发生在杂志出版业的例子都改编自 The Strategy and Tactics of Pricing: A Guide to Profitable Decision Making by Thomas T.Nagle and Reed K.Holden,2002,Pearson Education,Upper Saddle River, New Jersey.

尽管《环游美国》拥有相比于远行之路的读者少（200 000 与 300 000），但是，《环游美国》每月拥有更高比重的"核心"用户购买其刊登的广告产品（0.002 与 0.001），并且每个人在广告产品上花费的更多（100 美元与 80 美元）。考虑到假定广告商通过两家杂志社在所有已售商品中实现的边际贡献率都是 25%，《环游美国》的管理者计算了在其杂志上刊登广告的差异价值如下：

	《环游美国》	《远行之路》
读者数量（a）	200 000 人	300 000 人
每月购买广告产品的读者比重（b）	0.002	0.001
购买广告产品的读者人数（a）×（b）	400 人	300 人
购买广告产品的读者月支出（a）	100 美元	80 美元
广告商的边际贡献率（b）	25%	25%
每位购买广告产品读者		
提供的月边际贡献（a）×（b）	25 美元	20 美元
购买广告产品的读者人数（a）	400 人	300 人
每位购买广告产品读者		
提供的月边际贡献（b）	25 美元	20 美元
整版广告提供的月边际贡献		
额（a）×（b）	10 000 美元	6 000 美元
差异价值	4 000 美元	

考虑到《环游美国》的参考价值为 5 000 美元，即《远行之路》为整版广告收取的价格，EVC 计算如下：

$$对顾客的经济价值 = 参考价值 + 差异价值$$
$$= 5\,000\ 美元 + 4\,000\ 美元$$
$$= 9\,000\ 美元$$

《环游美国》将会试图于顾客协商一个落在如下区间里的基于价值的整版广告售价：

$$5\,000\ 美元 \leqslant 基于价值的价格 \leqslant 9\,000\ 美元$$

值得强调的是，9 000 美元的 EVC 并不一定代表了《环游美国》应当向顾客收取的整版广告费。相反，它为杂志社的管理者提供了一个起点去理解杂志中的整版广告可以为潜在顾客提供的经济利益（以额外的边际贡献的形式存在）。事实上，下表所示的数据表明《环游美国》杂志可能需要将价格确定在 9 000 美元以下。

	《环游美国》		《远行之路》
	价格	价格	
	9 000 美元	8 000 美元	
广告带来的边际贡献	10 000 美元	10 000 美元	6 000 美元
广告费投资（a）	9 000 美元	8 000 美元	5 000 美元
广告带来的增量利润（b）	1 000 美元	2 000 美元	1 000 美元
投资回报率（b）/（a）	11%	25%	20%

请注意，右边这一列数据表明《远行之路》杂志为它的顾客在整版广告投资上提供了

20% 的投资回报率。左边这一列数据表明《环游美国》的顾客只能获得 11% 的投资回报率。因此，如果《环游美国》确定的价格为 9 000 美元，相比于广告商将整版广告刊登在《远行之路》杂志上，它只能提供更低的投资回报率。但是，环游美国可能考虑用更低的价格，如 8 000 美元，招徕潜在的顾客。正如中间一列的数据显示，更低的价格会为潜在的广告商带来 25% 的投资回报率，相比于《远行之路》20% 的投资回报率更加有利。

13A.6　目标成本法

我们的讨论迄今为止，均假定产品已经开发，并且经过了成本核算，价格一经确定就可以投放市场。但是，在很多情况下，事件发生的顺序恰好相反。事实上，公司已经知道应该收取的价格，问题就是如何开发一款产品在希望的价格水平下可以获利。即使在这种正常的经营顺序发生倒转的情形下，成本仍然是一个重要的因素。公司可以运用的一种方法叫作目标成本法。**目标成本法**（target costing）确定一种新产品可容许的最高成本，并且开发一件在最高目标成本下可以获利的产品原型的过程。很多公司已经运用了目标成本法，包括康柏电脑公司（Compaq）、卓饰集团（Culp）、康明斯发动机公司（Cummins Engine）、大发汽车公司（Daihatsu Motor）、克莱斯勒汽车公司（Chrysler）、福特汽车公司（Ford）、铃木汽车（Isuzu Motors）、ITT 汽车公司（ITT Automotive）、小松公司（Komatsu）、松下电器（Matsushita Electric）、日本电气公司（NEC）、日本电装（Nippodenso）、尼桑汽车（Nissan）、奥林巴斯（Olympus）、夏普公司（Sharp）、德州仪器（Texas Instruments）和日本丰田汽车（Toyota）。

一件产品的目标成本是从计算产品的期望售价开始，然后减期望利润，如下式：

$$目标成本 = 期望售价 - 期望利润$$

产品的研发团队具有责任设计产品使其成本不超过目标成本。

13A.6.1　运用目标成本法的原因

目标成本法的发展源于对于市场和成本的两个重要特点的认知。

首先，许多公司对于价格的控制能力弱于它们的预期。市场（供给和需求）决定价格，如果公司忽视这一点，其后果不堪设想。因此，预期的市场价格在目标成本法下是给定的。

其次，大多数产品的成本在开发阶段就已经确定了，一旦产品通过设计并投入生产，没有什么做法能显著地降低成本。大多数降低产品成本的机会来自产品的设计阶段，所以产品容易制造、运用更少的零部件、更加耐用可靠。如果公司对于市场价格几乎无法控制，并且一旦产品进入生产阶段，公司对于成本也几乎无法控制。公司应遵循影响利润的主要机会来自产品的设计阶段这一原则。集中投入努力的地方是生产和开发性价比高的产品，这些产品拥有顾客看重的品质。

目标成本法和产品开发过程中的其他方法存在很大的差别，不同于先设计产品再找出它的成本。目标成本是先确定的，然后再设计产品，因而可以确保目标成本的实现。

13A.6.2　目标成本的一个实例

为了提供一个简单的目标成本的例子，假定如下情形：汉迪公司希望投资 2 000 000 美元用于设计、开发和生产一款新型的搅拌机。公司的市场部调查了竞争产品的特点和价格，并确定了 30 美元的价格可以使公司每年大约销售 40 000 台搅拌机。因为公司希望实现的投资回报率为 15%，将生产、销售、分发以及售后服务一台搅拌机的目标成本定为 22.5 美元，相关计算如下：

（单位：美元）

预计销售额（40 000 台 × 30 美元/台）	1 200 000
减：期望利润（15% × 2 000 000 美元）	300 000
40 000 台搅拌机的目标成本	900 000
每台搅拌机的目标成本（900 000 美元 ÷ 40 000 台）	22.5

22.5 美元的目标成本可以分为以下不同环节的目标成本：生产、营销、分发、售后服务等。每个环节都有责任使实际成本保持在目标成本之内。

小结

定价涉及微妙的平衡行为。更高的价格带来了更多的单位产品收入，却使得产量下降。实际上通过确定价格以实现利润最大化是一个很难的问题。

管理者通常依靠成本加成定价法确定售价。完全成本法下的成本加成定价法在单位产品的完全成本上运用了加成额来弥补非生产性成本，并提供充足的投资回报。在完全成本法下，只有当在成本加成公式中运用的预测销量是准确的情况下，成本才会得以补偿，并且还会有充足的投资回报。如果运用成本加成公式得出的价格太高，预测的销量将无法达到。

顾客在购买决策中拥有自主权。他们可以选择购买你的产品、竞争者的产品或者都不买。这种自主权应当在定价中予以考虑。如果价格的变动对销量的影响微乎其微，那么顾客对价格的敏感性就被认为是缺乏弹性的。另一方面，如果价格的变动对销量具有显著的影响，那么顾客对价格的敏感性就被认为是具有弹性的。总体来说，顾客对价格越敏感，最优销售价格越低，顾客对价格越不敏感，最优销售价格越高。

价值定价法是成本加成定价法的一种替代方法。运用价值定价法的公司基于其产品和服务为顾客带来的利益的经济价值确定售价。价值定价一种方法是基于产品和服务对顾客经济价值（EVC）的量化。一种产品的 EVC 是相对于顾客而言的最好替代品的价值（参考价值）加上将产品与替代品相区别的价值（差异价值）。一旦卖方计算出 EVC，就可以建立一个落在参考价值和 EVC 之间的基于价值的售价。

运用目标成本法的公司可能会基于预期的功能和市场上已有的产品的价格来估计新产品的市场价格。它们将预期的利润从估计的市场价格中减去就得到了目标成本。研发团队接着就负有使确保新产品的实际成本不超过目标成本的责任。

术语表

Cost-plus pricing 成本加成定价法　一种将预先设定的加成额运用到成本基础上来确定目标售价的定价方法。

Economic value to the customer 对顾客的经济价值　相对于顾客而言的最好替代品的价值（参考价值）加上将产品与替代品相区别的价值（差异价值）。

Markup 加成额　产品或服务的售价与其成本的差额。加成额通常由成本的一定百分比表示。

Price elasticity of demand 需求的价格弹性　一种衡量价格变动对产品或服务销量的

影响程度的度量。

Target costing 目标成本法　确定一种新产品可容许的最高成本，然后开发出在最高目标成本下可以获利的产品的过程。

value-based pricing 价值定价法　一种公司基于产品和服务能够给顾客带来的经济价值来确定售价的定价方法。

练习题

1. 价值定价法、完全成本法下的成本加成定价法

法尔曼公司（Valmont Company）开发了一种新型的工业用设备，XP-200。公司正在考虑为 XP-200 确定售价的两种方法，完全成本加成定价法和价值定价法。

法尔曼的成本核算系统报告了 XP-200 的单位完全成本为 8 400 美元，在完全成本之上的加成率为 85%。公司的市场经理表达了对于使用完全成本法的担忧，因为这种方法似乎忽视了这样的一个事实：相比于由法尔曼的主要竞争者出售的设备，XP-200 具有更优良的性能。更具体地说，XP-200 可以在替换前使用 20 000 小时，在其寿命期仅需 1 000 美元的预防性保养费并且每使用 1 000 小时只消耗 120 美元的电力。

这些数据和竞争性产品相比是具有优势的。竞争性产品的售价是 15 000 美元，在替换前可以使用 10 000 小时，在其寿命期需要 2 000 美元的预防性保养费，并且每使用 1 000 小时消耗 140 美元的电力。

要求：

（1）如果法尔曼采用完全成本加成定价法，那么应该为 XP-200 确定的售价是多少？

（2）在其 20 000 小时的使用寿命中，XP-200 对于顾客的经济价值（*EVC*）是多少？

（3）如果法尔曼采用价值定价法，那么为 XP-200 确定售价时所考虑的价格区间是什么？

（4）当在完全成本加成定价法和价值定价法之间做出选择时，你对法尔曼管理者的建议是什么？

2. 顾客自主权与定价

玛丽亚·洛伦齐（Maria Lorenzi）拥有一个位于蒙大拿州西黄石的冰淇淋站，她在夏季经营这家冰淇淋站。她不确定如何为冰淇淋蛋卷定价，在繁忙的 8 月接连几周内尝试了两种价格，每周光临商店的人数大体相同。在第一周，蛋卷的单价为 3.5 美元，卖出了 1 800 个蛋卷。第二周，蛋卷的单价为 4 美元，卖出了 1 400 个蛋卷。一个冰淇淋蛋卷的变动成本为 0.8 美元，并且仅有冰淇淋和蛋卷本身的成本构成。冰淇淋站的固定费用为每周 2 675 美元。

要求：

（1）在第一周当定价为 3.5 美元时，玛丽亚获得的利润是多少？

（2）从第二周开始，玛丽亚将售价提高了百分之几？销量减少了百分之几？（计算结果保留至百分号后一位小数）

（3）在第二周当定价为 4 美元/个时，玛丽亚获得的利润是多少？

（4）从第一周到第二周玛丽亚的利润（增加）减少了多少？

3. 目标成本法

日本岛田制造公司（Shimada Products）正急于进入电子计算器市场。管理者认为为了在全球市场上保持竞争力，公司正在开发的电子计算器的价格不能超过 15 美元/个。岛田在所有项目上的必要回报率为 12%，一项 5 000 000 美元的投资用于采购生产 300 000 个计算器的设备，管理层相信每年可以以 15 美元/个的价格将这些计算器销售出去。

要求：

计算一个计算器的目标成本。

完全成本法下的成本加成定价法、顾客自主权与定价

墨西拿公司（Messina Company）希望运用完全成本加成定价法确定一种新产品的售价。公司计划在经营性资产上投资 650 000 美元，提供生产 30 000 件产品的生产能力。公司投资的必要报酬率（ROI）为 20%。墨西拿的财务部门为新产品投放市场的第 1 年设定了生产和销售 20 000 件的目标。财务部门提供了如下的新产品成本估计数据：

（单位：美元）

	每件	总额
直接材料	12	
直接人工	8	
变动制造费用	3	
固定制造费用		100 000
变动销售和管理费用	1	
固定销售和管理费用		60 000

要求：

（1）如果公司计划生产和销售 20 000 件产品，新产品的单位产品的完全成本是多少？

（2）在计划 20 000 件的销量水平下，新产品采用完全成本法下的加成率是多少？

（3）在新产品采用完全成本法核算，计划销量为 20 000 件的情况下，公司为新产品确定的售价为多少？

（4）在要求（3）采用完全成本法的条件下，计算当实际产销量为 19 000 件（而不是 20 000 件）时，墨西拿公司的经营净利润是多少？

（5）假定墨西拿的管理者建议提高新产品的售价以期在较低的销量水平下（19 000 件）实现预期的投资回报率。

a）新的加成率是多少？（计算结果保留百分号后一位）

b）新的售价为多少？（计算结果保留至美分）

（6）在 www.mhhe.com/garrison_opm. 上下载最优价格模型。假定墨西拿的财务部门对其顾客进行调查后发现估计价格升高 8% 会导致销量减少 22%。公司的市场部经理同样认为墨西拿的总固定成本不会受到定价决策的影响。假定新产品的实际销量为 19 000 件，公司市场部经理的估计和假设是正确的，将所有相关的数据输入定价模型中。确保在单元格 B12 中输入了正确的价格（如要求（3）所计算的）。单击微软电子表格中的数据表，选择屏幕中右手边上方的求解器。当求解器窗口打开时，单击"求解"。

a）最优价格为多少？

b）在最优价格下实现的利润为多少？

c）评价管理者要求提高新产品售价的建议是否明智。

第 14 章

资本预算决策

🌀 **商业聚焦**

商业运输"舰队"采用了电动卡车

史泰博公司（Staples）、菲多利公司（Frito-Lay）和美国电话电报公司（AT&T）已经开始购买电动卡车，尽管这些卡车比柴油卡车的成本高出 30 000 美元。史泰博愿意支付更多的前期投资，因为它期望每一辆电动卡车可以带来更低的营运成本。例如，据估计电动卡车每年会节省 2 450 美元的维护成本以及 6 500 美元的汽油成本。史泰博预期使用电动卡车每 4～5 年更换一次刹车，而使用柴油卡车每 1～2 年就需要更换一次刹车。总体上，史泰博预期每一辆电动卡车在其 10 年寿命期中能节省 60 000 美元。

资料来源：Mike Ramsey, "As Electric Vehicles Arrive, Firms See Payback in Trucks," *The Wall Street Journal*, December8,2010,pp.B1-B2.

🌀 **学习目标**

1. 确定一项投资的回收期。
2. 运用净现值法评价投资项目的可行性。
3. 运用内含报酬率的方法评价投资项目的可行性。
4. 评价拥有不确定现金流的投资项目。
5. 按照优先顺序排列投资项目。
6. 计算简单的投资报酬率。
7.（附录 14A）理解现值的概念以及现值系数表的运用。
8.（附录 14C）包括所得税的净现值分析。

管理者通常考虑那些在当前进行投资的决策，希望未来能实现利润。例如，当百胜餐饮集团（Yum！ Brands，Inc）要开设一家新的必胜客餐厅时，就要进行投资；当 L.L. 比恩公司（L.L.Bean）安装一台新电脑来处理客户订单时，就要进行投资；当福特（Ford）重新设计一款车型（如 F-150 皮卡）时，就要进行投资；默克公司（Merck & Co.）需要投资于医药研究；亚马逊（Amazon.com）需要投资于重新设计网站。所有的这些投资都需要现在投入资金，以实现未来的净现金流入。

　　资本预算（capital budgeting）是描述管理者如何对公司具有长远意义的重大投资项目进行的规划，如新设备的采购、新产品的引入等。许多公司面临的潜在投资项目远远多于其实际可以筹集资金投资的项目。因此，管理者必须仔细选择那些承诺带来最高投资报酬的项目。管理者如何做出这些资本预算决策是影响一个组织长期财务状况的重要因素。本章将要讨论做出资本预算决策的4种方法——回收期法、净现值法、内含报酬率法和简单报酬率法。

14.1　资本预算概述

14.1.1　典型的资本预算决策

　　任何涉及当前现金支出以获取未来报酬的决策都是一项资本预算决策。典型的资本预算决策包括：

　　（1）降低成本决策。应当购买新设备以降低成本吗？

　　（2）生产扩张决策。应当获取新的厂房、仓库或其他设备以增加生产能力和销售吗？

　　（3）设备选择决策。在可获得的几种机器中应当购买哪个呢？

　　（4）租赁或购买决策。新设备应当租赁还是购买？

　　（5）设备重置决策。旧设备应当现在重置还是以后重置？

　　资本预算决策可以分为两大类：筛选决策和优先决策。**筛选决策**（screening decisions）是指一项提议的项目是否达到预设的标准，从而决定是否可以接受的决策。例如，一家公司可能会有的一个政策是只有项目的投资报酬率在20%以上时才会接受。必要报酬率是当一个项目可接受时其应当产生的最低报酬率。**优先决策**（preference decisions）是指在几个可接受的备选方案中做出选择的决策。例如，一家公司可能会考虑在多种机器中做出选择，以重置装配线上的现有机器，那么，采购哪种机器的选择就是一项优先决策。

14.1.2　现金流量与经营净利润

　　本章首先讨论资本预算的3种方法：回收期法、净现值法、内含报酬率法。这3种都关注于与资本投资项目相关的现金流量，而简单报酬率法关注于经营净利润的增量。为了更好地运用回收期法、净现值法、内含报酬率法，我们定义了在资本投资项目中最常见的现金流出和现金流入的种类。

1. 典型的现金流出

　　大多数项目都有至少3种现金流出。

　　首先，这些项目通常需要一笔以初始投资形式存在的直接现金流出，该初始投资于设备、其他资产和安装成本。从销售旧设备中实现的残值可以视为初始投资的一项抵减或者一种现金流入。

　　其次，一些项目需要公司扩大营运资本。**营运资本**（working capital）是流动资产（如现金、应收账款和存货）减流动负债。当一家公司投资了一个新的项目，流动资产账户的余额通常会增加。例如，诺德斯特龙百货公司（Nordstrom）的百货商店需要在销售账户上登记额外的现金和更多的存货。通常，将这些额外的营运资本需求看作是项目初始投资的一部分。

　　最后，许多项目需要定期的修理和维护支出以及额外的经营成本。

2. 典型的现金流入

大多数项目也至少有 3 种类型的现金流入。

首先，一个项目通常都会增加收入或减少成本。不论哪一种方式，相关金额都应当被认为是资本预算科目下的一项现金流入。请注意，从现金流的角度来看，成本的减少等于收入的增加。

其次，当一个项目结束时，常常通过销售设备残值实现现金流入，尽管公司事实上可能会为处置一些低价值的或危险的物品支付成本。

最后，任何投入项目中的营运资本可以在项目结束时释放出来，此时另作他用营运资本应当看作是一项现金流入。例如，当公司销售其存货或收回了应收账款时，营运资本就得到了释放。

14.1.3　货币的时间价值

除了定义一个资本项目的现金流出和现金流入之外，思考这些现金流什么时候发生也同样是非常重要的。例如，如果有人今天给了你 1 000 美元，你可以将这笔钱存起来直到最终退休，或者一年后给你 1 000 美元，你可以将这笔钱存起来直到最终退休。你会选择哪一种方案？你很可能会选择在今天收到 1 000 美元并把钱用于投资，一年后这笔钱就会超过 1 000 美元。这个简单的例子说明了一个重要的资本预算概念——货币的时间价值。**货币的时间价值**（the time value of money）认为今天的 1 美元在一年后的价值超过 1 美元，如果没有其他原因，在今天将 1 美元存入银行，在一年后你将有超过 1 美元的收获。由于货币的时间价值，那些能够较早产生现金流的项目要优于那些较晚产生现金流的项目。

尽管回收期法关注现金流，但它并不承认货币的时间价值。换句话说，它认为在今天收到的 1 美元的价值等于在未来任何时点收到的 1 美元的价值。而净现值法和内含报酬率法不仅关注现金流，也确认现金流的货币的时间价值。这两种方法运用了一种技术称为贴现现金流，以将未来的现金流量折算为它们当前的价值。如果你不熟悉贴现现金流的概念以及现值系数表的运用，在净现值和内含报酬率法之前，你应当阅读附录 14A：现值的概念。

商业实战 14-1　｜　投资于一座葡萄园：从现金流的角度来看

迈克·埃文斯正考虑在阿根廷的布宜诺斯艾利斯成立一家叫作门多萨（Vines of Mendoza）的葡萄酒公司，他需要估计项目的初始现金支出，并把它们和未来的现金净流入相比较。初始投资支出包括：用于购入 1 046 英亩的土地以及建造一间试酒间的 290 万美元；打一口井以及修建灌溉系统的 300 000 美元；铺设地下电缆的 30 000 美元；建造 250 000 个葡萄加工厂的 285 000 美元。每年的经营成本包括每英亩 1 500 美元用于修剪、除草、灌溉，以及每英亩 114 美元用于收获。

从未来现金流入来看，埃文斯希望将土地转让给那些想自产葡萄、自酿葡萄酒，但不想从事相关劳作的买主。他希望一次性收取每种植英亩 55 000 美元的费用，买主同样需要补偿埃文斯每年每英亩的经营成本外加 25% 的加成。在丰收的年份，买主可以从其葡萄园中酿造 250 箱葡萄酒。

资料来源：Helen Coster, "Planting Roots," *Forbes*, March1, 2010, pp. 42-44.

14.2 回收期法

评价资本预算项目的回收期法关注于投资的回收期。**回收期**（payback period）是指一个项目产生的现金净流入弥补其初始成本所需要的时间长度。这段时间有时也被认为是"一个项目为自身买单所需要的时间"。回收期法最主要的前提是一项投资的成本回收得越快，这项投资越值得去做。

回收期用年来表示。当每年的现金净流入相等时，可以用如下公式计算回收期：

$$回收期 = \frac{需要的投资额}{年现金净流入量} \tag{14-1}$$

为了说明回收期，考虑如下数据：

［例 14-1］ 约克公司需要一台新的研磨机。公司正在考虑两种机器：机器 A 和机器 B。机器 A 成本为 15 000 美元，使用期为 10 年，每年可以减少经营成本 5 000 美元。机器 B 成本仅为 12 000 美元，每年同样可以减少经营成本 5 000 美元，但是其使用期仅为 5 年。

要求：

根据回收期，应当购买哪种机器？

$$机器 A 的回收期 = \frac{15\,000\,美元}{5\,000\,美元／年} = 3\,年$$

$$机器 B 的回收期 = \frac{12\,000\,美元}{5\,000\,美元／年} = 2.4\,年$$

根据回收期的计算，约克公司应当购买机器 B，因为相比于机器 A 它具有更短的回收期。

14.2.1 回收期法的评价

回收期法并不是一种能够真正衡量一个项目获利能力的方法。它仅仅告诉了管理者需要多少年可以收回初始投资。不幸的是，一个更短的回收期并不总是意味着一项投资比另一项更值得投资。

为了便于说明，我们回到［例 14-1］。虽然机器 B 比机器·A 拥有更短的回收期，但是它的使用期只有 5 年，而不是像机器 A 那样可用 10 年。机器 B 需要购买两次，购买一次之后，很快 5 年后还要再购买一次（假定为了与机器 A 提供相同的服务）。在这样的情形下，即便机器 B 拥有更短的回收期，机器 A 相比于机器 B 可能是一项更好的投资。回收期法的主要缺点是忽视了所有在回收期后发生的现金流。

对回收期法更进一步的批评是它并没有考虑货币的时间价值。在未来几年收到的现金流入等价于在现在收到的现金流入。为了说明，我们假定一个 8 000 美元的投资项目，你可以得到以下两种中的任意一种现金流入：

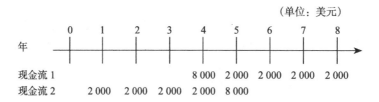

为了收回 8 000 美元的投资，你更喜欢收到哪种现金流入？每一种现金流的回收期都是 4 年。因此，如果仅仅依靠回收期而做出决策，两种现金流同样令人满意。如果从货币的时间价值的角度来看，现金流 2 比现金流 1 更令人满意。

但是，在确定环境下回收期法非常有用。一方面，它可以确定哪一种投资建议处在"活动领域"内，它可以回答"我是否应该更进一步考虑这个建议？"这一问题的筛选工具。如果一个投资方案的回收期不在特定期间内，就无须进一步考虑它。另外，回收期通常对于"现金流短缺"的新设公司非常重要，当一家公司现金流短缺时，一个回收期短但是报酬率低的项目可能优于一个报酬率高但回收期长的项目，其原因就是公司可能仅仅需要现金投资的快速报酬。最后，回收期法有时用于产品淘汰迅速的行业，如消费性电子产品行业。由于产品可能仅持续上市一年或两年，所以回收期必须非常短。

14.2.2 回收期法的一个拓展性例子

如式（14-1）所示，回收期是由项目的投资额除以项目的年现金净流入计算得到的。如果新设备替换旧设备，那么处置旧设备收到的残值应当从新设备的成本中扣减，并且只有增加的投资才应当用于计算回收期。另外，任何在计算项目的经营净利润中扣减的折旧应当在计算项目的期望年现金净流入时加回。为了说明，考虑如下数据：

[**例 14-2**] 美好时光娱乐中心公司经营几家游乐园，其中一所游乐园中的几个自动贩卖机的收入非常少，公司正在考虑移除这几个自动贩卖机，同时安装冰淇淋售卖机。冰淇淋售卖机的成本为 80 000 美元，有 8 年的使用期，期满无残值。与销售冰淇淋相关的年收入增量与年成本增量如下：

（单位：美元）

销售收入	150 000
变动成本	90 000
边际贡献	60 000
固定费用：	
工资	27 000
维护费	3 000
折旧	10 000
固定费用总额	40 000
经营净利润	20 000

自动贩卖机可以以 5 000 美元的残值出售。只有当冰淇淋售卖的回收期小于等于 3 年时，公司才会购买。公司是否会购买冰淇淋售卖机？

表 14-1 计算了冰淇淋售卖机的回收期。有几点应当说明。首先，折旧需要加回到经营净利润中以得到新设备的年现金净流入。折旧并不是一项现金支出，因此，它必须加回到经营净利润中以将其调整为现金基础。其次，在回收期的计算中，由于把旧设备的残值从新设备的成本中扣减，所以，只有投资额的增量被用于计算回收期。

由于拟投资设备的回收期少于 3 年，满足了公司对回收期的要求。

表 14-1　计算回收期

步骤 1：计算年现金净流入	
由于年现金净流入没有给定，所以，在确定回收期之前必须计算年现金净流入：	
经营净利润	20 000 美元
加：非现金扣减——折旧	10 000 美元
年现金净流入	30 000 美元
步骤 2：计算回收期	
运用上面的年现金净流入，回收期可以确定如下：	
新设备成本	80 000 美元
减：旧设备的残值	5 000 美元
需要的投资额	75 000 美元

$$回收期 = \frac{需要的投资额}{年现金净流入量}$$

$$= \frac{75\ 000\ 美元}{30\ 000\ 美元/年} = 2.5\ 年$$

14.2.3　回收期和不平衡的现金流量

当一项投资项目的现金流每年都在变化时，我们之前提到的简单的回收期公式就不适用了。这时回收期可以通过如下的方式计算（假定现金流入在一年中均衡地发生）：回收期 = 直到投资收回时已经过的年数 + （在投资收回当年年初未收回的投资 ÷ 在投资收回当年发生的现金流入）。为了说明如何运用这个公式，考虑如下的数据：

（金额单位：美元）

年份	投资额	现金流入	年份	投资额	现金流入
1	4 000	1 000	5		500
2		0	6		3 000
3		2 000	7		2 000
4	2 000	1 000			

该项投资的回收期是多少？答案是 5.5 年，计算如下：5 年 + （1 500 美元 ÷ 3 000 美元/年）= 5.5 年。事实上，我们是逐年在追踪未收回的投资额，如表 14-2 所示。在第 6 年将会有充足的现金流入以弥补全部的投资 6 000 美元（4 000 美元 + 2 000 美元）。

表 14-2　回收期和不平衡的现金流量　　　　（金额单位：美元）

年份	投资额	现金流入	未收回的投资[①]	年份	投资额	现金流入	未收回的投资[①]
1	4 000	1 000	3 000	5		500	1 500
2		0	3 000	6		3 000	0
3		2 000	1 000	7		2 000	0
4	2 000	1 000	2 000				

①x 年未收回投资 = $(x-1)$ 年未收回投资 + x 年投资 − x 年现金流入。

14.3　净现值法

如前所述，净现值法和内含报酬率法运用折现的现金流量来分析资本预算决策。这一节先介绍净现值法，之后再介绍内含报酬率法。

14.3.1 净现值法阐述

净现值法比较了一个项目现金流入的现值和现金流出的现值。这些现金流现值的差额，称为**净现值**（net present value），是用于决定一个投资项目是可接受或拒绝的指标。

当运用净现值法分析时，管理者通常会做出两个重要假设。第一，假设除了初始投资以外，所有的现金流都发生在期末。这个假定有点不现实，因为现金流通常都是遍及一个期间的，而不是仅仅发生在期末，但是，这个假定却能够大大地简化计算。第二，假定一个投资项目产生的现金流会立刻进行再投资，其报酬率等于未来现金流量的折现率相同的报酬率。这个折现率也称为贴现率。如果这个条件不满足，那么净现值的计算将会是不准确的。

为了阐述净现值分析，考虑如下数据。

[**例 14-3**] 哈珀公司正在考虑购入一台新机器，成本为 50 000 美元，可以使用 5 年。这台新机器可以使公司每年减少人工成本 18 000 美元。在第 5 年年末，公司会以残值 5 000 美元出售这台机器。哈珀公司对所有投资项目要求的最低税前投资报酬率为 18%。⊖

应当购入这台机器吗？哈珀公司需要确定现在一项 50 000 美元的现金投资，如果在未来 5 年中每年会使得成本减少 18 000 美元，那么这项投资是否合理。答案似乎是很明显，考虑到总成本节约了 90 000 美元（18 000 美元/年 ×5 年）。但是，如果公司将资金投资到其他方面能够获得 18% 的投资报酬率。年成本的减少额仅弥补了机器的原值是不够的，它们必须还能产生至少 18% 的投资报酬率，否则公司最好将资金投资在其他方面。

为了确定投资是否是值得，年成本节约额 18 000 美元的现金流以及机器的残值 5 000 美元应当折算成现值，并与新机器的成本相比较。图 14-1、图 14-2 和图 14-3 展示了 3 种独具特色但等价的方式来展示这些计算。图 14-1 和图 14-2 依靠附录 14B 中结果保留 3 位小数的折现系数，图 14-3 运用非四舍五入的折现系数得出其答案。

（单位：美元）

	A	B	C	D
			年	
1				
2		现在	1-5	5
3	初始投资	-50000		
4	年成本节约额		18000	
5	新机器的残值			5000
6	总现金流量（a）	-50000	18000	5000
7	折现系数（18%）（b）	1.000	3.127	0.437
8	现金流的现值（a）×（b）	-50000	56286	2185
9	净现值（SUM B8：D8）	8471		
10				

图 14-1 净现值分析：运用附录 14B 中的表 14B-1 和表 14B-2 中的现值系数

注：折现系数来自附录 14B 中的表 14B-1 和表 14B-2。

图 14-1 中单元格 B8 通过用 50 000 美元乘以 1.000 得出哈珀公司的初始现金支出 50 000 美元，1.000 为任何当前发生的现金流量的折现系数。单元格 C8 通过用 18 000 美元乘以 3.127 计算出了年成本节约额的现值 56 286 美元，3.127 为 5 年期，折现率为 18% 的年金现值系数（见表 14B-2）。单元格 D8 通过用 5 000 美元乘以 0.437 计算机器残值的现值 2 185 美元，0.437 为在 18% 的折现率下在 5 年内收到的单笔金额的现值系数（见表 14B-1）。

⊖ 为简单起见，我们忽略通胀和税收的因素。所得税对资本预算决策的影响在附录 14C 中讨论。

最后，单元格 B8 直到单元格 D8 加总得到单元格 B9 中的净现值 8 471 美元。

（单位：美元）

	A	B	C	D	E	F	G
1					年		
2		现在	1	2	3	4	5
3	初始投资	-50 000			12		
4	年人工成本节约额		18 000	18 000	18 000	18 000	18 000
5	新机器的残值						5 000
6	总现金流量（a）	-50 000	18 000	18 000	18 000	18 000	23 000
7	折现系数（18%）（b）	1.000	0.847	0.718	0.609	0.516	0.437
8	现金流的现值（a）×（b）	-50 000	15 246	12 924	10 962	9 288	10 051
9	净现值（SUM B8：G8）	8 471					
10							

图 14-2　净现值分析：运用附录 14B 中的表 14B-1 中的现值系数

注：折现系数来自附录 14B 中的表 14B-1

（单位：美元）

	A	B	C	D	E	F	G
1					年		
2		现在	1	2	3	4	5
3	初始投资	-50 000					
4	年人工成本节约额		18 000	18 000	18 000	18 000	18 000
5	新机器的残值						5 000
6	总现金流量（a）	-50 000	18 000	18 000	18 000	18 000	23 000
7	净现值（SUM B8：G8）	8 475					
8							

图 14-3　净现值分析：运用电子表格中的净现值函数

注：净现值的计算运用了如下的公式：= NPV（0.18，C6：G6）+ B6。

图 14-2 展示了另一种方法计算净现值 8 471 美元。在这种方法下，单元格 B8 通过用 50 000 美元乘以 1.000 得出初始现金支出 50 000 美元，正如图 14-1 所做的那样。但是，在计算年节约额的现值时，没有运用表 14B-2 中的折现系数 3.127，在图 14-2 中而是采用了表 14B-1 中的折现系数，将 1 ～ 5 年的年成本节约额和机器在第 5 年的残值折算为现值。例如，第 3 年的成本节约额（单元格 E6）乘以折现系数 0.609（单元格 E7）得到未来现金流量的现值 10 962 美元（单元格 E8）。再如，第 5 年的现金流量总额 23 000 美元（单元格 G6）乘以折现系数 0.437（单元格 G7）以确定这些未来现金流量的现值 10 051 美元（单元格 G8）。然后将单元格 B8 至 G8 的现值加总计算项目的净现值 8 471 美元（单元格 B9）。

图 14-1 和图 14-2 中描述的方法在数学上是等价的，它们都得出了 8 471 美元的净现值。这两张表中唯一的区别就是与年人工成本节约额相关的折现方法。在图 14-1 中，年人工成本节约额的折现，采用的是年金现值系数 3.127，而在图 14-2 中，这些成本节约额是通过 5 个加总为 3.127（0.847+0.718+0.609+0.516+0.437=3.127）的折现系数来分别折现的。需要重申的是，图 14-1 和图 14-2 中的净现值是运用附录 14B 中四舍五入后的折现系数计算得到的。但是，净现值的计算同样可以通过非四舍五入的折现系数进行。一种方法是运用非四舍五入的折现系数，替换图 14-1 和图 14-2 中第 7 行公式中的四舍五入折现系数重新计算。另一种方法如图 14-3 所示，运用电子表格中的 NPV 函数进行计算。在指定 3 个参数——折现率（0.18）、年现金流量（C6：G6）以及初始现金支出（+B6）之后，净现值函数能够自动地计算净现值。请注意，图 14-3 中的净现值 8 475 美元比图 14-1 和图 14-2 中列示的净现值高出 4 美元，这一微小的 4 美元差异产生于电子表格的净现值函数运用了非四舍五入的折现系数。

在你的职业生涯中，你可能能够自如地运用上面讨论过的任何方法计算净现值。但是，本章通篇以及后面的习题中我们会运用图 14-1 和图 14-2 中阐述的方法，以及附录 14B 中四舍五入的折现系数来计算净现值。

在计算了项目的净现值之后，你就需要解释你的计算结果。例如，由于哈珀公司的提议项目有正的净现值 8 471 美元，表明了公司应当购入这台新机器。一个正的净现值表明项目的报酬率超过了折现率。一个负的净现值表明项目的报酬率小于折现率。因此，如果一家公司将最低必要报酬率作为折现率，一个项目的净现值为正，表明其报酬率超过了其最低的必要报酬率，该项目是可接受的。相反，一个项目的净现值为负，表明其报酬率小于最低的必要报酬率，该项目是不可接受的。下面是使用净现值决策的标准：

如果净现值是	那么项目是
正的	可接受的，因为其报酬率超过必要报酬率
零	可接受的，因为其报酬率等于必要报酬率
负的	不可接受的，因为其报酬率低于必要报酬率

一家公司的资本成本通常被认为是其最低必要报酬率。**资本成本**（cost of capital）是公司由于使用了长期债权人和股东的资金而必须支付给他们的平均报酬率。如果一个项目的报酬率低于资本成本，那么该公司就不会获取足够的投资收益来补偿其债权人和股东。因此，任何报酬率低于资本成本的项目都应当被拒绝。

资本成本可以作为一种筛选工具。当资本成本作为折现率用于净现值分析中时，净现值为负值的任何项目都无法弥补公司的资本成本，均应当作为不可接受的项目而放弃。

14.3.2　原始投资的收回

净现值法本身就可以提供原始投资的报酬率。无论何时，如果一个项目的净现值为正，那么该项目不仅能收回原始投资的成本，还有充足的额外现金流入弥补一个组织投入项目中的现金。为了说明这一点，考虑如下情形：

[**例 14-4**] 卡弗医院正在考虑购入 X 光机的一个附件，该零件的成本为 3 170 美元。该零件可以使用 4 年，使用期满后无残值。该附件会使 X 光部门每年的现金流入增加 1 000 美元。医院的董事会在这项投资中要求的报酬率至少为 10%。

有关购买 X 光机附件意愿的净现值分析（用表 14B-2 中的现值系数 3.170）如图 14-4 所示。请注意，该附件的原始投资报酬率刚好为 10%，因为在 10% 的折现率下净现值刚好为零。

（单位：美元）

	A	B	C
1			年
2		现在	1~4
3	初始投资	-3170	
4	年成本节约额		1000
5	总现金流量（a）	-3170	1000
6	折现系数（10%）（b）	1.000	3.170
7	现金流量现值（a）×（b）	-3170	3170
8	净现值（SUM B7：C7）	0	
9			

图 14-4　卡弗医院 X 光机附件的净现值分析

注：折现系数来自附录 14B 中的表 14B-2。

使用附件而产生每年 1 000 美元的现金流入由两部分组成：一部分代表了对附件原始投资 3 170 美元的部分收回；另一部分代表了这项投资的报酬。对每年 1 000 美元的现金流入在投资回收和投资报酬之间的拆分列示在图 14-5 中。

第 1 年中 1 000 美元的现金流入由投资报酬 317 美元（在 3 170 美元的原始投资基础上 10% 的报酬率）加上 683 美元的投资收回。由于未收回投资的金额每年都在减少，每年的投资报酬也在减少。在第 4 年年末，3 170 美元的原始投资已经全部收回。

（单位：美元）

▲	A	B (1)	C (2)	D (3)	E (4)	F (5)
1		(1)	(2)	(3)	(4)	(5)
2	年	年初未收回投资余额	现金流入	投资回报 (1)×10%	本年收回的投资 (2)-(3)	年末未收回的投资 (1)-(4)
3	1	3170	1000	317	683	2487
4	2	2487	1000	249	751	1736
5	3	1736	1000	174	826	910
6	4	909	1000	91	909	0
7	收回的投资总额				3170	

图 14-5 卡弗医院年现金流入的分析

商业实战 14-2 | 自然冷却服务器

谷歌（Google）每年消耗超过 2 兆瓦的电力，比 200 000 个美国家庭的年耗电量还要高。谷歌消耗的大部分电力与其大量服务器的运行和冷却相关。为了努力降低其电费，谷歌斥资 2 亿美元在芬兰波罗的海沿岸的哈米纳小镇建造了一座服务器存储设备。哈米纳小镇的低电价以及持续的低温环境会大大降低谷歌的年电费支出。在谷歌的服务器存储设备在哈米纳启用后不久，Facebook 在瑞典的吕勒奥启用了一个 5 英亩的数据中心，当地的气温为平均 35 华氏度。

资料来源：Sven Grunberg and Niclas Rolander, "For Data Center, Google Goes for the Cold," *The Wall Street Journal*, September12, 2011, p, B10. ⊖

14.3.3 净现值法的一个拓展性例子

［例 14-5］提供了如何运用净现值法分析一个项目的拓展性例子。这个例子将目前所讨论的方法联系在了一起并予以强化。

［**例 14-5**］在一项特殊的许可协议下，斯温亚德（Seinyard）公司得到了一个为期 5 年的营销一款新产品的机会。产品从制造商处购买，斯温亚德负责推广和分销成本。许可协议在第 5 年年末续签。仔细地研究之后，斯温亚德估计了新产品成本和收入数据如下：

（单位：美元）

所需设备的成本	60 000
所需的营运资本	100 000
4 年内设备的大修理费	5 000
5 年后设备的残值	10 000

⊖ 1 华氏度 =-17.22℃。

（续）

年收入和成本：	
销售收入	200 000
销货成本	125 000
付现经营成本（工资、广告费和其他直接支出）	35 000

在 5 年期的期末，如果斯温亚德不再续签许可协议，营运资金将会用于投资到其他方面。斯温亚德选用的折现率为 14%。你会建议引入新产品吗？

这个例子包含了大量的现金流入和现金流出。解决方案如图 14-6 所示。

（单位：美元）

图 14-6　净现值法：一个拓展性的例子

注：折现系数来自附录 14B 中的表 14B-1。

请注意，营运资本在表中的处理方式。营运资本在项目的开始被看作是现金流出（单元格 B4）且在项目终止得以释放时被看作是现金流入（单元格 G10）。同样要注意，销售收入、销货成本和付现成本的处理方式。**付现成本**（out-of-pocket costs）是对于工资、广告费以及其他经营性费用的实际现金支出。

由于该项目的净现值为正，引入新产品是可以接受的。

商业实战 14-3　｜　蛋农应当投资散养设施还是更大的笼子

蛋农们正面临着一个有趣的资本预算问题：他们应当为母鸡投资建造散养设施还是购买更大的笼子？投资于更大笼子的成本低于建造散养设施，并且遵循了新动物福利法。但是，这样做并没有满足许多顾客和动物权益倡导者的需求。例如，雀巢（Nestle）、星巴克（Starbucks）、汉堡王（Burger King）以及爱玛客（Aramark）已经承诺禁止使用圈养鸡蛋。

玫瑰亩农场公司（Rose Acre Farms）已经承诺在散养设施中养殖其所有的母鸡。农民估计建造一个散养农场，可养殖 100 000 只鸡，但是，要比建造可养殖相同数量禽类的散养设施多花费 1 000 000 美元。因为在美国只有 6% 的农场实行散养，蛋农可以对散养农场生产的鸡蛋要求溢价出售。

资料来源：David Kesmodel, "Flap Over Eggs: Whether to Go Cage-Free," *The Wall Street Journal*, March16, 2015, pp. B1-B2.

14.4　内含报酬率法

内含报酬率（internal rate of return）是一个投资项目在其使用期内的报酬率。内含报酬率是找到一个折现率使得项目的现金流出的现值等于其现金流入的现值。换句话说，内含报酬率是能够使净现值为零的折现率。

14.4.1 内含报酬率法概述

为了说明内含报酬率法，考虑如下数据：

[**例 14-6**] 格莱德校区正在考虑购入大型拖拉机式割草机。目前，该校区正在使用小型手推汽油割草机。大型拖拉机式割草机的成本为 16 950 美元，预计使用寿命为 10 年，其残值很小，可以忽略不计。大型拖拉机式割草机比旧的割草机工作效率更高，每年节省人工成本 3 000 美元。

为了计算新割草机的内含报酬率，我们必须找到使净现值为零的折现率。我们该如何做呢？当每年的净现金流入相同时，最简单、最直接的方法是用项目的投资额除以年预期现金净流入。这种计算方法得出了可以确定内含报酬率的一个系数。公式如下：

$$内含报酬率系数 = \frac{需要的投资额}{年现金净流入} \tag{14-2}$$

由式（14-2）得出的系数之后，可以在附录 14B 中的表 14B-2 中找到其代表的内含报酬率。运用式（14-2）以及格莱德校区预期项目的数据，我们可以得到：

$$\frac{需要的投资额}{年现金净流入} = \frac{16\ 950\ 美元}{3\ 000\ 美元} = 5.650$$

因此，使一系列 3 000 美元的现金流入现值等于投资 16 950 美元的折现系数为 5.650。现在我们需要在附录 14B 中的表 14B-2 中找出其代表的报酬率。我们应当用表 14B-2 中 10 期的那一栏，因为该项目的现金流量会持续 10 年。如果我们沿着 10 期那一栏找下去，我们会发现 5.650 的系数代表了 12% 的报酬率。因此，割草机项目的内含报酬率为 12%。我们可以通过用 12% 的折现率计算项目的净现值来验证这一点，如图 14-7 所示。

（单位：美元）

	A	B	C
1			年
2		现在	1-10
3	初始投资	-16 950	
4	年成本节约额		30 00
5	总现金流量 (a)	-16 950	30 00
6	折现系数 (12%) (b)	1.000	5.650
7	现金流量现值 (a) × (b)	-16 950	169 50
8	净现值 (SUM B7: C7)	0	

图 14-7　用 12% 的折现率对割草机项目进行评价

注：折现系数来自附录 14B 中的表 14B-2。

请注意，用 12% 的折现率使得年成本节约额的现值等于项目初始投资所需资金的现值，最终的净现值为零。12% 的折现率因而代表了项目的内含报酬率。

一旦格莱德校区计算了项目的内含报酬率为 12%，就可以通过将其与校区的最低必要报酬率相比来决定是否接受该项目。如果内含报酬率等于或大于必要报酬率，那么就可接受该项目。如果内含报酬率小于必要报酬率，则应当拒绝该项目。例如，如果我们假定格莱德的最低必要报酬率为 15%，那么校区就会拒绝该项目，因为 12% 的内含报酬率没有达到门槛比率。

14.4.2 净现值法与内含报酬率法的比较

这一部分从 3 个方面对净现值法与内含报酬率法进行比较。

第一，两种方法都运用资本成本筛选出不可行的投资项目。当运用内含报酬率法时，资本成本就是成为一个项目得以接受的门槛利率。如果一个项目的内含报酬率低于资本成本的门槛，通常会拒绝该项目。当运用净现值法时，资本成本被用作折现率从而计算预期项目的净现值。任何净现值为负的项目都应当被拒绝，除非其他因素足以重要到要求接受该项目。

第二，净现值法通常比内含报酬率法更易于使用，特别是当一个项目每年的现金流不同时。例如，一个项目除了每年的现金流入之外，在年末还有残值，内含报酬率法需要一个试错的过程，以找出使净现值为零的报酬率。尽管计算机软件可以在几秒内运行这种试错过程，运用电子数据表找到净现值为零的过程仍然稍显繁杂。

第三，内含报酬率法建立在一个令人质疑的假定之上。两种方法都假定投资项目在其寿命期内产生的现金流都立即用于其他再投资。但是，两种方法对于现金流量产生的报酬率却持有不同的假设。净现值法假设报酬率就是折现率，而内含报酬率法假设现金流的报酬率是项目的内含报酬率。具体来讲，如果项目的内含报酬率很高，这个假定可能就是不现实的。通常更现实的假定是现金流入可以以与折现率相等的报酬率再投资，特别是当折现率就是公司的资本成本或机会报酬率时。例如，如果报酬率是公司的资本成本，公司运用该项目产生的现金流量支付债权人的本金和利息并回购公司的股票，那么这一投资报酬率就能实现。简言之，当净现值法和内含报酬率法对于一个项目的可行性存在分歧时，最好是采用净现值法。在这两种方法中，净现值法对投资项目的现金流量所产生的报酬率的假定更现实。

14.5 净现值法的拓展

目前为止，我们所有的例子都是关于单一投资项目的评价。在接下来这一节我们运用总成本法来分析净现值法如何用于评价两种备选方案。总成本法是用于比较互斥性投资方案的方法中最具灵活性的方法。为了阐述该方法的机理，考虑如下数据。

[**例 14-7**] 哈珀渡轮公司提供横跨密西西比河的高速客运服务。其中一条渡船运营条件不佳，但花费 200 000 美元的成本就可以立即更新，3 年后进一步的修理成本和发动机的大修费为 80 000 美元。如果保证维修，该渡船可使用 5 年。第 5 年年末，渡船必须报废，预计残值为 60 000 美元。目前渡船的残值为 70 000 美元。每年渡船的经营成本为 300 000 美元，年收入总额为 400 000 美元。

另一种方案是，哈珀渡轮公司以 360 000 美元的成本购入一艘新渡船，新渡船的预计使用寿命为 5 年，但在 3 年后需要一笔 30 000 美元的修理成本。在第 5 年年末，渡船的残值为 60 000 美元。每年渡船的经营成本为 210 000 美元，年收入总额为 400 000 美元。

哈珀渡轮公司在所有投资项目上要求的报酬率最低为 14%。

公司应当购入新的渡船还是更新旧有的渡船？图 14-8 运用总成本法和表 14B-1 中的折现系数给出了解决方案。

（单位：美元）

	A	B	C	D	E	F	G
1	保留旧渡船：				年		
2		现在	1	2	3	4	5
3	更新成本	-200 000					
4	年收入		400 000	400 000	400 000	400 000	400 000
5	年经营付现成本		-300 000	-300 000	-300 000	-300 000	-300 000
6	3年中的修理费				-80 000		
7	旧渡船的残值						60 000
8	总现金流量（a）	-200 000	100 000	100 000	20 000	100 000	160 000
9	折现系数（14%）（b）	1.000	0.877	0.769	0.675	0.592	0.519
10	现金流量现值（a）×（b）	-200 000	87 700	76 900	13 500	59 200	83 040
11	净现值（SUM B10：G10）	120 340					
12							
13	购入新渡船：				年		
14		现在	1	2	3	4	5
15	初始投资	-360 000					
16	旧渡船的残值	70 000					
17	年收入		400 000	400 000	400 000	400 000	400 000
18	年经营付现成本		-210 000	-210 000	-210 000	-210 000	-210 000
19	3年中的修理费				-30 000		
20	新渡船的残值						60 000
21	总现金流量（a）	-290 000	190 000	190 000	160 000	190 000	250 000
22	折现系数（14%）（b）	1.000	0.877	0.769	0.675	0.592	0.519
23	现金流量现值（a）×（b）	-290 000	166 630	146 110	108 000	112 480	129 750
24	净现值（SUM B23：G23）	372 970					
25							
26	购买新渡船的净现值差额（B24-B11）	252 630					

图 14-8　总量法下的项目选择

注：折现系数来自附录 14B 中的表 14B-1。

表中有两点需要明确：

第一，每一种方案的解答下都包括了所有的现金流入和所有的现金流出。没有花费精力区分与决策相关的现金流和与决策无关的现金流。与每一种备选方案有关的所有现金流量都包括其中，总成本法也由此得名。

第二，请注意每种方案中都用到了净现值法。这是总成本法的优势，它能对无限多的方案进行逐一比较并确定最优选择。例如，哈珀渡轮公司的另一个选择可能是完全退出渡轮业务。如果管理层需要，可以计算这项方案的净现值，以便同图 14-8 中列示的方案进行比较。同样公司可能还会有其他的备选方案。本例假设只有两种备选方案，数据表明购买新渡船的净现值差额为 252 630 美元。[⊖]

最低成本决策

有些决策不涉及任何收入。例如，一家公司正在考虑是购买还是租赁管理人员用车。选择依据是外购或租赁基于哪种备选方案的花费更少。在这样的决策中不涉及收入，最理想的方案应该是从现值的角度选择具有最低总成本的方案。因此，这被称为最低总成本决策。为了说明最低成本决策，考虑如下数据。

[**例 14-8**] 瓦尔泰克公司正在考虑更新一台旧的螺纹机。新的螺纹机能够大大降低年经

⊖ 净现值最高的备选方案并不总是最优选择——尽管在本例中它是最好的选择。进一步的讨论，参见"14.7 优先决策：投资项目的排序"这一节的内容。

营性成本。新、旧螺纹机的相关数据如下。

	旧螺纹机	新螺纹机
购买时成本	200 000 美元	250 000 美元
当前的残值	30 000 美元	—
年付现经营成本	150 000 美元	90 000 美元
立刻需要的大修理费	40 000 美元	—
6 年后的残值	0 美元	50 000 美元
剩余使用年限	6 年	6 年

　　瓦尔泰克采用的折现率为 10%。

　　图 14-9 运用了总成本法以及表 14B-1 和表 14B-2 中的折现系数对备选方案进行了分析。由于这是一项最低成本决策，两个方案下的净现值均为负。但是，购买新螺纹机的方案比其他方案的现值低 109 500 美元。因此，购买新螺纹机是更加节约成本的方案。

（单位：美元）

	A	B	C	D
1	保留旧的螺纹机		年	
2		现在	1~6	6
3	现在所需的大修理费	-40 000		
4	年付现经营成本		-150 000	
5	总现金流量（a）	-40 000	-150 000	
6	折现系数（10%）（b）	1.000	4.355	
7	现金流量现值（a）×（b）	-40 000	-653 250	
8	净现值（SUM B7：C7）	-693 250		
9				
10	外购新的螺纹机		年	
11		现在	1~6	6
12	初始投资	-250 000		
13	旧的螺纹机残值	30 000		
14	年付现经营成本		-90 000	
15	新的螺纹机残值			50 000
16	总现金流量（a）	-220 000	-90 000	50 000
17	折现系数（10%）（b）	1.000	4.355	0.564
18	现金流量现值（a）×（b）	-220 000	-391 950	28 200
19	净现值（SUM B18：D18））	-583 750		
20				
21	外购新的螺纹机净现值差额	109 500		

图 14-9　最低成本决策：净现值分析法

注：折现系数来自附录 14B 中的表 14B-1 和表 14B-2。

商业实战 14-4　｜　联合包裹服务公司专注于 12 月 22 日

　　当联合包裹服务公司（UPS）没有在圣诞节成功地将数百万份的包裹运送出去时，它需要找到一种解决办法以防止在下一年再次发生同样的事情。公司的决策是将 5 亿美元投资于一个叫作"新一代分类通道"的自动化系统。新系统能够快速地识别邮政编码，使得员工可以每天多处理 15% 的包裹，在面临恶劣天气时能够迅速更改运送路线。

　　联合包裹服务公司希望该自动化系统每年能够在员工培训方面节省 5 亿美元。但是，可能更重要的是，公司同样希望新系统能够将 12 月 22 日收到的 3 400 万份包裹在圣诞节前送至焦急的收件人手中。

　　资料来源：Laura Stevens, "One Day, 34 Milllion Packages at UPS," *The Wall Street Journal*, December 22, 2014, pp. B1-B2.

14.6 不确定的现金流量

到目前为止，我们都假定所有的未来现金流量都是已知的、确定的。但是，未来的现金流量通常是不确定的或难以估计的。有很多方法可以用于处理这种复杂性。有一些方法技术性很强，涉及计算机模拟或高等数学技巧，并且超出了本书的范围。但是，我们可以提供一些非常有用的、没有太多技巧性的知识来帮助管理者解决现金流不确定性的问题。

一个例子

在下面是一个在自动化设备投资项目中未来的现金流量难以估计的案例。公司的预付成本及有形收益相对易于估计，如经营性成本和浪费的减少。但是，与无形收益相关的未来现金流量都比较难以量化，如更高的可靠性、更快的速度、更高的质量。这些无形的收益当然会影响未来现金流量，尤其在销量的增加和可能更高的售价方面。在现金流量的影响难以估计时，该怎么办呢？

当无形收益很大时，我们可以遵循一种相当简单的程序。例如，假设一家公司采用的折现率是12%，正在考虑购入一台预计可以使用10年的自动化设备。假定有形成本和有形收益的现金流量折现分析得出的净现值为-226 000美元。很显然，如果无形收益足够大，它可以将负的净现值变为正的净现值。在本案例中，为使项目在财务上可行，每年所需无形收益带来的额外现金流量计算如下

不包括无形收益的净现值（负的）	（226 000）美元
10期，折现率为12%的年金现值系数	
（来自附录14B的表14B-2）	5.650

$$\frac{226\ 000\ 美元待抵消的负的净现值}{5.650\ 的现值系数} = 40\ 000\ 美元$$

因此，如果自动化设备每年给公司带来的无形收益至少为40 000美元，就应当购买该自动化设备；如果管理层判断这些无形收益每年的价值低于40 000美元，就不应当购买。

这种方法也可以用于当未来现金流量难以估计的其他情形。例如，这种方法可以用于当残值难以估计的情形。为了说明，假定一项对巨型油轮投资的所有现金流量，除20年后的残值之外，都已经估计了。管理层运用12%的折现率，确定了所有这些现金流量的净现值是-1 040 000美元。这一负的净现值将会被巨型油轮的残值抵消。为使这项投资可行，残值应当为多大？

$$\frac{1\ 040\ 000\ 美元待抵消的负的净现值}{0.104\ 的现值系数} = 10\ 000\ 000\ 美元$$

因此，如果20年后的残值至少为1 000万美元时，其净现值为正，这项投资是可行的。但是，如果管理层认为残值不太可能超过1 000万美元，就不应该进行该项投资。

14.7 优先决策：投资项目的排序

回想一下，在考虑投资机会时，管理者必须做出两类决策：筛选决策和优先决策。首先

考虑筛选决策，与提议的投资项目是否可接受相关。紧随其后是优选决策，它试图回答如下问题：经过筛选后留下来的、能够提供可接受的报酬率的方案，它们的优先顺序是什么？也就是说，哪一种是公司可以接受的最好方案？

优先决策有时也称为配给决策，或排序决策。有限的投资资金必须配给多个竞争性方案，因此，必须对方案进行排序。内含报酬率法或净现值法都可以用于优先决策。但是，如前所述，如果这两种方法有矛盾，最好选用净现值法，因为它更加可靠。

14.7.1　内含报酬率法

当运用内含报酬率法对竞争性投资项目进行排序时，优先的原则是：内含报酬率越高，项目越可行。一个内含报酬率为 18% 的投资项目通常要优于内含报酬率仅为 15% 的项目。内含报酬率法广泛用于项目的排序。

14.7.2　净现值法

一个项目的净现值无法同另一个项目的净现值直接相比，除非初始投资额相等。例如，假定公司正在考虑两个竞争性方案，如下所示。

（单位：美元）

	投资项目	
	A	B
所需投资额	（10 000）	（5 000）
现金流入的现值	11 000	6 000
净现值	1 000	1 000

尽管每个项目的净现值都为 1 000 美元，但是在投资资金有限的情况下，两种方案并非同等理想。需要 5 000 美元投资额的项目比需要 10 000 美元投资额的项目更值得投资。这一事实可以通过用项目的净现值除以所需的投资额的形式加以突出，这种以等式的形式给出的结果称为**获利指数**（project profitability index）。

$$获利指数 = \frac{项目的净现值}{所需投资额} \tag{14-3}$$

两个项目的获利指数计算如下：

（金额单位：美元）

	投资项目	
	A	B
净现值（a）	（10 000）	（5 000）
所需投资额（b）	11 000	6 000
获利指数（a）÷（b）	0.10	0.20

采用获利指数为竞争性投资项目排序的优先原则是：获利指数越高，项目越可行。⊖将

⊖　由于项目的复杂性，基于获利指数的排序可能不是完美的。尽管如此，这仍然是一个良好的开始。

这一原则用于前述的两种投资中，投资项目 B 因优于投资项目 A 而被选择。

获利指数是对之前章节中提到的利用约束性资源的方法的应用。在本例中，约束性资源就是可用于投资的有限资金，获利指数与单位约束性资源下的边际贡献类似。

与获利指数的计算相关的几点需要说明。"所需的投资额"是指任何在项目开始时发生的现金流出，减去通过销售旧设备而实现的任何残值。"所需投资额"同样包括项目可能需要的任何营运资本投资。

14.8　简单报酬率法

简单报酬率（simple rate of return）法是本章讨论的最后一种资本预算方法。这种方法通常又称为会计收益率法或未调整的报酬率法。我们将从说明如何计算简单报酬率开始，然后讨论这种方法的局限性以及其对于投资中心管理者决策行为的影响。

为了得到简单报酬率，可以用项目产生的年经营净利润增量除以项目的初始投资额，如下式所示：

$$简单报酬率 = \frac{年经营净利润增量}{初始投资额} \qquad (14\text{-}4)$$

分子年经营净利润增量应当减去由于投资产生的折旧费。此外，分母初始投资额应当减去通过销售旧设备而实现的任何残值。

[例 14-9] 布里格姆茶叶公司是一家低酸性茶叶的加工商。公司正在考虑为一条新增的生产线购买设备。新增的生产线每年会增加收入 90 000 美元，经营性付现成本的增量为每年 40 000 美元，设备的成本为 180 000 美元，使用寿命 9 年，期满无残值。

为了运用简单报酬率公式，我们必须首先确定项目的年经营净利润增量。

		（单位：美元）
年收入增量		90 000
年经营性付现成本增量	40 000	
年折旧额（180 000 美元 ÷9）	20 000	
年成本增量		60 000
年经营净利润增量		30 000

考虑到项目的年经营净利润增量为 30 000 美元，以及项目的初始投资为 180 000 美元，简单报酬率 16.7% 的计算如下：

$$\begin{aligned}简单报酬率 &= \frac{年经营净利润增量}{初始投资额} \\ &= \frac{30\ 000\ 美元}{180\ 000\ 美元} \\ &= 16.7\%\end{aligned}$$

[例 14-10] 中西部农业公司雇用了一些兼职人员来挑选鸡蛋。手工挑选鸡蛋的成本为

每年 30 000 美元。公司正在调查了解一台成本为 90 000 美元，寿命期为 15 年的鸡蛋分选器。设备的残值可以忽略不计，每年的营运和维护成本为 10 000 美元。目前正在使用的鸡蛋分选器可按残值 2 500 美元出售。

这个项目同之前的项目稍有不同，因为它涉及了成本的减少而收入没有增加。尽管如此，年经营净利润增量可以通过将年成本的节约额视同收入增量计算得到：

（单位：美元）

年成本节约额增量		30 000
年经营性付现成本增量	10 000	
年折旧额（90 000 ÷ 15）	6 000	
年成本增量		16 000
年经营净利润增量		14 000

因此，尽管新的设备不会产生任何更多的收入，它会每年减少成本 14 000 美元。这会产生每年经营净利润增加 14 000 美元的影响。

最后，旧设备残值对新设备初始成本的抵消情况如下：

（单位：美元）

新设备的成本	90 000
减：旧设备的残值	2 500
初始投资	87 500

考虑到项目的年经营净利润增量为 14 000 美元，以及项目的初始投资为 87 500 美元，简单报酬率 16.0% 计算如下：

$$简单报酬率 = \frac{年经营净利润增量}{初始投资额}$$

$$= \frac{14\,000\ 美元}{87\,500\ 美元}$$

$$= 16.0\%$$

简单报酬率具有两点重要的局限性：首先，它关注会计的经营净利润而不是现金流量。如果在一个项目的寿命期内没有稳定的收入增量及成本增量，简单报酬率会呈现逐年波动的趋势，因此，会导致同一个项目在一些年份看来是可行的，而在另一些年份则又不可行。其次，简单报酬率法并不涉及现金流量的折现，它把 10 年后收到的 1 美元与今天收到的 1 美元看作是等值的。

考虑到这些局限性，很自然地就会想到为什么我们会不遗余力地来讨论这种方法呢？首先，尽管存在这些局限性，一些公司仍然采用简单成本报酬率来评价预期的资本投资项目。因此，你应当熟悉这种方法以便在实务当中当你面临相关决策时能够辩证地运用它。更重要的是，你需要理解简单报酬率法是如何影响投资中心管理者的行为的，而对这些管理者的评价与激励正是基于实现的投资报酬率（ROI）。

例如，假定如下 3 个事项。第一，假定你是投资中心的一名管理者，你的薪酬增加完全基于 ROI。第二，去年你的部门实现的 ROI 为 20%。第三，假定你的部门有机会投入一个有正的净现值以及简单报酬率为 17% 的资本预算项目中。考虑所有上述假定，你会选择接受该项目还是拒绝它？尽管公司可能会因为项目所带来的正的净现值而寄希望于你接受它，你可能仍然会选择拒绝它，因为其 17% 的简单报酬率低于你的部门上一年 20% 的 *ROI*。这个简单的例子说明，一个项目的简单报酬率是如何能够影响投资中心管理者做出决策的。它同样凸显了组织机构所面临的一个巨大挑战，即如何设计绩效考核体系以使员工的行动与组织的目标达成一致。

14.9　投资项目的事后审计

在一个投资项目已经批准并实施之后，应当进行事后审计。**事后审计**（postaudit）的目的是检查预期的结果是否实现。这是资本预算过程中的关键环节，因为这有助于使管理者在其建议的投资项目上保持诚实。任何虚增收益或低估成本的倾向都会在事后审计之下昭然若揭。事后审计同样提供了加强和可能拓展成功项目以及减少错误项目损失的机会。

在最初审核项目过程中用到的资本预算方法同样可以用于事后审计。也就是，如果一个项目的批准是基于净现值法，那么同样的程序应当用于事后审计。但是，事后审计分析中运用的数据应当是实际观察到的数据而不是估计的数据。这就为管理层提供了通过比较以观测项目进展如何的机会。同样也有助于确保收到的未来投资项目的估计数据是认真准备的，因为提交数据的人员知晓他们的估计将会在事后审计过程中与实际结果相比较。实际结果如果与初始估计相去甚远时，应当对其仔细核查。

商业实战 14-5　｜　梅西百货计划增加其资本性支出

梅西百货（Macy's）希望 12 亿美元的资本性支出会扭转其连续 4 年销售增长率下滑的局面。梅西百货会将资本支出项目集中于开发新型商店模式、整合线上业务与实体店业务以及扩大在美国之外的梅西百货和布卢明代尔百货的数量。支持这些资本性投资的一部分资金将会通过裁减 2 000 多名员工的方式筹集。公司的首席财务官伦霍格特对投资者指出，由于对这些资本性投资项目的投入，将会需要 2～3 年的时间从初始投资中获得满意的投资报酬。

资料来源：Suzanne Kapner, "With Sales Sluggish, Macy's Boots Spending," *The Wall Street Journal*, February25,2015,p.B3.

本章小结

回收期法在评估资本投资项目时关注投资的回收期。投资回收期是指一个项目从其产生的净现金流入中收回初始投资成本所需的时间。回收期法的基本原则是一项投资收回得越快，这项投资就越值得。

投资决策应当考虑货币的时间价值，因为今天收到的 1 美元比未来收到的 1 美元更有价值。净现值法和内含报酬率法都反映了这个事实。在净现值法下，未来的现金流量会折算成现值。现金流入的现值和现金流出的现值之差称为项目的净现值。如果一个项目的净现值为负，则应当拒绝该项目。净现值法中的折现率通常是最低的必要报酬率，比如一家公司的资本成本。

内含报酬率是使得现金流入的现值等于现金流出的现值的报酬率，从而使净现值为零。如果内含报酬率低于公司的最低必要报酬率，那么管理者应当拒绝该项目。

在拒绝了净现值为负或内含报酬率低于公司的最低必要报酬率的项目之后，留下的项目仍然多于可筹集资金支持的项目。留下的项目可以用获利指数或内含报酬率进行排序。获利指数通过净现值除以所需的初始投资额得到。

简单报酬率通过项目的年经营净利润增量除以项目的初始投资额得到。尽管这种方法有重大缺陷，它能够影响投资中心管理者的决策过程，而对这些管理者的评价与激励正是基于实现的投资报酬率（ROI）。

复习题：资本预算方法的比较

蕾姆公司（Lamar Company）正在考虑投资一个项目设备。该设备使用期为 5 年，需要 2 400 000 美元的投资。在第 5 年年末，项目终止且设备无残值。项目每年提供的经营净利润如下：

（单位：美元）

收入	3 200 000
变动成本	1 800 000
边际贡献	1 400 000
固定费用：	
广告费、工资及其他	
固定付现成本	700 000
折旧费	300 000
固定费用总额	1 000 000
经营净利润	400 000

公司采用的折现率为 12%。

要求：

（1）计算项目的年净现金流入。

（2）计算项目的净现值。该项目可行吗？

（3）计算项目的内涵报酬率，结果保留至整数。

（4）计算项目的回收期。

（5）计算项目的简单报酬率。

复习题答案：

（1）年净现金流入可以通过将现金支出从收入中抵减得到：

（单位：美元）

销售收入	3 200 000
变动成本	1 800 000
边际贡献	1 400 000
广告费、工资及	
固定付现成本	700 000
年净现金流入	700 000

或者年净现金流入可以通过将折旧加回到经营净利润中得到：

（单位：美元）

经营净利润	400 000
加：扣除的非付现折旧	300 000
年净现金流入	700 000

（2）净现值计算如下：

（单位：美元）

	A	B	C	D	E	F	G
				年			
1		现在	1	2	3	4	5
2							
3	初始投资	-2 400 000					
4	收入		3 200 000	3 200 000	3 200 000	3 200 000	3 200 000
5	变动成本		-1 800 000	-1 800 000	-1 800 000	-1 800 000	-1 800 000
6	付现成本		-700 000	-700 000	-700 000	-700 000	-700 000
7	总现金流量（a）	-2 400 000	700 000	700 000	700 000	700 000	700 000
8	折现系数（12%）（b）	1.000	0.893	0.797	0.712	0.636	0.567
9	现金流量现值（a）×（b）	-2 400 000	625 100	557 900	498 400	445 200	396 900
10	净现值（SUM B9：G9）	123 500					

注：折现系数来自附录 14B 中的表 14B-1。

或者也可以计算如下：

（单位：美元）

	A	B	C
1			年
2		现在	1-5
3	初始投资	-2 400 000	
4	收入		3 200 000
5	变动成本		-1 800 000
6	付现成本		-700 000
7	总现金流量（a）	-2 400 000	700 000
8	折现系数（12%）（b）	1.000	3.605
9	现金流量现值（a）×（b）	-2 400 000	2 523 500
10	净现值（SUM B9：C9）	123 500	

注：折现系数来自附录 14B 中的表 14B-2。

该项目是可行的，因为它的净现值为正。

（3）内含报酬率系数的计算公式为

$$内含报酬率系数 = \frac{需要的投资额}{年现金净流入}$$

$$= \frac{2\ 400\ 000\ 美元}{700\ 000\ 美元}$$

$$= 3.429$$

查本章末附录 14B 中的表 14B-2，在 5 年期那一行，我们可以找到系数 3.429 最接近系数 3.433，其对应的报酬率为 14%。

（4）回收期的计算公式为

$$回收期 = \frac{需要的投资额}{年现金净流入}$$

$$= \frac{2\ 400\ 000\ 美元}{700\ 000\ 美元}$$

$$= 3.4（年）（四舍五入）$$

（5）简单报酬率的计算公式为

$$简单报酬率 = \frac{年经营净利润增量}{初始投资额}$$

$$= \frac{400\ 000\ 美元}{2\ 400\ 000\ 美元}$$

$$= 16.7\%$$

术语表

Capital budgeting 资本预算　是对有长期影响的重大投资项目的计划过程，如购买新设备或引进新产品等投资项目。

Cost of capital 资本成本　一家公司因为占用资金而必须支付给其长期债权人和股东的平均报酬率。

Internal rate of return 内含报酬率　使得一个投资项目的净现值为零的折现率；在一个项目寿命期内预计的报酬率。

Net present value 净现值　一个投资项目现金流入的现值和现金流出的现值之差。

Out-of-pocket costs 付现成本　为工资、广告费、修理费和其他相似成本而实际发生的现金支出。

Payback period 回收期　一个项目从其产生的净现金流入中完全收回其初始投资所需的时间。

Post audit 事后审计　投资项目批准并实施之后进行的审查，以确定预期的结果是否真正实现。

Preference decision 优先决策　对可行的备选方案进行排序的决策。

Project profitability index 获利指数　项目的现金流入量的净现值与所需投资额之间的比率。

Screening decision 筛选决策　与一项预期的投资项目是否可接受相关的决策。

Simple rate of return 简单报酬率　通过计算项目的年经营净利润增量与所需的初始投资额之比得出的报酬率。

Time value of money 货币的时间价值　这种观念认为今天的 1 美元比一年后的 1 美元更有价值。

Working capital 营运资本　流动资产减流动负债。

思考题

1. 资本预算的筛选决策与资本预算的优先决策有什么不同？

2. 在做出资本预算决策时，为什么在净现值法和内含报酬率法下不采用会计的净利润？

3. 在做出资本预算决策时，为什么现金流量的折现法优于其他方法？

4. 指出与资本预算决策的现金流量折现方法相关的两大简化假设。

5. 如果一家公司需要为长期债务支付 14% 的利息，其资本成本为 14%。你同意吗？请解释。

6. 当运用净现值法和内含报酬率法时，请解释资本成本是如何起到筛选工具作用的。

7. 当折现率增加时，给定的未来现金流量的现值同样会增加。你同意吗？请解释。

8. 参见图 14-6。该预期项目的报酬率是正好为 14%，超过 14% 还是小于 14%？请解释。

9. 获利指数如何计算？它衡量的是什么？

10. 在做出资本预算决策时，对回收期法和简单报酬率法最主要的批评是什么？

练习题

1. 回收期和简单报酬率的计算

一款节省劳动力的设备刚刚上市，三井电子公司（Mitsui Electronics, Ltd.）可以用其减少在日本的一家工厂的成本。与设备相关的成本如下：

设备的采购成本	432 000 美元
设备带来的年成本节约额	90 000 美元
设备的使用寿命	12 年

要求：

（1）设备的投资回收期是多少？如果公司要求的回收期为不超过 4 年？应当购入这台设备吗？

（2）该设备的简单报酬率是多少？设备在使用期内采用直线法计提折旧。如果公司要求的报酬率为 14%，应当购入这台设备吗？

2. 内含报酬率与净现值

汉丽埃纺织服务有限公司（Henrie's Drapery Service）正在调查购入一台新机器用于清洗和缝制窗帘。该机器的成本为 137 320 美元，包括运费和安装费。预计这台新机器每年会增加公司扣除费用之后的净现金流入 40 000 美元。设备的使用期为 5 年，期满无残值。

要求：

（1）机器的内含报酬率是多少？（结果保留整数）

（2）运用 14% 的折现率，机器的净现值为多少？请解释你的结果。

（3）假定新机器每年增加公司扣除费用之后的净现金流入仅为 37 150 美元。在这样的情况下，内含报酬率是多少？（结果保留整数）

3. 不确定的现金流量

坎布罗基金会（Cambro Foundation）是一个非营利组织，正在计划投资 104 950 美元于一个 3 年期的项目中。项目产生的净现金流入如下：

第 1 年	30 000 美元
第 2 年	40 000 美元
第 3 年	？

要求：

假定项目会刚好产生 12% 的投资报酬率。第 3 年期望的净现金流入是多少？

4. 投资项目的优先排序

牛津公司（Oxford Company）只有有限的资金可用于投资，并且必须在 4 个竞争性项目中配给资金。4 个项目的相关信息如下：

项目	所需投资额	净现值	项目期（年）	内含报酬率
A	160 000 美元	44 323 美元	7	18%
B	135 000 美元	42 000 美元	12	16%
C	100 000 美元	35 035 美元	7	20%
D	175 000 美元	38 136 美元	3	22%

上表中的净现值采用 10% 的折现率计算得出。公司希望你协助确定项目接受的顺序。

要求：

（1）计算每一个项目的获利指数。

（2）根据优先性，为4个项目排序依据：

a. 净现值

b. 获利指数

c. 内含报酬率

（3）你更倾向于哪种排序？为什么？

问题

综合题

卢巴洛（Lou Barlow）是塞奇公司（Sage Company）的一位部门经理，他有机会进行在生产并销售两款新产品中选择一款的决策，两种新产品均可使用5年。他的年薪增长取决于其部门的投资报酬率（ROI）。在过去的3年中，每年的投资报酬率均超过18%。他计算的每件产品预计的成本和收入如下：

（单位：美元）

	A产品	B产品
初始投资：		
设备的成本（残值为零）	170 000	380 000
年收入及成本：		
销售收入	250 000	350 000

（续）

	A产品	B产品
变动成本	120 000	170 000
折旧费	34 000	76 000
固定付现经营成本	70 000	50 000

公司采用的折现率为16%。

要求：

（1）计算每一种产品的回收期。

（2）计算每一种产品的净现值。

（3）计算每一种产品的内含报酬率。

（4）计算每一种产品的获利指数。

（5）计算每一种产品的简单报酬率。

（6）卢巴洛所在的部门应选择投产哪种产品？为什么？

案例

运用净现值法分析一种新产品

马特森电子股份公司（Matheson Electronics）刚刚开发了一款新型电子装置，公司认为该产品具有广泛的市场吸引力。公司已经进行了市场调研及成本研究，并得到了如下信息：

a. 为生产该电子装置获取新设备的成本为315 000美元，且预计可以使用6年。6年后，残值为15 000美元。

b. 6年中该电子装置的销量如下：

年	销量（件）
1	9 000
2	15 000
3	18 000
4～6	22 000

c. 生产和销售该电子装置需要营运资本

60 000美元，以支持应收账款、存货以及每日的现金需求。这部分营运资本将会在项目期满时释放。

d. 该装置单价为35美元，为生产、管理以及销售发生的单位变动成本为15美元。

e. 工资、维护、财产税、保险费以及按直线法为设备计提的折旧等固定成本总额为每年135 000美元（应计折旧额为成本减残值）。

f. 为了快速进入市场，公司可能需要大量地做广告。广告成本如下：

年	年广告支出
1～2	180 000美元
3	150 000美元
4～6	120 000美元

g. 公司的必要报酬率为14%。

要求：

（1）计算预期未来 6 年里每年从销售电子装置中获得的净现金流入（边际贡献的增量减固定费用的增量）。

（2）运用第（1）问中得出的数据及其他已知数据，确定该投资项目的净现值。你会建议公司作为新产品投产该电子装置吗？

附录 14A　现值的概念

今天收到的 1 美元比一年后收到的 1 美元更有价值，一个很简单的理由是如果你现在有 1 美元，你可以将它存进银行，一年后你就会有多于 1 美元的钱。由于相同数量的钱在现在要比在将来更值钱，在不同时点收到的现金流量的价值一定不同。

14A.1　利率的数学运算

如果银行的存款利率为 5%，那么现在 100 美元的存款在 1 年后的价值为 105 美元。这可以用如下的数学式表达：

$$F_1 = P(1+r) \tag{14A-1}$$

式中　F_1——一段时期期末的余额；

P——现在的投资额；

r——每一期的利率。

在本案例中，存款账户中有 100 美元，年利率为 5%，P=100 美元，r=0.05。在这些条件下，F_1=105 美元。

现在 100 美元的支出叫作一年后将要收到的 105 美元的**现值**。它同样被认为是未来收到的 105 美元的折现价值。100 美元代表了在利率为 5% 时，一年后将要收到的 105 美元的现值形式。

1. 复利

如果 105 美元第 2 年继续留在银行会怎么样？在那种情形下，最初的 100 美元存款将会增长至 110.25 美元：

（单位：美元）

原始存款	100.00
第 1 年利息：100 美元 ×0.05	5.00
第 1 年年末的余额	105.00
第 2 年的利息：105 美元 ×0.05	5.25
第 2 年年末的余额	110.25

请注意，第 2 年年末的利息为 5.25 美元，与之相比第 1 年的利息只有 5 美元。这种差异的产生是由于第 2 年利息的支付是"利上加利"。也就是，第 1 年中得到的 5 美元的利息在计算第 2 年的利息时被加入原始的 100 美元的存款中。这就被称为**复利**（compound interest）。在本例中，复利是以年来计算的。复利同样可以以半年、季度、月度甚至更频繁的基础来计算。复利的计算越频繁，余额的增长就越迅速。

我们可以用如下等式来确定一个账户复利 n 期之后的余额：

$$F_n = P(1+r)^n \qquad （14A-2）$$

式中　n——复利的期数。

如果 $n=2$ 年，年利率为 5%，两年后的余额计算如下：

$F_2 = 100$ 美元 $(1+0.05)^2$

$F_2 = 110.25$（美元）

2. 现值和终值

图 14A-1 展示了现值与终值的关系。如图 14A-1 所示，100 美元以 5% 的年利率存入银行，按复利计息，在第 5 年年末会增长至 127.63 美元。

图 14A-1　现值与终值的关系

14A.2　现值的计算

一项投资可以从终值或现值的形式来考虑。我们从前述的计算中看到，如果我们知道现值（例如 100 美元的存款），n 年后的终值可以用式（14A-2）计算。但是，如果情况反过来，我们已知一定数量的终值但是不知道现值，怎么办？

例如，假定你在两年后将收到 200 美元。你知道终值为 200 美元，因为这是你在两年后将会收到的数目。但是这笔钱的现值——现在的价值是多少？在未来将会收到的任何数目的现值都可以通过将式（14A-2）变形并解出 P：

$$P = \frac{F_n}{(1+r)^n} \qquad （14A-3）$$

在本例中，$F_n = 200$ 美元（在未来会收到的金额），$r=0.05$（年利率），$n=2$（未来收到这笔钱所需要的时间）。

$$P = \frac{200 \text{ 美元}}{(1+0.05)^2}$$
$$= 181.40 \text{ 美元}$$

如上式所示，在利率为 5% 的时候，两年后将会收到的 200 美元的现值为 181.40 美元。

事实上，现在的 181.40 美元等价于两年后收到的 200 美元。

我们刚刚计算未来现金流量现值的过程，叫作**折现**（discounting）。我们已经将 200 美元折算成现值 181.40 美元。用于计算现值的 5% 的利率叫作**折现率**（discount rate）。将终值折算为现值在经营过程中很常见，特别是在资本预算决策中。

如果你的计算器上有幂集计算（y^x），那么上述的计算将会非常简单。但是，一些我们将用到的现值公式会更加复杂。幸运的是，在可获取的现值系数表中许多计算已经完成了。例如，附录 14B 中的表 14B-1 列出了在未来的不同时期的 1 美元以不同的利率折算的现值。表中指出在两期，5% 的折现率下，1 美元的现值为 0.907 美元。由于在本例中我们希望知道 200 美元而不是 1 美元的现值，我们需要将表格中的系数乘以 200 美元：

$$200 \text{ 美元} \times 0.907 = 181.40 \text{ 美元}$$

答案与我们之前用式（14A-3）中的公式计算的结果相同。

14A.3　一系列现金流量的现值

尽管一些投资涉及在未来的某一时点的单一现金流的收付，但是其他的投资会涉及一系列的现金流。一系列相同的现金流称为**年金**（annuity）。例如，假定一家公司刚刚购入了一些政府债券，这些政府债券每年会产生 15 000 美元的利息，存续期为 5 年。从债权中收到利息所产生的现金流量的现值是多少？如表 14A-1 所示，如果折现率为 12%，现金流量的现值为 54 075 美元。表中所用到的折现系数来自附录 14B 中的表 14B-1。

表 14A-1　一系列现金收款的现值

年	折现系数（12%）(见表 14B-1)	收到的利息	现值
1	0.893	15 000 美元	13 395 美元
2	0.797	15 000 美元	11 955 美元
3	0.712	15 000 美元	10 680 美元
4	0.636	15 000 美元	9 540 美元
5	0.567	15 000 美元	8 505 美元
			54 075 美元

表 14A-1 说明了很重要的两点：

第一，15 000 美元的利息在越远的将来收到，其现值越小。一年后收到的 15 000 美元其现值为 13 395 美元，与之相比，5 年后收到的 15 000 美元利息其现值仅为 8 505 美元。这一点凸显了货币的时间价值。

第二，表 14A-1 中的计算涉及了不必要的工作。同样的现值结果 54 075 美元可以通过参见附录 14B 中的表 14B-2 更容易获得。表 14B-2 包括了在不同的利率下在一系列年份中每年都收到 1 美元的现值。表 14B-2 中的系数是通过将表 14B-1 中的系数加总求得的：

年	折现系数（12%）	(见表 14B-1)
1	0.893	
2	0.797	
3	0.712	
4	0.636	
5	0.567	
	3.605	

这 5 个系数的和为 3.605。在表 14B-2 中利率为 12%，5 年期每年都收到 1 美元所对应的系数同样也是 3.605。如果我们用这个系数乘以 15 000 美元的年现金流入，那么我们就会得到与之前表 14A-2 中相同结果 54 075 美元的现值。

$$15\ 000\ 美元 \times 3.605 = 54\ 075\ 美元$$

因此，当计算从第 1 年年末等额发生的一系列现金流量的现值时，应当运用表 14B-2。

简言之，附录 14B 中的现值系数表的用法如下：

图表 14B-1：用于寻找发生在未来的单一现金流量（例如单一现金收付款）的现值。

图表 14B-2：用于寻找开始于本期期末并将会持续发生的一系列等额现金流量的现值。

这两张表的运用在本章的正文部分以不同表格的形式已做说明。当现值系数出现在表格中时，你应当花费时间追溯到表 14B-1 或表 14B-2，以熟悉这些表格是如何发挥作用的。

复习题：基本的现值计算

以下的每一种情况都是独立的。给出在每一种情形下的解答，然后将其与提供的解答进行比较。

要求：

1. 约翰计划在 12 年后退休，届时，他将享受额外的假期。他预期成本至少为 40 000 美元。在利率分别为下列水平时，为了 12 年后获得 40 000 美元他现在需要一次性存入多少钱？

a. 8%

b. 12%

2. 摩根夫妇希望在未来 5 年每年年末送他们的女儿参加音乐夏令营，夏令营每年的花费为 1 000 美元。在利率分别为下列水平时，为了每年年末获得 1 000 美元现在需要一次性存入多少钱？

a. 8%

b. 12%

3. 假定你刚刚从一位亲属那里继承了一笔遗产，你可以在 10 年后一次性收取 200 000 美元或在未来 10 年中每年年末等额收取 14 000 美元。如果折现率为 12%，你会选择哪种方案？

复习题答案：

1. a. 现在需要存入的金额就是在折现率为 8% 的条件下的现值。由表 14B-1 可知，12 期利率为 8% 的复利现值系数为 0.397。将现值系数与 12 年后需要的 40 000 美元相乘就会得到现在所需的投资额：40 000 美元 × 0.397＝15 880 美元。

b. 我们会继续（a）中的计算过程，但是，这一次我们会用 12% 的折现率。由表 14B-1 可知，12 期利率为 12% 的复利现值系数为 0.257。将现值系数与 12 年后需要的 40 000 美元相乘就会得到现在所需的投资额：40 000 美元 × 0.257＝10 280 美元。

请注意，随着折现率（期望报酬率）的增加，现值在减少。

2. 这一部分与第 1 题的不同之处在于，我们现在要解决年金问题而不是单一的未来现金流量。现在必须投入的金额是未来 5 年中每年年末所需 1 000 美元的现值。由于我们解决的是年金问题，或者一系列的年现金流量，我们必须参见表 14B-2 以寻求合适的折现系数。

a. 由表 14B-2 可知，5 期利率为 8% 的年金现值系数为 3.993。因此，为了在未来 5 年中每年年末获得 1 000 美元，现在所需投资的金额为 1 000 美元 × 3.993＝3 993 美元。

b. 由表 14B-2 可知，5 期利率为 12% 的年金现值系数为 3.605。因此，为了在未来 5 年中每年年末获得 1 000 美元，现在所需投资的金额为 1 000 美元 ×3.605=3 605 美元。

同样，注意到随着折现率的增加，现值在减少。当报酬率增加时，为了在将来收到给定金额的钱而现在所需的投资额就减少了。

3. 这一部分我们需要参见表 14B-1 和表 14B-2。从表 14B-1 中我们需要找到 10 期，利率为 12% 的复利现值系数，然后将其与 10 年后收到的 200 000 美元相乘。从表 14B-2 中我们需要找到 10 期，利率为 12%

的年金现值系数，然后将其与 10 年中收到的系列年金 14 000 美元相乘。现值更高的方案就是我们所要选择的方案。

200 000 美元 ×0.322 = 64 400 美元

14 000 美元 ×5.650 = 79 100 美元

因此，你应当更愿意选择在 10 年中每年收取 14 000 美元而不是一次性收取 200 000 美元。这意味着你可以将每年年末收到的 14 000 美元以 12% 的利率投资，在 10 年后这笔钱的价值将超过 200 000 美元。

术语表

Annuity 年金 一系列等额的现金流量。

Compound interest 复利 在一项投资中利息的支付在上一期利息的基础上进行的过程。

Discount rate 折现率 用于寻求未来现金流量的现值的报酬率。

Discounting 折现 寻求未来现金流量的现值的过程。

Present value 现值 在未来将会收到的金额的当前价值。

练习题

基本现值概念

由两个竞争性投资项目产生的年现金流入如下：

折现率为 18%。

要求：

计算每一个投资项目现金流入的现值。

（单位：美元）

年	项目 A	项目 B
1	3 000	12 000
2	6 000	9 000
3	9 000	6 000
4	12 000	3 000
	30 000	30 000

附录 14B　现值系数表

表 14B-1 为期数从 1 ～ 40，利率从 4% ～ 25% 的复利现值系数表，表 14B-2 为期数从 1 ～ 40，利率从 4% ～ 25% 的年金现值系数表。

附录 14C　所得税与净现值法

本附录讨论了在做出资本预算决策时所得税对净现值法的影响。本章通篇都忽略了所得税，原因有以下两点：第一，许多组织并不支付所得税。例如，非营利组织、医院、慈善机构以及政府的代理机构都免交所得税。第二，资本支出非常复杂，所得税只是其中非常小的一部分。既然我们已经建立了现金流量折现这一概念的牢固基础，现在我们就可以探索所得税对净现值法的影响了。

表 14B-1　复利现值系数表 $\dfrac{1}{(1+r)^n}$

期数	4%	5%	6%	7%	8%	9%	10%	11%	12%	13%	14%	15%	16%	17%	18%	19%	20%	21%	22%	23%	24%	25%
1	0.962	0.952	0.943	0.935	0.926	0.917	0.909	0.901	0.893	0.885	0.877	0.870	0.862	0.855	0.847	0.840	0.833	0.826	0.820	0.813	0.806	0.800
2	0.925	0.907	0.890	0.873	0.857	0.842	0.826	0.812	0.797	0.783	0.769	0.756	0.743	0.731	0.718	0.706	0.694	0.683	0.672	0.661	0.650	0.640
3	0.889	0.864	0.840	0.816	0.794	0.772	0.751	0.731	0.712	0.693	0.675	0.658	0.641	0.624	0.609	0.593	0.579	0.564	0.551	0.537	0.524	0.512
4	0.855	0.823	0.792	0.763	0.735	0.708	0.683	0.659	0.636	0.613	0.592	0.572	0.552	0.534	0.516	0.499	0.482	0.467	0.451	0.437	0.423	0.410
5	0.822	0.784	0.747	0.713	0.681	0.650	0.621	0.593	0.567	0.543	0.519	0.497	0.476	0.456	0.437	0.419	0.402	0.386	0.370	0.355	0.341	0.328
6	0.790	0.746	0.705	0.666	0.630	0.596	0.564	0.535	0.507	0.480	0.456	0.432	0.410	0.390	0.370	0.352	0.335	0.319	0.303	0.289	0.275	0.262
7	0.760	0.711	0.665	0.623	0.583	0.547	0.513	0.482	0.452	0.425	0.400	0.376	0.354	0.333	0.314	0.296	0.279	0.263	0.249	0.235	0.222	0.210
8	0.731	0.677	0.627	0.582	0.540	0.502	0.467	0.434	0.404	0.376	0.351	0.327	0.305	0.285	0.266	0.249	0.233	0.218	0.204	0.191	0.179	0.168
9	0.703	0.645	0.592	0.544	0.500	0.460	0.424	0.391	0.361	0.333	0.308	0.284	0.263	0.243	0.225	0.209	0.194	0.180	0.167	0.155	0.144	0.134
10	0.676	0.614	0.558	0.508	0.463	0.422	0.386	0.352	0.322	0.295	0.270	0.247	0.227	0.208	0.191	0.176	0.162	0.149	0.137	0.126	0.116	0.107
11	0.650	0.585	0.527	0.475	0.429	0.388	0.350	0.317	0.287	0.261	0.237	0.215	0.195	0.178	0.162	0.148	0.135	0.123	0.112	0.103	0.094	0.086
12	0.625	0.557	0.497	0.444	0.397	0.356	0.319	0.286	0.257	0.231	0.208	0.187	0.168	0.152	0.137	0.124	0.112	0.102	0.092	0.083	0.076	0.069
13	0.601	0.530	0.469	0.415	0.368	0.326	0.290	0.258	0.229	0.204	0.182	0.163	0.145	0.130	0.116	0.104	0.093	0.084	0.075	0.068	0.061	0.055
14	0.577	0.505	0.442	0.388	0.340	0.299	0.263	0.232	0.205	0.181	0.160	0.141	0.125	0.111	0.099	0.088	0.078	0.069	0.062	0.055	0.049	0.044
15	0.555	0.481	0.417	0.362	0.315	0.275	0.239	0.209	0.183	0.160	0.140	0.123	0.108	0.095	0.084	0.074	0.065	0.057	0.051	0.045	0.040	0.035
16	0.534	0.458	0.394	0.339	0.292	0.252	0.218	0.188	0.163	0.141	0.123	0.107	0.093	0.081	0.071	0.062	0.054	0.047	0.042	0.036	0.032	0.028
17	0.513	0.436	0.371	0.317	0.270	0.231	0.198	0.170	0.146	0.125	0.108	0.093	0.080	0.069	0.060	0.052	0.045	0.039	0.034	0.030	0.026	0.023
18	0.494	0.416	0.350	0.296	0.250	0.212	0.180	0.153	0.130	0.111	0.095	0.081	0.069	0.059	0.051	0.044	0.038	0.032	0.028	0.024	0.021	0.018
19	0.475	0.396	0.331	0.277	0.232	0.194	0.164	0.138	0.116	0.098	0.083	0.070	0.060	0.051	0.043	0.037	0.031	0.027	0.023	0.020	0.017	0.014
20	0.456	0.377	0.312	0.258	0.215	0.178	0.149	0.124	0.104	0.087	0.073	0.061	0.051	0.043	0.037	0.031	0.026	0.022	0.019	0.016	0.014	0.012
21	0.439	0.359	0.294	0.242	0.199	0.164	0.135	0.112	0.093	0.077	0.064	0.053	0.044	0.037	0.031	0.026	0.022	0.018	0.015	0.013	0.011	0.009
22	0.422	0.342	0.278	0.226	0.184	0.150	0.123	0.101	0.083	0.068	0.056	0.046	0.038	0.032	0.026	0.022	0.018	0.015	0.013	0.011	0.009	0.007
23	0.406	0.326	0.262	0.211	0.170	0.138	0.112	0.091	0.074	0.060	0.049	0.040	0.033	0.027	0.022	0.018	0.015	0.012	0.010	0.009	0.007	0.006
24	0.390	0.310	0.247	0.197	0.158	0.126	0.102	0.082	0.066	0.053	0.043	0.035	0.028	0.023	0.019	0.015	0.013	0.010	0.008	0.007	0.006	0.005
25	0.375	0.295	0.233	0.184	0.146	0.116	0.092	0.074	0.059	0.047	0.038	0.030	0.024	0.020	0.016	0.013	0.010	0.009	0.007	0.006	0.005	0.004
26	0.361	0.281	0.220	0.172	0.135	0.106	0.084	0.066	0.053	0.042	0.033	0.026	0.021	0.017	0.014	0.011	0.009	0.007	0.006	0.005	0.004	0.003
27	0.347	0.268	0.207	0.161	0.125	0.098	0.076	0.060	0.047	0.037	0.029	0.023	0.018	0.014	0.011	0.009	0.007	0.006	0.005	0.004	0.003	0.002
28	0.333	0.255	0.196	0.150	0.116	0.090	0.069	0.054	0.042	0.033	0.026	0.020	0.016	0.012	0.010	0.008	0.006	0.005	0.004	0.003	0.002	0.002
29	0.321	0.243	0.185	0.141	0.107	0.082	0.063	0.048	0.037	0.029	0.022	0.017	0.014	0.011	0.008	0.006	0.005	0.004	0.003	0.002	0.002	0.002
30	0.308	0.231	0.174	0.131	0.099	0.075	0.057	0.044	0.033	0.026	0.020	0.015	0.012	0.009	0.007	0.005	0.004	0.003	0.003	0.002	0.002	0.001
40	0.208	0.142	0.097	0.067	0.046	0.032	0.022	0.015	0.011	0.008	0.005	0.004	0.003	0.002	0.001	0.001	0.001	0.000	0.000	0.000	0.000	0.000

表 14B-2 年金现值系数表 $\dfrac{1}{r}\left[1-\dfrac{1}{(1+r)^n}\right]$

期数	4%	5%	6%	7%	8%	9%	10%	11%	12%	13%	14%	15%	16%	17%	18%	19%	20%	21%	22%	23%	24%	25%
1	0.962	0.952	0.943	0.935	0.926	0.917	0.909	0.901	0.893	0.885	0.877	0.870	0.862	0.855	0.847	0.840	0.833	0.826	0.820	0.813	0.806	0.800
2	1.886	1.859	1.833	1.808	1.783	1.759	1.736	1.713	1.690	1.668	1.647	1.626	1.605	1.585	1.566	1.547	1.528	1.509	1.492	1.474	1.457	1.440
3	2.775	2.723	2.673	2.624	2.577	2.531	2.487	2.444	2.402	2.361	2.322	2.283	2.246	2.210	2.174	2.140	2.106	2.074	2.042	2.011	1.981	1.952
4	3.630	3.546	3.465	3.387	3.312	3.240	3.170	3.102	3.037	2.974	2.914	2.855	2.798	2.743	2.690	2.639	2.589	2.540	2.494	2.448	2.404	2.362
5	4.452	4.329	4.212	4.100	3.993	3.890	3.791	3.696	3.605	3.517	3.433	3.352	3.274	3.199	3.127	3.058	2.991	2.926	2.864	2.803	2.745	2.689
6	5.242	5.076	4.917	4.767	4.623	4.486	4.355	4.231	4.111	3.998	3.889	3.784	3.685	3.589	3.498	3.410	3.326	3.245	3.167	3.092	3.020	2.951
7	6.002	5.786	5.582	5.389	5.206	5.033	4.868	4.712	4.564	4.423	4.288	4.160	4.039	3.922	3.812	3.706	3.605	3.508	3.416	3.327	3.242	3.161
8	6.733	6.463	6.210	5.971	5.747	5.535	5.335	5.146	4.968	4.799	4.639	4.487	4.344	4.207	4.078	3.954	3.837	3.726	3.619	3.518	3.421	3.329
9	7.435	7.108	6.802	6.515	6.247	5.995	5.759	5.537	5.328	5.132	4.946	4.772	4.607	4.451	4.303	4.163	4.031	3.905	3.786	3.673	3.566	3.463
10	8.111	7.722	7.360	7.024	6.710	6.418	6.145	5.889	5.650	5.426	5.216	5.019	4.833	4.659	4.494	4.339	4.192	4.054	3.923	3.799	3.682	3.571
11	8.760	8.306	7.887	7.499	7.139	6.805	6.495	6.207	5.938	5.687	5.453	5.234	5.029	4.836	4.656	4.486	4.327	4.177	4.035	3.902	3.776	3.656
12	9.385	8.863	8.384	7.943	7.536	7.161	6.814	6.492	6.194	5.918	5.660	5.421	5.197	4.988	4.793	4.611	4.439	4.278	4.127	3.985	3.851	3.725
13	9.986	9.394	8.853	8.358	7.904	7.487	7.103	6.750	6.424	6.122	5.842	5.583	5.342	5.118	4.910	4.715	4.533	4.362	4.203	4.053	3.912	3.780
14	10.563	9.899	9.295	8.745	8.244	7.786	7.367	6.982	6.628	6.302	6.002	5.724	5.468	5.229	5.008	4.802	4.611	4.432	4.265	4.108	3.962	3.824
15	11.118	10.380	9.712	9.108	8.559	8.061	7.606	7.191	6.811	6.462	6.142	5.847	5.575	5.324	5.092	4.876	4.675	4.489	4.315	4.153	4.001	3.859
16	11.652	10.838	10.106	9.447	8.851	8.313	7.824	7.379	6.974	6.604	6.265	5.954	5.668	5.405	5.162	4.938	4.730	4.536	4.357	4.189	4.033	3.887
17	12.166	11.274	10.477	9.763	9.122	8.544	8.022	7.549	7.120	6.729	6.373	6.047	5.749	5.475	5.222	4.990	4.775	4.576	4.391	4.219	4.059	3.910
18	12.659	11.690	10.828	10.059	9.372	8.756	8.201	7.702	7.250	6.840	6.467	6.128	5.818	5.534	5.273	5.033	4.812	4.608	4.419	4.243	4.080	3.928
19	13.134	12.085	11.158	10.336	9.604	8.950	8.365	7.839	7.366	6.938	6.550	6.198	5.877	5.584	5.316	5.070	4.843	4.635	4.442	4.263	4.097	3.942
20	13.590	12.462	11.470	10.594	9.818	9.129	8.514	7.963	7.469	7.025	6.623	6.259	5.929	5.628	5.353	5.101	4.870	4.657	4.460	4.279	4.110	3.954
21	14.029	12.821	11.764	10.836	10.017	9.292	8.649	8.075	7.562	7.102	6.687	6.312	5.973	5.665	5.384	5.127	4.891	4.675	4.476	4.292	4.121	3.963
22	14.451	13.163	12.042	11.061	10.201	9.442	8.772	8.176	7.645	7.170	6.743	6.359	6.011	5.696	5.410	5.149	4.909	4.690	4.488	4.302	4.130	3.970
23	14.857	13.489	12.303	11.272	10.371	9.580	8.883	8.266	7.718	7.230	6.792	6.399	6.044	5.723	5.432	5.167	4.925	4.703	4.499	4.311	4.137	3.976
24	15.247	13.799	12.550	11.469	10.579	9.707	8.985	8.348	7.784	7.283	6.835	6.434	6.073	5.746	5.451	5.182	4.937	4.713	4.507	4.318	4.143	3.981
25	15.622	14.094	12.783	11.654	10.675	9.823	9.077	8.422	7.843	7.330	6.873	6.464	6.097	5.766	5.467	5.195	4.948	4.721	4.514	4.323	4.147	3.985
26	15.983	14.375	13.003	11.826	10.810	9.929	9.161	8.488	7.896	7.372	6.906	6.491	6.118	5.783	5.480	5.206	4.956	4.728	4.520	4.328	4.151	3.988
27	16.330	14.643	13.211	11.987	10.935	10.027	9.237	8.548	7.943	7.409	6.935	6.514	6.136	5.798	5.492	5.215	4.964	4.734	4.524	4.332	4.154	3.990
28	16.663	14.898	13.406	12.137	11.051	10.116	9.307	8.602	7.984	7.441	6.961	6.534	6.152	5.810	5.502	5.223	4.970	4.739	4.528	4.335	4.157	3.992
29	16.984	15.141	13.591	12.278	11.158	10.198	9.370	8.650	8.022	7.470	6.983	6.551	6.166	5.820	5.510	5.229	4.975	4.743	4.531	4.337	4.159	3.994
30	17.292	15.372	13.765	12.409	11.258	10.274	9.427	8.694	8.055	7.496	7.003	6.566	6.177	5.829	5.517	5.235	4.979	4.746	4.534	4.339	4.160	3.995
40	19.793	17.159	15.046	13.332	11.925	10.757	9.779	8.951	8.244	7.634	7.105	6.642	6.233	5.871	5.548	5.258	4.997	4.760	4.544	4.347	4.160	3.995

为了使这一讨论保持在合理范围内，我们做出了一些简化的假定。我们假定应纳税所得额等于财务报告中的净利润，采用直线法计提折旧且无残值。我们同样假定对应纳税所得额征税的所得税率是恒定的，非流动资产的销售没有利得和损失。

14C.1 关键概念

附录中包括了你已经学到的与净现值法相关的所有内容，并且只增加了一种现金流量的计算——所得税费用作为一种现金流出。为了计算与资本预算项目相关的所得税费用，我们将会采用两步法程序。第一步是计算项目每一年产生的净利润增量。第二步是用每一年的净利润增量乘以所得税率确定所得税费用。然后将每一年的所得税费用连同项目期内产生的其他现金流量一起折算为现值。

一项资本预算项目净利润增量的计算包括年收入减年经营性付现成本（包括变动成本和固定性付现成本）、年折旧费以及任何一次性支付的成本。请注意，折旧费是包括在净利润增量的计算中的，尽管折旧费是非付现成本，它确实影响了应纳税所得额的计算，进而影响了与所得税费用相关的现金流出。一项资本预算项目的净利润增量的计算并不包括以初始投资形式发生的直接现金流出，这些初始投资发生于设备、其他资产以及安装成本。净利润增量的计算同样不包括营运资本的投资、在项目终止时营运资本的释放，以及当不存在利得或损失时，销售非流动资产取得的收入。

简言之，应当被包括或排除在一项资本预算项目的净利润增量的计算中的项目如下：

净利润增量的计算中包括的项目有：
年收入
年经营性付现成本
年折旧费
一次性支付的费用
从净利润增量的计算中排除的项目有：
设备、其他资产以及安装成本等初始投资
营运资本投资
在项目结束时释放的营运资本
当不存在利得或损失时销售非流动资产取得的收入

14C.2 所得税及净现值分析：举例

霍兰德公司（Holland Company）拥有一片富含矿石的土地的采矿权。公司并不确定是否应该购买设备并在这片土地上开矿。经过仔细地调研之后，公司收集了如下数据：

	（单位：美元）
设备的初始投资	275 000
营运资本的初始投资	50 000
预计矿石的年销售额	250 000
预计的年经营性付现成本	150 000
第 3 年道路的修复成本	30 000

矿井中的矿石预计 5 年后开采完毕，届时矿井将会关闭，营运资本将会被释放并重新

调配。设备使用期为 5 年，期满无残值。在财务报告及纳税目的下，公司采用直线法计提折旧。税后资本成本为 12%，所得税率为 30%。为了保持一致，当我们计算税后现金流量的现值时，我们用税后的资本成本作为折现率。

霍兰德公司应当购入设备并开凿矿井吗？

图 14C-1 展示了包含所得税对决策影响的净现值分析。图 14C-1 的上部计算了项目在 1 ~ 5 年的净利润增量，以及每一年的所得税费用。净利润增量的计算包括年收入 250 000 美元、年经营性付现成本 −150 000 美元、第 3 年的道路修复成本 −30 000 美元以及年折旧费 55 000 美元（275 000 美元 ÷5 年 =55 000 美元 / 年）。每一年的净利润增量乘以所得税率即确定了所得税费用。

图 14C-1 的下部计算了采矿项目的净现值。表中这一部分的现金流量合计排除了购买设备的初始现金流出 −275 000 美元、营运资本投资 −50 000 美元、年销售收入 250 000 美元、年经营性付现成本 −150 000 美元、第 3 年的道路修复成本 −30 000 美元、在第 5 年释放的营运资本 50 000 美元以及年所得税费。请注意，单元格 C19 至单元格 G19 中显示的所得税费直接来源于之前 C10 至 G10 的计算结果。在单元格 C20 至 G20 中每一年的总现金流量都乘以合适的折现率 12% 以得出它们的现值。单元格 B22 至 G22 中的现值加在一起确定了项目的净现值为 231 美元。由于净现值为正，表明霍兰德公司应当进行该采矿项目。

（单位：美元）

	A	B	C	D	E	F	G
1				年			
2		现在	1	2	3	4	5
3	计算年所得税费：						
4	收入		250 000	250 000	250 000	250 000	250 000
5	经营性付现成本		−150 000	−150 000	−150 000	−150 000	−150 000
6	道路修复成本				−30 000		
7	折旧费		−55 000	−55 000	−55 000	−55 000	−55 000
8	净利润增量		45 000	45 000	15 000	45 000	45 000
9	所得税率		30%	30%	30%	30%	30%
10	所得税费用		−13 500	−13 500	−4 500	−13 500	−13 500
11							
12	计算净现值：						
13	设备采购成本	−275 000					
14	营运资本投资	−50 000					
15	收入		250 000	250 000	250 000	250 000	250 000
16	经营性付现成本		−150 000	−150 000	−150 000	−150 000	−150 000
17	道路修复成本				−30 000		
18	释放的营运资本						50 000
19	所得税费用		−13 500	−13 500	−4 500	−13 500	−13 500
20	总现金流量（a）	−325 000	86 500	86 500	65 500	86 500	136 500
21	折现率（12%）（b）	1.000	0.893	0.797	0.712	0.636	0.567
22	现金流量现值（a）×（b）	−325 000	77 245	68 941	46 636	55 014	77 396
23	净现值（SUM B22：G22）	231					

图 14C-1 霍兰德公司：所得税及净现值分析

注：折现系数来自附录 14B 中的表 14B-1。

小结

除非组织获得了税收豁免，如非营利学校或政府机构，否则在运用净现值法进行资本预算决策时应当考虑所得税的影响。计算与资本预算项目相关的所得税费用时应遵循两步法原则。第一步是计算在项目期每一年产生的净利润增量。第二步是将每一年的净利润增量与所得税率相乘以确定所得税费用。然后将每一年的所得税费用连同项目期内产生的其他现金流量一起折算为现值。

一项资本预算项目净利润增量的计算包

括年收入减年经营性付现成本、年折旧费以及任何一次性支付的成本。一项资本预算项目的净利润增量的计算并不包括以初始投资形式发生的直接现金流出，这些初始投资发生于设备、其他资产以及安装成本。净利润增量的计算同样不包括营运资本的投资、在项目终止时营运资本的释放以及当不存在利得或损失时，销售非流动资产取得的收入。

练习题

所得税及净现值分析

温索普公司（Winthrop Company）面临一个为期5年的生产并销售一款新产品的选择机会。为了抓住这个机会，公司需要购入一台成本为130 000美元的设备，该设备的使用期为5年，期满无残值。在财务报告以及纳税的目的下，采用直线法计提折旧。在仔细调研之后，温索普估计了如下有关新产品的成本及收入数据：

年收入及成本	（单位：美元）
销售收入	250 000
变动成本	120 000
固定付现成本	70 000

公司适用的所得税率为30%，税后资本成本为15%。

要求：

（1）计算由于该项目产生的年所得税费用。

（2）计算该投资机会的净现值。

问题

所得税及净现值分析

兰德公司（Lander Company）面临一个争取一项5年期的资本预算项目的机会。在仔细调研之后，估计了如下有关的成本及收入数据：

	（单位：美元）
所需设备的成本	250 000
所需的营运资本	60 000
两年后设备的维修费	18 000
年收入及成本：	
销售收入	350 000
变动成本	180 000
固定付现成本	80 000

上述所需的设备可以使用5年，期满无残值。兰德公司在财务报告以及纳税的目的下，采用直线法计提折旧。公司适用的所得税率为30%，税后资本成本为12%。5年后项目期届满时，营运资本将被释放并在公司内部用于其他方面的投资。

要求：

（1）计算由于该投资机会产生的在1~5年中每年的所得税费用。

（2）计算该投资机会的净现值。

第 15 章

现金流量表

商业聚焦

了解现金流量

2015 年，美国最大的食品和药品零售商克罗格公司（The Kroger Company），报告称其实现了 20 亿美元的净利润。同年该公司花费了 33 亿美元建造工厂、购置设备、支付股息 3.85 亿美元、还清了 12 亿美元的长期债务，并且花费了 7.3 亿美元用于回购本公司的普通股股票。乍一看，这些数字可能会令人不解，因为克罗格公司花费的钱远远超出了其净利润。在这一章中，你将会学习现金流量表，将会阐释一个公司的净利润和它的现金流入、流出之间的关系。

资料来源：The Kroger Company, 2015 Form 10-K Annual Report, www.sec.gov/edgar/searchedgar/companysearch. html.

学习目标

1. 把现金流入和流出分类为经营活动现金流量、投资活动现金流量或者筹资活动现金流量。
2. 用间接法编制现金流量表，从而确定出经营活动现金流量净额。
3. 计算现金净流量。
4.（附录 15A）采用直接法确定经营活动现金流量净额。

三大主要财务报表——利润表、资产负债表和现金流量表是对外报告的财务报表。而**现金流量表**（statement of cash flows）着重阐释影响现金流，进而影响到现金余额的那些主要活动。企业管理层关注现金的理由很充分，因为在某些情况下，如果没有充足的现金，公司可能会错失绝佳的投资机会，甚至可能破产。

现金流量表回答了一些单纯依靠查阅利润表和资产负债表而不能解答的问题。例如，达美航空公司（Delta Airlines）在当年利润表显示其亏损超过 10 亿美元的情况下，从哪里获取了现金以支付近 1.4 亿美元的股息？华特·迪士尼公司（The Walt Disney Company）在欧洲迪士尼的投资损失超过 5 亿美元的情况下，如何能够投资近 10 亿美元来扩建和翻修其主题公园？在当年净利润仅为 20 亿美元的情况下，克罗格公司为何能够做到在工厂和设备上投资了 33 亿美元？这些问题都可以在现金流量表上找到答案。

虽然说，管理者往往更关心在预算编制过程中编制的预测现金流量表，但是现金流量表对于管理者以及投资者和债权人来说都是一个很有价值的分析工具。现金流量表可以用来回答诸如以下的关键问题：

（1）公司在其持续经营中是否能产生充足的正现金流以维持生存？

（2）公司是否有能力偿还债务？

（3）公司能够支付其正常的股息吗？

（4）为什么净利润和现金净流量不同？

（5）公司在多大程度上需要借钱来满足投资需求？

管理人员通过运用复式记账的基本原理来编制现金流量表，现金余额的变动额必须等于除现金以外所有其他资产负债表账户的变动额。这一编制原理确保正确分析所有非现金资产负债表账户的变化能起到量化现金流入和流出的作用，从而解释现金余额的变化。[⊖] 本章的目标就是将这个相当复杂的原理转化为少量的概念和步骤，以简化编制和解读现金流量表的过程。

在深入研究编制现金流量表的规则之前，我们需要回顾一下适用于所有资产账户、资产备抵账户、负债及股东权益账户的两个基本等式：

资产账户的基本等式

$$期初余额 + 借方发生额 - 贷方发生额 = 期末余额$$

资产备抵账户、负债及股东权益账户的基本等式

$$期初余额 - 借方发生额 + 贷方发生额 = 期末余额$$

这些等式将帮助你计算现金流量表中报告的各种现金流入和流出，并将会贯穿整个章节。

15.1 现金流量表：核心概念

现金流量表概括了公司一段时间内所有现金的流入和流出，也因此解释了现金余额的变动。现金流量表中的现金含义通常是广义的，它包括现金和现金等价物。**现金等价物**（cash equivalents）包括高流动性的短期投资，诸如短期国库券、商业票据以及仅仅是为了从临时闲置资金上获取收益的货币市场基金。大多数公司都把其超额的现金储备投资于易于转化为现金的有息资产上。由于这些资产相当于现金，因而现金流量表中的现金应该包含这些资产。

⊖ 现金流量表是根据以下资产负债表和利润表公式计算的：

（1）现金变动额 + 非现金资产变动额 = 负债变动额 + 股东权益变动额

（2）现金净流量 = 现金变动额

（3）股东权益变动额 = 净利润 - 股息 + 股本变动

这3个等式可以用来推导出以下这个等式：

（4）现金净流量 = 净利润 - 非现金资产变动额 + 负债变动额 - 股息 + 股本变动额

从本质上来讲，解释现金净流量的现金流量表，是以净利润为起点，通过调整非现金资产负债表账户的变化编制而成的。

本节的其余部分将讨论编制现金流量表时需要理解的 4 个核心概念，这 4 个概念包括：现金流量表的构成；编制现金流量表的一部分时所采用的直接法和间接法之间的区别；间接法的 3 个步骤；现金流量表中总现金流的正确记录。⊖

商业实战 15-1 ｜ 令人羡慕的三星公司的现金流

三星（Samsung）公司的现金和现金等价物已经达到 400 亿美元。该公司可以出于不同的目的来使用这些现金，如用于研发、营销、软件和医疗设备的收购、增加派息以及回购股票等多种用途。三星公司的现金储备情况反映出苹果公司（Apple）所维持的巨额现金余额，苹果公司的投资者最终迫使苹果公司增加了其每股派息和股票回购量。

资料来源：Daisuke Wakabayashi and Min-Jeong Lee, "Samsung's Sweet problem? Nearly $40 Billion in Cash," *The Wall Street Journal*, May 8,2013,pp.B1 and B4

15.1.1　现金流量表的构成

为了更容易地比较不同公司的数据，美国一般公认会计原则（GAAP）和国际财务报告准则（IFRS）要求公司在编制现金流量表时要遵循规定的准则。其中一项准则就要求将现金流量表划分为 3 个部分，报告企业经营活动、投资活动和筹资活动产生的现金流量。**经营活动**（operating activities）产生的现金流入和流出与影响净利润的收入与费用有关。**投资活动**（investing activities）产生的现金流入和流出与购置与处置非流动资产（如房屋、厂房、设备、长期投资以及借予他人款项）相关。**筹资活动**（financing activities）产生的现金流入和流出与向债权人借款和偿付本金、与公司所有者完成诸如销售或回购普通股和支付股息等交易有关。表 15-1 总结了这 3 种活动产生的最常见的现金流入与流出。⊖

表 15-1　经营活动、投资活动和筹资活动的现金流入与流出

	现金流入	现金流出		现金流入	现金流出
经营活动			购买作为长期投资的股票和债券		√
从客户处收取的现金	√		出售作为长期投资持有的股票和债券	√	
向供应商支付的货款		√	借予他方款项		√
向保险公司、公用事业单位等支付的款项		√	收回借予他人的本金	√	
支付的职工薪酬		√	**筹资活动**		
向政府机构缴纳的各项税费		√	向债权人借款	√	
向债权人支付的利息		√	归还借款本金		√
投资活动			出售普通股收取的现金	√	
购买房屋、厂房和设备		√	支付现金回购普通股		√
出售房屋、厂房和设备	√		向股东支付股息		√

⊖ 直接交换交易是另外一个与现金流量表相关的概念，它是指资产负债表非流动项目的互换。例如，一家公司可能会发行普通股用以直接交换房屋。然而现金流量表上是不会报告直接交换交易的，它们是在单独的附注中披露的。在高级会计课程中将会详尽地介绍这一主题。在本章中，我们对直接交换交易不予讨论。

⊖ 经营活动现金流入也包括利息收益和股息收益，但是本章仅限于销售商品的现金流入。

15.1.2 经营活动：直接法或间接法

美国一般公认会计原则和国际财务报告准则允许公司任选直接法或者间接法来计算经营活动产生的现金流量净额，规范来讲应该称之为**经营活动现金流量净额**（net cash provided by operating activities）。直接法和间接法的目的相同，即将权责发生制下的净利润转化为收付实现制。但是，两者的实现方式却各不相同。

在**直接法**（direct method）下，需要按照收付实现制重新编制利润表。例如，销售商品时不确认收入的实现，待收取现金时再做记录；成本结转的时点是向供应商支付现金的时点而非销售商品的时点。从本质上说，现金收入是指销售额，而与经营活动有关的现金支出就是费用。现金收入与现金支出的差额即为经营活动现金流量净额。

间接法（indirect method）则是以收付实现制为基础对净利润进行调整。也就是说，现金销售额、现金费用等不是直接通过计算得出，而是通过从净利润中扣除不影响现金流量的项目获得的。间接法说明了净利润与经营活动现金流量净额之间产生差异的原因，这是它优于直接法的一个地方。

尽管这两种方法都同样可以计算得出经营活动现金流量净额，但是绝大多数的公司都选择采用间接法来编制对外财务报告。如果一家公司采用了直接法来编制现金流量表，那么它还必须提供一份使用间接法编制的现金流量表补充资料。但是，如果一家公司选择使用间接法，它却不需要提供使用直接法编制的报表。鉴于直接法的工作量更大，所以很少有公司采用这一方法。因此，本章的主体部分是介绍间接法，直接法仅在附录 15A 中予以说明。

15.1.3 间接法：三步式

间接法通过三步将净利润调整为经营活动现金流量净额。

步骤 1

第一步是将折旧费用（depreciation charges）加到净利润上。折旧费用是在一定期间累计折旧账户的贷方发生额——增加累计折旧的会计分录的贷方发生额总额。我们为什么要这样做呢？因为累计折旧是一个非现金资产负债表账户，而我们必须在净利润的基础上对这一期间的非现金资产负债表账户的所有变动进行调整。

我们使用之前提到的资产备抵账户的等式来计算累计折旧账户的贷方发生额：

资产备抵账户的基本等式：

$$期初余额 - 借方发生额 + 贷方发生额 = 期末余额$$

例如，假设累计折旧账户的期初余额和期末余额分别为 300 美元和 500 美元。同时，假设该公司在此期间出售的设备累计折旧额为 70 美元。鉴于我们在累计折旧账户的借方记录出售或是报废的设备的累计折旧额，在净利润中加上的折旧额的计算过程如下：

$$期初余额 - 借方发生额 + 贷方发生额 = 期末余额$$
$$300 美元 - 70 美元 + 贷方发生额 = 500 美元$$
$$贷方发生额 = 500 美元 - 300 美元 + 70 美元$$
$$贷方发生额 = 270 美元$$

我们也可以用累计折旧的 T 型账户来展示同样的推理方法。鉴于我们已知该账户的期初余额与期末余额，并且知道出售设备时的借方发生额，那么 T 型账户的贷方发生额必定等于 270 美元。

<table>
<tr><td colspan="2" align="center">累计折旧</td></tr>
<tr><td></td><td>期初余额 300 美元</td></tr>
<tr><td>出售设备 70 美元</td><td>**270** 美元</td></tr>
<tr><td></td><td>期末余额 500 美元</td></tr>
</table>

对于服务和商品销售公司来说，累计折旧的 T 型账户的贷方发生额与其折旧费用账户的借方发生额相等。第一步的调整就包含了将折旧费用加到净利润上。

然而，对于制造企业来说，累计折旧 T 型账户的某些贷方发生额与生产性资产的折旧有关，而生产性资产的折旧是计入在产品存货的借方而非折旧费用的借方的。对于这些公司而言，折旧支出并不简单地等同于折旧费用。

由于在现金流量表中折旧费用是加回到净利润当中去的，所以有些人错误地以为公司可以通过增加折旧费用来增加现金流。这当然是错误的，一个公司不可能通过增加其折旧费用来增加其经营活动现金流量净额。如果其增加了 X 美元的折旧费用，那么净利润就会相应减少 X 美元，而第一部中的调整额也会增加 X 美元。净利润的减少额与第一步的调整额恰巧相互抵消，最终对经营活动现金流量净额没有影响。

步骤 2

第二步是分析影响净利润的非现金资产负债表账户的净变动额（net changes in noncash balance sheet accounts）。表 15-2 提供了分析流动资产与流动负债账户的总体指南。对于图表中列示的每一个账户，你都需要从查阅资产负债表开始，计算整个期间账户余额的变化，然后你需要在净利润中加上或者减去这些变动额，如表 15-2 所示。请注意，所有流动资产账户（应收账款、存货和待摊费用）的变化对净利润的调整都是相同的。

表 15-2　分析非现金资产负债表账户变化如何影响现金流量表上净利润的总体指南

	账户余额的增加	账户余额的减少		账户余额的增加	账户余额的减少
流动资产			**流动负债**		
应收账款	减去	加上	应付账款	加上	减去
存货	减去	加上	应计负债	加上	减去
待摊费用	减去	加上	应交所得税	加上	减去

如果某个资产账户的余额在此期间增加了，其增加额将从净利润中扣除。如果某个资产账户的余额在此期间减少了，其减少额将加到净利润中去。流动负债账户（应付账款、应计负债和应交所得税）的调整方法则相反。如果某个负债账户的余额增加了，其增加额将加到净利润中去。如果某个资产账户的余额减少了，其减少额将从净利润中扣除。

请注意，所做的这些调整的目的是将净利润转化为收付实现制。例如，应收账款余额的变化衡量的是赊销和从赊购的客户处收取的现金之间的差额。应收账款余额增加意味着赊销数超过了从赊购的客户处收取的现金数。应收账款余额减少意味着从赊购的客户处收取的现金数超过了赊销数。在这种情况下，净利润中应加上应收账款余额的变动额，因为这时它反映了从客户处收取的现金超出赊销数的大小。

表 15-2 中的其他账户也都有着相似的基本逻辑关系。对存货和应付账款的调整是将销货成本调整为购买商品支付的现金。对待摊费用和应计负债的调整是将销售和管理费用转化为收付实现制。对于应交所得税的调整则是将所得税费用调整为收付实现制。

步骤 3

计算经营活动现金流量净额的第三步是调整利润表中的收益或损失。根据美国一般公认会计原则和国际财务报告准则的规定，出售非流动资产的现金收入必须列示在现金流量表的投资活动部分。为了遵循这些规定，必须从现金流量表的经营活动部分报告的净利润中扣除与出售非流动资产有关的收益或损失。在做这种调整时，要将收益从经营活动部分的净利润中扣除并将损失加到经营活动部分的净利润中去。

商业实战 15-2 | 西尔斯的供应商想尽快收回他们的钱

西尔斯的（Sears'）一些供应商一改往常 30 ～ 60 天的收款标准，想要西尔斯在 15 天之内就支付款项。供应商正在争取更快的付款，以补偿他们将商品卖给陷入困境的零售商的风险。这家陷入困境的零售公司每年亏损超过 10 亿美元。从现金流的角度来看，更早的向供应商支付款项将降低西尔斯的应付账款余额，进而降低其经营活动现金流量净额。

资料来源：Suzanne Kapner, "Jittery Suppliers Press Sears to Pay Up Faster," *The Wall Street Journal*, March 19,2015, pp.B1-B2.

15.1.4 投资及筹资活动：现金总流量

美国一般公认会计原则和国际财务报告准则要求现金流量表的投资及筹资部分披露现金总流量。举例来说，假设梅西百货（Macy's Department Stores）在一年中购买了 5 000 万美元的房屋，并以 3 000 万美元的价格出售了其他房屋。该公司必须呈现购进交易和出售交易的总额，而不能仅显示 2 000 万美元的净变动额。在现金流量表的投资活动部分，将会披露 5 000 万美元购进业务的现金流出，并列报 3 000 万美元出售业务的现金流入。类似地，如果美国铝业（Alcoa）出售长期债券获得了 8 000 万美元的现金，然后花费 3 000 万美元的现金清偿其他债券，那么这两笔交易在现金流量表的筹资活动部分也应当单独列报，而不能以相互抵消的净额列报。

现金流量表中的经营活动部分在列报现金流量时并不采取总额法，而是反映借方和贷方相互抵消后的净额。例如，西尔斯在今年的销售业绩中增加了 6 亿美元的应收账款，并收回了 5.2 亿美元的应收账款，那么其在现金流量表中仅列报 8 000 万美元的净增加额。

要想计算出现金流量表中投资活动及筹资活动的现金总流量，你需要先算出每个对应资产负债表账户的余额变动。同流动资产一样，非流动资产账户（包括房屋、厂房、设备、长期投资和借予他方款项）余额的增加意味着需要在现金流量表投资活动部分减去现金流出。如果非流动资产账户的余额在此期间减少了，即意味着需要增加现金流入。负债和股东权益账户（应付债券和普通股）的处理方式则正好相反。若负债或股东权益账户余额增加了，就表明需要在现金流量表的筹资活动部分增加现金流入，若负债或股东权益账户余额减少了，就表明需要扣减这部分现金流出。表 15-3 对这些一般性准则进行了总结。

表 15-3　分析非现金资产负债表账户变动如何影响现金流量表投资部分及筹资部分的一般准则

	账户余额增加	账户余额减少
非流动资产（投资活动）		
房屋、厂房及设备	减去	加上
长期投资	减去	加上
借予他方款项	减去	加上
负债和股东权益（筹资活动）		
应付债券	加上	减去
普通股	加上	减去
留存收益	①	①

①若想量化所支付的现金股利，尚需进一步的分析。

在上述准则的基础上，若想正确地计算出每个账户现金流入与流出总量，则需要分析在此期间内发生的与该账户有关的交易。现以房屋、厂房、设备及留存收益为例来加以说明。

1. 房屋、厂房及设备账户

当公司购置房屋、厂房或设备时，应以购置金额借记房屋、厂房及设备账户。当其出售或处置这些资产时，应以原价贷记该账户。根据之前提到的资产基本等式来计算与房屋、厂房和设备有关的现金流出量：

资产账户的基本等式：

$$期初余额 + 借方发生额 - 贷方发生额 = 期末余额$$

例如，假设某公司的房屋、厂房及设备账户的期初余额与期末余额分别为 1 000 美元和 1 800 美元。除此之外，该公司在此期间以 40 美元的现金出售了一台设备，该设备原值为 100 美元，累计折旧为 70 美元。则该公司因为此项业务记录了 10 美元的收益，进而结转到净利润当中。

我们首先计算出房屋、厂房及设备账户增加了 800 美元，这意味着需要从现金流量表筹资活动部分扣减这一现金流出。事实上，我们很容易就得出这样的结论：本例中分析房屋、厂房及设备账户的正确方法就是在账户余额增加 800 美元时，对应地记录 800 美元的现金流出。然而，只有在公司在本年没有出售任何房屋、厂房及设备的情况下，此结论才是正确的。由于该公司出售了设备，我们只能根据资产账户的基本等式来计算现金流出，计算过程如下：

$$期初余额 + 借方发生额 - 贷方发生额 = 期末余额$$
$$1\ 000\ 美元 + 借方发生额 - 100\ 美元 = 1\ 800\ 美元$$
$$借方发生额 = 1\ 800\ 美元 - 1\ 000\ 美元 + 100\ 美元$$
$$借方发生额 = 900\ 美元$$

上述推导过程也可以用房屋、厂房及设备的 T 型账户来说明。考虑到账户的期初余额、期末余额以及记录下来的冲销已售设备的原值的贷方发生额均为已知，那么 T 型账户的借方发生额，即该账户的增加额就一定是 900 美元。

房屋、厂房及设备

期初余额	1 000 美元		
添置固定资产	900 美元	出售设备	100 美元
期末余额	1 800 美元		

所以，正确的会计处理是从报表的经营活动现金流量部分的净利润中减去因设备出售而获得的 10 美元的收益，而不是在现金流量表的投资活动现金流量部分列报 800 美元的与房屋、厂房及设备有关的现金流出。同时，还需要在报表的投资活动现金流量部分披露出售设备获得的 40 美元的现金流入，以及因添置房屋、厂房及设备而造成的 900 美元的现金流出。

2. 留存收益

当公司获得净利润时，留存收益账户的贷方会增加，而公司分配股利时，则计入留存收益账户的借方。根据之前提到的股东权益账户的基本等式，可以计算出支付的现金股利总额：

股东权益账户的基本等式：

$$期初余额 - 借方发生额 + 贷方发生额 = 期末余额$$

例如，假定某公司的留存收益账户的期初余额与期末余额分别为 2 000 美元和 3 000 美元。此外，该公司列报了 1 200 美元的净利润以及支付了一定的现金股利。为了确定现金股利支付额，我们首先计算出留存收益账户有 1 000 美元的增加额，然而，鉴于该账户既反映这一期间获取的净利润，又反映股利的支付额，所以，我们必须利用上述等式来计算股利支付额，计算过程如下：

$$期初余额 - 借方发生额 + 贷方发生额 = 期末余额$$
$$2 000 美元 - 借方发生额 + 1 200 美元 = 3 000 美元$$
$$3 200 美元 = 3 000 美元 + 借方发生额$$
$$借方发生额 = 200 美元$$

同样也可以用留存收益 T 型账户来表示上述过程。考虑到账户的期初余额、期末余额以及 T 型账户贷方所记录的净利润都是已知的，那么股利作为 T 型账户借方列报的金额就一定是 200 美元。

留存收益

		期初余额	2 000 美元
股利	200 美元	净利润	1 200 美元
		期末余额	1 800 美元

因此，不能错误地列报有关留存收益的 1 000 美元的现金流总变动额，正确的会计处理是在现金流量表的经营活动现金流量部分披露 1 200 美元的净利润，并在报表的筹资活动现金流量部分列报 200 美元的现金股利。

15.1.5 核心概念总结

表 15-4 总结了之前讨论的 4 个核心概念。第一个核心概念是现金流量表分为 3 个部分：

经营活动、投资活动和筹资活动。需要结合这 3 种类型的活动所耗用或产生的现金净额来分析反映现金余额变化的现金及现金等价物的净增加额或净减少额。第二个核心概念是现金流量表的经营活动部分可采用直接法或者间接法编制。直接法是将销售收入、销售成本、销售和管理费用以及所得税都转化为收付实现制。而间接法则是以权责发生制下的净利润为起点，将其调整为收付实现制。第三个核心概念是间接法通过三步来计算出经营活动现金流量净额：第一步是将折旧加回到净利润当中去；第二步是分析影响净利润的非现金资产负债表账户的变动情况；第三步是调整利润表中的收益和损失。第四个核心概念是记录现金流量表投资活动部分与筹资活动部分的现金总流入与总流出（而非净流入与净流出）。[⊖]

表 15-4　编制现金流量表的核心概念总结　　　　　　（单位：美元）

核心概念 #1		核心概念 #2	
现金流量表分为 3 个部分：		美国一般公认会计原则和国际财务报告准则允许现金流量表的经营活动部分采用两种方法编制：	
经营活动		**直接法（附录 15A）**	
经营活动产生（或耗用）的现金净额	××	从客户处收到的现金	××
投资活动		采购存货支付的现金	(××)
投资活动产生（或耗用）的现金净额	××	销售和管理费用支付的现金	(××)
		缴纳所得税支付的现金	(××)
××		经营活动产生（或耗用）的现金流量净额	××
筹资活动			
筹资活动产生（或耗用）的现金净额	××		
××		**间接法**	
现金及现金等价物的净增 / 减额	××	净利润	××
现金及现金等价物的期初余额	××	各项调整（+/−）	××
现金及现金等价物的期末余额	××	经营活动产生（或耗用）的现金流量净额	××
核心概念 #3		**核心概念 #4**	
运用间接法计算经营活动现金流量净额的过程分为 3 步：		现金流量表的投资活动部分与筹资活动部分必须列报总的现金流量：	
经营活动		经营活动产生（或耗用）的现金流量净额	××
净利润	××	**投资活动**	
为将净利润转化为收付实现制所做的调整：		房屋、厂房及设备的购置	(××)
步骤 1 { 加：折旧	××	房屋、厂房及设备的出售	××
		购买长期投资	(××)
步骤 2 { 分析非现金资产负债表账户的净变动情况：		出售长期投资	××
		投资活动产生（或耗用）的现金流量净额	(××)
流动资产账户的增加额	(××)	**筹资活动**	
流动资产账户的减少额	××	发行应付债券	××
流动负债账户的增加额	××	偿还应付债券本金	(××)
流动负债账户的减少额	(××)	发行普通股	××
		回购自有普通股股份	(××)

⊖ 本章中关于普通股交易采取了两种简化的分析方法。首先我们总是假定公司发行无面值的普通股，于是，本章的分析中就排除了额外的实收资本。其次，本章假定股票回购交易直接记录在普通股账户的借方，而不是记录在称之为"库存股"的股东权益抵减账户的借方。

（续）

核心概念 #3		核心概念 #4	
		支付股利	（××）
步骤 3 对收益 / 损失的调整：		筹资活动产生（或耗用）的现金流量净额	××
出售收益	（××）	现金及现金等价物的净增 / 减额	××
出售损失	××	现金及现金等价物的期初余额	××
经营活动产生（或耗用）的现金流量净额	××	现金及现金等价物的期末余额	××

15.2 现金流量表举例

为了阐明前节所介绍的内容，现在以一家名为阿帕尔股份有限公司（Apparel，Inc）的商业企业为例编制现金流量表。该公司的利润表与资产负债表如表 15-5 和表 15-6 所示。

表 15-5　阿帕尔股份有限公司利润表　　　　　　　（单位：百万美元）

销售收入	3 638	非经营性项目：出售门店的收益	3
销货成本	2 469	税前利润	231
毛利	1 169	所得税	91
销售和管理费用	941	净利润	140
经营净利润	228		

表 15-6　阿帕尔股份有限公司比较资产负债表　　　　　　（单位：百万美元）

	期末余额	期初余额	变动额		期末余额	期初余额	变动额
资产				**负债和股东权益**			
流动资产				流动负债			
现金及现金等价物	91	29	+62	应付账款	264	220	+44
应收账款	637	654	−17	应计负债	193	190	+3
存货	586	537	+49	应交所得税	75	71	+4
流动资产合计	1 314	1 220		流动负债合计	532	481	
房屋、厂房及设备	1 517	1 394	+123	应付债券	479	520	−41
减：累计折旧	654	561	+93	负债合计	1 011	1 001	
房屋、厂房及设备净值	863	833		股东权益：			
资产合计	2 177	2 053		普通股	157	155	+2
				留存收益	1 009	897	+112
				股东权益合计	1 166	1 052	
				负债和股东权益合计	2 177	2 053	

我们同样假定了关于阿帕尔公司的如下事实：

（1）该公司出售了一间门店，该门店的原值为 1 500 万美元，累计折旧为 1 000 万美元。此次出售的现金收入为 800 万美元，收益为 300 万美元。

（2）该公司当年未发行任何新债券。

（3）该公司当年未回购自有普通股。

（4）该公司当年发放了一次现金股利。

需要注意的是，表 15-6 中的资产负债表包含了每一个资产负债表账户的变动额。例如，现金及现金等价物的期初余额与期末余额分别为 2 900 万美元和 9 100 万美元。也就是说，该账户余额增加了 6 200 万美元。其他资产负债表账户的计算同上。因为我们之后还将借助这些账户的余额，所以我们现在需要对其进行学习。例如，我们需要记住阿帕尔公司编制现金流量表的目的在于披露表 15-6 中现金及现金等价物增加的 6 200 万美元背后的经营活动、投资活动及筹资活动的现金流量。同样，也请注意虽然表 15-6 已为你计算出了各账户余额的变动额，在试图编制现金流量表之前，通常你需要自己计算一下上述余额的变动额。

15.2.1 经营活动

本节采用先前提到的三步法来编制阿帕尔公司现金流量表的经营活动部分。

步骤 1

计算阿帕尔公司经营活动现金流量净额的第一步是在净利润中加上折旧，在表 15-6 的资产负债表中可以看到，阿帕尔公司的累计折旧账户的期初余额和期末余额分别为 5.61 亿美元和 6.54 亿美元。从之前的假设中，我们还可以得知阿帕尔公司当年出售了一间门店，该门店的累计折旧为 1 000 万美元。基于上述事实，我们可以根据资产备抵账户的基本等式确定出阿帕尔公司需要在净利润中加上 1.03 亿美元的折旧：

期初余额 – 方发生额 + 贷方发生额 = 期末余额

5.61 亿美元 –1 000 万美元 + 贷方发生额 = 6.54 亿美元

贷方发生额 = 6.54 亿美元 – 5.61 亿美元 + 1 000 万美元

贷方发生额 = 1.03 亿美元

步骤 2

计算经营活动现金流量净额的第二步是分析影响净利润的非现金资产负债表账户的净变动额。表 15-7 列示了阿帕尔公司完成此步骤所需要做的 5 项调整。为了便于读者参考，表 15-7 的上半部分再现了完成本步骤的一般准则的摘录，这在之前的表 15-2 中也总结过。表 15-7 的下半部分则将表中上半部分的一般准则应用于阿帕尔公司的资产负债表。例如，表 15-6 显示阿帕尔公司的应收账款余额减少了 1 700 万美元。而表 15-7 的上半部分就表明应收账款的减少额被加到净利润当中去了。这就解释了为什么在表 15-7 的下半部分中阿帕尔公司应收账款 1 700 万美元的减少额前会有一个加号。类似地，表15-6 表明阿帕尔公司的存货余额增加了 4 900 万美元。当存货增加时，净利润

表 15-7　阿帕尔股份有限公司：分析非现金资产负债表账户如何影响现金流量表中的净利润

	账户余额增加	账户余额减少
表 15-2 中的一般准则		
流动资产		
应收账款	减	加
存货	减	
流动负债		
应付账款	加	减
应计负债	加	减
应交所得税	加	减
	账户余额增加	**账户余额减少**
阿帕尔公司的账户分析		
流动资产		
应收账款		+17
存货	–49	
流动负债		
应付账款	+44	
应计负债	+3	
应交所得税	+4	

中会扣减该增加额。这就解释了为什么在表15-7的下半部分中阿帕尔公司存货4 900万美元的增加额前会有一个减号。运用同样的推理方式，就可以解释为什么表15-6中的应付账款增加（+44），应计负债增加（+3）以及应交所得税增加（+4）均导致图表15-7的下半部分中列示的阿帕尔公司的净利润的增加。

步骤3

计算经营活动现金流量净额的第三步是调整利润表中的收益/损失。阿帕尔公司在表15-5所示的利润表中列报了300万美元的收益；因此，需要从净利润中减去该数额。通过扣减销售收益，将其从现金流量表中的经营活动部分剔除。而与此项销售业务相关的全部现金收入则将反映在报表的投资活动部分。

表15-8列示了阿帕尔公司现金流量表的经营活动部分。现在花一些时间来查看我们刚才对表中每个数字所做的计算。对净利润的总的调整额为1.19亿美元，从而经营活动现金流量净额就是2.59亿美元。

表15-8　阿帕尔股份有限公司：现金流量表的经营活动部分　　　　（单位：百万美元）

经营活动		
净利润		140
将净利润转化为收付实现制的调整项：		
步骤1 ——→ 折旧	103	
应收账款减少	17	
存货增加	（49）	
步骤2 ——→ 应付账款增加	44	
应计负债增加	3	
应交所得税增加	4	
步骤3 ——→ 出售门店的收益	（3）	119
经营活动所产生（或耗用）的现金净额		259

15.2.2　投资活动

阿帕尔公司投资活动的现金流与其房屋、厂房及设备账户有关，如表15-6所示，该账户的期初余额与期末余额分别为13.94亿美元和15.17亿美元，即增加额为1.23亿美元。该增加额表明阿帕尔公司购置了设备；然而，其并未反映现金流量表中需要列报的总的现金流量。

根据之前的假设，阿帕尔公司以800万美元的现金出售了一间原值为1 500万美元的门店，此项出售带来的现金流入应当记录于现金流量表的投资活动部分。为了计算出与购置房屋、厂房及设备有关的现金流出，我们要用到本章开头部分所提到的资产的基本等式：

$$期初余额 + 借方发生额 - 贷方发生额 = 期末余额$$
$$13.94 亿美元 + 借方发生额 - 1\,500 万美元 = 15.17 亿美元$$
$$借方发生额 = 15.17 亿美元 - 13.94 亿美元 + 1\,500 万美元$$
$$借方发生额 = 1.38 亿美元$$

请注意，上述等式的贷方发生额中包括所出售门店的原值。将购置房屋、厂房及设备的现金流出量 1.38 亿美元与出售门店的现金流入量 800 万美元相减，即可得出阿帕尔公司投资活动支付的现金净额为 1.3 亿美元。

15.2.3　筹资活动

表 15-9 对于如何计算阿帕尔公司与资产负债表中应付债券和普通股账户有关的现金流量做了解释。表的上半部分再现了之前在表 15-3 分析筹资活动现金流量的一般准则的摘录。表 15-9 的下半部分将上半部分的一般准则应用于阿帕尔公司资产负债表中的这两个账户。下面我们将依次分析每个账户。

表 15-6 显示阿帕尔公司的应付债券余额减少了 4 100 万美元。如前所述，由于阿帕尔公司当年并未发行任何债券，我们可以得出这样的结论：该账户 4 100 万美元的减少额单纯是因偿还债券导致

表 15-9　阿帕尔股份有限公司：分析非现金资产负债表账户变化如何影响现金流量表筹资活动现金流量

	账户余额增加	账户余额减少
表 15-3 中的一般准则		
负债和股东权益		
应付债券	加	减
普通股	加	减
	账户余额增加	**账户余额减少**
阿帕尔公司的账户分析		
负债和股东权益		
应付债券		−41
普通股	+2	

的。表 15-9 的上半部分指出应付债券的减少意味着需要从现金流量表的投资活动部分减去这部分现金流出。这就解释了为什么表的下半部分中阿帕尔公司应付债券 4 100 万美元的减少额前会有一个减号。类似地，表 15-6 表明阿帕尔公司的普通股余额增加了 200 万美元。如前所述，因为阿帕尔公司当年并未回购任何自有股票，我们可以得出这样的结论：该账户 200 万美元的增加额单纯是因发行普通股导致的。表 15-9 的上半部分指出普通股的增加意味着需要在现金流量表的投资活动部分加上这部分现金流入。这就解释了为什么在表 15-7 的下半部分中阿帕尔公司普通股 200 万美元的增加额前会有一个加号。

阿帕尔公司筹资活动最终的现金流出是其向普通股股东支付的股利。可以借助本章开头提到的股东权益账户的基本等式来计算股利支付额：

$$期初余额 - 借方发生额 + 贷方发生额 = 期末余额$$
$$8.97 亿美元 - 借方发生额 + 1.4 亿美元 = 10.09 亿美元$$
$$10.37 亿美元 = 10.09 亿美元 + 借方发生额$$
$$借方发生额 = 2\ 800 万美元$$

将 6 900 万美元（4 100 万美元 +2 800 万美元）的现金流出与 200 万美元的现金流入相减，可得出阿帕尔公司筹资活动支付的现金净额为 6 700 万美元。

表 15-10 列示了阿帕尔公司的现金流量表。报表的经营活动部分由表 15-8 转入。现在我们花一些时间来查看刚才在表 15-10 中反映的投资活动及筹资活动的现金流量，需注意的是现金及现金等价物的净变动额是根据以下等式计算得到的：

$$现金及现金等价物的净变动额 = 经营活动产生（或支付）的现金净额 + 投资活动产生（或支付）的现金净额 + 筹资活动产生（或支付）的现金净额$$

$$现金及现金等价物的净变动额 = 2.59 亿美元 - 1.3 亿美元 - 6\,700 万美元$$

$$现金及现金等价物的净变动额 = 6\,200 万美元$$

该数额与表 15-6 的资产负债表中现金及现金等价物的变动额 6 200 万美元是一致的。

表 15-10　阿帕尔股份有限公司现金流量表：间接法编制　（单位：百万美元）

经营活动			投资活动		
净利润		140	房屋、厂房及设备的增加		（138）
将净利润转化为收付实现制所做的调整：			出售门店的利得		8
折旧	103		投资活动所产生（或耗用）的现金净额		（130）
应收账款的减少	17		**筹资活动**		
存货的增加	（49）		偿还应付债券		（41）
应付账款的增加	44		发行普通股		2
应计负债的增加	3		已付现金股利		（28）
应交所得税的增加	4		筹资活动所产生（或耗用）的现金净额		（67）
门店销售收入	（3）	119	现金及现金等价物净增加额		62
经营活动所产生（或耗用）的现金净额		259	现金及现金等价物期初余额		29
			现金及现金等价物期末余额		91

15.2.4　综观全局

本章开头提到，现金流量表的编制是通过分析非现金资产负债表账户的变动情况来实现的。接着我们阐述了编制现金流量表的方法。这一方法简化了编制现金流量表的过程，现在我们将说明这与分析非现金资产负债表账户的变动达到的效果是相同的。

表 15-11 采用 T 型账户总结了如何用阿帕尔股份有限公司非现金资产负债表账户的变动确定其现金流入量与流出量，从而解释了其现金余额的变化。该表的上方是阿帕尔公司的现金 T 型账户，而下方则是该公司其余资产负债表账户的 T 型账户。要注意的是：经营活动现金流量净额是 2.59 亿美元，且现金 T 型账中显示的 6 200 万美元的现金及现金等价物净增加额与表 15-10 中现金流量表的相应数字是一致的。

我们将分五步来解释表 15-11。分录（1）在留存收益账户的贷方记录了阿帕尔公司 1.4 亿美元的净利润，并将该金额记录在现金账户的借方。现金 T 型账中列示的 1.4 亿美元的净利润将被调整，直到其反映现金及现金等价物的净增加额 6 200 万美元。分录（2）将 1.03 亿美元的折旧加到净利润中。分录（3）至分录（7）根据流动资产与流动负债账户的变化对净利润进行调整。分录（8）至分录（11）总结了与添置房屋、厂房及设备、偿还应付债券、支付现金股利以及发行普通股有关的现金流出与流入。分录（12）记录了门店出售这项业务。请注意，该项出售带来的 300 万美元的收益是记录在现金 T 型账户的贷方的，这相当于将此收益从净利润中减去，这样一来此项出售带来的 800 万美元的现金收入总额就可以在现金流量表的投资活动部分反映了。

表 15-11　阿帕尔股份有限公司过账后的 T 型账户　（单位：百万美元）

现金					
净利润	（1）	140	49	（4）	存货的增加额

（续）

现金				
折旧	（2）	103	（12）	出售门店的收益
应收账款减少额	（3）	17		
应付账款增加额	（5）	44		
应计负债增加额	（6）	3		
应交所得税增加额	（7）	4		
经营活动产生的现金流量净额		259		
出售门店带来的收入	（12）	8	138 （8）	房屋、厂房及设备的增加额
普通股的增加	（11）	2	41 （9）	应付债券减少额
现金及现金等价物净增加额		62	28 （10）	已付现金股利

应收账款		存货		房屋、厂房及设备		累计折旧	
余额 654		余额 537		余额 1 394			561 余额
	17（3）	（4）49		（8）138	15（12）	（12）10	103（2）
余额 637		余额 586		余额 1 517			654 余额

应付账款		应计负债		应交所得税	
	220 余额		190 余额		71 余额
	44（5）		3（6）		4（7）
	264 余额		193 余额		75 余额

应付债券		普通股		留存收益	
	520 余额		155 余额		897 余额
（9）41			2（11）	（10）28	140（1）
	479 余额		157 余额		1 009 余额

商业实战 15-3 | 四季酒店难以管理其债务

当四季酒店毛伊岛店（Four Season Maui's）的入住率从 79% 下降到 60% 时，其当年前三季度的现金净流量暴跌至 1.09 亿美元。酒店老板已不能支付其每年 2.36 亿元的债务，因此，其与债权人一起更改了贷款协议条款。其他的四季酒店也面临着类似的问题。例如，四季酒店旧金山店（Four Season San Francisco）在丧失抵押品赎回权的边缘摇摇欲坠，直到其老板引进一家名为

Westbrook Partners LLC 的新合伙人支付了其 9 000 万美元抵押贷款中的 3 500 万美元。类似地，四季酒店达拉斯店（Four Season Dallas）的老板也面临着现金短缺的问题，迫使其不得不更改 1.83 亿美元的抵押贷款条款。

资料来源：Kris Hudson, "Four Seasons Maui on Ropes," *The Wall Street Journal*, March 22,2010,p. B2.

15.3 解释现金流量表

管理者通过研究现金流量表可以获取许多有用的信息。本节将探讨管理者在解释现金流量表时会用到的两项指南。

15.3.1　考虑公司的具体情况

评估公司的现金流量表应以公司的具体情况作为背景支撑。为了说明这一点，我们举两个例子，一个是初创公司，另一个是销售额增长和销售额下降的公司。初创公司通常无法从经营活动中产生正的现金流，因此，他们依赖发行股票和贷款来为投资活动提供资金。这就意味着初创公司经营活动产生的现金流量往往为负值，而投资活动会支付大量的现金，同时筹资活动也会提供大量的现金净额。然而，随着初创公司日趋成熟，其应该开始产生足够的现金以维持日常经营，并且能够在不额外发行股票或者借债的情况下有资金维护其厂房及设备。这意味着经营活动现金流量净额应当由负数转为正数。用于投资活动的现金净额应当有所减少并保持稳定，而筹资活动提供的现金净额应当下降。

销售额增长的公司的应收账款、存货以及应付账款余额均会增加，这一点很容易理解。而另一方面，倘若公司的销售额下降，但其上述账户的余额却增加了，这就预示着公司的经营出了问题。可能应付账款的增加是由于公司试图向那些并不会付款的客户销售商品以扩大销量。存货的增加可能意味着公司积压了大量的存货。应付账款的增加可能是因为公司正延期支付给供应商款项，以扩大其经营活动现金流量净额。要注意的是，对于这些账户余额变动的合理解释要依公司的情况而定。

15.3.2　考虑数字之间的关系

现金流量表中的每个数字都可以提供有用的信息，管理者可以通过考察数字之间的关系得到最有意义的信息。

例如，一些管理者通过比较经营活动现金流量净额与销售额来研究公司销售现金比率的变动趋势。这样做的目的在于不断地增加每元销售收入得到的经营活动现金流量。如果我们回过头去看表 15-5 中阿帕尔公司的利润表以及该公司在表 15-10 中的现金流量表，可以得出其销售现金比率大约为 0.07 美元 / 1 美元销售收入（=2.59 亿美元 ÷36.38 亿美元），管理者还可以将经营活动现金流量净额与流动负债的期末余额做比较。如果经营活动现金流量净额高于（或低于）流动负债的期末余额，就说明该公司产生了（或未产生）足够的现金流以在期末时偿付负债。阿帕尔公司的经营活动现金流量净额为 2.59 亿美元（见表 15-10），这不足以偿付当年末 5.32 亿美元的流动负债（见表 15-6）。

第三个例子是，管理者将现金流量表投资活动部分中房屋、厂房及设备的增加额与报表经营活动部分的折旧额做比较。如果房屋、厂房及设备的增加额持续地低于折旧额，这表明公司没有投入足够的资金来维持其非流动资产。如果我们回过头去看表 15-10 中的阿帕尔公司的现金流量表，会发现其房屋、厂房及设备的增加额（1.38 亿美元）高于其折旧额（1.03 亿美元）。这表明阿帕尔公司投资了足够多的资金来维持其非流动资产。

1. 自由现金流量

自由现金流量（Free cash flow）是管理者考察现金流量表中的 3 个数字之间的关系的一个衡量尺度，这 3 个数字是经营活动现金流量净额，房屋、厂房及设备的增加额（也称作资本支出）以及股利。自由现金流量衡量了公司的经营活动现金流量净额为其房屋、厂房及设备的资本支出以及现金股利分配提供资金的能力。计算自由现金流量的公式如下：⊖

⊖　关于自由现金流量的多种定义的总结，可以参照 John Mills, Lynn Bible, and Richard Mason, "Defining Free Cash Flow," *CPA Journal* ,January 2002,pp.36-42.

$$自由现金流量 = 经营活动现金流量净额 - 资本支出 - 股利$$

根据这个公式以及表 15-10 中的现金流量表，可以计算出阿帕尔公司的自由现金流量（以百万美元为单位），计算过程如下：

$$自由现金流量 = 259 百万美元 - 138 百万美元 - 28 百万美元$$
$$= 93 百万美元$$

这对自由现金流量的解释直截了当。自由现金流量若为正数，表明公司经营活动产生的现金流足以为其资本支出及股利支付提供资金。若自由现金流量为负数，则说明公司需要从其他渠道获取现金，比如像债权人借款或者是发行普通股，才可以为其房屋、厂房及设备的投资以及股利支付提供资金。负的自由现金流量并不一定意味着公司的业绩糟糕。正如先前所述，有着巨大发展前景的新公司在初创阶段的自由现金流量很可能为负。然而，即使是初创公司，其最终也需要产生正的自由现金流量以维持生存。

2. 盈利质量

管理者和投资者往往通过考察净利润与经营活动现金流量净额之间的关系来帮助自己分析公司的盈利在多大程度上反映出公司真实的经营绩效。管理者们普遍认为，当满足以下条件时，公司的盈利质量较高，或者说更能反映出真实的经营绩效：①没有受到通货膨胀的过度影响；②根据谨慎的会计原则及会计估计计算得出；③与经营活动现金流量净额相关。当公司的净利润与其经营活动现金流量净额的变动相一致（或者说是呈相关关系的）时，这就意味着盈利是由销售收入及营业费用带来的。相反，如果公司的净利润稳步增长，但是其经营活动现金流量净额却在减少，那就说明其净利润受到了与经营绩效无关的因素的影响，如非经常性交易或激进的会计原则和估计的影响。

商业实战 15-4　│　帕纳拉面包公司增加了其股票回购

帕纳拉面包（Panera Bread Company）宣布了斥资 7.5 亿美元回购自己股票的计划。该公司打算举借 5 亿美元的新债，并计划出售其 925 家公司自有门店中的 73 家来为此次股票回购提供资金。当帕纳拉的计划公之于众时，其股价上涨了 12%，达到182.89 美元 / 股。该公司还计划采取措施在午餐时间以外增加销售，并通过实施诸如缩短食物准备时间及结账时长等提升运营效率的措施以提高其财务业绩。

资料来源：Llan Brat, "Panera to Expand Buyback and Sell Some Stores," *The Wall Street Journal*, April 17, 2015, p. B3.

本章小结

现金流量表是企业编制的三大主要财务报表之一。它传递出一段时间内公司的现金是如何产生的又是如何使用信息的。现金流量表作为工具被广泛用于评估企业的财务状况。

出于对外报告的目的，现金流量表必须划分为经营活动、投资活动以及筹资活动三大部分。经营活动现金流量净额是一项很重要的指标，因为它可以反映出公司持续产生现金的能力强弱。计算经营活动现金流量净额的间接法分为三步：第一步是在净利润中加上折旧；第二步是分析影响净利润的非现金资产负债表账户的净变动额；第三步是调整利润表中的收益或损失。

而现金流量表的投资活动部分与筹资活动部分则必须列报总的现金流量。现金流量表总括反映了一定期间现金及现金等价物的净增加额/净减少额，从而解释了现金账户余额的变化。

复习题

罗克福德公司（Rockford Company）今年和去年的比较资产负债表以及本年的利润表如下。

罗克福德公司比较资产负债表（单位：百万美元）

	本年	去年
资产		
流动资产		
现金及现金等价物	26	10
应收账款	180	270
存货	205	160
待摊费用	17	20
流动资产合计	428	460
房屋、厂房及设备	430	309
减：累计折旧	218	194
房屋、厂房及设备净值	212	115
长期投资	60	75
资产合计	700	650
负债和股东权益		
流动负债		
应付账款	230	310
应计负债	70	60
应交所得税	15	8
流动负债合计	315	378
应付债券	135	40
负债合计	450	418
股东权益		
普通股	140	140
留存收益	110	92
股东权益合计	250	232
负债和股东权益合计	700	650

罗克福德公司利润表（截至本年12月31日）

（单位：百万美元）

销售收入	1 000
销货成本	530
毛利	470

	（续）
销售和管理费用	352
经营净利润	118
非营业项目	
设备出售损失	4
税前利润	114
所得税	48
净利润	66

补充资料：

（1）本年罗克福德公司发放了一次现金股利。

（2）出售设备损失400万美元来自于一个原值为1 200万美元，累计折旧为500万美元，销售价格为300万美元现金的设备交易。

（3）罗克福德公司当年未购买任何长期投资，也未产生任何与出售长期投资有关的收益或损失。

（4）本年罗克福德公司未偿还任何应付债券，也没有发行或回购普通股。

要求：

（1）利用间接法确定本年的经营活动现金流量净额。

（2）编制本年度现金流量表。

复习题答案：

在将注意力转移到问题的具体要求之前，你首先需要完成的任务是计算资产负债表中每个账户的变动额，如下所示。

罗克福德公司比较资产负债表（单位：百万美元）

	本年	去年	变动额
资产			
流动资产			
现金及现金等价物	26	10	+16

（续）	本年	去年	变动额
应收账款	180	270	−90
存货	205	160	+45
待摊费用	17	20	−3
流动资产合计	428	460	
房屋、厂房及设备	430	309	+121
减：累计折旧	218	194	+24
房屋、厂房及设备净值	212	115	
长期投资	60	75	−15
资产合计	700	650	
负债和股东权益			
流动负债			
应付账款	230	310	−80
应计负债	70	60	+10
应交所得税	15	8	+7
流动负债合计	315	378	
应付债券	135	40	+95
负债合计	450	418	
股东权益			
普通股	140	140	+0
留存收益	110	92	+18
股东权益合计	250	232	
负债和股东权益合计	700	650	

要求（1）：

你应当采取三步法计算经营活动现金流量净额。

步骤 1：将折旧加到净利润中。

完成这一步骤需要用到下述公式：

期初余额 − 借方发生额 +
贷方发生额 = 期末余额
1.94 亿美元 − 500 万美元 +
贷方发生额 = 2.18 亿美元
贷方发生额 = 2.18 亿美元 −
1.94 亿美元 + 500 万美元
贷方发生额 = 2 900 万美元

步骤 2：分析影响净利润的非现金资产负债表账户的净变动。

完成这一步骤需要按照表 15-2 中的逻辑，如下所示。

	账户余额的增加	账户余额的减少
流动资产		
应收账款		+90
存货	−45	
待摊费用		+3
流动负债		
应付账款		−80
应计负债	+10	
应交所得税	+7	

步骤 3：调整利润表中的收益和损失。

罗克福德公司因出售设备而导致的 400 万美元的损失必须加回到净利润中。

完成了这三步之后，现金流量表的经营活动部分将呈现如下：

罗克福德公司现金流量表：间接法编制

（截至本年 12 月 31 日）　（单位：百万美元）

经营活动		66
净利润		
将净利润转化为收付实现制所做的调整：		
折旧		29
应收账款的减少		90
存货的减少		（45）
待摊费用的减少		3
应付账款的减少		（80）
应计负债的增加		10
应交所得税的增加		7
设备出售的损失	4	18
经营活动所产生（或耗用）的现金净额		84

要求（2）：

为了编制出最终的现金流量表，我们还需要完成报表的投资活动部分和筹资活动部分的编制。这就需要分析房屋、厂房及设备、长期投资、应付债券、普通股和留存收益账户。下表是在表 15-3 的基础上编制的，该表反映了罗克福德公司 4 个账户的余额变动情况。

	账户余额增加	账户余额减少
非流动资产（投资活动）		
房屋、厂房及设备	−121	
长期投资		+15

（续）

	账户 余额增加	账户 余额减少
负债和股东权益（筹资活动）		
应付债券	+95	
普通股	不变	不变
留存收益	①	①

①确定已付的现金股利额还需进一步的分析。

根据前面的资料中已知，罗克福德公司今年未购买任何长期投资，且在长期投资方面也不存在任何收益或损失。这就意味着减少的 1 500 万美元长期投资相当于现金流量表投资活动部分记录的因出售长期投资所带来的现金流入量。在前面资料中还提到，罗克福德公司年内未偿还任何应付债券；因此，9 500 万美元的应付债券增加额定是由于发行债券所致。这部分现金流入记录在了现金流量表的筹资活动部分。

在此期间公司的普通股账户未发生变动，因此也就未对现金流量表造成影响。还有两个账户需要进一步的分析，这两个账户是房屋、厂房及设备账户以及留存收益账户。

该公司出售的设备的原价为 1 200 万美元，销售收取的现金为 300 万美元。此项销售的现金收入需要在现金流量表的投资活动部分反映。与罗克福德公司投资活动有关的现金流出量可以根据以下公式计算得到：

$$期初余额 + 借方发生额 -$$
$$贷方发生额 = 期末余额$$
$$3.09 亿美元 + 借方发生额 -$$
$$1 200 万美元 = 4.30 亿美元$$
$$借方发生额 = 4.30 亿美元 -$$
$$3.09 亿美元 + 1 200 万美元$$
$$借方发生额 = 1.33 亿美元$$

可以借助罗克福德公司的留存收益账户

和股东权益账户的基本等式来计算该公司的股利支付额，计算过程如下：

$$期初余额 - 借方发生额 +$$
$$贷方发生额 = 期末余额$$
$$9 200 万美元 - 借方发生额 +$$
$$6 600 万美元 = 1.1 亿美元$$
$$1.58 亿美元 = 1.1 亿美元 + 借方发生额$$
$$借方发生额 = 4 800 万美元$$

该公司完整的现金流量表如下所示。请注意，现金及现金等价物的净增加额与现金及现金等价物账户的余额变动数相等。

罗克福德公司现金流量表：间接法编制

（截至本年 12 月 31 日） （单位：百万美元）

经营活动		66
净利润		
将净利润转化为收付实现制所做的调整：		
折旧	29	
应收账款的减少	90	
存货的增加	（45）	
待摊费用的减少	3	
应付账款的减少	（80）	
应计负债的增加	10	
应交所得税的增加	7	
设备出售的损失	4	18
经营活动所产生（或耗用）的现金净额		84
投资活动		
房屋、厂房及设备的增加	（133）	
出售长期投资的收入	15	
出售设备的收入	3	
投资活动所产生（或耗用）的现金净额		（115）
筹资活动		
发行债券	95	
已付现金股利	（48）	
筹资活动所产生（或耗用）的现金净额		47
现金及现金等价物净增加额		16
现金及现金等价物期初余额		10
现金及现金等价物期末余额		26

术语表

Cash equivalents 现金等价物 期限短、流动性强且仅以为闲置资金获取回报为目的持有的投资，如国库券、商业票据和货币市场基金等。

Direct method 直接法 计算经营活动现金流量净额的一种方法。在该方法下，利润表需要从上到下按照收付实现制重新编制。

Financing activities 筹资活动 筹资活动产生的现金流入与流出与向债权人借款和偿付本金，以及发生与公司所有者之间的交易（如出售和回购普通股及派发股息）有关。

Free cash flow 自由现金流量 用以衡量及评估公司依靠经营活动现金流量净额为其资本支出及支付现金股利提供资金的能力。

Indirect method 间接法 计算经营活动现金流量净额的一种方法，该方法是以将净利润调整为收付实现制为起点的。

Investing activities 投资活动 投资活动产生的现金流入与流出与取得与处置非流动资产（如房屋、厂房及设备、长期投资以及借予他方款项）相关。

Net cash provided by operating activities 经营活动现金流量净额 日常经营活动引起的现金流入与流出的净额。

Operating activities 经营活动 经营活动产生的现金流入与流出与影响净利润的收入与费用交易有关。

Statement of cash flows 现金流量表 反映影响现金流从而最终影响到整个现金余额的主要活动的一种财务报表。

思考题

1. 现金等价物是什么，为什么其包含在现金流量表的现金中？

2. 对于解释现金流量表，你能提供哪些一般准则？

3. 如果某项资产以盈利方式出售，那么在间接法下计算经营活动现金流量净额时，为什么要把这部分收益从净利润中扣减呢？

4. 为什么筹资活动不包括与应付账款有关的交易呢？

5. 假设某公司偿还了 30 万美元的银行贷款，然后在同年的晚些时候借入了 50 万美元。现金流量表上的金额应该反映多少？

6. 一位企业高管曾经说过："折旧是我们最大的经营现金流之一。"你同意这一说法吗？请给出解释。

7. 如果应收账款的余额在一段时间内增加，那么在利用间接法计算经营活动现金流量净额时该如何确认这部分增加？

8. 出售设备获得现金应被视为投资活动还是筹资活动呢？为什么？

9. 经营活动现金流量净额与自由现金流量的区别是什么？

练习题

1. 编制现金流量表

去年，巴甫利克公司（Pavolik Company）资产负债表账户发生了如下变化：

资产及资产备抵账户		负债和股东权益账户	
现金及现金等价物	5 D	应付账款	35 I
应收账款	110 I	应计负债	4 D
存货	70 D	应交所得税	8 I
待摊费用	9 I	应付债券	150 I
长期投资	6 D	普通股	80 D
房屋、厂房及设备	185 I	留存收益	54 I
累计折旧	60 I		

注：D 代表减少，I 代表增加。

当初公司花费 6 美元购入的长期投资在本年以 16 美元卖出，而当时花费 15 美元购进的土地在本年以 9 美元卖出。此外，该公司本年宣告并发放现金股利 30 美元。除了出售土地以外，该公司本年未发生其他出售厂房及设备的业务。巴甫利克公司本年为偿还债券也未新发普通股。

该公司本年的利润表如下：

销售收入	700
销售成本	400
毛利	300

	（续）
销售和管理费用	184
经营净利润	116
非营业项目	
土地出售损失	（6）
设备出售收益	10
税前利润	120
所得税	36
净利润	84

该公司现金账户期初余额为 90 美元，期末余额为 85 美元。

要求：

（1）采用间接法确定本年度的经营活动现金流量净额。

（2）编制本年度现金流量表。

2. 编制现金流量表、自由现金流量

卡莫诺公司（Carmono Company）的比较财务报表数据如下所示。

	本年	去年
资产		
现金及现金等价物	3	6
应收账款	22	24
存货	50	40
流动资产合计	75	70

（续）

	本年	去年
房屋、厂房及设备	240	200
减：累计折旧	65	50
房屋、厂房及设备净值	175	150
资产合计	250	220
负债和股东权益		
应付账款	40	36
普通股	150	145
留存收益	60	39
负债和股东权益合计	250	220

今年，该公司列报的净利润如下：

销售收入	275
销货成本	150
毛利	125
销售和管理费用	90
净利润	35

今年卡莫诺公司宣告并发放了现金股利，且年内没有销售房屋、厂房及设备。公司今年也没有回购自有普通股。

要求：

（1）用间接法编制今年的现金流量表。

（2）计算卡莫诺公司本年度的自由现金流量。

问题

1. 了解现金流量表

布鲁克公司（Brock Company）是一家商品销售企业，其编制的现金流量表和利润表如下：

布鲁克斯公司现金流量表：间接法编制

经营活动		
净利润		275
将净利润转化为收付实现制所做的调整：		
折旧	140	
应收账款的增加	（24）	
存货的减少	39	
应付账款的减少	（45）	
应计负债的减少	（5）	
应交所得税的增加	6	
出售设备的收益	（4）	107
经营活动所产生（或耗用）的现金净额		382

（续）

投资活动	
房屋、厂房及设备的增加	
出售设备所得收入	
投资活动所产生（或耗用）的现金净额	
筹资活动	
发行应付债券	
发行普通股	
已付现金股利	
筹资活动所产生（或耗用）的现金净额	
现金及现金等价物期初余额	
现金及现金等价物期末余额	

销售收入	5 200
销货成本	2 980
毛利	2 220
销售和管理费用	1 801

	（续）
经营净利润	419
非营业项目：设备出售收益	4
税前利润	423
所得税	148
净利润	275

要求：

假定你被要求给布鲁克公司营销部门的员工做一次讲座，你讲座的目的是阐明现金流量表与利润表的区别。你的听众期望你解释在现金流量表中包含的每个数字背后的逻辑。请你准备一份备忘录，解释现金流量表的格式，以及在布鲁克公司现金流量表中包含的每个数字的基本原理。

2. 编制现金流量表、自由现金流量

乔伊纳公司（Joyner Company）第 2 年的利润表如下：

销售收入	900 000
销货成本	500 000
毛利	400 000
销售和管理费用	328 000
经营净利润	72 000
非营业项目：	
设备出售收益	8 000
税前利润	80 000
所得税	24 000
净利润	56 000

其第 1 年年末和第 2 年年末的资产负债表如下所示：

	第 2 年	第 1 年
资产		
现金及现金等价物	4 000	21 000
应收账款	250 000	170 000
存货	310 000	260 000
待摊费用	7 000	14 000
流动资产合计	571 000	465 000
房屋、厂房及设备	510 000	400 000
减：累计折旧	132 000	120 000
房屋、厂房及设备净值	378 000	280 000
给海曼斯公司的贷款	40 000	0
资产合计	989 000	745 000

	第 2 年	第 1 年
	（续）	
负债和股东权益		
应付账款	310 000	250 000
应计负债	20 000	30 000
应交所得税	45 000	42 000
流动负债合计	375 000	322 000
应付债券	190 000	70 000
负债合计	565 000	392 000
普通股	300 000	270 000
留存收益	124 000	83 000
股东权益合计	424 000	353 000
负债和股东权益合计	989 000	745 000

原价为 40 000 美元，累计折旧为 30 000 美元的设备在第 2 年以 18 000 美元出售。该公司于第 2 年宣告并发放了现金股利。该公司未偿付任何债券，也未回购其自有股票。

要求：

（1）采用间接法计算第 2 年的经营活动现金流量净额。

（2）编制第 2 年的现金流量表。

（3）计算第 2 年的自由现金流量。

（4）简要地解释为什么年内现金急剧减少。

3. 编制现金流量表、自由现金流量

鲁斯科公司（Rusco Company）总裁玛丽·沃克（Mary Walker）认为 14 000 美元是出于经营目的的最低现金余额。从下面的报表中可以看到，本年末只有 8 000 美元可用。由于该公司今年列报了巨额的净利润，并且发行了债券及普通股，现金的急剧减少令沃克女士感到困惑。

鲁斯科公司比较资产负债表（截至 7 月 31 日）

	本年	去年
资产		
流动资产：		
现金及现金等价物	8 000	21 000
应收账款	120 000	80 000
存货	140 000	90 000
待摊费用	5 000	9 000

（续）		
	本年	去年
流动资产合计	273 000	200 000
长期投资	50 000	70 000
厂房及设备	430 000	300 000
减：累计折旧	60 000	50 000
厂房及设备净值	370 000	250 000
资产合计	693 000	520 000
负债和股东权益		
流动负债：		
应付账款	123 000	60 000
应计负债	8 000	17 000
应交所得税	20 000	12 000
流动负债合计	151 000	89 000
应付债券	70 000	0
负债合计	221 000	89 000
股东权益：		
普通股	366 000	346 000
留存收益	106 000	85 000
股东权益合计	472 000	431 000
负债和股东权益合计	693 000	520 000

鲁斯科公司截至今年 7 月 31 日的利润表

销售收入	500 000
销货售成本	300 000
毛利	200 000
销售和管理费用	158 000
经营净利润	42 000

（续）		
非营业项目：		
出售投资收益	10 000	
出售设备损失	（2 000）	8 000
税前利润		50 000
所得税		20 000
净利润		30 000

以下是关于今年的额外信息。

a.该公司宣告并发放了现金股利。

b.年内设备以 8 000 美元出售，该设备原价为 20 000 美元，累计折旧为 10 000 美元。

c.原值为 20 000 美元的长期投资在年内以 30 000 美元出售。

d.该公司未清偿任何债券，也未回购其自有普通股。

要求：

（1）采用间接法计算今年的经营活动现金流量净额。

（2）使用上面（1）中的数据及其他所需的该问题中的数据，编制今年的现金流量表。

（3）计算今年的自由现金流量。

（4）解释该公司现金余额减少的主要原因。

附录 15A 确定经营活动现金流量净额的直接法

在采用直接法计算经营活动现金流量净额时，我们必须将利润表从上到下重新编制。表 15A-1 列示了将销售收入、费用等转为收付实现制所应进行的调整。为了说明这一点，我们使用了本章中阿帕尔股份有限公司的数据。

请注意，经营活动现金流量净额（2.59 亿美元）与本章采用间接法计算的数字是一致的。这两个数字之所以一致是因为直接法和间接法只是达到同一个目的所采用的两种不同的方法而已。而报表的投资活动部分和筹资活动部分与表 15-10 所示的间接法的处理方法完全相同。直接法和间接法唯一的不同就在于经营活动部分。

15A.1 数据处理的异同

虽然我们采用直接法或是间接法都能达到相同的目的，但在两种调整过程中，并不是所有数据的处理方式都相同。我们先翻回到表 15-7 的下半部分，将该表中阐述的调整过程与表 15A-1 中采用直接法所做的调整进行比较。两种方法对影响销售收入的账户（在我们所举的例子中仅包括应收账款）的调整是相同的。在这两种情况下，以上账户的增加额都要减去，而账户的减少额则要加上。然而，在直接法和间接法下，对影响费用的账户的调整则是截然相反的。这是由于间接法是对净利润做调整，而直接法则是对费用账户本身做调整。

为了阐明这一差异，请注意在直接法和间接法下对存货和折旧的处理。在间接法下（见表 15-7），存货账户的增加额（49 美元）在计算经营活动现金流量净额时是从净利润中扣减。而在直接法下（见表 15A-1），存货的增加额是加到销售成本中。对于两种处理方式的差异可以解释如下：存货的增加意味着这一期间存货的采购超过了利润表中的销售成本。因此，要把净利润调整成收付实现制时，我们要么需要从净利润中减去这部分增加额（间接法），要么需要将这部分增加额加到销售成本里去（直接法）。不管采用哪种方法，最终得到的经营活动现金流量净额的数字都会是一样的。同样，在间接法下，折旧被加到了净利润里以抵消其影响（见表 15-8），而在直接法下，则是从销售和管理费用中减去折旧以抵消其影响（见表 15A-1）。这种数据处理方式的差异在采用两种方法处理其他所有费用项目时也都是存在的。

至于出售资产的收益和损失方面，在直接法下不需要做任何调整。收益和损失之所以可以被忽略是因为它们不涉及销售收入、销货成本、销售和管理费用或者所得税。观察表 15A-1 中可以发现，阿帕尔公司出售门店的 300 万美元的收益并没有作为调整项目列示在经营活动部分。

表 15A-1　通用模型：利用直接法确定经营活动的净现金流量

收入或费用项目	加（+）或减（-）以调整现金基础	举例：阿帕尔股份有限公司（以百万美元计）	
销售收入（按披露）		3 638	
对现金基础的调整：			
应收账款的增加	-		
应收账款的减少	+	+17	3 655
销货成本（按披露）		2 469	
对现金基础的调整：			
存货的增加	+	+49	
存货的减少	-	———	
应付账款的增加	-	-44	
应付账款的减少	+		2 474
销售及管理费用（按披露）		941	
对现金基础的调整：			
待摊费用的增加	+		
待摊费用的减少	-		
应计负债的增加	-	-3	
应计负债的减少	+		
折旧费用	-	-103	835
所得税费用（按披露）		91	
对现金基础的调整：			
应交所得税的增加	-	-4	
应交所得税的减少	+	———	87
经营活动产生的净现金流量			259

15A.2　特殊规定：直接法和间接法

如前所述，当采用直接法时，美国一般公认会计原则和国际财务报告准则要求用同间接法一样的方式将净利润调整成经营活动现金流量净额。因此，当公司选择采用直接法时，其必须同时在现金流量表后附一份单独的附表来呈现间接法的计算过程。

另一方面，如果公司采用间接法来计算经营活动现金流量净额，那么它还必须提供一份数据的特殊分类。该公司必须单独披露当年支付的利息额以及当年缴纳的所得税额。这种单独的披露是必要的，这样报表的使用者就可以利用间接法提供的数据对采用直接法编制时列报的销售收入、所得税等的金额进行估计。

问题

编制并解释现金流量表

参阅问题 15-3 中的鲁斯科公司的财务报表。由于今年现金账户余额大幅减少，该公司的执行委员会急于知道收付实现制基础上的利润表是怎样的。

要求：

（1）采用直接法将该公司本年的利润表调整成收付实现制。

（2）使用上面（1）中数据以及该问题所需的其他数据，编制本年的现金流量表。简要地解释今年现金急剧减少的原因。

第 16 章

财务报表分析

🌀 **商业聚焦**

可口可乐企图"减脂"

　　可口可乐公司（Coca-Cola）的营业费用占销售收入的比重为39%，这一点与高露洁（Colgate）、雀巢（Nestlé）、宝洁公司（Proctor & Gamble）以及百威英博（Anheuser-Busch InBev）这样的公司相比是不利的。后4家公司的营业费用占销售收入的比重分别为35%、32%、31%和27%。该公司计划在5年内采取各种行动（如减少1 000～2 000个工作岗位、放弃其奢华的圣诞派对，并紧缩其旅游和娱乐方面的预算）削减30亿美元的成本。可口可乐还计划实行零基预算，要求管理者对所有拟议的年度支出都给出正当合理的解释，而不能仅证明本年相对于前一年支出的增长量。鉴于可口可乐公司过去一直专注于销售额的增长，因此对于其能否改变策略，减少支出，投资者持怀疑态度。当可口可乐宣布其削减成本计划时，公司股价下跌了2.2%。

　　资料来源：Mike Esterl, "Austerity Is the New Flavor at Coca-Cola," *The Wall Street Journal*, December 24, 2014, pp. B1-B2.

🌀 **学习目标**

1. 编制和解释比较财务报表以及同基财务报表。
2. 计算和解释管理者用来评估流动性的财务比率。
3. 计算和解释管理者用于资产管理的财务比率。
4. 计算和解释管理者用于债务管理的财务比率。
5. 计算和解释管理者用来评估盈利能力的财务比率。
6. 计算和解释管理者用来评估市场业绩的财务比率。

　　股东（stockholder）、**债权人**（creditor）和**管理者**（manager）是利益相关者的代表，他们通过分析财务报表（financial statement analysis）来评估公司财务状况和未来前景。股东和债权人分析公司的财务报表，以评估其盈利增长的潜力、股价增值，发放股利以及偿付债务本息的能力。管理者分析财务报表，一是能够更好地了解股东和债权人基于投资和信贷决策目的是如何解释其公司的财务报表的；二是了解和掌握关于他们公司业绩的有价值的反馈信息。

例如，管理者可以通过研究公司财务报表中的趋势来评估业绩是在改善还是在下滑，或者，运用财务报表分析将其公司的业绩与世界级竞争对手的业绩进行比较。

在这一章中，我们将说明管理者如何以比较和统一度量形式编制财务报表，以及如何使用财务比率来评估公司的流动性、资产管理、债务管理、盈利能力和市场业绩。

16.1　财务报表分析的局限性

本节要讨论财务报表分析的两点局限性，这也是管理者应该始终注意的两点：①要比较公司间的财务数据；②不能仅根据比率下结论。

16.1.1　公司间财务数据缺少可比性

将公司的财务数据与其他公司做比较，可以为企业的财务状况提供有价值的线索。不幸的是，公司之间会计方法的差异有时会使彼此之间财务数据的比较变得困难。例如，如果一家公司的存货计价采用后进先出法，而另一家公司的存货计价采用月末一次加权平均法，那么直接比较其诸如存货价值和销售成本等财务数据可能会对报表使用者产生误导。有时财务报表的附注提供了足够的数据，以便将数据重新以可比的基础表述。否则，管理者在分析财务报表时应牢记公司之间的数据是缺乏可比性的。即使存在这种局限，将重要财务比率与其他公司以及行业均值做比较仍然有助于管理者发现改善与提升的机会。

16.1.2　财务比率的局限

比率不应该成为财务分析的最终目的，相反应该作为财务分析的起点（starting point）。从财务比率中可以发现许多问题，并且获得进一步分析的机会，但财务比率本身并不能解决任何问题。除了财务比率之外，管理者还应该考虑各种内部因素，诸如员工的学习和成长、业务流程表现以及顾客满意度等，同时管理者还应当考虑外部因素，如行业趋势、技术变化、消费者偏好的改变以及宏观经济指数的变化。

16.2　比较财务报表及同基财务报表

资产负债表和利润表上的项目本身没有什么意义。假定一家公司一年的销售收入为2.5亿美元，单独这一数据，并不是什么特别有用的信息。它与去年的销售收入相比怎么样呢？该销售收入与销售成本又有怎样的关系？在进行这些比较的过程中，需要广泛使用到3种分析方法：

（1）报表上金额及百分比的变化（水平分析）。

（2）同基财务报表（垂直分析）。

（3）比率。

本节将讨论前两种方法，第三种方法将在本章中其他部分讨论。在整个这一章中，我们将以专用电子元件生产商布克电器公司（Brickey Electronics）的财务报表为例来说明这些分析技术。

16.2.1　财务报表中的金额及比率变化

水平分析（horizontal analysis）也称为**趋势分析**（trend analysis），涉及对一段时间内财务数据的分析，如对一组财务报表中同比时期的金额和百分比的变化。表 16-1 和表 16-2 列示了布克电器以比较格式（comparative form）编制的财务报表。金额的变化凸显了那些经济上最重要的变化；而百分比的变化则突出了那些最异常的变动。

表 16-1　布克电器比较资产负债表　　　（单位：千美元）

	本年	去年	增加（减少）金额	增加（减少）百分比
资产				
流动资产				
现金	1 200	2 350	（1 150）	（48.9）%①
应收账款净额	6 000	4 000	2 000	50.0%
存货	8 000	10 000	（2000）	20.0%
待摊费用	300	120	180	150.0%
流动资产合计	15 500	16 470	（970）	（5.9）%
房屋及设备				
土地	4 000	4 000	0	0.0%
建筑物及设备净值	12 000	8 500	3 500	41.2%
房屋及设备合计	16 000	12 500	3 500	28.0%
资产合计	31 500	28 970	2 530	8.7%
负债和股东权益				
流动负债				
应付账款	5 800	4 000	1 800	45.0%
应计负债	900	400	500	125.0%
短期应付票据	300	600	（300）	（50.0）%
流动负债合计	7 000	5 000	2 000	40.0%
长期负债：				
应付债券（利率8%）	7 500	8 000	（500）	（6.3）%
负债合计	14 500	13 000	1 500	11.5%
股东权益：				
普通股（面值 12 美元）	6 000	6 000	0	0.0%
股本溢价	3 000	3 000	0	0.0%
实缴资本总额	9 000	9 000	0	0.0%
留存收益	8 000	6 970	1 030	14.8%
股东权益合计	17 000	15 970	1 030	6.4%
负债和股东权益合计	31 500	28 970	2 530	8.7%

① 去年和今年的变动额是以相对于去年金额的百分比的形式表示的。例如，今年现金比去年减少了 1 150 美元，这项减少以百分比形式表示的结果的计算过程如下：1 150 美元 ÷2 350 美元 =48.9%。本表和表 16-2 中其他的百分比数字也是以同样的方法计算得到的。

表 16-2　布克电器比较利润表和留存收益调节表　　　（单位：千美元）

	本年	去年	增加（减少）金额	增加（减少）百分比
销售收入	52 000	48 000	4 000	8.3%
销货成本	36 000	31 500	4 500	14.3%

（续）

	本年	去年	增加（减少）	
			金额	百分比
毛利	16 000	16 500	（500）	（3.0）%
销售和管理费用：				
销售费用	7 000	6 500	500	7.7%
管理费用	5 860	6 100	（240）	（3.9）%
销售和管理费用合计	12 860	12 600	260	2.1%
经营净利润	3 140	3 900	（760）	（19.5）%
利息费用	640	700	（60）	（8.6）%
税前净利润	2 500	3 200	（700）	（21.9）%
所得税（税率30%）	750	960	（210）	（21.9）%
净利润	1 750	2 240	（490）	（21.9）%
普通股股利，每股1.44美元	720	720		
结转至留存收益的净利润	1 030	1 520		
期初留存收益	6 970	5 450		
期末留存收益	8 000	6 970		

当利用数年的数据来计算趋势百分比时，水平分析法尤为有用，为了计算**趋势百分比**（trend percentage），需要选择一个基准年度，并将所有年份的数据作为基准年度的百分比表示。为了说明这一点，让我们看看全球最大的食品服务零售商麦当劳公司的销售收入和净利润，麦当劳公司在全球有超过31 000家餐厅：

年份	2006	2007	2008	2009	2010	2011	2012	2013	2014	2015
销售收入（百万美元）	20 895	22 787	23 522	22 745	24 075	27 006	27 567	28 106	27 441	25 413
净利润（百万美元）	3 544	2 395	4 313	4 551	4 956	5 503	5 465	5 586	4 758	4 529

只要看看这些数据，你就会发现销售收入除了2009年、2014年和2015年以外每年都在增长，而净利润除了2007年、2012年和2014年以外每年都在增长。如果将上述数据以趋势百分比的形式重新表述将有助于对财务报表的解释：

年份	2006	2007	2008	2009	2010	2011	2012	2013	2014	2015
销售收入	100%	109%	113%	109%	115%	129%	132%	135%	131%	122%
净利润	100%	68%	122%	128%	140%	155%	154%	158%	134%	128%

在上表中，销售收入和净利润都按2006年销售收入和净利润的百分比进行了重新计算。例如，2008年的销售收入235.22亿美元是2006年销售收入208.95亿美元的113%。当以图16-1的形式绘制这些数据时，这种趋势分析就变得更容易了。麦当劳在2013年的销售增长适度但很稳定，2014年和2015年销售额下降。净利润在2007年直线下降，而在2008年又完全恢复。2013年净利润达到了历史最高水平，然后在2014年和2015年又再次下降。

16.2.2　同基财务报表

前一节所讨论的水平分析考察了财务报表账户随时间而发生的变化。**垂直分析**（vertical analysis）关注的是在给定时点的财务报表账户之间的关系，**同基财务报表**（common-size financial statement）就是将财务报表账户以百分比的形式表示的垂直分析。在利润表中，所有项目通常都以销售收入的百分比表示。在资产负债表中，所有项目通常都以资产总额的百分比表示。表 16-3 列示了布克电器的同基资产负债表，表 16-4 则列示了其同基利润表。

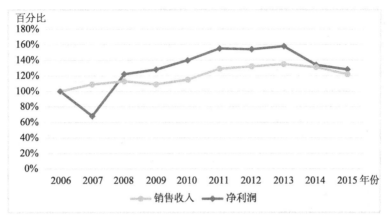

图 16-1　麦当劳公司：销售收入与净利润趋势分析

　　从表 16-3 可以注意到将所有资产以百分比的形式表示，可以清楚地显示流动资产项目相对于非流动资产的重要性。它还可以表明在过去的一年中，流动资产的构成发生了重大变化。例如，应收账款的相对重要性有所增加，而现金和存货的相对重要性有所下降，从应收账款的急剧增加来看，现金余额的缩减可能是无法收回客户的货款所导致的。

表 16-3　布克电器同基比较资产负债表　　　　（单位：千美元）

	本年	去年	同基百分比	
			本年	去年
资产				
流动资产				
现金	1 200	2 350	3.8%[①]	8.1%
应收账款净额	6 000	4 000	19.0%	13.8%
存货	8 000	10 000	25.4%	34.5%
待摊费用	300	120	1.0%	0.4%
流动资产合计	15 500	16 470	49.2%	56.9%
房屋及设备				
土地	4 000	4 000	12.7%	13.8%
建筑物及设备净值	12 000	8 500	38.1%	29.3%
房屋及设备合计	16 000	12 500	50.8%	43.1%
资产合计	31 500	28 970	100.0%	100.0%
负债和股东权益				
流动负债				
应付账款	5 800	4 000	18.4%	13.8%
应计负债	900	400	2.9%	1.4%
短期应付票据	300	600	1.0%	2.1%
流动负债合计	7 000	5 000	22.2%	17.3%

（续）

	本年	去年	同基百分比 本年	同基百分比 去年
长期负债：				
应付债券（利率8%）	7 500	8 000	23.8%	27.6%
负债合计	14 500	13 000	46.0%	44.9%
股东权益：				
普通股（面值12美元）	6 000	6 000	19.0%	20.7%
股本溢价	3 000	3 000	9.5%	10.4%
实缴资本总额	9 000	9 000	28.6%	31.1%
留存收益	8 000	6 970	25.4%	24.0%
股东权益合计	17 000	15 970	54.0%	55.1%
负债和股东权益合计	31 500	28 970	100.0%	100.0%

① 在同基报表中，每一个资产账户都以资产总额的百分比表示，而每一个负债账户和股东权益账户也都以负债总额和股东权益总额的百分比表示。例如，表16-3中本年现金余额的百分比数字的计算过程如下：1 200千美元 ÷31 500千美元 =3.8%。所有的同基百分比都已四舍五入到小数点后一位；因此，表中每一栏的数字可能加起来并不正好是100%。

　　表16-4中的同基利润表将每一行的项目都作为销售收入的百分比。例如，上一年的管理费用是销售收入的12.7%，而本年的管理费用是销售收入的11.3%。如果布克公司的管理服务的质量和效率持续不变或随着时间的推移而提高，那么这两个百分比就表明布克公司今年对其行政管理资源的管理更加节约成本。除了管理费用外，管理者还对同基利润表中披露的其他百分比抱有极大的兴趣，这些将在之后与盈利能力比率有关的章节中讨论。

表16-4　布克电器同基比较利润表　（单位：千美元）

	本年	去年	同基百分比① 本年	同基百分比① 去年
销售收入	52 000	48 000	100.0%	100.0%
销货成本	36 000	31 500	69.2%	65.6%
毛利	16 000	16 500	30.8%	34.4%
销售和管理费用：				
销售费用	7 000	6 500	13.5%	13.5%
管理费用	5 860	6 100	11.3%	12.7%
销售和管理费用合计	12 860	12 600	24.7%	26.3%
经营净利润	3 140	3 900	6.0%	8.1%
利息费用	640	700	1.2%	1.5%
税前净利润	2 500	3 200	4.8%	6.7%
所得税（税率30%）	750	960	1.4%	2.0%
净利润	1 750	2 240	3.4%	4.7%

① 注意，每年的百分比数字都是以当年的销售收入总额的百分比表示的。例如，今年销货成本的百分比计算如下：36 000千美元 ÷52 000千美元 =69.2%。所有的同基百分比都已四舍五入到小数点后一位；因此，表中每一栏的数字可能加起来并不正好是100%。

16.3　比率分析：流动性

　　流动性是指资产转化为现金的速度。流动资产可以迅速转化为现金，而流动性差的资产则不能。公司需要持续监控其流动资产相对于其欠短期债权人（如供应商）的款项的数额。如若公司的流动资产不足以及时偿付其欠短期债权人的债务，这就映射出一个重要的管理问题，而该管理问题如果不及时补救，将会导致公司破产。

本节使用布克电器的财务报表来解释管理者用于分析公司流动性和偿付短期债权人的能力的一个指标和两个比率。当你继续学习本节时，请记住，所有的计算都是针对本年而不是去年的。

16.3.1　营运资金

流动资产超出流动负债的部分被称为**营运资金**（working capital）。

$$营运资金 = 流动资产 - 流动负债$$

布克电器的营运资金的计算如下：

$$营运资金 = 15\ 500\ 000\ 美元 - 7\ 000\ 000\ 美元 = 8\ 500\ 000\ 美元$$

管理者需要从两个角度来解释营运资金。一方面，如果一家公司拥有充足的营运资金，就为其能够按时足额支付债权人提供了一定的保障。另一方面，维持大量的营运资金并不是无成本的。营运资金需要长期负债和权益作为资金来源，这两种筹资方式的代价都是昂贵的。此外，大额且仍持续增长的营运资金数额可能暗示着（如存货激增等）问题。因此，管理者在保障有能力偿付短期债务的同时都想使营运资金最小化。

16.3.2　流动比率

公司的营运资金常常以比率的形式表示。公司的流动资产除以流动负债的结果称为**流动比率**（current ratio）。

$$流动比率 = \frac{流动资产}{流动负债}$$

对于布克电器而言，其流动比率的计算如下：

$$流动比率 = \frac{15\ 500\ 000\ 美元}{7\ 000\ 000\ 美元} = 2.21$$

虽然流动比率被广泛认为是衡量短期偿债能力的一个指标，但是在诠释流动比率时要格外谨慎。该比率下降可能是财务状况恶化的信号，或者是减少了陈旧库存或其他停滞流动资产的结果。该比率上升可能是存货囤积的结果，或者表明财务状况得到了改善。简而言之，流动比率有用但很难解释。

一般的经验法则要求流动比率至少达到 2。然而，许多公司在流动比率低于 2 的情况下仍然经营得很成功。流动比率的大小在很大程度上取决于资产的构成。正如我们在下表中所看到的，沃辛顿公司（Worthington Corporation）和格瑞斯通股份有限公司（Greystone Inc.）的流动比率均为 2，然而，它们的财务状况并不相同。格瑞斯通更有可能难以履行其目前的财务义务，因为其几乎所有的流动资产都是由存货而非流动性更强的资产（如现金和应收账款）构成。

（金额单位：美元）

	沃辛顿公司	格瑞斯通股份有限公司
流动资产		
现金	25 000	2 000
应收账款净额	60 000	8 000
存货	85 000	160 000
应计负债	5 000	5 000
流动资产合计（a）	175 000	175 000
流动负债合计（b）	87 500	87 500
流动比率，(a)÷(b)	2	2

16.3.3 酸性测试（速动）比率

酸性测试（速动）比率（acid-test（quick）ratio）在测试一家公司的短期偿债能力方面比流动比率更为严格。此时存货和应计负债被剔除出流动资产，只留下流动性更强（或者说"速动"）的资产来除以流动负债。

$$酸性测试比率 = \frac{现金 + 有价证券 + 应收账款 + 短期应收票据}{流动负债}$$

酸性测试比率衡量公司在不过度清理或者说依赖其存货的情形下履行其义务的能力。在理想情况下，每 1 美元的负债应得到至少 1 美元的速动资产的支持。然而，酸性测试比率普遍才为 0.3。

布克电器的酸性测试比率计算如下：

$$酸性测试比率 = \frac{1\ 200\ 000\ 美元 + 0\ 美元 + 6\ 000\ 000\ 美元 + 0\ 美元}{7\ 000\ 000\ 美元} = 1.03$$

虽然布克电器的酸性测试比率在可接受的范围之内，但管理者可能会担心公司资产负债表中揭示的一些趋势。注意到在表 16-1 中短期负债在增加，而现金余额在减少。可能现金余额减少是应收账款大幅增加的结果。简而言之，同流动比率一样，在解释酸性测试比率时也需要同时关注其基本构成。

16.4 比率分析：资产管理

公司的资产是由债权人和股东提供的资金，股东和债权人都希望资产的运用具有较高的效率和效益。本节将阐述管理者用来评估公司资产管理绩效的各种指标和比率。所有即将进行的计算都是针对当年的。

16.4.1 应收账款周转率

应收账款周转率和平均收账期是衡量赊销转化为现金的速度。**应收账款周转率**（accounts

receivable turnover）的计算公式是用赊销收入（也就是赊销的销售额）除以当年的平均应收账款余额：

$$应收账款周转率 = \frac{赊销收入}{平均应收账款余额}$$

假定布克电器的所有销售均为赊销，那么其应收账款周转率计算如下：

$$应收账款周转率 = \frac{52\,000\,000\,美元}{（6\,000\,000\,美元 + 4\,000\,000\,美元）/2} = 10.4$$

可以用应收账款周转率除以 365 天以确定收回赊销款的平均天数（也被称之为**平均收账期**，average collection period）。

$$平均收账期 = \frac{365\,天}{应收账款周转率}$$

布克电器的平均收账期计算如下：

$$平均收账期 = \frac{365\,天}{10.4} = 35.1\,天$$

这意味着该公司平均需要 35 天才能收回其赊销款项。这究竟是好是坏？它主要取决于布克电器提供给客户的赊销期限，许多客户倾向于在赊销期限内尽可能长时间地拖延支付。如果赊销期限是 30 天，那么 35 天的平均收账期通常视为很好了。另一方面，如果公司的赊销期限是 10 天，那么 35 天的平均收账期就令人担忧了。收账期长可能是由太多的旧有呆账、未能及时催收延期付款、宽松的信用检查等导致的。在实务中，根据行业的不同，10 ～ 180 天的平均收账期都是正常的。

16.4.2　存货周转率

存货账款周转率（inventory turnover ratio）衡量的是公司存货在一年中销售和更换的次数。其计算公式是将销货成本除以平均存货水平 [（期初余额 + 期末余额）÷2]:

$$存货周转率 = \frac{销货成本}{平均存货余额}$$

布克电器的存货周转率计算如下：

$$存货周转率 = \frac{36\,000\,000\,美元}{（8\,000\,000\,美元 + 10\,000\,000\,美元）/2} = 4.0$$

销售全部库存平均所需天数（称作**平均销售期**，average sale period）可以用 365 除以存货周转率计算得到：

$$平均收账期 = \frac{365\,天}{存货周转率} = \frac{365\,天}{4} = 91.3\,天$$

平均销售期因行业而异。杂货店因拥有大量的易腐库存，因而往往存货周转很快。而珠宝店的存货往往周转得很慢。在实务中，根据行业的不同，10～90 天的平均销售期都是正常的。

一家公司的存货周转率比行业的平均存货周转率要慢得多，原因可能是库存太多或库存类型不合理。一些管理者认为，其必须大量采购以充分利用数量折扣。但这些数量折扣必须同保险、税费、筹措资金的附加成本，以及由于增加库存而导致的损耗和老旧的风险相比较。

16.4.3　营运周期

营运周期（operating cycle）衡量的是从供应商处收到存货到从客户处收到现金所经过的时间。其计算公式为

$$营运周期 = 平均销售期 + 平均收账期$$

布克电器的营运周期计算如下：

$$营运周期 =91.3 \text{ 天} +35.1 \text{ 天} =126.4 \text{ 天}$$

管理者的目标是缩短营运周期，因为营运周期长意味着将属于公司的现金的收回时间延长了。事实上，如果一家公司能够将其营运周期缩减到短于其向供应商的平均付款期，就意味着该公司在向供应商支付存货采购款项之前，就可以从其客户处收到现金。例如，如果某公司的营运周期为 10 天，而其向供应商的平均付款期为 30 天，那么该公司在向供应商付款的 20 天之前就从客户处收到现金了。在本例中，该公司可以从现金收入中赚取 20 天的利息收益，之后再将所收现金的一部分支付给供应商。相反，如果某公司的营运周期比其向供应商的平均付款期长得多，那么它就需要借钱为其存货和应收账款提供资金。在布克电器的案例中，公司的营运周期非常长，因此表明其需要借钱来为其营运资金提供资金。

商业实战 16-1 ｜ 服装行业的存货管理

许多诸如 Aeropostale 这样的服装零售商都在实施一种称为"追逐"的三步骤库存管理策略。第一，零售商从供应商那里订购非常少量的新款服饰；第二，零售商确定其新款服装里都有哪些受到顾客的欢迎；第三，零售商要求供应商增加其最受欢迎款式的服装的生产，以满足其顾客的需求。这种策略如果能够得到适当的执行，不仅能缩短零售商的平均销售期和营运周期，也有助于他们将与超额库存有关的价格下调以及与库存短缺有关的商品脱销降到最小。当然，实施此策略难免会引发与那些更青睐于大订单量和 6～9 个月提前期的供应商的矛盾。

资料来源：Elizabeth Holmes, "Tug-of-War in Apparel World," *The Wall Street Journal*, July 16, 2010, pp.B1-B2.

16.4.4　总资产周转率

总资产周转率（total asset turnover）是销售总收入与平均资产总额的比率。其衡量的是

公司资产用于产生销售收入的效率。这一比率中不仅包括流动资产，还包括如房屋、厂房及设备等非流动资产。其计算公式为

$$总资产周转率 = \frac{销售收入}{平均资产总额}$$

布克电器的总资产周转率计算如下：

$$总资产周转率 = \frac{52\,000\,000\,美元}{(31\,500\,000\,美元 + 28\,970\,000\,美元)/2} = 1.72$$

公司的目标是提高其总资产周转率。为了实现此目标，其要么增加销售收入，要么需要减少对资产的投资。如果一家公司的应收账款周转率和存货周转率都在提高，而其总资产周转率却在下降，这表明问题可能出在非流动资产的利用率及使用效率上。该比率还强调，如果其他因素皆保持不变，公司的总资产周转率仍会随着时间的推移而增加，因为随着时间的推移，厂房及设备的累计折旧会增加。

16.5　比率分析：负债管理

管理者需要从对两类利益相关者——长期债权人及普通股股东有利的角度评估公司的债务管理选择。长期债权人关心的是公司长期偿还贷款的能力。例如，一家公司以股息的方式支付了所有的可用现金，那么就没有什么剩余资金去偿还债权人的债务了。因此，债权人通常要求借款人同意各种限制性条款或规定以寻求对其债权的保护。这些限制性条款通常涉及对股利支付的限制，同时要求公司必须将某些财务比率维持在特定的水平上。虽然限制性条款得到了广泛的使用，其也不能保证在债务到期时债权人一定能得到偿付。公司仍必须产生足够的盈余以偿付债务。

股东们则从财务杠杆的角度来审视债务。**财务杠杆**（financial leverage）是指借钱购买资产，以增加销售收入和利润。一个公司可以有正的财务杠杆，也可以有负的财务杠杆，这取决于其资产总额收益率与其必须偿付给债权人的回报率之间的差额。如果公司的资产总额收益率高于其给债权人的回报率，财务杠杆就为正。如果资产总额收益率低于其给债权人的回报率，财务杠杆就为负。我们将在本章后续内容里探讨布克电器的财务杠杆是正还是负。现在，你需要明白的是，如果一家公司的财务杠杆为正，那么举债可以使普通股股东获益颇丰。相反，如果一家公司的财务杠杆为负，那么普通股股东将会遭受损失。考虑到维持正的财务杠杆的潜在好处，管理者就不会试图避免债务，相反，他们通常寻求维持一种在行业内视为正常的债务水平。

在本节中，我们阐释管理者用于负债管理的 3 个比率：利息保障倍数比率、负债权益比率和权益乘数。所有的计算都是针对当年的。

16.5.1　利息保障倍数比率

最常用的用来衡量一家公司为其长期债权人提供保护的能力的指标是**利息保障倍数比率**（times interest earned ratio）。其计算公式是用息税前利润（也就是经营净利润）除以利息费用：

$$利息保障倍数比率 = \frac{息税前利润}{利息费用}$$

布克电器本年的利息保障倍数比率计算如下：

$$利息保障倍数比率 = \frac{3\ 140\ 000\ 美元}{640\ 000\ 美元} = 4.91$$

利息保障倍数比率的计算基于息税前利润，因为这是可以用来偿付利息的总收益。利息费用是在所得税前扣除，债权人对缴税前的收益具有首先要求权。

由于利息费用超过了可以用来偿付利息的收益，因此，低于 1 的利息保障倍数比率是不够的。相反，可以认为达到或者高于 2 的利息保障倍数比率足以保障长期债权人的利益。

16.5.2　负债权益比率

负债权益比率（debt-to-equity ratio）是一种杠杆比率，它表明公司资产负债表上某一时点的债务与权益的相对比例。当负债权益比率增加时，表明公司在提高财务杠杆水平。换句话说，该公司正依赖于更大比例的负债而非权益来为资产提供资金。负债权益比率的计算公式为

$$负债权益比率 = \frac{负债总额}{股东权益}$$

布克电器本年的负债权益比率计算如下：

$$负债权益比率 = \frac{14\ 500\ 000\ 美元}{17\ 000\ 000\ 美元} = 0.85$$

在今年年底，布克电器的债权人为股东提供的每 1 美元提供了 85 美分的贷款。

债权人和股东对于最优负债权益比率有着不同的见解。一般来讲，股东喜欢大量的负债以充分利用正的财务杠杆。而另一方面，由于权益代表着资产总额超出负债总额的部分，从而成为保护债权人的缓冲剂，债权人希望减少负债，增加权益。在实务中，从零（没有负债）到 3.0 的权益比率都是很常见的。一般来讲，在几乎不存在财务风险的行业，管理者会维持高负债权益比率。而在财务风险较大的行业里，管理者则会维持较低的负债权益比率。

16.5.3　权益乘数

权益乘数（equity multiplier）是另一种杠杆比率，它表明公司资产中由权益提供资金的比例。与负债权益比率相似，当权益乘数增加时，表明公司提高了财务杠杆水平。换句话说，该公司正依赖于更大比例的负债而非权益来为资产提供资金。权益乘数不像负债权益比率那样衡量某一时点上分子和分母的金额，其关注的是全年的平均水平。它的计算公式为

$$权益乘数 = \frac{平均资产总额}{平均股东权益}$$

布克电器本年的权益乘数计算如下：

$$权益乘数 = \frac{(31\,500\,000\ 美元 + 28\,970\,000\ 美元)/2}{(17\,000\,000\ 美元 + 15\,970\,000\ 美元)/2} = 1.83$$

负债权益比率和权益乘数传递出公司如何管理其负债和权益组合的信号。我们引入了权益乘数，在本章的下一节中，它将进一步了解公司是如何衡量和解释净资产收益率（ROE）的。

16.6　比率分析：盈利能力

管理者都密切关注着公司的利润总额。然而，在进行比率分析时，他们倾向于关注利润总额与销售收入、资产总额或者股东权益总额等其他数额的相对比率。当利润是以另一个数字（如销售收入）的百分比形式表示时，有助于管理者了解公司随着时间的推移其经营状况如何的结论。例如，一家公司在第 1 年和第 2 年的利润分别为 10 美元和 20 美元，如果马上得出公司的业绩有所改善的结论就太过天真了。换句话说，如果我们进一步假设该公司第 1 年的销售收入为 100 美元，而第 2 年的销售收入为 1 000 美元，我们会不安地发现公司把增加的 900 美元销售收入仅转换成 10 美元的额外利润。在本节中，我们将通过讨论管理者常用的 4 种盈利能力比率——毛利率、净利率、总资产收益率和净资产收益率，对盈利能力进一步分析。所有计算都是针对本年的。

16.6.1　毛利率

表 16-4 列示了布克电器的销货成本占销售收入的百分比从去年的 65.6% 增长到了今年的 69.2%。或者我们也可以从另外一个角度看待这个问题，即毛利率从去年的 34.4% 下降到了今年的 30.8%。管理者和投资者都密切关注着这一衡量盈利能力的指标。毛利率的计算公式为

$$毛利率 = \frac{毛利}{销售收入}$$

零售企业的毛利率应该比其他企业的毛利率更稳定，因为零售业的销货成本不包括固定成本。当销货成本包含固定成本时，毛利率会随销售量的波动而发生增减变动。随着销售量的增加，固定成本会分摊到更多的单位中，从而毛利率会提高。

商业实战 16-2　｜　阿贝克隆比 & 费奇失去了它的声望吗

在过去的 5 年中，阿贝克隆比 & 费奇（Abercrombie & Fitch，A&F）赢得了 60% 左右的毛利率，而美鹰傲飞（American Eagle Outfitters）和 Aeropostale 的毛利率却低于 40%。A&F 有如此高的毛利率的部分原因是其在青少年中具有很强的品牌认知，而青少年愿意支付高价购买服装以将公司的商标穿在身上。然而，在现今这个反复无常的青少年市场上，商标已成为一种尴尬的着装行为，这就给 A&F 带来了有趣的挑

战——凭借销售标识较少的服装以维持其毛利率水平。该公司的财务风险很高，因为公司毛利率每下降1%，就意味着经营净利润下降14%。

资料来源：Miriam Gottfried, "Abercrombie's Margins Aren't Cool," *The Wall Street Journal*, December 9, 2014, p.C10.

16.6.2 净利率

表 16-4 列示了布克电器的净利率从去年的 4.7% 下降到了今年的 3.4%。**净利率**（net profit margin percentage）得到了管理者们的广泛使用，其计算公式为

$$净利率 = \frac{净利润}{销售收入}$$

毛利率和净利率表示的是毛利和净利润占销售收入的百分比。毛利率只关注一项费用（销货成本）及其对业绩的影响，而净利率同时考虑了销售和管理费用、利息费用以及所得税费用对业绩的影响。本节剩余的几个比率则是考查与资产负债表上列报的金额有关的盈利能力，而不是销售收入。

商业实战 16-3 | 忠实旅游公司通过提供小型城市的航线服务得以蓬勃发展

忠实旅游公司（Allegiant Travel Company）通过为顾客提供从 75 个小型城市市场（如北达科他州的迈诺特市、宾夕法尼亚州的艾伦镇和怀俄明州的卡斯珀市）到 14 个气候温暖的目的地（如佛罗里达州坦帕市、夏威夷州的檀香山以及内华达州的拉斯维加斯）的飞行服务，赚取了美国航空业最高的利润。在 5 年的时间里，忠实旅游公司的股价上涨了 360%，而在最近一个季度里，该公司的税前利润达到了销售收入（9 亿美元）的 18.5%。

其令人羡慕的财务成果伴随着行业中最糟糕的准时到达率——超过 30% 的航班晚点到达目的地。这些相互矛盾的数字引发了一个有趣的问题：一个公司是如何能够以航空业中最低的准时到达率来实现市场领先的利润率的呢？也许这个问题的答案之一是忠实旅游公司的小城市战略使其战胜了竞争对手——203 条航线中的 186 条航线。

资料来源：Jack Nicas, "From Toledo to Profitability," *The Wall Street Journal*, June 5, 2013, pp.B1 and B7.

16.6.3 总资产收益率

总资产收益率（return on total assets）是衡量经营业绩的一种尺度。它的计算公式为

$$总资产收益率 = \frac{净利润 +[利息费用 \times（1-所得税税率）]}{平均资产总额}$$

利息费用被加回到净利润里，以显示如果公司没有负债，那么其收益将是多少。随着这一调整，管理者可以评估其公司一段时间内的总资产收益率，而不受到随时间推移的公司负

债权益组合变化的影响，这种调整还能够使管理者同其他负债规模不同的公司进行更有意义的比较。请注意，利息费用通过乘上因子（1－税率）而被调成了税后的。

布克电器的总资产收益率的计算如下（见表 16-1 和表 16-2）：

$$存货周转率 = \frac{1\ 750\ 000\ 美元 + [640\ 000\ 美元 \times（1-0.30）]}{（31\ 500\ 000\ 美元 + 28\ 970\ 000\ 美元）/2} = 7.3\%$$

布克电器本年的平均总资产收益率为 7.3%。

16.6.4　净资产收益率

总资产收益率考查的是相对于资产总额的利润，而净资产收益率考查的则是相对于股东权益账面价值的利润。**净资产收益率**（return on equity）的计算公式为：

$$净资产收益率 = \frac{净利润本}{平均股东权益}$$

布克电器本年的净资产收益率将以如下的方式计算得到：

$$净资产收益率 = \frac{1\ 750\ 000\ 美元}{（17\ 000\ 000\ 美元 + 15\ 970\ 000\ 美元）/2} = 10.6\%$$

我们已计算得出了总资产收益率和净资产收益率，下面可以花点时间看看布克电器经营过程中的财务杠杆。注意表 16-1 中，该公司为应付债券支付了 8% 的利息。而这些债券的税后利息成本仅为 5.6%[利率 8%×（1-0.30）=5.6%]。如前所述，该公司的总资产收益率 7.3% 比其债券的税后利息成本 5.6% 要高，因此，其财务杠杆为正，差额归股东所有。这就部分地解释了为什么净资产收益率 10.6% 高于总资产收益率 7.3%。

这同时还强调了许多管理者和投资人使用杜邦公司（E.I. du Pont de Nemours and Company）（简称杜邦）提出的原则来更深入地研究净资产收益率。这一方法认为净资产收益率受到 3 个要素的影响——经营效率（以净利率来衡量）、资产使用效率（以总资产周转率来衡量）和财务杠杆（以权益乘数来衡量）。下列等式采用了这 3 个要素计算了布克电器的净资产收益率：

$$净资产收益率 = 净利率 \times 总资产周转率 \times 权益乘数$$
$$净资产收益率 = \frac{净利润}{销售收入} \times \frac{销售收入}{平均资产总额} \times \frac{平均资产总额}{平均股东权益}$$
$$净资产收益率 = 3.37\% \times 1.72 \times 1.83 = 10.6\%$$

请注意，销售收入和平均资产总额的数字被约掉了，因此，剩下的就是净利润除以平均股东权益。虽然这个等式有些复杂，但它计算出的净资产收益率与之前最初计算的净资产收益率是一致的。同样需要注意，这个等式使用的净利率是 3.37%，而不是表 16-4 中列示的四舍五入后的净利率 3.4%。总资产周转率 1.72 和权益乘数 1.83 已在本章之前的内容中计算过。

16.7 比率分析：市场业绩

本节总结了普通股股东用以评估公司业绩的 5 个比率。考虑到普通股股东是拥有公司所有权的人，所以从逻辑上讲，管理者应当对他们的所有者用以判断他们业绩的衡量尺度有一个全面的了解。所有的计算都是针对本年的。

16.7.1 每股收益

投资者购买股票是希望以股利或者是未来股票价值增加的形式获取回报。由于收益构成了股利支付及未来股票增值的基础，因此投资者对公司的每股收益很感兴趣。

每股收益（earnings per share）的计算公式是用净利润除以年内流通在外的普通股平均股数。

$$每股收益 = \frac{净利润}{流通在外的普通股平均股数}$$

使用表 16-1 和表 16-2 中的数据，布克电器的每股收益如下：

$$每股收益 = \frac{1\,750\,000\,美元}{(500\,000\,股^\ominus + 500\,000\,股)/2} = 3.50\,美元/股$$

商业实战 16-4 | 麦当劳面临的财务挑战

麦当劳（McDonald's）每月的同店销售额下降了 4.6%，这是 14 年来最大的降幅。快餐连锁店的顾客正流失到诸如福乐鸡（Chick-fil-A）和五兄弟控股（Five Guys Holdings）这样的快休闲连锁店，这些快休闲连锁店提供的菜单项目很少，服务更快。投资分析师的一项调查显示，预计麦当劳的销售收入将下降 3%，每股收益将会下降 9%。

麦当劳美国区的总裁迈克·安德烈斯

说："过去十年，麦当劳美国区所做的工作不足以推动未来的业务发展。"为此，麦当劳已经采取措施，通过构建一种新的组织结构，将美国划分为 4 个地理区域，以更好地服务本地口味。这个新的组织结构认为，菜单项目的偏好可能因地理区域而异，麦当劳应该对这些差异做出反应。

资料来源：Julie Jargon, "Sales Drop at McDonald's Worsens," *The Wall Street Journal*, December 9, 2014, p.B2.

16.7.2 市盈率

市盈率（price-earnings ratio）表达了每股市场价格和每股收益之间的关系。如果我们假定布克电器本年年末的股票市价为 40 美元/股，那么其市盈率的计算公式为

$$市盈率 = \frac{每股市场价格}{每股收益} = \frac{40\,美元/股}{3.50\,美元/股} = 11.43$$

⊖ 总面值 6 000 000 美元 ÷ 每股面值 12 美元 =500 000 股。

市盈率是 11.43；也就是说，股票的每股售价是当前每股收益的 11.43 倍。

高市盈率意味着投资者愿意为公司股票支付溢价想必是因为他们预计公司未来将拥有高于平均水平的收益增长。相反，如果投资者认为公司未来的收益增长前景有限，该公司的市盈率就会相对较低。在 20 世纪 90 年代末，一些网络公司（尤其是那些收益很少甚至没有收益的公司）的股票价格以高昂的价格出售，导致了史无前例的高市盈率。当时许多评论员警告称这些市盈率长期看来不可能持久——他们确实说对了。几乎所有的网络公司的股票价格随后都暴跌了。

16.7.3　股利支付率和股利率

公司股票的投资者以两种方式赚钱——股票市场价格的增加和股利。一般来讲，只要公司内部投资的收益率高于股东在公司以外的其他方面投资获取的回报率，公司就应当将收益留存在公司内部，而不是分红。因此，具有高收益前景的公司通常很少分红或者不分红。那些没有利润增长前景，但收益稳定、可靠的公司，往往倾向于以股利的方式将经营活动现金流量以较高的比率支付。

1. 股利支付率

股利支付率（dividend payout ratio）用股利支付占当前收益的百分比来衡量。该比率是通过用普通股每股股利除以普通股每股收益计算得出：

$$股利支付率 = \frac{每股股利}{每股收益}$$

根据表 16-2，布克电器的股利支付率计算如下：

$$股利支付率 = \frac{1.44}{3.50} = 41.1\%$$

尽管同一行业的公司的该比率往往是相似的，也没有所谓的"正确的"股利支付率。如上所述，拥有充分成长机会和高收益率的公司的股利支付率往往较低，而再投资机会有限的公司往往股利支付率较高。

2. 股利率

股利率（dividend yield ratio）是用当前每股股利除以当前每股市场价格计算得出的一种比率：

$$股利率 = \frac{每股股利}{每股市场价格}$$

由于布克电器的股票市场价格是 40 美元 / 股，其股利率计算如下：

$$股利率 = \frac{1.44\ 美元 / 股}{40\ 美元 / 股} = 3.6\%$$

股利率衡量的是以当前股票市场价格购买公司普通股股票的投资者仅以现金股利的方式获得的收益率。低的股利率本身既不能说好也不能说坏。

16.7.4 每股账面价值

每股账面价值（book value per share）衡量的是如果所有资产都以资产负债表上的金额（也就是账面价值）出售，且所有债权人都得到了清偿，将分配给每股普通股持有者的金额。每股账面价值完全基于历史成本。其计算公式为

$$每股账面价值 = \frac{股东权益总额}{流通在外的普通股股数}$$

布克电器的普通股每股账面价值计算如下：

$$每股账面价值 = \frac{17\,000\,000\ 美元}{500\,000\ 股} = 34\ 美元/股$$

如果将该账面价值与布克电器的股票市场价格 40 美元/股相比，股票价格似乎是被高估了。然而，如前所述，市场价格反映了对未来收益及股利的预期，而账面价值在很大程度上反映了过去发生的事项的结果。通常，股票的市场价格都会高于其账面价值。例如，在一年的时间里，微软（Microsoft）普通股交易的市场价格通常是其账面价值的 4 倍多，而可口可乐（Coca-Cola）的股票市场价格是其账面价值的 17 倍。

16.8 比率及比较比率数据来源的总结

表 16-5 总结了本章所讨论的比率。表中包含了每个比率的公式和对每个比率的意义。

表 16-5 比率总结

比率	公式	意义
流动性：	流动资产 − 流动负债	衡量公司仅用流动资产偿付流动负债的能力
营运资金	流动资产 ÷ 流动负债	考查短期偿债能力
酸性测试比率	（现金 + 有价证券 + 应收账款 + 短期应收票据）÷ 流动负债	考查不依赖存货的情况下的短期偿债能力
资产管理：		
应收账款周转率	赊销收入 ÷ 平均应收账款余额	衡量年内公司应收账款转化成现金的次数
平均收账期	365 天 ÷ 应收账款周转率	衡量收回应收账款平均所需天数
存货周转率	销货成本 ÷ 平均存货余额	衡量年内公司存货被出售的次数
平均销售期	365 天 ÷ 存货周转率	衡量存货销售一次平均占用天数
营运周期	平均销售期 + 平均收账期	衡量从供应商取得存货到从客户处收到现金所需要的时间
总资产周转率	销售收入 ÷ 平均资产总额	衡量利用资产产生销售收入的效率
负债管理：		
利息保障倍数比率	息税前利润 ÷ 利息费用	衡量公司支付利息的能力
负债权益比率	负债总额 ÷ 股东权益	衡量股东提供的每 1 美元的资产对应的债权人提供的资产数额
权益乘数	平均资产总额 ÷ 平均股东权益	衡量公司资产中由权益提供资金的比例
盈利能力：		
毛利率	毛利 ÷ 销售收入	衡量扣除销售和管理费用前的盈利能力

（续）

比率	公式	意义
净利率	净利润 ÷ 销售收入	衡量盈利能力的一个广义指标
总资产收益率	{净利润 +[利息费用 × （1- 所得税税率）]} ÷ 平均资产总额	衡量管理层运用资产的效率
净资产收益率	净利润 ÷ 平均股东权益	当同总资产收益率做比较时，衡量的是财务杠杆使普通股股东获益或受损的程度
市场业绩：		
每股收益	净利润 ÷ 流通在外的普通股平均股数	正如市盈率中反映出来的那样，该指标会影响到每股市场价格
市盈率	每股市场价格 ÷ 每股收益	是反映股票相对于当前收益是相对便宜还是昂贵的指标
股利支付率	每股股利 ÷ 每股收益	是显示公司将其大部分收益用于分红还是用于内部再投资的指标
股利率	每股股利 ÷ 每股市场价格	衡量股票在现金股利方面所能提供的回报
每股账面价值	股东权益总额 ÷ 流通在外的普通股股数	衡量在所有资产均以资产负债表面价值出售且所有债权人都得到了偿付的情况下课分配给普通股股东的金额

表 16-6 中包含了一个公开资源的列表，提供了分行业归纳的比较比率数据。这些数据源被管理者、投资者和分析师广泛使用。在表 16-6 中列出的 EDGAR（电器化数据收集、分析及检索系统）数据库是一个特别丰富的数据源。它包含大约自 1995 年以来公司提交给美国证券交易委员会的各种报告的副本，包括像 10-K 年度报告这样的文件。

表 16-6 财务比率来源

来源	内容
《商业与工业财务比率年鉴》，阿斯彭出版社；每年出版	包括分行业及行业内分规模的公司的同基利润表和财务比率的详尽数据来源
《美国管理协会年度报表研究》，风险管理协会，每年出版	是得到广泛使用的出版物，其中包括个别公司的同基财务报表和财务比率；公司是按行业进行分类的
电器化数据收集、分析及检索系统（EDGAR），证券交易委员会；网站持续更新；www.sec.gov	一个完整的互联网数据库，包含了公司提交给证券交易委员会的报告；这些报告可以下载
FreeEdgar，EDGAR 在线股份有限公司；网站持续更新；www.freeedgar.com	一个允许下载证券交易委员会的文件的网站；财务信息可以直接下载到 Excel 工作表中
胡佛在线，胡佛股份有限公司；网站持续更新；www.hoovers.com	一个提供 10 000 家美国公司简况的网站，其中包括公司网站链接、年度报告、股价图、新闻报道及行业信息
《行业标准及关键商业比率》，邓恩和布拉德斯特里特著；每年出版	为超过 800 家主要行业集团计算的 14 个常用财务比率
《摩根特工业手册及摩根特银行和财务手册》；每年出版	包含在纽约证券交易所、美国证券交易所及区域美国交易所上市的所有公司的财务比率的一个详尽来源
《标准普尔行业调查》，标准普尔；每年出版	各种统计数据（其中包括一些财务比率），这些数据是按照行业提供的，且是为每个产业集群中的领导公司提供的

本章小结

财务报表中所包含的数据是对公司经营活动的一个定量的概要。一个善于分析这些报表的管理者可以从中了解其公司的优势、弱势、新出现的问题、经营效率、盈利能力等。

有很多方法可以用于分析财务报表并评估趋势和变动的方向及重要性。在本章中，我们探讨了 3 个这样的分析方法：报表中金额与百分比的变动情况（水平分析），同基财务报表（垂直分析），比率分析。有关比率的详细列举，请参阅表 16-5。

复习题：选择的比率及财务杠杆

马利根公司（Mulligan Corporation）的财务报表如下所示。

马利根公司比较资产负债表

（单位：百万美元）

	本年	去年
资产		
流动资产		
现金	281	313
应收账款	157	141
存货	288	224
其他流动资产	692	636
流动资产合计	278	216
房屋及设备净值	1 696	1 530
其他资产	2 890	2 288
资产合计	758	611
负债和股东权益	5 344	4 429
流动负债		
应付账款	391	341
短期银行贷款	710	700
应计负债	757	662
其他流动负债	298	233
流动负债合计	2 156	1 936
长期负债：	904	265
负债合计	3 060	2 201
股东权益：		
普通股及股本溢价	40	40
留存收益	2 244	2 188
股东权益合计	2 284	2 228
负债和股东权益合计	5 344	4 429

马利根公司利润表

（单位：百万美元）

	本年
销售收入	9 411
销货成本	3 999
毛利	5 412

（续）

	本年
销售和管理费用：	
门店营业费用	3 216
其他营业费用	294
折旧和摊销	467
一般及行政管理费用	489
销售和管理费用合计	4 466
经营净利润	946
加上利息和其他收益	110
利息费用	0
税前净利润	1 056
所得税（税率 36%）	384
净利润	672

要求：

（1）计算总资产收益率。

（2）计算净资产收益率。

（3）马利根公司的财务杠杆是正的还是负的？请解释。

（4）计算流动比率。

（5）计算酸性测试比率。

（6）计算存货周转率。

（7）计算平均销售期。

（8）计算负债权益比率。

（9）计算总资产周转率。

（10）计算净利率。

复习题答案：

（1）总资产收益率：

$$\text{总资产收益率} = \frac{\text{净利润} + \left[\text{利息费用} \times \left(1 - \text{所得税税率}\right)\right]}{\text{平均资产总额}}$$

$$= \frac{672 \text{百万美元} + [0 \times (1 - 0.36)]}{\left(5\,344 \text{百万美元} + 4\,429 \text{百万美元}\right)/2}$$

=13.8%（四舍五入后的）

（2）净资产收益率：

$$净资产收益率 = \frac{净利润}{平均股东权益}$$

$$= \frac{672\ 百万美元}{\left(\dfrac{2\ 284}{百万美元} + \dfrac{2\ 228}{百万美元}\right)/2}$$

$$= 29.8\%（四舍五入后的）$$

（3）该公司拥有正的财务杠杆，因为其净资产收益率 29.8% 高于总资产收益率 13.8%。正的财务杠杆是从流动负债及长期负债中获取的。

（4）流动比率：

$$流动比率 = \frac{流动资产}{流动负债} = \frac{1\ 696\ 百万美元}{2\ 156\ 百万美元}$$

$$= 0.79（四舍五入后的）$$

（5）酸性测试比率：

$$酸性测试比率 = \frac{现金 + 有价证券 + 应收账款 + 短期应收票据}{流动负债}$$

$$= \frac{281\ 百万美元 + 157\ 百万美元 + 288\ 百万美元 + 0}{2\ 156\ 百万美元}$$

$$= 0.34（四舍五入后的）$$

（6）存货周转率：

$$存货周转率 = \frac{销货成本}{平均存货余额}$$

$$= \frac{3\ 999\ 百万美元}{(692\ 百万美元 + 636\ 百万美元)/2}$$

$$= 6.0（四舍五入后的）$$

（7）平均销售期：

$$平均销售期 = \frac{365\ 天}{存货周转率} = \frac{365\ 天}{6.0}$$

$$= 60.8\ 天（四舍五入后的）$$

（8）负债权益比率：

$$负债权益比率 = \frac{资产总额}{股东权益总额} = \frac{2\ 060\ 百万美元}{2\ 284\ 百万美元}$$

$$= 1.34（四舍五入后的）$$

（9）总资产周转率：

$$总资产周转率 = \frac{销售收入}{平均资产总额}$$

$$总资产周转率 = \frac{9\ 411\ 百万美元}{\left(\dfrac{5\ 344}{百万美元} + \dfrac{4\ 429}{百万美元}\right)/2}$$

$$= 1.93（四舍五入后的）$$

（10）净利率：

$$净利率 = \frac{净利润}{销售收入}$$

$$净利率 = \frac{672\ 百万美元}{9\ 411\ 百万美元} = 7.1\%（四舍五入后的）$$

术语表

（注意：所有财务比率的定义及公式均列示在表 16-5 当中。这里不再重复这些定义及公式。）

Common-size financial statements 同基财务报表　一种以百分比形式和金额形式列示各项目的报表。在利润表上，百分比是以销售收入总额作为基准；在资产负债表上，百分比是以资产总额作为基准。

Financial leverage 财务杠杆　总资产收益率与债权人要求的回报率之间的差额。

Horizontal analysis 水平分析　对于两年或者两年以上的财务报表进行的并行比较。

Vertical analysis 垂直分析　见水平分析。

Trend percentages 趋势百分比　数年的财务数据以相对基准年度的业绩百分比进行表示。

Vertical analysis 垂直分析　以统一度量形式列报的公司财务报表。

思考题

1. 考查公司财务比率及其他数据的基本目的是什么？分析师还能做些什么其他的比较呢？

2. 假设同一行业的两家公司收益相等。为什么这两家公司的市盈率不同？如果一家公司的市盈率为 20，并报告称当前年度的每股收益为 4 美元，你预计其股票在市场上的销售价格为多少？

3. 你认为一家处于快速成长的科技行业的公司会拥有高还是低的股利支付率呢？

4. 普通股投资的股利率的含义是什么？

5. 财务杠杆这一术语的含义是什么？

6. 一份商业期刊引用一家塑料公司总裁的一句话是："我们已 10 多年没有 1 美元的付息债务了。没有多少公司能这么说。"作为该公司的股东，你如何看待这种不举债的政策？

7. 如果股票市场价值超过其账面价值，那么股票价值就被高估了。你同意这种观点吗？请解释。

8. 一家寻求信贷额度的公司遭到了银行的拒绝。除此之外，银行还指出，该公司 2∶1 的流动比率是不够的。请给出 2∶1 是的流动比率不够的理由。

练习题

1. 同基利润表

以下是多伦多的麦肯齐销售有限公司（McKenzie Sales, Ltd.）的比较利润表。

麦肯齐销售有限公司的比较利润表（单位：美元）

	本年	去年
销售收入	8 000 000	6 000 000
销货成本	4 984 000	3 516 000
毛利	3 016 000	2 484 000
销售和管理费用：		
销售费用	1 480 000	1 092 000
管理费用	712 000	618 000
费用合计	2 192 000	1 710 000
经营净利润	824 000	774 000
利息费用	96 000	84 000
税前净利润	728 000	690 000

该公司董事会的成员很惊讶地发现当公司的销售收入增加了 2 000 000 美元时，净利润仅增加了 38 000 美元。

要求：

（1）采用同基百分比的方式编制每年的利润表。计算时保留一位小数。

（2）简要地评论一下两年间的变化。

2. 所选财务比率

卡斯提尔产品股份有限公司（Castile Products, Inc.）的财务报表如下。

卡斯提尔产品股份有限公司资产负债表

（截至 12 月 31 日）（单位：美元）

资产	
流动资产：	
现金	6 500
应收账款净额	35 000
库存商品	70 000
待摊费用	3 500
流动资产合计	115 000
房屋及设备净值	185 000
资产合计	300 000
负债和股东权益	
负债：	
流动负债	50 000
应付债券（利率 10%）	80 000
负债合计	130 000
股东权益：	
普通股（面值 5 美元）	30 000
留存收益	140 000
股东权益合计	170 000
负债和股东权益合计	300 000

卡斯提尔产品股份有限公司利润表

（截至 12 月 31 日）（单位：美元）

销售收入	420 000
销货成本	292 500
毛利	127 500

	（续）
销售和管理费用	89 500
经营净利润	38 000
利息费用	8 000
税前净利润	30 000
所得税（税率30%）	9 000
净利润	21 000

年初账户余额为：应收账款 25 000 美元；存货 60 000 美元。所有销售均为赊销。

要求：

计算以下财务数据及比率：

（1）营运资金。

（2）流动比率。

（3）酸性测试比率。

（4）负债权益比率。

（5）利息保障倍数比率。

（6）平均收账期。

（7）平均销售期。

（8）营运周期。

3.评估盈利能力和负债管理能力的比率

参阅练习2中卡斯提尔产品股份有限公司的财务报表。本年年初资产总额为 280 000

美元，股东权益总额为 161 600 美元。

要求：

计算以下比率：

（1）毛利率。

（2）净利率。

（3）总资产收益率。

（4）净资产收益率。

（5）今年的财务杠杆是正的还是负的？请解释。

4.评估市场业绩的财务比率

参阅练习2中卡斯提尔产品股份有限公司的财务报表。除了这些报表中的数据以外，假定卡斯提尔产品股份有限公司在年内每股支付股利2.10美元。同时假定该公司年末普通股市场价格为42美元/股，并且年内流通在外的普通股股数未发生改变。

要求：

计算以下财务比率：

（1）每股收益。

（2）股利支付率。

（3）股利率。

（4）市盈率。

（5）每股账面价值。

问题

1.交易对各项财务比率的影响

在下表的右侧栏中列示了一些财务指标。在每一个比率的左边是德尔塔公司与经营活动有关的经济业务或者事项（应当独立地考虑每一笔交易）。

经济业务或事项	比率
1.宣告现金股利	流动比率
2.以成本价出售存货	酸性测试比率
3.以利率8%发行债券。该公司总资产收益率为10%	净资产收益率
4.今年净利润相比去年增加了10%。长期负债保持不变	利息保障倍数比率
5.发放先前宣告的现金股利	流动比率
6.公司普通股市场价值从24.50美元/股下跌到20.00美元/股。每股股利保持不变	股利支付率
7.价值总额为 100 000美元的过时存货作为损失被冲销	存货周转率

（续）	
经济业务或事项	比率
8.为获得现金出售存货获利	负债权益比率
9.将客户的信用条件从2/10，n/30调整到2/15，n/30以遵循行业惯例	应收账款周转率
10.向普通股股东发行股票	每股账面价值
11.公司普通股的市场价格从24.50美元/股上涨到30.00美元/股	每股账面价值
12.偿付 40 000美元的应付账款	营运资金
13.向普通股股东发行股票股利	每股收益
14.支付应付账款	负债权益比率
15.赊购存货	酸性测试比率
16.冲销了一笔无法收回的坏账准备金	流动比率
17.公司普通股的市场价格从24.50美元上涨到30.00美元。每股收益保持不变	市盈率
18.公司普通股的市场价格从24.50美元上涨到30.00美元。每股支付的股利保持不变	股利率

要求：

请指出每笔经济业务或事项对其旁边列出的财务指标的影响。对所涉及的比率的影响是增加、减少或者无影响，请给出你的答案的理由。在所有情况下，都假定交易或事项前后流动资产均大于流动负债。以下列格式来回答问题：

对比率的影响	增加、减少或无影响的理由
1.	
…	

2. 综合比率分析

你刚被聘为李德科斯公司（Lydex Company）——一家安全帽制造商的财务分析师。你的老板要求你对公司的财务报表进行一次综合分析，其中包括将李德科斯公司的业绩与其主要竞争对手做比较。该公司过去两年的财务报表如下：

李德科斯公司比较资产负债表（单位：美元）

	本年	去年
资产		
流动资产：		
现金	960 000	1 260 000
有价证券	0	300 000
应收账款净额	2 700 000	1 800 000
存货	3 900 000	2 400 000
待摊费用	240 000	180 000
流动资产合计	7 800 000	5 940 000
厂房及设备净值	9 300 000	8 940 000
资产合计	17 100 000	14 880 000
负债和股东权益		
负债		
流动负债	3 900 000	2 760 000
应付票据（利率10%）	3 600 000	3 000 000
负债合计	7 500 000	5 760 000
股东权益：		
普通股（面值78美元）	7 800 000	7 800 000
留存收益	1 800 000	1 320 000
股东权益合计	9 600 000	9 120 000
负债和股东权益合计	17 100 000	14 880 000

李德科斯公司比较利润表（单位：美元）

	本年	去年
销售收入（均为赊销）	15 750 000	12 480 000
销货成本	12 600 000	9 900 000
毛利	3 150 000	2 580 000
销售和管理费用：	1 590 000	1 560 000
经营净利润	1 560 000	1 020 000
利息费用	360 000	300 000
税前净利润	1 200 000	720 000
所得税（税率为30%）	360 000	216 000
净利润	840 000	504 000
普通股股利	360 000	252 000
净利润留存	480 000	252 000
期初留存收益	1 320 000	1 068 000
期末留存收益	1 800 000	1 320 000

在任务开始前，你收集了李德科斯公司所在行业中的公司具有代表性的财务数据及比率，具体如下：

流动比率	2.3
酸性测试比率	1.2
平均收账期	30天
平均销售期	60天
总资产收益率	9.5%
负债权益比率	0.65
利息保障倍数比率	5.7
市盈率	10

要求：

（1）你决定首先评估公司在负债管理和盈利能力方面的表现。计算今年和去年的下述指标：

a. 利息保障倍数比率。

b. 负债权益比率。

c. 毛利率。

d. 总资产收益率。（去年年初的资产总额为12 960 000美元）

e. 净资产收益率。（去年年初的股东权益合计为9 048 000美元。过去的两年间普通股未发生改变）

f. 该公司的财务杠杆是正的还是负的？请解释。

（2）你决定下一步评估公司在股票市场上的表现。假定李德科斯公司今年年末的股票价格为每股 72 美元，而去年年末的股价为 40 美元。计算去年和今年两年的以下指标：

a. 每股收益。

b. 股利率。

c. 股利支付率。

d. 市盈率。与同行业的其他公司相比较，投资者会如何看待李德科斯公司？请解释。

e. 普通股每股账面价值。每股市场价值与每股账面价值之间的差额是否表明股票目前的价格很便宜？请解释。

（3）你决定最后评估公司的流动性及资产管理情况。计算今年和去年两年的下述指标：

a. 营运资金。

b. 流动比率。

c. 酸性测试比率。

d. 平均收账期。（去年年初应收账款余额合计为 1 560 000 美元）

e. 平均销售期。（去年年初存货余额合计为 1 920 000 美元）

f. 营运周期。

g. 总资产周转率。（去年年初资产合计为 12 960 000 美元）

（4）准备一份简短的备忘录，总结一下与竞争对手相比，李德科斯公司的表现如何？

3. 同基报表及贷款申请时涉及的财务比率

10 年前，保罗·萨宾（Paul Sabin）成立了萨宾电器（Sabin Electronics），生产和销售其拥有专利的几种电器设备。尽管一直以来公司的利润都相当可观，但是现在面临着严重的现金短缺。出于这个原因，该公司现在向格尔夫波特州银行申请一笔 500 000 美元的长期贷款，其中 100 000 美元用于充盈其现金账户，另外 400 000 美元用于使设备现代化。该公司最近两年的财务报表如下：

萨宾电器比较资产负债表（单位：美元）

	本年	去年
资产		
流动资产：		
现金	70 000	150 000

（续）

	本年	去年
有价证券	0	18 000
应收账款净额	480 000	300 000
存货	950 000	600 000
待摊费用	20 000	22 000
流动资产合计	1 520 000	1 090 000
厂房及设备净值	1 480 000	1 370 000
资产合计	300 000	2 460 000
负债和股东权益		
负债：		
流动负债	800 000	430 000
应付债券（利率 12%）	600 000	600 000
负债合计	1 400 000	1 030 000
股东权益：		
普通股（面值 15 美元）	750 000	750 000
留存收益	850 000	680 000
股东权益合计	1 600 000	1 430 000
负债和股东权益合计	3 000 000	2 460 000

萨宾电器比较利润表及对账表（单位：美元）

	本年	去年
销售收入（均为赊销）	5 000 000	4 350 000
销货成本	3 875 000	3 450 000
毛利	1 125 000	900 000
销售和管理费用：	653 000	548 000
经营净利润	472 000	352 000
利息费用	72 000	72 000
税前净利润	400 000	280 000
所得税（税率为 30%）	120 000	84 000
净利润	280 000	196 000
普通股股利	110 000	95 000
净利润留存	170 000	101 000
期初留存收益	680 000	579 000
期末留存收益	850 000	680 000

在过去的一年当中，该公司引入了几条新产品线，并提高了一些老产品的销售价格以提高其利润率。该公司还雇用了一位新的销售经理，这经理将销售扩展到了多个新领域。所有销售均为赊销，销售条件是 2/10，n/30。

要求：

（1）为了协助与银行洽谈贷款的事宜，保罗要求你计算今年和去年两年的以下比率：

a. 营运资金数额。

b. 流动比率。

c. 酸性测试比率。

d. 平均收账期。（去年年初应收账款余额合计为 250 000 美元）

e. 平均销售期。（去年年初存货余额合计为 500 000 美元）

f. 营运周期。

g. 总资产周转率。（去年年初资产总额为 2 420 000 美元）

h. 负债权益比率。

i. 利息保障倍数比率。

j. 权益乘数。（去年年初股东权益总额为 1 420 000 美元）

（2）针对今年和去年两年：

a. 以同基编制资产负债表。

b. 以同基编制利润表。

（3）保罗·萨宾还收集了以下电器行业公司的典型财务数据及比率：

流动比率	2.5
酸性测试比率	1.3
平均收账期	18 天
平均销售期	60 天
负债权益比率	0.90
利息保障倍数比率	6.0

对上面（1）和（2）的分析结果进行评论，并将萨宾电器的表现同电器行业基准做比较。你认为该公司的贷款申请能得到批准吗？

概述

成功的管理者依靠一套综合的管理会计能力来解决工作中复杂的难题。因此，我们编写了 13 个综合的练习题，帮助你掌握这些极为重要的管理技能。通过这些练习题会使你理解学习目标是如何贯穿全书并相互联系的。当你开始理解"它们是如何整合在一起的"，你将开始从数据计算者到管理者实习生的转化。

综合练习 1　作业差异、成本差异、材料价格差异、材料数量差异

绍斯赛德比萨店（Southside Pizzeria）想要提高其管理有关生产和销售比萨的原料成本的能力。6 月，该公司计划生产 1 000 张比萨。它开发了一个包括每张比萨 2.40 美元马苏里拉芝士的成本配方。在 6 月末，绍斯赛德实际售出了 1 100 张比萨，在该月它使用芝士的实际成本是 2 632 美元。

要求：

（1）6 月马苏里拉芝士的作业差异是多少？

（2）6 月马苏里拉芝士的支出差异是多少？

（3）假定该公司制定了一个每盎司马苏里拉芝士 0.30 美元的价格标准，以及每张比萨 8 盎司芝士的数量标准。同时，假定绍斯赛德当月实际使用了 9 400 盎司芝士生产了 1 100 张比萨。

a. 6 月马苏里拉芝士的材料价格差异是多少？

b. 6 月马苏里拉芝士的材料数量差异是多少？

c. 6 月马苏里拉芝士的材料成本差异是多少？

综合练习 2　不同目的的不同成本、本量利关系

贺格森公司（Hixson Company）制造并销售一种产品，每件产品 34 美元。该公司没有期初或期末存货，并且其产品的相关范围是 20 000 ～ 30 000 件。当贺格森生产并销售了 25 000 件产品时，其成本如下：

	每件金额（美元）
直接材料	8.00
直接人工	5.00
变动制造费用	1.00
固定制造费用	6.00

（续）

	每件金额（美元）
固定销售费用	3.50
固定管理费用	2.50
销售佣金	4.00
变动管理费用	1.00

要求：

（1）为了财务会计目标，制造这 25 000 件产品产生的总成本是多少？销售这 25 000 件产品期间发生的总成本是多少？

（2）如果生产 24 000 件产品，生产每件产品的变动制造费用是多少？生产每件产品的平均固定制造费用是多少？

（3）如果生产 26 000 件产品，生产每件产品的变动制造费用是多少？生产每件产品的平均固定制造费用是多少？

（4）如果生产 27 000 件产品，为达成这一水平的生产，发生的总直接制造费用和总间接制造费用是多少？

（5）如果贺格森的产量从 25 000 件增长到 25 001 件，那么它产生的总增量制造费用是多少？

（6）贺格森每件产品的边际贡献是多少？它的边际贡献率是多少？

（7）贺格森的保本点销售量是多少？它的保本点销售额是多少？

（8）如果贺格森生产和销售的产品从 25 000 件增长到 26 500 件，它的经营净利润会增加多少？

（9）在销售数量为 25 000 件时，贺格森的安全边际是多少？

（10）在销售数量为 25 000 件时，贺格森的经营杠杆系数是多少？

综合练习 3　完全成本法、变动成本法、本量利关系

牛顿公司（Newton Company）制造并销售一种产品。该公司总结了其第 1 年经营的计划：

（单位：美元）

每件变动成本：	
生产成本：	
直接材料	20
直接人工	16
变动制造费用	4
变动销售和管理费用	2
每年固定成本：	
固定制造费用	450 000
固定销售和管理费用	70 000

在第 1 年的经营期间，牛顿公司预计生产 25 000 件产品，销售 20 000 件产品。该公司预计的每件产品的销售价格是 66 美元。

要求（参考原始数据，独立回答每个问题）：

（1）假设牛顿公司列出的计划数据准确，在第 1 年的经营中，完全成本法下的经营净利润是多少？

（2）牛顿公司正考虑投资一种更高质量的原材料，这会使其直接材料成本每件增长 1 美元，销售量增加 1 000 件。如果该公司投资了这种更高质量的原材料并仍然生产 25 000 件产品，那么其修正后的完全成本法的经营净利润是多少？

（3）牛顿公司正考虑把每件产品的售价提高 1 美元，这预计会使其销售数量减少 15 00 件。如果该公司把每件产品的售价提高了 1 美元，且仍然生产 25 000 件产品，那么其修正后的完全成本法的经营净利润是多少？

（4）假设牛顿公司列出的计划数据准确，在第 1 年的经营中，变动成本法下的经营净利润是多少？

（5）牛顿公司正考虑投资一种更高质量的原材料，这会使其直接材料成本每件增长 1 美元，销售量增加 1 000 件。如果该公司投资了这种更高质量的原材料并仍然生产 25 000 件产品，那么其修正后的变动成本法的经营净利润是多少？

（6）牛顿公司正考虑把每件产品的售价提高 1 美元，这预计会使其销售数量减少 15 00 件。如果该公司把每件产品的售价提高了 1 美元且仍然生产 25 000 件产品，那么其修正后的变动成本法的经营净利润是多少？

（7）牛顿公司的保本点销售量是多少？保本点销售额是多少？

（8）在第 1 年的经营中，该公司的计划安全边际是多少？

综合练习 4　现金预算、利润表、资产负债表、现金流量表、比率分析

米伦公司（Millen Corporation）是一家商场，正在制定 7 月的总预算。该公司 6 月的资产负债表如下：

米伦公司资产负债表（6 月 30 日）

（单位：美元）

资产	
现金	120 000
应收账款	166 000
存货	37 200
工厂和设备、净折旧额	554 800
总资产	878 000
负债和所有者权益	
应付账款	93 000
普通股	586 000
留存收益	199 000
总负债和所有者权益	878 000

米伦公司的管理者做出了如下的假定和估计：

（1）估计 7 月和 8 月的销售额分别是 310 000 美元和 330 000 美元。

（2）每月销售额的 20% 是现销，80% 是赊销。每月的赊销能在当月收回 30%，当月之

后收回 70%。6 月 30 日所有的应收账款都能在 7 月收回。

（3）每月的期末存货下月销售额的 20%。销售成本是销售额的 60%。该公司在采购月采购其进货的 40%，这之后再采购 60%。6 月 30 日所有的应付账款都会在 7 月支付。

（4）月销售和管理费用是 70 000 美元。这其中有每月折旧费用 10 000 美元和该月维持生产所需要的相关成本 60 000 美元。

（5）在 7 月，该公司没有任何购买或销售工厂和设备的计划。在 7 月，公司不会发生借款、支付股利、发放普通股股票，或者回购自己的普通股股票。

要求：

（1）计算 7 月预期能收回的现金。

（2）计算 7 月采购商品预期支付的现金。

（3）制定 7 月的现金预算。

（4）编制 7 月的预计利润表，使用完全成本法。

（5）编制 7 月 31 日的预计资产负债表。

（6）计算 7 月估计的应收账款和存货的周转量。

（7）计算 7 月估计的经营循环周期。（提示：在分子计算平均收款期和平均销售期时用 30 天。）

（8）使用间接法计算 7 月经营活动带来的净现金。

综合练习 5　现金流量表、比率分析

罗恩公司（Rowan Company）的比较资产负债表及利润表如下。

罗恩公司的比较资产负债表

（以百万美元计）

	期末余额	期初余额
资产		
流动资产：		
现金及现金等价物	70	91
应收账款	536	572
存货	620	580
流动资产合计	1 226	1 243
固定资产	1 719	1 656
减累计折旧	640	480
固定资产净额	1 079	1 176
资产合计	2 305	2 419
负债及所有者权益		
流动负债：		
应付账款	205	180
应计负债	94	105
应付所得税	72	88
流动资产合计	371	373
应付债券	180	310
负债合计	551	683

（续）

	期末余额	期初余额
所有者权益：		
普通股股本	800	800
留存收益	954	936
所有者权益合计	1 754	1 736
负债及所有者权益合计	2 305	2 419

罗恩公司的利润表（截至当年 12 月 31 日）

	（以百万美元计）
销售收入	4 350
销货成本	3 470
毛利	880
销售和管理费用	820
经营净利润	60
营业外收支：出售设备收入	4
税前利润	64
所得税	22
净利润	42

罗恩公司也提供了以下信息：

（1）公司出售设备的历史成本为 1 600 万美元，累计折旧为 900 万美元。出售该设备实际收到现金 1 100 万美元，该项销售获利 400 万美元。

（2）公司当年未发行新债券。

（3）公司当年支付现金股利。

（4）公司当年未进行股票交易。

要求：

（1）采用间接法编制当年现金流量表。

（2）计算当年自由现金流量。

（3）为评估罗恩公司年末偿债能力，计算下列指标：

a. 流动比率。

b. 速动比率。

（4）为评估罗恩公司管理情况，计算下列指标：

a. 平均收账期（假定所有销售均为赊销）。

b. 平均销售期。

（5）为评估罗恩公司债务管理情况，计算下列指标：

a. 年末的负债权益比率。

b. 权益乘数。

（6）为评估罗恩公司盈利能力，计算下列指标：

a. 净利润率。

b. 净资产收益率。

（7）为评估罗恩公司的市场绩效，计算下列指标（假定公司普通股面值为每股 10 美元）：

a. 每股收益。

b. 股利支付率。

综合练习6　全厂及部门制造费用分配、作业成本法、分部利润表

孔茨公司（Koontz Company）生产两种型号工业部件：一种是基本型号；另一种是先进型号。公司考虑到其全部制造费用为固定成本，则使用全厂制造费用分配的方法，并以直接人工工时为分配基础。孔茨公司的管理者编制的近几年的分部利润表如下（以销售收入为分配基础将销售和管理费用分配至产品）：

（单位：美元）

	基本型号	先进型号	合计
生产及销售的产品数量	20 000	10 000	30 000
销售收入	3 000 000	2 000 000	5 000 000
销货成本	2 300 000	1 350 000	3 650 000
毛利	700 000	650 000	1 350 000
销售和管理费用	720 000	480 000	1 200 000
经营净利润（损失）	（20 000）	170 000	150 000

直接人工工时为每小时 20 美元。基本型号的直接材料为单位产品 40 美元，先进型号的直接材料为单位产品 60 美元。孔茨公司考虑从全厂制造费用分配方法转换为部门制造费用分配法。公司铸造部门的制造费用以机器工时为分配基础，装卸部部门以直接人工工时为分配基础。为进一步分析，管理人员搜集了以下信息：

	铸造部门	装卸部门	合计
制造费用（美元）	787 500	562 500	1 350 000
直接人工工时：			
基础型号	10 000	20 000	30 000
先进型号	5 000	10 000	15 000
机器工时：			
基础型号	12 000	—	12 000
先进型号	10 000	—	10 000

要求：

（1）利用全厂制造费用分配率：

a. 计算全厂制造费用分配率。

b. 计算分配至单位产品的制造费用金额。

（2）利用部门制造费用分配率：

a. 计算部门制造费用分配率。

b. 计算分配至单位产品的制造费用金额。

c. 利用部门制造费用分配，重新编制管理人员的分部利润表。（仍以销售收入为基础分配分配销售和管理费用）

（3）孔茨公司的生产经理建议应用作业成本法而非全厂或部门制造费用分配法。为便于进行必要的计算，她将公司制造费用总额分配至以下 5 个作业成本库中：

作业成本库	作业度量	制造费用（美元）
加工	铸造部门的机器工时	417 500
装卸	装卸部门的直接人工工时	282 500
订货单处理	客户订单数量	230 000
安装	安装工时	340 000
其他（未利用的生产能力）		80 000
		1 350 000

她将基础型号及先进型号的订货量分别确定为 400 件及 50 件。每个订单均需安装铸造机器。每个基础型号订单中需要一个安装工时，每个先进型号的订单需要 3 个安装工时。

公司为基础型号支付 5% 的销售手续费，先进型号为 10% 的销售手续费。其可追溯的固定广告费用包括基础型号的 150 000 美元，先进型号的 200 000 美元。公司其他的销售和管理费用的成本性质不变。

利用生产经理提供的额外信息，计算：

a. 每个作业成本库的作业分配率。

b. 利用作业成本法将制造费用总额分配至基础型号及先进型号产品的金额。

c. 利用作业成本法将销售和管理费用总额追溯至基础型号及先进型号产品的金额。

（4）利用要求（3）中的作业成本法，编制根据图 7-3 改编的贡献式分部利润表。（提示：将公司全部成本分配 3 类：变动费用、可追溯固定费用、共同固定费用）

（5）利用要求 4 中的贡献式分部利润表，计算先进型号产品销售收入的损益平衡点。

（6）解释孔茨公司作业成本法与全厂及部门制造费用分配法的不同之处。

综合练习 7　定额成本与实际成本

达尔文公司（Darwin Company）仅生产一种单位售价为 200 美元的产品。公司利用全厂制造费用分配法，且以生产的产品数量为分配基础。年初估计数如下：

生产的产品数量	50 000
固定制造费用总额	1 000 000 美元
生产的单位产品的变动制造费用	12 美元

当年公司无期初存货、期末原材料和在产品。使用生产中的全部原材料为直接材料。预计业务低迷导致年销量下降至 38 000 件。由于销量下降，达尔文公司将其年度产量降至 40 000 件。公司当年发生的实际成本如下：

（单位：美元）

单位变动成本：	
生产成本：	
直接材料	78
直接人工	60
变动制造费用	12
变动销售和管理费用	15
每年固定成本：	
固定生产成本	1 000 000
固定销售和管理费用	350 000

要求：

（1）假定公司应用定额成本法（如第3章及第4章所述）：

a. 计算全厂预计制造费用分配率。

b. 计算当年的单位生产成本。

c. 编制产成品成本表和销货成本表。（假定分配不足及分配过度的制造费用完全与销货成本相近）

d. 计算完全成本法当年的经营净利润。

（2）假定公司应用实际成本法。（如第7章所述）

a. 计算当年的单位生产成本。

b. 计算完全成本法下当年经营净利润。

（3）定额成本法与实际成本法下的经营净利润一致吗？为什么？请通过计算进行阐述。

综合练习8　资本预算、投资报酬率、剩余收益

西蒙斯公司（Simons Company）是一家在不同地区拥有多家连锁店。其中一家连锁店的经理考虑到经济增长拟改变其商品组合。该商店将800 000美元投资于昂贵商品（增加营运资本），预计3年的年销售收入上涨400 000美元，年变动费用上涨250 000美元。连锁店经理认为3年期期末时经济激增现象会衰退。因此，会释放额外的营运资本投资。连锁店经理的工资取决于该连锁店的投资报酬率（ROI），过去3年每年均超过了22%。

要求：

（1）假定公司折现率为16%，计算该连锁店经理投资机会的现值。

（2）计算该连锁店投资机会的年毛利、周转率、投资报酬率。

（3）假定公司要求的必要报酬率为16%，计算该连锁店投资机会的3年中每年的剩余收益。

（4）你认为连锁店经理会选择这个投资机会吗？你认为公司会希望连锁店经理选择这个投资机会吗？为什么？

（5）利用16%的折现率，计算3年中每年剩余收益的现值。该计算结果是大于还是小于上述（1）中计算的净现值，还是二者相等？为什么？请通过计算进行解释。

综合练习9　全面预算

永山公司（Endless Mountain Company）生产一款深受户外休闲爱好者喜爱的产品。公司将产品销售给美国东北部地区的零售商。其正在编制2017年度的总预算，并于2016年12月31日报告了资产负债表，具体如下：

公司首席财务官（CFO）与整个组织的各部门管理者进行了磋商，做出以下一系列假设以帮助编制2017年度的预算：

（1）1～4季度的预计销售量分别为12 000单位、37 000单位、15 000单位和25 000单位。注意，公司在第二和第四季度的销售额达到了峰值。全年的预计销售价格为每单位32美元。2018年第一季度的预计销售量为13 000单位。

（2）所有商品都是赊销的，坏账可以忽略不计。75%的赊销额可在销售当季收回，其余

25% 会在下一季度收回。

	A	B	C
1	**永山公司资产负债表**		
2	**（2016 年 12 月 31 日）**		
3			
4			
5	**资产**		
6	流动资产：		
7	现金	46 200	
8	应收账款	260 000	
9	原材料存货（4 500 码）	11 250	
10	产成品存货（1 500 单位）	32 250	
11	流动资产合计		349 700
12	厂房及设备：		
13	建筑物及设备	900 000	
14	累计折旧	（292 000）	
15	厂房及设备净额		608 000
16	资产总计		957 700
17			
18	**负债和所有者权益**		
19	流动负债：		
20	应付账款		158 000
21	所有者权益：		
22	普通股股本	419 800	
23	留存收益	379 900	
24	所有者权益合计		799 700
25	负债和所有者权益总计		957 700
26			

Beginning Balance Sheet / Budgeting Assum

（3）每季度的期末产成品库存应该等于下一季度销售量的 15%。

（4）每单位产成品需要 3.5 码的原材料，且每码原材料的成本为 3 美元。每季度的期末原材料库存应该相当于下季度生产需求量的 10%。预计 2017 年 12 月 31 日的期末原材料库存为 5 000 码。

（5）每季度采购价款的 70% 将在采购当季支付，其余 30% 会在下一季度支付。

（6）直接人工工资为 18 美元 / 小时，而每单位产成品需耗用的工时为 0.25 小时。所有直接人工成本都在发生当季支付。

（7）单位工时的变动制造费用为 3.00 美元。每季度的固定制造费用为 150 000 美元，其中设备折旧为 20 000 美元。直接人工工时数量被用作预计全厂制造费用分配率的分配基础。所有的间接成本（不包括折旧）都在发生当季支付。

（8）每售出 1 单位产品预计发生变动销售和管理费用 1.25 美元。每季度的固定销售和管理费用包括广告费 25 000 美元、管理人员工资 64 000 美元、保险费 12 000 美元、财产税 8 000 美元和折旧费用 8 000 美元。所有的销售和管理费用（不包括折旧）都在发生当季支付。

（9）公司计划在每季度末维持 30 000 美元的最低现金余额。假定全部借款都发生在季度的第一天。在可能的情况下，该公司将在第四季度的最后一天偿还借款本金和利息。公司债权人对全部借款按每季度 3% 的单利收取利息。

（10）每个季度宣告并支付 15 000 美元的股利。

（11）公司采用"后进先出法"（LIFO）的存货流转假设。这意味着最近购买的原材料先被转出用于生产，最近完成的产成品先出库卖给顾客。

要求：

公司 CFO 要求你运用 Excel 来编制 2017 年度的全面预算。你的 Excel 文件夹应包括下面子文件：2016 年 12 月 31 日资产负债表，编制预算假设的汇总，以及与财务报表相对应的下列预算表。

（1）季度销售预算，包括现金收入预算表。

（2）季度生产预算。

（3）季度直接材料预算，包括材料采购现金支出预算表。

（4）季度直接人工预算。

（5）季度制造费用预算。

（6）2017 年 12 月 31 日的期末产成品库存预算。

（7）季度销售和管理费用预算。

（8）季度现金预算。

（9）截至 2017 年 12 月 31 日的利润表。

（10）2017 年 12 月 31 日的资产负债表。

综合练习 10　现金流量表

参考综合练习 9 中提供的有关永山公司的信息。除了综合练习 9 中编制的预算表，在你的 Excel 工作表中插入一个文件名为"现金流量表"的子表。

（1）运用间接法，计算永山公司预计的 2017 年度经营活动提供的现金净额。

（2）编制公司截至 2017 年 12 月 31 日的年度预计现金流量表。

综合练习 11　财务报表比率分析

参考综合练习 9 中提供的有关永山公司的信息。除了综合练习 9 中编制的预算表，在你的 Excel 工作表中插入一个"比率分析"的新文件名。

要求（对于所有问题，在进行计算时一定要运用与 Excel 工作表中其他标签相关联的公式）：

（1）为评估公司的流动性，计算 2017 年 12 月 31 日的下列指标：

a. 营运资本。

b. 流动比率。

（2）为评估公司的资产管理，计算 2017 年的下列指标：

a. 应收账款周转率。

b. 平均收款期。

c. 存货周转率。

d. 平均销售期。

e. 营业周期。

（3）为评估公司的债务管理，计算 2017 年的下列指标：

a. 利息保障倍数比率。

b. 权益乘数。

（4）为评估公司的盈利能力，计算 2017 年的下列指标：

a. 净利润率。

b. 净资产收益率。

（5）对于要求（1）～（4）中所计算的每类度量和比率，指出一般情况下管理层是希望其随时间推移而增加还是减少，并对每个答案做出支持性解释。

综合练习 12　本量利关系、变动成本法

参考综合练习 9 中提供的有关永山公司的信息。除了综合练习 9 中编制的预算表，在你的 Excel 工作表中插入"本量利分析"和"变动成本法"两个新标签。

要求（对于所有问题，在进行计算时一定要运用与 Excel 工作表）：

（1）计算 2017 年的下列预算数据：

a. 固定成本总额。

b. 售出产品的单位变动成本。

c. 售出产品的单位边际贡献。

d. 销售数量和销售金额的收支平衡点。

e. 安全边际。

f. 经营杠杆程度。

（2）计算 2017 年的下列预算数据：

a. 变动成本法下利润表。（不再计算经营净利润）

b. 解释完全成本法和变动成本法下经营净利润的差异和调整。

综合练习 13　全面预算、现金流量表、比率分析、本量利关系、变动成本法

参考综合练习 9 以及回答综合练习 9 ～ 12 时所编制的表中提供的有关永山公司的信息。

要求：

（1）假定公司预期在销售当季就收回全部赊销额，而不是最初假设的在销售当季收回75% 的赊销额，其余 25% 在下一季度收回。不改变预算假设标签中的任何基本假设，计算以下与 2017 年预算相关的修正值：

a. 利润（完全成本法基础）。

b. 应收账款周转率。

c. 经营活动提供的现金净额。

（2）在 Excel 工作表中找到预算假设的文件。将销售当季收回的销售额百分比变为100%，而将销售以后季度收回的销售额百分比变为零。你对 (1)a ～ (1)c 的回答与 Excel 工作表中出现的数字一致吗？如果不是，为什么？

（3）参考综合练习9中的初始预算假设。假设公司预期向其直接人工支付19美元/小时的工资，而不是原先估计的18美元/小时。不改变预算假设文件中的任何基本假设，计算以下与2017年预算相关的修正值：

a. 2017年12月31日的期末产成品库存。

b. 销售量的收支平衡点。

c. 变动成本法下的经营净利润。

（4）在Excel工作表中找到预算假设文件。将每小时的直接人工成本从18美元调整为19美元。你对（3）a～（3）c的回答与Excel工作表中出现的数字一致吗？如果不是，为什么？